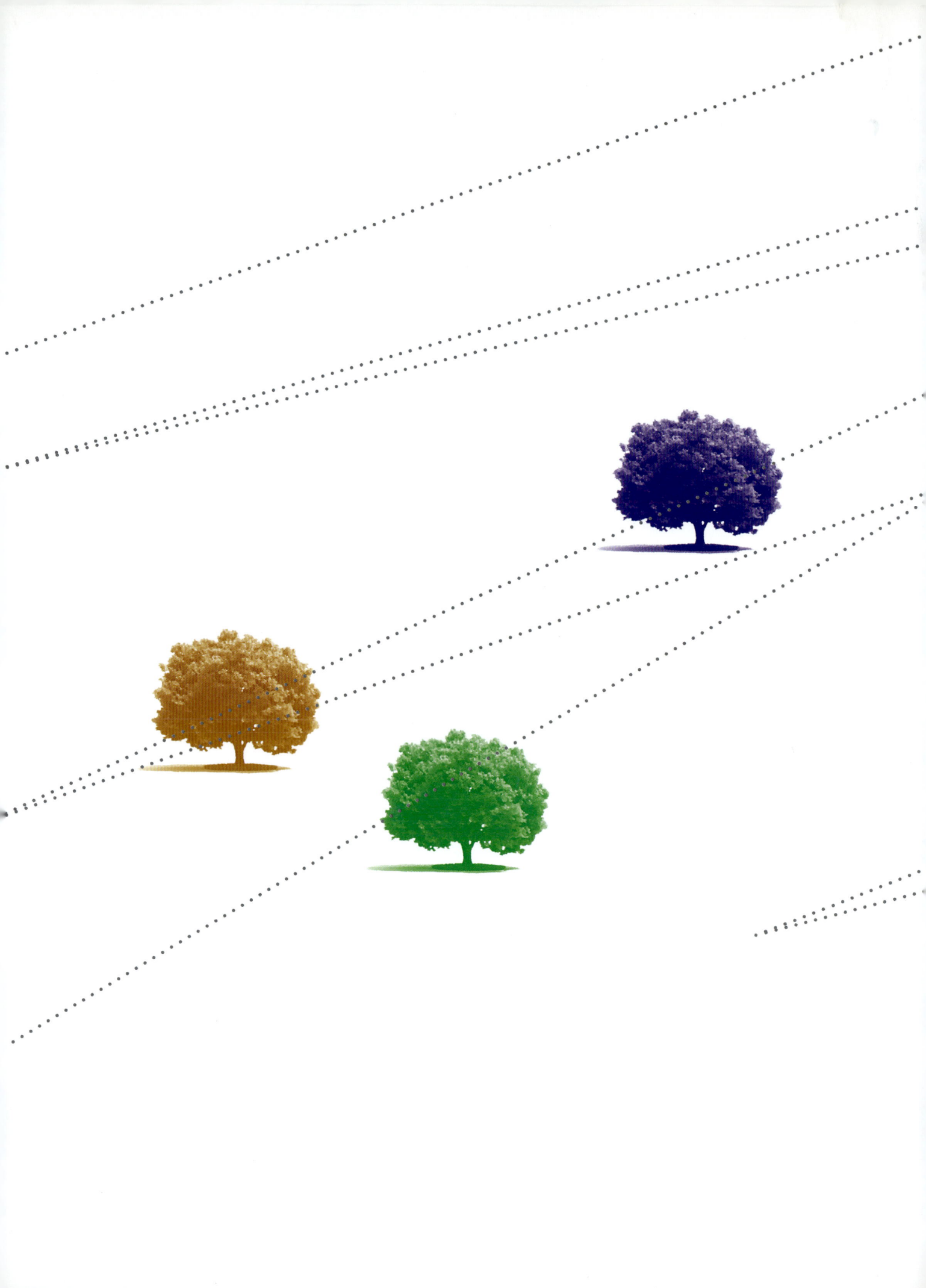

中国高等师范院校师范生培养状况
调查与政策分析报告

National Survey and Policy Analysis
on the Pre-service Education of Student Teachers
in Normal Universities and Colleges

丁 钢 李 梅 孙玫璐 李 艳 陈莲俊
杨福义 鞠玉翠 庄 瑜 王建军 韩映雄
张东海 陈 曦 荀 渊 著

华东师范大学出版社

研究成果获华东师范大学"211 工程"、"985 工程"项目资助

项目团队人员和单位名录

项目负责人

丁 钢(华东师范大学)

顾问单位

教育部国家教育发展研究中心

学术顾问

杜健霞(澳门大学教育学院)

严文蕃(美国波士顿麻州大学教育领导系)

全国调研协作单位和工作委员会专家委员

华东师范大学	丁 钢
华中师范大学	涂艳国
陕西师范大学	郝文武
东北师范大学	马云鹏
西北师范大学	万明钢
南京师范大学	胡建华
天津师范大学	韩映红
山东师范大学	赵昌木
四川师范大学	巴登尼玛
哈尔滨师范大学	温恒福
广西师范大学	唐文红
上海师范大学	岳 龙
南通大学	丁锦宏

项目组成员(单位和成员排名不分先后)

◆ 华东师范大学:

教育学:丁 钢、李 梅、孙玫璐、庄 瑜、杨福义、陈莲俊、王建军、周 彬、韩映雄、
张东海、陈 曦、鞠玉翠、荀 渊、张泽明、朱 雁、刘子侠、胡乐野、葛 丽、
吕传振、陆云鹏、江 丽、周 燕、杨 蓉、张 静、杜武军、雷丽丽、肖 婕

统计学:汪荣明、李 艳

◆ 华中师范大学：

涂艳国、田友谊、袁先潋、肖　凯、桂　勇、孙延洲、曾建发、金　绅、赵苗苗、龚　微、吴继伟、庞忠荣、覃林海、黄道主

◆ 西北师范大学：

万明钢、苟正斐、傅象喜、白　亮、杨宝琰

◆ 南京师范大学：

胡建华、邵泽斌、叶　忠

◆ 天津师范大学：

韩映红、洪文峰

◆ 山东师范大学：

赵昌木、王　凯、李剑萍、周巧玲、岳希亮、吴秀霞、隋　赤、张　伟、张秀才

◆ 四川师范大学：

巴登尼玛、万　英、葛　琛、黄砾卉、李久军、拉门初、桑朗翁姆、卢德生、刘　莉、姚　佳

◆ 哈尔滨师范大学：

温恒福　辛显文　陈云奔　张旭东　王　威

◆ 广西师范大学：

唐文红、谢　坤

◆ 东北师范大学：

马云鹏、唐丽芳、韩　冬、吴南希

◆ 陕西师范大学：

郝文武、葛　明、田建荣

◆ 上海师范大学

岳　龙

◆ 南通大学

丁锦宏、尤众喜

研究报告撰写人

丁　钢、李　梅、孙玫璐、李　艳、陈莲俊、杨福义、鞠玉翠、庄　瑜、王建军、韩映雄、张东海、陈　曦、荀　渊

目录

第四部分　研究方法 381

表目录

图目录

　　为建立一个基于网络和智能分析工具的教师教育研究数据采集、分析、应用和发布的平台，并为教师教育发展和政策的持续研究、追踪研究提供数据分析依据，建立服务国家的教师教育政策研究支持系统，在华东师范大学、教育部相关部门、入样省市所在地高等师范院校的大力支持下，通过国家"985"和"211"工程相关项目建设，创建了"全国教师教育政策研究数据库"（National Database for Teacher Education Policy，NDTEP），并相应成立了华东师范大学教师教育政策研究数据中心（East China Normal University，ECNU，Centre for Research Database in Teacher Education Policy），其目的在于结合国家中长期教育改革和发展规划，围绕国家重大理论和现实问题，面向国家政府相关部门，以及教师教育研究机构和教育决策管理部门提供重要的政策研究依据和咨询服务。

　　继第一个教师教育政策研究数据库项目——"全国教师专业发展状况调查"（National Teacher Professional Development Surveys，TPDS）的重大成果《中国中小学教师专业发展状况调查与政策分析报告》（2010）发布以来，本研究报告正是基于"全国教师教育政策研究数据库"系统建设开展的第二个研究数据库项目——"全国教师教育培养机构状况调查"（National Teacher Education Institution Surveys，TEIS）而形成的。

　　该研究成功实现了严谨科学取样下的大规模全国性调研，为建国后首次进行的中国高等师范院校师范生培养状况调查，填补了我国长期以来教师教育研究缺乏此方面真实可靠数据的空白。

　　本成果重点调查和分析了我国现有师范院校应培养怎样的教师、如何培养教师，以及培养情况究竟如何三大方面。研究成果立足于教师人才培养的实际状况，解决如何培养教师教育创新人才这一核心的实践问题，提出：创建更加公平和富有效率的教育，教师教育应确立新的发展理念，着力发展潜能型的教师教育，即非仅仅以现有的知识技能和课程体系去培养教师，而是从可持续发展的理念去培养具有自我发展、自我更新潜力的未来教师，形成创新型的教师教育体系。

　　本成果有助于支持教师教育的多种深入研究，具有极为重要的政策参考和学术研究价值。另外，研究成果揭示的当前教师培养的现实状况，可供各级政府教育管理部门、师范院校、中小学校领导参考使用，为宏观教育的决策和计划提供依据，并有助于促进社会公众了解教育和支持教育，取得良好的社会效益。事实上，此研究项目在进行过程中，已经吸引了各界相关人士的注意和重视。

在研究过程中,我们通过与 11 个抽样省、直辖市、自治区的 27 所包括部属师范大学、省属师范大学、省属师范学院和高等师范专科学校的通力合作、相互配合,得以高效、高质量地完成了本研究项目。在此,我们对所有关心、支持过本项目研究的领导、同仁和参与调查的教师和研究生,表示深深的敬意和谢忱。

丁钢

2013 年 7 月

第一部分

总体报告

1. 项目概况

1.1 研究背景与目标

1.1.1 总体背景

《国家中长期教育改革和发展规划纲要》的颁布，为我国教育深化改革指明了方向，也对教师教育提出了新的更高要求。为促进教师教育乃至教育研究数据方面与国际同步发展，并为我国教师教育政策支持系统建构与评估研究做出应有的贡献，我们开展的"全国教师教育政策研究数据库"（National Database for Teacher Education Policy，NDTEP）的研究和系统建设，无疑将有利于动态监测我国教师工作与专业培养、发展的状况，同时也有利于揭示我国教师教育政策的实施情况以及有利于体现以教师发展为本、实现知识创新的科学发展理念，从而使政策的制定与实施更加切合实际。而建设一个大型的、符合国际规范的教师教育专业研究数据库，是全面系统了解教师教育状况与完善教师教育政策最为有效、可靠和科学的途径。

同时，面对一个教育大数据的革命性变革，通过建立大型的教师教育研究数据库，进行大规模数据的收集、挖掘和分析，进而作出趋势预测，调整政策和策略，以推动教师教育的科学发展，这是教师教育发展的时代要求。

1.1.2 总体目标

"全国教师教育政策研究数据库"建设主要针对以下研究目标：（1）通过信息可靠、内容完备、持续渐进和与国际同步发展的大型教师教育政策研究数据库的建立，致力于建立教师教育政策的支持系统，并从政策的层面分析与建构国家教师教育政策的体系；（2）通过教师教育政策的实证研究，评估当前教师教育政策的实际效果，并对教师教育政策的执行效力与执行要素进行整体性的分析；（3）建立符合中国国情和特点的教师教育政策研究数据库系统；（4）其最终目的是要着力打造国际一流的教师教育政策研究的重镇并搭建具有世界影响的教育数据资源建设与共享的平台。

1.1.3 本项目背景

实施优质教师教育依然是我国教育改革的中心议题，而了解教师培养的实际状况,以促进教师教育创新人才培养,并形成创新型的教师教育体系,这将是中国基础教育质量能持续保证的基础。

作为"全国教师教育政策研究数据库"系统建设开展的第二个研究数据库项目——"全国教师教育培养机构状况调查"(National Teacher Education Institution Surveys,TEIS),则是针对全国高等师范院校师范生培养状况及其政策分析尚不具备比较完善和科学的研究数据库的状况,进行的大规模全国性调研。这项首次进行的中国高等师范院校师范生培养状况调查,填补了我国长期以来在教师教育研究方面的空白。

1.1.4 本项目目标

"全国教师教育培养机构状况调查"项目建设主要针对以下研究目标:(1)准确把握高等师范院校师范生培养状况和发展需求,为国家完善教师培养政策并提高教师培养工作的实效提供科学依据;(2)创立一个信息可靠、内容完备、持续渐进、与国际同步发展的大型高等院校师范生培养和政策研究数据库;(3)多方位服务于国家教师教育体系的创新,加强教师教育政策与决策的咨询研究;(4)研究成果可供各级政府教育管理部门、师范院校、中小学校领导参考使用,为教师教育政策的制定、实施和计划提供依据与智力的支撑。

1.2 研究问题与主要任务

1.2.1 研究问题

本调查的内容包括三个部分:教师培养过程问卷(A卷:入样院校在校师范生调查),教师培养结果问卷(B卷:入样院校师范毕业生跟踪调查),教师培养结果的用人单位认可与反馈问卷(C卷:入样院校师范毕业生所在中小学校领导调查)。作为研究数据库,其研究的主要问题是中国现有师范院校应培养怎样的教师、如何培养教师,以及培养情况如何三大方面。由此深入了解和分析中国高等师范院校师范生培养的现状和存在问题,为推进教师培养和教育政策的发展提供理论与实践依据。

1.2.2 主要任务

1. 建立"全国高等师范院校师范生培养状况和政策研究数据库";
2. 建立"全国高等师范院校师范生培养状况和政策研究数据库"的11个省/直辖市/自治区(上海、天津、黑龙江、吉林、甘肃、四川、江苏、广西、湖北、山东、陕西)师范生培养的独立数据库;
3. 通过"全国高等师范院校师范生培养状况和政策研究数据库"相关信息的研究分析与应用,深入了解与把握我国高等师范院校师范生培养的基本情况;
4. 通过"全国高等师范院校师范生培养状况和政策研究数据库"相关信息的

研究分析与应用,为我国高等师范院校师范生培养及其政策提供理论与实践依据;

5. 促进与推广"全国高等师范院校师范生培养状况和政策研究数据库"的使用与开发。

1.3　项目的组织实施

"全国教师教育培养机构状况调查"项目由华东师范大学主持承担,根据随机抽样结果,由全国 11 个省、直辖市、自治区的师范大学,包括华东师范大学、东北师范大学、陕西师范大学、华中师范大学、南京师范大学、广西师范大学、西北师范大学、哈尔滨师范大学、山东师范大学、四川师范大学和天津师范大学,协同完成数据采集。华东师范大学丁钢教授为该项目的主持人,同时特聘澳门大学教育学院杜健霞教授和美国波士顿麻州大学严文蕃教授两位教育数据库专家为该项目的学术顾问。本项目在团队建设方面采取跨学科的合作模式,由华东师范大学教育学科与统计学科通力合作,实行教育学科、统计学科、信息技术学科的交叉和跨学科人员的优势互补,以充分确保数据库建设中抽样、数据指标和数据采集过程的科学、规范、严谨以及数据的可靠性。

该项目研究分为三个主要阶段:

第一阶段是 2008 年至 2010 年 6 月:进行项目启动,各子项目进行相关文献收集与研究设计,制定研究框架和研究目标,然后确定研究方法、研究内容、研究重点以及调查方案;建立问卷设计框架和全国的数据采集抽样方案和指标体系;完成入样学校基本信息采集;在 2010 年 1 月至 6 月,完成调查问卷设计、网络版制作、测试、调整以及预调查;制定全国调查的具体实施方案,召开各省调查协作会议,协商签订调查协议,编写完成《调查工作手册》,培训调查人员。

第二阶段是 2010 年 7 月至 2011 年 6 月:全面实施调查工作,完成"全国教师教育培养机构状况调查"子项目数据收集,进行全国调查的收尾工作,采集数据全部入库,并研究数据库的整理和完善,数据分析方法与数据库的使用培训。

第三阶段为 2011 年 7 月至 2012 年 12 月:此阶段在统计专业人员和教育专业人员的密切配合和深入研讨与合作基础上,主要进行专题的拟定、数据分析和专题报告的撰写,撰写研究报告及数据库使用手册。

2.　调查过程与研究方法

本调查采用全国多阶分层不等概率大型抽样方案。根据主要的经济与教育发展指标进行聚类分析,对全国除西藏、新疆和港澳台以外的 29 个省、直辖市、自治区中 11 个入样省份(上海、天津、黑龙江、吉林、甘肃、四川、江苏、广西、湖北、山东、陕西),进行分层随机抽样,并按照我国经济区域划分和师范院校层次类型,调查了四个层次的师范院校,包括部属师范大学(分为东、中、西、东北地区)、省属师范大学、省属师范学院和高等师范专科学校,共27所师范院校(4所部属师范大学、16所省属本科师范院校、7所专科师范院校)。

调查内容包括教师培养过程问卷(A卷:入样院校在校师范生调查),教师培养结果问卷(B卷:入样院校师范毕业生跟踪调查),教师培养结果的用人单位认可与反馈问卷(C卷:入样院校师范毕业生所在中小学校领导调查),其中,在校师范生的全国总样本为6 624个,师范毕业生(初入职教师)的全国总样本为2 976个,师范毕业生所在中小学校领导的全国总样本为375个。全部A、B、C三卷调查的总样本数为9 975个。

2.1 入样专业

在各入样高校内的抽样采用分层抽样方法,以专业作为分层的依据。但是,师范院校之间专业设置有差异,甚至差异较大。在调查专业的确定中,主要遵循以下两个原则:

1. 与中小学教育相关的专业门类齐全,应多加选择,以较为全面地掌握教师教育状况;

2. 应选择大多数师范院校都开设的专业,以便进行研究分析。

由此,拟确定入样专业共13个,分别为:

第一类:主课类:(1)中文(2)数学(3)英语

第二类:科学类:(4)物理(5)化学(6)生物

第三类:文科类:(7)思政(8)历史(9)地理

第四类:文体类:(10)体育(11)音乐(12)美术

第五类:教育类:(13)教育技术

2.2 问卷内容

本数据库调查时所采用的问卷分A、B、C三大部分,A卷为入样院校在校师范生培养过程调查,68题;B卷为入样院校师范毕业生跟踪调查,27题;C卷为入样院校师范毕业生所在中小学校领导调查,21题。本数据库各问卷中内容如下:

2.2.1 A卷

为教师培养过程问卷,聚焦入样院校师范生的在校经历,包括6大块内容:基本信息、课程设置与教学实施、实践教学与教育实习、课外活动与养成教育、管理制度与办学条件以及学习动力与心理素养等。

2.2.2 B卷

为教师培养结果问卷,进行入样院校师范毕业生跟踪调查,包括就业过程、入职适应和生涯规划,师范生的知识、技能准备,其所受的教育与学习经历的满意度,及其职业适应情况等。

2.2.3 C卷

为教师培养结果的用人单位认可与反馈问卷,进行入样院校师范毕业生所在中小学校领导调查,包括师范毕业生(初入职教师)的工作情况与入职的适应过程,单位是否满意师范毕业生(初入职教师)的职业表现等。

2.3 调查设计

为保证调查的顺利进行,项目组在原有组建成立的全国调研协作委员会基础上,以分项目的形式委托包括上海在内的 11 个入样的省、直辖市、自治区的师范大学实施抽样信息采集和调查工作,华东师范大学为总项目负责。同时项目组安排项目核心成员对各合作单位的数据采集进行全程指导和质量监督,保证合作富有成效和成功。

为确保数据质量,此次调查数据收集是通过计算机网络进行的,被调查者只需登录远程数据库系统,在作答过程中即将数据传入系统。这样,一方面避免了传统纸质调查容易出现的漏答、丢失问卷的情况,保证问卷和作答项目的有效回收率(此次调查有效回收率为 100%);另一方面亦防止了纸质数据转换为电子版数据过程中因数据录入错误等各种可能造成的非抽样误差,保证了数据的准确无误。每一阶段的抽样都是根据入样省、直辖市、自治区的师范大学搜集而来的抽样框,利用统计软件严格进行随机抽样,从而保证数据的科学性。

2.4 抽样结果

为兼顾精度、样本代表性和调查可行性,此次抽样调查采用分层分阶抽样方法。被调查者涉及师范院校共 27 所(20 所本科师范院校、7 所专科师范院校),共获得在校生样本 6 624 个、毕业生样本 2 976 个、用人单位领导样本 375 个。

由于部分高校师范专业较少或某些专业学生人数少等原因,如柳州师范高等专科学校的毕业生人数极少,导致实际调查的样本量略低于设定的样本量。

本项目中分层分阶抽样的结果如表 1、表 2 所示:

表 1 各层抽样调查结果

层	第一阶段	第二阶段		第三阶段
	抽取学校	抽取学生(人)		
		在校生	毕业生	
第一层:教育部直属师范大学	华东师范大学	214	117	
	东北师范大学	261	104	
	华中师范大学	267	125	
	陕西师范大学	262	149	
	小 计	1 004	495	
	抽取省/直辖市/自治区	抽取学校	抽取学生(人)	
			在校生	毕业生
第二层:省属本专科师范院校	天津①	天津师范大学	260	129
	上海②	上海师范大学	259	88

① 由于天津市仅有一所师范院校(天津师范大学)属于调查总体范围,故天津市仅有一所学校入样。
② 由于上海市仅有一所省属本专科师范院校(上海师范大学),故该层中上海市仅有一所学校入样。

中国高等师范院校师范生培养状况调查与政策分析报告

层	第一阶段	第二阶段	第三阶段	
	抽取省/直辖市/自治区	抽取学校	抽取学生（人）	
			在校生	毕业生
第二层：省属本专科师范院校	江苏	南京师范大学	259	110
		盐城师范学院	238	143
		泰州师范高等专科学校	213	94
	黑龙江	哈尔滨师范大学	260	118
		牡丹江师范学院	259	88
		鹤岗师范高等专科学校	127	9
	湖北	湖北师范学院	267	122
		黄冈师范学院	260	191
		郧阳师范高等专科学校	263	79
	山东	山东师范大学	257	212
		聊城大学	243	54
		淄博师范高等专科学校	277	51
	四川	四川师范大学	272	139
		四川教育学院	223	115
		内江师范学院	256	116
	广西	广西师范大学	261	127
		玉林师范学院	260	145
		柳州师范高等专科学校	122	1
	甘肃	西北师范大学	261	129
		天水师范学院	260	89
		陇南师范高等专科学校	263	132
	小计		5 620	2 481

表2 各省/直辖市/自治区抽样调查结果

入样省/直辖市/自治区①	入样学校（所）				入样人数（人）		
	部属师范大学	省属师范大学	省属师范学院	高等师范专科学校	在校生	毕业生	用人单位领导
天　津	0	1	0	0	260	129	18
上　海	1	1	0	0	473	205	32
江　苏	0	1	1	1	710	347	47
黑龙江	0	1	1	1	646	215	21
湖　北	1	1	1	1	1 057	517	53
山　东	0	1	1	1	777	317	45
四　川	0	1	1	1	751	370	48
广　西	0	1	1	1	643	273	27
甘　肃	0	1	1	1	784	350	42
吉　林	1	0	0	0	261	104	19
陕　西	1	0	0	0	262	149	23
合　计	4	9	7	7	6 624	2 976	375

① 由于东北师范大学（位于吉林省）和陕西师范大学（位于陕西省）入样，这里在入样9省/直辖市/自治区基础上加入吉林省和陕西省。

2.5　调查与数据整理

项目组在进行现场调查之前,还编制了《调查工作手册》(见附录2),不仅明确了各地调查组应达到的调查要求,而且还就调查的软硬件准备等各方面的问题给予了具体指导,以便各入样省、直辖市、自治区的师范大学的调查小组在进行调查前全面把握调查情况并及时培训调查员。各省、直辖市、自治区的师范大学的调查员经培训后再进入各入样院校开展调查,同时项目组成员也分头赴各地指导调查。

本次调查采用现场集中网络调查的形式,这保证了答题的完整性和100%的问卷回收率,同时可以及时地在回收问卷的过程中整理数据,进而总结经验,以便于在整个调查过程中进行适时的调整和完善。在每所学校进行调查以后,调查人员均及时反馈调查日志,详细记录各种经验和问题,为今后调查的进一步完善提供宝贵的资料。

调查有效数据收集以后,项目组对数据进行了整理。整理工作主要包括两部分的内容:第一部分是将样本学校的基本文献信息、分析所需信息与调查数据进行比对;第二部分是检查数据逻辑错误并予以纠正。同时,在数据收集后,我们还根据具体情况设计了权重,将其纳入数据分析过程中,以得到有效的推断结果。

2.6　研究与分析

在撰写各项研究报告之前,课题组对改革开放以来中国有关教师教育政策的文献进行了全面的梳理,以期基于科学调查数据统计的研究分析,更具有政策发展的针对性。

同时,收集各师范院校的学校简介,学校章程,学校发展规划,师范生四学年课程表包括2011届(2007级本科、2008级专科)各师范专业四年(本科)、三年(专科)课程总表,师范生培养方案,本科教学质量评估报告,教学管理规定(实施细则),师范生实习管理细则,学生手册(本科生与专科生手册),就业情况统计表按截至2009年6月2009届(2005级本科、2006级专科)师范专业毕业生就业情况,全日制在校生人数,全日制师范生在校生人数,实习基地(学校)数,教学技能实训教室数,微格教学教室数,年聘任为师范生导师的中小学教师数(兼职和以颁发证书为准),从非师范专业转入师范专业的学生数,从师范专业转入非师范专业的学生数,等等,作为调查、研究与分析的基础材料。

研究报告以教育统计学为基本方法,遵循了国际上通行的教育研究的统计分析原则与标准,体现了现代应用统计学概念和方法的内核,对中国教师教育的随机现象进行整理分析来反映教育总体信息的数字资料,并以此为依据,对具有中国特色的教师教育研究及其本质的总体特征进行推断。纵观整个分析方法,体现了一种从具体到抽象,从政策的描述到本质的推断的过程,得出了令人信服的数据结果。

具体来说,各项报告使用SPSS统计软件工具,首先运用描述统计的方法并且算出平均数、标准差、方差,在此基础上,运用百分比、中位数、众数等来反映教师教育现象的结构、比例、比较、强度、动态的相对指标。

大部分的报告都较好地运用了相关和回归的统计方法,以此来判断变量之间是否存在相关关系和相关形态、变动方向；测定出关系密切程度，并检验其有效性，很多报告还呈现了"相关图"、"相关系数"。

在相关的分析基础上，借助于回归所运用的函数关系式来表达具有相关关系现象之间的数量变动的规律性，并由给定的自变量 x 值来揭示因变量在数量上的变化反映出教育现象的因果关系、互为因果关系、非因果关系以及它的制约关系；运用回归方程模型来表示教育现象的复杂关系，从而揭示出深刻的教育本质，而且几乎一半以上的报告运用了多重回归的统计方法，还根据需要建立了回归方程模型。

3. 高等师范院校师范生培养的基本情况

根据前期严格科学的抽样，本研究对中国除西藏、新疆和港澳台以外的 29 个省、直辖市、自治区中 11 个入样省份，并按照我国经济区域划分和师范院校层次类型，包括部属师范大学、省属师范大学、省属师范学院和高等师范专科学校，共 27 所师范院校的在校师范生 6 624 人，师范毕业生（初入职教师）2 976 人，以及师范毕业生所在中小学校领导 375 人进行调查，用以反映我国高等师范院校师范生培养和培养结果的总体情况。

3.1 高等师范院校师范生中男女比例日益悬殊

在本次调查中，我们发现，相比 2008 年调查中所呈现的关于基础教育阶段男女教师比例相对平衡，男教师人数略低于女教师，占教师总人数 45.4% 的情况[1]，在校师范生的男女比例差距明显加大，女生达 65.3%，男生仅占 34.7%（见图 1），这也预示今后基础教育阶段男女教师比例将发生重大变化。

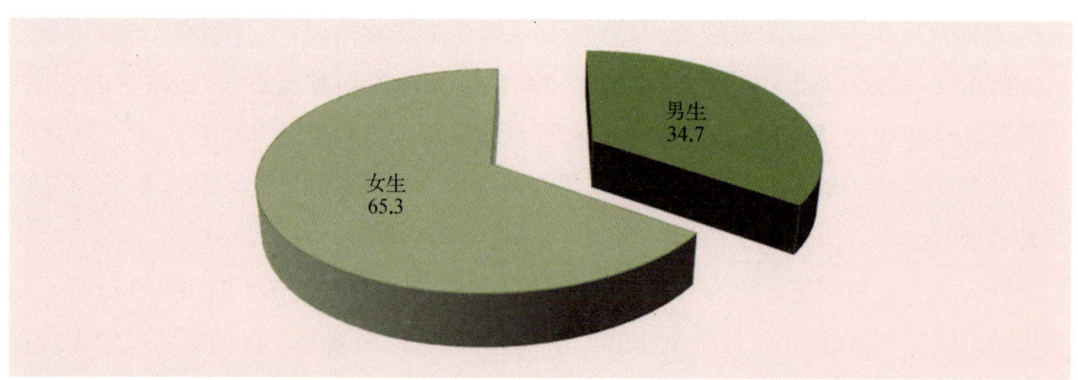

图 1　男女师范生比例(%)

如图 2 所示，这种现象在各学科的性别分布中也可发现一些变化，除了学习文科的学生在传统意义上女生较多外，现在学习理科的女生有明显的增加，甚至在总体上已经多于男生。

[1] 丁钢. 中国中小学教师专业发展状况调查与政策分析报告[M]. 上海：华东师范大学出版社，2010：10.

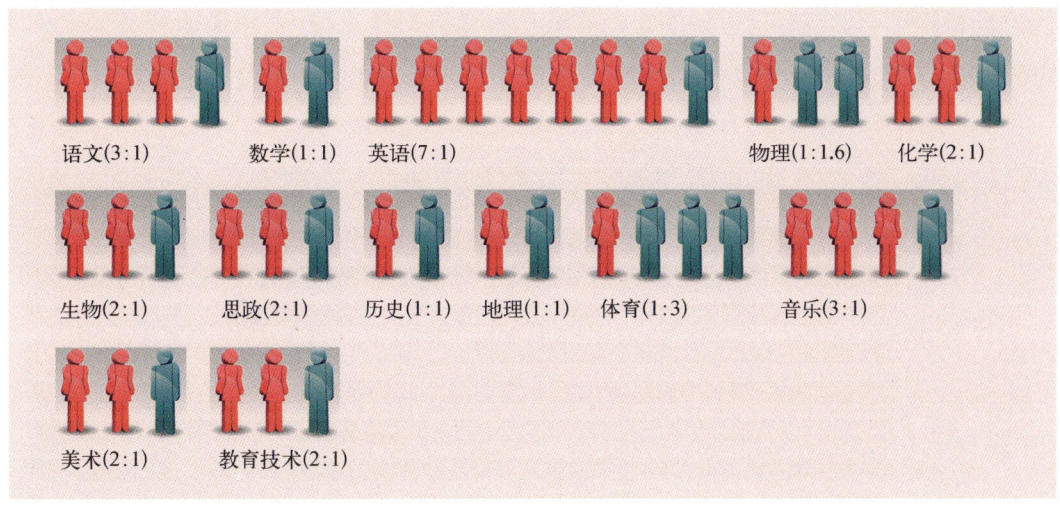

图2 各师范专业中的男女生比例

3.2 师范生培养中的教育类课程种类与范围有很大拓展，但实践性还须加强

经过近些年的持续改革，我国高等师范院校已经在教育类课程的改革方面取得了很大的进展，不但体现于课程方案文本中的教育类课程种类已经趋于多元化，而且师范生修习的教育类课程范围也已经大大拓展。但是，教育类课程与教学并不是师范生专业素养的主要贡献者，高等师范院校中的教育类课程与教学的实践性还须进一步加强。

本次调查中，师范生对自己的教师专业素养进行自评，并分别就各个专业素养领域选择其认为对于这一素养帮助最大的课程或其他教育资源，结果表明，教育类课程都不是多数师范生心目中对其专业素养养成贡献最大的力量来源（见图3）。

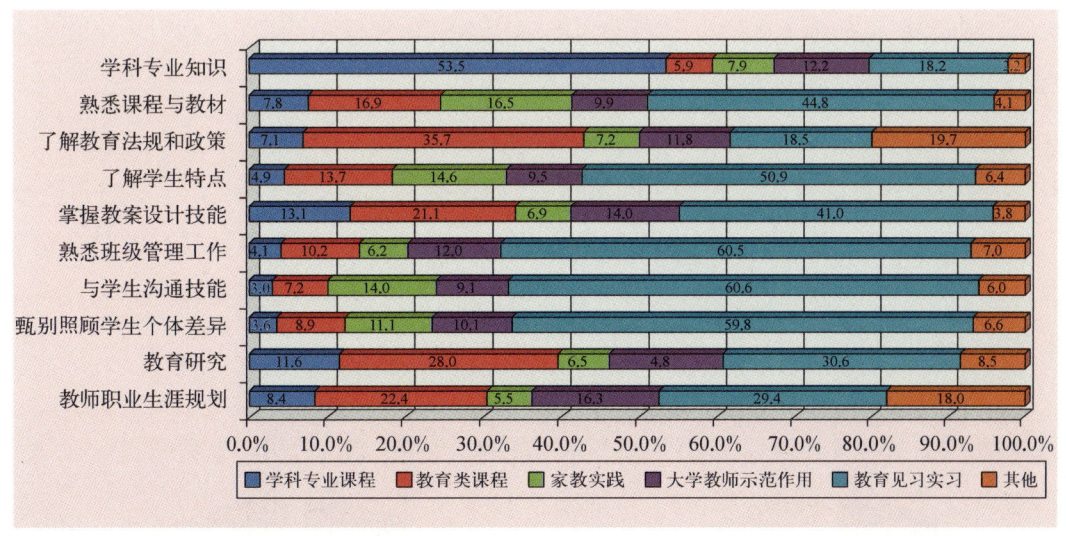

图3 不同课程或活动对师范生知识和能力培养的贡献率

而如图4所示，在师范生的学习经验中，教育类课程的教学中使用频率最高的教学方法是"讲授"，其次是"使用PPT等课件"，再次是"利用网络资源"和"运用音像资料"。50％以上的师范生认为在自己所修习的教育类课程中，这些方法或手段被教师经常使用或较多使用。而有40％左右的师范生汇报在自己所修习的教育类课程中经常或比较经

常地"分析中小学案例",这也说明目前在我国师范院校中,关注中小学教育教学实践不但在理念上已经被广泛接受,而且在教学实践中也开始成为一个值得肯定的方向。

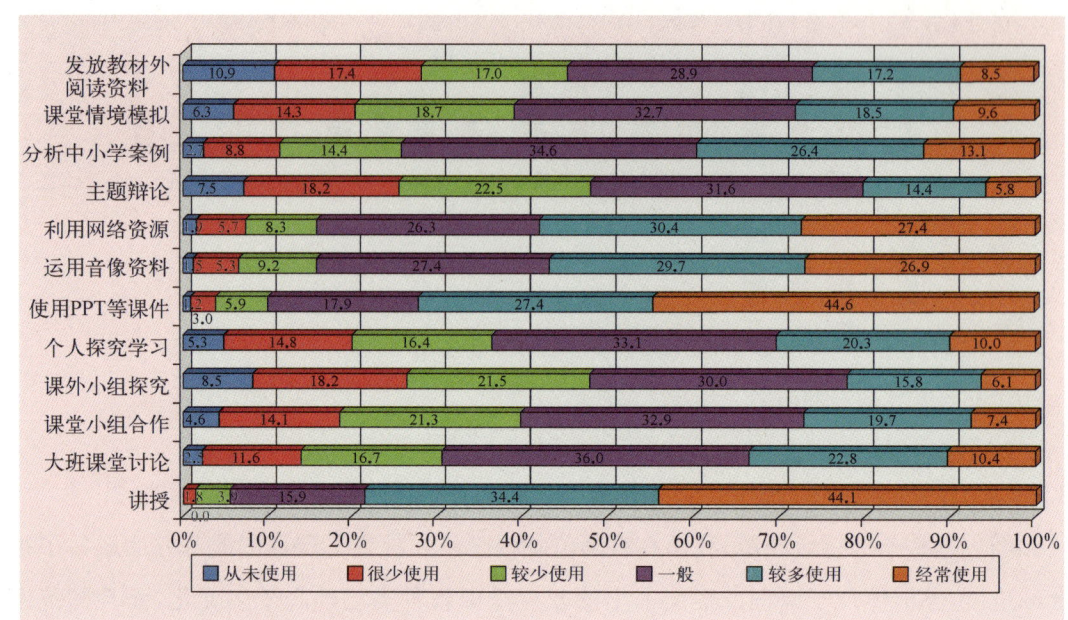

图4　教育类课程的教学过程中教学方法使用频率

不过,如"主题辩论"、"课外小组探究"、"课堂小组合作"、"个人探究学习"、"课堂情境模拟"及"大班课堂讨论"等方法,似乎仍然使用不多。实际上,这些方法更有助于深化学生对所学内容的理解和培养学生的实践能力、自主学习能力。但是,高等师范院校的教育类课程中较少使用这类方法,这就限制了这些课程在培养师范生的教育专业素养方面的实际贡献,也使师范生缺少了观摩这些方法在具体课堂中的使用、并为将来在自己的课堂教学中使用这些方法奠定必要经验基础的机会。

3.3　学科教育类课程受到师范生的重视,覆盖率尚需加强

调查发现,师范生对以学科教育理论为基础的学科教学法、学科教材与教学分析等学科教育类课程的重视程度的自我评价较高,自认为不太重视或很不重视的总和仅占全体受调查人数的一成左右(见图5、图6)。

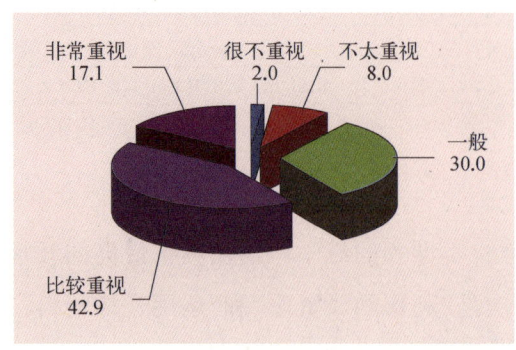

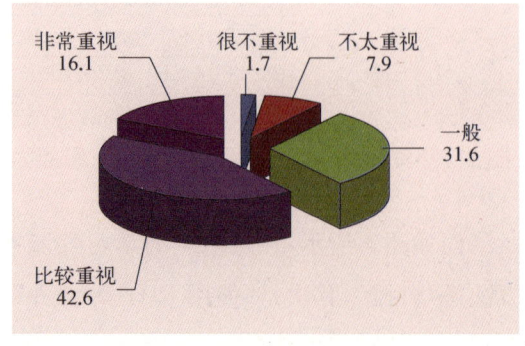

图5　在校师范生对学科教学法重视程度(%)　图6　在校师范生对学科教材与教学分析重视情况(%)

　　但从学科教材与教学案例分析类课程修读的整体情况来看,在所调查的师范生中有77.3%的学生已经修读或正在修读此课程,仍有22.7%的学生尚未修读此课程(见图7)。而学科教学法(或学科教学论)类课程也有11.4%的学生没有修读(见图8)。

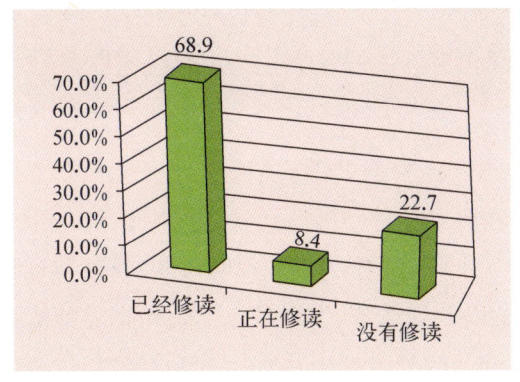 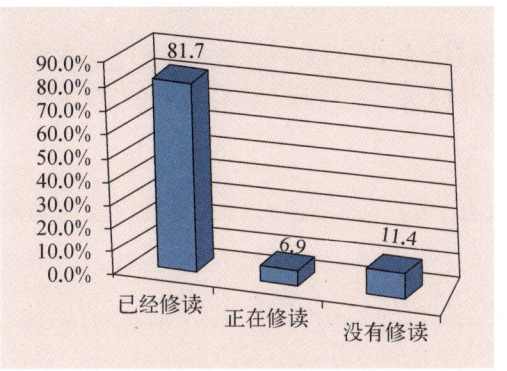

图7　在校师范生学科教材与教学分析修　　　图8　在校师范生学科教学法修读情况
　　　　读情况

　　从我国对于义务教育和高中课程的设置情况来看,除了综合实践活动的设置之外,如初中的历史和社会、科学,或是高中学习领域的划分,在课程实施中还是采取以分科教学为主的方式。

　　这都说明,中国基础教育的特征是分科教学,而中国教师的专业化正是建立在这种分科教学的基础之上。与此相适应,培养教师的师范院校均为多学科的建制,这成为中国师范教育的一种鲜明的特色。同时,这种师范生分学科教育方式也构成了中国高等师范院校师范生培养的基本特征。

　　而从调查中学科教育类课程相比一般教育类课程受到师范生的普遍重视的情况来看,学科教学法、学科教材与教学分析等学科教育类课程与主教学科的紧密结合,也意味着为未来教师在主教学科的持续教学中的精益求精提供了客观的专业发展环境。这既证明近年来我国高等师范院校在师范生课程改革方面的成功之处,但也可以看到其不足,即将改革推进到所有师范院校的师范生课程之中,我们还需努力。

3.4　实习经历对师范生有积极的意义,但实际授课时数太少

　　调查发现,26.0%的师范生认为学校提供的提高教学实践技能的机会比较多,4.4%的师范生认为很多,而43.6%的师范生认为一般,说明学校在这方面的支持力度比较大。

　　更重要的是,教育实习的经历对师范生有着积极的意义。对于"实习经历让你更喜欢做教师"这一观点,师范生比较同意或非常同意的达59.5%。通过实习,师范生可以在各方面取得长足的进步,调查显示,实习对于师范生知识和能力培养的贡献率:"与学生沟通的技能"(60.60%)、"熟悉班级管理工作"(60.50%)、"甄别照顾个体差异"(59.80%)、"了解学生特点"(50.90%)、"熟悉课程与教材"(44.80%)、"掌握教案设计技能"(41.00%),就是在"教育研究"和"教师职业生涯规划"方面的促进作用也比其他课程或活动要大(见图3)。虽然看起来教育实习对于"学科专业知识"和"了解教育法规和政

策"影响不大,但正好说明,教育实习对于熟悉与实践相关的知识和能力具有最重要的作用,并能增强师范生对于自己胜任教师教学的能力和行动自信。

也许正因为师范生对于教育实习的重视,教育实习中的问题也因此值得我们关注。师范生指出实习最大的问题是"实际授课时数太少"(23.0%),其他还有如可供选择的"实习学校太少"(13.4%)、"实习学校教师指导不够"(13.6%)、"实习学校提供条件不足"(12.3%),"高校本校教师指导不够"(9.3%)。这可能也是由于"实习期间经费支持不足"(17.6%),由此给实习学生、实习学校以及实习效果带来一系列的问题,本次调查只有10.7%的学生对目前的实习较为满意,认为没有什么问题。

还有实习时间依然不足(见图9)。调查显示,师范生去中小学实习的时间,教育部直属师范院校的实习时间以10周居多,省属师范大学以8周居多,省属师范学院和高等师范专科学校两极分化的现象比较严重,19.6%的省属师范学院的学生及21.7%的高等师范专科学校的学生实习时间不到六周。另外,师范生实际授课的时数与专业有很大的关系,授课30课时以上的虽然各专业都有一部分学生,但体育、音乐、美术专业的学生最多。与高考科目不相关的专业,实习学校会更多地放手让师范生去锻炼,反之,实习学校给予的机会要少得多。

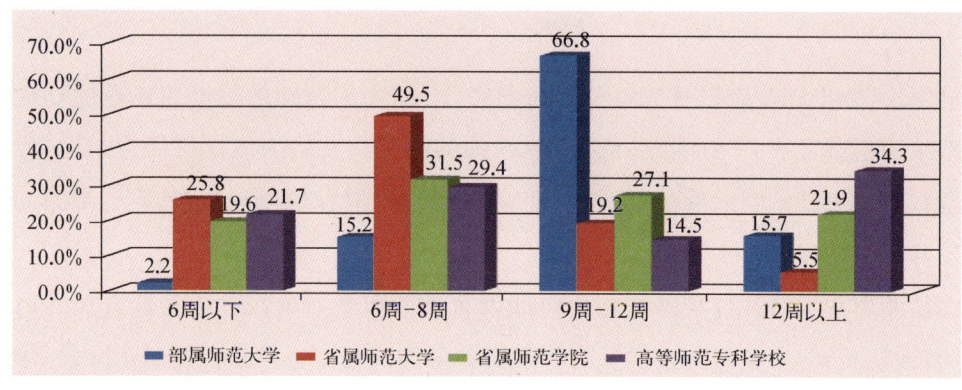

图9　教育实习周期

3.5　课外活动在师范生专业能力提升上有优势,但重实践轻科研

调查发现在师范生参与校内各类课外活动中,学生课外活动参与均数排名如图10所示:"社团活动"(M=3.35)、"寒暑假社会实践"(M=3.34)、"家教或教育类兼职"(M=3.23)、"志愿者活动"(M=3.16)、"教育类竞赛"(M=2.96)、"学术讲座及论坛"(M=2.93)、"专业兴趣小组"(M=2.74)、"学术科研项目"(M=2.65)。学生参与各类课外活动的均值都较相近,师范生参与课外活动频度最高的前三位是"社团活动"、"寒暑假社会实践"和"家教或教育类兼职";最低的后三位是"学术讲座及论坛"、"专业兴趣小组"、"学术科研项目"。师范生组织课外活动均数最高的前三位活动是"社团活动"、"寒暑假社会实践"与"志愿者活动";最低的后三位是"学术讲座及论坛"、"专业兴趣小组"、"学术科研项目"。

师范生通过参加各类课外活动,对其15种教师专业能力有着不同的提升作用(见图11)。其中,调查对象认为课外活动对"自信心提升"(M=3.86)、"团队协作能力"(M=3.84)与"社会责任感"(M=3.79)影响最大。

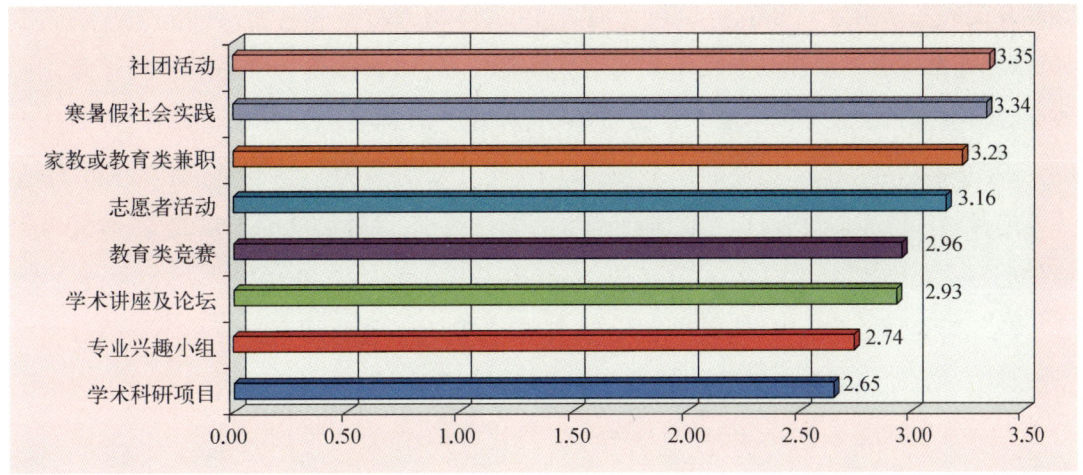

图 10　师范生参与课外活动的情况(M)

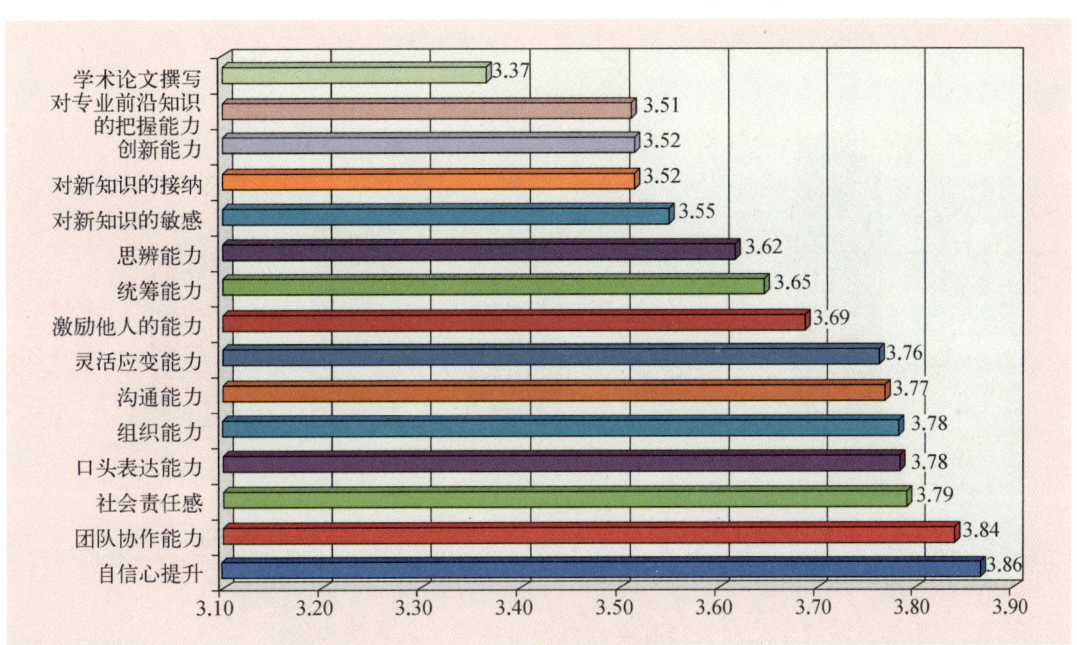

图 11　参加课外活动对师范生教师能力提升的基本情况

与课程设置、教育实习相比,课外活动作为师范生培养的另一重要途径,在师范生作为未来教师专业能力的养成上,有明显的优势。但是,从学术科研活动的参与情况来看,并不理想,尤其校本科研已经成为中小学教师专业发展的重要特色,学术科研活动应该成为培养未来教师的重要组成部分。

3.6　管理制度与办学条件对师范生专业知识技能掌握情况具有较大的影响

本次调查所涉及的管理制度包括：本(专)科生导师制度、转专业制度、公共选修课制度、师范生奖学金制度等;所涉及的办学条件包括：兼职教师资源、学生资助体系、网络使用机会、纸质类图书资源、电子类学习资源、学科专业实验室、教师技能训练场所与设施等。我们认为,与教师教育培养目标密切相关的管理制度与办学条件是师范生培养中管理制度与办学条件的核心,亦即我们此次调查中所涉及的公共选修课制度(具体化为教师教育课程选修制度)、师范生学籍管理制度(具体化为转专业制度)、师范生激励制度(具体化为师范生奖学金制度)、师范生培养的师资条件(具体化为中小学一线教师充任兼职教师资源),以及师范生教学实践资源(具体化为教师技能训练场与设施)。而其他的本(专)科生导师制、学生资助体系、网络图书电子资料资源和学科专业实验室尽管并非专门针对师范生而设置,但在保障师范生的学科教学、课外活动等正常教学、研究与生活中也有重要作用。

在各类别师范院校中,部属师范大学、省属师范大学、省属师范学院和高等师范专科学校学生对管理制度与办学条件的总体满意度均值如图 12 所示。经方差分析,四类院校学生对管理制度与办学条件的总体满意度有显著差异,省属师范大学学生的总体满意度均显著低于其他院校($p<.01$),部属师范大学显著高于省属师范大学和省属师范学院($p<.01$),与高等师范专科学校无显著差异;高等师范专科学校显著高于省属师范大学($p<.01$),与省属师范学院则没有显著性差异。

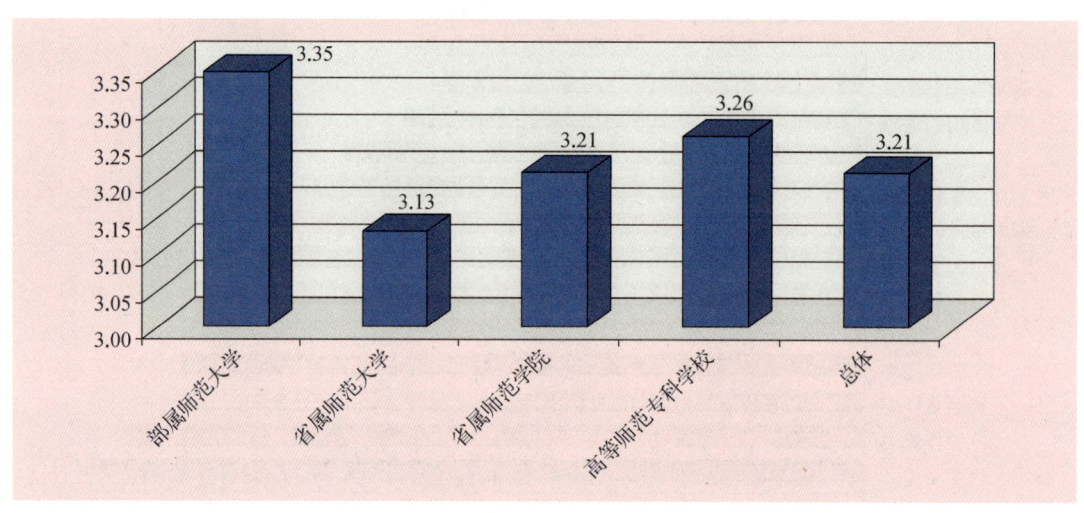

图 12　各类别师范院校学生对管理制度与办学条件总体满意度均值

进而,以学生对管理制度与办学条件的总体满意度评价作为自变量作一元回归分析,形成一元回归方程,结果显示,管理制度与办学条件满意度组块的标准回归系数(β)为 0.174,仅次于教师教育课程投入程度(.344)和实习的帮助程度(.232),高于教师教育课程修读门数(.132)和学科专业课程投入程度(.144),也就是说,学生对管理制度与办学条件的总体满意度对其专业知识技能掌握情况具有较大的影响。

3.7　师范生在性格特征、归因风格等方面具有专业特质

本次调查发现,与同年龄中国成人相比,在校师范生外向或倾向外向的人数比例远远超过一般人群,达到三分之二(66.6%),内向或倾向内向的人数比例不到百分之五(4.7%)(见图13)。这在一定程度上说明师范生所接受的师范教育对其外向性格的养成起到了一定的积极作用,使得他们产生乐观开朗、情绪外露、喜爱交际、喜欢谈笑、爱好活动与冒险等对从事教师职业具有一定优势的特质。

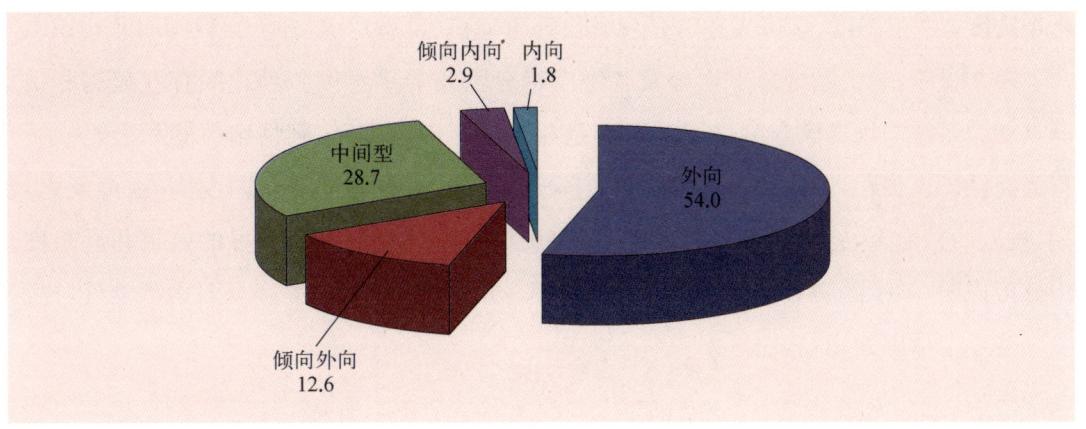

图13　师范生的性格特征(%)

就入样院校师范生对成功(考试成绩好)和失败(考试成绩不好)的归因进行统计分析,结果显示,不管是成功还是失败,八成师范生的归因方式为内控型。如图14所示,超过四分之三的师范生将考试成绩好归因为自己用功(77.0%),将考试成绩不好归因为自己不用功(78.0%)。这对于师范生自己的专业学习和将来对中小学生的正确引导都具有非常重要的积极意义。懂得将成绩归因于"自己的努力",不仅有利于激发师范生克服内外部困难,积极努力地面对专业学习,更重要的是有利于其在未来从事教师职业的过程中能正确客观地看待学生的成绩好坏,并给予合理指导,防止偏见与歧视等带来的负面影响,为每个学生都能通过自己的努力来提高知识和技能水平创造条件。

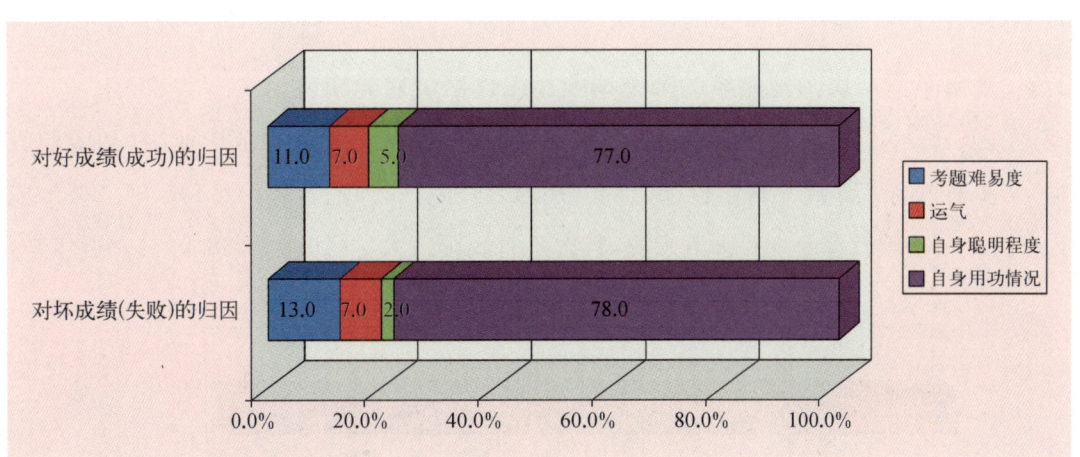

图14　师范生对成绩好坏(成功/失败)的归因

3.8　师范生的学习动力系统与培养满意度显著相关

师范生的学习动力系统是比较匮乏的研究领域,本调查所指是师范生在教师的指导下,有目的、有计划、有组织、有系统地掌握知识、技能,发展智力与能力,培养个性和思想品德的过程。而学习动力系统指学习的规划、发动、维持和调节机制,包含学习态度、兴趣、动机、反思等要素,表现为对学习意义的认识、学习的意愿、学习的努力程度、学习中的情感体验和对整个学习过程的监控调节等方面。如此,师范生的学习动力系统可分为六个维度：学习态度、学习兴趣、内生动机、外生动机、反思意识与能力、教师职业意识。

表3显示,动力系统总平均分及各维度得分与培养满意度各项之间存在显著相关,而且动力系统与培养满意度之间的影响是相互的。满意度高,则情绪体验积极,为学习行为提供了正强化,因此学习动力更强;学习动力强,对教师职业认同度高,注意反思规划,投入的精力多,感受到学习的乐趣,喜欢挑战等特征又促进了学习的效果和满意度。由此可说明,学生的学习满意度除受学校环境、办学条件和水平等客观因素影响外,还深受师范生个体因素影响。

表3　动力系统与培养满意度的相关性

	学习满意度	教育类课程满意度	实习满意度	课外活动帮助度	管理制度和办学条件满意度	学科课程满意度
动力系统总平均分	.428**	.458**	.367**	.507**	.386**	.451**
学习态度	−.060**	.085**	.037**	.074**	−.043**	.094**
学习兴趣	.340**	.377**	.275**	.410**	.305**	.372**
内生动机	.409**	.338**	.265**	.406**	.326**	.320**
外生动机	.243**	.234**	.169**	.252**	.234**	.228**
反思意识与能力	.391**	.338**	.302**	.408**	.335**	.330**
教师职业意识	.244**	.313**	.301**	.293**	.296**	.318**

注：＊＊表示 $p < .01$，＊＊＊表示 $p < .001$。

3.9　来自不同层次师范院校的师范毕业生工作区域差异明显

图15显示,广大农村地区(包括乡镇和县城)的基础学校的师范毕业生(初入职教师)大多来自高等师范专科学校(50.8%、18.4%)和省属师范学院(41.4%、27.2%),成为中国农村基础教育的主要师资来源,其次是省属师范大学(16.0%、38.4%)。近年来,

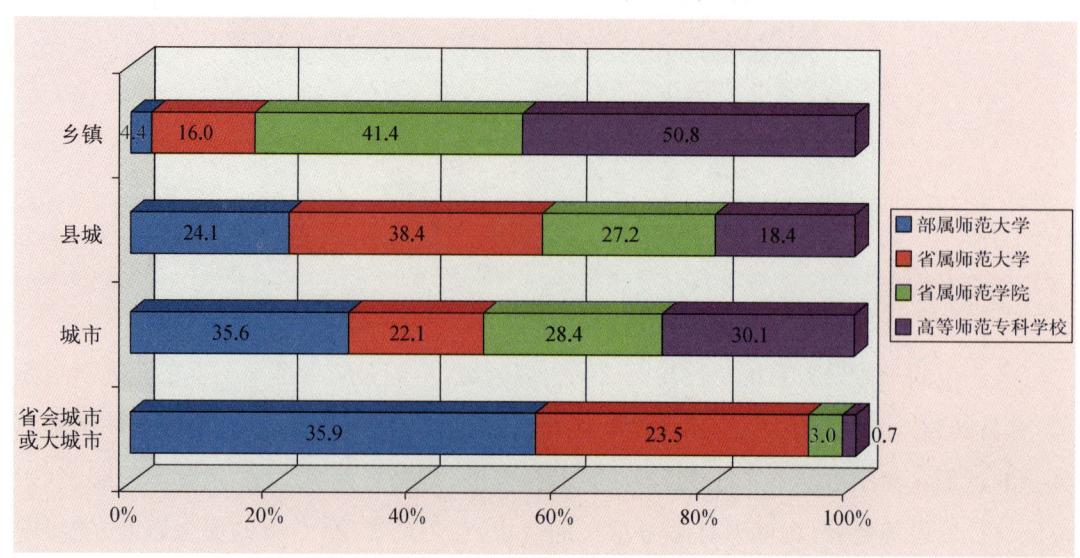

图15　各类师范院校师范毕业生所在的工作地区

随着部属师范大学免费师范生的政策,部属师范大学的师范毕业生对农村地区学校的师资有所充实(4.4%、24.1%)。但是,省会城市或大城市的主要师资来源于部属师范大学(35.9%)和省属师范大学(23.5%),城市中的师资最多来源于部属师范大学(35.6%),其他三类师范院校则比例相当。

3.10 师范毕业生对教学能力的自我认识和职业期待

图16显示,师范毕业生(初入职教师)最希望提高教学技能(M=4.21),以下依次为"希望提高专业素养"(M=4.05)、"希望提高科研能力"(M=4.01)等。这也透露出一个信息,即师范院校对师范生教学能力的培养方面,还有待于加强,教师的专业素养及科研能力也需要在培养过程中予以重视。

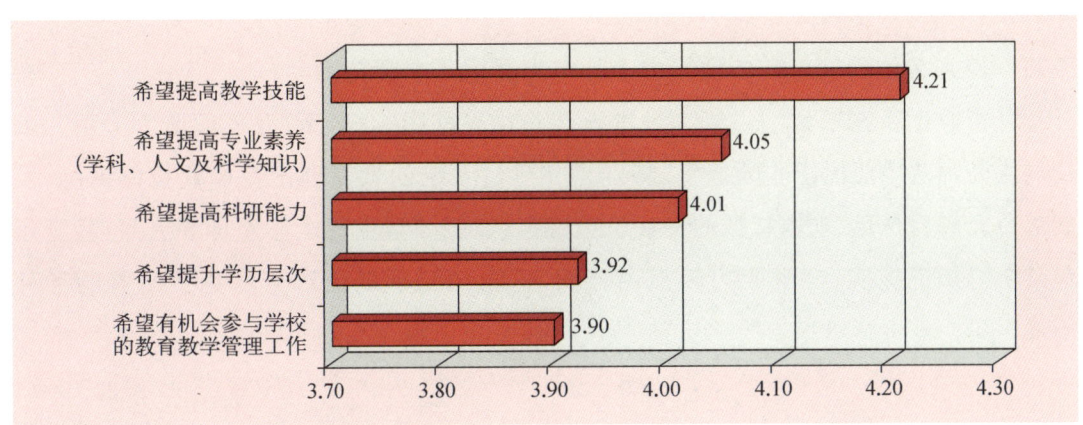

图16 毕业生认为最需要提高的能力(M)

如图17所示,通过一段时间实际的教学工作,师范毕业生(初入职教师)的职业期待显得更为靠近实践需求,很少人会满足于成为一名合格的教师(7.3%),但大多数师范毕业生(初入职教师)并不好高骛远,而是希望成为受学生喜欢的教师(39.5%),其次才是成为教学能手(25.5%)、研究型教师(15.5%)乃至教育家(7.4%)。这也反过来证明,教育家不是仅靠培养能够成就的,而是需要不断地教学经验积累,持续地专业发展。希望成为受学生喜欢的教师,这正是对教师教学的专业性和职业道德最精彩的概括。这恰恰与用人单位(师范毕业生所工作的中小学)对师范毕业生(初入职教师)的职业期待不谋而合(见图18)。

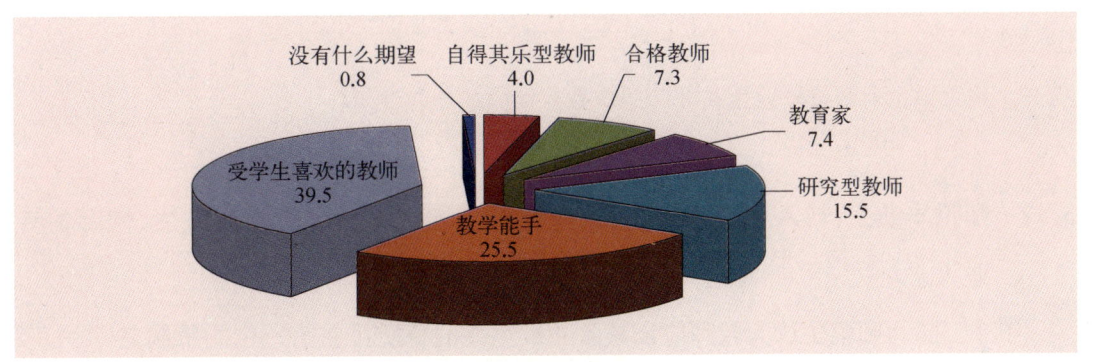

图17 师范毕业生(初入职教师)希望成为怎样的教师(%)

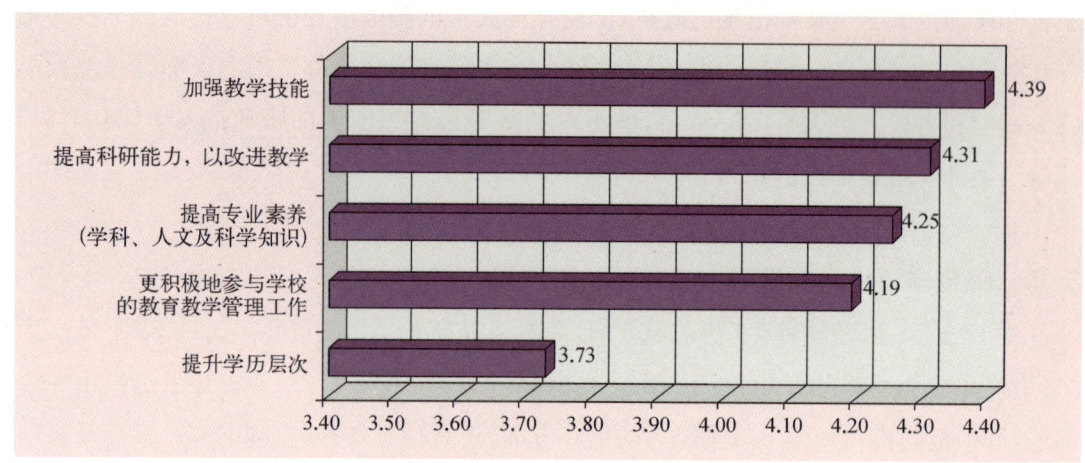

图18 用人单位认为师范毕业生还需提高的方面(M)

3.11 用人单位均认为在各项能力上师范生要优于非师范生

对毕业生所在单位的主管领导进行调查结果如图19所示,在各项能力上用人单位均认为师范生要优于非师范生,特别是在受过系统的教育理论及专业技能训练、发展潜力大与后劲足、立志从教的专业思想稳定、能照顾学生的个体差异等方面,甚至还包括学科知识扎实、学术能力较强两方面,这也纠正了以往对于师范生培养的种种质疑。

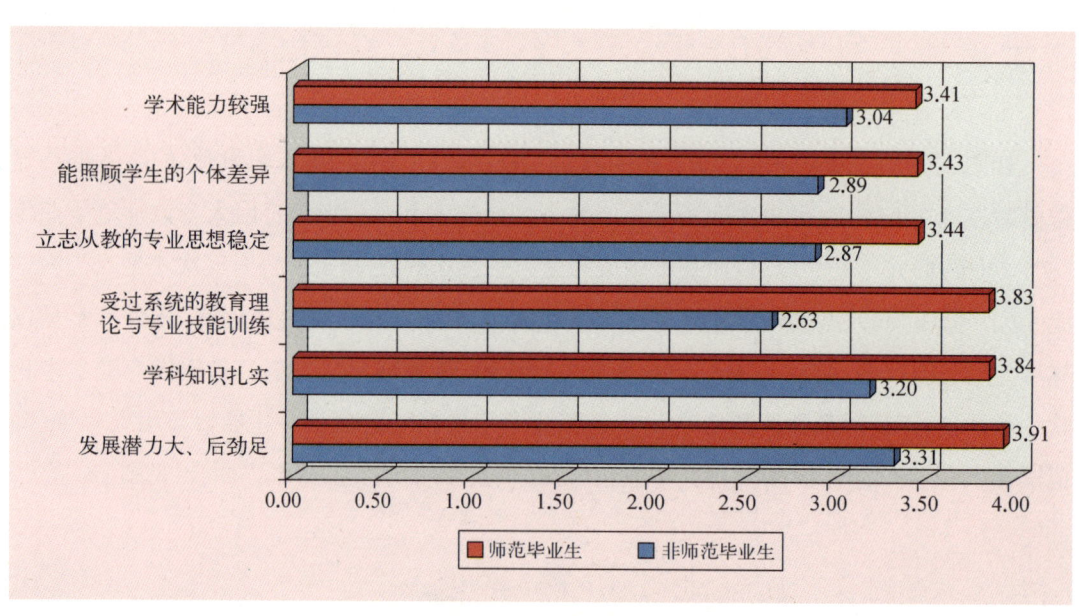

图19 用人单位对师范毕业生和非师范毕业生能力的比较评价(M)

3.12 师范毕业生(初入职教师)和用人单位领导均认为教师是类似医生、律师的专业人士

图20显示,师范生认为教师应该具备的最重要的特质排在前三位的依次是"耐心"、"责任心强"、"良好的道德品质和高尚人格"。"有爱心"、"出色的专业能力"、"博学"、"善

于沟通"位居其次。这说明相当比例的师范生认同教师首先需要有耐心、责任心、良好的道德品质和高尚人格。同时,也有近三分之一(32.5%)的师范生认识到教师需要有出色的专业能力,即认识到教师是一个具有专业性的工作。

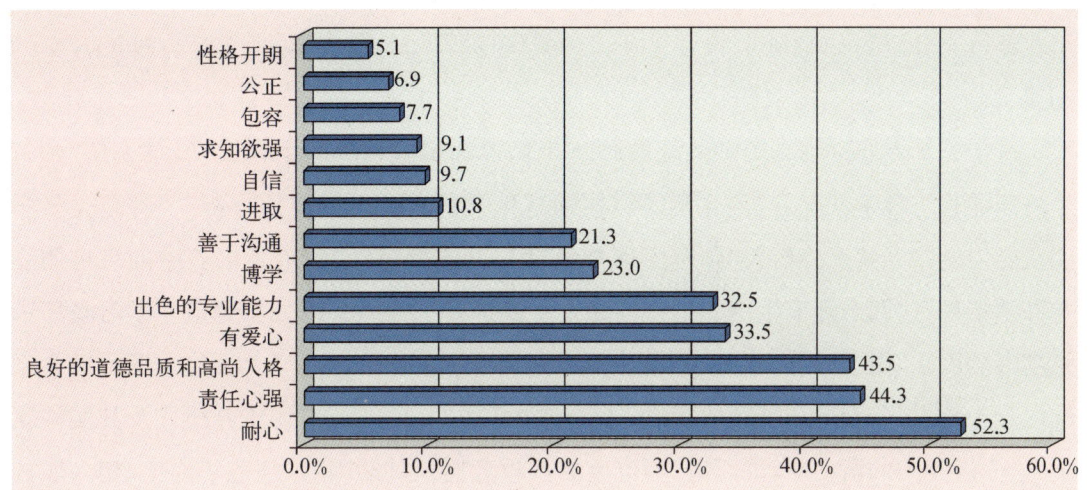

图 20   师范生对教师应该具备的特质选择情况

本次研究还对师范毕业生(初入职的教师)和毕业生所在单位(中小学)的主管领导就"你认为教师的社会形象应该是什么"进行了调查,与在校师范生相比,师范毕业生(初入职的教师)对教师职业专业性的认识更加深刻,认为教师是类似医生、律师的专业人士的人数比例最高(38.5%),而师范毕业生所在单位(中小学)的主管领导有半数(49.9%)认为教师是类似医生、律师的专业人士(见图 21),这表明随着工作实践的深化和对教育内涵的理解加深,师范毕业生越来越认识到自己所从事的职业是具有专业性的,不是任何人都能胜任的。

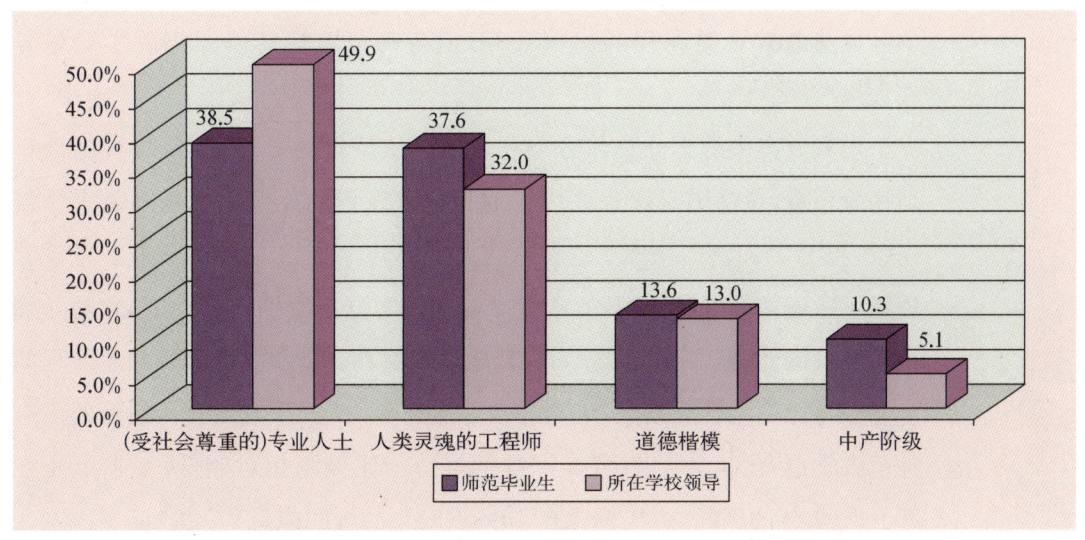

图 21   师范毕业生和所在单位(中小学)主管领导对教师社会形象的定位

4. 主要发现与政策建议

　　为了深入地了解和分析我国高等师范院校师范生培养的现状和存在问题,归纳广大师范生的专业发展需求及其对教师教育的认识和对学习环境与学校管理的看法,本课题组在经过充分研讨的基础上拟定了十二个专题进行了深入的数据分析与政策含义的阐述。

　　这十二个专题围绕高等师范院校师范生培养和实施状况的主题展开,首先从"师范生培养课程与教学状况分析"开始,再对"师范生学科教育及其成效分析"、"师范生教学实践能力的培养状况分析"、"师范生课外活动与养成教育"、"师范生培养中的管理制度与办学条件"这四个师范生培养工作的基本主题进行了深入分析,对"师范生学习经历满意度影响因素"做了归总,并对"师范生的专业特质及其相关因素"、"师范生学习动力系统的若干特点"分别进行了新的探讨,还特别关注了"免费师范生的培养模式及其实施状况"这一近年来的新动向,进而对"师范生的从教意愿及其动因"、"师范毕业生(初入职教师)的工作满意度及其影响因素"、"教师地位与社会形象的认识"等方面做了分析,并以"中国教师培养的政策与体系变革"为题的专文,为本调查提供了宏观的背景研究。最后,对本调查的研究方法作了详细的阐述。

　　在此基础上,形成了"全国高等师范院校师范生培养状况调查与政策分析报告"。

　　各专题研究报告在深入细致地进行数据统计和现状对应的研究分析中,呈现出众多的研究发现并提出了相应的建议。在这份总体报告中,我们概括性地提供了其中主要的研究发现和政策建议,在各专题研究报告则有着更为详尽的阐述。

4.1 主要发现

4.1.1 师范生培养方案中教育类课程的学分与比例相对较低,教育实践类课程的学分数与占教育类课程的比例较高,但各师范院校选修课程的学分差异较大

　　培养方案中的学分总体分配与比例。从调查的 27 所师范院校的课程结构分布看,包括国家课程在内的通识教育课程的比例除山东师范大学较高(70 学分,45.2％,增加了通识教育课程部分,实际上是将部分专业基础课程置于通识教育课程之中,故学科专业课程学分与比例相对较低)和盐城师范学院较低外(34 学分,18.7％),其他院校都在 30％左右;学科专业课程的学分数与比例则普遍较高,最高的甚至达到 65.9％(聊城大学),最低的山东师范大学也有 38.7％;教育类课程的学分与比例则相对较低,基本上是在 20—30 学分的区间内,比例也在 10％—30％的区间内。

　　教育类课程结构与学分分配及其比例。各师范院校教育类课程基本上是由教育学、心理学、学科教学论和教育实践类课程组成。一些师范院校则

在以上四类课程基础上增加了以选修课为主的教育类课程,如华东师范大学将之归入研究与拓展类课程。与此同时,一些师范院校在对教育学、心理学课程进行改革的基础上,将其改造为更符合其教师专业教育目标的新课程,一些师范院校如南京师范大学则用中等教育概论、中学生发展之类的课程代替传统的教育学与心理学课程。有些师范院校则以学科教育类课程与教育实践类课程作为师范生教育类课程,成为其教师专业教育的核心课程。这也看出在高校综合化办学的过程中,实际上一方面通识教育课程、学科专业课程压缩了教育类课程的空间,另一方面也反映出师范院校在教师培养取向上的变革,即更强调学科教育课程、教育实践课程的价值。在教育类课程中,教育实践类课程的学分数与占教育类课程的比例普遍较高。

教育类必修与选修课程学分及其比例。从课题调查的 27 所师范院校教育类课程设置的情况看,除湖北师范学院、盐城师范学院未设置选修课外,大多数师范院校都设置了供师范生选修的课程。由于对教育类课程归类上的差异,以及课程结构及其学分比例划分上的差异,各师范院校选修课程的学分差异较大。其中省属师范学院、师范专科学校的必修课比例普遍较高,个别师范学院、师范专科学校甚至没有设置教育类选修课程;部属、省属师范大学教育类选修课的比例相对较高,大多都在 20%—30% 之间,个别的甚至达到了 40%。

4.1.2 师范院校的教育类课程改革受到重视,但师范生对此重视和投入程度比学科专业类课程要低

调查结果显示,师范生对于教育类课程总体上保持了较高的重视程度,但如果与对学科专业类课程的重视和投入程度相比,师范生对于教育类课程比对学科专业类课程(87.2%)的重视和投入程度都要低。

虽然我国高等师范院校中的学生修习教育类课程的门类已趋多元化,而且从关于这些课程的教学过程的调查结果来看,更丰富的教学方法也在这些课程的教学中得到运用。不过,通过学生自我汇报的教育专业素养的贡献来源的统计来看,总体而言,教育类课程并不构成师范生目前已有的教育专业素养的主要贡献者,教育实习和见习这些直接接触和介入实践的部分,至少在师范生自己看来,扮演了更重要的培育专业素养的角色。师范生在选择修习的课程、对课程的重视和投入水平上也已经明显地表现出了这种"务实"的态度。从我们的统计数据来看,师范生更倾向于选择那些与他们未来的教育工作关系更密切的课程(诸如教师口语、技能训练、班级管理、书法、教育技术等),而且在这些课程上的重视和投入水平也明显高一些。

4.1.3 师范院校对师范生培养课程的开设和教师培养的侧重,形成学科教育类课程学习与一般教育类课程学习之间的差异

通过不同类别师范院校师范生对一般教育类课程和学科教育类课程的

重视程度的调查,可以发现高等师范专科学校的学生对两类课程的重视程度均为不同类别师范院校中最高,并且对学科教育类课程的重视程度略高于对一般教育类课程的重视程度。部属师范大学的学生对学科教育类课程的重视程度要明显高于其对一般教育类课程的重视程度,省属师范大学学生也较重视学科教育类课程,但省属师范学院的学生则对一般教育类课程的重视程度要高于学科教育类课程。

师范生对以学科教育理论为基础的学科教学法、教学论类课程的重视程度较高(近九成),但修读侧重理论结合实践的学科教材与教学案例分析类课程的比例略低于学科教学法(或学科教学论)类课程。

在所调查的师范生中有 77.3%的学生已经修读或正在修读学科教材与教学案例分析类课程,仍有 22.7%的学生尚未修读此课程。而不同类别师范院校的师范生对学科教材与教学案例分析类课程的重视程度的方差比较上存在显著差异(F=23.10,$p=.000$)。根据其重视程度排序依次为,高等师范专科学校高于部属师范大学,高于省属师范大学和省属师范学院。

4.1.4 教育实习有助于师范生对于教学实践的理解和掌握,顶岗实习受到认可,但实习时间不足

调查显示,比较同意或非常同意"实习经历让你更喜欢做教师"这一观点的师范生占 59.5%,仅有 11.2%的学生不同意这一观点。通过实习,师范生可以在各方面取得长足的进步,调查显示,实习的收获中"与学生沟通的技能"(M=3.83)、"教案设计技能的掌握程度"(M=3.76)等方面满意度较高,说明实习经历对师范生对于教学实践的理解和掌握有积极的意义。

师范生去中小学实习的时间长短虽然与所属专业及学校类别都有显著相关,但是根据调查结果,各师范院校的实际实习时间则从最低的 6 周到 10 周多不等,并且四分之一的师范生指出实习最大的问题是实际授课时数太少。2007 年教育部《关于大力推进师范生实习支教工作的意见》中就提出,高师院校要因地制宜地组织高年级师范生,到中小学进行不少于一学期的教育实习。2012 年 8 月 20 日,国务院下发的《关于加强教师队伍建设的意见》中也指出,加强教师养成教育和教育教学能力训练,落实师范生教育实践不少于一学期制度。教育实习对师范生培养的重要性早已是共识。或许,实习时间不足与实习期间经费支持不足有关,经费不足会给实习学生、实习学校以及实习效果带来一系列的问题,这也成为本次调查只有一成的学生对目前的实习较为满意,认为没有什么问题的原因。

调查显示,顶岗实习是一项师范生认可的制度。参加顶岗实习的人数占本次调查总人数的 19.9%,其中 57.3%的参与者都比较认可顶岗实习,认为这是一项合理的政策,并且 64.7%的学生认为这项政策对师范生就业有利。

4.1.5 师范生在参与课外活动方面存在学科专业与性别的差异

与课程设置、教育实习相比,课外活动在教师专业能力提升上具有一定的优势,但是调查显示,师范院校的课外活动还存在重"实践"轻"学术"的现象。

在学科上文科专业师范生参与和组织课外活动相对积极,理科专业师范生在课外活动的参与、组织和影响上位列后端。比如,在师范生参加课外活动方面,参与最少的专业,都属于理科专业,包括物理、地理和教育技术。在师范生组织课外活动方面,所占比例最低的师范生,也主要来自理科专业,包括化学、生物和地理。

男女师范生在课外活动的参与、组织和影响上也有显著性差异。在师范生参加课外活动方面,男生对"学术科研项目"的活动参与均数高于女生;女生对"寒暑假社会实践"、"家教或教育类兼职"的活动参与均数高于男生,且有显著性差异。在师范生组织课外活动方面,男性师范生的组织课外活动的人数分布值均高于女性师范生。也就是说,相对女性师范生而言,男性师范生中有更多的人愿意组织课外活动。

进而,无论是组织还是参加课外活动的均值,担任学生干部的同学总是高于不担任的同学。在每一类教师专业能力的提升上,担任学生干部的同学显著高于未担任学生干部的同学。

4.1.6 师范院校的管理制度与办学条件对学生的学习收获有一定的影响,但随着办学条件的改善,办学资源投入存在"边际效益递减"现象

从课程数量、选修机会与选修程序三方面考虑,各高校均存在选修机会满意度高于课程数量满意度的现象。各师范高校对学生转专业均有较严格的资格规定,申请转专业均有六成以上的成功率,但部属师范大学学生对转专业制度的认知度较高,而其他三类高校的认知度尚有待提高。

师范生对奖学金制度的认知度不高,对奖学金的评选标准的满意度不高,其中满意度最高的是省属师范大学,部属师范大学最低。

师范生对导师制的认知度总体不高,省属师范大学、省属师范学院、高等师范专科学校三类高校师范生对导师制的认知度远低于部属师范大学;部属师范大学师范生对导师指导机会和指导效果的满意度最低,高等师范专科学校师范生的满意度最高;指导效果满意度与获得指导的机会之间有较高的相关。

师范生对兼职教师的认知度也不高。就兼职教师的工作内容而言,课程教学与学术讲座占三分之二,以部属师范大学最为突出;高等师范专科学校兼职教师担任导师工作的比例较高。

学生对纸质图书和电子资源的满意度最高;学生对教师技能训练场所与设施的满意度最低,尤其是省属师范大学和省属师范学院两类院校,其满

意度显著低于部属师范大学和高等师范专科学校;部属师范大学学生对管理制度和办学条件总体满意度最高,而省属师范大学最低。

4.1.7　归因风格与师范生的学习态度、学习兴趣、学习动机等动力系统密切相关

本次调查发现,不同专业师范生性格特征的分布存在极其显著性差异,主要体现在:主课类和文体类专业中,内向型人数比例最低(1.20%),文体类专业外向型人数比例最高(65.70%),其次是主课类专业,然后是文科类专业、科学类专业和技术类专业(47.50%)。技术类专业内向型或倾向内向的人数比例最大(约占一成)。这一方面可能源于不同性格特征的师范生在专业选择上存在不同的偏好,另一方面也可能显示出专业培养与其性格养成的某种联系。

师范生的归因风格存在一定的性别差异,女生作可控的内归因(自己用功与否)的人数比例明显高于男生,而男生作情境归因(任务难度或运气)的人数比例高于女生。而独生子女和非独生子女师范生的归因风格没有明显差异。

调查结果表明,对成功持不同归因的师范生在整体动力系统上存在极其显著性差异。将成功归因于"自己用功"的师范生动力水平极其显著地高于作其他三类归因的师范生,归因风格与师范生的学习态度、学习兴趣、学习动机等动力系统密切相关。

本次调查还发现,师范生的一般教育效能感与其学习态度和对教师职业的认同存在极其显著的正相关。一般教育效能感越高,学习态度越积极,对教师职业的认同度也越高。同时,一般教育效能感越低,其外生动机水平越高,也就更加依赖外在的强化推动学习。并且师范生的学习效能感、社交效能感、求职效能感及总体效能感都与其觉知到的在师范院校学习期间对各项知识和技能的掌握程度存在极其显著的正相关。

4.1.8　师范生学习动力系统总体上比较积极,并与性别、从教动机、学业成绩和培养满意度相互影响

调查结果显示,师范生学习动力系统总体而言比较积极。但是,学习动力系统各维度都有一定比例的学生存在消极倾向,这些学生的动力系统总体状况也比较消极,需要引起高度关注。

愿意从事教师职业的师范生学习动力更强,其中看重教师职业内在价值的师范生比看重其外在价值者学习动力更强。由于热爱教师职业和当教师有成就感而选择师范专业的学生,动力系统各项得分显著高于那些因教师职业稳定、经济收入有所保障和教师社会地位较高而选择师范专业的学生。

男女生在动力系统方面各具特点。女生在职业意识、学习态度和学习兴趣方面更积极,而男生在学习动机(包括内生动机和外生动机)以及反思

能力方面更积极。这表明女生更认可教师职业，更重视大学的学习，更能体会学习的乐趣；男生则更具挑战性、竞争性，更善应对困境。

动力系统总平均分及各维度得分与培养满意度各项之间均存在显著相关，总体而言，动力系统积极者，培养满意度较高。

学习动力系统与学业成绩相互影响，成绩等第高者，动力系统也积极。特别值得注意的是，外生动机对成绩优秀者有促进作用，但对中等及以下学生则无促进作用。

4.1.9 教师主观因素和学校制度环境因素成为影响师范毕业生（初入职教师）工作满意度的关键因素

通过对师范毕业生（初入职教师）背景因素，师范毕业生（初入职教师）主观因素变量（包括价值观念、人际关系、教学能力、发展需求变量），学校制度环境变量（领导支持与教师发展政策措施）与师范毕业生（初入职教师）工作满意度的多元线性回归分析，发现师范毕业生（初入职教师）背景因素对其工作满意度没有显著影响，而教师主观因素和学校制度环境有着极其显著性影响。

教师的背景因素，包括性别、任教学段、学校所在地（城乡）、毕业学校、工作量这些客观因素对师范毕业生（初入职教师）的工作满意度都没有显著性影响。

教师的主观因素，包括职业信念、感知的工作负担、人际关系、教学能力自评、发展需求成为显著影响师范毕业生（初入职教师）工作满意度的解释变量。其中，职业信念因素，也就是对工作的热爱程度成为影响师范毕业生（初入职教师）工作满意度最主要的解释变量。人际关系因素中，家长因素的影响程度高于同事因素和学生因素。发展需求因素中，学历提升需求正向影响工作满意度。教学能力中，教育技术应用能力和学生管理能力也有着显著正向影响。主观感知的工作负担对工作满意度产生负影响。

学校制度环境因素对师范毕业生（初入职教师）工作满意度也具有较强解释力。特别是领导对师范毕业生（初入职教师）专业成长的重视，学校激励教师成长的措施。

4.1.10 教师社会地位评价约处于社会中间层次状态，"专业人士"已经成为最期待树立的教师社会形象

中小学教师的社会地位综合评价约处于社会中间层次状态，性别、城乡差异显著。一方面，师范生完全不赞成和较不赞成"教师社会地位低"观点的人合计共占75.2%，为师范生群体的绝大多数，这显示出师范生并不认为教师社会地位低；但另一方面，师范生和新教师均极少选择"教师社会地位高"作为自己报读师范和从事教师职业的最主要原因，显示出教师社会地位高的观点同样得不到认同。因此综合来看，这些统计结果表明中小

学教师的社会地位评价约处于社会中间层次状态。

来自乡镇和县城的师范生主观评价显著低于来自地级市（区）、省会及直辖市的师范生。这一结果与陆学艺等的社会分层研究结果是一致的，应该是由于经济社会发展程度更高的城市居民更为重视文化资本的缘故。

男性师范生对教师社会地位评价显著低于女生。女生较之男生来说更多地受到从事中小学教师职业的鼓励，反映了中小学教师在当前我国社会仍然表现出"女性职业"的定位倾向。

教育工作者群体对教师社会地位的综合评价略高于社会一般水平。尤其在省会及直辖市这一类最为发达的地区，这种评价上的差异和影响更为明显。另外，师范生因"家人非常支持"而就读师范专业的比例也比较高（16.1%，为动因排序中的第三位），反映了家庭背景给予师范生从教选择的影响很大，可以推测这种影响的背后，是教师职业在社会中年以上群体中具有较好的声望和较高的评价。

"职业稳定"是中小学教师职业最受认可的优势所在，而经济收入低是影响中小学教师社会地位评价的主要原因。

"专业人士"已经成为新教师和中小学校领导群体最期待树立的教师社会形象，而"人类灵魂工程师"在社会上仍有广泛认同。

统计数据表明，像医生、律师等那样受社会尊重的"专业人士"是新教师和中小学校领导群体最期待树立的教师社会形象。另外，无论是新教师，还是中小学校领导中间，对教师是"人类灵魂工程师"这样的社会形象定位仍有较为广泛的认同。

对教师社会形象看法表现出一定的地区差异，经济社会发展水平更为发达的地区，如省会及直辖市，更倾向于强调中小学教师职业的专业性，希望获取等同于医生、律师那样的专业人士地位，而对教师职业形象中的道德性、神圣性因素认同度有所降低。

4.2　政策建议

4.2.1　关注教师教育课程设置的相互联系及其内在统一

各师范院校的教师教育课程数量、类型的增加，本身是一件具有积极意义的事情。但在课程数量、类型增加的同时，亟须关注教师教育课程之间的有机联系，每一个构成部分相互之间存在的内在联系，强调内在统一性，内容上的分工合作。

课程设置是培养目标的具体体现，也是教育质量的体现。师范院校的课程设置应更多地考虑如何去体现培养目标，形成自身特色。教育类课程作为师范院校特色课程应成为课程结构的一个不可缺少的重要组成部分。就课程设置的取向看，设置相对独立的教育类课程模块，已经成为各师范院校课程设置的基本趋势。从积极的角度看,这有利于师范院校将教师的专业教育逐步确立为一个相对独立的系统,从而使教师的培养逐步走向相对的开放和专业化,但要防止教育类课程与学科专业教育课程之间的隔阂,而使学术与师范取向之间的联系走向整合。使师范院校教师教育课程的设置与改革,最终服务于基础教育改革与发展,尤其是适应基础教育的理念、课程教学的改革趋势。

2011年11月,教育部颁布了《教师教育课程标准(试行)》,这也将成为未来若干年师范院校教师教育课程设置的参考标准,特别是在教育类课程学分、学时、课程结构等方面的一些规定,将大大改变一些师范院校的教师教育课程结构。

4.2.2 加强教育类课程的实用价值和实践性,从课程内容和教学上加强师范生教育专业素养培养

师范生修习教育类课程的门类范围之大小,很大程度上取决于学校的相关规定;学生修习教育类课程过程中的重视和投入程度,则更真实地反映了学生(乃至学校)对于这些课程的态度。师范生重视或不重视某类课程,虽难免受到某些个人特征(如兴趣)的影响,但在总体上,可能更深刻而直接地受到另外两个因素的影响:一是这类课程对于学生的未来有多大程度的实用价值;二是在学校的评价系统中这类课程占有什么样的地位。因此,我们需要加强教育类课程的实用价值,切实解决高等师范院校对于教育类课程的"事实上的"不重视的现象,促使高等师范院校在培养未来教师中独具价值的教育类课程与教学受到应有的强调和尊重。

作为一种有着明确的职业指向的教育,高等师范院校提供的教育服务更大的隐忧可能恰恰是"务实"得不够,从而大大削弱了为未来教师所做准备的针对性。这提醒我们,高等师范院校在未来的课程和教学改革中,可能仍需在两个方面上做出努力:一是加强实践性课程(教育实习与见习,或其他诸如微格教学等形式的课程)的比例;二是加强现有的教育类学术课程的实践性,从课程内容和教学上加强与师范生未来教育工作的联系,使它们更好地培育师范生的教育专业素养。

4.2.3 加强学科教育类课程及其学习的政策导向,强调学会教学的方法取向

教师及其从事的教学工作是一种具有很强专业性的职业,如同医生、会计和律师一样需要专业训练。没有扎实的学科训练,就不能很好地支撑学科教学。但是,这种教师教育教学的专业性还包括把握学科课程教材教法的专业知识,而师范院校正是获得这种专业特性的重要场所,所以以学科教育理论为基础的学科教学法、教学论类课程,以及侧重理论结合实践的学科教材与教学案例分析类课程的学习,在整个课程体系中就显得尤为重要,加强学科教育类课程及其学习的政策导向,也显得十分必要。

在基础教育中教学的专业性体现在如何传授知识和如何促进有效的学习,建立在如何让不同差异的学习个体能够分享和理解共同知识的基础上。从师范毕业生和用人单位(学校)的调查来看,最需要提高的是教学技能,包括教学方法和策略等,由此反观师范生的培养课程,师范院校在教学技能包括教学方法和策略等方面的训练重于理论而轻于实际操作。因此,在政策导向上我们必须加强对教师教学专业能力的训练和提高,包括学科教学的学理分析和多元评价,以及运用多样化的促进学生理解的教学和评价的方式,强调学会教学的方法取向,把教学经验视为教学知识的一种来源以及学会如何教学的一种手段,并懂得如何更新教学经验和行为在课堂的运用。

4.2.4 结合学校及师范生的实际情况,开展多种实习模式

我国目前的教育见习已经开始分散在不同学期进行,而实习模式基本多为最后一学年的上学期一次性集中实习,这样的模式虽然有利于学校的安排与管理,但由于实习时间较短,即使学生在实习过程中发现自身的不足,也无法及时改进。因此,可以更好地结合见习与实习,或者采取一些模拟实习的方式,让学生及时发现自身的不足,在随后的教育理论学习与教育见习中不断改进,最后进入真正的实习阶段。

实习时间可以因专业不同有所调整,但实际授课时数需进一步增加。实习学校需给予师范生更多的真正的教育实习机会。实习期间要有一定量的实际授课时数的保证,而不是根据授课科目的所谓的重要性来决定。

保障充足的实习经费。经费保障需要国家和高校的支持,充足的实习经费可以让师范生更加安心地进行教育实习的实践,也可以使实习学校更加有条件保证教育实习的顺利进行。

进一步大范围实施为期半年的顶岗实习。顶岗实习中师范生不是抱着体验的心态学习,而是要真正地参与到整个学校的教学活动中去,使其在教育教学技能的发挥、教育改革现状的了解、教师工作的本质等方面都有深刻的认识,将来更好地做好工作。

4.2.5 打通师范生课内外壁垒,建立完善的学分制度和专业小组体系

培养本科生科研能力是高校的一项重要任务。对于师范高校而言,基于教师专业化的需要,科研者是未来教师的一个重要角色,从本(专)科师范生抓起,显得更为重要。因此,要培养师范生的科研兴趣,应从学术型课外活动入手,力求建立课外学术研究体系,如:(1)完善课外科研平台建设。师范院校在设置大学生科研项目管理办法的同时,可建立"大学生科研管理平台",对科研项目作统一的管理。(2)强化科研激励机制,特别是科研经费的投入,让更多师范本(专)科生有机会参与科研活动。(3)建立双导师制度,实施课程教学导师和学术科研导师双结合。为师范生或科研团队配备相应的学术科研导师,可为学生提供专门的指导与帮助。(4)与师范生实习

所在学校建立科研合作,让师范生既有科研的场所,也有实在的科研对象。

打通师范生课内外壁垒,建立完善的学分制度和专业小组体系,如建立与"课外活动"挂钩的学分制度,是一条可行的途径,有效将课堂内外联系起来。除了"学分"上的连接之外,可将第一课堂中的部分内容迁移到第二课堂,在实践活动中对学生进行教师教育,专业教师也配合指导;与专业结合,建立完整的专业学习小组体系。

促进师范生的教师领导力成长,开设领导力培养项目。研究发现,无论在师范生组织或参加课外活动方面,还是通过课外活动提升教师专业能力方面,担任学生干部的同学总是高于不担任的同学。在课外活动中,不能保证每位同学都能担任学生干部,但是可以督促每位学生扮演多重角色,既可以是小组的领导,也可以从被领导的角色去领会两者之间的互动,考虑各种观点,解决各种冲突,履行各种义务,关心各种关系,处理各种责任关系,这些是体现教师领导能力的基础。基于这样的思考,开设"领导力培训项目"能满足更多的师范生提升领导力的需求。

丰富师范生的学习成绩单,建立新型"师范生成就报告"。如将学生在课外活动承担的工作、取得的成绩,也计入师范生的成绩单中,使用人单位更全面地了解师范生的在校情况表现。可以将师范生在校期间的课程成绩、参与的课外活动类型及内容、在课外活动承担的角色与任务、获得的荣誉与评价等都计入成绩单,这将有助于师范生就业时的双向选择,同时也有助于教师后续职业教育的继续追踪。

4.2.6 进一步推进和深化师范院校的管理制度变革与办学条件改善

加强师范生的专业情意教育,灵活采用多种形式使学生深刻认识教师职业的性质、特点、社会形象、社会地位等,培养学生对教师职业的认同感;在制度上应采取更加灵活的处理方式,为确实不愿意或不适合从事教师职业的学生建立退出机制,可考虑转入相同的非师范专业就读。

扎实推进师范院校的本(专)科生导师制建设,导师的指导应落到实处,增加学生接受导师指导的机会,对导师指导学生的时间、频率等可以通过制度化规定予以落实;加强导师指导的针对性和有效性,使导师制发挥应有作用。

充分发掘和利用兼职教师资源,并通过逐步的制度化建设使兼职教师更加深入地参与到师范生的培养过程中,加强兼职教师在学生毕业论文指导、学业指导、实习指导中的角色,使兼职教师发挥学生导师的作用。

投入资源应重点建设教师技能训练场所与设施,充分利用这类场所和设施对师范生进行充足的教师技能训练。

4.2.7 关注师范生与教育教学工作密切相关的专业特质或心理素养,使师范生能更好地适应教师岗位

调查结果表明,在师范生培养中,须采取各种措施增强对内向群体的关注度,提高该群体在担任学生干部等社会活动方面的参与度,强化其组织协调能力的培养,并增加其获得各种奖励和表彰的机会等。

关注师范生的归因风格,特别是对男生群体的引导,使绝大部分师范生倾向于对成功和失败进行可控的内归因,促进其学习动力的提升和正确看待学生的学习成绩,并学会正确引导学生通过努力提升成绩水平。

提升师范生中男生群体的一般教育效能感,使其对教与学的关系、教育在学生发展中的作用等问题的看法与判断更加积极,从而增强其对教师职业的认同感。采取各种措施提升内向或倾向内向的师范生对教师职业的认同感,使其更早地进行职业定位,从而更好地在学习期间投入各门课程的学习和各种技能的养成。

在教学过程中,通过强化学习或创设更多的教学实践体验机会,加强师范生对教师职业的专业性的认识,促进其在正式步入教师岗位之前进行更充分的知识和技能准备,以便快速适应岗位要求。

4.2.8 着力培养师范生的职业认同和内生动机,提升师范生的学习动力系统

教师教育机构的职责之一是培养和提升师范生的学习动力系统。作为师范生,对教师职业的认同是首先要着力培养的。教师职业认同决定着整个动力系统的方向;教师对职业认同的积极自我感知能够克服对恶劣工作条件的不满;强烈的职业认同会阻碍教师的离职倾向。那些因热爱教师职业和当教师有成就感而选择师范专业的学生,更看重教师职业内在的价值,其动力系统各项得分显著高于那些更看重教师职业外在价值的师范生。这都说明了职业认同的重要性。教师专业发展问题,归根到底是教师的自我意识问题,如果一个教师自己没有专业发展的需求,那么再好的外部条件都不可能发挥作用,师范生的成长同样如此。教师教育机构有必要尽早对学生进行教师职业意识和职业认同教育,要特别强化教师的专业特性。

而内生动机能为师范生的学习提供持久稳定的动力。我们以内生动机的培养为抓手,为动力系统改进提出如下建议:

第一,帮助师范生体验到学习和教师工作的意义与价值。教师教育者的榜样作用,师范生之间的交流,优秀教师的故事分享,与中小学生的交往等能够帮助师范生切身体会教育工作对后代的发展、个人的成长、社会的进步所起的作用。让师范生体验到作为教师的成就感,从而更热爱教师职业,认同教师职业的内在价值。

第二,给师范生信息性反馈,帮助其认识自己的工作结果,让个体体验到能胜任所从事的活动,或者使个体知道如何更好地胜任该活动,促进其反思和成长;更要鼓励师范生学会通过自我反思认识自己行动的结果,发现行动中的问题。

第三，帮助师范生体会自身对学习工作结果的责任，增强他们的自主感。人们在体验到成就或效能的同时，还必须感觉到行为是由自我决定的，在这种情况下才能真正地对内生动机有促进作用。

4.2.9 重视师范毕业生（初入职教师）工作适应能力和发展需求，营造有利于师范毕业生（初入职教师）职业成长的组织环境和工作条件

重视教师主观因素和学校制度环境因素对师范毕业生（初入职教师）工作满意度的关键作用。以往关于教师工作满意度的政策和研究中，过于强调客观因素（性别、学段、学校城乡差别、毕业学校）对教师工作满意度的影响。而本研究恰恰发现，客观因素的影响并不显著，而教师主观因素，特别是职业的信念和热诚是最为关键的因素。其他主观因素，如教师感知的工作负担、人际关系、教学能力、发展需求也非常重要。学校组织因素对师范毕业生（初入职教师）的工作满意度有着不可忽视的作用。教师主观因素与学校制度环境因素的重要性远远超过客观因素，这也是政府和相关部门今后提高师范毕业生（初入职教师）工作满意度的着眼点和立足点。如果说客观因素是无法改变的因素，那么教师主观因素和学校制度因素正好是可以塑造改变，并在个体与环境的互动中不断发展变化和建构的。这也有利于通过完善政策制度和塑造教师职业信念来提高师范毕业生（初入职教师）的工作满意度。

塑造教师积极的职业价值观至关重要。师范毕业生（初入职教师）正处于从师范生到中小学教师的角色转变过程之中和工作适应的初期，从学生到教师，从学习到工作，从个体到社会人的多重角色变化，会带来诸多"现实的冲击"。已有的关于工作满意度的研究较少关注师范毕业生（初入职教师）这一有特殊需求的群体。即便是关注这一群体，也比较强调人口学变量与客观因素对工作满意度的影响。而本研究发现，恰恰是师范毕业生（初入职教师）的主观因素对其工作满意度有着极其显著的影响。而师范毕业生（初入职教师）的主观因素源自教师个体在个人成长、教育经历、师范院校培养、教育教学实践中，在与社会环境、组织环境和个人成长环境互动中形成的观念系统。这些观念系统不是静止不变的，而是处于与外界因素的互动中不断动态发展的。因此，在师范生的招生选拔过程中，应该着重选拔热爱教师职业的学生来从事未来的教师职业。在教师的职前培养中，应该更加重视对教师积极主观价值和态度、观念的培养。

营造有利于师范毕业生（初入职教师）职业成长的组织环境和工作条件。学校组织环境包括三个主要方面：一是学校领导对师范毕业生（初入职教师）的重视与支持，学校促进师范毕业生（初入职教师）发展的制度；二是教师的工作量和工作负担；三是教师的人际关系。任职学校组织制度环境对师范毕业生（初入职教师）的成长与提升其工作满意度至关重要。学校领

导对师范毕业生(初入职教师)成长的重视与支持,学校对教师教学水平提升的政策措施完善都会对师范毕业生(初入职教师)工作满意度产生积极影响。在入职阶段,对于教师工作量的安排,要尽量考虑不让师范毕业生(初入职教师)有过大的工作负担。在入职培训、专业成长上,重视满足师范毕业生(初入职教师)的学历提升需求,发挥其教学能力。人际关系因素,特别是与家长的良性互动和与同事之间的有效合作能够对师范毕业生(初入职教师)工作满意度产生显著影响,因为学校的年级组和学科组对师范毕业生(初入职教师)成长和支持非常重要。而家校关系,与家长的沟通和密切合作也是促进师范毕业生(初入职教师)对工作满意的重要因素。

关注教师的职业发展周期,帮助师范毕业生(初入职教师)成长。无论是师范毕业生(初入职教师),还是有工作经验的老教师,都面临职业生涯发展周期。在不同的职业生涯发展阶段,面临的主要问题,所处的心态,对工作的投入程度也许不完全相同。新一代教师,面临新的时代要求,学生群体特征也发生了变化。课程与教学改革、新型师生关系、学校制度环境、组织管理、教师社会地位与家长社会期望这些都对师范毕业生(初入职教师)的工作带来新挑战。而师范毕业生(初入职教师)在入职的初期,是否能站稳讲台,是否能建立积极的工作满意度,关系到他们今后的职业生涯发展,也影响到他们是否会有志于长期从事教师职业。因此,对于师范毕业生(初入职教师)工作满意度及其影响因素的研究,有利于政府、学校和师范毕业生(初入职教师)个人更客观地认识师范毕业生(初入职教师)这一群体的工作状态。要稳定师范毕业生(初入职教师)队伍,使其形成积极的职业信念和认同,就需要在其入职初期营造良好的发展环境,为培养他们成为将来的教学骨干和教师队伍的中坚力量奠定基础。

4.2.10 提高中小学教师经济收入,从而切实推进教师综合社会地位的提升,努力树立中小学教师专业人士形象

本次研究分析再次表明,中小学教师的经济收入低,是拉低其综合社会地位的主要因素,成为教师职业与其他职业相比的一个主要劣势,难以吸引更多的优秀人才从事中小学教育,也使得已就职的教师从教意愿难以稳定。因此,进一步提高中小学教师经济收入,从"有保障"发展为"有优势",才能切实推进中小学教师综合社会地位的提升。

中小学教师的社会形象如何,会影响教育界与公众间的沟通交流,进而影响公众对教育的理解及其教育素养的提升,进而影响教育事业的投入潜力;影响教师群体自身的士气和行为,进而影响科研活动的质量和效率;影响青少年对教师职业的兴趣与期望,进而影响教育事业的发展潜力。目前的中小学教师社会形象仍然偏重道德性、神圣性要素,已经不符合教师教育实践发展的要求,也给教师社会地位评价带来矛盾和混乱的影响。需

要加强对中小学教师专业性的宣传，促使社会上中小学教师"专业人士"新形象的树立和形成。

在师范教育中注入更多的教师专业化理念和要求。师范教育需要与时俱进，顺应当前教师专业化的发展潮流，从教师职前培养开始努力建构中小学教师素质与能力新标准，强化专业性要求，通过中小学教师职业的专业化进程，为教师社会地位的提升发挥更为积极的作用。部属师范大学应进一步发挥引领和示范作用，而高等师范专科学校在这方面的工作需要特别关注、加强甚至是转型。

（丁　钢）

第二部分

专题报告

一、师范生培养课程与教学状况分析

　　随着我国教育事业的发展,教师在保障和提升教育质量方面的作用受到越来越高的重视,教师教育的质量问题引起越来越广泛的关注。改革高等师范院校的课程与教学以培养合乎社会发展与教育发展需要的新型教师,无论是在政策上、实践上,还是在学理上,近年都进行了大量的探索。① 在高等师范院校中,除了高等教育的通识部分外,未来教师的专业素养准备大致可以分为两大部分:一是与教师将来任教科目(或学习领域)密切相关的学科专业素养的准备,二是与教育教学过程密切相关的教育专业素养准备。其中,为教育专业素养做准备的课程(本调查中通称"教育类课程",因实习见习类课程有专题探讨,本专题中的"教育类课程"一般不包括实习见习类课程)因是高等师范院校提供的特殊的课程类别,且被广泛地认为与未来教师的教育专业素养密切相关,在近年高等师范院校课程与教学改革的实践尝试与理论探讨中,相对于学科专业素养课程而言,引起更高重视。

　　本部分的调查目的是期望了解目前我国高等师范院校课程架构之下,师范生在教育类课程方面的修习情况以及高等师范院校的课程与教学对未来教师职业知能的准备起到多大作用,以作为相关讨论的现实基础。

1. 教育类课程的修习情况

　　自 20 世纪后期以来,尤其是转入 21 世纪以来,我国高等师范院校普遍进行了比较大幅度的教育类课程与教学的改革。在本次问卷调查的准备阶段,我们收集了包括教育部直属师范大学、省属师范大学、省属师范学院和高等师范专科学校在内的十数所高等师范院校的课程计划,试图基于这些课程计划中的教育类课程类别,对师范生的修习情况进行调查。文献的初步分析使我们很快发现了目前我国高等师范院校在教育类课程设置方面的一个特点:不同学校之间在教育类课程设置的门类上存在较大差别,有的学校基本上是在保留了传统的"教育学"、"心理学"和"学科教学论"(即所谓"老三门"或"老三科")框架之下,根据教育发展的实际需要,有限地增加了一些新科目;有的学校则完全突破了传统的教育类课程框架,开设了幅面更广、至少从名称上与教育实践关系更为密切、带有强烈的专题色彩的大量新设科目。

---

① 这方面的文献非常丰富,如胡卫平,胡耀岗. 中国教师教育与师范院校课程改革[J]. 山西师大学院(社会科学版),2004(3);万明钢. 教师教育课程体系研究——以师范大学教育学院教师教育课程体系建构为例[J]. 课程教材教法,2005(7);屈铁华等. 教师专业发展与高等师范院校课程改革[J]. 教育研究,2007(9);杜静. 我国教师教育课程存在的问题与改革路向[J]. 教育研究,2007(9)等。 除从学理上进行分析和论证外,也出现了很多国际比较和调查报告,如钟启泉等. 教师教育课程标准的国际比较研究[J]. 全球教育展望,2008(9),钟启泉等. 关于我国教师教育课程现状的研究[J]. 全球教育展望,2008(9). 除此之外,近年也出现了一定数量的以教师教育课程或师范院校课程为主题的硕士、博士论文。

这个特点使得我们试图整理出一个既能涵盖目前高等师范院校开设的教育类课程类别、又能具有一定的内在逻辑的清晰的教育类课程框架的努力变得非常艰难。在综合考察了已经掌握的高等师范院校的课程计划之后,课题组最后确立了一个包含16个学习领域的高等师范院校教育类课程框架,作为考察师范生教育类课程修习情况的基础。由于不同学校对同一学习领域的命名差异往往也很大,这个框架中的几乎每一个组成部分,都包括多个不同的说法:(1) 教育学(或教育概论、教育导论、教育学基础、中小学教育学),(2) 心理学(或学生发展、青少年发展),(3) 学科(如语文、数学)教学论,(4) 学科教材与教学分析(或学科课程标准、教材分析、教学案例)①,(5) 教育研究方法(或教育调查、教育统计),(6) 教育技术学(或教育技术应用、课件制作、多媒体制作),(7) 教师口语(或普通话、教师语言训练),(8) 书法(或汉字书写、写字),(9) 班级管理(或班主任工作、德育与班主任工作),(10) 教师职业技能训练(如微格教学、教学设计与实践训练),(11) 教育学分支学科(如教育哲学、教育社会学、教育管理学),(12) 教育史(或中外教育史、中外教育发展、教育思想史),(13) 教育改革(或基础教育改革、新课程理论与实践),(14) 教育政策与法规,(15) 教育评价,(16) 其他专题课程(如教师专业发展、家庭教育、职业规划等)。

1.1 总体情况

师范生在上述16个教育类课程领域的修习情况如图1-1所示(按"已经修读"比例从高到低排列)。

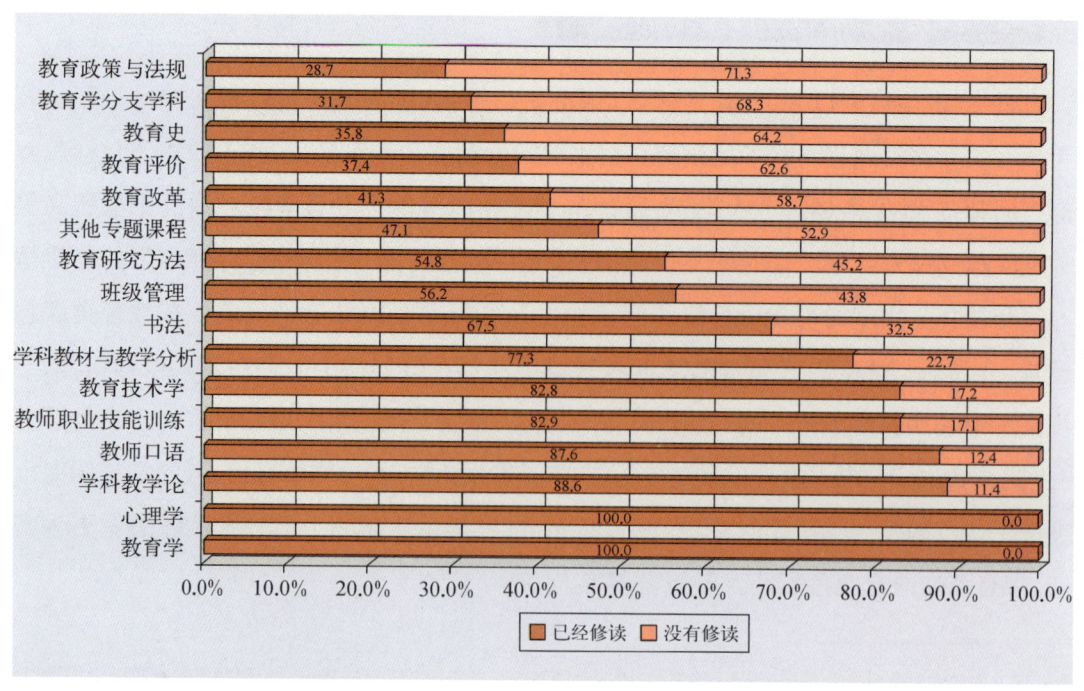

图1-1 教育类课程修习情况

---

① 这部分学习内容,传统上应包含于"学科教学论"之中,但不少学校在学科教学论之外,为加强教育类课程与师范生未来教育实践的联系,同时单独开设了相关课程,故在调查中单列一部分。

1.1.1　除教育学、心理学作为高等师范院校的必修科目仍有100％的师范生修读之外，传统的"老三门"之中的"学科教学论"在高等师范院校课程改革之后，有11.4％的学生没有修读这一领域。我们假定有些学校在近年的教育类课程改革中，已经将传统的"学科教学论"改为"学科课程、教材与教学分析"（或类似课程），但专门对这11.4％的未修读"学科教学论"的学生进行分析后发现，仍有6.7％的师范生既没有修读"学科教学论"，也没有修读"学科教材与教学分析"类课程。这些学生多来自省属师范学院或高等师范专科学校。由于"学科教学论"或"学科教材与教学分析"与师范生未来的教育教学工作有着密切关系，至少从学理上说，完全不修习相关领域很可能意味着不能为这些师范生未来的教育教学做好必要的准备。从专业上看，这些完全没有修读学科教学类课程的学生，多属"体育"、"音乐"、"美术"和"信息技术"专业。这些专业的特殊性能够部分地解释为什么这些学生没有修读学科教学类课程：在中小学中，与这些专业相对应的学习领域的"学科"特点并不明显，相关的教材与教法也不像其他专业对应的学习领域那样清晰，甚至根本上不受重视。但另一方面也可能反映出，在这些专业的培养目标（培养相应学科或学习领域的中小学教师）上，还有进一步明确的余地。

1.1.2　由于普通话考试已经成为获得教师资格证书的必要条件（虽然通过普通话考试未必非得修习相关的课程），师范生修习"教师口语"的比例很高，在很多师范院校，教师口语也被列为必修科目。经过过去十几年的教育改革之后，使用现代信息技术手段已经成为中国教师日常教学的基本要求，绝大多数师范院校不但开设了教育技术类的课程，甚至也将这类课程列为必修范围。从调查的结果来看，修习教育技术类课程的师范生也占到很高的比例。近年我国师范院校课程与教学改革的普遍方向之一，是努力加强教育实践相关技能的培训，包括加强教师职业技能训练（如微格教学），82.9％的师范生也修习了这类课程。在加强职前培养与教育实践的相关性的追求之下，很多师范院校近年也开设了与教育实践关系更密切的课程标准解读、学科教材与教学分析等课程，上述统计数据也显示，比较高比例（77.3％）的师范生也修习了相关课程。

1.1.3　不过，总的来说，相对比较传统的教育类课程仍是学生修习的主要内容，一些意在更接近基础教育实践、指向更符合时代要求的新型教师专业素养的课程（如"教育研究方法"、"教育改革"、"教育评价"和"教育政策与法规"），师范生修习的比例仍然不高。这些修习比例上的差异，一方面源自不同学校课程设置上存在很大差别（某些学校的课程门类比另外一些学校多），另一方面也受制于不同学校关于课程修习的要求（哪些课程必修、哪些课程选修、选修课程的学分比例等）。我们特别选择了一些开设教育类课程门类较多、学生选择余地较大的学校，针对同一学校的情况进行分析，仍然发现，像

"教育改革"、"教育政策与法规"、"教育评价"、"教育史"这类课程,在师范生中的修习比例较低(通常低于40%)。

1.2 不同类型学校的比较

我们也比较了不同院校除"教育学"、"心理学"之外的其他教育类课程的学生修习比例,统计结果如图1-2所示。

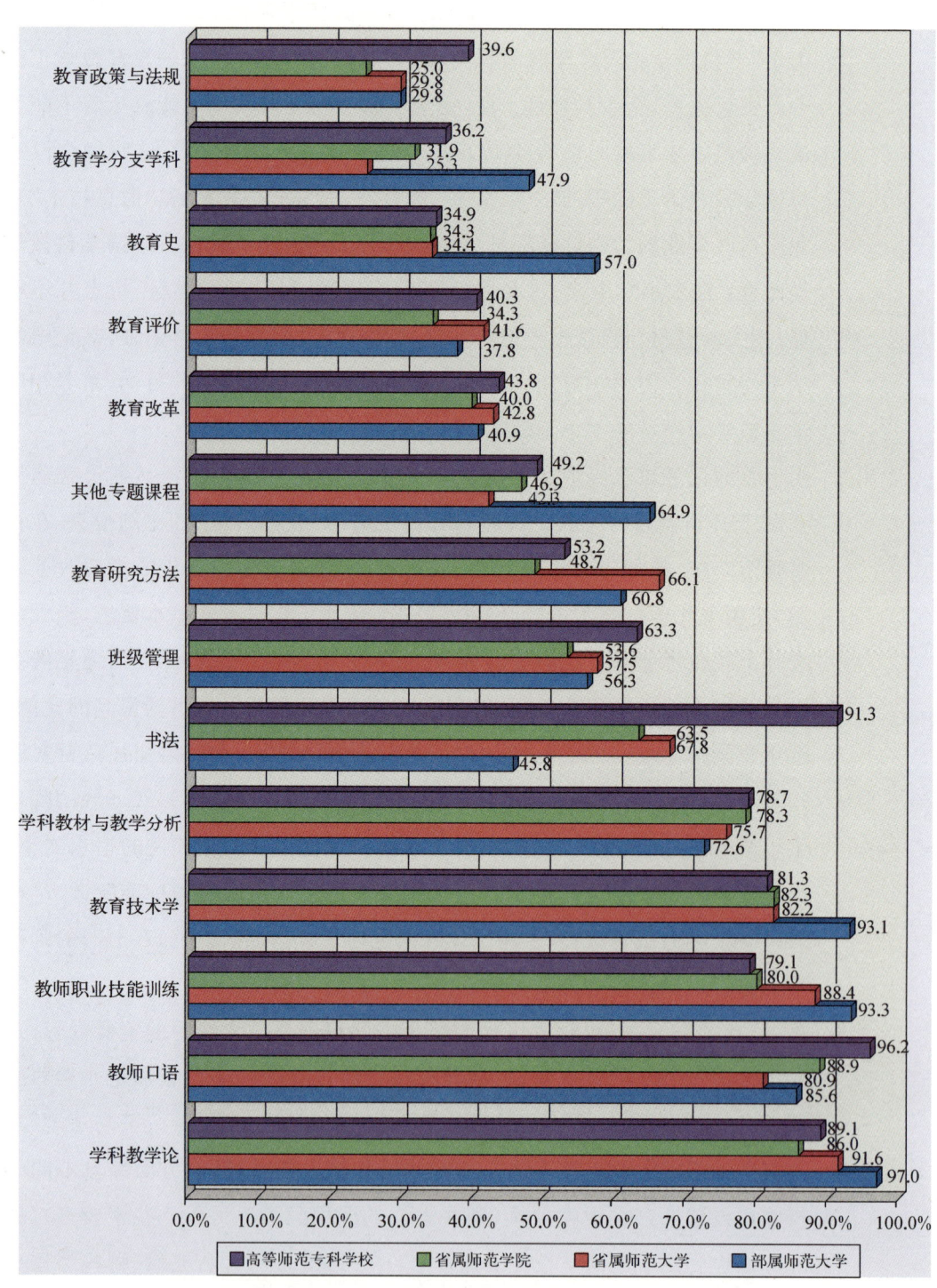

图1-2 四类师范院校部分教育类课程修习情况

四类院校在一些课程领域的修习情况差异不大,如"学科教材与教学分析"、"教育改革"和"教育评价"。但在有些课程领域却存在一些值得关注的差异。在整体修习比例较高的课程领域中,部属师范大学中有更高比例的学生修习了"学科教学论"、"教师职业技能训练"和"教育技术学",而省属师范学院和高等师范专科学校中学生修习这些课程的比例要低一些。在整体修习比例较低的课程领域中,部属师范大学中更多的学生修读了"教育史"、"教育学分支学科"和"其他专题课程",修读的比例比其他三类院校高出很多。这部分地可能归因于部属师范大学有涵盖相对全面的课程设置传统和师资力量,在近年的课程与教学改革中,可能也开设了相对更多的教育类选修课程门类。而在高等师范专科学校中,有超过90%的学生修读了"书法"或类似的课程,这个比例远高于其他三类院校,尤其比部属师范大学高(部属师范大学中只有45.8%的学生修读过这类课程)。高等师范专科学校多由过去的中等师范专科学校转制而来,而在传统的中等师范专科学校中,"书法"通常是必修的科目,上述数据说明这一传统仍在高等师范专科学校中保留了下来。虽然总体而言高等师范专科学校学生修习教育类课程的比例仍然较低,但高等师范专科学校的学生在"班级管理"、"教育政策法规"等课程领域修习的比例也比其他院校高。

这似乎也验证了教育界一直存在的一种观察:越是地方性的、学历层次不高的师范院校,越重视传统的教师实践技能的训练。不过,像微格教学、教学设计与实践训练之类的"教师职业技能训练"课程以及"教育研究方法"这些课程领域,则以部属师范大学和省属师范大学的学生修习比例为高。这似乎又说明,部属和省属师范院校更能应教育发展的需要,在课程设置上做出相应调整;而在课程设置的变革方面,其他地方性的师范院校,则相对落后,这既可能表现在观念上,也可能存在着现实条件如经费和师资的限制。

1.3 不同专业的比较

我们也对除"教育学"、"心理学"之外的其他教育类课程领域的修习情况进行了不同专业之间的比较,以某一专业的学生选择了"已经修习"某个教育类课程领域的比例作为统计数据,统计结果如表1-1所示。

表1-1 不同专业学生的部分教育类课程修习比例比较(%)

	学科教学论	学科教材与教学分析	教育研究方法	教育技术学	教师口语	书法	班级管理	教师职业技能训练	教育学分支学科	教育史	教育改革	教育政策法规	教育评价	其他专题课程
中文	95.5	81.3	55.6	85.0	94.2	81.5	60.9	86.2	32.2	39.0	59.2	33.7	40.6	46.7
美术	60.1	85.6	58.2	79.0	92.4	93.2	66.2	84.5	31.9	42.0	44.4	34.5	40.5	51.0
数学	94.7	80.4	60.8	84.7	89.5	70.8	54.0	83.3	31.0	38.6	41.9	29.5	39.2	48.5
生物	98.4	80.6	54.0	91.9	87.6	69.5	60.7	91.1	29.8	25.3	42.4	30.0	45.3	51.7
化学	96.9	83.3	44.8	84.2	88.2	46.0	58.2	85.3	31.0	28.2	35.2	16.0	34.9	50.5
历史	87.0	78.5	54.0	83.7	87.5	73.3	59.3	84.4	29.2	40.1	42.8	28.8	34.0	47.2
地理	92.1	83.5	46.7	88.1	81.4	63.3	55.1	90.0	23.6	20.9	38.8	29.9	33.5	52.5

	学科教学论	学科教材与教学分析	教育研究方法	教育技术学	教师口语	书法	班级管理	教师职业技能训练	教育学分支学科	教育史	教育改革	教育政策法规	教育评价	其他专题课程
物理	91.7	73.0	55.1	83.3	78.0	54.9	58.1	83.9	26.9	36.5	39.0	21.6	42.5	45.5
思政	83.7	76.8	58.4	79.8	83.3	62.2	57.1	83.6	41.5	33.5	34.4	31.0	39.4	46.0
音乐	83.1	77.9	52.0	77.4	84.2	59.1	54.7	75.7	34.3	40.8	40.9	28.5	40.7	50.1
外语	93.4	72.7	45.4	82.9	88.5	63.6	54.2	82.9	29.6	34.1	33.4	29.1	29.3	39.5
体育	72.2	61.8	69.4	71.9	81.6	56.9	42.8	67.0	40.7	40.0	35.4	25.6	35.2	52.1
教育技术	87.0	72.3	88.8	95.3	74.0	57.7	37.7	89.2	20.8	23.4	25.3	17.9	48.7	21.0
最大差异	38.3	23.8	44.0	23.4	20.2	47.2	28.5	24.1	20.7	21.1	33.9	18.5	19.4	31.5

1.3.1 在几乎所有的课程领域，不同专业的学生的修习比例在高点和低点之间，都存在着20个百分点以上的差异，有些课程领域（如"书法"）的修习比例甚至存在着接近50个百分点的差异。这说明，在我国师范院校中，除"教育学"、"心理学"作为传统的必修科目仍为各个专业的师范生普遍修习之外，在其他教育类课程的修习上，不同专业之间存在着比较大的修习范围的差异。

1.3.2 在"学科教学论"和"学科教材与教学分析"两个课程领域中，思政、体育、音乐和教育技术几个专业的修习比例都相对较低，这很可能意味着这些专业的师范生在读期间，为将来所要从事的中小学教育的准备工作可能存在一定缺陷。如果说体育、音乐和教育技术专业因为在中小学对应的学习领域"学科"特点不明显，在职前准备中相对不那么重视"学科教学论"或"学科教材与教学分析"尚可理解的话，那么思想政治专业在中小学有明确的对应学科，修习相关教育类课程的学生比例何以在各专业中相对较低，就显得难以解释，值得进行进一步的研究和分析。

1.3.3 教育技术专业的学生修习"教育技术学"的比例最高，中文专业的学生修习"教师口语"的比例最高，美术专业的学生修习"书法"的比例最高，都可以从这些专业的特点和相应的课程要求做出解释。音乐、体育、美术专业的学生修习"教育技术学"的比例相对较低，也可以理解为是这些专业所对应的中小学学习领域的教学要求的一种合理反映。

1.3.4 虽然单一课程领域上的修习比例很难说明某一专业为未来教师的工作做好准备的程度，但如果我们将所涉及的13个专业在各个课程领域的修习比例进行简单排列，仍能发现一些值得关注的情况。表1-1中以红色标出了每一课程领域中修习比例居后的专业（13个专业中排在后面的6位），表中可见，物理、思政、音乐、外语、体育和教育技术几个专业的学生，在一半以上的所列课程领域中修习比例都居于13个专业的后半段。在这几个专业中，音乐、体育和教育技术专业的学生修习教育类课程的比例偏低,固然可以解释为这些专业在中小学的对应学习领域的特点使然,但也不排除另外一种可能,即这些专业的培养目标可能也相对不那么清晰和明确,这些专业的师范生在读期间可能也未必以从事中小学教育工作为追求。物理、思政和外语专业,在中小学都有学科特点较强的对应学习领域,这些专业的师范生修习教育类课程的比例较低,更可能是因为这些专业的课程设置相对较为保守和传统,有进一步改革的余地。

2. 师范生对教育类课程的重视程度

在本次调查中,我们要求师范生根据自己的实际情况,对修习的教育类课程的"重视程度"进行说明。以均值看(五级量表,中值为3),师范生对我们所列的16类教育类课程领域的重视程度均值都高于3,这显示出师范生对这些课程的重视程度较高。

2.1 不同院校的重视程度比较

如按各个教育类课程领域的总体重视程度均值大小排序,并进行四类院校(部属师范大学、省属师范大学、省属师范学院和高等师范专科学校)对比,统计数据如表1-2所示。

表1-2 教育类课程的重视程度(M)

	部属师范大学	省属师范大学	省属师范学院	高等师范专科学校	合计
教师口语	4.05	3.99	3.94	4.27	4.01
教师职业技能训练	4.22	4.02	3.85	4.05	3.95
班级管理	4.06	3.75	3.73	3.93	3.78
书法	3.97	3.76	3.69	3.98	3.78
教育技术学	3.78	3.63	3.59	3.91	3.66
学科教学论	3.90	3.71	3.52	3.90	3.65
学科教材与教学分析	3.78	3.65	3.55	3.87	3.64
教育政策与法规	3.40	3.53	3.61	3.78	3.61
教育改革	3.62	3.62	3.52	3.78	3.59
心理学	3.62	3.57	3.47	3.81	3.55
教育评价	3.51	3.51	3.50	3.84	3.55
教育学	3.52	3.49	3.45	3.86	3.52
其他专题课程	3.57	3.51	3.38	3.77	3.48
教育研究方法	3.48	3.39	3.42	3.85	3.47
教育史	3.36	3.45	3.41	3.82	3.47
教育学分支学科	3.34	3.51	3.35	3.67	3.44

2.1.1 从总体均值分布来看,师范生最重视的教育类课程领域是"教师口语"、"教师职业技能训练"、"班级管理"、"书法"、"教育技术学"、"学科教学论"、"学科教材

与教学分析"、"教育政策与法规"和"教育改革"这些与教育教学实践关系相对更密切的课程领域,而师范生对"教育学分支学科"、"教育史"、"教育研究方法"、"教育学"这些与教育教学实践关系不那么直接或不那么密切的领域重视程度则相对低。这似乎透露出,师范生在对于教育类课程的修习态度上,表现出比较强的实践导向:与教育实践关系密切的领域,更容易受到重视。如果"实践导向"确实是包括师范生在内的成人学习的基本特点,则意味着最近一些年间我国师范院校努力加强课程设置与教育实践之关联性的改革方向是正确的,在未来的教师教育课程改革中,可能还需要进一步强化与教育实践密切相关的课程领域的建设。结合前文关于教育类课程修习情况的分析,这些数据从另外一个角度也说明,像"班级管理"、"教育改革"、"教育政策与法规"这些教育类课程领域的总体修习比例不高,很可能并不是因为师范生缺乏修习相关领域的意愿,而是因为有些学校并未开设类似的课程。

2.1.2 几乎在所有的课程领域,来自高等师范专科学校的师范生都表现出比其他三类院校更高的重视程度。而除了个别课程领域外,省属师范学院的学生对教育类课程的重视程度都相对较低。对这一数据的较为合理的解释是:高等师范专科学校的学生有着更为明确的就业定位,而省属师范学院的学生在这方面则可能逊色很多。我们对"是否想过毕业后不做教师"这一题项进行四类院校的比较,结果显示 37.2% 的部属师范大学的师范生曾有此打算,而省属师范大学、省属师范学院和高等专科师范学校学生选择此项的比例则分别为 55.5%、51.5% 和 46.7%。看起来高等师范专科学校中从教意愿不那么坚定的学生比例也并不低,省属师范学院的学生从教意愿不坚定的比例也并非最高。我们不妨进一步做这样的假设:高等师范专科学校的学生中虽然也有接近 50% 的学生并不坚定地意欲从事教师工作,但由于放弃教师职业转而从事其他工作的可能性较小,客观上使得这类学校中的学生就业定位明确,而相对明确的就业定位使得他们相对更重视与将来工作密切相关的教育类课程的修习;省属师范学院学生对教育类课程的重视程度普遍较低,则可能同样是因为放弃教师职业转而从事其他职业的选择余地较小,从教意愿的相对低迷和其他选择余地的相对狭隘可能导致了一种不那么积极的学习文化:这一点,从省属师范学院的学生对待计算机类课程、外语类课程、思政类课程和学科专业课程的态度中也可见一斑。

2.1.3 值得注意的是,部属师范大学的学生对于"教师职业技能训练"类课程的重视程度明显高于其他院校,这一课程领域也是部属师范大学和省属师范大学的学生最为重视的课程领域,这一领域是省属师范学院和高等师范专科学校的学生第二重视的课程领域,在后两类学校中,"教师口语"受到最大重视。这可能透露出来的一个信息是,虽然近年间各类师范院校都声称加强教师职业技能训练,但在部属师范大学和省属师范大学中,这一课程领域可能得到了相对更好的实行。虽然部属师范大学中有更多的学生修习了像"教育史"、"教育学分支学科"这样的教育类学术课程,但这些课程似乎并未受到部属师范大学学生的重视。

2.2 不同专业的重视程度比较

本次调查涉及 13 个不同专业,这使得运用统计手段比较不同专业学生对十几个教育类课程领域的重视程度变得很复杂。不过,即使只是简单地通过不同专业学生对不同课程领域的重视程度的均值分布,也能对不同专业学生对于教育类课程的重视程度做出一个简明的素描。鉴于师范生对于教育类课程的重视程度很可能与对非教育类课程(计算机类课程、外语类课程、思政类课程和本专业的学科专业课程)的重视程度有密切关系,我们同时也分析了不同专业学生对非教育类课程的重视程度。

我们计算了 13 个专业的学生对不同课程领域的重视程度均值,在同一课程领域中,标出重视程度均值居前(前六位)的专业,然后根据不同专业的学生对不同课程领域重视程度均值居于前六位的课程领域个数对这些专业进行排序,得到表 1－3 的结果。

表 1－3　不同专业师范生课程重视程度比较(M)

	中文	美术	历史	地理	外语	音乐	生物	体育	思政	教育技术	数学	化学	物理
教育学	3.62	3.83	3.58	3.51	3.4	3.63	3.49	3.63	3.48	3.44	3.43	3.43	3.28
心理学	3.62	3.85	3.6	3.53	3.44	3.57	3.58	3.66	3.59	3.44	3.49	3.48	3.32
学科教学论	3.9	3.63	3.8	3.67	3.56	3.64	3.61	3.52	3.64	3.45	3.71	3.47	3.53
学科教材与教学分析	3.81	3.87	3.73	3.57	3.63	3.58	3.56	3.45	3.63	3.49	3.62	3.46	3.41
教育研究方法	3.62	3.72	3.42	3.51	3.46	3.48	3.46	3.4	3.37	3.45	3.39	3.44	3.26
教育技术学	3.74	3.95	3.69	3.68	3.62	3.69	3.64	3.64	3.64	3.85	3.57	3.49	3.52
教师口语	4.22	4.18	4.01	4.04	4.1	4	3.99	3.89	3.95	3.76	3.83	3.77	3.78
书法	3.93	4.07	3.81	3.88	3.64	3.71	3.77	3.69	3.76	3.5	3.64	3.74	3.65
班级管理	3.91	3.92	3.82	3.83	3.92	3.76	3.67	3.7	3.58	3.71	3.68	3.61	3.55
教师职业技能训练	4.07	4.07	3.98	3.95	3.96	3.88	3.98	3.91	3.87	3.83	3.9	3.79	3.86
教育学分支学科	3.48	3.62	3.37	3.43	3.58	3.38	3.5	3.44	3.39	3.36	3.33	3.2	3.2
教育史	3.57	3.74	3.55	3.42	3.44	3.57	3.44	3.46	3.44	3.11	3.32	3.43	3.21
教育改革	3.69	3.69	3.54	3.65	3.69	3.48	3.53	3.52	3.46	3.56	3.45	3.57	3.47
教育政策与法规	3.7	3.88	3.48	3.51	3.61	3.59	3.47	3.77	3.49	3.48	3.55	3.55	3.33
教育评价	3.8	3.62	3.54	3.55	3.66	3.68	3.46	3.55	3.54	3.51	3.35	3.4	3.3
其他专题课程	3.61	3.81	3.47	3.35	3.58	3.47	3.34	3.49	3.39	3.54	3.41	3.1	3.29
计算机类课程	3.8	3.96	3.71	4.04	3.77	3.68	3.81	3.83	4.13	3.83	3.77	3.73	
外语类课程	3.86	3.74	3.9	3.92	—	3.7	4.04	3.55	3.96	3.7	3.73	4.06	3.6
思政类课程	3.42	3.74	3.49	3.44	3.42	3.56	3.37	3.6	—	3.07	3.2	3.39	3.17
学科专业课程	4.48	4.5	4.49	4.61	4.45	4.28	4.49	4.24	4.3	4.12	4.22	4.44	4.27

结果显示,在 13 个专业中,中文专业和美术专业的学生几乎对所有课程(包括教育类课程和非教育类课程)的重视程度都相对居前,历史、地理、外语和音乐专业的学生对大部分课程的重视程度也居前。相比而言,思政、教育技术、数学、化学和物理专业的学生,则对绝大部分课程(包括专业课程)的重视程度都相对居后。

如果单看对教育类课程的重视程序,则中文、美术、音乐、历史、外语和地理专业的学生对教育类课程的重视程度普遍居前,而生物、思政、教育技术、数学、化学和物理专业的学生对教育类课程的重视程度则普遍居后。

2.3 其他维度的重视程度比较

我们也对师范生在各个教育类课程领域及计算机类课程、外语类课程、思政类课程、学科专业课程方面的重视程度进行了区域、性别、是否学生干部、是否曾获奖励、报考大学时的第一志愿(是否师范)、亲属中是否有人做教师及本人在大学期间的学业成绩在本班的排名情况(自评)等维度上的比较,统计结果如表 1-4 所示。

表 1-4 教育类课程及其他课程重视程度的多维比较(均值)

		教育学	心理学	学科教学论	学科教材与教学分析	教育研究方法	教育技术学	教师口语	书法	班级管理	教师职业技能训练	教育学分支学科	教育史	教育改革	教育政策与法规	教育评价	其他专题课程	计算机类课程	外语类课程	思政类课程	学科专业课程
学校所处地区	发达	3.57	3.64	3.79	3.73	3.48	3.72	4.05	3.85	3.83	4.06	3.50	3.49	3.65	3.57	3.56	3.57	3.79	3.84	3.36	4.47
	欠发达	3.49	3.50	3.57	3.58	3.47	3.62	3.99	3.74	3.75	3.87	3.40	3.46	3.55	3.64	3.54	3.43	3.81	3.76	3.46	4.31
性别	男	3.40	3.43	3.49	3.49	3.39	3.55	3.80	3.65	3.63	3.78	3.37	3.43	3.52	3.56	3.47	3.39	3.77	3.57	3.36	4.24
	女	3.58	3.62	3.73	3.71	3.52	3.72	4.12	3.84	3.86	4.04	3.48	3.50	3.63	3.64	3.60	3.54	3.83	3.94	3.47	4.47
是否学生干部	是	3.56	3.60	3.72	3.68	3.51	3.70	4.02	3.79	3.80	3.96	3.50	3.49	3.61	3.60	3.58	3.54	3.80	3.76	3.43	4.35
	否	3.47	3.49	3.56	3.57	3.43	3.61	4.00	3.75	3.76	3.93	3.34	3.44	3.57	3.62	3.51	3.40	3.80	3.84	3.41	4.41
是否获得奖励	是	3.60	3.64	3.72	3.67	3.49	3.70		3.82	3.81	3.98	3.47			3.59	3.54		3.83	3.82	3.45	4.44
	否	3.31	3.37	3.47	3.52	3.43	3.54	3.89	3.64	3.72	3.86	3.35	3.45	3.49	3.65	3.58	3.34	3.72	3.71	3.36	4.21
考大学时第一志愿	师范	3.55	3.58	3.68	3.65	3.49	3.68	3.80			3.98	3.47	3.51	3.62	3.60	3.57	3.51	3.80	3.81	3.46	4.42
	非师范	3.37	3.44	3.53	3.54	3.40	3.57	3.79	3.67	3.73	3.82	3.27	3.26	3.48	3.65	3.45	3.36	3.81	3.71	3.27	4.20
亲属中是否有教师	有	3.58	3.64	3.73	3.67	3.50	3.69	3.80	3.86	3.84	3.99	3.56	3.52	3.62	3.64	3.61	3.53	3.80	3.85	3.45	4.42
	无	3.45	3.48	3.46	3.58	3.59	3.64	3.93	3.71	3.72	3.91	3.29	3.42	3.56	3.57	3.49	3.43	3.81	3.73	3.39	4.33
大学期间成绩在本班排名	前30%	3.60	3.63	3.72	3.70	3.53	3.73	4.08	3.84	3.82	4.00	3.51	3.53	3.62	3.65	3.62	3.55	3.86	3.92	3.50	4.46
	30%—70%	3.47	3.51	3.58	3.57	3.47	3.63	3.97	3.76	3.76	3.94	3.34	3.42	3.55	3.57	3.51	3.44	3.77	3.69	3.37	4.34
	后30%	3.04	3.15	3.24	3.17	3.04	3.28	3.64	3.35	3.56	3.60	2.99	3.23	3.25	3.40	3.20	3.09	3.54	3.36	3.11	3.94

除了少数课程领域(如"教育政策与法规"、"计算机类课程"和"思政类课程")之外,学校处于发达地区的师范生对绝大多数课程(包括非教育类课程)的重视程度高于学校处于欠发达地区的师范生,而且统计检验也表明,除"教育研究方法"、"教育史"、"教育政策与法规"和"计算机类课程"外(表 1-4 中以蓝色标出),在绝大多数课程领域,发达地区的师范生对课程的重视程度显著高于欠发达地区的师范生($p<.05$,下同)。

无论是教育类课程,还是计算机类课程、外语类课程、思政类课程和本专业的学科专业课程,女生在所有课程领域的重视程度(均值)都高于男生。除"教育史"、"教育政策与法规"和"计算机类课程"之外,这种差异也都具有统计学上的显著意义。这个结果也印证了我国教育界近年讨论颇多的男女生学业差异问题的一种普遍的观点:看起来无论是在中小学还是在大学,无论是在普通高校还是在师范院校,女生至少在对课程或学业的重视程度上优于男生。

在几乎所有的教育类课程领域,单以均值看,担任学生干部的师范生都比不曾担任学生干部的学生表现出更高的重视程度,不过,在比较多的课程领域中,这种差异并不具备统计学上的显著意义(表1-4中以蓝色标出)。现有数据很难说明究竟这些担任学生干部的学生是因为重视课程学习(从而表现较佳)而获任干部,还是因为他们担任干部所以更重视课程学习,不过这组数据似乎又验证了教育界的一个说法:好学生总是各方面都好的。值得一提的是,不曾担任学生干部的师范生,对"外语类课程"和"学科专业课程"的重视程度,显著高于担任学生干部的师范生。对这一现象进行学校类型和不同专业的进一步分析发现,这种情况(不曾担任学生干部的师范生对"外语类课程"和"学科专业课程"的重视程度高于担任学生干部的师范生)主要发生于省属师范学院,在专业分布上,则主要集中于数学、物理、化学等理科专业。

除"教育研究方法"、"教育政策与法规"和"教育评价"这几个修习比例很低的教育类课程领域外,在读期间曾经获得奖励的师范生对课程的重视程度都显著高于未曾获得奖励的师范生。未获奖励的师范生对"教育政策与法规"和"教育评价"的重视程度均值较高,但差异也并没有统计学上的显著意义。当然,对这一差异更合理的解释是:由于某些学生对包括教育类课程在内的学业相对更重视和投入,很可能取得了相对更好的学业成绩进而获得更多奖励机会。在调查中,我们要求师范生根据自己的实际情况,对自己的学业成绩在本班中的排名(前30%、30%—70%和后30%)进行判断,虽然统计结果显示调查对象对自己学业成绩的判断很可能出现高估的情况(认为自己居于前30%的学生占56.3%,认为自己居于30%—70%的学生占36.8%,而只有6.9%的学生认为自己的学业成绩在本班居于后30%)。但在所有的课程领域,自认学业成绩居前的学生对课程的重视程度都显著高于自认成绩居中的学生,自认成绩居中的学生对课程的重视程度也显著高于自认成绩居后的学生。对这一差异的合理解释也应如获得奖励与未获奖励的学生在重视程度上的差异一样,是重视程度影响了学业成绩,而不是学业成绩影响了重视程度。

虽然调查对象(师范院校的师范生)的特点决定了大多数被调查者报考大学时的第一志愿是师范专业,但仍有18.5%的被调查者第一志愿填报的是非师范专业(其中,22.3%的学生来自省属师范大学,62.8%的学生来自省属师范学院,部属师范大学和高等师范专科学校的类似情况较少,分别占6.3%和8.7%)。在绝大多数课程领域,第一志愿为师范专业的学生对课程的重视程度都显著高于第一志愿不是师范专业的学生。即使专门对第一志愿不是师范专业的学生比例较高的一般师范本科院校的情况进行分析,结果也基本一致:第一志愿为师范专业的学生对绝大多数课程的重视程度均值高于第一志愿不是师范专业的学生,只是具有显著差异的项目略少。如果把报考大学时的第一志愿选择(是否师范专业)视为从教意愿的一个重要指标,这说明从教意愿可能是影响师范生对于教育类课程(乃至其他课程)重视程度的因素。

在本次调查中,我们也要求师范生对自己选择师范专业的影响因素进行判断,从"家长影响"、"亲戚影响"、"朋友影响"、"同学影响"、"教师影响"、"自己决定"和"专业调剂"选项中选出对自己影响最大的力量来源。由于选择"亲戚影响"(4.1%)、"朋友影响"(1.1%)、"同学影响"(1.8%)的比例太低,不宜作为独立类别与选择其他影响来源的类别加以对比。若比较选择"家长影响"(27.3%)、"教师影响"(11.1%)、"自己决定"(44.3%)和"专业调剂"(10.2%)4个不同影响来源的学生对各类课程的重视程度,则发现在绝大多数教育类课程领域和非教育类课程领域,选择"自己决定"和"教师影响"的学生对课程的重视程度显著高于选择"家长影响"和"专业调剂"的学生("自己决定"与"教师影响"之间则没有显著差异),选择"家长影响"的学生对课程的重视程度又往往显著高于选择"专业调剂"的学生。这从另一角度也可印证上述判断。

有意思的是,比较那些家庭成员或亲属中有人从事教师工作的师范生与没有家庭成员或亲属从事教师工作的师范生对各类课程的重视程度,发现亲属中有教师的师范生(占比52.1%)对几乎所有课程(除"教育改革"和"计算机类课程")的重视程度都显著高于亲属中没有教师的师范生(占比47.9%)。

3. 师范生对教育类课程的投入程度

对课程的重视程度反映了学习者对某类课程之于自身发展的价值的判断,虽然对课程的重视程度与投入程度存在着内在的联系,但更直接影响学习成效的是学习者在课程修习中的投入程度。本次调查中,我们要求师范生汇报自己在修习教育类课程(及计算机类课程、外语类课程、思政类课程和本专业的学科专业课程)过程中的投入程度,同样采用五级量表设问。

3.1 总体情况

统计结果显示,正如我们所估计的那样,师范生在各个教育类课程领域的投入程度和重视程度之间都存在着明显的差异:在所有的教育类课程领域,师范生自我汇报的投入程度都低于重视程度,两项数据的具体比较见图1-3。

从总的投入程度均值分布看,正像在重视程度的相关分析中所展现的那样,师范生投入较高的仍然是"教师职业技能训练"、"教师口语"、"书法"、"班级管理"、"教育政策与法规"、"教育技术学"、"教育改革"这样的与教育实践关系密切的课程领域,而在"教育史"、"教育研究方法"、"心理学"、"教育学"这样的传统学术性课程领域,则投入程度偏

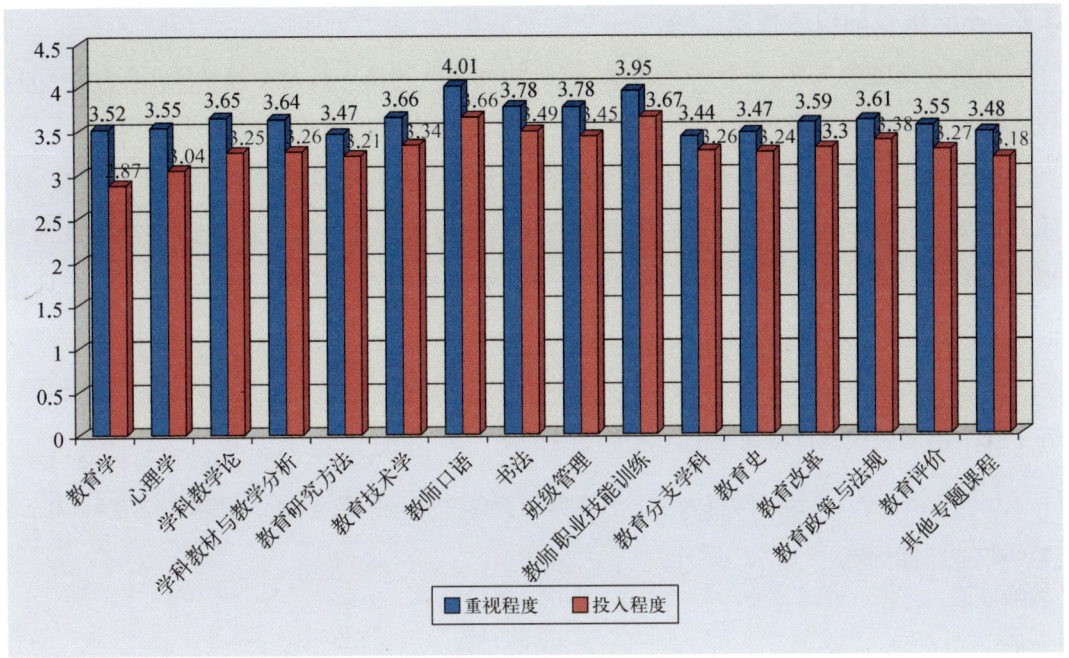

图 1-3　教育类课程重视程度与投入程度均值比较

低。值得一提的是，在所有教育类课程领域，师范生对"教育学"的投入程度最低，均值只有2.87。对传统"老三门"中的"心理学"的投入程度也仅比"教育学"好一点点，"教育学"和"心理学"是师范生投入程度最低的两个教育类课程门类。而"学科教学论"虽然也算较受师范生重视的一个教育类课程领域，但投入程度却也较低。

　　虽然总体上师范生对课程的重视程度和投入程度之间都存在差距，但以均值的比较看来，两者之间的均值差距在不同的教育类课程领域表现不同。像"教育学"、"心理学"和"学科教学论"这些传统的师范院校教育类课程，重视程度和投入程度的均值差异尤其大（其中又以"教育学"差异最大）。简单来说，"重视程度"大约体现的是个体对于某事或某物"应然"价值的认识，而"投入程度"则体现了个体对待此事或此物的"实然"态度，对事物的重视程度高于投入程度，也可算是人类的一种普遍现象；尤其是在制度化的学校教育系统中，学生对于课程的重视程度与投入程度之间出现差异，也并不令人诧异。不过，如果学生对于某类课程的重视程度很大幅度地高于投入程度，则很可能暴露出这类课程在实施过程中存在某些问题。由于投入程度比重视程度更多地受到现实因素的影响（如同时面对多项事务时的重新排序、有限时间的再分配、活动本身的吸引力等），对于"教育学"、"心理学"和"学科教学论"存在较大的重视程度与投入程度差异的课程领域，可以做如下推测：对于将来要从事教育工作的师范生来讲，这几个与未来教育工作关系密切的课程领域被认为"应该"是非常重要的，但在实际的课程实施过程中，这些课程很可能并没有如所预期的那样让师范生体验到学习这些课程与他们未来工作之间的关系，课程实施过程缺乏必要的意义基础和吸引力，所以师范生实际上对这些课程领域的投入程度比较低。若果如此，我国师范院校教育类课程的改革除着重于课程领域的规划和设置外，教学改革可能是更为根本、更应受到重视的部分。

3.2 不同院校的投入程度比较

比较部属师范大学、省属师范大学、省属师范学院和高等师范专科学校（见表1-5），投入程度在不同类型学校之间差异的表现与前文有关课程重视程度的比较类似。一个突出的差别是：高等师范专科学校的学生在几乎所有教育类课程领域中的投入程度，都明显地高于其他的三类学校，这一特点在那些总体投入程度相对较低的课程领域中表现得最为明显。看起来高等师范专科学校的学生不但对教育类课程的重视程度高，而且他们在修习这些课程的过程中投入程度也高。

表1-5 不同院校教育类课程投入程度均值比较

	部属师范大学	省属师范大学	省属师范学院	高等师范专科学科
教师职业技能训练	3.89	3.68	3.61	3.76
教师口语	3.56	3.57	3.63	3.98
书法	3.62	3.45	3.39	3.77
班级管理	3.60	3.38	3.42	3.59
教育政策与法规	3.03	3.19	3.47	3.56
教育技术学	3.50	3.32	3.27	3.59
教育改革	3.17	3.23	3.30	3.49
学科教材与教学分析	3.40	3.28	3.19	3.55
教育评价	3.19	3.14	3.26	3.59
教育学分支学科	3.04	3.24	3.23	3.50
学科教学论	3.43	3.26	3.13	3.58
教育史	2.99	3.15	3.22	3.62
教育研究方法	3.05	3.06	3.21	3.62
其他专题课程	3.15	3.16	3.09	3.54
心理学	2.99	3.00	2.98	3.39
教育学	2.79	2.77	2.83	3.27

部属师范大学的学生投入程度最高的教育类课程领域是"教师职业技能训练"、"书法"、"班级管理"、"教师口语"、"教育技术学"、"学科教学论"和"学科教材与教学分析"，其中，除"教师口语"外，部属师范大学的学生在这些课程领域的投入程度也显著地高于总体均值。除此之外，这类师范院校的学生对其他课程领域的投入程度（除"其他专题课程"外）又都显著地低于总体均值。这似乎表现出部属师范大学师范生对待教育类课程的一个特点，那就是，在所有各类师范生中，部属师范大学的学生更明确地表现出了对教育实践相关课程的重视：与教育实践关系密切的课程领域受到突出地重视，而与教育实践关系不那么密切的课程领域又突出地不受重视（虽然这类师范院校相对开设了更多的课程门类，也提供了比其他类师范院校尤其是一般本科院校和高等师范专科学校更多的学术性教育类课程）。这一特点，与高等师范专科学校的学生形成了比较明显的对比：虽然高等师范专科学校的学生几乎在所有的课程领域上的投入程度都显著高于总体均值，但单就这类院校的投入程度分布来看，又显得比较混乱，不像部属师范大学的情况那样分明。

在四类院校中，省属师范大学和省属师范学院的学生对几乎所有课程领域的投入程度都最为接近：两类院校的学生对绝大多数课程领域的投入程度都没有显著差异，而且这两类院校的学生对绝大多数课程领域的投入程度都最接近总体均值。

3.3　不同专业的投入程度比较

我们也采用与前文比较不同专业的学生对课程的重视程度的部分相同的办法，计算了13个专业的学生在不同课程领域（包括计算机类课程、外语类课程、思政类课程和学科专业课程作为参考）的投入程度均值，在同一课程领域中，标出投入程度均值居前（前六位）的专业，然后根据不同专业的学生在不同课程领域投入程度均值居于前六位的课程领域个数对这些专业进行排序，得到表1-6的结果。

表1-6　不同专业师范生课程投入程度比较（均值）

	教育学	心理学	学科教学论	学科教材与教学分析	教育研究方法	教育技术学	教师口语	书法	班级管理	教师职业技能训练	教育学分支学科	教育史	教育改革	教育政策与法规	教育评价	其他专题课程	计算机类课程	外语类课程	思政类课程	学科专业课程
中文	2.93	3.11	3.49	3.38	3.25	3.41	3.89	3.58	3.55	3.77	3.38	3.25	3.31	3.32	3.43	3.21	3.34	3.68	2.99	4.27
美术	3.23	3.35	3.27	3.52	3.56	3.65	3.84	3.74	3.65	3.81	3.56	3.58	3.48	3.56	3.37	3.44	3.60	3.43	3.35	4.41
音乐	3.14	3.17	3.28	3.34	3.25	3.39	3.71	3.45	3.53	3.61	3.25	3.38	3.28	3.34	3.49	3.29	3.34	3.40	3.29	4.20
体育	3.05	3.30	3.14	3.23	3.24	3.31	3.60	3.46	3.57	3.70	3.28	3.36	3.47	3.62	3.37	3.32	3.44	3.30	3.32	4.15
外语	2.72	2.95	3.19	3.29	3.28	3.31	3.71	3.36	3.54	3.73	3.40	3.21	3.54	3.64	3.43	3.25	3.30	—	2.98	4.27
地理	2.70	2.87	3.16	3.13	3.18	3.36	3.65	3.60	3.28	3.58	3.31	3.10	3.28	3.19	3.25	3.00	3.61	3.76	3.02	4.36
思政	2.95	3.12	3.24	3.27	3.00	3.40	3.68	3.48	3.32	3.60	3.15	3.22	3.15	3.27	3.16	3.15	3.49	3.88	—	4.12
历史	2.83	2.96	3.14	3.29	3.06	3.25	3.58	3.38	3.61	3.21	3.18	3.28	3.21	3.11	3.29	3.15	3.29	3.74	3.15	4.39
数学	2.82	2.98	3.33	3.28	3.18	3.33	3.55	3.42	3.41	3.62	3.09	3.13	3.13	3.24	3.07	3.15	3.49	3.49	2.83	4.08
化学	2.77	2.89	3.08	3.04	3.01	3.13	3.37	3.51	3.20	3.48	2.90	3.15	3.09	3.23	3.06	2.89	3.33	3.77	2.93	4.28
生物	2.74	2.94	3.13	3.13	3.08	3.26	3.53	3.45	3.21	3.69	3.16	3.10	3.10	3.09	3.11	3.05	3.35	3.81	2.84	4.29
教育技术	2.76	2.93	2.98	3.11	3.02	3.58	3.31	3.16	3.25	3.43	3.20	3.01	3.24	3.15	3.23	3.21	3.96	3.44	2.59	3.88
物理	2.63	2.78	3.10	3.07	3.01	3.19	3.44	3.40	3.24	3.58	2.92	2.93	3.09	3.12	2.98	2.89	3.34	3.32	2.72	4.03

注：—表示这些专业不修此类课程。

与对课程的重视程度一样，在13个专业中，中文专业和美术专业的学生几乎对所有课程（包括教育类课程和非教育类课程）的投入程度都相对居前，音乐、体育和外语专业的学生在大部分课程上的投入程度也居前。相比而言，数学、化学、生物、教育技术和物理专业的学生，则在大部分课程上的投入程度都相对居后，其中，数学、教育技术和物理专业的学生对本专业的学科专业课程的投入程度也很低（是13个专业中投入程度最低的三个专业）。

这个结果虽然在细节上与前文分析重视程度部分的序列存在一些差异，但却总体上印证了前一部分的基本结论：中文、外语这样的传统"文科"专业的师范生以及在中小学里事实上通常算不上重要学科的美术、音乐和体育专业的师范生对包括教育类课程在内的所修课程不但重视程度较高,而且投入程度较高;而数学、物理、化学(以及教育技术)这样的传统"理科"专业的师范生对所修课程的重视程度较低,而且投入程度也较低。

3.4 其他维度的投入程度比较

像前文分析重视程度的部分一样,我们也对师范生在各个课程领域的投入程度进行了区域、性别、是否学生干部、是否曾获奖励、报考大学时的师范志愿、亲属中是否有人做教师及本人在大学期间的学业成绩在本班的排名情况等维度上的比较,统计结果如表1-7所示。

表1-7 课程投入程度的多维度比较(均值)

		教育学	心理学	学科教学论	学科教材与教学分析	教育研究方法	教育技术学	教师口语	书法	班级管理	教师职业技能训练	教育学分支学科	教育史	教育改革	教育政策与法规	教育评价	其他专题课程	计算机类课程	外语类课程	思政类课程	学科专业课程
学校所处地区	发达	2.86	3.06	3.34	3.35	3.13	3.42	3.63	3.55	3.44	3.73	3.24	3.19	3.27	3.24	3.23	3.23	3.41	3.60	2.91	4.31
	欠发达	2.88	3.03	3.19	3.23	3.27	3.30	3.68	3.45	3.45	3.63	3.27	3.27	3.32	3.49	3.31	3.15	3.43	3.52	3.11	4.16
性别	男	2.85	3.01	3.16	3.18	3.18	3.29	3.51	3.39	3.39	3.55	3.21	3.25	3.31	3.34	3.26	3.17	3.47	3.33	3.01	4.08
	女	2.88	3.06	3.29	3.33	3.22	3.38	3.74	3.54	3.48	3.73	3.29	3.23	3.30	3.40	3.28	3.18	3.39	3.71	3.03	4.32
是否学生干部	是	2.92	3.09	3.31	3.34	3.29	3.42	3.70	3.53	3.50	3.72	3.32	3.25	3.34	3.39	3.32	3.24	3.47	3.55	3.07	4.21
	否	2.81	2.97	3.15	3.22	3.13	3.22	3.62	3.43	3.36	3.60	3.16	3.22	3.25	3.35	3.21	3.09	3.36	3.56	2.96	4.24
是否获得奖励	是	2.90	3.08	3.31	3.29	3.22	3.39	3.71	3.53	3.47	3.72	3.29	3.24	3.33	3.28	3.21	3.45	3.59	3.05	4.28	
	否	2.79	2.94	3.08	3.23	3.17	3.22	3.55	3.38	3.38	3.55	3.17	3.21	3.22	3.46	3.25	3.10	3.35	3.44	2.97	4.07
考大学时第一志愿	师范	2.88	3.06	3.28	3.29	3.22	3.35	3.70	3.51	3.45	3.70	3.29	3.27	3.33	3.39	3.30	3.21	3.41	3.56	3.05	4.27
	非师范	2.82	2.97	3.08	3.19	3.15	3.30	3.48	3.37	3.44	3.53	3.11	3.06	3.31	3.31	3.01	3.48	3.53	2.93	4.02	
亲属中是否有教师	有	2.90	3.09	3.29	3.30	3.21	3.38	3.73	3.49	3.70	3.34	3.28	3.32	3.43	3.42	3.61	3.03	4.26			
	无	2.84	2.99	3.25	3.20	3.59	3.39	3.64	3.16	3.19	3.28	3.32	3.43	3.50	3.02	4.18					
大学期间成绩在本班排名	前30%	2.95	3.13	3.33	3.34	3.29	3.42	3.75	3.61	3.50	3.75	3.34	3.31	3.37	3.44	3.37	3.26	3.48	3.68	3.12	4.33
	30%—70%	2.84	2.99	3.21	3.25	3.16	3.30	3.59	3.41	3.62	3.15	3.24	3.33	3.20	3.11	3.39	3.48	2.96	4.14		
	后30%	2.45	2.63	2.84	2.89	2.82	3.01	3.28	3.03	3.25	3.36	2.94	3.09	3.06	3.04	2.89	2.82	3.13	2.98	2.65	3.80

区域比较有一个有意思的结果是,虽然在对课程的重视程度上,发达地区的师范生对绝大多数课程的重视程度都比欠发达地区的师范生显著地高,但就投入程度而言,情况似乎发生了很大的逆转。若单以均值看,欠发达地区的师范生在11个课程领域的投入程度高于发达地区的师范生,其中在"教师口语"、"教育研究方法"、"教育史"、"教育政策与法规"、"教育评价"5个教育类课程领域和"思政类课程"上的投入程度显著高于发达地区的师范生(差异不显著的项目表1-7中以蓝色标出)。发达地区的师范生在另外6个教育类课程领域及"外语类课程"、"学科专业课程"的投入程度上显著高于欠发达地区的师范生。需要说明的是,由于"教育研究方法"、"教育史"、"教育政策与法规"和"教育评价"等课程的修习比例很低,因此欠发达地区的师范生在这几个课程领域的投入程度

显著高于发达地区的师范生,未必具有普遍意义。不过,这些数据至少说明,就投入程度而言,发达地区与欠发达地区的师范生差异不像声称的重视程度那样"一边倒"。这些数据也显示出,欠发达地区的师范生在"教师口语"课程领域的投入程度比发达地区高,而且他们在"思政类课程"上也比发达地区的师范生投入更多。发达地区的学生在"外语类课程"和"学科专业课程"上的投入程度则比欠发达地区的学生高。

虽然女生对于包括教育类课程在内的所有课程的重视程度都高于男生,且在绝大多数课程上的重视程度还具有统计学上的显著意义,但投入程度上的差异似乎就没有那么明显了。在教育类课程中,男女生在8个课程领域的投入程度并没有显著差异,在其他非教育类课程领域中,男女生在"思政类课程"上的投入程度也没有显著差异。而且,男生在"计算机类课程"上的投入程度还显著高于女生。

担任学生干部的师范生和曾经获得奖励的师范生,比起不曾担任学生干部和不曾获得奖励的师范生来,对绝大多数课程领域的投入程度都显著高。虽然不曾担任学生干部的师范生对"外语类课程"和"学科专业课程"的重视程度,显著高于担任学生干部的师范生,但在自我汇报的投入程度上,两者之间的差异也不显著。学生干部与非学生干部、获得奖励的学生与没有获得奖励的学生在投入程度上没有显著差异的教育类课程领域,都是修习比例不高的几个课程领域。正如重视程度一样,那些自我汇报学业成绩居于前30%的师范生对于所有课程的投入程度都显著高于成绩居于30%—70%的学生,而成绩居于30%—70%的学生对于所有课程的投入程度又都显著高于成绩居于后30%的学生。

和重视程度的表现类似,第一志愿报考师范专业的学生,在大多数课程上的投入程度都显著高于第一志愿不是师范专业的学生,家庭成员或亲属中有人从事教师工作的师范生也在大多数课程的投入程度上显著高于亲属中没有人从事教师工作的学生。第一志愿报考师范专业,意味着师范生对于将来从事教师工作的目标比较清晰,所以看起来目标定位的清晰程度很大程度地影响着师范生对于课程的重视和投入程度,而且这种影响也不仅仅表现在教育类课程之中,在非教育类课程中也有类似的表现。

这一点,也可以从其他的数据分析中获得印证。本次调查中,我们要求师范生对"上大学后,我有意识地为将来成为一名教师做准备"进行判断,判断以"完全正确"、"多数正确"、"有点正确"和"完全不正确"区分。如果把那些选择了"完全正确"或"多数正确"的学生归为职业目标明确的一类,而把选择了"有点正确"或"完全不正确"的学生归为职业目标不明确的一类,比较两类师范生在各类课程上的投入程度,也发现职业目标明确的师范生在所有课程上的投入程度都显著高于职业目标不明确的师范生。同样,在本次调查中,我们也请师范生就"是否想过毕业后不做教师"做出判断。如果我们把那些曾经想过毕业后不做教师的师范生(占比51.1%)*视作职业目标定位不明确的一类,而把没有

---

* 这么高比例的师范生曾经想过毕业后不做教师,这个现象值得更深入的研究。从不同类型的学校比较结果看,部属师范大学曾经想过毕业后不做教师的师范生占37.2%,省属师范大学占55.5%,省属师范学院占51.5%,高等师范专科学校占46.7%。从专业分布看,曾经想过毕业后不做教师的学生比例比较高的专业分别是:地理专业(57.7%)、化学专业(57.2%)、生物专业(56.2%)、教育技术专业(55.3%)和物理专业(53.8%)。

想过毕业后不做教师的师范生(占比 48.9%)视作职业目标定位比较明确的一类,两类师范生在各类课程上的投入程度比较也显示,那些没有想过毕业后不做教师的师范生,在所有课程上的投入程度都显著高于曾经想过毕业后不做教师的师范生。

4. 教育类课程与师范生专业素养

当然,重视教育类课程,学生在学习教育类课程过程中有高水平的投入,并不是我们最终的关注点。师范院校开设教育类的课程,无非是期望师范生通过这些课程的修习,能培养起相应的专业素养,为他们未来的教育教学工作做好准备。那么,在师范生的心目中,教育类课程对于他们已有教师专业素养的养成,又起到多大的作用呢? 本次调查中,我们请师范生对自己的教师专业素养进行自评,并分别就各个专业素养领域让他们选择对于这一素养帮助最大的课程或其他教育资源。

在参考了有关教师专业素养的诸多文献,并结合目前国内教育改革中对于教师专业素养的期望(或发展方向),课题组最终确立了一个包含着 14 个方面的教师专业素养框架,请接受调查的师范生分别就自己在这些方面的表现水平做出自评,作为考察师范生专业准备状态的基本指标。这 14 个方面是:(1)学科专业知识的掌握程度(以下简称"学科知识"),(2)对中小学课程与教材的熟悉程度("课程教材"),(3)对我国教育法规和政策的了解程度("政策法规"),(4)对当前我国中小学教育改革的了解程度("教育改革"),(5)对中小学生特点的了解程度("学生特点"),(6)教案设计技能的掌握程度("教案设计"),(7)教学中运用教育技术手段的能力("技术运用"),(8)班级管理工作的熟悉程度("班级管理"),(9)与学生沟通的技能("学生沟通"),(10)甄别和照顾学生个别差异的能力("个别差异"),(11)学生学业评价能力("学生评价"),(12)对中小学教学方法的了解程度("教学方法"),(13)教育研究能力("教育研究")和(14)教师职业生涯规划能力("职业规划")。关于师范生对这些专业素养领域的表现描述及其他相关分析,有专门的章节讨论。调查中,我们还要求师范生就每一专业素养领域,从"学科专业课程"、"教育类课程"、"家教实践"、"大学教师的示范"、"教育实习见习"和"其他"几个有可能贡献于这些专业素养的力量来源中,选择出自己认为贡献最大的来源。师范生对于各个素养领域之最大力量来源的自我汇报统计结果如图 1-4 所示(图中数据为选择某一影响因素的师范生的百分比)。

除了"教育改革"、"政策法规"、"教育研究"和"职业规划"4 个专业素养领域外,教育类课程都不是多数师范生心目中对其专业素养养成贡献最大的力量来源,即使是在上述4 个专业素养领域中,认为教育类课程对这些素养的培养起到最大影响的师范生的比例也不高(30%左右)。大多数师范生认为就其"学科知识"素养而言,学科专业课程起到最大的影响作用,这在情理之中,也符合我们的预期。但除了这一素养领域之外,似乎对师范生的专业素养养成作用最明显的是教育实习和教育见习:将自己的专业素养归功于教育实习与见习的师范生占比很高,而且在多数素养方面的比例远远高于做出其他选择的

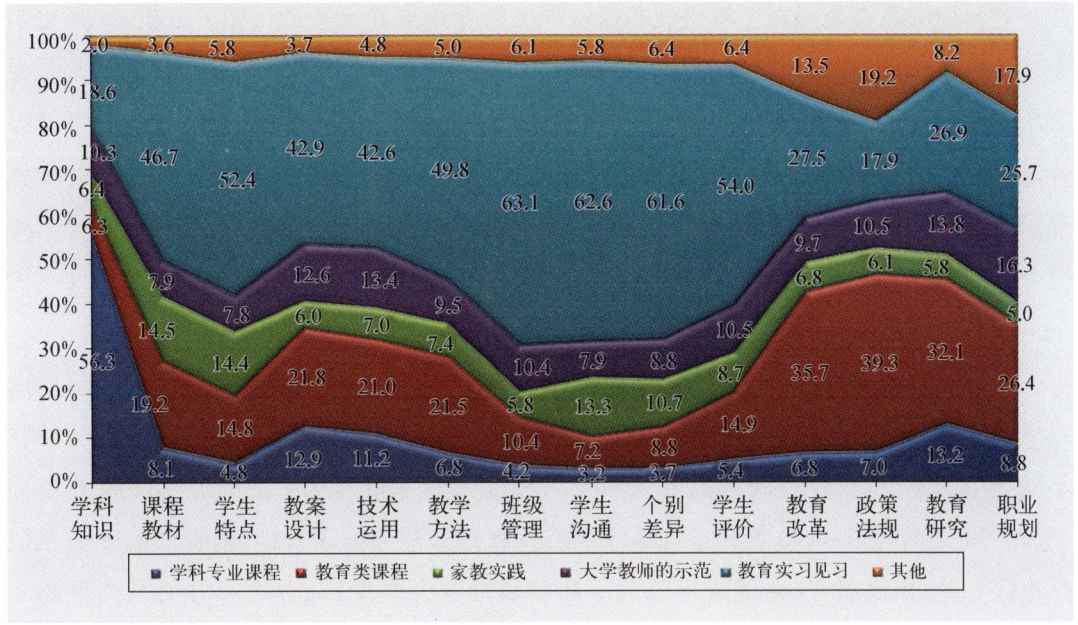

图 1-4 师范生不同专业素养领域主要贡献来源分布

师范生比例。

我们选择了比例较高的师范生认为教育类课程起到主要作用的若干专业素养领域，主要是"教育改革"、"政策法规"、"教育研究"和"职业规划"，考察教育类课程上的重视和投入程度与这些素养之自评水平之间的相关情况。鉴于不是所有的教育类课程领域都内在地与这些素养领域有关联，我们只选择了更有可能贡献于这些素养领域的若干个教育类课程领域，统计发现，师范生在所有这些教育类课程中的重视和投入程度都与专业素养水平之间存在显著的正相关，但相关系数普遍不高，多介于.3—.4之间（表1-8）。

表 1-8 部分教育类课程重视与投入程度与部分专业素养水平相关系数列表

教育类课程领域	重视或投入程度	专业素养领域			
		职业规划	教育研究	政策法规	教育改革
教育学	重视程度	.28	.23	.28	.29
	投入程度	.35	.33	.41	.40
学科教学论	重视程度	.24	.21	.23	.27
	投入程度	.31	.28	.33	.36
学科教材与教学分析	重视程度	.28	.27	.32	.32
	投入程度	.29	.30	.39	.38
教育研究方法	重视程度	.34	.34	.37	.34
	投入程度	.40	.40	.43	.40
教育改革	重视程度	.33	.31	.33	.34
	投入程度	.39	.38	.43	.41
教育政策与法规	重视程度	.38	.36	.43	.38
	投入程度	.39	.41	.50	.45

* 说明：所有相关系数均在 $p < .01$ 水平上显著。

对其他的教育类课程领域重视和投入程度与专业素养水平进行相关分析,结果也与上述分析类似,即都存在显著的正相关,但相关系数偏低(介于.2—.4 之间)。相关系数之所以偏低,一种可能的解释是因为样本内部差异较大,如不同类型学校的情况可能差异较大,从而在总体上平滑了总体相关系数。基于这一猜想,我们又对不同类型的学校分别进行了同样的相关分析,结果发现:不同的学校之间,在教育类课程的重视和投入程度与专业素养水平之间,虽然在相关系数上确实存在一些差异,但差异似乎也并没有大到可以确定地解释是因为校际差异拉低了总体相关系数的程度。

部分教育类课程的重视和投入程度与部分专业素养水平相关系数的校际比较,可以参见表 1-9,其他教育类课程领域与专业素养领域的情况大致相当。总体来说,虽然在不同类型的学校,教育类课程的重视和投入程度与专业素养水平之间的相关系数都介于.2—.4 之间,但在非重点的省属师范学院和高等师范专科学校中,两者之间的关系似乎更强一些;相比而言,在部属师范大学和省属师范大学中,两者之间的关系则更弱一些;尤其是在部属师范大学中,似乎就更难以用师范生在教育类课程上的重视和投入程度来预测他们在专业素养上的表现。如何解释这一结果,有待进一步的研究。进一步的研究和解释至少可以从两个方面进行:一种可能是重点师范院校的学生本身综合素质较好,他们在过往的学习经历(包括中小学的学习经历)中不但有相对更好的表现,而且也有相对更高的自觉程度,他们在师范院校期间所表现出来的"专业素养",其实应该更多地归功于他们自己的个人成长经验,而不是师范院校所提供的课程(在我国,"好教师不是教出来的"的观点一直以来不乏拥趸);另一种可能是,虽然重点师范院校相对于普通师范院校有更多的资源进行教育类课程的建设和改革,但由于种种原因,这些课程在实际的实施过程中,反而更无助于培养师范生的专业素养(例如,教育类课程的设置和教学更重视"学术"的传统而相对忽视"实践")。

表 1-9 部分教育类课程重视和投入程度与部分专业素养水平相关系数校际比较

教育类课程领域	重视或投入程度	学校类型	专业素养领域			
			课程教材	教案设计	教学方法	学生特点
教育学	重视程度	部属重点	.26	.17	.19	.20
		省属重点	.24	.25	.24	.25
		一般本科	.31	.34	.29	.31
		高等专科	.30	.24	.24	.32
	投入程度	部属重点	.29	.25	.21	.28
		省属重点	.35	.31	.33	.35
		一般本科	.34	.36	.35	.35
		高等专科	.42	.29	.35	.37
心理学	重视程度	部属重点	.21	.20	.21	.24
		省属重点	.24	.26	.25	.28
		一般本科	.31	.35	.26	.31
		高等专科	.33	.26	.26	.30

教育类课程领域	重视或投入程度	学校类型	专业素养领域			
			课程教材	教案设计	教学方法	学生特点
心理学	投入程度	部属重点	.26	.28	.22	.27
		省属重点	.33	.32	.33	.34
		一般本科	.37	.37	.34	.35
		高等专科	.39	.32	.32	.38
学科教学论	重视程度	部属重点	.19	.19	.21	.20
		省属重点	.28	.29	.28	.25
		一般本科	.33	.36	.28	.32
		高等专科	.24	.22	.22	.20
	投入程度	部属重点	.26	.26	.27	.24
		省属重点	.33	.31	.31	.30
		一般本科	.38	.39	.35	.38
		高等专科	.34	.28	.34	.27

* 说明：所有相关系数均在 $p<.01$ 水平上显著。

虽然所有的师范院校都有教育类的公共必修课，并由学校而不是系所安排任课教师，但由于学校规模大，不同系所的同一名称课程的任课教师并不相同，再加上公共必修课的集体备课在大多数学校已经名存实亡，就更使得同一所学校的同一课程门类，不同任课教师讲授的内容和过程难免存在很大差异。在目前多数师范院校的课程体制下，除公共必修的教育类课程之外，相当数量的选修课程领域（也包括必修系列中的"学科教学论"），通常由系所安排而不是由学校安排。在这一背景之下，我们猜想，不同专业的师范生，对教育类课程的重视和投入程度与专业素养水平之间的相关情况可能也有不同的表现。我们分专业对上述两者之间的关系进行了统计，通过数据分析发现，不同专业之间确实存在一些差异。由于相关的分析太过复杂，难以在本章有限的篇幅中予以详细的描述和说明，但总体而言，中文、数学、外语、物理、生物、历史、地理、音乐等专业的情况与总体情况接近（当然在细节上也存在很多区别）；化学专业和美术专业的学生，对教育类课程的重视和投入程度与专业素养水平之间，则存在着比较明显的更高的相关程度；而另外一些专业，如思政专业、体育专业和教育技术专业，师范生对教育类课程的重视和投入程度与专业素养水平之间，相关系数则比总体水平明显低。

如果更细致地考察不同类型的学校中不同专业的情况，则发现在部属师范大学的相当多的专业中，师范生对教育类课程的重视与投入程度与专业素养水平之间，并不存在显著的相关，专业之间的差异变得更为明显；而在省属师范学院的多数专业中，两者之间的相关程度又明显地高于总体水平，专业之间的差异也变得更为明显。由于具体到同一类型学校的同一专业之后，不同专业之间的校本数量差异很大，有些数据难免失去严格的统计意义；但即使仅仅作为一种判断的参考，似乎也提醒我们：是教育类课程的具体实施过程，而不是教育类课程的领域或门类设置，更直接地影响着师范生专业素养的养成。

5. 教育类课程的教学

教育类的课程设置，为师范生将来从事教育教学工作需要具备的素养设定了基本的范围，这些课程领域的内容都与未来教师的专业素养有直接或间接的关系。不过，更直接地影响未来教师专业素养之实际形成的，应该是这些课程的实际实施过程。其中，师范院校中负责教育类课程的教师的教学方法，不但关系到课程实施的质量，本身也是未来教师的重要示范。

考察高等师范院校中教育类课程在其实施过程中的教学状态，最理想的获得资料的方法，当然是选择适当样本，编制合宜的观察框架，进行实地的观察，但是这种方法在实施上存在时间和资源上的诸多限制，不易实行。在本次调查中，我们希望通过师范生的学习经验汇报，间接地对于我国高等师范院校中教育类课程的教学状态予以描述和分析。教育类课程范围很广，而不同的课程领域、不同的教师在教学方法上可能存在很大差异，所以理想的做法应是请师范生就自己所修习的具体课程门类或领域的教学过程进行描述，并以此为基础对我国高等师范院校中教育类课程的教学状态进行说明。但限于调查问卷的容量，这样的设计实行起来不太现实。在本次调查中，我们将"教育类课程"作为一个整体，请师范生就其学习经验，对这类课程的教学状态进行整体的描述。鉴于教学过程因具体课程领域和具体教师而表现出相当大的丰富性和差异性，这种做法难免使我们的数据因为过于笼统而出现偏差，不足以揭示教育类课程的教学过程的具体情况；但我们希望通过这一相对笼统的描述，能够对教育类课程的教学基本状态有大致的了解，成为未来进一步深入研究的基础。

综合考虑了我们所观察的高等师范院校中常见的教学过程，以及最近一些年我国基础教育改革中倡导的教学改革方向，我们列举了12种课堂教学常用的方法（或手段与技术），作为考察教育类课程之教学过程特点的基本维度。这些方法是：讲授、大班课堂讨论、课堂小组合作学习、课外小组探究学习、个人探究学习、使用 PPT 等课件、运用音像资料、利用网络资源、主题辩论、分析中小学教学案例、课堂情境模拟和发放教材之外的阅读资料。这些方法中除讲授之外，多是近年来我国基础教育改革中希望教师能够运用的一些教学方法或手段。我们的基本假设是：如果大学教师能够在课堂上较多地运用这些方法，不但更有可能培养我们期望的未来教师的专业素养，而且也应能够对未来教师在自己的课堂教学中使用这些方法或手段起到重要的示范作用。

鉴于有些教学方法或手段可能从来没有在某些课程的教学中使用，我们提供给学生的选择包括"从未使用"（记为 0）选项，以及从最低"很少使用"（记为 1）至最高为"经常使用"（记为 5）的共计六级选项。以选择不同使用频率的师范生的比例统计，在教育类课程的教学中，各种不同教学方法使用的频率分布如图 1-5 所示。

如以"经常使用"和"较多使用"的合计比例计，在师范生的学习经验中，教育类课程的教学中使用频率最高的教学方法是"讲授"，其次是"使用 PPT 等课件"，再次是"利用

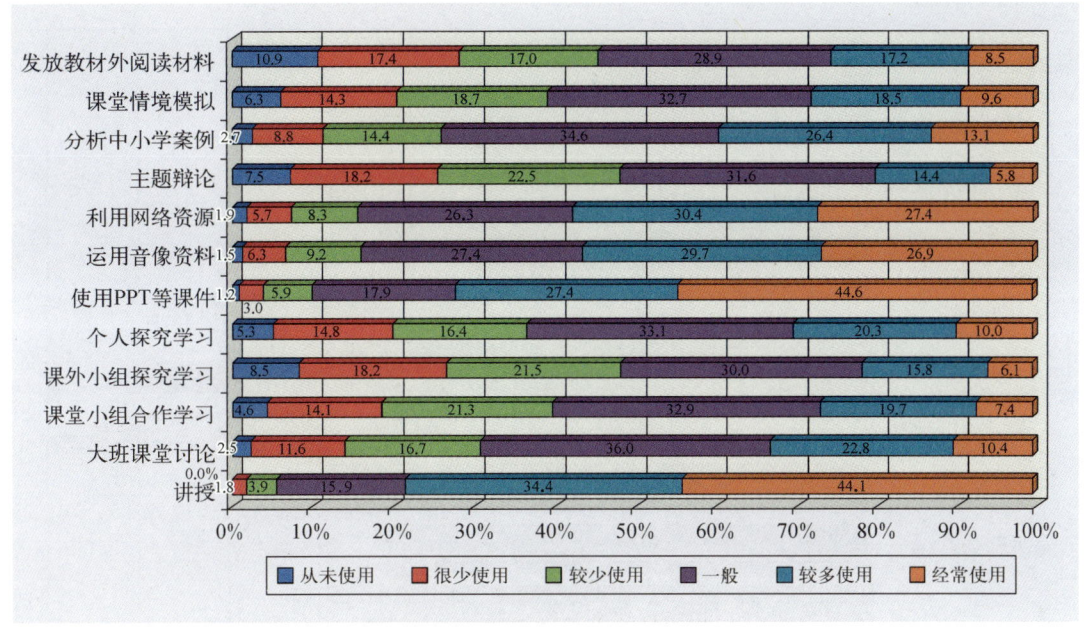

图 1-5　教育类课程的教学过程中教学方法使用频率

网络资源"和"运用音像资料"。50％以上的师范生认为在自己所修习的教育类课程中，这些方法或手段被教师经常使用或较多使用。看起来，所谓"多媒体的教学"，在高等师范院校的教育类课程中，已经成为一种普遍的现实：虽然传统的"讲授"仍然占到主流（这也在我们的意料之中），但在呈现方式和教学资源上的多元化，似乎已经取得了很大进展。值得一提的是，有40％左右的师范生汇报自己所修习的教育类课程中经常或比较经常地"分析中小学案例"，似乎也说明在目前我国师范院校中，关注中小学教育教学实践不但在理念上已经被广泛接受，而且在教学实践中也开始成为一个值得肯定的方向。

不过，相比之下，狭义的教学方法层面的一些新尝试，如"主题辩论"、"课外小组探究学习"、"课堂小组合作学习"、"个人探究学习"、"课堂情境模拟"及"大班课堂讨论"等，似乎仍然使用不多。这些方法之所以在近年受到我国教育界的关注，是因为这些方法被认为更有助于深化学生对所学内容的理解，更有助于培养学生的实践能力和自主学习能力。如果这一假设成立，那么可能就意味着，高等师范院校的教育类课程中较少使用这类方法，会限制这些课程在培养师范生的教育专业素养方面的实际贡献。而且，高等师范院校中较少使用这类方法，也使师范生缺少了观摩这些方法在具体课堂中的使用、并为将来在自己的课堂教学中使用这些方法奠定必要经验基础的机会。

我们也以不同教学方法的均值，对部属师范大学、省属师范大学、省属师范学院和高等师范专科学校的教学状态进行了比较，结果如图1-6所示。

看起来在部属师范大学中，"使用PPT等课件"、"运用音像资料"和"利用网络资源"比其他类型的学校中更为普遍，不过，这类学校中采用"讲授"的传统方法似乎也更普遍，在其他一些相对更新的教学方法方面，部属师范大学反而比其他类院校要更落后一点。高等师范专科学校虽然在"使用PPT等课件"、"运用音像资料"、"利用网络资源"等方面

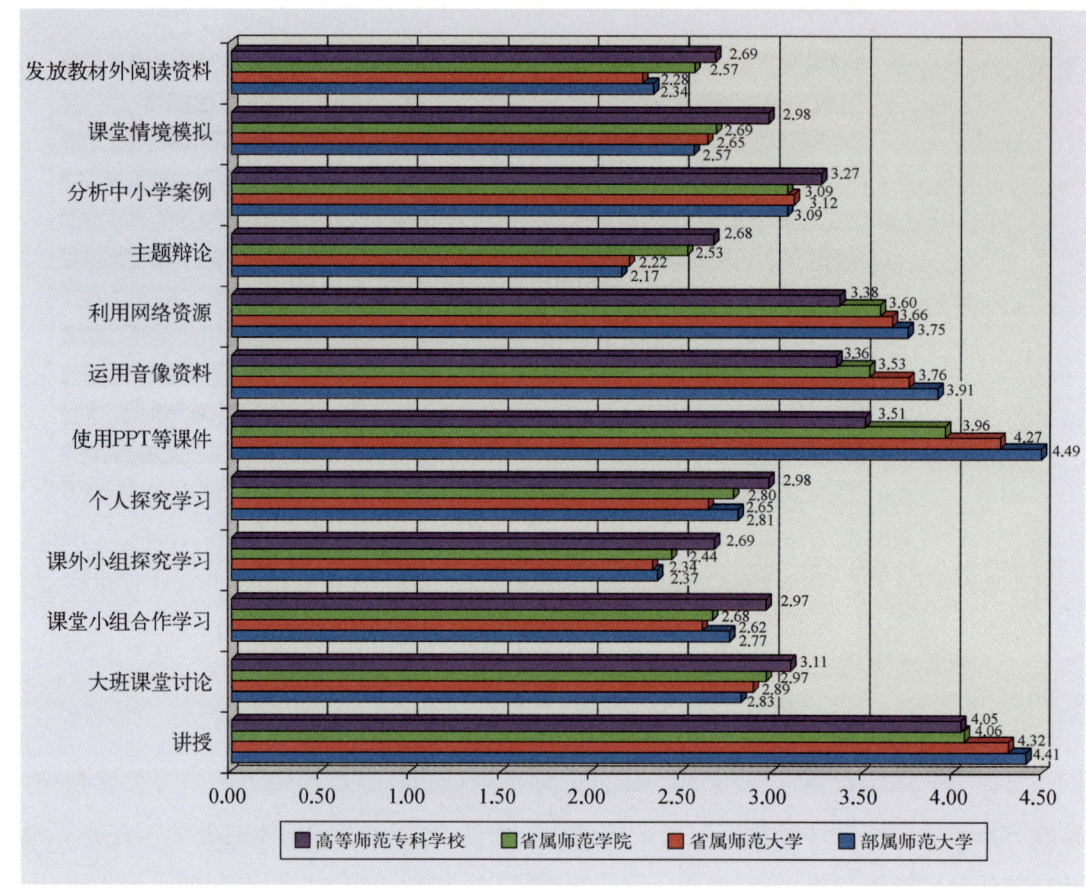

图 1-6　不同类型学校教学方法使用频率比较

比其他类型的院校少，但似乎进行了更多诸如"大班课堂讨论"、"课堂小组合作学习"、"个人探究学习"、"主题辩论"、"课堂情境模拟"等较新的方法，而且，在使用"分析中小学案例"方面，高等师范专科学校也比其他院校更普遍。

相比之下，省属师范大学和省属师范学院的特点不那么鲜明，居于部属师范大学和高等师范专科学校之间，只是省属师范大学的情况与部属师范大学更相似些，而省属师范学院的情况与高等师范专科学校更相似些。

我们也比较了不同专业的师范生所体验到的教育类课程的教学方法，结果如表1-10所示。单以不同教学方法使用频率的均值来看，不同专业之间的差异较大，除"讲授"之外，不同专业在每种教学方法的最大均值与最小均值之间，都有超过.6的均值差异，其中"使用 PPT 等课件"、"发放教材之外的阅读材料"、"个人探究学习"、"课外小组探究学习"和"主题辩论"等方法上的差异相对更大。"讲授"方法在不同专业之间差异不大，与我们的观察和预期也相符合，说明在不同专业的教育类课程教学中，"讲授"仍是最主要的教学方法（体育和音乐专业中讲授方法使用频率最低，可能与这两个专业的特点有关）。

如果将13个专业中均值居于前半段（前6个）的专业标出，可能会帮助我们更好地判断相对而言哪些专业在哪些教学方法上使用频率更高一些，从而获得一个更为整体的印象。表1-10中以红色字体标出了同一方法维度上使用频率均值在13个专业中居于前半段的数据。

表1-10　不同专业教学方法使用频率比较（均值）

	中文	数学	外语	物理	化学	生物	思政	历史	地理	体育	音乐	美术	教育技术
讲授	4.34	4.02	4.09	4.27	4.27	4.31	4.17	4.35	4.44	3.88	3.89	4.03	4.35
大班课堂讨论	2.96	2.74	3.18	2.49	2.84	2.64	2.90	2.96	2.71	3.18	3.20	3.18	2.78
课堂小组合作学习	2.58	2.56	3.01	2.27	2.39	2.56	2.54	2.65	2.44	2.93	2.91	3.02	2.76
课外小组探究学习	2.39	2.24	2.56	2.01	2.10	2.38	2.26	2.44	2.21	2.74	2.79	2.88	2.45
个人探究学习	2.85	2.60	2.81	2.35	2.44	2.52	2.80	2.85	2.47	3.07	3.09	3.26	2.58
使用PPT等课件	4.15	3.64	3.99	4.18	4.17	4.51	4.01	4.21	4.30	3.80	3.68	3.92	4.54
运用音像资料	3.79	3.05	3.60	3.42	3.53	3.83	3.61	3.78	3.64	3.57	3.78	3.71	3.69
利用网络资源	3.73	3.15	3.67	3.36	3.38	3.75	3.49	3.79	3.61	3.72	3.68	3.83	3.58
主题辩论	2.36	2.31	2.61	1.98	2.18	2.18	2.56	2.51	2.13	2.70	2.85	2.72	2.02
分析中小学案例	3.48	3.15	2.96	2.89	3.09	3.14	2.88	3.07	2.90	3.14	3.22	3.20	2.72
课堂情境模拟	2.74	2.59	2.74	2.36	2.56	2.71	2.57	2.66	2.40	2.95	3.03	3.01	2.32
发放教材外阅读资料	2.51	2.21	2.72	1.98	2.13	2.31	2.33	2.55	2.07	2.78	2.87	2.94	1.97

如果不计"讲授"，体育、音乐、美术、历史和中文专业的教育类课程教学中，教师似乎更频繁地采用了比较新的一些教学方法。其中，体育、音乐和美术三个专业的情况尤为突出：除了在"使用PPT等课件"方面的使用频率较其他专业低外，三个专业在其他方法的使用频率上基本都居于13个专业的前半段。历史专业的教育类课程教学中，除"主题辩论"外，其他方法的使用也较频繁。中文专业除"课堂小组合作学习"和"课外小组探究学习"及"课堂情境模拟"较少外，在其他绝大多数方法的使用频率方面也都在13个专业中居于较前位置。

相比之下，数学、物理、化学、地理和思政专业的教育类课程教学中，则在几乎所有教学方法的使用频率上都居于13个专业的后半段。外语、生物和教育技术专业的情况大约居中，其中外语专业的教育类课程教学中，采用新方法的频率略高些。

教育类课程的教学过程中使用不同教学方法的频率与师范生的专业素养水平之间有没有关系呢？如果我们将上述体育、音乐、美术、历史和中文几个教学方法多样性较好的专业分为一组，将数学、物理、化学、地理和思政几个教育类课程的教学方法多样性较差的专业分为一组，比较两组师范生自我汇报的专业素养水平（以均值计），得到表1-11所示的结果。

数据显示，除"对中小学课程与教材的熟悉程度"（课程教材）一项外，第一类专业的师范生在所有其他专业素养维度上都比第二类专业有更高的水平，且都有显著性差异。当然，教育类课程的教学方法运用情况理论上讲不可能对所有专业素养维度都有影响，但表1-11的数据也显示，在大学的教学过程最有可能产生影响的"教案设计"、"技术运用"和"教学方法"几个维度上,两组专业的师范生专业素养均值差也比较大。这很可能说明,不同专业的教育类课程教学方法的多样性,对于师范生教育专业素养的养成,确实存在着影响。

表1-11　两类专业师范生专业素养水平比较(均值)

	体育、音乐、美术、 中文和历史专业	数学、物理、化学、 地理和思政专业	均值差
学科知识	3.61	3.42	.19
课程教材	3.31	3.33	-.02
政策法规	3.01	2.94	.07
教育改革	3.09	3.06	.03
学生特点	3.38	3.27	.11
教案设计	3.61	3.40	.21
技术运用	3.56	3.36	.20
班级管理	3.46	3.31	.15
学生沟通	3.68	3.49	.19
个别差异	3.63	3.42	.21
学生评价	3.61	3.42	.19
教学方法	3.53	3.41	.22
教育研究	3.24	3.18	.06
职业规划	3.40	3.27	.13

如前所述,通过学生的感受间接地描述教学过程已经难免偏差,又将"教育类课程"作为一个整体进行描述,更增加了偏差的几率。但上述仍然为我们了解师范院校中教育类课程的教学状态提供了参考:在不同类型的院校中,教学方法的多样性、新型方法的采用程度、教学过程对培养师范生实践能力的关注和教学过程中联系中小学教育实践的程度,很可能存在着值得关注的差异;不同专业的课程设置虽然通常有学校的统一要求,但在具体的教学过程中也可能存在着比较明显的差异。至于这些差异的具体表现、造成这些差异的原因以及对师范生的影响,值得进一步地进行更具体的后续研究。

6. 结论与建议

课程问题之所以重要,是因为它是架设在培养目标和受教育者的素养之间的桥梁:开设什么样的课程,直接反映着对于所培养的学生的未来素养的设计;而学生修习什么样的课程,至少在相当程度上限定了学生素养培育的范围。考察我国高等师范院校的课程设置和课程实施状态,可以让我们更准确地了解高等师范院校的"实际运行着的"(而不是声称的)对于未来教师的构想,也能让我们对于将要走向教育岗位的未来教师们的受教育过程、专业素养的准备有更为全面的了解。

当然,课程与学生的素养之间,并不存在直接的对应关系。六十多年前,现代课程理论的重要奠基人拉尔夫·泰勒(Ralph Tyler)在其《课程与教学的基本原理》中提到若干课程内容选择(他称之为"经验选择")的原则,其中包括:不同的学习经验可能达到相同的教育目标,而同一学习经验会产生不同的结果①。这些原则今天看来仍不过时,也是我们在考察高等师范院校的课程时应当作为一个基本前提的。综观本专题对于高等师范院校课程与教学状况的分析,我们大致可以做出如下一些结论和建议。

6.1 结论

6.1.1 一个"好的"师范生是什么样子的

在本章中,我们结合多项指标,对师范生在教育类课程上的修习情况、重视程度和投入水平及这些课程对于他们的教育专业素养的贡献等方面,进行了比较分析。随着这些分析的进行,我们慢慢在心中形成了一位典型的"好师范生"的形象:她重视教育类课程,而且在学习教育类课程中投入程度较高,教育专业素养也得到很好的提高。她应该是什么样子呢?

她是来自发达地区的女生,她当年报考师范院校的时候,第一志愿就选择了师范专业;她的亲属中有人目前正在担任或曾经担任过教师,时不时给她一些指导和督促;她的学业成绩良好,在班里居于前30%,在读期间获得过不同类型和级别的奖励,并担任过学生干部;她的职业定位明确,从来没有想过毕业后不做教师,而且从入大学之后,她就开始自觉地为将来从事教育工作做准备;事实上她不但重视教育类课程的学习并有较高水平的投入,也重视包括学科专业课程、外语类课程和思政类课程在内的所有她必修或选修的课程……

6.1.2 师范生修习的教育类课程范围大大拓展,但投入程度仍偏低;高等师范院校对教育类课程的角色和地位还有再认识、再定位的空间

如我们在本章开首介绍的,在本次调查的先期工作中,我们收集了一定数量的高等师范院校课程方案。从这些方案的文本来看,近年来我国高等师范院校开设的教育类课程已然相当丰富,我们甚至都难以找到一套能够概括这些名目繁多的课程门类的框架。在问卷调查之初,我们还心存这样的假设:虽然从文本上看,高等师范院校的教育类课程门类都已经大大突破过去的"老三门",实现了多元化;但可能在师范生实际修习的范围上,由于种种原因(如有些课程虽在官方课程方案中但实际并未施教),可能存在着不同类别学校之间的较大校际差异。但从调查的结果来看,部属师范大学、省属师范大学、省属师范学院和高等师范专科学科的学生在修习教育类课程的范围上,并没有出现我们假设的巨大而明显的差异:虽然某类高等师范院校的学生在修习某类课程上的比例相对更高,但并没有出现某类高等师范院校的学生集中地修习某几门教育类课程、而另外一类高等师范院校的

① 泰勒著.课程与教学的基本原理[M].施良方,译.北京:人民教育出版社,1994:51—52.

学生则修习了跨度更大的教育类课程门类的情况。这说明，经过近些年的持续改革，我国高等师范院校已经在教育类课程的改革方面取得了很大的进展，不但体现于课程方案文本中的教育类课程种类已经趋于多元化，而且师范生实际修习的范围也已经大大拓展。

问题是，从调查结果来看，师范生对于教育类课程总体上似乎保持了较高的重视程度，但若与投入程度相比较，则在投入水平上显得低很多。如果把教育类课程与学科专业类课程相比较，虽然情况也很复杂，但总体而言，师范生对于教育类课程的重视和投入程度比学科专业类课程的重视和投入程度都低。尤其值得注意的是，"教育学"和"心理学"这两门经典的教师教育类课程，在师范生的心目中虽不算不"重要"，但他们对于这两门课程的投入程度，却是所有的教育类课程中最低的。

6.1.3 教育类课程与教学并不是师范生教育专业素养的主要贡献者，高等师范院校中的教育类课程与教学的实践性还须进一步加强

虽然我国高等师范院校中的学生修习教育类课程的门类已趋多元化，而且从关于这些课程的教学过程的调查结果来看，更丰富的教学方法也在这些课程的教学中得到运用。不过，通过学生自我汇报的教育专业素养的贡献来源的统计来看，总体而言，教育类课程并不构成师范生目前已有的教育专业素养的主要贡献者，教育实习和见习这些直接接触和介入实践的部分，至少在师范生自己看来，似乎扮演了更重要的培育专业素养的角色。如果考虑到师范生参与教育实习和见习的总时间其实并不长，而且这期间他们直接在课堂内外承担学科教学或学生管理责任的机会也通常并不多，那我们就更会发出这样的感慨了：实践的（经验的）力量总是巨大的。

其实，师范生在课程方面的"务实"姿态，不仅仅体现在他们对于教育实习和见习的青睐上。就算是教育类的学术课程（不直接接触中小学教育实践，而是在大学里修习的课程），师范生在选择修习的课程、对课程的重视和投入水平上也已经明显地表现出了这种"务实"的态度。从我们的统计数据来看，师范生更倾向于选择那些与他们未来的教育工作关系更密切的课程（诸如教师口语、技能训练、班级管理、书法、教育技术等），而且在这些课程上的重视和投入水平也明显高一些。

6.2 建议

6.2.1 在高等师范院校男女性比例日益悬殊的情形下，在加强师范专业的宣传的基础上，吸引更多的男性投入到教育事业中来，同时，我们需要关注男女性在课程学习中的差异现象，在课程内容和教学中予以男性学生更多的鼓励和关注。

6.2.2 学生修习教育类课程的门类范围之大小，很大程度上取决于学校的相关规

定;学生在修习教育类课程过程中的重视和投入程度,则更真实地反映了学生(乃至学校)对于这些课程的态度。师范生重视或不重视某类课程,虽难免受到某些个人特征(如兴趣)的影响,但在总体上,可能更深刻而直接地受到另外两个因素的影响:一是这类课程对于学生的未来有多大程度的实用价值;二是在学校的评价系统中这类课程占有什么样的地位。因此,我们需要加强教育类课程的实用价值,切实解决高等师范院校对于教育类课程的"事实上的"不重视的现象,促使高等师范院校在培养未来教师中独具价值的教育类课程与教学受到应有的强调和尊重。

6.2.3 作为一种有着明确的职业指向的教育,高等师范院校提供的教育服务更大的隐忧可能恰恰是"务实"得不够,从而大大削弱了为未来教师所做准备的针对性。尽管最近一些年来,我国高等师范院校在课程设置上所做的重要努力之一就是加强课程的实践性,使之更好地适合于培养具备实践能力的教师的需要。不过,从我们的这次调查来看,师范生对于学校所开设的教育类课程(除了教育实习和见习部分)的教育专业素养培育能力,似乎并不特别地肯定。这提醒我们,高等师范院校在未来的课程和教学改革中,可能仍需在两个方面做出努力:一是加强实践性课程(教育实习与见习,或其他诸如微格教学等形式的课程)的比例;二是加强现有的教育类学术课程的实践性,从课程内容和教学上加强与师范生未来教育工作的联系,以使它们更好地培育师范生的教育专业素养。

(王建军)

本专题根据调查数据，主要关注师范生学科类课程学习的基本状况、学科类课程学习与教育类课程学习的差异、学科类课程学习与实践教学的关系、在校学科学习与毕业生的工作需要之间的关系、用人单位与师范生学科知识能力的认识五个方面，并在对师范生学科素养和能力培养的综合分析基础上，形成主要的发现和政策建议。

在我国师范院校，对师范生所进行的学科教学都是针对学校教育中相应的教学科目，是学校教育中主要的教育内容的门类。而教育内容十分广泛、多种多样，不仅包括知识，而且包括技能、道德甚至许多现实的活动本身等。各个门类的教育内容，就构成了学校教育中的学科[①]。

教育部 2001 年发布的《义务教育课程设置实验方案》规定[②]，小学阶段开设品德与生活/品德与社会、科学、语文、数学、外语、体育、艺术（或选择音乐、美术）、综合实践活动，以及地方与学校课程；初中开设思想品德、历史与社会（或者选择历史、地理）、科学（或者选择生物、物理、化学）、语文、数学、外语、体育与健康、综合实践活动，以及地方与学校课程。从 2011 年教育部制定颁布的义务教育课程标准来看，修订的课程依然是以分科教育教学为主。

教育部 2003 年印发的《普通高中课程方案（实验）》规定[③]，高中课程由学习领域、科目、模块三个层次构成。高中课程设置了八个学习领域，每个学习领域由若干科目组成，它们是（括号中为对应该领域的科目）：语言与文学（语文、外语）、数学（数学）、人文与社会（思想政治、历史、地理）、科学（地理、物理、化学、生物）、技术（技术，含信息技术和通用技术）、艺术（艺术，或音乐、美术）、体育与健康（体育与健康）、综合实践（研究性学习活动、社区服务、社会实践）。

如果教学过程注重学科整合，这就涉及"合科教学"概念。合科教学可以按照多种模式展开。一是直接将相关科目归为一类，成为一门课程，例如初中的科目"历史与社会"包含了历史与地理的内容，或者高中的科目"技术"综合了信息技术和通用技术的内容。二是将社会生活中不断出现的新问题，如环境问题、生态问题、国际理解问题等整合在一起，建成一门相对"宽松"的学科，例如，义务教育阶段的综合实践活动，或者高中阶段的研究性学习活动。为了探讨解决这些科目包含的问题，需要诸多其他不同学科的知识、

---

① 陶本一. 学科教育学 [M]. 北京：人民教育出版社，2004：3.
② http://www.moe.edu.cn/publicfiles/business/htmlfiles/moe/moe_711/201006/xxgk_88602.html.
③ http://www.hzedu.net/Template/teaWindow3.aspx? id=29865.

技能和方法。

但是,从我国对于义务教育和高中课程设置情况来看,除了综合实践活动的设置之外,即使如初中的历史和社会、科学,或是高中以学习领域的划分,在课程实施中还是采取分科教学为主的方式。

我国自唐朝开始出现分科教学,设立各种专业学校,进行算学、天文、医学等专业教育或训练,这比到十七、十八世纪才设立类似的专门学校的欧洲早一千多年。到了北宋,胡瑗则把分科教学发展到一个新的更有计划、更完备的阶段。他实行分科教学,进行专业教育,被人称为"苏湖教法",皇帝曾明令以其教学方法为太学法。这不但在中国教育史上,而且在世界教育史上也具有重大意义。[①]

自从 1909 年上海商务印书馆出版《各科教授法精义》之后,以"分科教学法"、"各科教学法"、"小学各科教学法"、"中学各科教学法"等为名的书籍不断出版。1929 年由商务印书馆编辑出版的《万有文库》中,即有《各科教学法》、《小学国语科教学法》、《小学算术科教学法》、《小学社会科教学法》、《小学历史科教学法》、《小学地理科教学法》、《小学外国语科教学法》、《小学卫生科教学法》、《小学音乐科教学法》、《小学游戏科教学法》等书。中华书局等也有一些关于分科教学法的书出版。

长期以来,我国分科课程在课程结构中占据绝对主导地位,与之相应,我国教学模式的建立也主要是以分科课程为主要对象和基本依托。建国后,随着教育制度和课程、教材的改革,分科教学法进一步细化,随之相继出版了有关语文、数学、历史、地理、自然、生物、物理、化学、体育、音乐、美术等中小学的各科教学法的图书。改革开放后,全国性的和地方性的分科教学研究会纷纷建立。同时,除全国性的和各省、市的综合性教育刊物经常刊载有关各科教学法的文章外,分科研究教学的刊物,如《语文教学》、《数学教学》、《历史教学》、《地理教学》、《物理教学》、《化学教学》、《外语教学》等,已有数十种。

这都说明,中国基础教育的特征是分科教学,而中国教师的专业化正是建立在这种分科教学的基础之上。尽管对于分科教育和教学有着一些不同的看法,但这种主修专业与主教学科的紧密结合,也意味着为教师在主教学科的持续教学中的精益求精提供了客观的专业发展环境。与此相适应,培养教师的师范院校均为多学科的建制,成为中国师范教育的一种鲜明的特色。同时,这种分学科教育方式也构成了中国高等师范院校师范生培养的基本特征。

本次调查从 11 个入样省份中的学校分层随机抽样,按照我国经济区域划分和师范院校层次类型,调查了四个层次的师范院校,包括部属师范大学(分为东、中、西、东北地区)、省属师范大学、省属师范学院和高等师范专科学校,共 27 所师范院校(20 所本科师范院校,7 所专科师范院校)(见图 2-1)。

---

① 张友聚.胡瑗的分科教学[J].人民教育,1983:6.

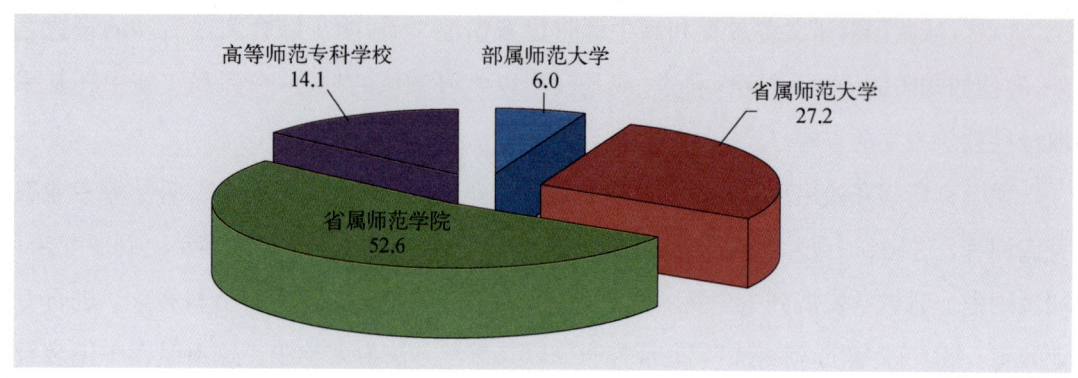

图 2-1　本次调查抽样学校类型分布情况（%）

在各入样学校内的抽样继续采用分层抽样方法，师范生学科专业的选择原则以师范专业作为分层的依据。因入样学校之间专业设置有差异，在进行横向比较后，我们选择了大多数入样学校（三分之二以上）都具有的师范专业。由此，确定各入样学校的入样专业共 13 个，分别为：

第一类：主课类：（1）语文（2）数学（3）英语

第二类：科学类：（4）物理（5）化学（6）生物

第三类：文科类：（7）思政（8）历史（9）地理

第四类：文体类：（10）体育（11）音乐（12）美术

第五类：技术类：（13）教育技术

各入样学科大类所占比例如图 2-2：

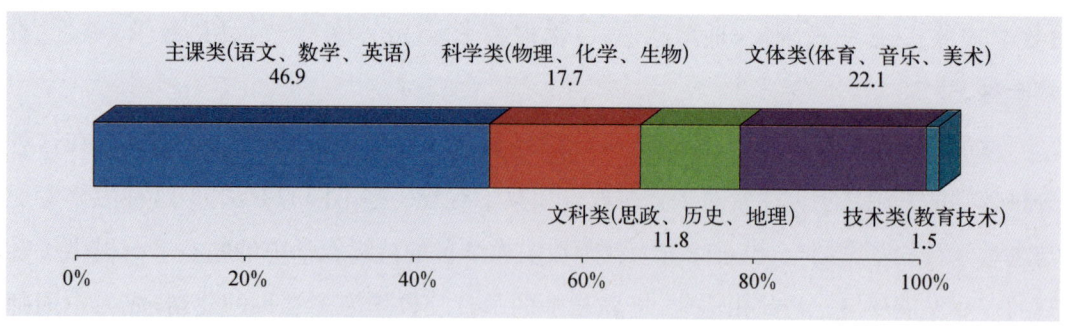

图 2-2　各抽样学科大类分布情况

从此次调查中高等师范院校的课程设置科目内容来看，除了一般教育类课程的修习，作为师范生在学科教育方面，主要涉及两类课程，即学科教育类课程和学科专业类课程。师范生对这些课程修习程度和掌握如何，对于培养以分科教育为主的中小学教师是至关重要的。综合入样师范院校师范生教育的课程设置，可以呈现如下的基本结构（见图 2-3）。

```
                    ┌ 1. 教育学基础：包括教育学原理、教育概论、教育导论、中小学教育学等
                    │ 2. 心理学基础：包括基础心理学、教育心理学、学生发展、青少年发展等
                    │ 3. 教育研究方法：包括教育调查、教育统计等
                    │ 4. 教育技术学：包括教育技术应用、课件制作、多媒体制作等
                    │ 5. 教师口语：包括普通话、教师语言训练等
                    │ 6. 书法：包括汉字书写、写字等
            一般教育类课程┤ 7. 班级管理：包括班主任工作、德育与班主任工作等
                    │ 8. 教师职业技能训练：包括微格教学、教学设计与实践训练等
                    │ 9. 教育学分支学科：包括教育哲学、教育社会学、教育管理学等
                    │ 10. 教育史：包括中外教育史、中外教育发展、教育思想史等
                    │ 11. 教育改革：包括基础教育改革、新课程理论与实践等
                    │ 12. 教育政策与法规等
教育类课程┤           │ 13. 教育评价等
       │           └ 14. 其他专题课程：包括教师专业发展、家庭教育、职业规划等
       │    学科教育类课程┌ 1. 学科教学法：包括各学科教学法、各学科教学论等
       └           └ 2. 学科教材与教学分析：包括学科课程标准、教材分析、教学案例等
学科专业类课程：各学科知识,如语文、数学、物理、化学等
```

图2-3 师范生教育的课程设置结构

1. 师范生学科教育类课程学习的基本状况

本调查通过两类课程的修读及研习情况来考察师范生学科教育类课程学习的基本状况,第一类是以学科教育理论为基础的学科教学法、学科教学论类课程,第二类则是侧重理论结合实践的学科教材与教学案例分析类课程。

1.1 师范生学科教学法(或学科教学论)类课程的学习情况

从学科教学法(或学科教学论)类课程修读的整体情况来看(见图2-4),在所调查的师范生中近九成(88.6%)的学生已经修读或正在修读此课程,但仍有11.4%的学生尚未修读此课程。

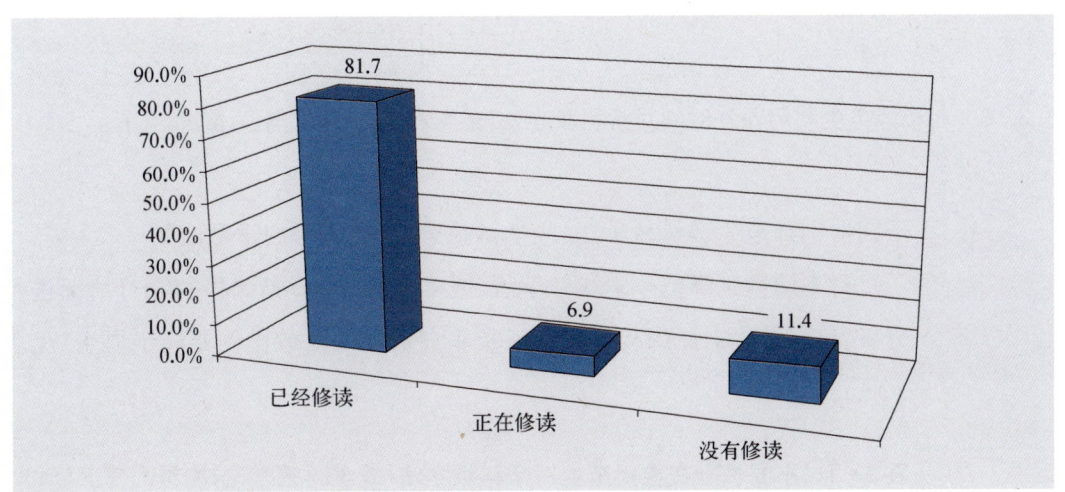

图2-4 在校师范生学科教学法(或学科教学论)的修读情况（%）

对近九成已经修读或正在修读此课程的师范生进行进一步调查发现,他们对该课程

重视程度的自我评价较高,自认为不太重视或很不重视的总和约占全体受调查人数的一成左右(见图2-5)。

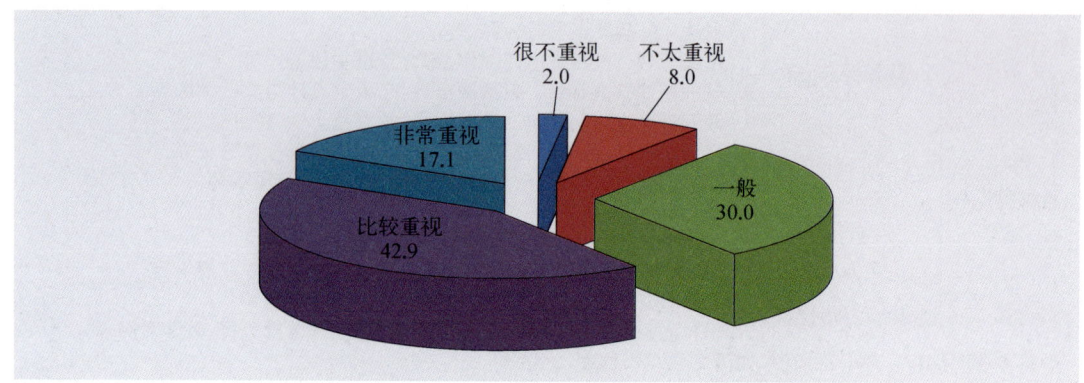

图2-5 在校师范生对学科教学法(或学科教学论)的重视程度(%)

但是,这些师范生利用课外时间自发地进行学科教学法(或学科教学论)研习的情况则相对没有其对课程重视程度的自我评价那么积极,40.3%的师范生表示课外自主学习学科教学法(或学科教学论)的情况"一般"(见图2-6)。

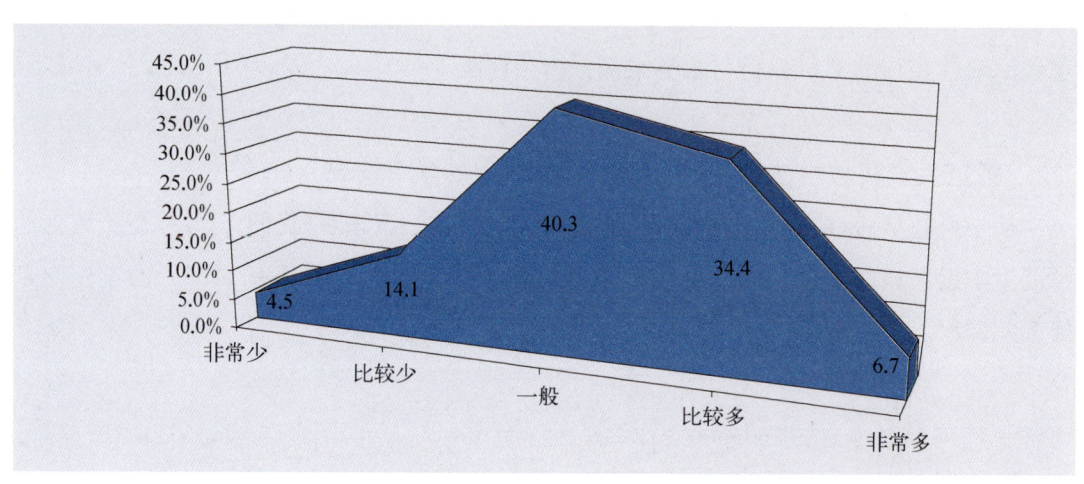

图2-6 在校师范生利用课外时间对学科教学法(或学科教学论)的学习情况(%)

1.1.1 不同性别师范生学科教学法(或学科教学论)类课程的学习情况

对不同性别师范生学科教学法(或学科教学论)类课程的学习情况进行分析发现,女生对此课程比较重视及非常重视的人数比例要高于男生(见表2-1)。

表2-1 不同性别在校师范生对学科教学法(或学科教学论)的重视情况(%)

	很不重视	不太重视	一般	比较重视	非常重视
男	3.5	10.1	34.6	36.8	14.9
女	1.2	6.9	27.7	46.0	18.2

对其自评重视程度进行 1—5 赋值后分组计算均数并进行差异检验发现,男女生对学科(如语文、数学)教学法(或学科教学论)的重视程度存在显著差异(F=72.07,p=.000),女生的重视程度显著高于男生(见表 2-2)。

表 2-2　不同性别在校师范生对学科教学法(或学科教学论)的重视情况差异比较

	M	**SD**	**F**	**p 值**
男	3.49	.98	72.07 ***	.000
女	3.73	.88		

至于利用课外时间自发研习学科教学法(或学科教学论)类课程,女生也表现得比男生更为积极,她们花费的课外学习时间显著多于男生(F=23.23,p=.000)(见表 2-3)。

表 2-3　不同性别在校师范生利用课外时间学习学科教学法(或学科教学论)的情况差异比较

	M	**SD**	**F**	**p 值**
男	3.16	.97	23.23 ***	.000
女	3.29	.91		

1.1.2　不同类别师范院校师范生学科教学法(或学科教学论)类课程的学习情况

从不同类别师范院校角度分析在校师范生对学科教学法(或学科教学论)类课程的学习状况可以发现,部属师范大学的学生已经修读比例相对最高,其次是省属师范大学和省属师范学院的学生,高等师范专科学校的学生已修读比例相对最低(见图 2-7)。

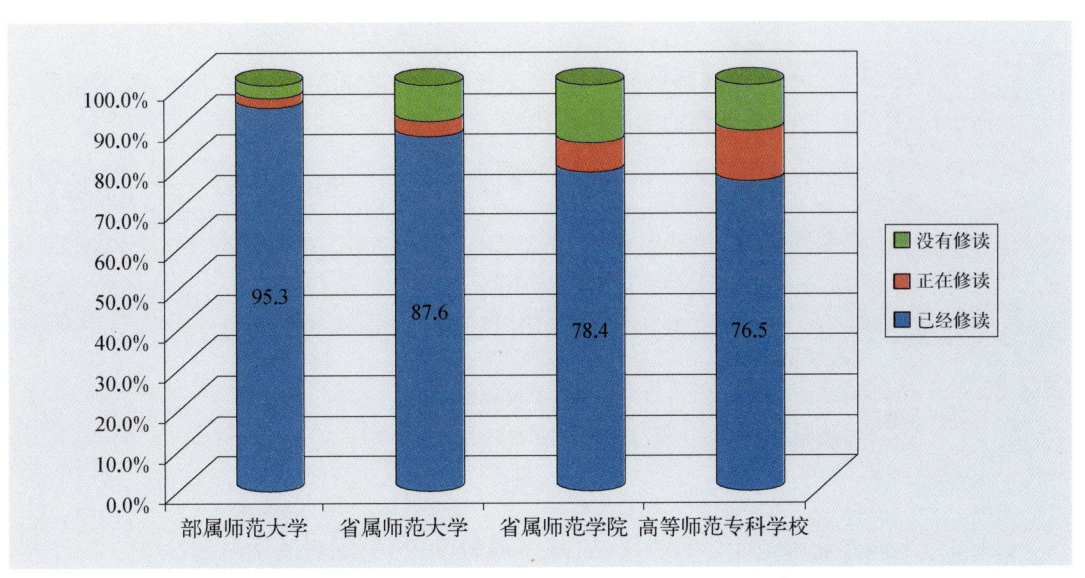

图 2-7　不同类别师范院校师范生学科教学法(或学科教学论)的修读情况(%)

分析各类师范院校师范生对学科教学法(或学科教学论)类课程学习的重视程度自我评价发现,部属师范大学和高等师范专科学校的学生自我报告重视程度最高,相对较低的是来自省属师范学院的学生。对他们重视程度的自我评价进行均数差异性检验发现,四类学校间存在显著差异($F=45.68$, $p=.000$)。使用 Tamhane 法进行多重分析发现,除部属师范大学与高等师范专科学校的师范生对该课程的重视情况不存在差异之外($p=1.000$),其他各类学校两两之间均存在极显著差异,其排序依次为部属师范大学学生的重视程度高于高等师范专科学校的学生,高于省属师范大学的学生,高于省属师范学院的学生(见表2-4)。

表2-4　不同类别师范院校师范生对学科教学法(或学科教学论)类课程的重视程度比较

I	J	MD (I−J)	p 值
部属师范大学	省属师范大学	.189 ***	.004
	省属师范学院	.389 ***	.000
	高等师范专科学校	.003	1.000
省属师范大学	省属师范学院	.200 ***	.000
	高等师范专科学校	−.186 ***	.000
省属师范学院	高等师范专科学校	−.386 ***	.000

从各类师范院校师范生利用课外时间进行学科(如语文、数学)教学法(或学科教学论)类课程自主学习的情况来看,高等师范专科学校的学生在这一方面表现得最为积极,其次是部属师范大学的学生。均数差异的方差分析显示,各类学校师范生间存在显著差异($F=47.47$, $p=.000$),主要表现在省属师范院校的学生身上,部属师范大学与高等师范专科学校之间依然没有差异(见表2-5)。

表2-5　不同类别师范院校师范生利用课外时间对学科教学法(或学科教学论)类课程的学习情况比较

I	J	MD (I−J)	p 值
部属师范大学	省属师范大学	.176 ***	.006
	省属师范学院	.308 ***	.000
	高等师范专科学校	−.144	.071
省属师范大学	省属师范学院	.132 ***	.000
	高等师范专科学校	−.320 ***	.000
省属师范学院	高等师范专科学校	−.452 ***	.000

1.1.3　不同专业师范生学科教学法(或学科教学论)类课程的学习情况

对不同学科专业类别师范生学科教学法(或学科教学论)类课程的修学

情况进行调查发现,已经修读比例最高的是科学类专业,其次是主课类专业,修读比例最低的是文体类专业(见图2-8)。

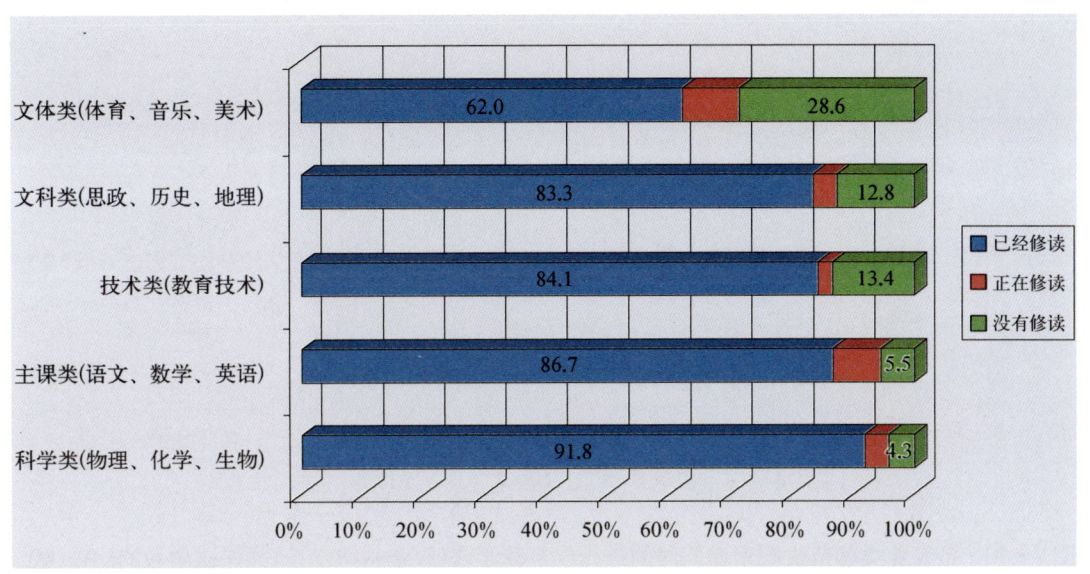

图2-8　不同学科专业类别师范生学科教学法(或学科教学论)的修读情况(%)

同样从对课程的重视程度进行比较分析发现,各学科专业间存在显著差异(F=8.596,p=.000),具体表现为科学类专业学生的重视程度显著低于主课类和文科类专业学生,但与文体类和技术类专业学生间不存在显著差异;主课类专业与文科类专业学生间不存在显著差异。如图2-9所示,各专业类型学生的平均分排序依次为主课类(M=3.71)>文科类(M=3.70)>文体类(M=3.59)>科学类(M=3.53)>技术类(M=3.45)。

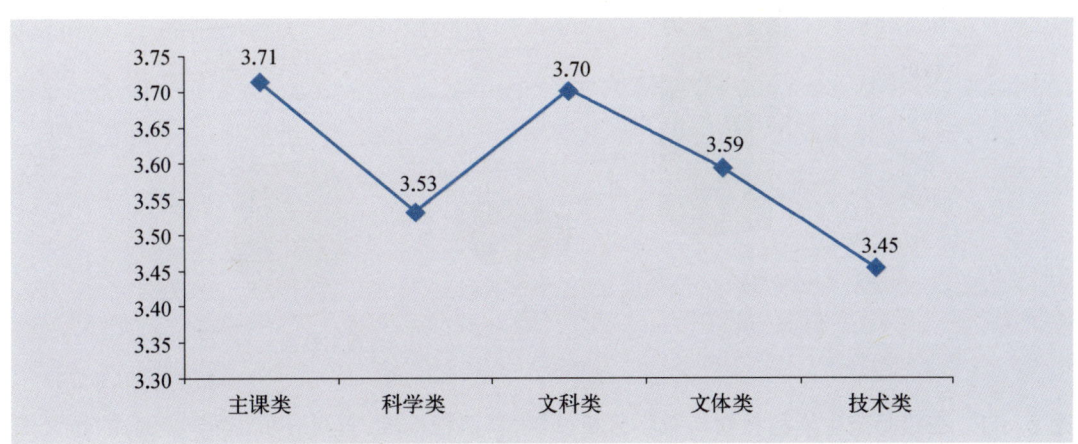

图2-9　各专业类师范生对学科教学法(或学科教学论)类课程的重视程度比较(M)

如图2-10所示,在不同学科专业师范生利用课外时间进行学科教学法(或学科教学论)类课程自主学习中也表现出类似的排列顺序,主课类(M=3.33)专业学生在课外花费的学习时间最多,其次是文科类(M=3.22)和文体类(M＝3.22)专业学生,最少利用课外时间进行学科教学法(或学科教学论)类课程学习的是技术类(M＝2.98)专业学生。

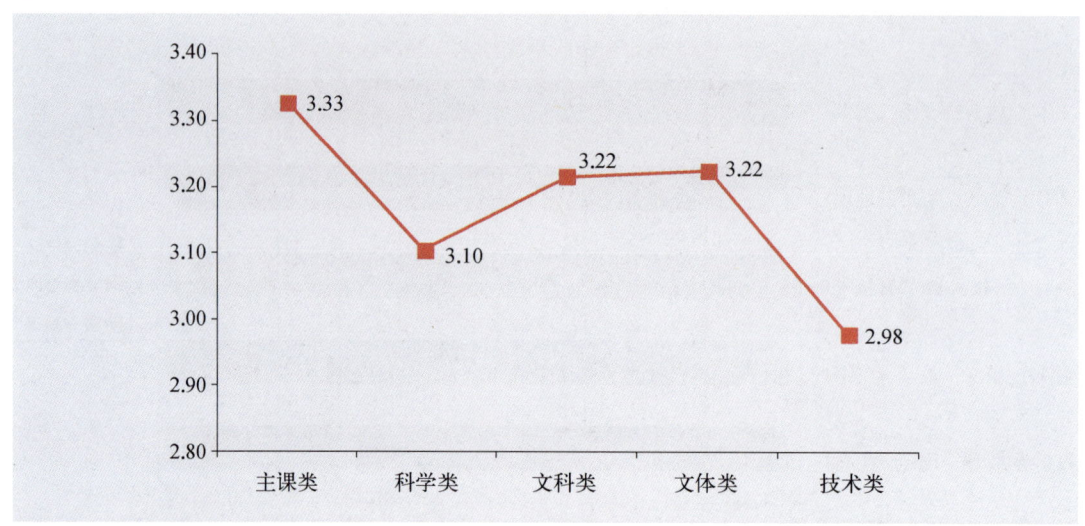

图2－10　各专业类师范生利用课外时间进行学科教学法(或学科教学论)类课程学习的比较(M)

1.2　师范生学科教材与教学案例分析类课程的学习情况

　　从学科教材与教学案例分析类课程修读的整体情况来看,在所调查的师范生中有77.3％的学生已经修读或正在修读此课程,仍有22.7％的学生尚未修读此课程。该课程的修读比例略低于学科教学法(或学科教学论)类课程(见图2－11)。

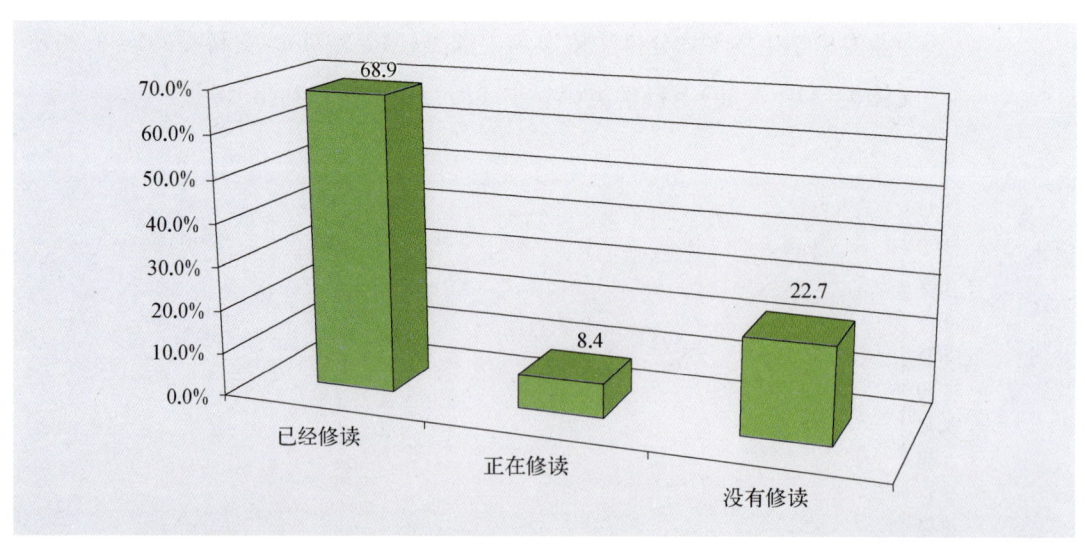

图2－11　在校师范生学科教材与教学分析(或学科课程标准、教材分析、教学案例)的修读情况（％）

　　对已经修读或正在修读此课程的学生进行调查发现,他们无论是在对此课程的重视程度或是在利用课余时间进行该课程的学习方面都表现得与学科教学法(或学科教学论)类课程相当(见图2－12、图2－13)。

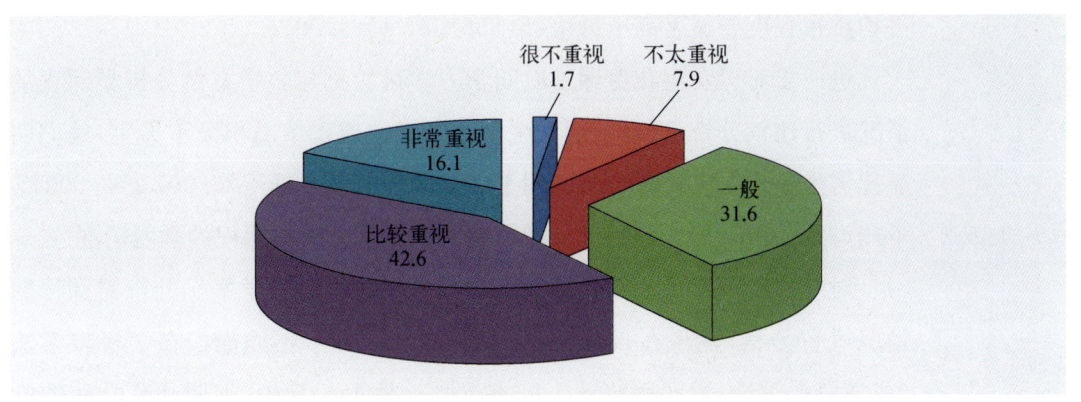

图 2 - 12 在校师范生对学科教材与教学分析(或学科课程标准、教材分析、教学案例)的重视
情况(%)

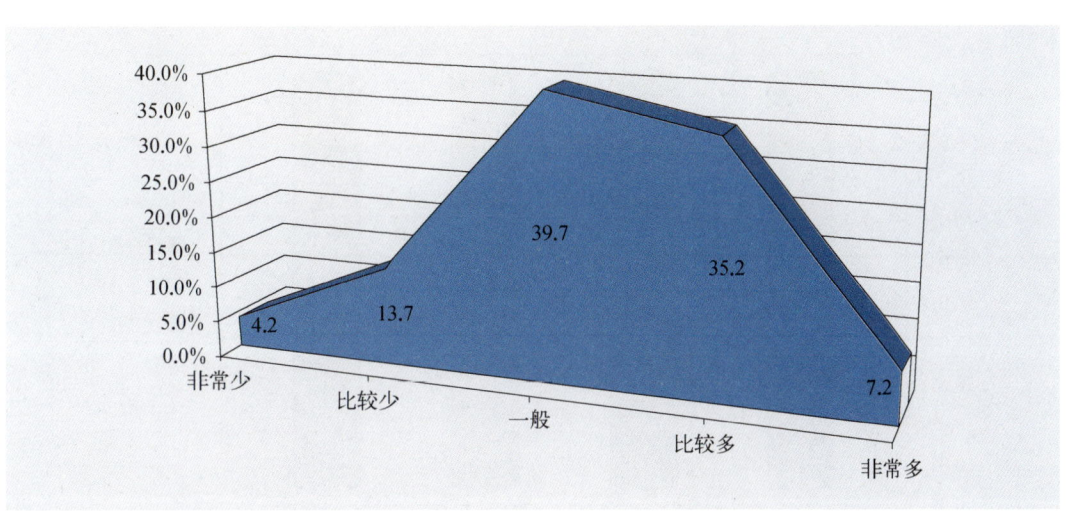

图 2 - 13 在校师范生利用课外时间学习学科教材与教学分析(或学科课程标准、教材分析、
教学案例)的情况(%)

1.2.1 不同性别师范生学科教材与教学案例分析类课程的学习情况

分析不同性别师范生对学科教材与教学案例分析类课程的学习重视度
发现,62.8%的女生表示对该类课程比较重视或非常重视,男生的该比例则
相对较低,仅为51.2%(见表2-6)。

表 2 - 6 不同性别在校师范生对学科教材与教学分析(或学科课程标准、教材
分析、教学案例)的重视情况(%)

	很不重视	不太重视	一般	比较重视	非常重视
男	3.2	9.9	35.7	37.0	14.2
女	.9	6.9	29.4	45.6	17.2

对其自评重视程度进行 1—5 赋值,比较男女生平均数的差异,发现女生的

平均重视程度要显著高于男生（F＝56.66，*p*＝.000）。

进一步对男女生花费课外时间学习学科教材与教学案例分析类课程的情况进行比较分析，可以发现女生在这方面的表现依旧积极于男生，她们明显比男生花费更多的课余时间用于该类课程的学习（F＝22.90，*p*＝.000）。

1.2.2 不同类别师范院校师范生学科教材与教学案例分析类课程的学习情况

对不同类别师范院校的师范生修读学科教材与教学案例分析类课程的情况进行分析，发现在百分比上四类学校的差异，不如他们在学科教学法（或学科教学论）类课程修读上的差异那么明显。其中，省属师范学院的学生修读比例相对最高（70.1%），部属师范大学（64.6%）和高等师范专科学校学生（64.4%）的修读比例相对偏低（见图 2-14）。

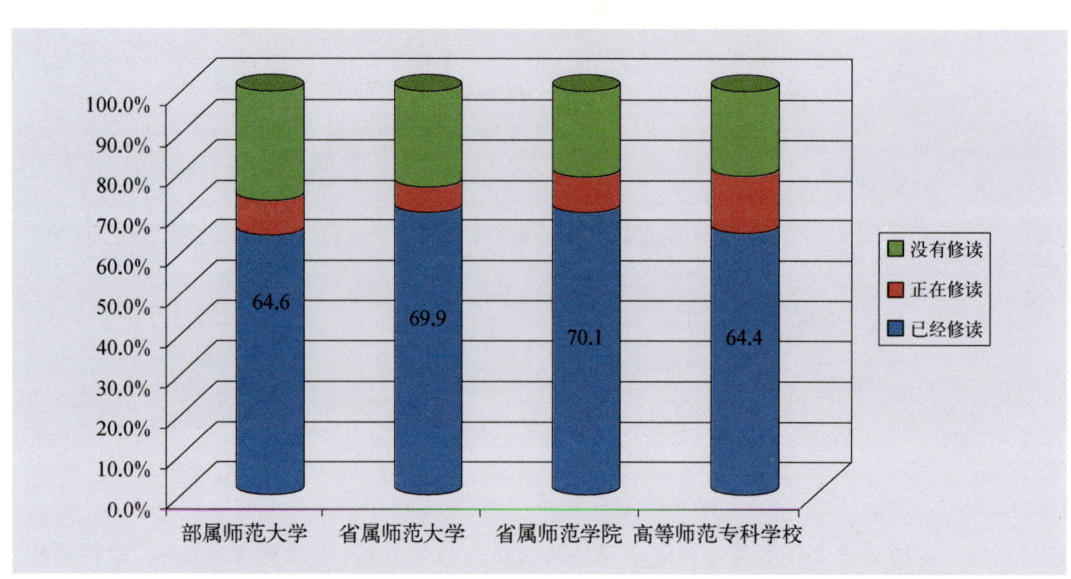

图 2-14　不同类别师范院校在校师范生学科教材与教学分析（或学科课程标准、教材分析、教学案例）修读情况（%）

然而在对此类课程的重视程度评价上，修读比例最高的省属师范学院的学生的重视程度相对最低，并且与另三类学校的学生间存在显著差异。四类学校在该类课程重视程度的方差比较上存在显著差异（F＝23.10，*p*＝.000）。根据其重视程度排序依次为，高等师范专科学校高于部属师范大学，高于省属师范大学和省属师范学院（见表 2-7）。

表 2-7　不同类别师范院校师范生对学科教材与教学分析类课程的重视程度比较

I	J	MD（I－J）	*p* 值
部属师范大学	省属师范大学	.139	.124
	省属师范学院	.234 ***	.000
	高等师范专科学校	−.091	.629

I	J	MD (I−J)	*p* 值
省属师范大学	省属师范学院	.095 *	.021
	高等师范专科学校	−.229 ***	.000
省属师范学院	高等师范专科学校	−.325 ***	.000

　　在花费课外时间进行学科教材与教学案例分析类课程学习方面,省属师范学院的学生投入的时间显著低于另三类学校的学生,高等师范专科学校学生投入时间最多,与部属师范大学学生不存在显著差异,但显著多于省属师范学院学生(见表2-8)。

表2-8　不同类别师范院校师范生利用课外时间进行学科教材与教学分析类课程学习的比较

I	J	MD (I−J)	*p* 值
部属师范大学	省属师范大学	.121	.229
	省属师范学院	.213 ***	.001
	高等师范专科学校	−.155	.090
省属师范大学	省属师范学院	.092 *	.036
	高等师范专科学校	−.276 ***	.000
省属师范学院	高等师范专科学校	−.368 ***	.000

1.2.3　不同专业师范生学科教材与教学案例分析类课程的学习情况

　　从不同学科专业类别师范生修读学科教材与教学案例分析类课程的情况分析来看,文科类专业学生中已经修读比例最高占75.0%,技术类专业学生已经修读比例相对最低,仅占63.9%(见图2-15)。

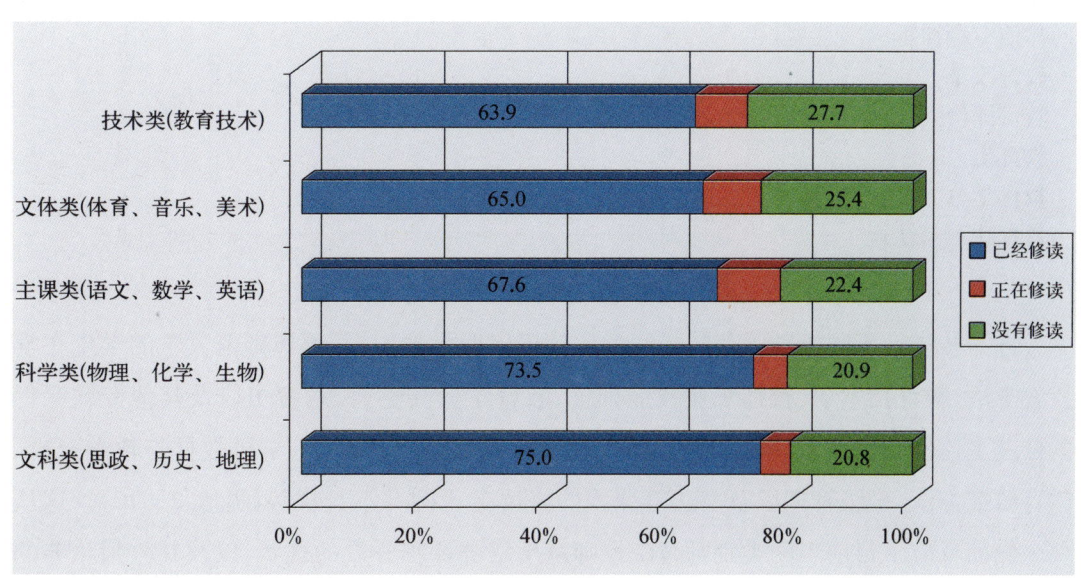

图2-15　不同学科专业类别师范生学科教材与教学案例分析类课程的修读情况（%）

从各专业师范生对此课程的重视程度自我评价来看,各科之间差异并不大,主课类专业学生重视程度相对最高(M=3.69),科学类专业学生相对较低(M=3.48),其中又以物理专业学生自我评价重视度最低(M=3.41)。在利用课外时间进行学科教材与教学案例分析类课程学习方面,科学类专业学生依旧表现出较低的投入程度(M=3.08),即他们花费的课外时间最少,而文体类专业学生在课外花费相对最多时间用于学科教材与教学案例分析类课程的研习(M=3.38)。

2. 学科教育类课程学习与一般教育类课程学习的差异

对所调查师范生各课程修读情况的统计发现,"老三门"中的心理学和教育学的已经修读率均超过90%,侧重实践教学和学科教学的各类课程其已经修读率也均超过60%,其中教师口语和学科教学法的已经修读率超过80%,而对于教育理论、教育改革、教育政策法规类课程的修读比例则相对较低(见表2-9)。

表2-9 师范生各课程修读情况统计(%)

	已经修读	正在修读	没有修读
心理学	94.0	6.0	
教育学	92.8	7.2	
教师口语	82.6	4.9	12.4
学科教学法	81.7	6.9	11.4
教师职业技能训练	76.6	6.4	17.1
教育技术学	76.1	6.7	17.2
学科教材与教学分析	68.9	8.4	22.7
书法	60.7	6.9	32.5
班级管理	50.4	5.7	43.8
教育研究方法	47.4	7.4	45.2
其他专题课程	40.8	6.3	52.9
教育改革	34.9	6.4	58.7
教育评价	30.9	6.4	62.6
教育史	29.9	5.9	64.2
教育学分支学科	26.7	5.0	68.3
教育政策与法规	21.6	7.1	71.3

进一步进行不同类别师范院校间的比较可以明显地发现,部属师范大学的学生在学科教学法、教育技术学、教师职业技能训练、教育学分支学科、教育史以及其他专题课程的修读上比例明显高于其他类别学校的学生;在教育学、心理学、学科教材与教学分析、教育研究方法、班级管理以及书法等课程的修读上比例并不具优势(见表2-10)。这从一个侧面反应了目前不同类别师范院校师范生培养课程开设的现状,以及其教师培养的侧重。

表 2-10　不同类别师范院校中各类课程已修读学生在该校受调查师范生中所占比例(%)

	部属师范大学	省属师范大学	省属师范学院	高等师范专科学校
教育学	98.3	95.6	92.7	85.6
心理学	98.0	96.7	93.4	89.1
学科教学法	95.3	87.6	78.4	76.5
学科教材与教学分析	64.6	69.9	70.1	64.4
教育研究方法	55.9	61.1	40.0	44.7
教育技术学	90.5	78.1	74.7	71.3
教师口语	84.0	78.3	84.0	85.3
书法	40.9	63.2	56.5	79.7
班级管理	52.9	53.2	47.2	56.0
教师职业技能训练	91.3	84.5	72.6	69.7
教育学分支学科	44.6	22.2	26.1	29.8
教育史	54.4	29.4	27.7	28.8
教育改革	36.7	38.1	32.7	36.6
教育政策与法规	25.3	25.1	17.0	30.5
教育评价	32.4	37.7	26.5	33.5
其他专题课程	61.1	37.9	40.4	39.2

　　对不同类别师范院校已经修读或正在修读相关课程的师范生对该课程重视程度自我评价进行统计分析,发现各课程均存在显著的层级间差异($ps<.000$)。虽然高等师范专科学校各课程修读的整体水平不及其他学校,但是其学生对各课程的重视程度并不比其他学校学生低,在有些课程上甚至高于其他各类学校。

　　分别统计不同类别师范院校学生对一般教育类课程和学科教育类课程的重视程度,发现高等师范专科学校的学生对两类课程的重视程度均为不同类别师范院校中最高,他们对学科教育类课程的重视程度略高于对一般教育类课程的重视程度。而部属师范大学的学生对学科教育类课程的重视程度要明显高于其对一般教育类课程的重视程度,省属师范大学学生也较重视学科教育类课程,但省属师范学院的学生对一般教育类课程的重视程度则要高于学科教育类课程(见图 2-16)。

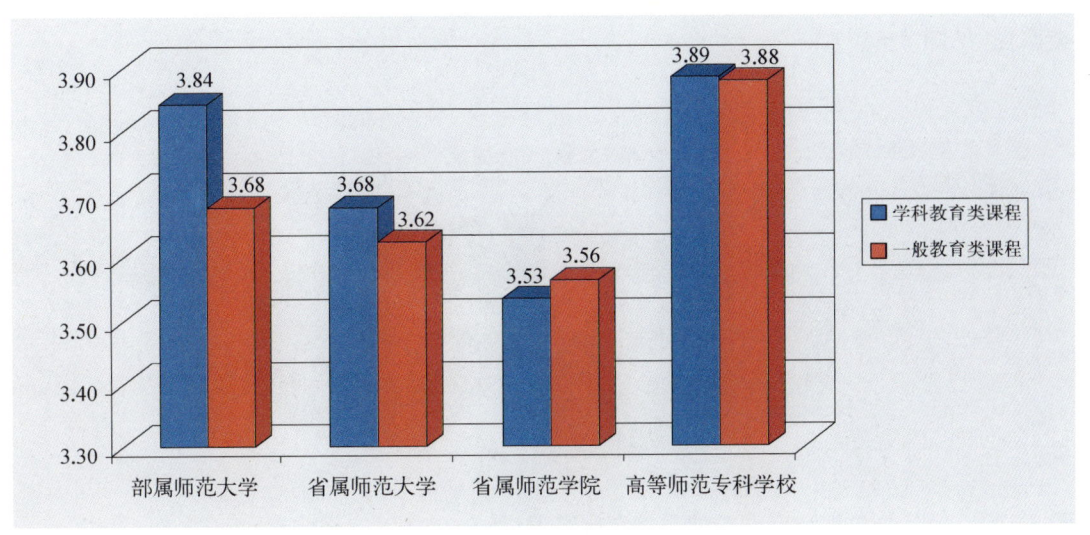

图 2-16　不同类别师范院校师范生对所学课程整体重视程度(M)

分析不同类别师范院校师范生利用课外时间对两类课程进行自主学习的情况,发现学生在两类课程上所用课外时间的分布情况基本与其重视程度相似。高等师范专科学校的学生花费课外时间最多,且用于一般教育类课程学习的时间略多于学科教育类课程学习;部属师范大学的学生用于学科教育类课程学习的课外时间明显多于其用在一般教育类课程学习的时间,省属师范大学的学生也将略多的课外时间用于学科教育类课程的学习;而省属师范学院的学生则将相对更多的课余时间用于一般教育类课程的学习,并且其在一般教育类课程学习中所用的课余时间略多于部属师范大学及省属师范大学的学生(见图2-17)。

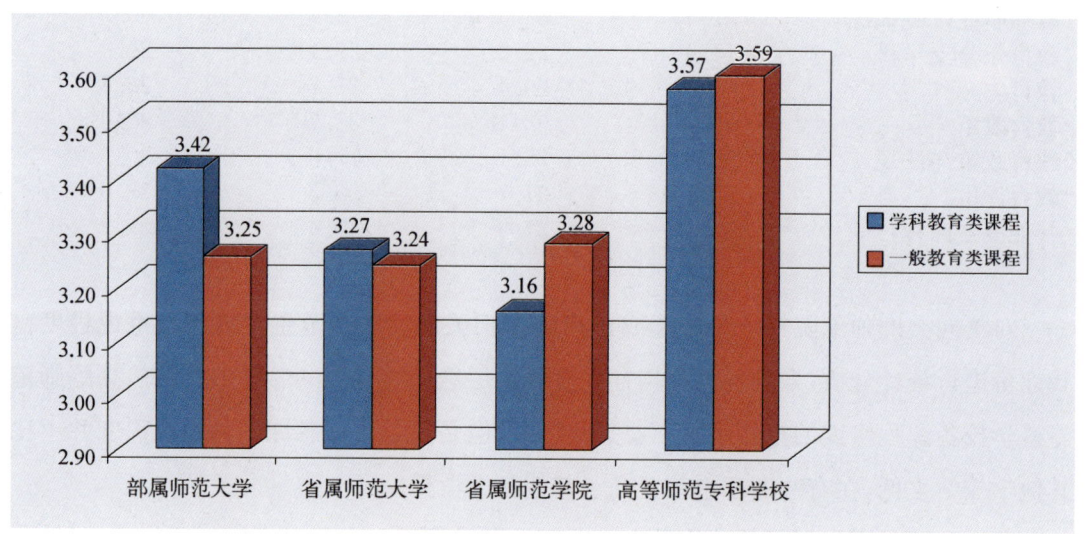

图2-17 不同类别师范院校师范生利用课外时间对不同课程进行学习的情况(M)

3. 师范生学科专业类课程学习的基本状况

除了教育类课程外,师范生还需要通过学科专业课程掌握扎实的学科专业知识。调查发现在所有受调查师范生中近九成(87.2%)的人表示比较重视或非常重视学科专业类课程(见图2-18)。

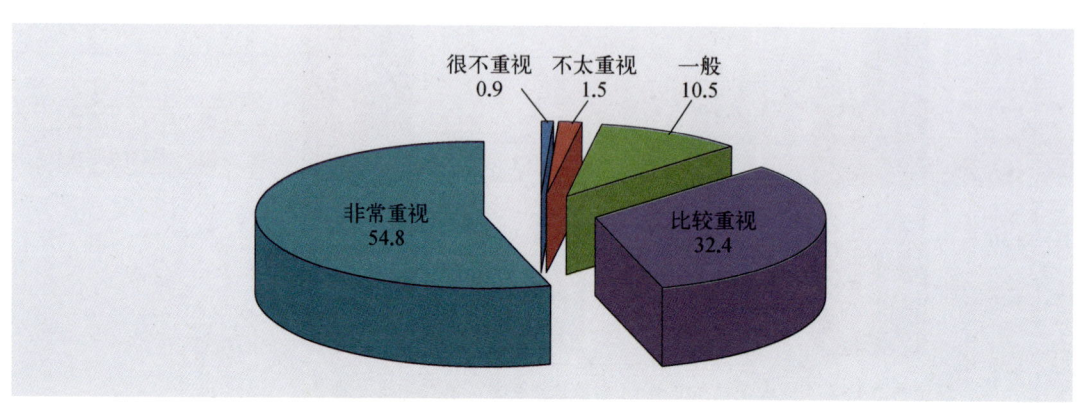

图2-18 师范生对学科专业类课程的重视情况(%)

如图 2-19 所示,分析不同类别师范院校师范生对学科专业类课程的重视情况发现,不同类别师范院校之间存在显著差异($F=18.697$,$p=.000$)。除省属师范学院与高等师范专科学校间不存在差异外,其他两两之间均存在显著差异。其重视程度从高到低排序依次为部属师范大学($M=4.61$),高等师范专科学校($M=4.44$)和省属师范大学($M=4.44$),省属师范学院($M=4.32$)。

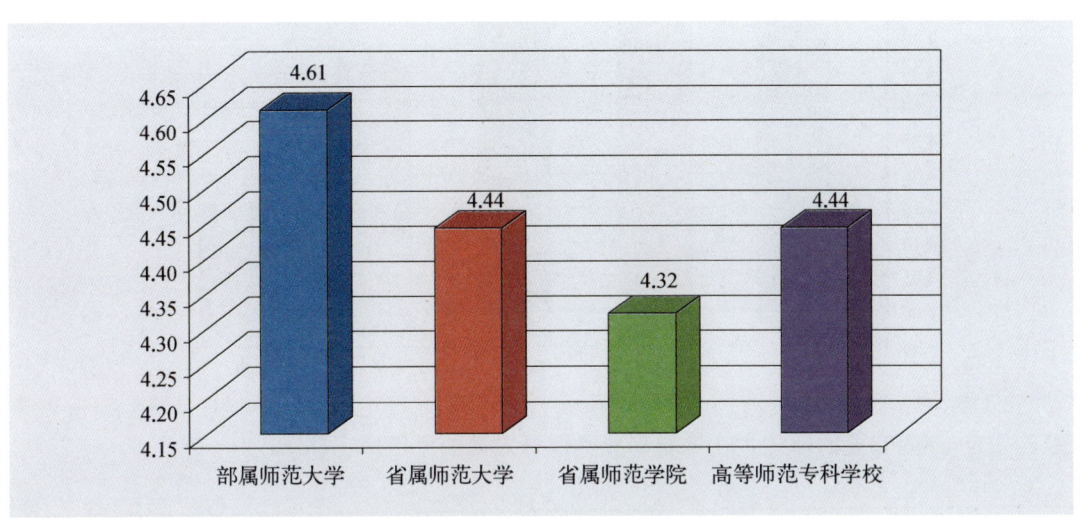

图 2-19 不同类别师范院校师范生对学科专业类课程重视情况(M)

在利用课余时间进行学科专业类课程学习方面,不同类别师范院校之间仍存在显著差异($F=20.703$,$p=.000$)。部属师范大学的学生花费时间最长($M=4.48$),其次是省属师范大学的学生($M=4.29$),省属师范学院的学生在这一方面花费时间相对最少($M=4.15$)(见图 2-20)。

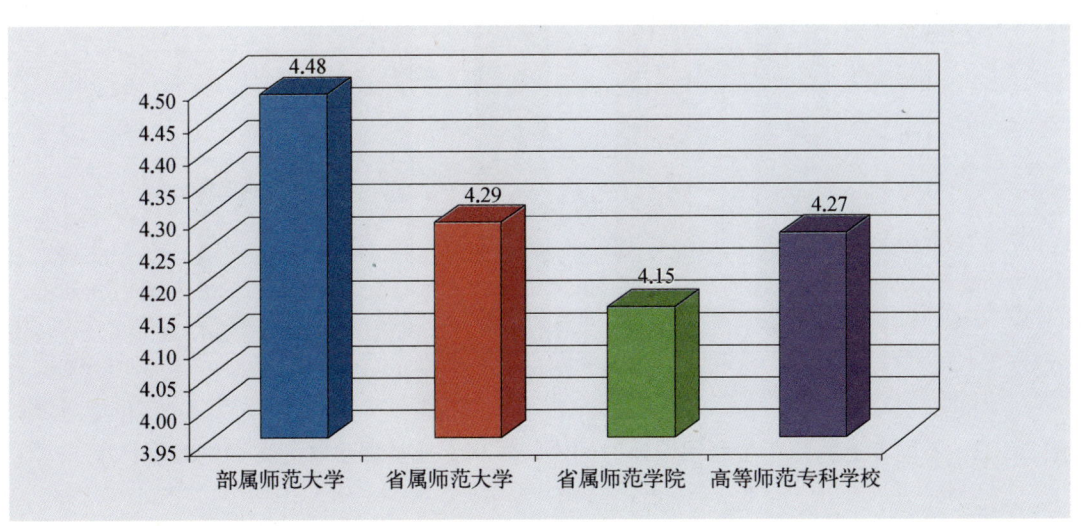

图 2-20 不同类别师范院校师范生利用课外时间进行学科专业类课程学习的情况(M)

对不同专业的师范生在学科专业类课程方面的学习情况进行调查分析,发现最重视学科专业类课程学习的是文科类专业（M＝4.45），其次是科学类专业（M＝4.40）和主课类专业（M＝4.40），技术类专业的师范生对学科专业类课程的重视程度最低（M＝4.12）（见图2-21）。

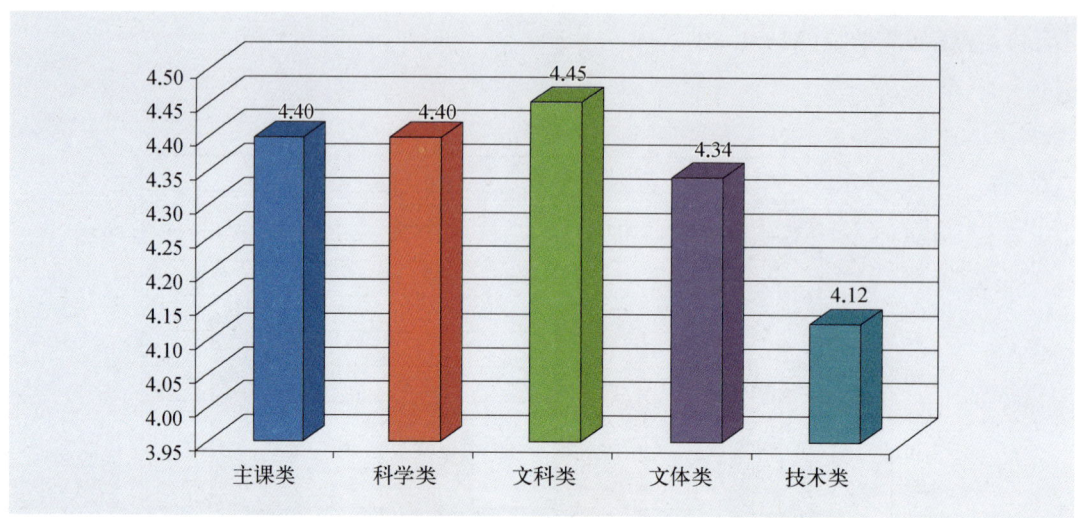

图2-21　不同专业的师范生在学科专业类课程方面的学习情况(M)

不同专业的师范生在利用课外时间进行学科专业类课程学习方面也表现出相同的趋势，技术类专业的学生在课外花费在学科专业类课程上的学习时间最少（M＝3.88），其他各类专业的师范生在课外花费的学科专业类课程学习时间基本相近，文科类略多（M＝4.28）（见图2-22）。

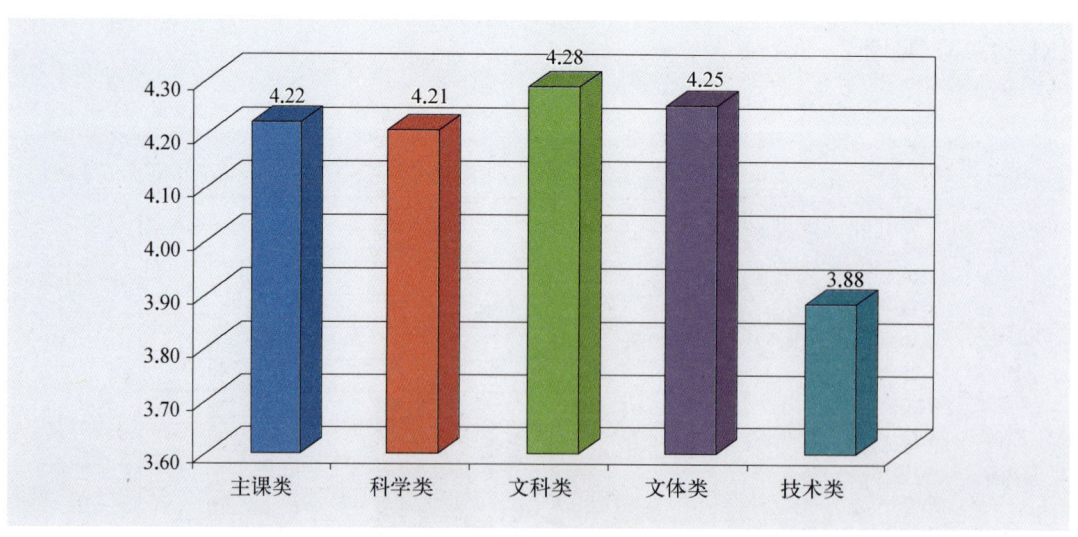

图2-22　不同专业的师范生利用课外时间进行学科专业类课程学习方面的表现(M)

4. 教育类课程与学科专业类课程学习情况的评价比较

比较师范生对教育类课程与学科专业类课程实际学习情况的评价，发现学生更看重学科专业类课程的成绩,对于学科专业类课程的教学内容课后会有更多的讨论,其对学科专业类课程的上课态度也较教育类课程更为认真;受调查学生认为两类课程对其成为教师都具有较为积极的作用,而学科专业类课程影响相对略大一些(见图2-23)。

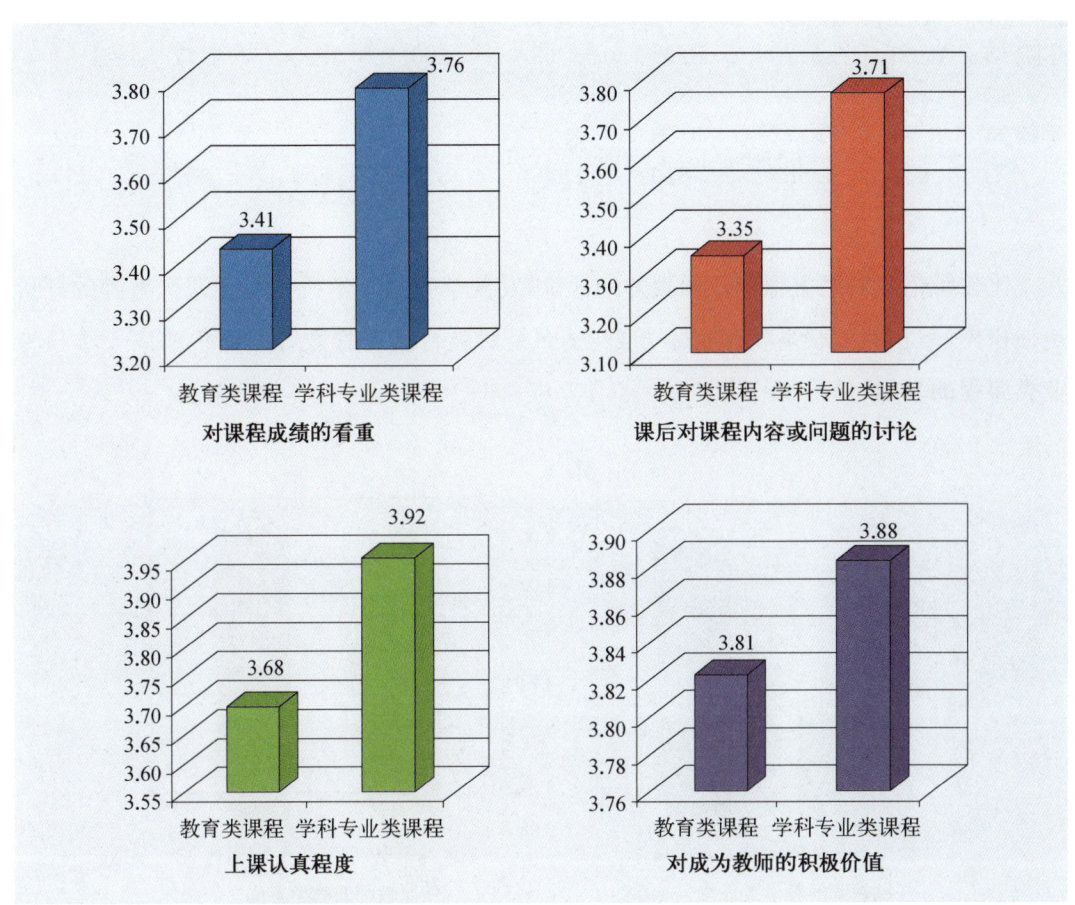

图2-23　师范生对两类课程实际学习情况的评价比较(M)

进一步比较不同类别师范院校师范生对两类课程实际学习情况的评价,发现各类别师范院校学生对学科专业类课程的学习情况评价均比教育类课程积极,其中部属师范大学与高等师范专科学校的学生对两类课程评价的积极程度差异相对较大,省属师范大学与省属师范学院的学生对两类课程评价的积极程度相差不大(见表2-11)。

表2-11　不同类别师范院校师范生对两类课程实际学习情况的评价(M, SD)

		很看重课程成绩		经常在课后与同学讨论课程内容或问题		上课很认真		课程学习对我做教师很有价值	
		教育类课程	学科专业类课程	教育类课程	学科专业类课程	教育类课程	学科专业类课程	教育类课程	学科专业类课程
部属师范大学	M	3.46	3.96	3.32	3.86	3.69	4.04	3.86	3.96
	SD	.956	.958	.878	.852	.839	.810	.856	.891
省属师范大学	M	3.47	3.85	3.23	3.72	3.63	3.97	3.82	3.90
	SD	.984	.983	.918	.908	.892	.839	.913	.933

（续表）

	很看重课程成绩		经常在课后与同学讨论课程内容或问题		上课很认真		课程学习对我做教师很有价值	
	教育类课程	学科专业类课程	教育类课程	学科专业类课程	教育类课程	学科专业类课程	教育类课程	学科专业类课程
省属师范学院 M	3.36	3.70	3.35	3.68	3.66	3.85	3.77	3.83
SD	.969	.947	.941	.856	.925	.890	.931	.926
高等师范专科学校 M	3.44	3.72	3.58	3.75	3.84	4.00	3.95	4.02
SD	.938	.958	.810	.846	.827	.806	.857	.855

比较师范生对两类课程任课教师的评价，发现学生对于学科专业类课程教师的评价更加积极，但在课程联系教育实际方面，反而是对教育类课程教师的评价略高于学科专业类课程的教师（见图2-24）。

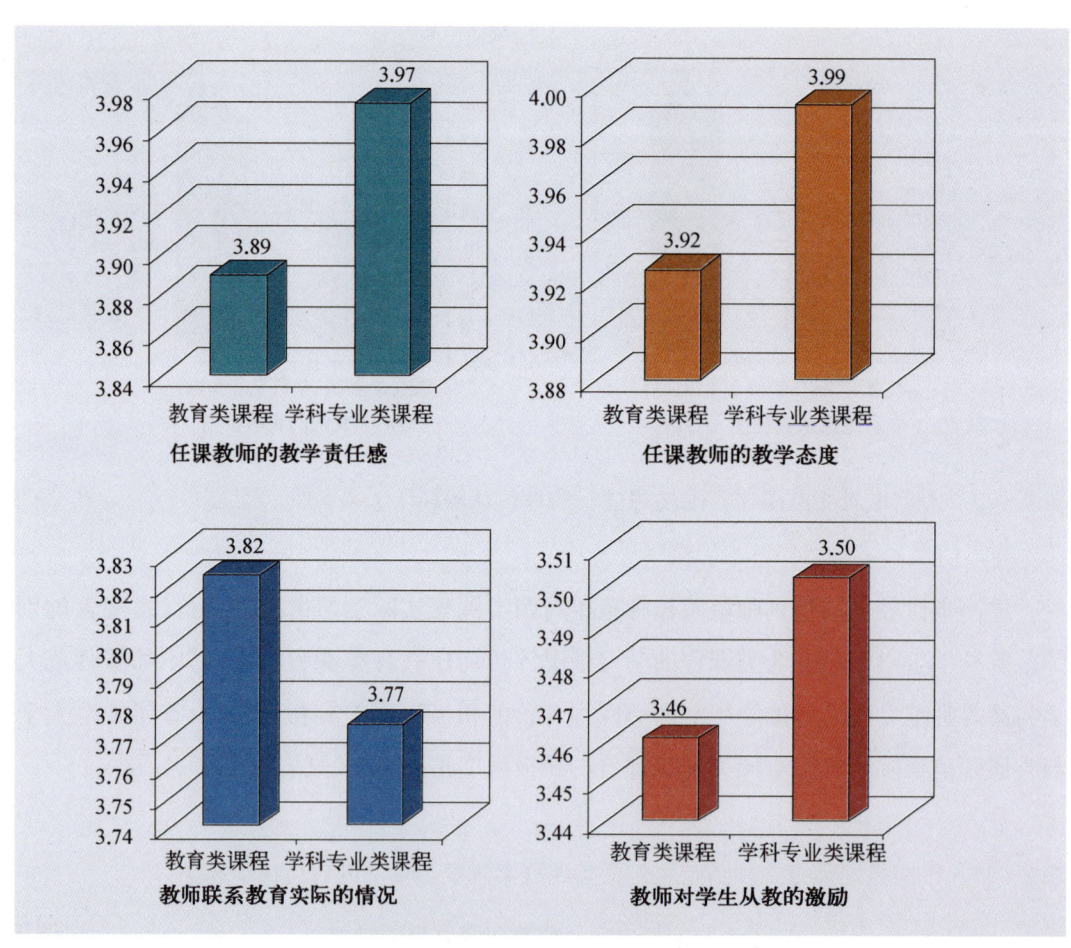

图2-24　师范生对两类课程教师教学情况的评价比较(M)

进一步比较不同类别师范院校师范生对两类课程教师教学情况的评价，发现部属师范大学和省属师范大学的学生认为教育类课程教师在教学中更常激励他们成为教师，而另两个类别师范院校的师范生认为学科专业类课程的教师更多激励他们成为教师（见表2-12）。

表2-12　不同类别师范院校师范生对两类课程教师教学情况的评价(M，SD)

	教师对教学很有责任感		教师教学态度很认真		课堂教学中教师常联系教育实际		教学中教师经常激励我们做教师	
	教育类课程	学科专业类课程	教育类课程	学科专业类课程	教育类课程	学科专业类课程	教育类课程	学科专业类课程
部属师范大学 M	3.89	4.07	3.91	4.11	3.80	3.65	3.57	3.47
SD	.854	.807	.836	.793	.907	.986	.923	.974
省属师范大学 M	3.90	4.00	3.94	4.05	3.81	3.71	3.42	3.41
SD	.871	.851	.834	.838	.903	.957	.974	1.012
省属师范学院 M	3.85	3.93	3.89	3.93	3.79	3.78	3.42	3.51
SD	.917	.866	.887	.865	.938	.945	.951	.992
高等师范专科学校 M	4.01	4.04	4.01	4.06	3.98	3.94	3.65	3.67
SD	.853	.841	.845	.844	.855	.857	.921	.950

　　通过要求师范生对作为一名教师的基本能力进行自我评定，发现在全体受调查师范生中给予最高自我评定的是"与学生沟通的技能"，其次就是"学科专业知识的掌握程度"，而他们也认为自己"对我国教育法规和政策的了解程度"相对最弱(见表2-13)。

表2-13　师范生对自身教师基本能力的评定(M，SD)

	M	SD
与学生沟通的技能	3.60	.82
学科专业知识的掌握程度	3.55	.73
甄别和照顾学生个体差异的能力	3.52	.82
学生学业评价能力	3.52	.77
教案设计技能的掌握程度	3.50	.77
教学中运用教育技术手段的能力	3.49	.79
对中小学教学方法的了解程度	3.42	.79
教师职业生涯规划能力	3.35	.86
班级管理工作的熟悉程度	3.35	.82
对中小学生特点的了解程度	3.27	.83
对中小学课程与教材的熟悉程度	3.25	.79
教育研究能力	3.23	.85
对当前我国中小学教育改革的了解程度	3.07	.84
对我国教育法规和政策的了解程度	2.98	.84

　　对不同类别师范院校师范生对教师基本能力自我评定进行统计分析，发现部属师范大学的学生对自己"学科专业知识的掌握程度"的评价最高，而其他各类学校的师范生则是对自己"与学生沟通的技能"评价最高(见表2-14)。

表 2-14　不同类别师范院校师范生对自身教师基本能力的评定排序表

部属师范大学	省属师范大学	省属师范学院	高等师范专科学校
1. 学科专业知识的掌握程度	1. 与学生沟通的技能	1. 与学生沟通的技能	1. 与学生沟通的技能
2. 教案设计技能的掌握程度	2. 学科专业知识的掌握程度	2. 学生学业评价能力	2. 甄别和照顾学生个体差异的能力
3. 教学中运用教育技术手段的能力	3. 教案设计技能的掌握程度	3. 甄别和照顾学生个体差异的能力	3. 学科专业知识的掌握程度
4. 与学生沟通的技能	4. 教学中运用教育技术手段的能力	4. 学科专业知识的掌握程度	4. 学生学业评价能力
5. 甄别和照顾学生个体差异的能力	5. 甄别和照顾学生个体差异的能力	5. 教案设计技能的掌握程度	5. 教案设计技能的掌握程度
6. 学生学业评价能力	6. 学生学业评价能力	6. 教学中运用教育技术手段的能力	6. 教学中运用教育技术手段的能力
7. 对中小学教学方法的了解程度	7. 对中小学教学方法的了解程度	7. 对中小学教学方法的了解程度	7. 对中小学生特点的了解程度
8. 教师职业生涯规划能力	8. 班级管理工作的熟悉程度	8. 教师职业生涯规划能力	8. 对中小学教学方法的了解程度
9. 班级管理工作的熟悉程度	9. 教师职业生涯规划能力	9. 班级管理工作的熟悉程度	9. 教师职业生涯规划能力
10. 对中小学课程与教材的熟悉程度	10. 对中小学生特点的了解程度	10. 教育研究能力	10. 班级管理工作的熟悉程度
11. 对中小学生特点的了解程度	11. 对中小学课程与教材的熟悉程度	11. 对中小学课程与教材的熟悉程度	11. 对中小学课程与教材的熟悉程度
12. 教育研究能力	12. 教育研究能力	12. 对中小学生特点的了解程度	12. 教育研究能力
13. 对当前我国中小学教育改革的了解程度	13. 对当前我国中小学教育改革的了解程度	13. 对当前我国中小学教育改革的了解程度	13. 对当前我国中小学教育改革的了解程度
14. 对我国教育法规和政策的了解程度	14. 对我国教育法规和政策的了解程度	14. 对我国教育法规和政策的了解程度	14. 对我国教育法规和政策的了解程度

　　进一步考察对这些能力培养具有重要贡献的课程或活动,结果发现学科专业类课程的学习对学生学科专业知识掌握的贡献最大,教育类课程的学习对学生教育法律法规、教育改革的了解贡献最大,其余知识能力的增长大多来自教育见习、实习(见表 2-15)。

表 2-15　师范生认为对自身教师基本能力培养贡献最大的课程或活动(%)

	学科专业课程	教育类课程	家教实践	教师的示范作用	教育见习、实习	其他
学科专业知识的掌握程度	**53.5**	5.9	7.9	12.2	18.2	2.2
对中小学课程与教材的熟悉程度	7.8	16.9	16.5	9.9	**44.8**	4.1
对我国教育法规和政策的了解程度	7.1	**35.7**	7.2	11.8	18.5	19.7

	学科专业课程	教育类课程	家教实践	教师的示范作用	教育见习、实习	其他
对当前我国中小学教育改革的了解程度	6.6	**31.5**	7.4	11.2	29.3	13.9
对中小学生特点的了解程度	4.9	13.7	14.7	9.5	**50.9**	6.4
教案设计技能的掌握程度	13.1	21.1	6.9	14.0	**41.0**	3.8
教学中运用教育技术手段的能力	9.8	20.4	8.1	15.4	**41.5**	4.8
班级管理工作的熟悉程度	4.1	10.2	6.2	12.0	**60.5**	7.0
与学生沟通的技能	3.0	7.2	14.1	9.1	**60.6**	6.0
甄别和照顾学生个性差异的能力	3.6	8.9	11.0	10.1	**59.8**	6.6
学生学业评价能力	5.1	13.6	8.9	11.5	**54.1**	6.9
对中小学教学方法的了解程度	6.3	19.3	8.4	10.6	**49.6**	5.8
教育研究能力	11.6	28.0	6.5	14.8	**30.6**	8.5
教师职业生涯规划能力	8.4	22.4	5.5	16.3	**29.4**	17.9

　　虽然不同类别师范院校的学生对自身能力的评价序列不同，但是对于培养这些能力贡献最大的课程或活动的选择却是基本一致，学科专业知识绝大部分来自学校学科专业课程的学习，而其他能力的获得大都来自教育见习、实习活动。特别是省属师范学院的学生除了学科专业知识外，对其他能力贡献最大的均是教育见习、实习活动。

5. 在校学科学习与毕业生的工作需要之间的关系

　　来自毕业师范生的调查显示，绝大多数的师范生目前从教的学科与其专业学科一致（见表 2-16）。

表 2-16　毕业师范生目前从教科目及其专业情况比较（%）*

	中文	数学	外语	物理	化学	生物	思政	历史	地理	体育	音乐	美术	教育技术
中文	**92.8**	2.4	3.0	1.5	1.9	.7	4.2	.8	5.2	1.1	2.5	6.0	11.8
数学	1.6	**96.6**	1.4	2.1	11.1	1.4	.7			3.4	1.5	2.5	23.5
外语	.4	.3	**91.8**	.5	.5	.7	.7				1.5	.5	8.8
物理		.5		**92.8**	4.8								1.5
化学				1.5	**78.7**								1.5
生物		.3		.5	1.4	**96.4**	.0		1.0		.0	.0	.0
思政	.2		.5	.5			**89.6**	5.6				.5	2.9
历史			.3				1.4	**91.9**			2.5		
地理			1.2						**93.8**	1.1	1.0	3.5	1.5
体育										**92.6**			
音乐	4.2									1.7	**88.4**	.5	
美术											1.0	**84.9**	

（续表）

	中文	数学	外语	物理	化学	生物	思政	历史	地理	体育	音乐	美术	教育技术
教育技术			.2										**45.6**
科学	.6				.5								
通用技术												.5	
其他	.6		1.6	.5	1.0	.7		3.5	1.6		1.5	1.0	2.9

* 说明：纵向为目前从教科目，横向为毕业专业。所显示百分比为该专业毕业师范生中从教不同科目的比例。

就毕业生所具备的能力对其目前教学需要的满足情况进行分析，发现在所有接受调查的毕业师范生中，对目前自己所具备知识或能力相对最为满意的是"学科知识"，相对不太满意的是"学生管理能力"（见图2-25）。

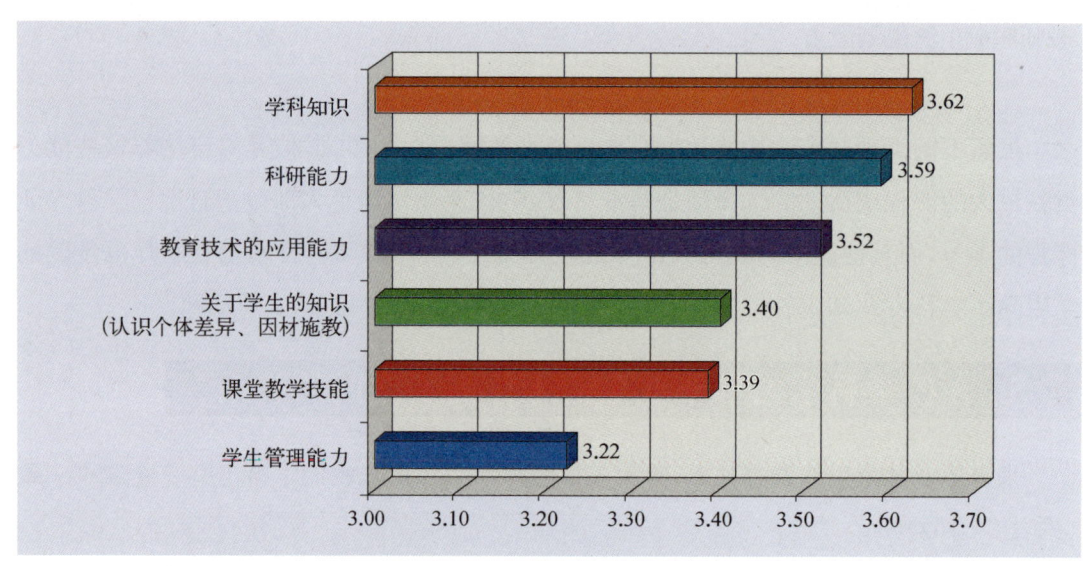

图2-25　毕业师范生对自己目前所具备能力的评估情况(M)

具体分析来自不同类别师范院校毕业生对自己目前能力的评价可以发现，除了来自高等师范专科学校的毕业生最满意自己目前的教育技术应用能力外，其他不同类别师范院校师范生均最满意自己目前的学科专业知识。在不同类别师范院校毕业生中，高等师范专科学校与省属师范学院的毕业生对自己的学生管理能力评价要高于另两类学校的毕业生，他们对自己"关于学生的知识"的评价也相对较高（见图2-26）。

对师范毕业生目前最希望提高的能力进行调查发现，他们最希望提高的是教学技能，其次是专业素养，对于有机会参与学校教育教学管理工作的积极性相对较低（见图2-27）。

进一步分析不同类别师范院校毕业生在这一方面的不同需求，发现省属师范大学及省属师范学院的师范毕业生在提高教学技能方面的需求最为迫切，高等师范专科学校的毕业生较其他学校的毕业生而言更希望能够提升自己的学历层次（图2-28）。

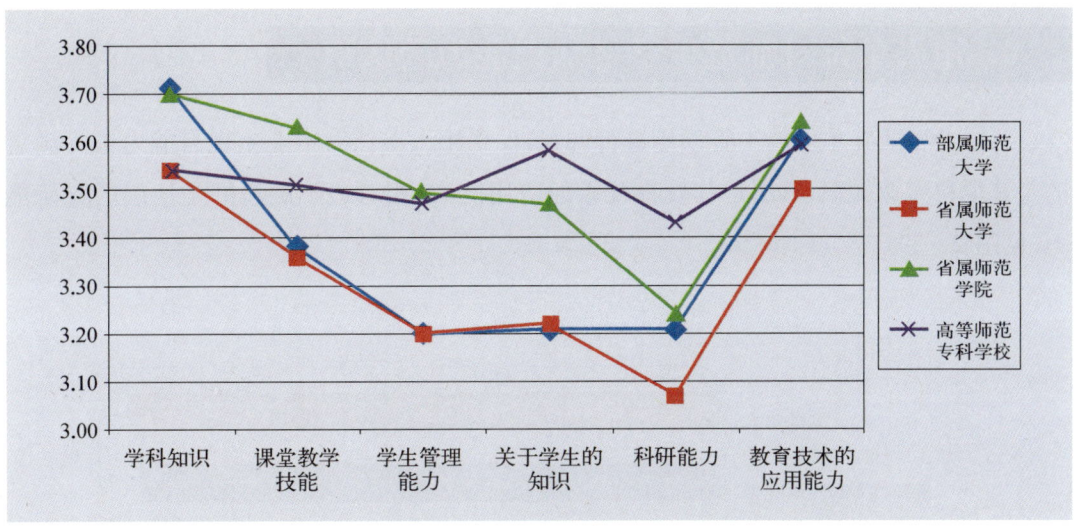

图 2-26　不同类别师范院校毕业师范生对自己目前所具备能力的评估情况(M)

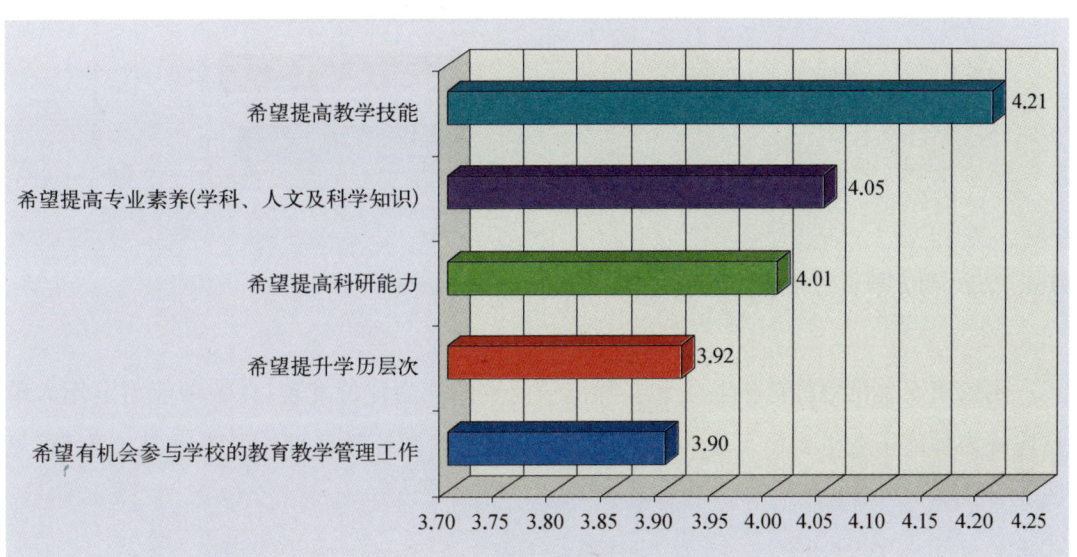

图 2-27　毕业师范生对自己目前最需要提高的能力的评估(M)

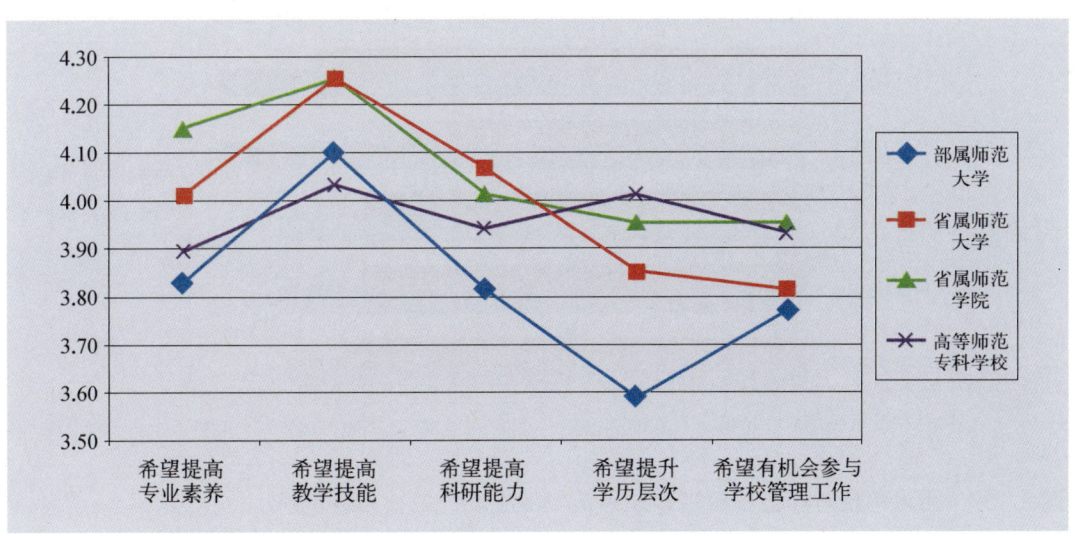

图 2-28　不同类别师范院校毕业生对提高能力的不同需求(M)

6. 用人单位对师范生学科知识能力的认识

对毕业生所在单位的主管领导进行调查，发现用人单位对毕业生现有能力最为满意的是其学科专业知识，其次是其教育技术的应用能力，相对最不满意的是他们的科研能力（见图2-29）。

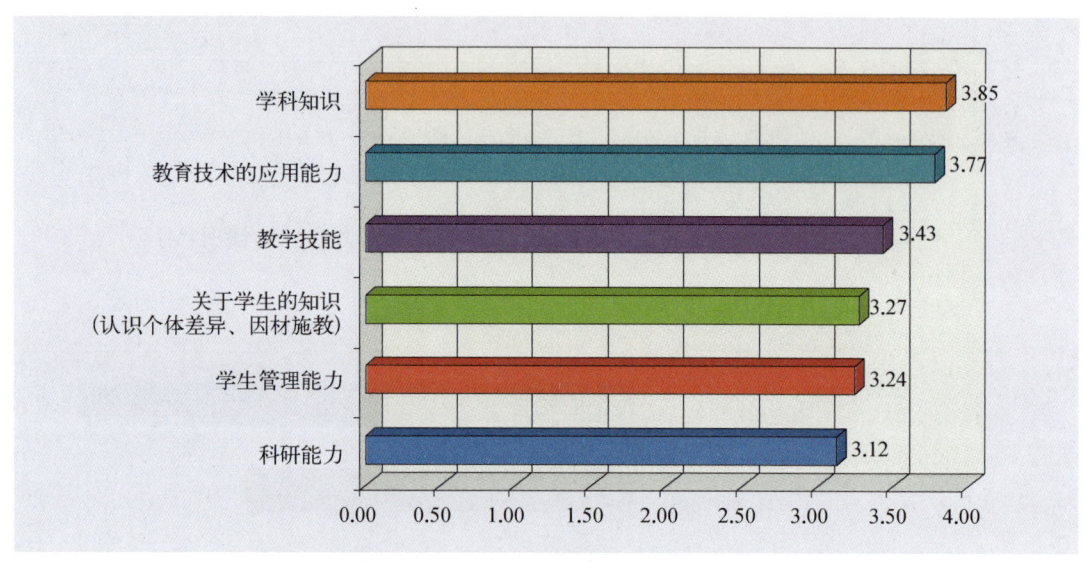

图2-29　用人单位对毕业生现有能力满意度评价(M)

比较用人单位对师范毕业生和非师范毕业生的能力评价发现，在各项能力上用人单位均认为师范毕业生要优于非师范毕业生，特别是在系统教育理论及专业技能方面（见图2-30）。

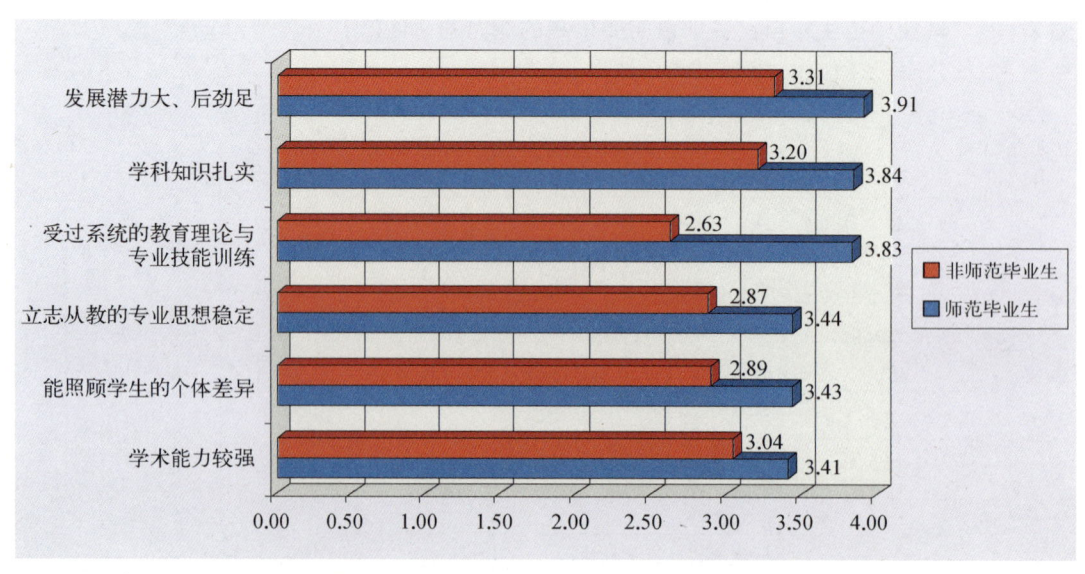

图2-30　用人单位对师范毕业生和非师范毕业生能力的比较评价(M)

从用人单位角度,认为师范毕业生还最需改进的方面是"加强教学技能",这与师范生自身的评估结论基本相似。然而在参与学校管理方面,用人单位对师范毕业生的期待似乎大于师范毕业生自身的评价与定位(见图2-31)。

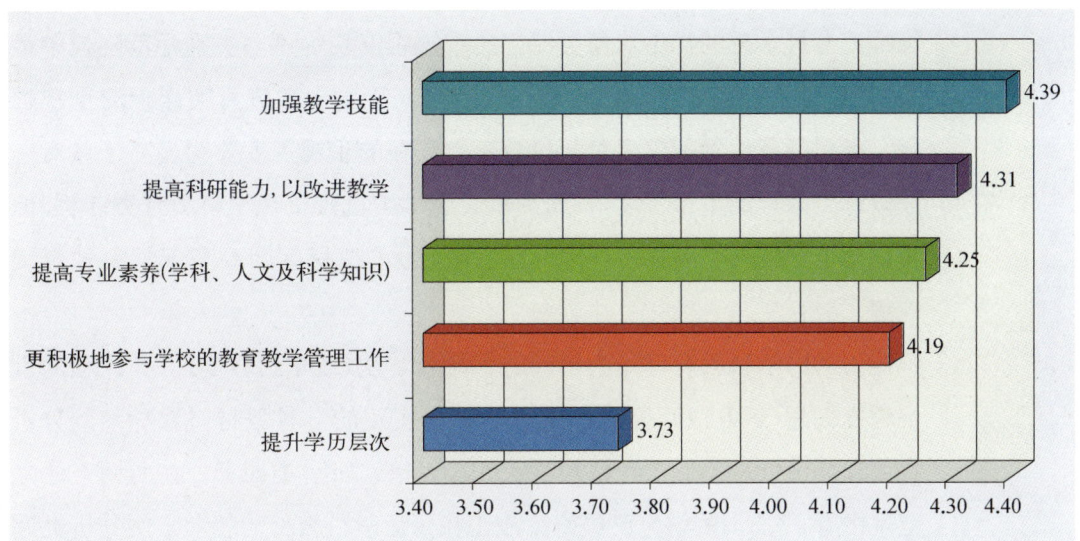

图2-31 用人单位对师范毕业生还需提高能力的评估(M)

7. 结论与建议

7.1 结论

7.1.1 在校师范生重视学科专业类课程胜于教育类课程。在所有受调查师范生中近九成(87.2%)的人表示比较重视或非常重视学科专业类课程,并且更看重学科专业类课程的成绩,对学科专业类课程的态度也更为认真,对学科专业类课程的学习情况评价均更为积极。虽然师范生认为两类课程对其成为教师都具有较为积极的作用,但学科专业类课程影响相对略大一些。在对两类课程任课教师的评价中,可以发现学生对于学科专业类课程教师的评价更加积极,但在课程联系实际方面,反而是对教育类课程教师的评价略高于学科专业类课程的教师。这说明,我国基础教育分科教育的特征与高等师范院校培养未来学科教师具有内在的联系,但教育类课程的改革与发展,正成为师范生培养中联系实际的课程体系的重要组成部分。

7.1.2 教育类课程对于成为一名教师的能力培养具有成效。通过师范生对作为一名教师的基本能力进行自我评定,发现在全体受调查师范生中给予最高自我评定的是"与学生沟通的技能",其次就是"学科专业知识的掌握程度",而他们也认为自己"对我国教育法规和政策的了解程度"相对最弱。尽管师范生认为掌握学科专业知识很重要,但也认为教育类课程的学习对教育法律法规、教育改革的了解具有贡献,而其余知识能力的增长大多来自教育见习、实习。

7.1.3 不同类别师范院校师范生培养课程开设和教师培养的侧重,形成学科教育类课程学习与一般教育类课程学习之间的差异。通过不同类别师范院校师范生对一般教育类课程和学科教育类课程的重视程度的调查,可以发现高等师范专科学校的学生对两类课程的重视程度均为不同类别师范院校中最高,并且对学科教育类课程的重视程度略高于对一般教育类课程的重视程度。部属师范大学的学生对学科教育类课程的重视程度要明显高于其对一般教育类课程的重视程度,省属师范大学学生也较重视学科教育类课程,但省属师范学院的学生对一般教育类课程的重视程度则要高于学科教育类课程。

7.1.4 师范生对以学科教育理论为基础的学科教学法(或学科教学论)类课程的重视程度较高(近九成),但对侧重理论结合实践的学科教材与教学案例分析类课程修读比例略低于学科教学法(或学科教学论)类课程。在所调查的师范生中有 77.3% 的学生已经修读或正在修读学科教材与教学案例分析类课程,仍有 22.7% 的学生尚未修读此类课程。而不同类别师范院校的师范生在学科教材与教学案例分析类课程的重视程度的方差比较上存在显著差异($F=23.10$,$p=.000$)。根据其重视程度排序依次为,高等师范专科学校高于部属师范大学,高于省属师范大学和省属师范学院。

7.1.5 来自师范毕业生的调查显示,绝大多数的师范毕业生目前从教的学科与其专业学科一致。

7.1.6 不同类别师范院校毕业生对自己能力的评价,除了来自高等师范专科学校的毕业生最满意自己目前的教育技术应用能力外,其他不同类别师范院校师范生均最满意自己目前的学科专业知识。对毕业生所在单位的主管领导进行调查,发现用人单位对毕业生最为满意的能力也是其学科专业知识,其次是其教育技术的应用能力,相对最不满意的是他们的科研能力。

7.1.7 师范毕业生最希望提高的是教学技能,其次是专业素养,对于有机会参与学校教育教学管理工作的积极性相对较低。从用人单位角度,认为师范毕业生还需提高的方面也是教学技能,这与师范生自身的评估结论基本相似。然而在参与学校管理方面,用人单位对师范毕业生的期待大于师范毕业生自身的评价与定位。其中,省属师范大学及省属师范学院的师范毕业生在提高教学技能方面的需求最为迫切,高等师范专科学校的毕业生较其他毕业生而言更希望能够提升自己的学历层次。

7.1.8 比较用人单位对师范毕业生和非师范毕业生的能力评价发现,在各项能力上用人单位均认为师范毕业生要优于非师范毕业生,特别是在系统教育理论及专业技能方面。

7.2 建议

7.2.1 教师是一种具有很强专业性的职业,如同医生、会计和律师一样需有专业训练。没有扎实的学科训练,就不能很好地支撑学科教学。但是,这种教师教育教学的专业性还包括把握学科课程教材教法的专业知识,而师范院校正是获得这种专业特性的重要场所,所以以学科教育理论为基础的学科教学法(或学科教学论)类课程,以及侧重理论结合实践的学科教材与教学案例分析类课程,在整个课程体系中就显得尤为重要,加强学科教育类课程及其学习的政策导向,也显得十分必要。

7.2.2 在基础教育中教学的专业性体现在如何传授知识和如何促进有效的学习上,建立在如何让不同差异的学习个体能够分享和理解共同知识的基础上。从对师范毕业生和用人单位(学校)的调查来看,师范生最需要提高的教学技能包括教学方法和策略等,由此反观师范生的培养课程,师范院校在教学技能包括教学方法和策略等方面的训练重于理论而轻于实际操作。因此,在政策导向上我们必须加强对教师教学专业能力的训练和提高,包括学科教学的学理分析和多元评价,以及运用多样化的促进学生理解的教学和评价的方式,强调学会教学的方法取向,把教学经验视为教学知识的一种来源以及学会如何教学的一种手段,并懂得如何更新教学经验和行为在课堂的运用。

7.2.3 校本教研活动已经成为中国教师专业发展的显著特色和主要路径,教师的科研水平将有力地支持教师专业发展,并由此提升教育质量。因此,学术性是师范性的基础,师范性则是教师教育成功的保障。因为,教育研究不仅仅是理论的探索,更要通过深入实践的教学科研来促进教学的改革与发展。教育科研是解决教学问题的基本路径。师范生要努力掌握教学科研的前沿理论和方法,掌握包括把握学生心理特征、个性差异,学校教育使命等专业素养,强调自我反思的专业精神,把校本科研作为教师对自身教学实践反思的基础。师范毕业生要充分运用信息技术创新教学方式,关注一切与学习行为相关的教育教学方式的转变,来提高教与学的质量和效果。

7.2.4 形塑自我发展潜力的未来教师素质,教师自身的发展应是教师教育的核心目标,着力发展潜能型的教师教育,即非仅仅以现有的知识技能和课程体系去培养教师,而是从可持续发展的理念去培养具有自我发展潜力的未来教师。我们不仅要强调与其学科专业相关的学识储备与不断发展的重要性,发挥分科教育基础上的教师专业发展的特色和优势,更要努力培养师范生掌握当代教育教学理论与实践前沿发展的观念与方法,提升未来教师的专业素养和能力。

(丁　钢　陈莲俊)

三、师范生教学实践能力培养状况分析

师范生的教学实践能力培养是教师教育的重要环节,而这一能力的培养主要通过师范院校的教育见习、教育实习等一系列重要课程得以实现。其中教育实习给师范生提供了将理论知识应用到实践的平台,是培养师范生独立工作能力的一个重要环节。而高质量的实践环节是未来教师队伍达到高质量的前提,也是中小学教育质量的保障。《国家中长期教育改革和发展规划纲要(2010—2020 年)》在"加强教师队伍建设"一章中指出:"深化教师教育改革,创新培养模式,增强实习实践环节,强化师德修养和教学能力训练,提高教师培养质量。"由此也可见实习实践环节在师范生教育中的重要性。

综观有关师范生实践教学环节的相关研究,不少学者提出了一些实习中常见的具体问题,譬如,实习方式不够科学,实习时间短,学生教学技能欠缺、不适应基础教育改革,实习基地缺乏、利用情况不理想等问题;[①]再有教材教法内容与实际教学差异悬殊,学生对新教材不熟悉等也是不容忽视的问题。[②]

正是基于这样的现状,《国家中长期教育改革和发展规划纲要(2010—2020 年)》提出了"增强实习实践环节"这一措施,以期改善现状。那么,目前国家在师范生培养过程中,对教育实习实践环节的时间、内容是如何规定的? 实习实践环节的实际现状到底如何?我们需要多大程度地增强学生的实习实践活动? 本专题通过让毕业班的师范生回顾自己的实习实践以及相关课程取得相关数据,关注师范生实习实践现状,并形成主要的发现和政策建议。

1. 师范生教学实践能力培养方案

1949 年至 1957 年,我国师范生的教育实习时间为 12 周,第 6 学期、第 7 学期各实习 6 周。1958 年至 1963 年将 12 周的教育实习时间调为第 6 学期 4 周,第 7 学期 8 周。从 1964 年至今,我国的教育实习时间一般为 5—8 周,多在第 7 学期进行。而教育见习时间不定,一般在实习前一段时间安排,通常为几学时。[③] 2007 年颁布的《教育部直属师范大学师范生免费教育实施办法(试行)》中提出"强化实践教学环节,完善师范生在校期间到中小学实习半年的制度"。这虽然只是对免费师范生教育实习时间的规定,但也同样可以看作所有师范生实习时间的参考。

本次调查的 27 所各类师范院校在培养方案中都提及了师范生必须参与教育实习,但对教育实习时间的规定因校而异,大多数学校的规定仍为 6—8 周不等,也有学校长达

---

① 陈全战,赵本全. 教育实习现状分析及对策研究[J]. 教育探索,2009,(4):71—73.
② 王萍萍,顾正刚. 数学师范生实习前后教学信念情况调查研究[J]. 中国数学月刊,2007,(2):1—5.
③ 姚云. 中外师范生教育实践的比较及其启示[J]. 比较教育研究,1998,(1):28—30.

20周。① 实习内容包含微格教学、课堂教学工作实习、班主任工作实习、课外活动的组织、指导及教育调查等内容。实习形式有教育见习、教育研习、模拟教学、教育实习等多元的教学实践形式。实习方式有定点指导实习、定点委托实习、分散委托实习、顶岗实习、混合编队实习等。

2. 师范生教学实践技能相关培养制度

2.1 教学实践技能相关考核制度

　　教师需要运用各项教学技能调控教学过程，提高教学质量，语言技能、板书技能、教态变化技能、演示技能和讲解技能等是教师入职前需要掌握的一些基本教学技能，这些技能主要通过实训、见习、实习等实践环节得到不断提升，因此，教学实践环节直接关系到师资培养的质量。

　　各项教学技能中，"三字一话"（粉笔字、毛笔字、钢笔字、普通话）一直被认为是教师教学的首要基本功，合格达标的"三字一话"既是获取教师资格证的必备条件，也是师范生按时毕业的必备要求。本次调查设问了解教师教育培养机构是否有意识地、有计划地培养学生这方面的技能，并加以考核，调查结果显示，74.5%的学生知道自己学校有"三字一话"等师范生专业技能考核制度，13.5%的学生表示学校没有该项考核制度，12%的学生选择了"不知道"。教师需要用语言向学生传授知识，因此，教师这项工作对语言能力的要求比较高，目前多数学校设有教师口语课程，87.5%的学生已经修读或正在修读该类课程，这些学生中的76.2%的人都选择了"比较重视"或者"非常重视"，选择"很不重视"或者"不太重视"的学生仅占4.7%。书法类课程的地位相对要低一些，有32.5%的学生表示没有修读过该类课程，这说明部分学校即使设有"三字一话"的考核制度，实际只是布置学生自行练习，最终做一个形式上的考核。虽然提倡学生讲普通话以来，学生的普通话水平一直处在不断提升的阶段，但大家对普通话的重视程度还是很高的。而由于计算机等工具的普及，人们写字的机会比以前大大减少，加上一些教育信息技术手段可以帮助教师减少板书，粉笔在教学中的使用也不如以前那么频繁。但板书仍是教师教学中不可缺少的一个环节，教师美观的板书不仅起到传授知识的作用，还可以引导学生养成良好的书写习惯等。因此，师范生对"三字"也比较重视。这与课程部分的分析也是一致的，调查结果显示，师范生对相应课程的重视程度要高于其他课程。

　　按照学校类别对考核制度的有无进行分类比较，采用卡方检验得到 $\chi^2 = 60.129$（df＝6），$p < .05$（$p = .000$），说明各类师范院校在师范生教学技能考核制度上有显著差异。图3-1显示，82.6%的高等师范专科学校学生表明自己学校有该项考核制度，比例明显高于其他三种类型的院校。而部属师范大学中，更多的学生表示自己学校没有该项制度，但比例并不是很高，约占16.8%。这说明高等师范专科学校在培养师范生教学基本功方面比较重视。低年级的教学中，学科知识对教师来讲基本没有难度，如何教给学

---

① 如盐城师范学院的培养方案中规定教育实习安排在第七学期，时间为20周。

生这些知识才更具有挑战性,只有掌握了扎实的教学基本功才能在教学中游刃有余,就这方面而言,高等师范专科学校培养的正是基础教育需要的人才。

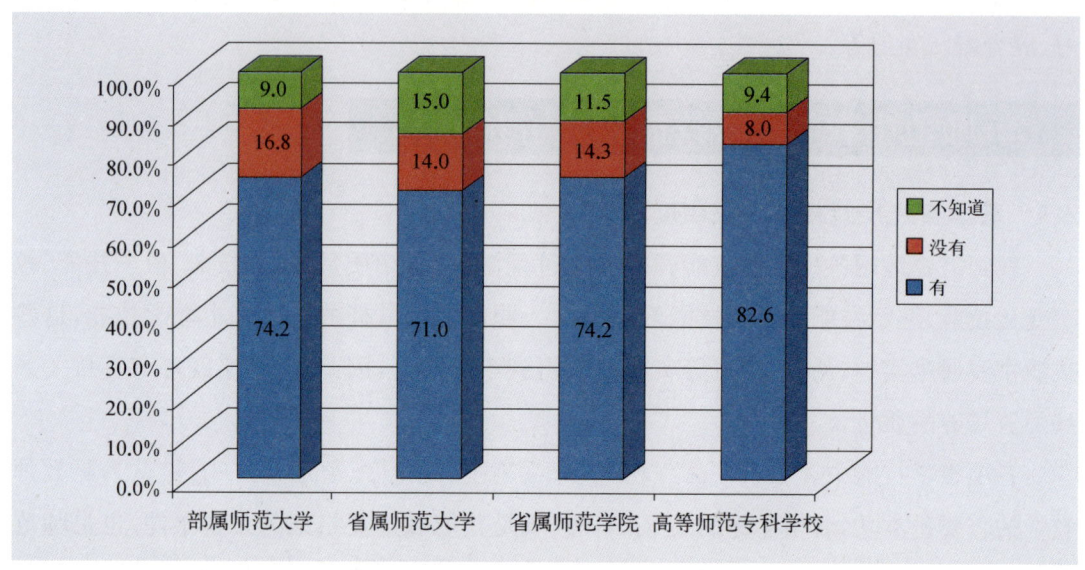

图3-1　不同类型院校师范生专业技能考核制度的有无

2.2　教学实践技能的学习机会及其对学生的帮助

对于学校提供的提高教学实践技能的机会,30%以上的学生认为机会比较多,43.6%的学生认为一般,说明学校在这方面的支持力度比较大。不同类型学校的学生的看法存在显著差异,采用卡方检验得到$\chi^2=99.003(df=12)$,$p<.05(p=.000)$,较其他类型学校的学生,更多的部属师范大学的学生认为学校提供的提高教学实践技能机会比较多(见图3-2)。

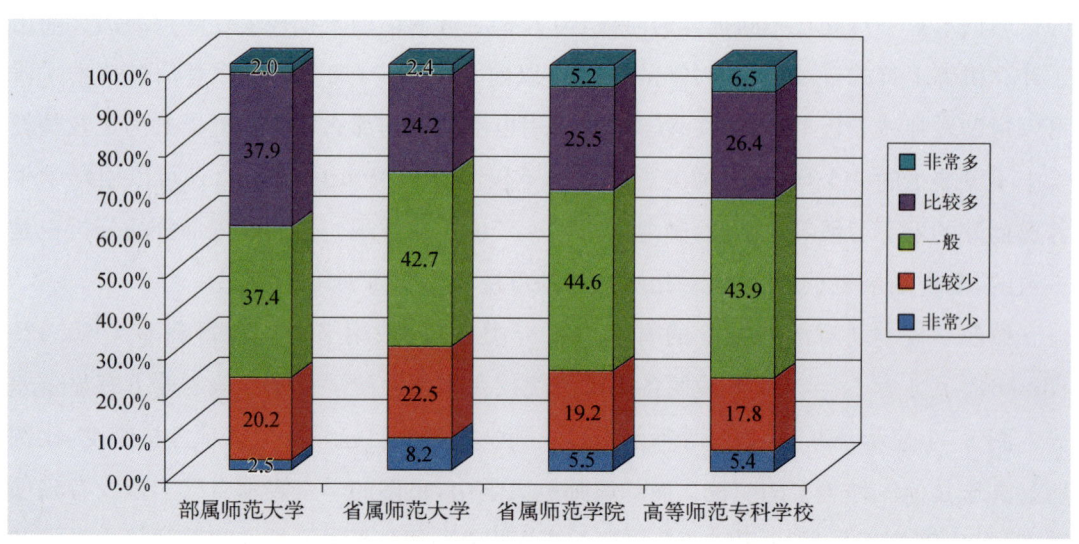

图3-2　学校提供的提高教学实践技能机会的多少

从图3-3中可以看出,一半以上的学生认为负责教学技能训练的教师给予自己的帮助比较大或者很大。这说明目前师范生培养机构给学生提供的训练被学生广泛认可，负责教师在其中的作用也比较大，可以说，负责教学技能训练的老师在师范生的培养环节中起着不容忽视的作用。

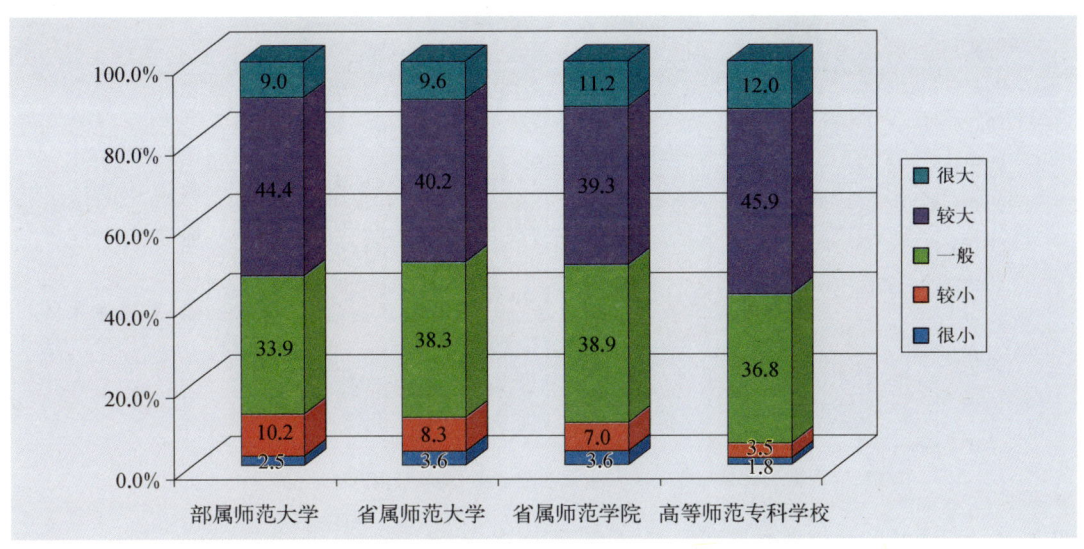

图3-3　负责教学技能训练的教师对学生教学技能水平提高的帮助程度

3. 师范生教育见习基本状况

　　教育见习是师范生实践教学的重要组成部分。教师的教学直接关系到学生的学习质量，因此，师范生在掌握了一定的教学理论之后、实际进入实习环节之前都需要先见习一段时间进行过渡。通过学校体验、教学观摩、课堂参与等专题性见习形式，加强学生对基础教育现状的了解，同时也可以使他们了解基础教育教学的一般规律，了解基础教育的课堂教学、班主任工作、课外活动组织、教学研究等内容，树立从教意识，增强职业信心，培养学生对所学专业的兴趣和热情，激发学生学习从教专业理论知识和教学技能的积极性，为教育实习创造条件，进而为学生毕业后尽快适应教育教学工作奠定良好的基础。有的学校的师范生二年级就开始见习，有的学校把见习安排在实习的开始阶段。一般来讲，师范生去中小学见习给中小学带来的教育干扰相对较少，不像实习那样直接影响到教学质量，但分散的见习在管理上也有一定的难度。

　　如图3-4所示，师范生去中小学见习时间的长短不尽相同，主要集中在6—10课时和20课时以上，也有不少学生在5课时以下，有两极分化的倾向。采用卡方检验后得到 $\chi^2 = 79.056(df = 12)$，$p < .05(p = .029)$，说明不同学校类型的学生的见习时间长短具有显著性差异。其中部属师范大学的学生课堂观摩的时间相对多些，约有42.5％的学生观摩了20课时以上，省属师范大学和省属师范学院的学生分别有22.5％和23.2％的学生课堂观摩在5课时以下。不同专业的学生进行课堂观摩的课时数也存在显著差异（$p = .000$），美术、中文专业的学生观摩课时数在10课时以上的较多，化学、数学、体育专业的

学生见习的课堂观摩时数在 5 课时以下的相对较多（见图 3-5）。进一步分省观察师范生见习时间，发现不同省份之间没有显著性差异。

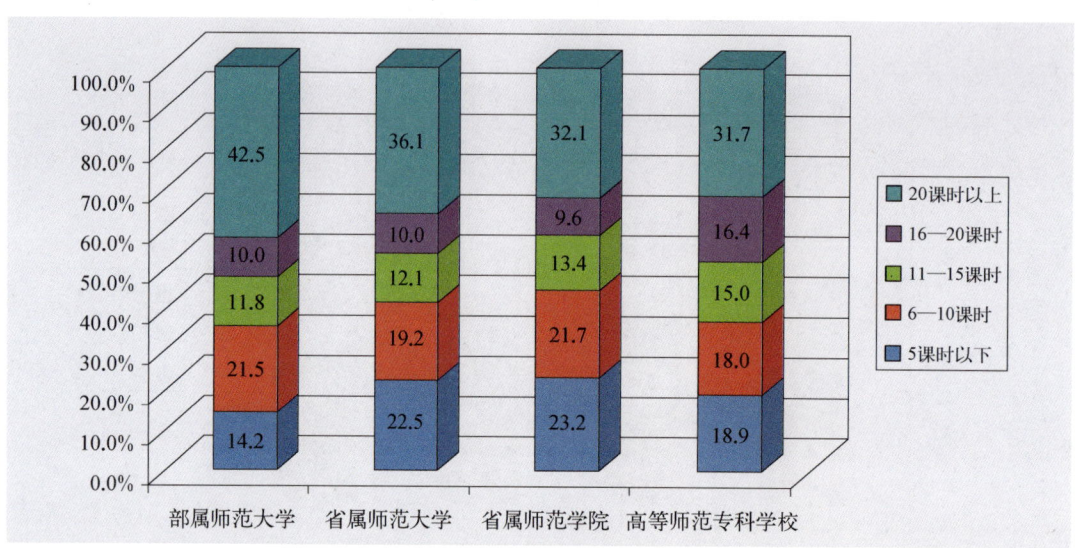

图 3-4 不同类型学校学生教育见习（课堂观摩）的时间

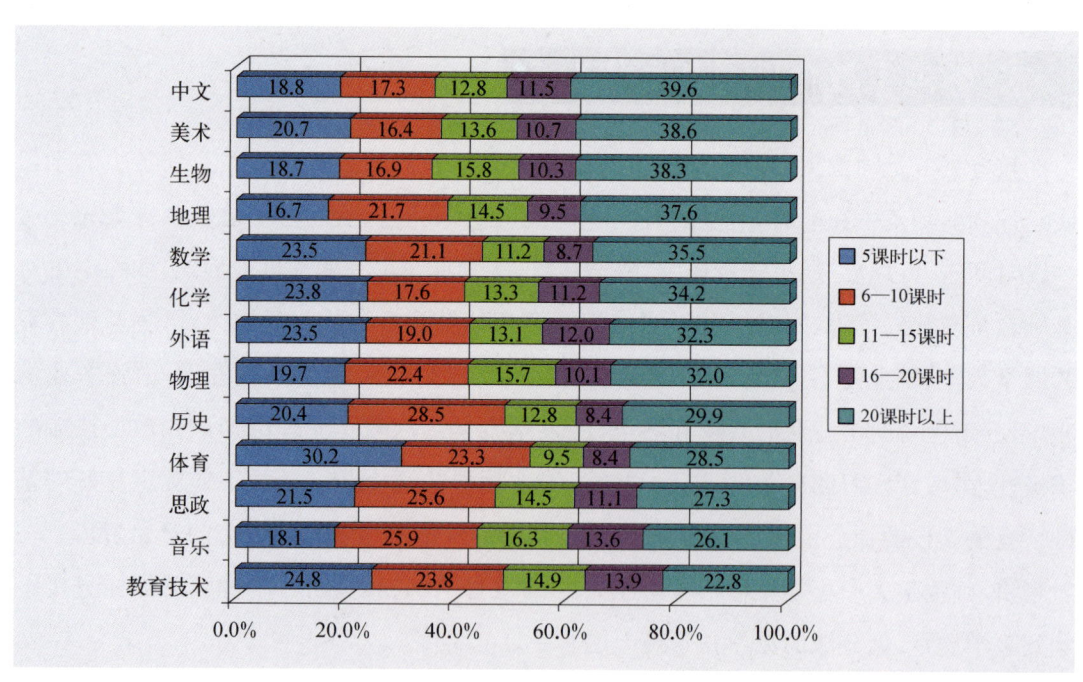

图 3-5 不同专业学生教育见习（课堂观摩）时间

不同类型的学校间在师范生教育见习时间上有一定的差异，但如学校期待的一样，学生普遍认为教育见习对实习的帮助程度比较大，从图 3-6 中可以看出，学生见习的课时数愈多，愈是认识到见习的有效性，觉得教育见习对实习的帮助比较大。

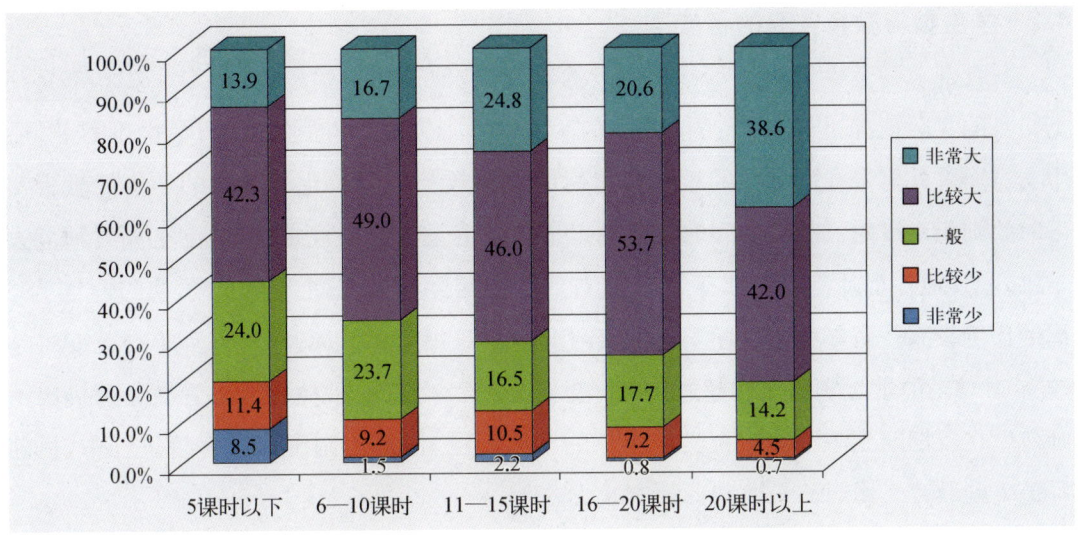

图 3-6　教育见习课时数不同的学生如何看待见习对实习的帮助程度

4. 师范生教育实习基本状况

教育见习中，师范生基本只是一个旁观者，而教育实习意味着一个师范生的教师职业准备进入了最重要的阶段，这是每一位教师必经的阶段。教育实习可以使学生真正地把理论与实际联系起来，培养学生从事教育和教学工作的能力。

4.1　教育实习的形式

教育实习的形式多种多样，各所学校也不仅局限于某一种方式，更多的是根据实际情况，有的是学校集中安排，有的是自主实习或其他形式。调查显示，不管哪类学校，认为各学科搭配，学校统一安排最有利于实习的学生都最多，尤其是学科相对齐全的部属师范大学，其次为目前一般院校采取的编队方式，即相同专业，由院系组织的形式。采用卡方检验得到 $\chi^2 = 92.059$（df=9），$p < .05$（$p = .000$），说明不同类型学校的学生对编队形式的看法存在显著差异。四类学校的学生中，按文、理、艺体大类区分编队的形式更受高等师范专科学校的学生的青睐，省属师范学院中选择相同专业，由院系组织这一传统编队方式的学生更多（见表 3-1）。

表 3-1　各类型师范院校学生倾向的教育实习编队形式（%）

	各学科搭配，学校统一安排	相同专业，由院系组织	按文、理、艺体大类区分编队	不知道
部属师范大学	61.8	24.4	11.0	2.7
省属师范大学	44.2	39.8	11.8	4.2
省属师范学院	42.0	39.5	14.7	3.8
高等师范专科学校	38.7	38.2	19.6	3.5
总计	43.4	38.5	14.4	3.8

4.2 学生参与教育实习的程度

教育部对师范生的教育实习时间虽然有规定,但是各所学校、各个专业基本都是根据自身的实际情况,设定时间的长短,实际教育实习期间学生的授课节数也不尽相同。中文、数学、外语专业的学生的教育实习时间相对较长,美术、化学专业的学生的教育实习时间则相对较短。教育实习时间6周以下原则上是不符合规定的,但除了部属师范大学以外,其他各类师范院校都有20%左右的学生实际实习时间少于6周,实习时间为8周的比例较高。省属师范大学学生的实习时间相对集中在8周及以下;高等师范专科学校有34.3%的学生实习时间超过12周(见图3-7)。由此可以看出,尽管教育部提出了师范生在校期间到中小学教育实习半年的实施办法,但这一制度还在完善过程中,目前师范生的教育实习时间长度与此还有较大差距。

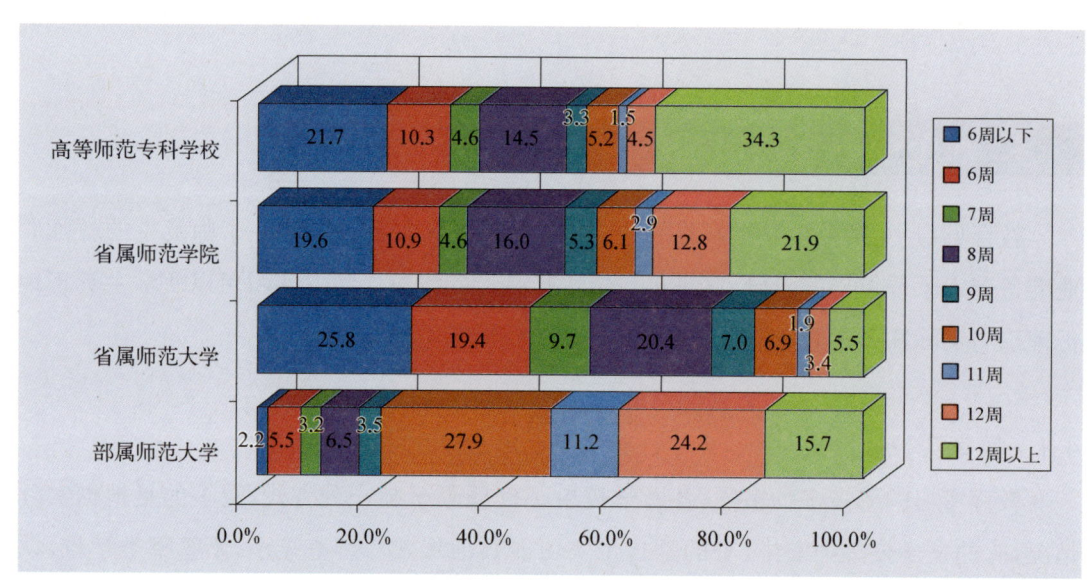

图3-7 师范生去中小学教育实习的时间

也因此,在问师范生对教育实习时间长短的看法时,一半的学生认为比较合适,四分之一的学生认为比较短,认为较短的学生尤以省属师范大学的学生居多,达36.8%(见图3-8)。教育实习是师范生唯一有机会走到一线感受并实际行动的一个环节,保证一定量的教育实习时间对提高师范生的教学技能有很大的帮助。

师范生实际去中小学授课的时数也因专业不同存在显著差异($\chi^2 = 523.8$(df=72),$p < .05$($p = .005$))。由于设有教育技术专业相关课程的中小学不多,因此教育技术专业的学生授课时数相对较少。美术、体育专业的学生授课时数在30课时以上的较多。美术专业虽然实际实习时间不是很长,但由于美术教学的年级差异不大,可以同时期在更多的班级授课,因此,学生的实际授课时数并不少。而化学专业的学生实习时间和实际授课时数都较少,外语专业学生的实习时间虽然相对较长,但实际授课时数不多(见图3-9)。

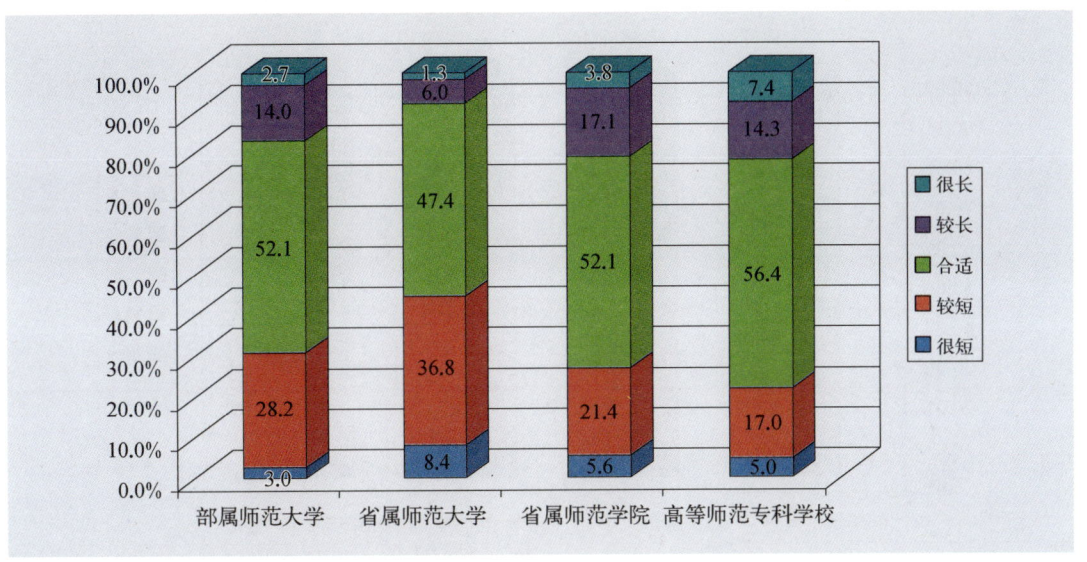

图 3-8　师范生对教育实习时间的看法

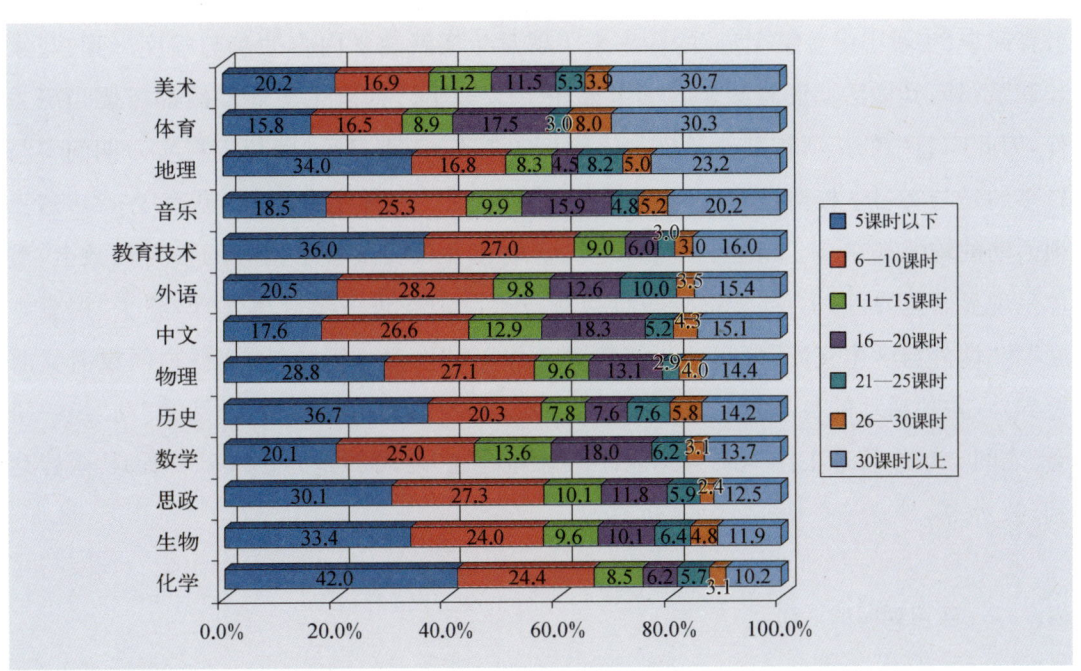

图 3-9　不同专业的学生在教育实习中的实际授课时间

　　师范生自身也大多认为实际授课时数"合适"或者"偏少",尤其是省属师范大学,分专业来看,主要集中在化学、生物、思政、外语、教育技术的学生中,总体上仅有 3.6% 的学生认为目前的实际授课时数已经很多了(见图 3-10)。

4.3　教育实习内容

　　教育实习内容是实践教学的核心,通常包括教学工作、班主任工作见习、进行教育研究和教育调查等。调查通过询问学生参加"课堂观摩、班级管理工作、组织课外活动、组织班会、课外与学生交流、与家长联系、与实习学校指导老师沟通、与其他任课老师沟通、

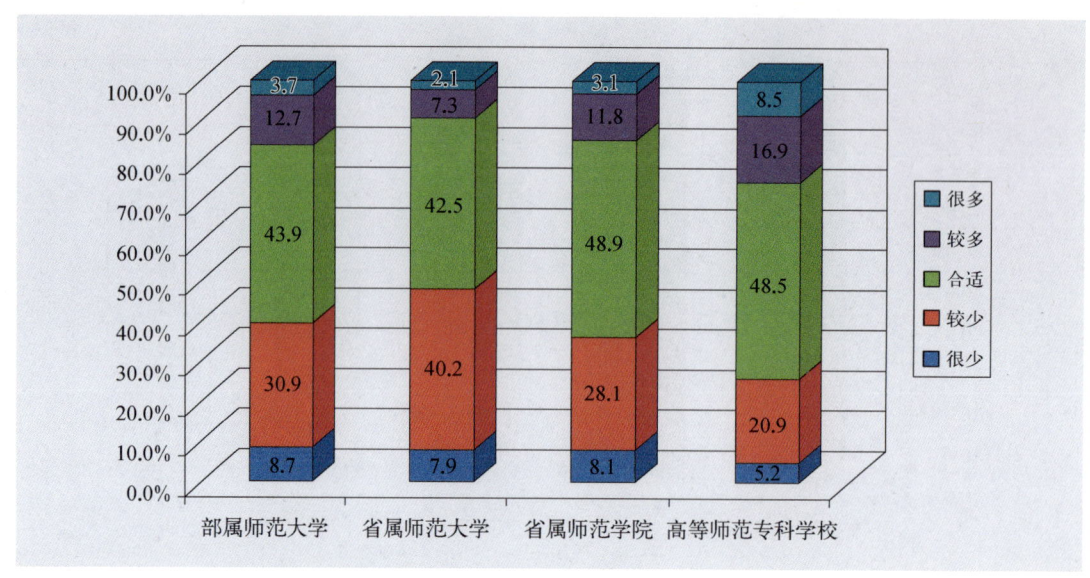

图3-10　师范生对实习期间授课时数的看法

教育调查、实习小组总结交流"的频率来了解学生实践教学内容的参与程度。除"与家长联系"外，其他活动没有参加的学生都在10%以下。师范生毕业以后都需要当班主任，因此问卷中的选项较多涉及班主任的日常工作，调查显示，师范生在实习期间参与较多的是与实习学校指导教师沟通、课堂观摩和课外与学生交流等（见表3-2），这三项活动的均值都在3.5以上。检验发现，学生在各项实践教学内容的参与频数上，整体呈现显著差异，F(9, 36 468)＝971.438，p＜.001。进一步观察发现，除了"课堂观摩"和"课外与学生交流"之间、"班级管理工作"和"实习小组总结交流"之间没有显著差异外，各项活动的参与频率在统计上呈现显著差异，其中"组织课外活动"与"组织班会"之间、"班级管理工作"和"与其他任课老师沟通"之间的差异在.05水平，其余皆达到.01水平。

表3-2　实习期间的活动

	M	SD
与实习学校指导老师沟通	3.87	1.173
课堂观摩	3.60	1.316
课外与学生交流	3.58	1.282
与其他任课老师沟通	3.40	1.340
实习小组总结交流	3.35	1.326
班级管理工作	3.28	1.390
组织班会	2.97	1.406
组织课外活动	2.95	1.387
教育调查	2.92	1.314
与家长联系	2.17	1.528

按照学校类型进行比较后发现,除"教育调查"外,得到检验的 p 值均小于.05,说明各类师范院校在其他九项活动方面均有显著差异。在课堂观摩、班级管理工作、组织班会、课外与学生交流、与实习学校指导老师沟通、与其他任课教师沟通等活动方面,部属师范大学的参与率均高于其他类型的院校;在组织课外活动、与家长联系方面,高等师范专科学校的参与率最高;在实习小组总结交流方面,省属师范大学与省属师范学院的参与率相对较高。

4.4 师范生对教育实习的态度及满意度

有70.3%的师范生认为在大学期间,教学实践技能的获取主要还是以自己为主,学校为辅,26.4%的学生认为应以学校为主,自己为辅。这说明绝大多数的师范生在实践教学这一环节中比较看重自身的主观能动性,而这些学生在提高自身教学实践技能时的投入程度也相对较高(见图3-11)。

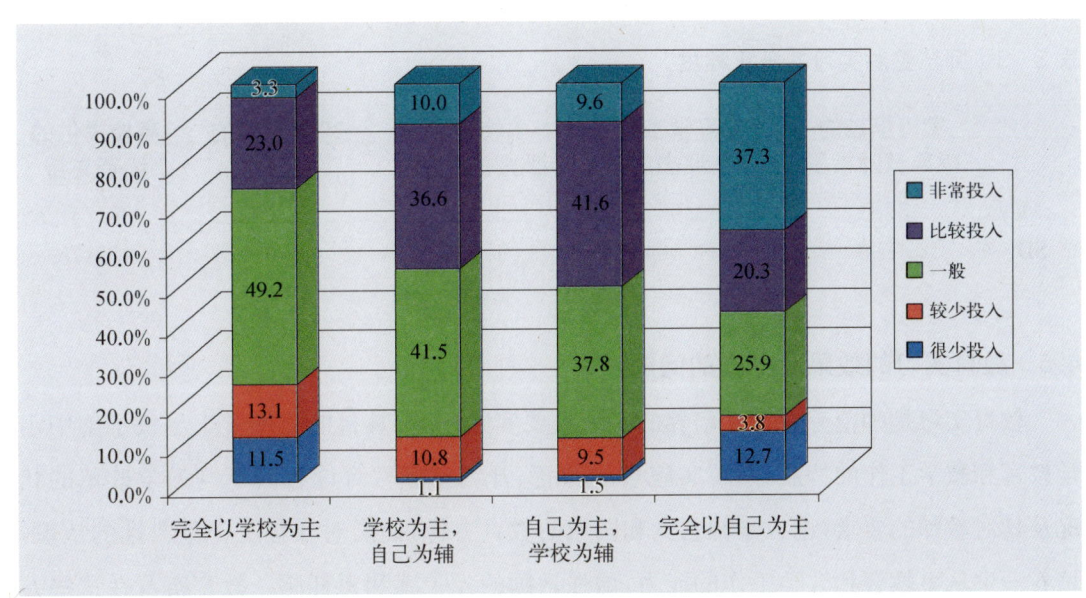

图3-11 师范生平时对提高教学实践技能的投入程度

对于学校提供的机会,调查显示均值为3.03,说明师范生认可学校为其提高实践技能提供的机会。但不同类型学校之间有显著差异($p<.05$),尤其是省属师范大学的学生认为学校提供的机会比较少(见图3-12)。学校提供的机会有各种各样,调查问及使用学校实训中心设备的频率,结果显示实际使用学校实训中心设备的频率却比较低,只有2.16。这也许体现了学生认为提高自身的教学实践能力以自己为主的想法。

师范生对"实习学校指导教师的指导"比较满意,均值为3.81,其余依次为"实习学校的欢迎态度"、"本校指导教师的指导"与"实习学校的选择",满意度最低的为"高校提供的经费支持"(见表3-3)。

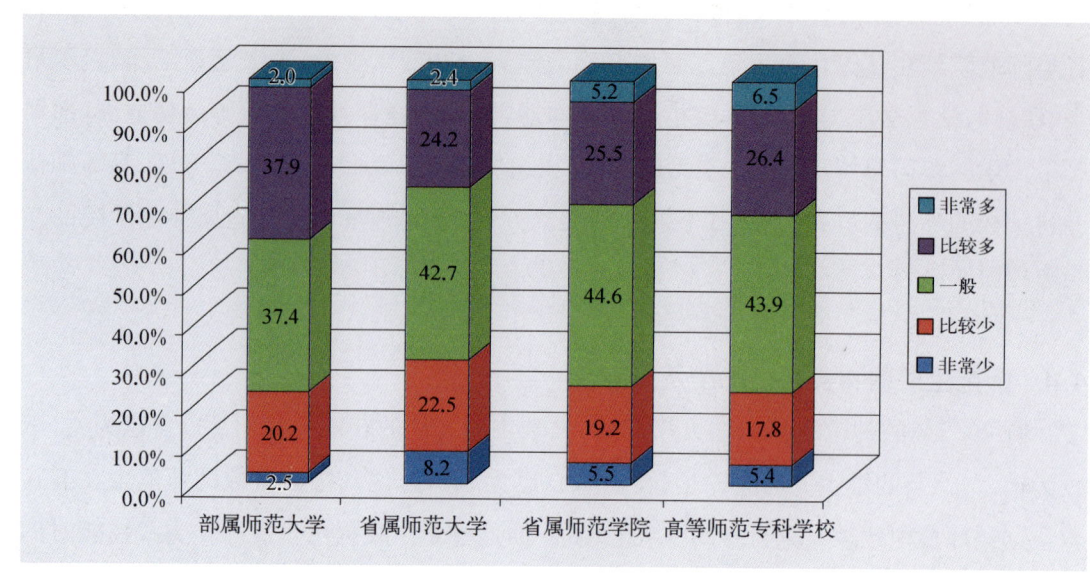

图 3-12　各类师范院校为提高学生的教学实践技能提供的机会

表 3-3　师范生对实习的满意程度

	实习学校的指导教师指导	实习学校的欢迎态度	本校指导教师的指导	实习学校的选择	高校提供的经费支持
M	3.81	3.66	3.56	3.53	2.74
SD	.98	1.004	1.046	1.031	1.175

4.5　教育实习的效果及存在的问题

　　教育实习是师范专业人才培养的一个重要实践环节,其目的是使学生尽快了解中小学教育和教学工作的特点,了解实施素质教育、开展基础教育课程改革与教学改革的状况及其对教师的要求,进一步领会党和国家的教育方针,提高对教育工作重要性的认识,培养学生从事教育和教学工作的能力,增强教师的光荣感和责任感。教育实习在这些方面是否取得了一定的成果呢?

　　本次调查就师范生通过教育实习后,在“与学生沟通的技能”、“教案设计技能的掌握程度”、“甄别和照顾学生个体差异的能力”、“对中小学教学方法的了解程度”、“对中小学学生特点的了解程度”、“学生学业评价能力”、“对中小学课程与教材的熟悉程度”、“对当前我国中小学教育改革的了解程度”这些方面是否有所收获进行设问,结果如表3-4所示。所有项目的均值都在3.3以上,说明学生认为实习的帮助比较大,尤其是在与学生沟通的技能方面、教案设计技能的掌握程度方面以及甄别和照顾学生个体差异的能力方面。班级授课制要求教师同时面对许多具有不同个性的学生,过往的教育往往是弱化个性,按统一标准执行。现在的师范生已经能够在实习中做到关注个体的不同,尊重生命的差异,并照顾差异,因材施教,为学生提供最适合的教育。

表3-4 实习收获

	M	SD
与学生沟通的技能	3.83	.882
教案设计技能的掌握程度	3.76	.886
甄别和照顾学生个体差异的能力	3.72	.899
对中小学教学方法的了解程度	3.68	.899
对中小学学生特点的了解程度	3.67	.909
学生学业评价能力	3.67	.884
对中小学课程与教材的熟悉程度	3.62	.981
对当前我国中小学教育改革的了解程度	3.34	.93

　　教育实习的经历会使师范生进一步认清教师工作的性质,初步了解自身是否适合这一职业,是否喜欢这一职业。应该说实习经历带来的影响是比较正面的,这一点在大学期间学业成绩在班级中排名前30%的学生中尤为明显(见图3-13)。

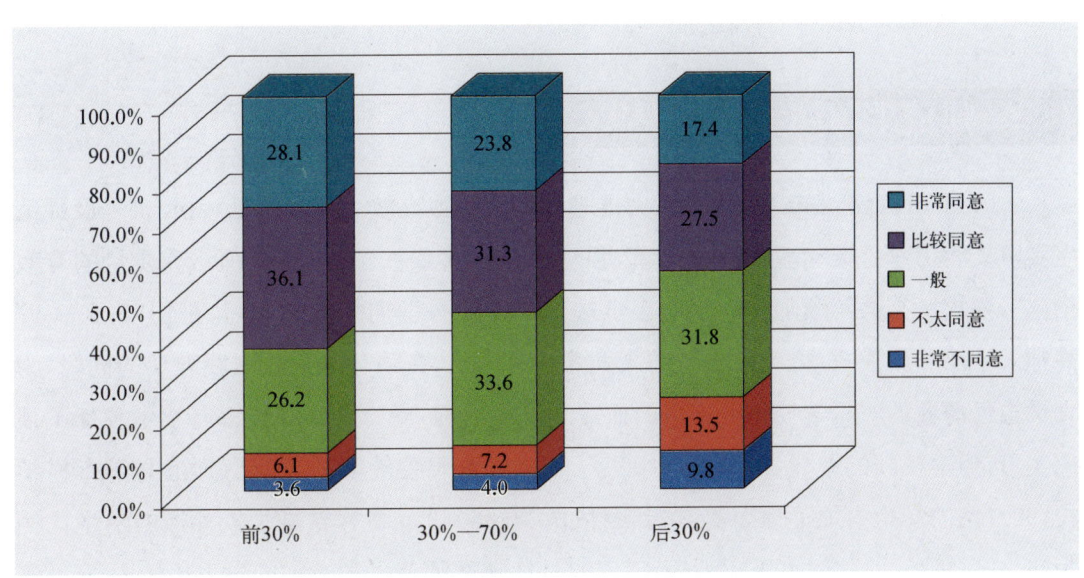

图3-13 大学学习成绩与实习经历的影响

　　教育实习给师范生带来的积极作用是显而易见的,但诚如先行研究指出的那样,目前的教育实习中还存在着一些问题,比较突出的是实际授课时数太少以及经费支持不足。高等师范专科学校的学生认为最主要的问题是经费支持不足,而其他三类学校的学生则认为最主要的问题是实际授课时数太少(见图3-14)。经费支持不足的问题在前面的对实习的满意程度调查中也已反映出来了,"高校提供的经费支持"在各项指标中满意度最低。经费不足会造成很多问题,如:无法进行实习基地建设,无力给予实习学生更多帮助,无法付予指导经费,也很难调动实习指导老师和实习生的积极性,从而导致实习效果低下。[1] 只有一

① 杨邓红. 师范生教育实习存在的问题及对策[J]. 高等函授学报(哲学社会科学版),2009,(6): 69.

成的学生对目前的实习较为满意,认为没有什么问题。

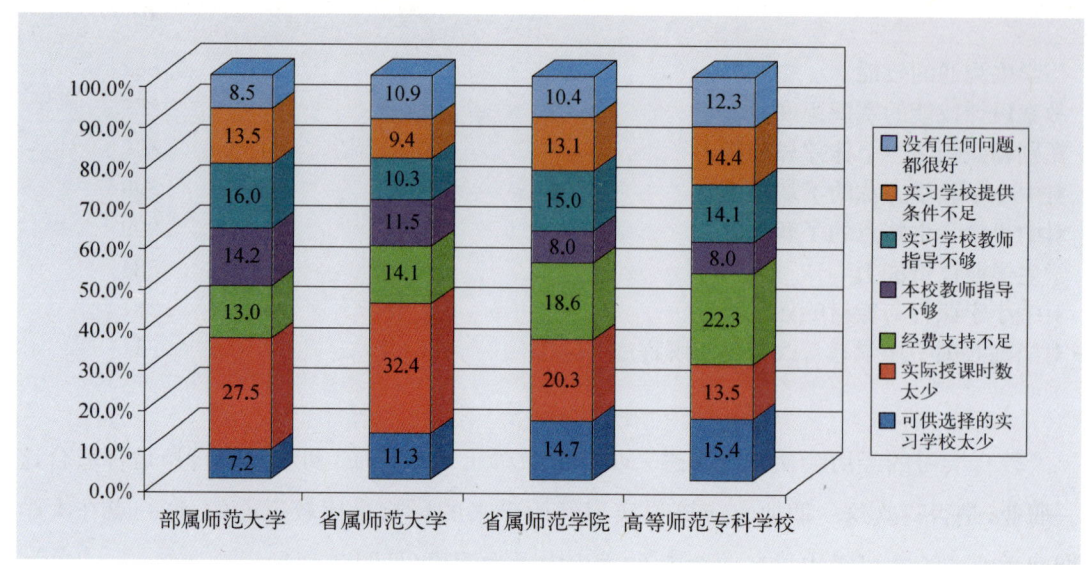

图3-14　师范生认为实习中存在的主要问题

5. 师范生顶岗实习的现状

2007年,教育部发布了《关于大力推进师范生实习支教工作的意见》,指出"开展师范生实习支教工作是推动教师教育改革,强化师范生实践教学,提高教师培养质量的有效措施",要求所有高年级师范生到中小学进行不少于一学期的教育实习,采用"3.5+.5"高师人才培养新模式,将实习支教纳入人才培养体系,在强化师范生实践教学的同时,为大量边远薄弱的农村学校送去新鲜的血液。本次被调查的27所高校都有学生参加了顶岗实习,但学校间的差异显著(p=.000),参加学生人数最多的为陇南师范高等专科学校,98.7%的学生参加了顶岗实习,其余依次为郧阳师范高等专科学校参加的学生比例为46.3%,聊城大学参加的学生比例为40.1%,陕西师范大学参加的学生比例为37.2%,其他高校学生参加顶岗实习的学生比例都远远少于一半。总体来看,参加顶岗实习的人数占总人数的19.9%。其中57.3%的参与者都比较认可顶岗实习,认为这是一项合理的政策,并且64.7%的学生认为这项政策对师范生就业有利(见表3-5、表3-6)。

表3-5　顶岗实习是一项合理的政策

	人数	百分比
非常不同意	59	4.5
不太同意	146	11.1
一般	357	27.1
比较同意	480	36.5
非常同意	274	20.8
合计	1 317	100

表3-6　顶岗实习对师范生就业有利

	人数	百分比
非常不同意	56	4.2
不太同意	91	6.9
一般	319	24.2
比较同意	493	37.5
非常同意	358	27.2
合计	1 317	100

不管是实习时间还是实习内容，顶岗实习都使实习不再是一个走过场的活动，师范生不能抱着体验的心态学习，而要真正地参与到整个学校教学活动中去，实习生的教师角色心理准备、对教材的把握以及教育观念、教学组织能力、创新精神等教师基本素质将面临严峻的考验。也因此，师范生能够从中学到很多对将来从事教师职业有用的东西。

6. 结论与建议

6.1 结论

6.1.1 实习经历对师范生有较为积极的意义

调查显示，比较同意或非常同意"实习经历让你更喜欢做教师"这一观点的师范生占 59.5%，仅有 11.2% 的学生不同意这一观点。通过实习，师范生可以在各方面取得长足的进步，调查显示，实习的收获中学生对"与学生沟通的技能"（均值 3.83）、"教案设计技能的掌握程度"（3.76）方面满意度较高，而"对当前我国中小学教育改革的了解程度"（3.34）的帮助的满意度则相对较低。

6.1.2 部分院校、部分专业实习时间不足

调查显示，师范生去中小学实习的时间长短与所属专业及学校类别都有显著相关。部属师范大学的实习时间以 10 周居多，省属师范大学以 8 周居多，省属师范学院和高等师范专科学校两极分化的现象比较严重，19.6% 的省属师范学院的学生及 21.7% 的高等师范专科学校的学生实习时间不到 6 周，有违教育部对师范生实习时间的要求。另外，师范生实际授课的时数与专业有很大的关系，授课 30 课时以上的虽然各专业都有一部分学生，但体育、音乐、美术专业的学生最多。与高考科目不相关的专业，实习学校会更多地放手让师范生去锻炼，反之，实习学校给予的机会就要少得多。因此，四分之一的师范生指出实习最大的问题是实际授课时数太少。

6.1.3 实习期间经费支持不足

经费不足会给实习学生、实习学校以及实习效果带来一系列的问题，本次调查只有一成的学生对目前的实习较为满意，认为没有什么问题。

6.1.4 顶岗实习是一项学生认可的制度

参加顶岗实习的人数占本次调查总人数的 19.9%。其中 57.3% 的参与者都比较认可顶岗实习，认为这是一项合理的政策，并且 64.7% 的学生认为这项政策对师范生就业有利。

6.2 建议

2007 年教育部《关于大力推进师范生实习支教工作的意见》中就提出，高师院校要因地制宜地组织高年级师范生，到中小学进行不少于一学期的教育实习。2012 年 8 月 20

日,国务院下发《关于加强教师队伍建设的意见》中也指出,加强教师养成教育和教育教学能力训练,落实师范生教育实践不少于一学期制度。教育实习对师范生培养的重要性早已是共识。

6.2.1 结合学校及学生的实际情况,开展多种实习模式

我国目前的教育见习已经开始分散在不同学期进行,而实习模式基本多为第七学期一次性集中实习,这样的模式虽然有利于学校的安排与管理,但由于实习时间较短,即使学生在实习过程中发现自身的不足,也无法及时改进。学校可以更好地结合见习与实习,或者采取一些模拟实习的方式,让学生及时发现自身的不足,在随后的教育理论的学习与教育见习中不断改进,最后进入真正的实习阶段。

6.2.2 实习时间可以因专业不同有所调整,但实际授课时数需进一步增加

多数学校安排的实习时间不足,有的甚至低于教育部规定,这已是不可否认的事实。今后实习学校需给予学生更多的真正的教育实习机会。实习期间要有一定量的实际授课时数的保证,而不是根据授课科目的所谓的重要性来决定。

6.2.3 保障充足的实习经费

经费保障需要国家和高校的支持,充足的实习经费可以让学生更加安心地进行教育实习的实践,也可以使实习学校更加有条件保证教育实习的顺利进行。

6.2.4 进一步大范围实施为期半年的顶岗实习

顶岗实习中师范生不是抱着体验的心态学习,而是要真正地参与到整个学校教学活动中去,使学生在教育教学技能的发挥、对教育改革现状的了解、教师工作的本质等方面都有深刻的认识,将来更好地做好教育教学工作。

(陈　曦)

四、课外活动与师范生养成教育

　　课外活动指的是课堂教学之外，由学校组织指导或由校外教育机关组织指导的，用以补充课堂教学，实现教育方针要求的一种教育活动，是根据受教育者的需要和教育教学的需要，在教育者直接或间接指导下实现教育目的的一种活动。长期以来我国有关课外活动与学生能力培养的研究大都集中于中小学教育阶段，着重考察课外活动对学生学科技能之外的各项能力的培养与发展作用，对于高等教育阶段学生课外活动的研究则相对较少，而特别针对师范生课外活动与其能力培养的研究就更为鲜见了。但事实上，大学阶段特别是本科学习阶段是学生课外活动内容最为丰富，形式最为多样，参与度相对最广的阶段。参与或组织课外活动对学生各方面的成长与发展影响显而易见，特别是对年轻大学生的思想政治教育、弘扬志愿精神、培育现代公民意识，构建和谐社会等都具有重要意义。[①]

　　而对于师范生的培养来说，这些学科知识以外的能力正是构成其教师基本素养的重要组成部分。这些能力的养成将直接影响教师教育的成效，以及未来教育的质量。因此，聚焦师范高校的课外活动研究，从另一个视角探究我国师范高校的师范生培养情况，有重要的现实和实践意义。

　　本专题将从相关的政策与背景解读开始，挖掘课外活动与师范生基本素质养成的关系，通过对调查数据的分析，探讨在当前师范生培养中课外活动所扮演的角色和所起到的作用。

1. 政策与背景解读

　　中国教育从应试教育向素质教育转型，从精英教育向大众教育转化，从人口大国迈向人力资源强国，教育和社会的转型，对人才标准提出更高的要求。面对培养高素质、创新型人才的新情况，传统的经验型、技术型的教师无法承担这样的重任，这也对教师教育提出新的要求。社会转型与经济转型，都是教师培养改革的外部动力，而真正促使教师培养改革的本质，则是"教师角色的变化"，来源于教育内部的变革：其中包括素质教育的改革、新课程改革、教师教育标准的颁布和中小学课程标准的革新。1993 年 2 月，中共中央、国务院颁布了《中国教育改革和发展纲要》（下文简称《纲要》）。《纲要》明确提出："中小学要从'应试教育'转向全面提高国民素质的轨道；面向全体学生，全面提高学生的思想道德、文化科学、劳动技能和身体心理素质，促进学生生动活泼地发展。"1999 年，《中共中央国务院关于深化教育改革全面推进素质教育的决定》颁布，这标志着素质教育开始

① 马彦周,曾艺. 高校志愿者工作管理创新思考[J]. 理论月刊,2009,(12)：151—153.

作为党和国家的战略决策,进入到推进的新阶段(下文简称《决定》)。《决定》①明确提出:"推进素质教育的基本保证是建设高质量的教师队伍,教师需要有宽广厚实的业务知识和终身学习的自觉性,掌握必要的现代教育技术手段,要积极参与教学科研;同时把提高教师实施素质教育的能力和水平作为师资培养、培训的重点,更要加强和改革师范教育,大力提高师资培养质量。"从《决定》中看到,教师队伍质量的保证也是素质教育的基本。教师的角色不只是"教书先生",而是要掌握符合社会发展需要的现代教育技术,成为"信息人",也要是"终身学习者",不断进行钻研。对于师范高校而言,课外活动是培养师范生素质的重要方式,对师范生素质的培养也为今后他们成为教师后,对于中小学生的素质教育有着迁移的作用。

2001年6月,全国基础教育工作会议召开并颁布了《国务院关于基础教育改革与发展的决定》,进一步指出"加快构建符合素质要求的基础教育课程体系"。同时,国家教育部正式颁布了《基础教育课程改革纲要(试行)》②,对教师的角色也有新的要求:"教师在教学过程中,要处理好传授知识与培养能力的关系,注重培养学生的独立性和自主性,应尊重学生的人格,关注个体差异,使每个学生都能得到充分的发展;同时要大力推进信息技术在教学过程中的普遍应用。"从文件中,我们可以看到新课程改革下的教师角色是合作者、引导者、参与者,也是课程的研发与开发者。教师不再只是"教书匠",应该是具有教育思想、风格、艺术和人格魅力的教育家:这样的老师对教育有独特的见解和追求,而不是"照本宣科";这样的老师应该有独立进行科研的能力,而不是消极等待教研员的指导;这样的老师应该用自己的人格魅力,激发学生对学习和生活的热情,挖掘他们的潜能。对于师范高校而言,新课程改革对教师的要求,是对于师范生的第一课堂提出了挑战,教师的角色需要更具灵活性、协调性和创新性。作为第二课堂的课外活动要提供这样的平台,作有效的课堂拓展:组织课外活动要求学生互相合作,活动内容与形式要求创新,这样的实践锻炼有助于师范生,更符合课程改革对教师的要求。

2004年10月,12所高等师范院校竞标教育部师范司的"教师教育课程标准研制"项目,拉开了教师教育课程标准建设的序幕。《教育部关于大力推进教师教育课程改革的意见》③中的第五点,提到改进教学方法和手段,增强师范生学习兴趣,提高教学效率,着力提高师范生的学习能力、实践能力和创新能力。2011年10月8日,教育部公布了《教师教育课程标准(试行)》(下文简称《标准》)。《标准》④是教师教育机构课程设置、实施与评估的基本依据,在第一部分"基本理念"里就提到了教师角色的三种定位:即"育人为本",引导未来教师树立正确的儿童观、学生观、教师观与教育观,参与教育实践,丰富专业体验;"实践取向",将教师看作实践反思者,引导未来教师参与和研究基础教育改革,

---

① 教育部. 中共中央国务院关于深化教育改革全面推进素质教育的决定[EB/OL]. (1999 - 6 - 13). http://www.edu.cn/zong_he_870/20100719/t20100719_497966.shtml.
② 教育部. 教育部关于印发《基础教育课程改革纲要(试行)》的通知[EB/OL]. (2001 - 6 - 8). http://www.gov.cn/gongbao/content/2002/content_61386.htm.
③ 教育部. 教育部关于大力推进教师教育课程改革的意见[EB/OL]. (2011 - 10 - 8). http://www.moe.edu.cn/publicfiles/business/htmlfiles/moe/s6136/201110/125722.html.
④ 同③。

发现和解决实践问题,发展实践能力和形成实践智慧;"终身学习",将教师看作终身学习者,实现职前和在职教育的一体化,引导教师养成独立思考和自主学习的习惯,更新知识结构,形成终身学习的能力。从中我们可以看到,在最新版的教师教育标准中,教师应该是学生发展的促进者,帮助学生树立理想,启发智慧,促进学生的发展;教师是反思性实践者,能够对自身的教学行为进行反思,并实现专业发展;教师是终身学习者,能够持续学习以此来完善自身素质的发展。对于师范高校而言,在课外活动的场所中,能够积极推进师范生对于知识的实践,通过比赛、交流、课题组建等形式,使师范生的学科专业知识和教师教育知识得以实践,并引发他们的反思,反思后再进行实践。此外,课外活动需要通过学生的自我摸索和探究,来获取自己所需的知识与能力,而终身学习要求师范生今后能持续学习,并在不断完善自身素质的过程中实现专业发展,两者非常地契合。

2001 年,国家启动了新世纪基础教育课程改革。经过十年的实践探索,课程改革取得了显著成效,构建了有中国特色、反映时代精神、体现素质教育理念的基础教育课程体系,各学科课程标准得到中小学教师的广泛认同。同时,在课程标准执行过程中,也发现一些标准的内容、要求有待调整和完善。为贯彻落实《国家中长期教育改革和发展规划纲要(2010—2020 年)》[①],适应新时期全面实施素质教育的要求,深化基础教育课程改革,提高教育质量,教育部组织专家对义务教育各学科课程标准进行了修订完善。根据教育部基础教育课程教材专家咨询委员会的咨询意见和教育部基础教育课程教材专家工作委员会的审议结果,经研究,决定正式印发《教育部关于印发义务教育语文等学科课程标准(2011 年版)的通知》[②]并于 2012 年秋季开始执行:新课程标准除了规定各学科的课程理念、课程设计思路、课程目标、课程内容和实施意见外,在"实施建议"中,对各科目教师也提出了新的要求,强调突出师生双方在教学中的主动性和创造性,在网络环境配合下运用教学手段,能够充分使用校内外的资源,拓展学生的学习空间,并重视培养学生的创新精神和实践能力。从中我们可以看到,在最新版的学科课程标准中,教师的角色被赋予了更丰富的涵义,教师不但需要在学科专业上有深厚的功底,更要成为学生潜能的"发掘者"、学科兴趣的"引领者",也是培养学生创新和实践能力的"启发者"。对于师范高校而言,教育实习是师范生实践的平台,能让师范生深入第一线,与学生接触,从实践中获取经验,但实习时间往往只是固定在一段时间,且这段时间师范生又面临找工作的压力。而课外活动,是从师范生入学后就伴随左右,不受寒暑假的限制,不同学科的师范生所在院系都会开展与专业相关的课外活动,例如教学技能大赛、诗歌创作比赛(中文系)、数模大赛(数学系)、实验比赛(物理、生物、化学、教育信息技术)、课外学术作品大赛(涵盖所有学科)等,不同类型的活动,不但促进学生更广泛地涉猎学科知识,而且开拓了他们的创新精神、实践能力。

① 教育部. 国家中长期教育改革和发展规划纲要(2010—2020 年)[EB/OL]. (2010 - 7 - 29). http：//www. moe. edu. cn/publicfiles/business/htmlfiles/moe/moe_838/201008/93704.
② 教育部. 教育部关于印发义务教育语文等学科课程标准(2011 年版)的通知[EB/OL]. (2011 - 12 - 28). http：//www. moe. gov. cn/publicfiles/business/htmlfiles/moe/moe_711/201201/xxgk_129268. html.

师范高校的师范生在毕业后大多进入各地的中小学工作,其核心工作是学科教学。此外,他们要承担班主任工作,负责班级的管理和班级活动的组织,与任课教师、家长、学生、社区进行沟通,指导学生的思想政治工作;他们也会是综合实践活动课程的任课教师,因为教育部规定在中小学不专门配备综合实践活动的教师,由班主任和各门学科的教师兼任,综合实践活动课程的授课内容广泛,教学形式多样;同时,他们作为学校教师,也要参与到学校的学术共同体和学校的管理中。这些中小学教育的实际工作对未来教师的培养提出了更高的要求。

每位师范生毕业后,除了学科教师外,基本都要承担"班主任"这一重任。尽管师范生在教育实习中,班主任工作实践是必要环节,但教育实习时间较短,在班主任能力的培养方面,还欠火候。2006 年 6 月教育部《关于进一步加强中小学班主任工作的意见》①指出班主任是班级工作的组织者、指导者、中小学生健康成长的引领者,是沟通家长和社区的桥梁。2009 年,教育部又在此基础上,颁布了《中小学班主任工作规定》②,对班主任工作的职责与任务作了明确规定,包括要全面了解班级内学生,认真做好班级的日常管理工作,组织开展各类班级活动,组织做好学生的评价工作,承担与任课教师、家长、社区的沟通工作。班主任的职责较宽泛,要按照教育目标的要求和学校计划,充分利用和调动学生班级内外的资源力量,为实现班级工作目标,开展班级教育任务进行组织、指导、沟通协调、激励、决策等各种职能活动,以吸引和影响学生持续实现班级目标、个体发展。课外活动不受内容和时间的限制,在丰富的活动中,班主任工作的实践能力,例如组织、沟通、激励等能力,可以得以加深和锻炼。

2001 年《国务院关于基础教育改革与发展的决定》③规定中小学设置综合实践。2001 年国家《基础教育课程改革纲要(试行)》④的通知,更加明确地将"综合实践活动"规定为从小学到高中开展的必修课程。这种课程有别于学科课程,是基于学生的直接经验、密切联系学生自身生活和社会生活、体现对知识的综合运用的课程形态,是一种以学生的经验与活动为核心的实践性课程。综合实践活动的内容范围较广,包含了研究性学习、社区服务和社会实践、劳动与技术教育和信息技术教育等方面。教育部还规定,在中小学不专门配备综合实践活动的教师,由班主任和各门学科的教师兼任,所以,中小学的极大部分教师都要承担综合实践活动课的教学任务。这对于师范生的培养,也提出新的挑战:教师需要有综合的知识结构,具有组织与调节活动的能力,要学会用多种方法评价学生及其活动。2011 年教育部颁布的《教师教育课程标准(试行)》⑤的小学与中学课程

① 教育部. 教育部关于进一步加强中小学班主任工作的意见[EB/OL]. (2006-6-14). http://www.moe.gov.cn/publicfiles/business/htmlfiles/moe/moe_1304/201001/xxgk_81917.html.
② 教育部. 教育部关于印发《中小学班主任工作规定》的通知[EB/OL]. (2009-8-12). http://www.moe.gov.cn/publicfiles/business/htmlfiles/moe/moe_2800/201001/xxgk_81878.html.
③ 国务院. 国务院关于基础教育改革与发展的决定[EB/OL]. (2001-5-29). http://www.gov.cn/xxgk/pub/govpublic/.
④ 教育部. 教育部关于印发《基础教育课程改革纲要(试行)》的通知[EB/OL]. (2001-6-8). http://www.gov.cn/gongbao/content/2002/content_61386.htm.
⑤ 教育部. 教育部关于大力推进教师教育课程改革的意见[EB/OL]. (2011-10-8). http://www.moe.gov.cn/publicfiles/business/htmlfiles/moe/s6342/201110/xxgk_125722.html.

标准中,都提到"活动指导"这一学习领域,基本克服了学科化、学术化、理论化倾向,实现了教师教育课程的实践化;在建议模块中,小学教师教育课程中包含了小学综合实践活动,中学教师教育课程中包含了中学综合实践活动。此类实践型的课程,与课外活动的开展方式十分类似,师范生通过参加或组织课外活动,从活动中体会活动课程的精髓,不但能提高对于"综合实践课程"的理解,也有利于提高综合能力。

"教师领导力"术语是通过对教师专业化发展的争论而产生的。教师领导力在学校改革起到的作用,显得尤为重要。教师领导力是指教师在学校教育中,通过自己的专业权力以及非权力要素(包括教师的知识、能力、情感等)的相互作用,形成的一种综合性影响力。其中,权力要素包括教师参与决策、科研、评估的权力;非权力要素中的教师领导力知识要素包括广博的科学文化知识、精湛的专业知识和领导策略知识(其中包括学会倾听、沟通等交际方面的知识),能力要素包括感召力、前瞻力、决断力、创新力和学习力,情感要素则是辅助教师用更积极的心态去与他人沟通与合作。按类型划分,教师领导力包括道德领导力、课程与教学领导力、班级领导力、自我与同僚的专业发展领导力。[①] 师范高校的课堂授课形式以"班级授课"为主,教师很难顾及到每个学生能力培养的需求。在课外活动中,策划活动可以锻炼学生的创造力,组织活动可以锻炼学生的感召力和决断力,活动中的人际交往能锻炼学生的沟通能力和学会倾听的能力,较全方位地提升学生的"教师领导力"。

2. 师范类高校课外活动开展情况

2.1 师范类高校课外活动开展的总体情况

调查发现,在所罗列的 8 类课外活动中,师范类高校开展频率最高的是"寒暑假社会实践"(71.3%),其次为"志愿者活动"(65.8%)与"社团活动"(63.6%),而开展最少的则是学术科研项目(37.0%)(见图 4-1)。

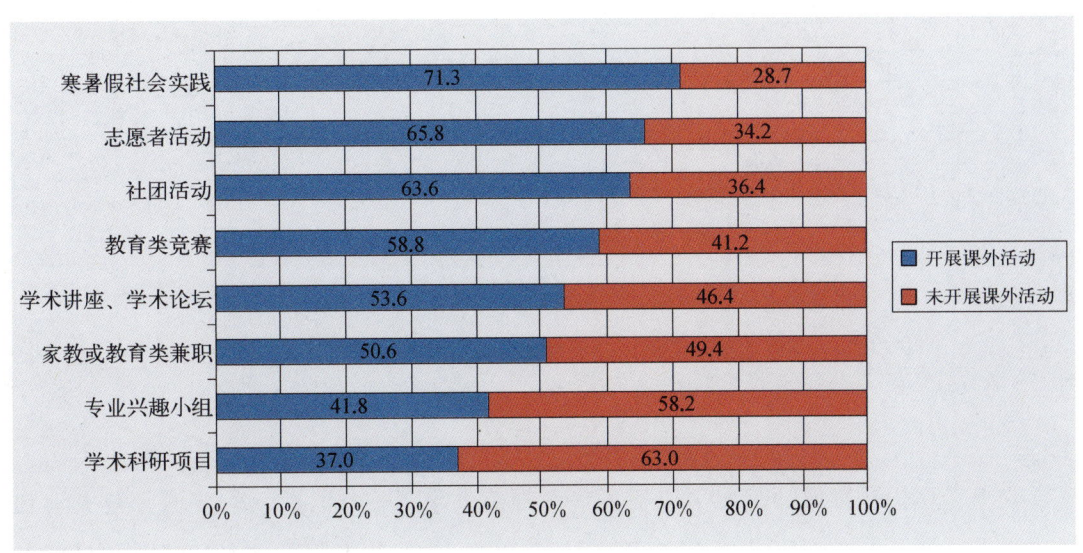

图 4-1 师范类高校开展课外活动的情况(%)

---

① 杨跃. 本科师范生的教师领导力培育初探[J]. 当代教师教育,2012,(3): 1—5.

寒暑假社会实践能够克服单一的知识本位观的教学目标，扩大学生视野，是形成知识与技能互相渗透，丰富情感、培养完善人性的过程，且往往依托学生寒暑假的空余时间，依托学生回家乡的契机，是一类较好开展的课外活动。自 1993 年 12 月，共青团中央开始实施"跨世纪青年文明工程"，在我国全面推广与开展青年志愿者活动，至今已有近 20 年的历史。最近几年，依托国家各类大型活动、赛事，如 2007 年的世界特殊奥运会、2008 年的夏季奥运会、2010 年的世博会等，高等师范院校学生更是成为志愿者的后备军。学生社团是高校校园文化的重要载体，是第二课堂的重要组成部分，是大学生在自身兴趣、爱好基础上自由结合并经有关部门批准成立的群众性业余团体。参与社团的师范生们，大多都抱有相同的志向与爱好，社团为成员们提供了归属感，也对学生能力的培养有一定的作用。"学术科研项目"开展较少，说明师范院校对开展此活动的积极性不高。

2.2　不同类型师范高校课外活动开展情况

对不同类型师范高校课外活动开展情况作进一步数据分析发现，部属师范大学在开展各类课外活动中，均列首位（见图 4-2）。在"专业兴趣小组"这一课外活动的纵向对比中，四大类型的师范高校的差距并不大。学校间差距最大的活动为"学术科研项目"和"家教或教育类兼职"，差距主要是在部属师范大学与高等师范专科学校之间。

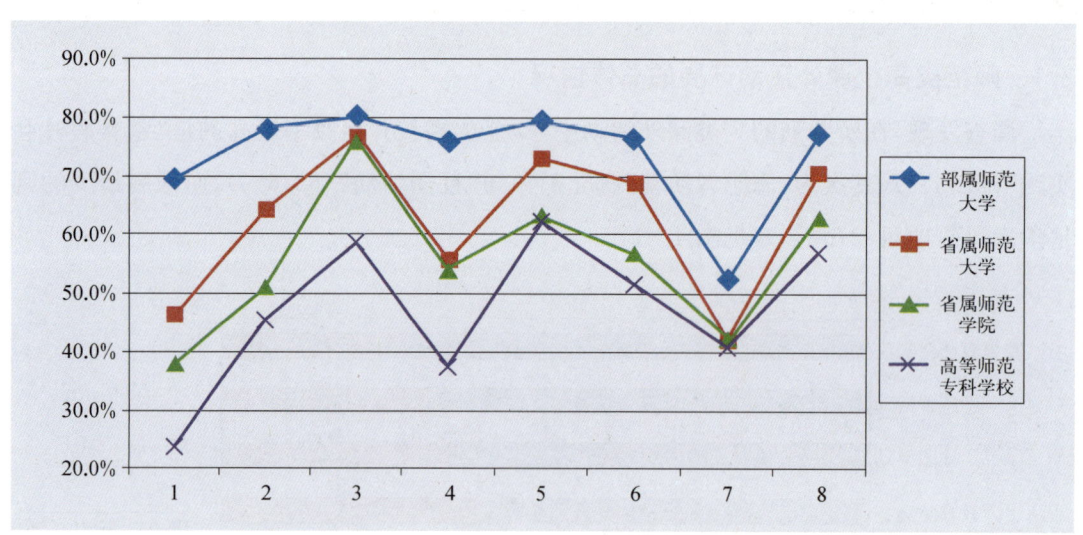

图 4-2　不同类型师范高校开展课外活动的情况（%）*

＊注：1＝学术科研项目；2＝学术讲座及论坛；3＝寒暑假社会实践；4＝家教或教育类兼职；5＝志愿者活动；6＝教育类竞赛；7＝专业兴趣小组；8＝社团活动

调查范围内的部属师范大学包括了华东师范大学、华中师范大学、陕西师范大学和东北师范大学。其中 1 所是"985"工程高校，3 所均为"211"工程高校。"985"与"211"工程的经费投入，也使这些学校在学生课余活动经费的投入上更有力度，特别是"学术科研项目"需要专门经费的投入，学校经费越充沛，投入也就越大，开展的范围也就越广。以华中师范大学和上海师范大学为例：华中师范大学的校级大学生科研项目资助金额为每项 1 000—2 500 元,项目资助数量不定,依据学生人数按一定的比例,并参考院系学生立项项目完成情况,以及科研成果奖情况,确定立项数量;[①]上海师范大学的校级大学生科研项目资助金额为理科每项 1 500 元,文科每项 800 元,项目资助总数为 200 项。[②]"家教或教育类兼职"是一个双向的课外活动,用人单位(包括家长)期望以同等的费用雇佣到质量较高的师范生,而师范生也希望在同样的时间内取得更高的收益回报。在这样的情况下,师范院校层次越高的师范生就越具备优势,用人单位(包括家长)也越有信任感。

3. 师范生参与课外活动的情况

3.1 师范生参与课外活动的总体情况

在师范生参与校内各类课外活动中,调查发现(见图 4-3),学生课外活动参与均数排名如下:"社团活动"(M=3.35)、"寒暑假社会实践"(M=3.34)、"家教或教育类兼职"(M=3.23)、"志愿者活动"(M=3.16)、"教育类竞赛"(M=2.96)、"学术讲座及论坛"(M=2.93)、"专业兴趣小组"(M=2.74)、"学术科研项目"(M=2.65)。从上述数据可以看出,学生参与各类课外活动的均值都较相近,参与"社团活动"与"寒暑假社会实践"分别占据第一与第二位,且平均值非常接近,"学术科研项目"位于末位。

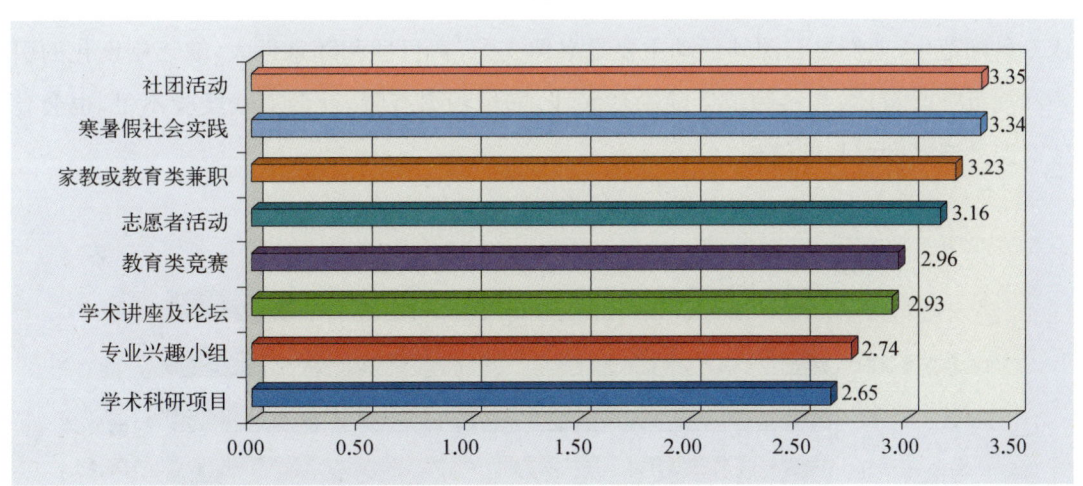

图 4-3 师范生参与课外活动的情况(M)

师范生重视理论和实践的全面发展,课外活动作为课堂教学的延伸,是一种重要的实践活动。在各类的课外活动中,找到并参加适合自己个性发展、促进专业成长的活动成为大学生校园生活不可缺的一部分。"社团活动"与"寒暑假社会实践"这类活动,门槛低,投入小,且涉及面较广,得到了广大师范生的喜爱。"社团活动"以兴趣作为招揽社员的主旨,只要学生们感兴趣,愿意参加,就可以加入社团,且鼓励一个学生参加多个社团。

① 华中师范大学大学生科研项目管理[EB/OL]. http://keyan.tinyin.net/.
② 上海师范大学团委[EB/OL]. http://www.shnu.edu.cn/Default.aspx?tabid=9734.

"寒暑假社会实践"利用学生寒暑假的空余时间,依托学生回家乡的契机,由学校提供或学生自行找寻社会实践的机会,形式丰富,包括科技文化卫生"三下乡"活动、政策宣讲、政府挂职锻炼、学习参观、科技文体法律卫生"四进社区"活动,使学生真正有机会走入社会,也促使此类活动的参与度偏高。相对而言,"学术科研项目"的参与要求较高,以"第十七届上海师范大学学生科研项目立项申报"的通知为例,申报要求就规定"申报立项的项目必须是学生课外学术科技或社会实践活动成果,毕业设计和课程设计(论文)、学年论文和学位论文等不在立项申报范围之列";申报进程包括"报名、提交、项目集市和评审"四个阶段,最后会立项 60 个校重点项目和 140 个校一般项目。整个申请过程有一定的时间跨度,且有申报不成功的风险。

3.2 师范生参与各类课外活动的程度

在师范生参与的课外活动中(见图 4-4),位列参与程度首位的都为"适中",而"学术讲座及论坛"、"教育类竞赛"、"志愿者活动"、"寒暑假社会实践"、"家教或教育类兼职"和"社团活动"参与程度中位列第二的则是"较多参与";"专业兴趣小组"与"学术科研项目"参与程度中位列第二的却为"较少参与"。由此看来,师范生对专业科研类的课外项目参与程度并不高。这一方面与图 4-1 所示的,学校本身开展专业科研类项目偏少有关("学术科研项目"为 37.0%;"专业兴趣小组"为 41.8%),另一方面问卷所调研对象均为本科或专科师范生,他们参与课外活动主要是兴趣支配,盲目性和随意性大,缺乏制度化的引领和规范[1],此外本、专科师范生理论功底浅、知识积累有限、社会实践经验不足,也会导致对课外活动的参与度偏低。

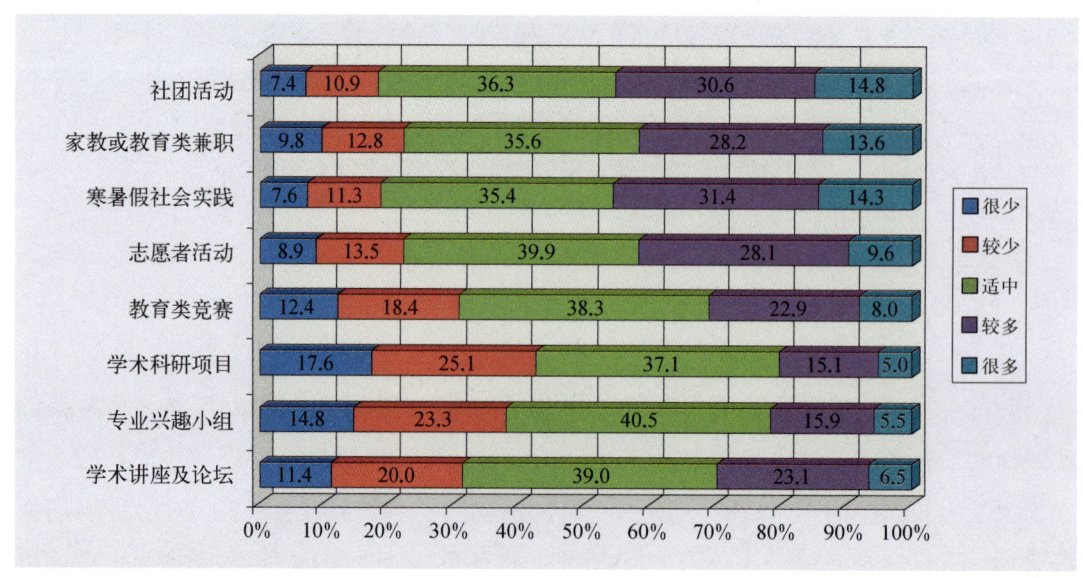

图 4-4　师范生参与课外活动的各层程度情况(%)

① 唐虢,杨晓艳.试论高师院校对师范生科研能力的培养[J].成都教育学院学报,2006,(12):42—44.

3.3　不同类型学校师范生参与课外活动的情况

　　根据师范高校的四大分类,不同类型学校师范生参与课外活动的情况数据如下(见图4-5),部属师范大学学生在参与"学术讲座及论坛"、"学术科研项目"、"家教或教育类兼职"、"社团活动"方面均列首位;高等师范专科学校学生在参与"专业兴趣小组"、"教育类竞赛"、"志愿者活动"方面列首位,且对"学术科研项目"的活动参与程度与部属师范大学学生同等。部属师范大学同高等师范专科学校在"学术科研项目"上的开展程度有较大差异(见图4-2),但参与程度却同等,说明高等师范专科学校学生在参与学术类活动上的积极性并不逊色。"教研结合"实现的前提是教师和学生都具有一定的科研意识和研究能力,而科研意识和研究能力的形成不是一蹴而就的,要以浓厚的兴趣为基础,经过较长时间才能逐渐培养并固化为师生的一种内在素质。本、专科教育阶段是基础教育教师科研素质形成的关键期,且与教师的专业素质培养相适应。

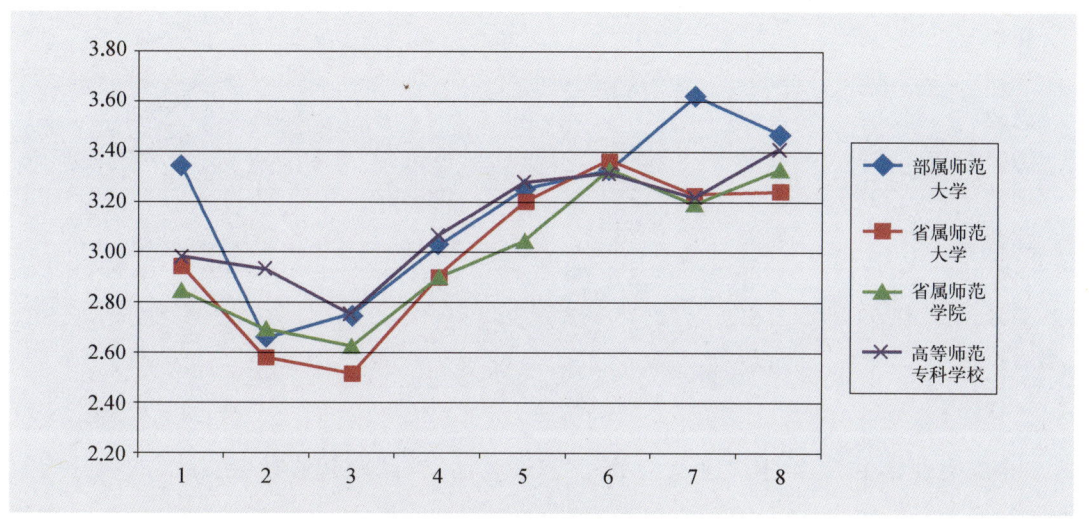

图4-5　不同类型学校师范生参与各类课外活动的情况

注:1=学术讲座及论坛;2=专业兴趣小组;3=学术科研项目;4=教育类竞赛;5=志愿者活动;6=寒暑假社会实践;7=家教或教育类兼职;8=社团活动

　　省属师范大学在"寒暑假社会实践"参与上列首位。在"寒暑假社会实践"这一课外活动的对比中,四大类型的师范高校的差距非常接近(M=3.33,M=3.37,M=3.34,M=3.31)。情景理论认为,实践能力不但在物理环境中进行,也表现在与社会环境的有效互动上。师范生在寒暑假社会实践的各类活动形式中,与社会环境做最直接的接触,能掌握实践活动所需要的知识与技能。

　　在"学术讲座及论坛"与"家教或教育类兼职"的参与程度上,部属师范大学(M=3.62)与其他三类师范高校(M=3.23,M=3.20,M=3.22)的差距最大。在调查范围内的四所部属师范大学,均有为师范生开设的系列学术讲座及论坛:例如陕西师范大学教务处和陕西省基础教育资源中心联合举办的"基础教育名师讲堂"系列,华东师范大学教育科学学院的"国际知名学者教育讲演系列",华中师范大学教育科学学院的"博导讲坛"系列①,以及东北师范大学教育学部的"元晖论坛"系列讲座②。

3.4 不同专业师范生参与课外活动的情况

本问卷对师范高校的 13 个专业学生进行了调研,根据统计结果(见表 4-1):

表 4-1 不同专业师范生参与课外活动的情况(M)

	学术讲座及论坛	专业兴趣小组	学术科研项目	教育类竞赛	志愿者活动	寒暑假社会实践	家教或教育类兼职	社团活动
中文	3.16	2.94	2.69	2.96	3.34	3.47	3.25	3.46
数学	2.91	2.70	2.62	2.99	3.10	3.26	3.50	3.40
外语	2.87	2.85	2.62	2.99	3.20	3.46	3.41	3.40
物理	2.62	2.39	2.39	2.87	3.05	3.15	3.27	3.24
化学	2.78	2.57	2.60	2.96	3.14	3.42	3.35	3.30
生物	2.90	2.63	2.75	2.86	3.22	3.33	3.18	3.32
思政	3.00	2.66	2.57	2.81	3.02	3.16	2.96	3.24
历史	3.16	2.74	2.63	2.94	3.14	3.33	3.07	3.30
地理	2.92	2.55	2.53	2.80	3.10	3.35	3.07	3.32
体育	2.87	2.83	2.76	3.13	3.24	3.27	2.96	3.50
音乐	2.95	2.95	2.82	3.05	3.19	3.38	3.33	3.29
美术	2.99	2.87	2.76	2.98	3.21	3.43	3.21	3.40
教育技术	2.88	2.57	2.49	2.96	2.93	3.16	2.93	3.10

中文专业学生对"学术讲座及论坛"、"志愿者活动"、"寒暑假社会实践"的参与均值最高(M=3.16,M=3.34,M=3.47)。数学专业学生对"家教或教育类兼职"的参与均值最高(M=3.50)。音乐专业学生对"专业兴趣小组"和"学术科研项目"的参与均值最高(M=2.95,M=2.82)。体育专业学生对"教育类竞赛"和"社团活动"的参与均值最高(M=3.13,M=3.50)。历史专业学生对"学术讲座及论坛"的参与均值最高,与中文专业同等(M=3.16)。

而参与课外活动最低的专业,都属于理科专业,包括物理("学术讲座及论坛"M=2.62、"学术科研项目"M=2.39、"专业兴趣小组"M=2.39 和"寒暑假社会实践"M=3.15)、地理("教育类竞赛"M=2.80)和教育技术("志愿者活动"M=2.93、"家教或教育类兼职"M=2.93 和"社团活动"M=3.10)。

理科专业师范生参与课外活动少的原因有二:一是理科专业课繁重,作业量大,难度也高;二是理科专业的师范生有实验或野外考察的任务,占去了其主要的课余时间,没有

---

① 娜仁花. 2013 年教育学院"博导讲坛"系列讲座[EB/OL]. (2013-3-20). http://edu. ccnu. cn/NewsDetail. asp? id=3003.

② 东北师范大学教育学部. 教育学部"元晖论坛"举行首场讲座[EB/OL]. (2012-3-22). http://skc. nenu. edu. cn/newsview. asp? newsid=1371.

精力或时间再去参加课外活动。

3.5 不同学业成绩等第的学生参与课外活动的情况

美国学者 Pasearella 和 Terenzini 将 20 年来的 2 600 篇经验研究的文章作了分析,探究了大学生在校期间的改变及其影响因素,他们的结论证实[①]:在大学期间,学生身上会产生明显的多方面的改变与发展,而且大部分改变是受到了大学的影响,尤其在心智技能上的改变;不同类型的大学对大学生的影响大小不一;在同一学校中,学生越是投入各种课内课外活动中,学习越努力,受到的影响就越大,成绩就越显著地提高。

在调查过程中,询问了调查对象的学业成绩在班级中的大致等第,并与八大课外活动类型进行了交叉比较。结果发现(见表 4 - 2),自我评定成绩越靠前的学生参与课外活动的积极性就越高。

表 4-2 不同学业成绩等第的师范生参与各类课外活动的情况(M)

	成绩排名 前 30%	成绩排名 30%—70%	成绩排名 后 30%
学术讲座及论坛	2.99	2.89	2.68
专业兴趣小组	2.83	2.66	2.41
学术科研项目	2.72	2.57	2.41
教育类竞赛	3.05	2.87	2.64
志愿者活动	3.23	3.10	2.87
寒暑假社会实践	3.40	3.29	3.01
家教或教育类兼职	3.29	3.18	2.91
社团活动	3.42	3.29	3.01

3.6 不同性别师范生参与课外活动的情况

师范高校的男女比例差距较大,在课外活动的参与上,是否有差距? 通过 t 检验的统计方法,得出如下结果(见表 4 - 3):

表 4-3 不同性别师范生参与各类课外活动的情况

	性别	均数	t 值	p 值
学术讲座及论坛	男	2.86	−2.583	.010
	女	2.93		
专业兴趣小组	男	2.74	2.376	.018
	女	2.67		
学术科研项目	男	2.66	5.108	.000
	女	2.52		

---

① Ernest T. PascarellaT. TerenziniPatrick. (1991). *How College Affects Students*. San Franscico: Jossey-Bass.

（续表）

	性别	均数	t值	p值
教育类竞赛	男	2.92	.049	.961
	女	2.92		
志愿者活动	男	3.11	−.237	.813
	女	3.12		
寒暑假社会实践	男	3.24	−3.753	.000
	女	3.35		
家教或教育类兼职	男	3.15	−5.685	.000
	女	3.32		
社团活动	男	3.36	.142	.887
	女	3.36		

男女生在"学术讲座及论坛"、"专业兴趣小组"、"教育类竞赛"、"志愿者活动"、"社团活动"五种类型的课外活动参与上，均没有显著差异（Sig. >.05）；男女生在"学术科研项目"、"寒暑假社会实践"、"家教或教育类兼职"的活动参与上，有显著性差异（Sig. = .000）。男生在"学术科研项目"活动上的参与均数高于女生；女生在"寒暑假社会实践"、"家教或教育类兼职"活动上的参与均数高于男生。由此看来，男生在学术型课外活动的参与上，更为积极；女生对校外社会实践类项目参与兴趣更高。在"家教或教育类兼职"一项上，男女生的参与度差距最大：一方面家长在聘请教师时，更倾向于女生，因为相较而言，家长认为女生更有耐心和爱心，且有安全感；另一方面，中小学的女教师比例较高，学生更能适应女性师范生担任家教老师。

3.7　学生干部与非学生干部参与课外活动的情况

调查结果显示（见表4-4），担任学生干部的同学在每一项课外活动中的参与度都高于不担任学生干部的同学。

表4-4　学生干部与非学生干部参与课外活动的情况（M）

课外活动类型	学生干部（是）	学生干部（否）
学术讲座及论坛	3.02	2.81
专业兴趣小组	2.85	2.59
学术科研项目	2.77	2.48
教育类竞赛	3.10	2.75
志愿者活动	3.29	2.97
寒暑假社会实践	3.46	3.16
家教或教育类兼职	3.37	3.04
社团活动	3.51	3.09

学生干部是指在学生正式群体或组织中从事领导工作或管理工作，通过任命、推选

或选举担任职务的学生,他们来自学生并以学生代表的身份参与学校管理工作,广泛分布在校内各级学生党团组织、学生会、班委会及各类学生社团中。[1] 学生干部是学校各项学生工作的有生力量,学生工作主要形式和途径就是依靠学生干部,并通过各种活动和载体来进行。学生干部是课外活动的中坚力量,也是培养师范生领导力的重要途径。创办于1701年的美国耶鲁大学三百年来培养了大批影响美国乃至世界历史进程的风云人物,甚至被誉为"总统的摇篮"。耶鲁大学校长 Richard Levin 指出,该校领袖培养的秘诀是鼓励学生参加课外活动,在课外活动中培养学生的领导力[2]。

4. 师范生组织课外活动的情况[3]

4.1 师范生组织课外活动的总体情况

在师范生组织各类课外活动中(见图4-6),"寒暑假社会实践"(55.6%)、"社团活动"(54.8%)与"志愿者活动"(48.5%)位居前三位,师范生对"学术科研项目"的组织与参与位列末端(27.5%),与"师范生参与课外活动的情况"(见图4-3)基本符合。这说明师范生组织与参与课外活动的行为是相辅相成的。

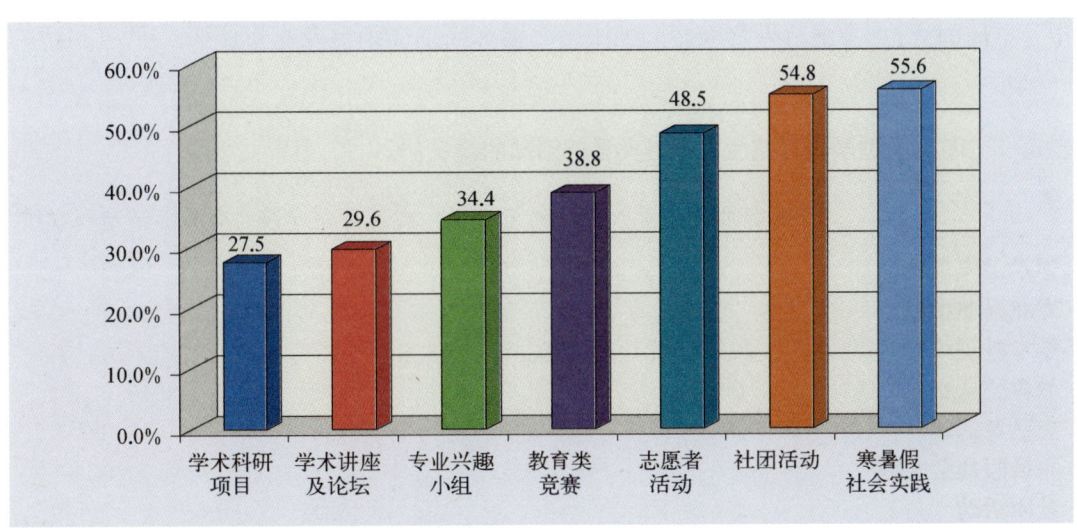

图4-6　师范生组织课外活动的基本情况

"寒暑假社会实践"、"社团活动"与"志愿者活动"三类课外活动的组织以学生为主体,从以下几个师范高校的具体案例中可以看到:山东师范大学的《关于2012年寒假大学生社会实践活动的意见》[4]对该校寒假社会实践的指导思想、主要内容和总结表彰提出意见,并未对社会实践活动的组织方、组织形式和开展形式作硬性的规定,因此师范生们

---

① 刘东海. 高校学生干部领导力培养研究[D]. 天津:天津大学教育学院,2011:8.
② 资料来源:http://onhsa.yale.edu/
③ 数据使用说明:由于家教或教育类兼职由学校专门部门统一组织,因此不纳入本节讨论范围。
④ 山东师范大学学生会. 山东师大团发[2012]1号关于2012年寒假学生社会实践活动的意见[EB/OL]. (2012-1-4). http://www.su.sdnu.edu.cn/newsShow.asp? dataID=420.

对社会实践的组织有较大的自主权；广西师范大学的《广西师范大学学生社团管理条例》①的总则里就提出"学生社团是由我校在籍学生按照自愿的原则组织和参加的群众性学生组织"，说明该校学生社团的组织者就是在籍学生；浙江师范大学志愿者总队的概况里指出"它是浙师大党委领导、浙师大团委指导下的，由浙江师范大学的在校学生和新近毕业生管理的公益性、非营利性、非政府性、学生自治的校级组织，负责浙江师范大学全校的青年志愿者的注册和服务工作"②，组织和管理主体是该校在校学生和新近毕业生。

"学术科研项目"的组织不同于其他课外活动，它要经历报名、立项、审批、评价等步骤，这些步骤都依赖于专业教师的指导、专业评审委员会的评定。此外"学术科研项目"还需要有一定的经费支持，协助学术科研项目的开展，学生作为组织主体在操作上有一定的困难，所以它的组织主体以学校或院系为主。

4.2 不同类型学校师范生组织课外活动的情况

根据师范高校的四大分类，不同类型学校师范生组织课外活动的情况如下（见表4-5），高等师范专科学校学生在组织课外活动中表现最为积极，除去"学术科研项目"，在参与其他六类课外活动中，均占首位。部属师范大学学生在组织"学术科研项目"上占首位。总体而言，高等师范专科学校的学生组织课外活动的积极性非常高。

表4-5 不同类型学校师范生组织各类课外活动的情况(%)

	部属师范大学	省属师范大学	省属师范学院	高等师范专科学校
学术讲座及论坛	25.5	24.7	29.6	33.7
专业兴趣小组	26.5	25.3	33.3	43.7
学术科研项目	32.3	22.6	27.7	30.0
教育类竞赛	34.3	30.9	37.8	46.6
志愿者活动	44.6	43.8	45.9	56.3
寒暑假社会实践	47.9	50.5	55.8	60.0
社团活动	53.0	48.2	56.4	57.7

高等师范专科院校以培养高技能的实用型人才为目标，培养具有扎实的学科专业基础，掌握学科领域的基础知识、基本技能、基本理论的人才是师专的首要任务；以培养创新精神和实践能力为目标，在先进的教育思想指导下，尊重个体发展，使师专的学生更具有竞争力。由此可以推断，高等师范专科学校的师范生在活动的组织上表现出较强的积极性。

在"社团活动"的组织上，四类学校间差异最小，分别为53.0%、48.2%、56.4%和

---

① 广西师范大学社团联. 大学学生社团活动审批制度及执行措施[EB/OL]. http：//www. gxnu. edu. cn/students/stl/guanli. htm.

② 浙江师范大学志愿者总队. 浙江师范大学志愿者总队2012—2013学年第二学期工作要点[EB/OL]. (2013 - 3 - 12). http：//zyz. zjnu. edu. cn/？ thread - 1026 - 1. html.

57.7%。学生社团活动的实践证明,众多种类繁多的学生社团既丰富了校园文化,也使校园文化的各种丰富内涵得到了表达。学生社团成员的众多和自发、自愿的参与原则也体现了广大同学的利益需求,几乎每位学生都能在他(她)喜欢的社团中找到自己的位置,并在这个宽大的舞台上展示自己、锻炼自己。无论是什么类型的师范高校,社团活动都是学生们最喜闻乐见的一类活动形式。

4.3 不同专业师范生组织课外活动的情况

本问卷对师范高校的 13 个专业的学生进行了调研,调查结果见表 4-6:

表 4-6　不同专业师范生组织各类课外活动的情况(%)

	学术讲座及论坛	专业兴趣小组	学术科研项目	教育类竞赛	志愿者活动	寒暑假社会实践	社团活动
中文	25.0	34.3	21.3	31.4	48.8	55.4	55.1
数学	33.6	34.3	27.2	44.1	48.9	54.6	53.2
外语	29.4	38.9	28.2	38.2	50.0	60.1	51.0
物理	27.2	28.4	21.4	37.3	47.4	53.4	49.2
化学	20.5	24.4	26.4	41.1	41.4	50.1	48.4
生物	26.9	27.8	28.3	30.6	44.1	48.5	50.1
思政	29.8	28.1	30.4	34.1	51.4	52.7	58.4
历史	30.0	29.8	26.9	34.8	44.5	49.3	53.0
地理	21.9	29.7	28.8	36.2	40.2	55.5	55.3
体育	34.5	37.8	31.4	47.9	57.9	55.7	64.8
音乐	37.4	47.8	33.0	45.3	54.2	65.8	63.9
美术	31.5	43.1	27.4	39.6	48.3	60.9	56.1
教育技术	31.2	27.4	26.8	41.7	43.9	50.4	49.9

组织各类课外活动中所占比例最高的学生均来自体育专业与音乐专业。体育专业的学生在组织"教育类竞赛"(47.9%)、"志愿者活动"(57.9%)和"社团活动"(64.8%)列首位;音乐专业学生在组织"学术讲座及论坛"(37.4%)、"专业兴趣小组"(47.8%)、"学术科研项目"(33.0%)和"寒暑假社会实践"(65.8%)列首位。组织各类课外活动中所占比例最低的来自中文专业("学术科研项目"21.3%)、化学专业("学术讲座及论坛"20.5%、"专业兴趣小组"24.4%和"社团活动"48.4%)、生物专业("教育类竞赛"30.6%和"寒暑假社会实践"48.5%)以及地理专业("志愿者活动"40.2%)。与不同专业师范生参与课外活动的情况相似,理科专业的师范生在组织课外活动的积极性上相对较低。

有学者对部分高等师范院校学生人格特征做了文理科生的比较,结果发现,高等师范院校文科学生的乐群性、聪慧性、兴奋性、有恒性、敏感性特质评分与高等师范院校理科学生有显著差异。其中高等师范院校文科学生的有恒性特质评分明显低于理科学生,文科学生的乐群性、聪慧性、兴奋性、敏感性特质评分明显高于理科学生。[①] 这也从另一

---

① 周天梅.高等师范院校学生人格特征的性别及年级差异比较[J].中国临床康复,2006,(2):16—19.

侧面说明，相较而言，文科生比理科生更愿意组织课外活动。

4.4 不同学业成绩等第师范生组织课外活动的情况

在调查过程中，询问了调查对象的学业成绩在班级中的大致等第，并与七大课外活动类型进行了交叉比较。结果发现（见表4-7），成绩越靠前的学生组织课外活动的所占比例就越大，这与表4-2中的发现相似。

由此看来，成绩靠前的学生不但是活动的参与者，也是积极的组织者。

表4-7 不同学业成绩等第师范生组织各类课外活动的情况（%）

	成绩排名前30%	成绩排名30%—70%	成绩排名后30%
学术讲座及论坛	31.9	26.6	25.6
专业兴趣小组	37.9	30.5	24.7
学术科研项目	30.4	24.2	20.2
教育类竞赛	41.7	36.9	23.6
志愿者活动	51.4	45.8	37.8
寒暑假社会实践	57.9	54.7	40.2
社团活动	58.0	52.1	41.7

4.5 不同性别师范生组织课外活动的情况

美国学者 Thorne Barrie 指出："作为进入性别研究的前提，差异性是需要首先被认识到的，社会性别本身，正像种族和阶级的概念一样，不是一个角色，离开了具体的场景或组织情景，此概念是空洞的。"[1]在抽样样本中，男女生的样本数量不平均，统计不能单纯从人数上进行比较，而是采用交叉统计的方式，统计出不同性别师范生在同一性别内选择"组织课外活动"的分布情况（见表4-8）。统计结果发现，男生在组织课外活动的人数分布值均高于女生。换而言之，男性师范生中有更多占有量的人愿意组织课外活动。传统观念上，高等师范院校处于"阴盛阳衰"的状况：优秀学生代表更多是女生，舞台中心的领舞更多是女生，给学校争得荣誉更多的也是女生，对女生的评价我们常常用的是"勤奋刻苦"、"成绩优良"、"责任心强"、"诚实善良"、"积极要求进步"等健康向上、催人奋进的字眼。而说到男生则常常是这样一些议论："不去上课"、"怠慢学习"、"重修课程多"、"沉迷网游"、"通宵上网"、"颓废堕落"、"胆子比女生还小"、"责任心不足"等。统计数据为"师范高校的男生"做出了不同的描绘：虽然不能直接在男女生组织课外活动的数值上作横向比较，但可以得到男生组织课外活动的人数分布值较高，说明师范高校的男生在课外活动的组织上表现出较高的积极性，这同以往传统观念中师范高校男生的情况有所不同。

---

[1] 王政，杜芳琴. 社会性别研究选译[M].上海：生活・读书・新知三联书店，1998.

表4-8　不同性别师范生组织各类课外活动的情况(%)

	男　生	女　生
学术讲座及论坛	35.1	23.7
专业兴趣小组	39.1	26.7
学术科研项目	30.1	21.3
教育类竞赛	41.8	32.4
志愿者活动	51.8	42.6
寒暑假社会实践	57.8	53.1
社团活动	59.6	50.9

4.6　学生干部与非学生干部组织课外活动的情况

　　师范高校的学生干部,在学校的学生教育、管理、活动组织等工作中,扮演着重要的角色,是学校开展育人工作和文化建设的中坚力量,组织各类课余活动,丰富校园生活也是他们的职责之一。学生干部队伍是一个优秀而庞大的群体,在高校学生中占有相当比例,具有思想进步、积极进取、乐于助人、善于交往、谦虚好学、成绩优良、号召力强等良好素质。调查结果显示(见图4-7),担任学生干部的师范生中组织课外活动的人数比例均要高于非学生干部的师范生组织课外活动的人数比例。

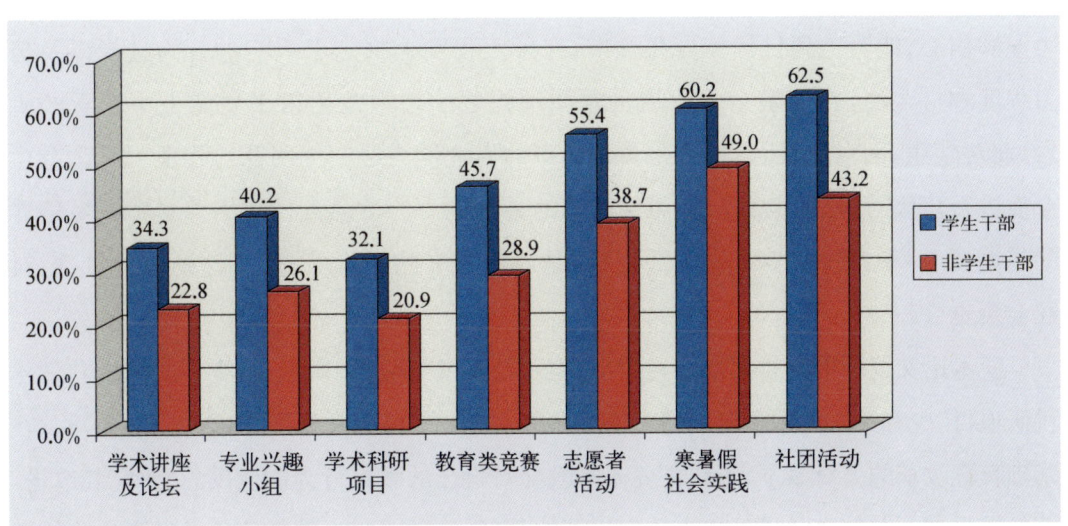

图4-7　学生干部与非学生干部组织课外活动的情况

5. 参与或组织课外活动对师范生提升教师专业能力的影响

5.1　参加或组织课外活动对师范生提升教师专业能力的总体情况

　　调查发现师范生通过参加各类课外活动,对其15种教师专业能力有着不同的提升作用(见图4-8)。其中,调查对象认为课外活动对"自信心提升"(M=3.86)、"团队协作能力"(M=3.84)与"社会责任感"(M=3.79)影响最大,而排名最后的是"学术论文撰写"

（M＝3.37）。

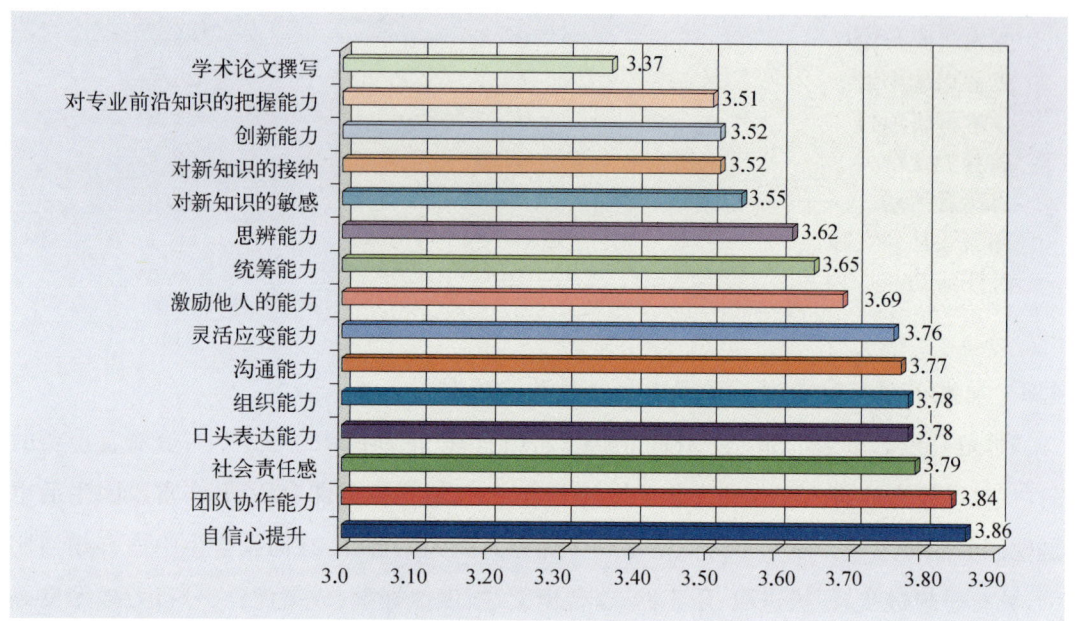

图4-8　参加课外活动对师范生教师专业能力提升的基本情况

心理学家Bandara提出自我效能理论,认为行为改变的前提是一个人对自己的能力充满信心;能否达到目标和自我预期,在很大程度上决定了人们的行为选择以及努力程度和持久性,自信是个人发展的重要前提之一。师范生未来要走上中小学的讲台,面对学生,面对家长,自信心是教师必备的专业能力之一。团队协作能力是师范生今后进行班级管理、参与教师学习共同体的必备能力。社会责任感培养是师范生培养的道德核心,来自日常学习与生活,目的是能对未来的学生负责、对教师岗位负责、对社会负责。

学术论文撰写能力排名最后,这与师范高校开展"学术科研项目"少,学生参与"学术科研项目"少有关。学术科研项目包括课题的确立、资料的收集和学术论文的撰写。在基础教育改革的大背景下,不仅需要未来教师对自己的教育行为加以反思、研究和改进,而且需要教师在教育科研的更高层面上革故鼎新,追求卓越。教师角色已经由传统的知识传授者向教育实践的研究者转变,要能更好地服务于中小学,就必须有教研意识和教研能力作保证。

5.2　教师专业能力分组

由于15种能力分别对应不同的教师基本素养,因而采用因子分析的方法对其进行降维处理,使能力的群组效应更为突显。第一次因子分析结果发现,除思辨能力和创新能力处于模糊边界外,其余能力可以划分为两组(检验统计量 KMO＝.958,显著性强 Sig.＝.000),详见表4-9。

表 4-9 教师专业能力第一次因子分析

	因子分析	
	1	2
对新知识的接纳		.880
对新知识的敏感		.916
对专业前沿知识的把握能力		.839
思辨能力	.354	.520
沟通能力	.548	
学术论文撰写		.521
创新能力	.405	.402
口头表达能力	.719	
激励他人的能力	.703	
社会责任感	.716	
灵活应变能力	.853	
统筹能力	.793	
团队协作能力	.905	
组织能力	.875	
自信心提升	.805	

排除思辨能力和创新能力后,再次对剩余能力进行降维处理。获得了与第一次因子分析基本一致的结果(检验统计量 KMO=.950,显著性强 Sig.=.000),详见表 4-10。

表 4-10 教师专业能力第二次因子分析

	因子分析	
	1	2
对新知识的接纳		.879
对新知识的敏感		.924
对专业前沿知识的把握能力		.762
沟通能力	.583	
学术论文撰写		.444
口头表达能力	.731	
激励他人的能力	.711	
社会责任感	.716	
灵活应变能力	.852	
统筹能力	.799	
团队协作能力	.894	
组织能力	.868	
自信心提升	.802	

由此确认对新知识的接纳、对新知识的敏感、对专业前沿知识的把握能力以及学术论文撰写属于同组能力;其余 9 种能力同组。随后对 9 种能力进行第三次降维处理结果发现,可以将其分为三组能力(检验统计量 KMO=.949,显著性强 Sig.=.000),详见表

4-11。

表4-11 教师专业能力第三次因子分析

	因子分析		
	1	2	3
沟通能力			.611
口头表达能力			.625
激励他人的能力		.804	
社会责任感		.667	
灵活应变能力		.501	
统筹能力	.560		
团队协作能力	.705		
组织能力	.901		
自信心提升	.625		

据此并结合理论依据,将15种能力划分为6个能力组,分别为:

组A:对新知识的接纳＋对新知识的敏感＋对专业前沿知识的把握能力＋学术论文撰写

组B:思辨能力

组C:沟通能力＋口头表达能力

组D:激励他人的能力＋社会责任感＋灵活应变能力

组E:统筹能力＋团队协作能力＋组织能力＋自信心提升

组F:创新能力

5.3 参加或组织课外活动对不同能力组提升的基本情况

统计发现,参与或组织课外活动对能力组C(沟通能力＋口头表达能力)的提升最大(M＝3.79),对能力组A(对新知识的接纳＋对新知识的敏感＋对专业前沿知识的把握能力＋学术论文撰写)的提升最小(M＝3.47),详见表4-12。

表4-12 师范生参加或组织课外活动对教师能力影响的分组比较(平均值)

能力组	平均值
能力组A:对新知识的接纳＋对新知识的敏感＋对专业前沿知识的把握能力＋学术论文撰写	3.47
能力组B:思辨能力	3.62
能力组C:沟通能力＋口头表达能力	3.79
能力组D:激励他人的能力＋社会责任感＋灵活应变能力	3.75
能力组E:统筹能力＋团队协作能力＋组织能力＋自信心提升	3.78
能力组F:创新能力	3.49

　　无论是组织课外活动还是参与课外活动，都需要通过人与人之间的沟通进行，人与人的沟通与口头表达能力又紧密联系，由此可以解释参与或组织课外活动对能力组C（沟通能力＋口头表达能力）的提升是最大的。

　　师范生参与和组织学术科研项目都是最少的，参与学术科研项目需要有扎实的教育理论基础和专业前沿知识，确定科研主题后展开研究，最后要撰写学术论文。这些与能力组A（对新知识的接纳＋对新知识的敏感＋对专业前沿知识的把握能力＋学术论文撰写）的养成有紧密联系，因此参与和组织学术科研项目频率最低，能力组A的提升相应也是最小的。

5.4　参加或组织不同课外活动对不同能力组的提升情况

　　本研究通过相关性统计分析发现（见表4-13），参加课外活动的频度与师范生专业能力的提升程度都有显著性相关（Sig. =.000）。研究将每一项课外活动与六大能力组作相关性比较，归纳出与每类课外活动相关性最大的能力组。参加"学术讲座及论坛"、"专业兴趣小组"、"志愿者活动"与能力组A（对新知识的接纳＋对新知识的敏感＋对专业前沿知识的把握能力＋学术论文撰写）的相关性最大；参加"学术科研项目"、"教育类竞赛"与能力组F（创新能力）的相关性最大；参加"寒暑假社会实践"与能力组D（激励他人的能力＋社会责任感＋灵活应变能力）的相关性最大；参加"家教或教育类兼职"、"社团活动"与能力组E（统筹能力＋团队协作能力＋组织能力＋自信心提升）相关性最大。

表4-13　师范生参加不同类型课外活动对不同能力的提升情况 *

	A	B	C	D	E	F
学术讲座及论坛	.282**	.244**	.239**	.230**	.233**	.234**
专业兴趣小组	.320**	.243**	.224**	.231**	.234**	.300**
学术科研项目	.253**	.170**	.120**	.157**	.150**	.271**
教育类竞赛	.281**	.250**	.242**	.255**	.251**	.313**
志愿者活动	.281**	.256**	.254**	.257**	.264**	.280**
寒暑假社会实践	.280**	.276**	.272**	.295**	.288**	.274**
家教或教育类兼职	.236**	.229**	.236**	.244**	.246**	.229**
社团活动	.276**	.279**	.310**	.320**	.343**	.308**

说明：*显著性均为.000，有显著性差异。
表格中的A代表能力组A；B代表能力组B；C代表能力组C；D代表能力组D；E代表能力组E；F代表能力组F。

表4-14　师范生组织不同类型课外活动对不同能力的提升情况 *（平均值）

	A	B	C	D	E	F	F值	Sig.
学术讲座及论坛	3.57	3.63	3.75	3.75	3.79	3.61	64.46	.000
专业兴趣小组	3.67	3.75	3.86	3.87	3.90	3.71	91.90	.000

（续表）

	A	B	C	D	E	F	F 值	Sig.
学术科研项目	3.63	3.67	3.77	3.77	3.83	3.66	46.59	.000
教育类竞赛	3.64	3.73	3.87	3.85	3.91	3.67	130.32	.000
志愿者活动	3.60	3.73	3.87	3.85	3.91	3.62	233.58	.000
寒暑假社会实践	3.56	3.68	3.83	3.84	3.87	3.58	291.92	.000
社团活动	3.56	3.71	3.88	3.86	3.93	3.64	247.15	.000

说明：＊显著性均为.000，有显著性差异。
表格中的 A 代表能力组 A；B 代表能力组 B；C 代表能力组 C；D 代表能力组 D；E 代表能力组 E；F 代表能力组 F。

根据表 4－14 的统计结果，组织各类课外活动对能力组 E（统筹能力＋团队协作能力＋组织能力＋自信心提升）的提升最大，且有很大的显著性（Sig. ＝.000）。

根据表 4－12 的统计结果，师范生参加或组织课外活动对能力组 A（对新知识的接纳＋对新知识的敏感＋对专业前沿知识的把握能力＋学术论文撰写）和能力组 F（创新能力）的影响最小，结合表 4－13 相关性分析的统计，鼓励学生参加"学术讲座及论坛"、"专业兴趣小组"、"志愿者活动"和"学术科研项目"、"教育类竞赛"，有助于提升能力组 A 和能力组 F。

5.5 不同类型学校师范生参加或组织课外活动提升教师专业能力的情况

根据师范高校的四大分类，不同类型学校师范生通过参与或组织课外活动，专业能力的提升情况也各不相同，根据平均数进行横向比较后发现（见表 4－15），不同类型学校之间有显著性差异（Sig. ＝.000）：部属师范大学师范生在能力组 C（沟通能力＋口头表达能力）的提升最大，高等师范专科院校师范生在其他能力组的提升都是最大的；部属师范大学在能力组 F（创新能力）的提升最小，省属师范学院在其他能力组的提升都是最小的。高等师范专科院校主要分布在边远地区或农村地区或西部欠发达地区，自身品牌效应并不大，以培养高技能的实用型人才为目标，开展的课外活动也是以"实用性"为目标，因此可以解释高等师范专科院校的学生在课外活动中提升能力最大。

表 4－15　不同类型学校师范生参加或组织课外活动提升教师专业能力的情况

		平均值	F 值	Sig.
A	部属师范大学	3.45	8.54	.000
	省属师范大学	3.48		
	省属师范学院	3.43		
	高等师范专科院校	3.56		
B	部属师范大学	3.72	13.15	.000
	省属师范大学	3.66		
	省属师范学院	3.56		
	高等师范专科院校	3.72		

		平均值	F 值	Sig.
C	部属师范大学	3.92	21.84	.000
	省属师范大学	3.83		
	省属师范学院	3.71		
	高等师范专科院校	3.88		
D	部属师范大学	3.81	17.68	.000
	省属师范大学	3.79		
	省属师范学院	3.69		
	高等师范专科院校	3.86		
E	部属师范大学	3.88	12.83	.000
	省属师范大学	3.82		
	省属师范学院	3.74		
	高等师范专科院校	3.88		
F	部属师范大学	3.44	7.38	.000
	省属师范大学	3.51		
	省属师范学院	3.46		
	高等师范专科院校	3.60		

说明：表格中的 A 代表能力组 A；B 代表能力组 B；C 代表能力组 C；D 代表能力组 D；E 代表能力组 E；F 代表能力组 F。

5.6 不同专业师范生参加或组织课外活动提升教师专业能力的情况

根据描述性统计的结果，对不同专业师范生提升同一类教师专业能力进行排名，结果发现（见表 4-16），排在每类能力组前三位的主要集中在音乐、美术、地理三大专业，外语专业师范生在能力组 B（思辨能力）和能力组 E（统筹能力＋团队协作能力＋组织能力＋自信心提升）位于前三，中文专业师范生在能力组 C（沟通能力＋口头表达能力）和能力组 D（激励他人的能力＋社会责任感＋灵活应变能力）中位于前三；而排在末三位的主要集中在数学、体育、教育技术三大专业，物理、教育技术、思政专业师范生分别在能力组 A（对新知识的接纳＋对新知识的敏感＋对专业前沿知识的把握能力＋学术论文撰写）、能力组 E（统筹能力＋团队协作能力＋组织能力＋自信心提升）和能力组 F（创新能力）中位于末位。

表 4-16 不同专业师范生参加或组织课外活动提升教师专业能力的情况

	中文	数学	外语	物理	化学	生物	思政	历史	地理	体育	音乐	美术	教育技术
A	3.47	3.38	3.50	3.34	3.42	3.46	3.49	3.48	3.53	3.44	3.56	3.55	3.36
B	3.62	3.52	3.67	3.60	3.65	3.65	3.64	3.59	3.67	3.58	3.60	3.66	3.54
C	3.89	3.70	3.80	3.74	3.77	3.79	3.78	3.78	3.89	3.67	3.75	3.78	3.72
D	3.81	3.68	3.79	3.70	3.69	3.75	3.72	3.71	3.83	3.67	3.71	3.81	3.66

	中文	数学	外语	物理	化学	生物	思政	历史	地理	体育	音乐	美术	教育技术
E	3.83	3.69	3.86	3.74	3.72	3.81	3.76	3.73	3.91	3.75	3.74	3.86	3.69
F	3.51	3.42	3.47	3.45	3.43	3.48	3.40	3.47	3.55	3.50	3.56	3.70	3.42

说明：表格中的 A 代表能力组 A；B 代表能力组 B；C 代表能力组 C；D 代表能力组 D；E 代表能力组 E；F 代表能力组 F。

5.7 不同性别师范生参加或组织课外活动提升教师专业能力的情况

男性师范生和女性师范生通过参加或组织课外活动（见表4-17），在能力组 A（对新知识的接纳＋对新知识的敏感＋对专业前沿知识的把握能力＋学术论文撰写）、能力组 B（思辨能力）、能力组 F（创新能力）的提升上没有显著性差异（Sig. ＞.05）；在能力组 C（沟通能力＋口头表达能力）、能力组 D（激励他人的能力＋社会责任感＋灵活应变能力）和能力组 E（统筹能力＋团队协作能力＋组织能力＋自信心提升）的提升上，男女生有显著性差异（Sig. ＝.000），且女生高于男生。

根据表4-3，男女生在"寒暑假社会实践"、"家教或教育类兼职"的活动参与上，有显著性差异（Sig. ＝.000）。根据表4-13的结果，参加"寒暑假社会实践"与能力组 D（激励他人的能力＋社会责任感＋灵活应变能力）的相关性最大，参加"家教或教育类兼职"与能力组 E（统筹能力＋团队协作能力＋组织能力＋自信心提升）相关性最大，由此可以佐证表4-17的统计结果。

表4-17 不同性别师范生参加或组织课外活动提升教师专业能力的情况

	性别	均数	t 值	Sig.
A	男	3.46	−.462	.644
	女	3.47		
B	男	3.61	−.721	.471
	女	3.63		
C	男	3.71	−5.282	.000
	女	3.82		
D	男	3.70	−4.192	.000
	女	3.78		
E	男	3.74	−3.761	.000
	女	3.81		
F	男	3.50	.971	.331
	女	3.48		

说明：表格中的 A 代表能力组 A；B 代表能力组 B；C 代表能力组 C；D 代表能力组 D；E 代表能力组 E；F 代表能力组 F。

5.8 学生干部与非学生干部参加或组织课外活动提升教师专业能力的情况

本研究将调查对象是否担任学生干部与课外活动养成能力作了交叉分析，并做了显著性差异情况计算(Sig. =.000),结果发现(见表 4 - 18),在每一类能力上,担任学生干部的学生其能力提升显著高于未担任学生干部的学生。学生干部一般都是课外活动的组织者与参与者,他们在课外活动各个环节中承担不同的角色,奋战在第一线,比一般的学生有更多机会进行实践锻炼。

表 4 - 18　学生干部与非学生干部参加或组织课外活动提升教师专业能力的情况

	学生干部与否	均数	t 值	Sig.
A	是	3.51	5.740	.000
	否	3.40		
B	是	3.68	6.293	.000
	否	3.55		
C	是	3.84	7.559	.000
	否	3.70		
D	是	3.80	6.783	.000
	否	3.68		
E	是	3.87	9.753	.000
	否	3.69		
F	是	3.56	7.039	.000
	否	3.41		

说明:表格中的 A 代表能力组 A;B 代表能力组 B;C 代表能力组 C;D 代表能力组 D;E 代表能力组 E;F 代表能力组 F。

5.9　参与或组织课外活动与课程设置、教育实习对师范生影响的比较

本研究使用的调查问卷中,也包括如下的问题设置:"哪些课程或活动对你下列知识或能力的贡献最大?"以及"你觉得实习对你下列各方面的帮助怎样?"课程设置、教育实习和课外活动,作为师范生培养的三种不同途径,它们在师范生教师专业能力的养成上,比较情况如何? 研究选择以上两题中与课外活动能力组影响相似的选项,进行单项比较,情况如下:

5.9.1　参与或组织课外活动与课程设置的比较情况

问卷中,课程设置对于师范生的影响,包含以下的选项:"学科专业知识的掌握程度"、"对中小学课程与教材的熟悉程度"、"对我国教育法规和政策的了解程度"、"对当前我国中小学教育改革的了解程度"、"对中小学生特点的了解程度"、"教案设计技能的掌握程度"、"教学中运用教育技术手段的能力"、"班级管理工作的熟悉程度"、"与学生沟通的技能"、"甄别和照顾学生个体差异的能力"、"学生学业评价能力"、"对中小学教学方法的了解程度"、"教育研究能力"、"教师职业生涯规划能力"。

课外活动对于师范生的影响,根据因子分析后的能力组划分,有以下能力组类别:组 A(对新知识的接纳＋对新知识的敏感＋对专业前沿知识的把握能力＋学术论文撰写)、组 B(思辨能力)、组 C(沟通能力＋口头表达能

力)、组 D(激励他人的能力＋社会责任感＋灵活应变能力)、组 E(统筹能力＋团队协作能力＋组织能力＋自信心提升)、组 F(创新能力)。

其中,相似的能力类型为课程设置影响中的"与学生沟通的技能"和课外活动影响中的"能力组 C(沟通能力＋口头表达能力)";课程设置影响中的"教育研究能力"和课外活动影响中的"能力组 A(对新知识的接纳＋对新知识的敏感＋对专业前沿知识的把握能力＋学术论文撰写)"。将课程设置影响能力中的"与学生沟通的技能"与课外活动的"能力组 C(沟通能力＋口头表达能力)"作描述性统计,结果如下(见表 4 - 19):

表 4 - 19　课程设置与课外活动对师范生沟通能力培养的影响比较

影响来源	影响能力	平均数	F 值	Sig.
课程设置	与学生沟通的技能	3.61	209.544	.000
课外活动	沟通能力＋口头表达能力	3.77		

在师范生沟通能力的培养上,参加或组织课外活动(M＝3.77)要高于课程设置(M＝3.61)带来的影响,且有显著性差异(Sig. ＝.000)。从教师的专业特点来说,一个优秀的教师往往是"人际关系专家",应与学生建立亲密和谐的师生关系,具有与同事、领导、学生家长进行有效沟通的人际交往能力,良好的沟通能力是实现师范生角色转换的重要途径和决定性因素。课堂内外对沟通能力的影响是理论与实践的比较。课程设置对师范生沟通能力的培养,多通过课程内容的讲授,例如,在必修课《教育学》课本中就包括教学模式与教学策略、班级与班级管理的内容[①],其中包含对沟通能力的介绍与解读;课外活动相较课程设置而言,提供给师范生更多实践的机会,在共同目标和信念的驱动下,师范生们在课外活动中会建立"实践共同体",通过实践活动完成任务,在这样的共同体中,师范生的沟通能力得以提升。

将课程设置影响能力中的"教育研究能力"与课外活动的"能力组 A(对新知识的接纳＋对新知识的敏感＋对专业前沿知识的把握能力＋学术论文撰写)"作描述性统计,结果如下(见表 4 - 20):

表 4 - 20　课程设置与课外活动对师范生教育研究能力培养的影响比较

影响来源	影响能力	平均数	F 值	Sig.
课程设置	教育研究能力	3.23	416.187	.000
课外活动	对新知识的接纳＋对新知识的敏感＋对专业前沿知识的把握能力＋学术论文撰写	3.46		

① 周金浪.教育学[M].上海:上海教育出版社,2010.

在师范生学术研究能力培养上,参加或组织课外活动(M=3.46)要高于课程设置(M=3.23)带来的影响,且有显著性差异(Sig. =.000)。从斯腾豪斯的"教师成为研究者"到埃利奥特的"教师成为行动研究者",再到凯米斯等人的"教师成为解放性行动研究者",我们看到的不仅是对教师专业研究能力要求的不断提高,同时也是对教师专业自主和发展的强化。师范高校是培养教师专业人才的摇篮,必须以"教师即研究者"的理念为指导,从传统的传道、授业、解惑的师者形象中跳出来,重新定位未来教师的专业形象,为师范生真正成为教育教学的行家里手奠定良好基础。课堂内外对学术科研能力的影响也是理论与实践的比较。课程设置对师范生教育研究能力的培养,多通过课程内容的讲授,例如"教育研究方法"、"教育研究及其方法"等,着重教育研究的知识框架和内容。在课外活动中,与教育研究相关的学术型课外活动就包括"学术讲座及论坛"、"专业兴趣小组"和"学术科研项目",活动形式多样,师范生在活动中将课程中学习到的关于教育研究的知识在真实情境中付诸实践,能力相应提高。

5.9.2 参与或组织课外活动与教育实习的比较情况

比较教育实习对师范生"与学生沟通技能"的促进与课外活动对"能力组 C(沟通能力＋口头表达能力)"的促进作用,发现参加或组织课外活动(M=3.77)带来的影响略高于教育实习(M=3.73)对师范生的影响,且有显著性差异(Sig. =.000)(见表4-21)。

表4-21　教育实习与课外活动对师范生沟通能力培养的影响比较

影响来源	影响能力	平均数	F 值	Sig.
教育实习	与学生沟通的技能	3.73	17.950	.000
课外活动	沟通能力＋口头表达能力	3.77		

教师的沟通能力是在教育教学活动中,传达教材信息,启发学生积极思维,与学生、家长、同事、同行交流的能力。教师要有效开展工作,必须善于表达思想,交流感情,传播信息,分享教学经验,处理好与学生、家长、同事、同行之间的关系。课外活动与教育实习都对师范生的沟通能力有一定影响,相较而言,课外活动穿插在师范大学的三四年期间,而教育实习的时间有所限制,因此参加或组织课外活动带来的影响略高于教育实习。

6. 结论与建议

6.1 结论

6.1.1 我国师范高校的课外活动,重"实践"轻"学术"

我国师范高校开展最多的课外活动分别是"寒暑假社会实践"、"志愿者活动"与"社团活动";开展最少的课外活动分别是"学术科研项目"、"专业兴趣小组"和"家教或教育类兼职"。部属师范大学在开展各类课外活动中,均列首位。学校间开展差距最小的活动为"专业兴趣小组";学校间差距最大的活动为"学术科研项目"和"家教或教育类兼职",差距主要是在部属师范大学与高等师范专科院校之间。

师范生参与课外活动频度最高的前三位是"社团活动"、"寒暑假社会实践"和"家教或教育类兼职";最低的后三位是"学术讲座及论坛"、"专业兴趣小组"、"学术科研项目"。师范生组织课外活动均数最高的前三位活动是"寒暑假社会实践"、"社团活动"与"志愿者活动";最低的后三位是"学术讲座及论坛"、"专业兴趣小组"、"学术科研项目"。

6.1.2 理科专业师范生在课外活动的参与、组织和影响上位列后端

在师范生参加课外活动方面,参与最少的专业,都属于理科专业,包括物理、地理和教育技术。

在师范生组织课外活动方面,所占比例最低的师范生,主要来自理科专业,化学系、生物系和地理系。

在师范生通过课外活动提升教师专业能力方面,排在末三位的集中在数学、体育、教育技术三大专业。

6.1.3 男女师范生在课外活动的参与、组织和影响上有显著性差异

在师范生参加课外活动方面,男生对"学术科研项目"的活动参与均数高于女生;女生对"寒暑假社会实践"、"家教或教育类兼职"的活动参与均数高于男生,且有显著性差异。

在师范生组织课外活动方面,男性师范生组织课外活动的人数分布值均高于女性师范生。也就是说,相对女性师范生而言,男性师范生中有更多占有量的人愿意组织课外活动。

在师范生通过课外活动提升教师专业能力方面,在能力组 C(沟通能力＋口头表达能力)、能力组 D(激励他人的能力＋社会责任感＋灵活应变能力)和能力组 E(统筹能力＋团队协作能力＋组织能力＋自信心提升)的比较中,男女生有显著性差异(Sig. =.000),且女生高于男生。

6.1.4 学业成绩等第靠前和担任学生干部的师范生在课外活动中彰显优势

无论是组织或参加课外活动,学业成绩等第靠前的师范生比例总是高于靠后的师范生。在每一类教师专业能力的提升上,学业成绩等第靠前的师范生都高于靠后的师范生。

无论是组织或参加课外活动,任学生干部的师范生比例总是高于不担任学生干部的师范生。在每一类教师专业能力的提升上,担任学生干部的师范生显著高于未担任学生干部的师范生。

6.1.5 与课程设置、教育实习相比,课外活动在教师专业能力提升上有优势

课程设置、教育实习和课外活动,作为师范生培养的三种不同途径,它们在师范生教师专业能力的养成上,有各自的优势。单从本研究的量化统计结果发现,在师范生的"沟通能力"提升上,课外活动的影响均数高于课程设置和教育实习,并有显著性差异(Sig. =.000);在师范生的教育研究能力提升上,课外活动的影响均数高于课程设置,并有显著性差异(Sig. =.000)。

6.2　建议

6.2.1　推动实践型师范生课外活动,提供相应保障

　　师范高校开展最多的课外活动占前三位的是"寒暑假社会实践"、"志愿者活动"与"社团活动";师范生参与课外活动频度最高的前三位活动是"社团活动"、"寒暑假社会实践"和"家教或教育类兼职"。为更好推动师范生实践型课外活动,需要提供相应的资源和制度保障,建议如下:(1)课外实践活动的社会化。师范高校应运用自身的各类社会资源,特别是教育资源,为学生提供寒暑假社会实践的场所、机会。(2)课外实践活动的制度化。为社团建设和发展提供物质保障。(3)课外实践活动的"师范"化。作为师范高校的社团活动,应有别于非师范高校,提高社团的"教育"特色,引导学生社团开展一系列集思想性、趣味性、学术性、艺术性于一体的活动,加强社团活动与师范专业之间的联系,大力扶持"教育类社团"。

6.2.2　提升师范生科研兴趣,建立课外学术研究体系

　　培养本科生科研能力是高校一项重要任务。对于师范高校而言,基于教师专业化的需要,校本科研者是未来教师的一个重要角色,从本、专科师范生抓起,显得更为重要。研究结果显示,师范生在参加"专业兴趣小组"与"学术科研项目"这两项学术型课外活动的频度较低,而与"研究者"应具备的"对专业前沿知识的把握能力"、"学术论文撰写能力"、"创新能力"提升有显著性相关的是"专业兴趣小组"、"学术科研项目"和"学术讲座及论坛"等学术型课外活动。因此,要提升师范生的科研兴趣,应从学术型课外活动入手,力求建立课外学术研究体系,建议如下:(1)完善课外科研平台建设。师范高校在设置大学生科研项目管理办法的同时,可建立"大学生科研管理平台",对科研项目作统一的管理。(2)强化科研激励机制,特别是科研经费的投入,让更多本科生有机会参与到科研活动中。(3)建立双导师制度,实施课程教学导师和学术科研导师双结合。为学生或科研团队配备相应的学术科研导师,可为学生提供专门的指导与帮助。(4)与师范生实习所在学校建立科研合作,让师范生既有科研的场所,也有实在的科研对象。

6.2.3　增加师范生教学机会,扩充课外教学阵地

　　师范生在教育实习中获得教学机会,包括备课、上课、批改作业、批改试卷和班级管理等,但受时间和空间的限制。课外教学阵地的扩充,有助于增

加师范生教学实践的机会,可以从以下两方面入手:一是结合不同师范专业的特点,与中小学合作,建立课外教育实践基地,实践的时间不局限"师范生实习期",而是融合在师范生的课余时间内;二是数据统计显示,师范生对"家教或教育类兼职"的参与频度较高,规范"家教或教育类兼职"的管理和培训工作,有助于师范生的专业实践成长。作为师范高校开展的主要活动之一,师范生在"家教或教育类兼职"中能得到实践锻炼,在管理上,可以有以下的改进:家教服务部门的规范化,成立专门的家教服务中心,统一管理,定期检查家教工作,及时反映双方的意见和要求,随时解决家教工作中出现的问题与矛盾,使家教工作得到保障;家教工作的专业化,为师范生提供上岗培训,颁发家教上岗证并加强管理,让大学生在家教过程中"持证上岗",形成特有的品牌优势,切实有效地维护大学生及其雇佣者的权益。

6.2.4 打通师范生课内外壁垒,建立完善学分制度和专业小组体系

国际上,"课外活动"的英语表述有"Extra-curricular activities",表示课外活动是常规课程以外、附加的活动;有"The third curriculum",意指课外活动是与必修课、选修课并列的第三种课程;还有"Co-curriculum activities"强调课内外并重的原则,认为学生课堂以外的经验学习是学生全面发展不可或缺的一环。要打通师范生课内外的壁垒,建立与课外活动挂钩的学分制度,是一条可行的途径,能有效将课堂内外联系起来。除了"学分"上的连接之外,打通师范生课内外的壁垒也可通过完善专业兴趣小组体系实现:将第一课堂中的部分内容迁移到第二课堂,在实践活动中对学生进行教师教育,专业教师也配合指导;与专业结合,建立完整的专业学习小组体系。

6.2.5 促进师范生的教师领导力成长,开设领导力培养项目

教师领导力是指教师在学校教育中,通过自己的专业权力以及非权力要素(包括教师的知识、能力、情感等)的相互作用,形成的一种综合性影响力,能力要素包括感召力、前瞻力、决断力、创新力和学习力。本研究发现,无论在师范生组织或参加课外活动方面,还是通过课外活动提升教师专业能力方面,担任学生干部的学生总是高于不担任学生干部的学生。担任学生干部的学生,通过参加不同的学生组织,担任不同的领导角色,通过各类活动的组织和协调,对自身的组织能力、协调能力、沟通能力有了心得与体会。他们在参加学校管理、融入"教师实践共同体"、参与班级管理的工作上,显得更有优势。在课外活动中,不能保证每位学生都能担任学生干部,但是可以督促每位学生扮演多重角色,既可以是小组的领导,也可以从被领导的角色去领会两者之间的互动,考虑各种观点,解决各种冲突,履行各种义务,关心各种关系,处理各种责任关系,这些是体现教师领导能力的基础。基于这样的思考,开设"领导力培训项目"能满足更多的师范生提升领导力的需求。

6.2.6　提升师范生的终身学习理念,融合社会学习网络资源

终身学习是在社会的支持和引导下,个体在其一生中通过持续不断的学习,以求得意识和行为的改善,从而不断提高其文化素养、社会经验和职业能力的社会活动过程,是学习者的能动性和创造性的充分展现。为了适应学习型社会对于师范生不断提出的知识和技能方面的新要求,需要提升师范生的终身学习理念。课外活动主旨就是让师范生与时俱进地了解社会,并在活动中培育教师应具备的素养,为顺应学习型社会和终身学习的教育取向,师范高校的课外活动可融合社会学习网络资源,将课外活动的范围和概念更为扩大。在课外活动中,发挥社会学习网络资源对于师范生培养的作用,将其融入师范生的课外活动形式中。

6.2.7　丰富师范生的学习成绩单,建立新型"师范生成就报告"

师范生在就业前,需要向用人单位提供成绩单,来证明自己在大学期间的学习情况。单凭一张成绩单是否能让用人单位了解师范生在大学里取得的成绩? 基于课外活动对师范高校师范生的专业成长影响,将学生在课外活动承担的工作、取得的成绩,也计入师范生的成绩单中,能使用人单位更全面了解师范生的在校情况表现。师范院校可以将师范生在校期间的课程成绩、参与的课外活动类型及内容、在课外活动承担的角色与任务、获得的荣誉与评价等都计入成绩单,这将有助于师范生就业时的双向选择,同时也有助于教师后续职业教育的继续追踪。

著名教育家朱九思先生说过:"学校对学生的培养和教育,要通过两大课堂同时进行互相配合。"[①]师范高校对师范生的培养和教育,也可通过课堂内的课程与课外活动相互配合,使师范生的培养更能符合社会对教师角色的需要。

(庄　瑜　陈莲俊)

---

① 朱九思. 高等学校管理. 武汉:华中工学院出版社,1983.

五、师范生培养中的管理制度与办学条件

管理制度和办学条件是指在师范生培养过程中起着支撑作用的一系列有关课程修读、教学管理、教师指导、学籍管理、师范生激励制度,以及教师资源、图书资料资源、实验室资源、教学实践资源等条件。在我国的师范院校中,既存在师范专业定向培养教师,也存在非师范专业,培养社会其他各行业从业人员,因此,师范院校的一系列管理制度与办学条件,大多面向全体学生,如有关教学管理、教师指导等方面的管理制度,以及大部分的教学条件与资源。部分管理制度同时涉及师范生和非师范生,但有所侧重,如关于教师教育课程选修,目前大多数师范院校将教师教育课程模块化,同时向师范生和非师范生开放,区别在于规定师范生选修若干学分,而非师范生也可选修教师教育课程以充抵通识教育选修课程学分或获得申请教师资格证书资格;又如转专业制度,由于教师教育的定向培养性质,在师范专业与非师范专业之间的互转,不同学校存在不同的规定,因此也可能同时涉及两类学生。另有部分管理制度只针对师范生,这既包括因师范专业的培养目标而决定的培养环节,如教育实习制度及教学实践资源条件建设,也包括专门为师范生设置的激励制度等。

本次调查所涉及的管理制度包括:本(专)科生导师制度、转专业制度、公共选修课制度、师范生奖学金制度等;所涉及的办学条件包括:兼职教师资源、学生资助体系、网络使用机会、纸质类图书资源、电子类学习资源、学科专业实验室、教师技能训练场所与设施等。我们认为,与教师教育培养目标密切相关的管理制度与办学条件是师范生培养中管理制度与办学条件的核心,亦即我们此次调查中所涉及的公共选修课制度(具体化为教师教育课程选修制度)、师范生学籍管理制度(具体化为转专业制度)、师范生激励制度(具体化为师范生奖学金制度)、师范生培养的师资条件(具体化为中小学一线教师充任兼职教师资源),以及师范生教学实践资源(具体化为教师技能训练场与设施)。而其他的本(专)科生导师制、学生资助体系、网络图书电子资料资源和学科专业实验室尽管并非专门针对师范生而设置,但在保障师范生的学科教学、课外活动等正常教学、研究与生活中也有重要作用。

1. 师范生培养中的核心管理制度与办学条件

1.1 教师教育选修课程资源

教师这一职业体现了一种"双专业性"[①],即教师需要成为某一门学科知识的传递者和育人者,因此教师必须精通所教学科的专业知识,也必须精通如何传递这种专业知识

---

① 冯建军. 从教师的知识结构看教师教育课程的改革[J]. 中小学师资培训,2004(8).

的知识和技能;前者通过学科专业教育实现,而关于如何教、如何在教的同时完成育人职责的知识和技能,则必须通过专门化的教师教育课程与实践环节来实现。长期以来,我国的基础教育师资采取封闭式、定向式培养,由师范院校统一培养中小学和幼儿园师资,从培养过程来看,是一种混合式培养,即把专业教育与教师教育混合进行,就课程设置而言,在公共必修课、学科专业课程之外,增加"教育学"、"心理学"、"教学法"和教育实习作为教师培养的主干培养环节[1],由此而形成"老三门"加教育实习作为体现教师教育培养目标的课程,并长期主导我国师范院校课程设置。随着我国对教师教育特殊性认识的深化,以及发达国家教师教育课程设置经验的影响,近年来我国师范院校教师教育课程设置有了较大变化,突出表现为基于教师所应掌握的知识与技能来设置多样化课程,并引入学分制和选修制为学生提供更多的选择机会。师范院校对教师教育课程的一系列改革使这类课程呈现五彩缤纷的发展局面,不同院校的课程名称也五花八门。有学者认为,当前的教师教育课程可分为教育理论类、学科教学论类、教育实践类、教师职业道德及从师技能训练类等类别[2],有的研究者把它区分为教育学心理学理论类、学科教学方法类、教学方法与技巧类、教育技术类、教育管理类、研究方法类、教师交流与沟通能力类、基础教育改革类以及实践课程等类别[3]。北京师范大学将其教师教育课程区分为通识课程系列(教育学、心理学基础课程)、桥梁课程系列(进一步学习有关学科教学理论与方法、了解基础教育改革、提高教学技能的课程)以及实践环节系列[4]。目前而言,我国师范院校教师教育课程设置已突破"老三门"与教育实践的框架,全方位设置了教育学心理学基础理论、学科教学法、教育研究方法、教育技术学、教师基础技术(口语、书法等)、班级管理、教师职业技能训练、教育评价、教育改革、教育政策与法规等相关课程,乃至包含了教育学的部分分支学科主干课程如教育哲学、教育史、教育社会学等。师范院校在教师教育课程上的改革最终体现在教育部 2011 年制定的《教师教育课程标准》上。在修读对象上,许多高校将教师教育课程模块化,提供给全校本专科生修读,除教育实习外,不再单独面向师范生开设。

教师教育选修课程是师范院校公共选修课程的特色所在,也是师范生培养过程中的核心选修课程。我们从三个角度来衡量所调查的师范院校选修课情况:课程数量、选修机会、选修管理系统的便捷程度。

1.1.1 课程数量的满意程度

从描述性统计数据来看,部属师范大学与高等师范专科学校学生对公选课数量的满意程度最高,省属师范学院学生对公选课数量的满意程度最低。部属师范大学与高等师范专科学校的学生对公选课数量满意度的残差

---

① 万明钢. 教师教育课程体系研究——以师范大学教育学院教师教育课程体系建构为例[J]. 课程·教材·教法,2005(7).
② 解鸿泉. 本科师范专业教师教育课程的分类[J]. 太原经济管理干部学院学报,2004(2).
③ 周钧,唐义燕,龚爱芊. 我国本科层次教师教育课程设置研究[J]. 教师教育研究,2011(4).
④ 北京师范大学教务处. 北京师范大学本科生教师教育课程方案及管理办法(试行) 师教文[2006]127 号[EB/OL]. (2012-01-04). http://jwc.bnu.edu.cn/gzzd/rcpyfaygl/32844.htm.

(观测值－期望值①)在“非常不同意”和“不太同意”选项上均为负数,即认同这两个选项的人数更少,而在“比较同意”和“非常同意”选项上的残差均为正数,即认同该选项的人数更多;省属师范学院学生在“非常不同意”和“不太同意”选项上的残差均为正数,而在“比较同意”和“非常同意”上的残差均为负数,表明省属师范学院学生在课程数量上的满意程度较低。此外,从学校类别内部各选项的选择数来看,部属师范大学中,有19.3%的学生不认同“公选课数量满足需要”的说法(合计“非常不同意”与“不太同意”选项),而省属师范大学为24.9%,省属师范学院为26.6%,高等师范专科学校为20.9%;认同该选项我们可以认为这类学校开设的选修课数量满足学生需要(合计“比较同意”与“非常同意”选项),部属师范大学中,该比例为34.8%,省属师范大学为30.0%,省属师范学院为29.3%,高等师范专科学校则为32.9%。总体而言,有24.9%的学生不认同这个说法,而认同的比例为30.4%(见表5-1)。

表5-1 各类别院校学生对公选课数量的满意度

			学校类别			
			部属师范大学	省属师范大学	省属师范学院	高等师范专科学校
公选课数量满足需要	非常不同意	观测值	19	124	236	55
		期望值	26.2	118.1	228.3	61.3
		学校类别内的%	4.8%	6.9%	6.8%	5.9%
		残差	−1.4	.5	.5	−.8
	不太同意	观测值	58	324	688	140
		期望值	73.1	329.3	636.5	171
		学校类别内的%	14.5%	18.0%	19.8%	15.0%
		残差	−1.8	−.3	2.0	−2.4
	一般	观测值	184	813	1536	433
		期望值	179.3	807.3	1 560.3	419.1
		学校类别内的%	46.0%	45.1%	44.1%	46.3%
		残差	.4	.2	−.6	.7
	比较同意	观测值	96	382	697	212
		期望值	83.8	377.5	729.7	196.0
		学校类别内的%	24.0%	21.2%	20.0%	22.7%
		残差	1.3	.2	−1.2	1.1
	非常同意	观测值	43	158	324	95
		期望值	37.5	168.8	326.2	87.6
		学校类别内的%	10.8%	8.8%	9.3%	10.2%
		残差	.9	−.8	−.1	.8

① 期望值是假定各类院校学生在各个选项上的认同无差异的情况下得出的,而观测值是实际选择某个选项人数的全国相对权重加权值。若残差为正数,说明认同该选项的人较多;反之,说明不认同该选项的人较多。

1.1.2 公选课选修机会的满意程度

如表5-2所示,总体而言,学生对公选课选修机会的满意度高于选修课程数量,有42.5％的学生认为有机会选修自己感兴趣的公选课,不认同这个说法的只有18.1％。不同类别师范院校学生在该问题上的认同度差异也不大,不认同这个说法的比例分别为17.5％、17.2％、18.4％、18.9％,高等师范专科学校比其他类别高校稍高;认同这个说法的比例分别为46.5％、44.6％、40.8％、43.1％,部属师范大学高于其他类别高校,而省属师范学院较低。也就是说,部属师范大学和省属师范大学学生对公选课选修机会的满意度高于省属师范学院和高等师范专科学校学生,省属师范学院学生的满意度则低于高等师范专科学校学生,但卡方检验结果显示总体上差异不太明显,$\chi^2(12)=18.761$,$p=.094$。

表5-2 各类别院校学生对公选课选修机会的满意度

			学校类别		
			部属师范大学	省属师范大学	省属师范学院	高等师范专科学校
公选课选修机会满足需要	非常不同意	观测值	18	104	175	55
		期望值	21.3	95.8	185.2	49.7
		学校类别内％	4.5％	5.8％	5.0％	5.9％
	不太同意	观测值	52	205	467	122
		期望值	51.1	230.3	445.0	119.6
		学校类别内％	13.0％	11.4％	13.4％	13.0％
	一般	观测值	144	688	1 420	355
		期望值	157.6	709.7	1 371.3	368.4
		学校类别内％	36.0％	38.2％	40.8％	38.0％
	比较同意	观测值	128	555	936	270
		期望值	114.2	514.2	993.6	267.0
		学校类别内％	32.0％	30.8％	26.9％	28.9％
	非常同意	观测值	58	249	482	133
		期望值	55.7	251.0	485.0	130.3
		学校类别内％	14.5％	13.8％	13.9％	14.2％

1.1.3 公选课管理系统的满意度

如表5-3所示,总体而言,师范生对公选课管理系统的满意度介于公选课数量和公选课选修机会之间,有33.5％的学生认同公选课管理系统便捷,而不认同的占26.0％。在各类别高校中,部属师范大学和高等师范专科学校在不认同选项中的残差为负值,省属师范大学的残差为正值,而省属师范学院的残差较小;在认同选项中,部属师范大学和高等师范专科学校的残差为正值,省属师范大学和省属师范学院的残差为负值,说明部属师范大学和高等师范专科学校的学生对公选课管理系统的满意度高于省属师范大学和省属师范学院。具体而言,四类院校不认同该说法的比例分别为 24.0%、28.8%、26.0%、21.4%,认同该说法的比例分别为 35.7%、33.0%、33.0%、34.8%,即在四类院校中省属师范大学和省属师范学院学生对公选课管理系统的满意度低。

表5-3　各类别院校学生对公选课管理系统的满意度

			学校类别			
			部属师范大学	省属师范大学	省属师范学院	高等师范专科学校
公选课管理系统满足需要	非常不同意	观测值	30	184	331	57
		期望值	35.2	158.4	306.0	82.3
		学校类别内%	7.5%	10.2%	8.9%	6.1%
	不太同意	观测值	66	335	594	143
		期望值	68.8	309.8	598.4	161.0
		学校类别内%	16.5%	18.6%	17.1%	15.3%
	一般	观测值	161	687	1 424	410
		期望值	162.2	730.1	1 410.3	379.4
		学校类别内%	40.2%	38.1%	40.9%	43.8%
	比较同意	观测值	97	418	811	219
		期望值	93.4	420.6	812.4	218.6
		学校类别内%	24.2%	23.2%	23.3%	23.4%
	非常同意	观测值	46	177	339	107
		期望值	40.4	182.1	351.8	94.6
		学校类别内%	11.5%	9.8%	9.7%	11.4%

1.2　转专业制度

大学生转专业制度作为弹性学习制度的一个方面[1],是一种以学生为本,有利于根据学生个性、兴趣进行有针对性的人才培养,促进学生个性化发展的改革举措[2],打破了我国传统上的专业之间学生无法流动的局面。近年来,华中科技大学、华南理工大学、兰州大学、清华大学、复旦大学等高校先后放开大学生转专业的限制[3],使在大学学习一段时间之后重新选择专业不再成为一种不可能实现的梦想。

目前,我国部分师范院校开始允许学生在一定情况下重新选择专业,但各高校对申请转专业的条件、限制转专业的条件、转专业学生的数量及其程序等方面都有不尽相同的规定。以师范院校而言,因校内涉及师范专业学生和非师范专业学生,部属师范大学更是涉及公费师范生,对学生转专业的相关规定也体现了师范院校的特点。在转专业学生的条件规定上,部分学校有详细的关于专长、行为表现、成绩绩点等方面的规定;

---

① 盛冰. 推行弹性学习制度:高等教育改革的必然选择[J]. 外国教育研究,2004(4).
② 黄伟达. 我国高校本科生转专业动因调查研究[J]. 高教发展与评估,2005(2).
③ 汪瑞林,彭杉. 专家建议填报好高考志愿比转系更重要[N]. 中国教育报,2002-10-09.

除此之外,部分院校的转入专业所在院系也会提出一系列条件和组织笔试、面试(见表5-5)。

从问卷调查结果来看,有 56.6% 的学生明确回答本校实行转专业制度,12.3% 的学生回答不实行,另有 31.1% 的学生回答不清楚。就各层次师范院校而言,回答"实行"的人数在各层次高校中逐渐降低。就我们所调查的高校而言,部属师范大学都实行转专业制度,之所以会有学生回答"不实行"或"不清楚",可能是学校宣传不到位,或学生本人不关心,另一种可能是不同的学校对转专业使用了不同的名称,如北京师范大学称为"专业二次选择",陕西师范大学称为"本科专业分流",导致部分学生未在二者之间建立起等价关系。但总体而言,该制度在部属师范大学之中认知度较高,在高等师范专科学校认知度较低,甚至回答"实行"和回答"不实行"、"不清楚"的人数旗鼓相当(见表5-4)。

表5-4 不同层次类别师范院校学生对本校实施转专业制度的了解程度

学校层次类别	实 行		不实行		不清楚	
	人数	百分比(%)	人数	百分比(%)	人数	百分比(%)
部属师范大学	356	88.8	13	3.2	32	8.0
省属师范大学	981	54.5	255	14.2	565	31.4
省属师范学院	1 946	55.8	423	12.1	1 115	32.0
高等师范专科学校	467	49.9	126	13.5	342	36.6
总体	3 750	56.6	817	12.3	2 054	31.1

各学校在实施转专业制度时对申请学生的资格条件有较严格的限制,对转出人数比例和转入人数比例也有严格的控制,因此在实践中,符合资格条件并提出转专业申请的只能是少部分人,这一点也为数据所证实,在回答"实行"这一制度的 3 750 人中,只有 264 人提出过转专业申请,占总数的 7.1%,其中成功实现转专业的有 170 人,占申请总数的 64.4%。也就是说,提出转专业申请的学生在总体中只占很小的一部分,但提出申请的人接近三分之二能够实现转专业的目标。而转专业制度对学生资格条件的严格限制,恐怕是导致申请率过低的主要原因,而正因为有较严格的条件限制,也使得申请的成功率较高,因为大部分不符合资格规定的申请者在申请一关便被过滤掉了。

就不同层次类别的师范院校而言,部属师范大学和省属师范大学提出过转专业申请的人分别占 9.3% 和 9.8%,高等师范专科学校为 9.0%,省属师范学院提出转专业申请的比例仅为 4.8%,远低于其他类别高校;在提出过转专业申请的学生中,转专业成功率最高的是高等师范专科学校,其成功率达 76.2%,其次是部属师范大学的 66.7%,省属师范大学和省属师范学院的成功率都在 60% 左右(见表5-6)。从这些数据可知,部属师范大学的学生对转专业制度的认知度较高,有较高比例的学生提出过转专业申请,其转专业的成功率也较高;高等师范专科学校的学生对转专业制度尽管认知不高,但提出申请及成功转专业的比例较高。

表5-5 部分师范院校转专业规定

校名	转专业条件	不得转专业条件	可申请转专业年级	师范生转专业规定
北京师范大学	确有专长,转专业后更能发挥其特长的本科一、二年级学生;各招生院系附加条件	定向生、艺术或体育类专业特招生、专升本生,已转过专业的学生,正在休学或保留学籍的学生	一、二年级	非免费教育师范生可以申请转人免费教育师范生;免费教育师范生在师范类专业内选择
华东师范大学	考核标准由各招生院系制定	体育特招生、定向生、社会体育教育、体育教育、艺术教育、艺术设计、播音与主持艺术等专业学生	一、二年级	学生转专业后不改变身份;公费师范生只能在公费师范专业范围内申请转专业,公费师范专业不接受非公费师范生的申请
东北师范大学	在读一年级的本科非定向生;在校期间无任何违法、违纪行为,未受过任何处分;学生确有专长,转专业后更能发挥其专长;课者,所学课程考试成绩未出现不及格,课程成绩平均绩点达到2.0或以上;未转过专业	身体条件不符合申请转人专业的体检标准者,所学专业为艺术类、体育类、英语类(电子商务)、计算机科学与技术(中美合作项目)、英语(中美合作项目)、软件工程等	一年级	公费师范专业不接受其他专业学生转人;公费师范专业的学生可申请在公费师范专业之间进行专业调整
华中师范大学	思想品德优良,在校期间未受任何纪律处分;对拟转专业有一定的特长和志趣;学习刻苦,学习成绩良好	自主招生小语种保送生的学生仅限于英语、俄语、法语、韩国语几个专业之间互转	一、二年级	师范专业学生只能在师范类专业中选择报考专业;非师范专业学生只能在非师范类专业中选择报考专业
陕西师范大学	第一学年第一学期已修学分符合教学计划要求;课程考试成绩全部及格,无缓考情况;品行端正,无任何违法或违犯校规校纪的记录	文、理学科之间不实行专业分流;艺术、体育类专业不进行专业分流	一年级	非师范专业可转人师范专业

校名	转专业条件	不得转专业条件	可申请转专业年级	师范生转专业规定
南京师范大学	（一）思想品质优良，身体条件符合拟转入专业要求（二）对所转专业有一定的特长和志向（三）一年级必选的通修课程成绩在合格以上（或经补考合格）（四）在校期间未受过任何纪律处分（五）未办理过转学、转专业者（六）符合拟转入专业的其他基本要求	无限制	一年级	无限制
湖北师范学院	学生确有专长，并在校学习一年以上；系根据学科发展和事业发展需要，须调整专业者；因疾病等原因不宜在原专业继续学习	新生入学未满一学期者；由专科转入本科的；由师范专业转入非师范专业者（学校认为不宜转入师范专业者除外）；已转过一次系、专业者；其他专业转入艺、体类专业者；身体条件不符合申请转入专业的体检标准；在休学或申请保留学籍期间	一、二年级	无限制
柳州师范高等专科学校	如患病或者确有特殊原因，无法继续在录取专业学习的，可以申请转专业	无	无	无

资料来源：

北京师范大学教务处. 关于2011年免费师范生专业二次选择工作的补充通知 师教通[2011]023号[EB/OL]. (2012-1-4). http://jwc.bnu.edu.cn/xjyxw/zyecxz/33049.htm.

华东师范大学教务处. 华东师范大学本科生转专业实施细则[EB/OL]. (2012-1-4). http://www.jwc.ecnu.edu.cn/webroot/news/manage/news/news_show.asp?id=1233.

东北师范大学教务处. 关于做好2010级全日制本科生转专业工作的通知[EB/OL]. (2012-1-4). http://jwc.nenu.edu.cn/ACTIONSHOWINFO_APPPROCESS?mode=28&info=5171.

华中师范大学教务处. 关于做好2011年学生跨学科专业门类转专业相关工作的通知[EB/OL]. (2012-1-4). http://jwc.ccnu.edu.cn/showNews.aspx?id=13886.

陕西师范大学教务处. 陕西师范大学本科专业分流实施办法[EB/OL]. (2012-1-4). http://wkjcb.snnu.edu.cn/edit/UploadFile/2008522105625859.doc.

南京师范大学教务处. 南京师范大学全日制本科生转系转专业实施办法[EB/OL]. (2012-1-4). http://jwc.njnu.edu.cn/ShowArticle.aspx?ArticleID=1028.

湖北师范学院教务处. 湖北师范学院学生转系转专业实施细则[EB/OL]. (2012-1-4). http://www.jwc.hbnu.edu.cn/onews.asp?id=104.

柳州师范高等专科学校教务处. 柳州师范高等专科学校学籍管理实施细则（重新修订）[EB/OL]. (2012-1-4). http://dpt.gxlztc.net/jwchu/ShowNews.aspx?NewId=123.

表5-6　不同层次高校提出转专业申请人数及成功转专业人数对比

高校类别	提出转专业申请		成功转专业	
	人　数	比例(%)	人　数	比例(%)
部属师范大学	33	9.3	22	66.7
省属师范大学	96	9.8	59	61.5
省属师范学院	93	4.8	56	60.2
高等师范专科学校	42	9.0	32	76.2
总体	264	7.0	170	64.3

各高校对于转专业的申请资格及其流程都有一定的规定,我们从关于转专业申请者的资格规定和转专业流程的便捷程度来衡量学校有关管理制度的合理性。数据结果表明,在五等级量表中,对转专业规定合理性认同度最高的是高等师范专科学校学生,他们在这两个方面的评价均值分别达到3.80和3.71,均显著高于其他类别高校;而省属师范学院学生对转专业资格规定合理的认识显著低于除省属师范大学之外的其他类别高校,对转专业流程便捷程度的评价均显著低于其他类别高校。也就是说,高等师范专科学校学生对本校的转专业制度评价最高,而省属师范学院对本校该制度的评价最低(见图5-1)。

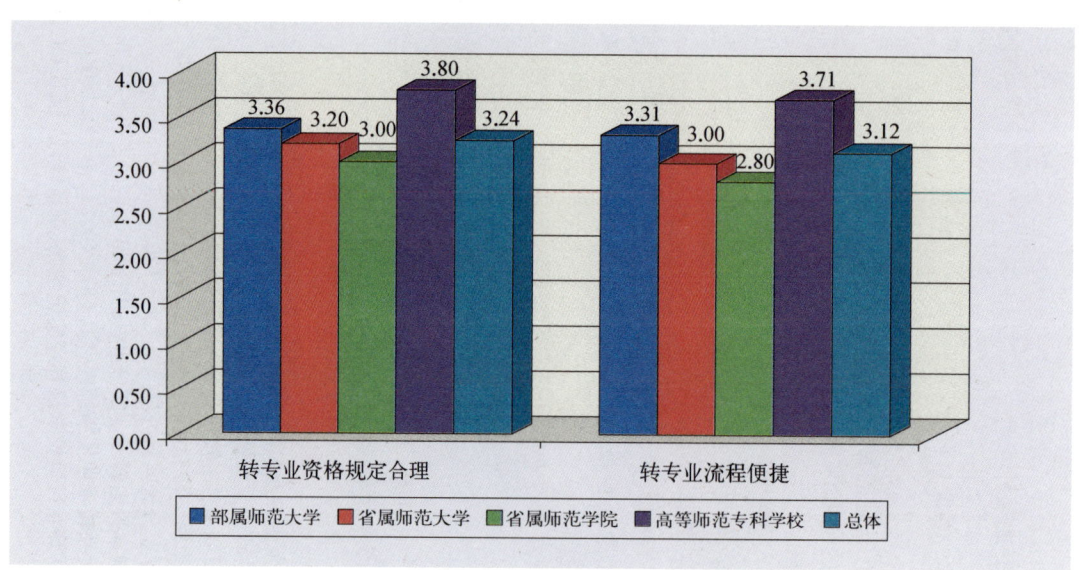

图5-1　不同层次高校学生对转专业制度合理性的评价(五等级评价)

转专业制度可以为学生提供再次选择专业的机会,从制度设计的初衷而言,是为了有利于学生根据自己的兴趣、爱好、特长等个性化特征来选择符合自己的专业,有利于人才的个性化成长,但学生转专业的动因却比较复杂,比如高考志愿填报不当,对当前所学专业不满意,双学位、辅修制度施行不力等。[1] 也有研究者调查发现,学生转专业的动因

---

① 黄伟达. 我国高校本科生转专业动因调查研究[J]. 高教发展与评估,2005(2).

中,排名前几位的是就业前景(94%)、专业热门(67%)、家长动员(55%),因个性爱好而申请转专业的只排在第四位(49%)。[①] 可见,学生在申请转专业的时候,依然难以克服高考志愿填报时的某些偏颇,比如追热门、看就业、受家长影响等。因此,为学生转专业设置一定的资格条件,进行面试和复试是十分必要的,其目的是要选择那些适合就读本专业的学生转入,从而可以较大程度上消除因专业热门、就业好而申请转入该专业的盲目性。既然实行较为严格、程序较多的选拔程序,那么其流程可能会较为复杂;但对转专业资格的规定合理与否,则要视其具体规定,其资格限定应合乎转专业制度的本来目的,即以学生为本,让学生有机会选择适合自己的专业,因而学生的专长、兴趣或在该专业上的能力应是资格规定的主要内容,若在实际操作过程中将资格规定简化为学生在原专业上的学习成绩,则与转专业制度的导向是不一致的,这种操作也难称合理。

师范院校的转专业制度在实施过程中必然会存在师范专业与非师范专业的互转问题,从文本分析的结果看,除部属师范大学外,其他类别的师范院校对于师范专业与非师范专业的互转并未作出限制的明确表述,这可以理解为两者之间是互通的,师范专业可以转到非师范专业,非师范专业也可以转到师范专业;但在部属师范大学中,由于2007年起我国部属师范大学对师范生实行免费教育,因免费政策以及毕业之后的就业去向等问题,免费师范生(或称公费师范生)具有一定特殊性,部分高校实行封闭式转专业,即师范专业学生转专业只能在师范类专业中选择,非师范学生转专业只能选择非师范专业,即"不改变学生身份";而北京师范大学则规定非师范专业学生可转入师范专业,师范生只能在师范专业内部转;总体而言,都不允许师范生转到非师范专业。

然而,就学生的意愿而言,既有从师范专业专入非师范专业的意愿,也有从非师范专业转入师范专业的意愿,当然也存在师范或非师范专业内部专业调整的意愿。我们的调查发现,有4 271人表示从未考虑或提出过转专业申请,占总数的64.5%;在有转专业的意愿或行动的2 346人中,有1 021人希望从师范专业转到非师范专业,占总数的15.4%,占有转专业意愿或行动的43.5%,这些学生并不想在师范专业中就读,其中既可能有不喜欢所就读的这个专业的原因(恰好这个专业是师范专业),也可能存在不喜欢做教师的原因,或者两者兼而有之。进一步分析发现,想从师范专业转到非师范专业的人当中,有773人(75.8%)表示想过毕业后不做教师,而其他人想过毕业后不做教师的比例只有46.5%。可见,想从师范专业转到非师范专业的人当中超过四分之三是因为不想做教师而希望转专业。进一步追究其不愿做教师的原因,排名前几位的是"自己性格不合适"(163人,21.1%)、"工作满足不了个人发展"(138人,17.9%)、"有更好的工作选择"(98人,12.7%)、"工作单调"(98人,12.7%)、收入太低(82人,10.6%)、"不具备充分的知识和技能,感到难以胜任"(56人,7.3%)、"工作压力太大"(33人,4.3%),这几项合计达86.6%,可视为不愿做教师的主要原因。在这些原因中,只有"自己性格不合适"、"不具备充分的知识和技能,感到难以胜任"可以归结为学生因认为自己不适合做教师而

---

① 王永. 大学生转专业的动因及其发展研究[J]. 高教论坛,2008(1).

不愿从事这个职业,合计占 28.4%,其他几个选项可以归结为对教师职业的认同度低,占 58.2%。也就是说,有半数以上的人是因为对教师职业的认同度低而希望从师范专业转到非师范专业。

1.3　师范生奖学金制度

新中国建立以后,由于我国教育事业亟需大力发展,因而国家出台了多项措施鼓励师范教育的发展,鼓励青年学生投身教育事业,师范生补助政策就是其中重要的一种措施。在 1952 年颁布的《关于高等师范学校的规定(草案)》中,规定高等师范学校学生全部享受人民助学金,从而建立起师范生人民助学金制度,1987 年之后,人民助学金制度改为专业奖学金制度。[①] 师范生助学金不仅受助面宽,其资助额也比其他专业要高一些,在一定历史阶段起到了激励学生就读师范专业、从事教育事业的作用。

当前,我国已基本建立起较完善的大学生资助体系,基本做到了大学生不因贫困而失学,学生在学期间可以享受到奖学金、助学金、助学贷款、学费减免、勤工助学等多方位的经济资助,全国师范生自然也受惠于这一系列政策。

而我们这里所指的师范生奖学金制度,是指专为师范专业的大学生所设立的用于资助学生学习与生活或对学生学业优秀表示奖励的一种制度,其中包括覆盖面为 100% 的师范专业奖学金,以及为师范生设立的具有竞争性的奖学金。前者可以说是人民助学金的延续,其文件依据是 1987 年国家教委和财政部教计字 139 号文件《关于重新印发〈普通高等学校本、专科学生实行奖学金制度的办法〉和〈普通高等学校本、专科学生实行贷款制度的办法〉的通知》。后者则是一些社会团体或人士设立的针对师范生的选拔性奖学金,旨在鼓励引导师范生毕业之后从事教育工作。当然,就目前专业奖学金的数额和选拔性奖学金的覆盖面而言,师范生奖学金在更大程度上已经成为一种荣誉性的奖学金,其资助学生完成学业的经济功能在日渐完备的资助体系之下逐渐弱化,设立师范生奖学金,更重要的目的在于为师范生塑造一种荣誉感和使命感,激励师范生投身教育事业,激发师范生对于教师职业的热爱,引导他们毕业之后从事教师职业。

在我们的调查中,有 40.1% 的人回答本校设立专门针对师范生的奖学金,27.3% 的人回答未设立,32.4% 的人回答不清楚。四类院校学生对该类奖学金的认知度分别为 27.4%、30.3%、41.5%、59.8%,即部属师范大学最低而高等师范专科学校最高。关于奖学金的评定,我们更为关注其评定过程中的程序公正。在知晓本校设立该类奖学金的人中,31.6% 的人认可评选标准科学合理,而不认可的人也达 24.1%,说明学生对师范生奖学金评选标准的满意度并不高。在四类院校中,对评选标准满意度最高的是省属师范大学的学生,36.0% 的被调查者认可评选标准的合理性,而部属师范大学学生的满意度最低,为 28.7%,省属师范学院和高等师范专科学校均为 30.6%,与总体情况差别不大。

---

① 曲香. 建国以来我国师范生资助政策的变迁及启示[J]. 上海教育科研,2008(1).

1.4 师范生的导师制

教师这一职业具有特殊性,从事这个职业不仅需要掌握扎实的学科专业知识,还需掌握知识传递和人才养成的相关知识与技能,后者在很大程度上是一种"实践智慧",根源于教师的从教经验的累积与总结乃至个人感悟。从某种意义上说,这种实践智慧很难从书本和课堂中得来,更多地来自实践的经验。尽管师范生在入职前的个人实践知识主要通过教育见习、实习等实践教学环节来获得,但拥有丰富实践经验与个人感悟的基础教育一线教师的指导与引导,可以在师范生培养过程中的课堂学习、理论知识与教学现场、实践知识之间架起桥梁,促进师范生对成熟教师教学经验的吸收与转化。因而,对于教师教育这种实践性很强的专业教育而言,来自教育一线的兼职教师对于师范生教学实践知识的获得有独特的意义。

2007年教育部、财政部、人事部、中央编办联合发布的《教育部直属师范大学师范生免费教育实施办法(试行)》中以中央文件方式指出,要"选派高水平教师担任教师教育课程教学,建立师范生培养导师制度"。[①] 在第一届免费师范生入学之后,华东师范大学率先实行免费师范生"双导师制",首批聘请了99位基础教育第一线的知名教师为免费师范生兼职导师,并将兼职导师的职责细化为"承担师范生教师教育部分课程的教学,或开设讲座、指导见习与实习、指导学生开展'基础教育研究课题'的科研工作,参与相关院系教师教育课题研究或课程建设等工作"。[②] 此后,其他部属师范大学也陆续实施师范生培养的"双导师制"。[③] 此后,教育部进一步重视师范生培养过程中兼职教师的作用,在2011年发布的《教育部关于大力推进教师教育课程改革的意见》中,强调指出担任教育类课程的教师要有中小学教育服务工作经历,要求聘任中小学和幼儿园名师为兼职教师,且兼职教师占教育类课程教学教师人数不少于20%,要求形成高校与中小学教师共同指导师范生的机制,实行双导师制。[④]

师范生免费教育中实施的导师制乃至双导师制,是在我国部分高校陆续实行或试行本科生导师制的背景下提出的。本科生导师制起源于英国的牛津、剑桥大学,后来由于美国广泛推行学分制与选修制,使本科生导师制在美国乃至世界其他国家高校中得到推广。在我国,导师制首先应用在研究生教育中,后来随着我国本科教学改革的推进,学分制与选修制逐渐普及,这种以个别指导为特征的本科生教育制度开始陆续在我国得以应用,如原同济医科大学(现华中科技大学同济医学院)在1994年开始配合学分制的推行而实施[⑤],后来逐步推广至其他高校。本科生导师制的推行,对于帮助学生适应大学生活,理解本专业培养方案,合理选课,促进学生自主学习乃至培养科研能力和学生的思想

① 中央人民政府门户网站. 教育部直属师范大学师范生免费教育实施办法(试行)[EB/OL]. (2012 - 01 - 05). http://www.gov.cn/zwgk/2007 - 05/14/content_614039.htm.
② 教育部门户网站. 华东师范大学聘任99名兼职导师率先实施免费师范生"双导师制"[EB/OL]. (2012 - 01 - 05). http://www.moe.gov.cn/publicfiles/business/htmlfiles/moe/s169/201004/84195.html.
③ 教育部门户网站. 教育部直属师范大学师范生免费教育推动教师教育创新[EB/OL]. (2012 - 01 - 05). http://www.moe.gov.cn/publicfiles/business/htmlfiles/moe/s3785/201007/91445.html.
④ 教育部门户网站. 教育部关于大力推进教师教育课程改革的意见[EB/OL]. (2012 - 01 - 05). http://www.moe.gov.cn/publicfiles/business/htmlfiles/moe/s6136/201110/xxgk_125722.html.
⑤ 胡小川,刘心仁,王西明,张晋. 同济医科大学学分制本科生导师工作现况调查[J]. 中国高等医学教育,1998(3).

品德教育等方面起到了一定效果。

就其功能、指导内容和指导范围而言,本科生导师可分为全程导师、年级导师、优秀本科生导师、学生宿舍导师、科研导师、思想政治教育导师、社团导师、项目导师、论文导师等多种类别,其指导的内容涵盖了学生的学业、思想政治教育、生活和学习适应、科研项目、论文写作、社团活动等多个方面。

就调查结果而言,本(专)科生导师制在部属师范大学中认知度最高,70.4%的学生知道学校实行这一制度,高于其他三个类别学校的学生(见图5-2)。尽管许多高校都实施了本(专)科生导师制度,但其实施效果却不尽相同。我们从两个角度来考察导师制的实施效果,其一是指导机会的多少,其二是导师指导的收获。关于指导机会我们以"需要时有机会与导师见面"作为题项,以五等级量表测量这种机会的满意程度,结果发现,部属师范大学学生对指导机会的满意程度最低,有26.9%的学生认为导师指导的机会不足,而省属师范大学为15.1%,省属师范学院为11.1%,高等师范专科学校为9.1%,而在认同导师提供了充足的指导机会的比例方面,四类院校分别为36.8%、50.4%、49.2%、54.4%,同样呈现了部属师范大学低于其他三类院校,高等师范专科学校高于其他三类院校,而省属师范大学和省属师范学院差异不大的现象。

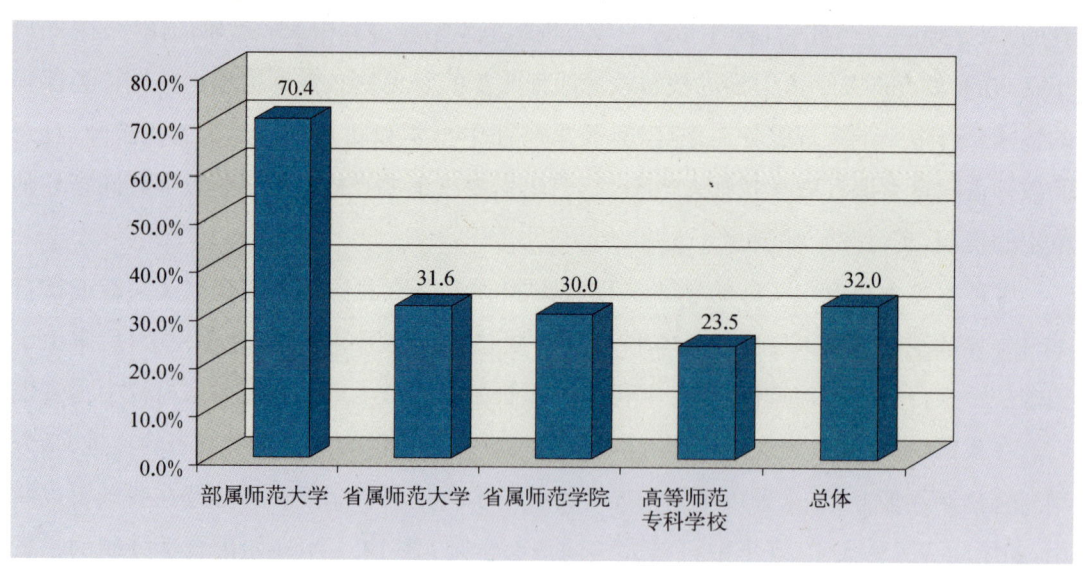

图5-2　各类别师范院校学生对本(专)科生导师制的认知度(%)

我们从学生在学业和生活两方面的收获来度量导师的指导效果,以五等级量表测量,二者的克龙巴赫α系数为.932,因此我们以累加方式将其合并为一个结果变量,方差分析与多重比较结果与前者相近,导师指导的效果在四类院校之间逐渐递减,且相互之间有显著性差异,$F(3,1713)=38.050$,$p<.001$。部属师范大学导师的指导效果不尽如人意,其均值只有5.53(总分10分)(见表5-7)。

表5-7 本(专)科生导师指导效果多重比较结果

院校类别的比较		p 值
部属师范大学(M=5.53)	省属师范大学(M=6.55)	<.001
	省属师范学院(M=7.06)	<.001
	高等师范专科学校(M=7.42)	<.001
省属师范大学	省属师范学院	<.001
	高等师范专科学校	<.001
省属师范学院	省属师范学院	<.001

至于中小学一线教师(或管理者)担任兼职教师,尽管部属师范大学已经实行全员覆盖,在培养过程中师范生皆有双导师指导,但兼职教师资源在该类院校中的认知度仍然不够高,只有32.4%的学生知道学校聘请了这类兼职教师,而其他类别院校学生对该制度的认知度更低。总体而言,只有15.9%的人知晓本校聘请了这类兼职教师(见图5-3)。

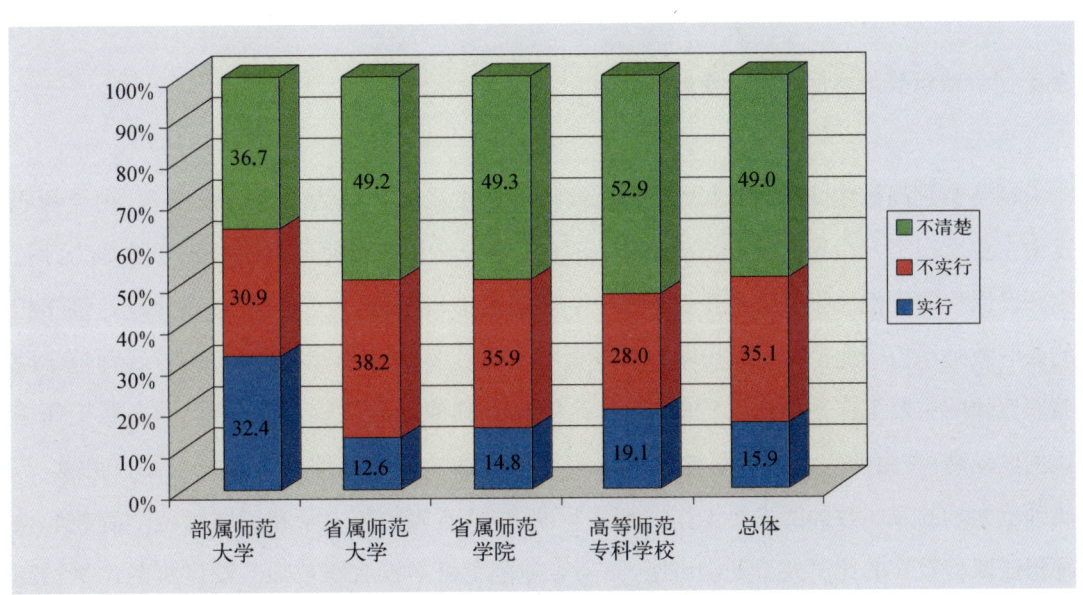

图5-3 学生对学校是否聘请一线教师担任兼职教师的认知度(%)

由中小学教师担任的师范生兼职教师其工作职责与校内导师有不同的侧重点。校内导师的工作内容主要涉及学生的学业指导、课外活动(包括科研活动)、思想政治教育、毕业论文指导等,尽管担任校内导师的教师大多数也担任教师教育课程的教学工作,但这种教学工作并非因其师范生导师的角色而带来,因此这类工作一般不被视作其作为导师身份而应承担的职责;而校外兼职教师一般承担的工作职责包括课程教学、讲座、毕业论文(设计)指导、学业指导、实习指导等方面,前两者属于兼职教师的工作内容,后两者则具备了兼职导师的角色。

从总体情况来看,在清楚本校聘任了兼职教师的师范生中,67.4%的人认为兼职教师的主要工作内容是担任某门课程的教学和做讲座,而认为兼职教师承担了导师职责的只有 32.6%。在兼职教师承担的导师职责中,最普遍的是担任学业指导教师和实习指导教师,担任毕业论文(设计)指导教师的比例较低,总体只有 6.6%(见图 5-4)。

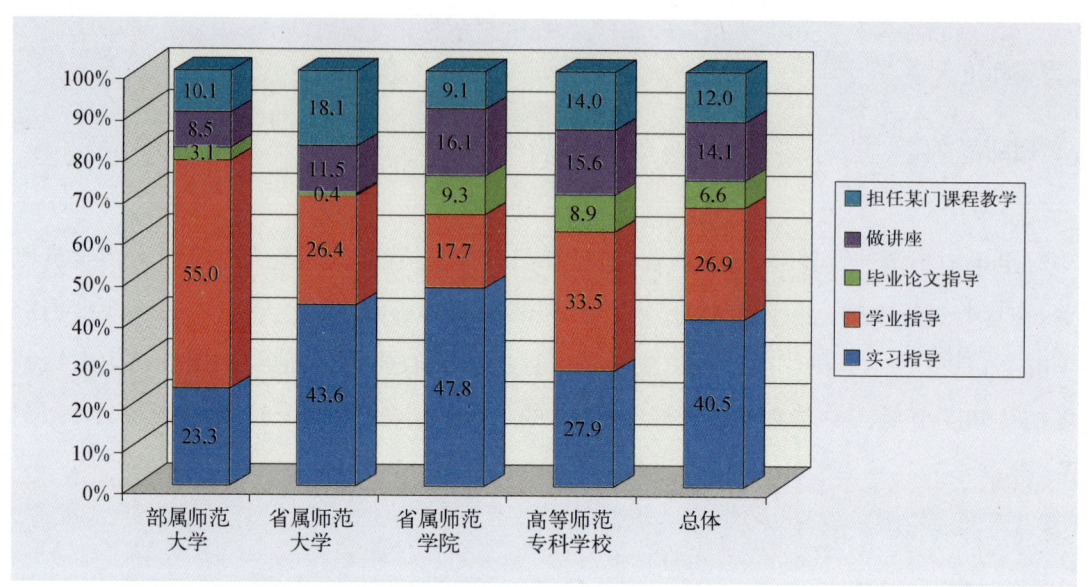

图 5-4　兼职教师承担的最主要工作(%)

　　在各类别高校中,部属师范大学兼职教师的最主要工作是为学生开设讲座,在导师职责中主要承担实习指导和学业指导工作;省属师范大学和省属师范学院的兼职教师为师范生开设课程的比例大于做讲座的比例;在导师职责中,省属师范学院和高等师范专科学校的兼职教师承担毕业论文(设计)指导和学业指导的比例在四类院校中较高;省属师范学院兼职教师的主要工作是担任课程教学,其比例高于其他几类院校,在其承担的主要工作中比例也最高;省属师范大学兼职教师承担实习指导的比例比其他几类院校更高。可见,部属师范大学的兼职教师的主要工作内容是开设讲座,省属师范大学和省属师范学院兼职教师担任课程教学的比例高于开设讲座,而高等师范专科学校兼职教师开设讲座的比例稍高于课程教学。在所有类别高校中,兼职教师担任毕业论文指导教师的比例都较低,这也是较为合理的一种现象,大学教师在学术论文写作的指导过程中应更具优势,而中小学一线教师的长处在于实践经验丰富,也更了解当前基础教育对师资的各种要求,因而兼职教师在作为师范生兼职导师的角色时,其工作内容更侧重学生的学业指导与实习指导。

2. 师范生培养中的其他办学条件

　　除与师范生培养密切相关的上述管理制度与师资条件之外,其他的一些或面向全体本专科生、或面向师范生的相关管理制度与办学条件也是师范生培养过程中的重要制度保障与条件支撑,在问卷中主要涉及了师范院校办学中的财、物等支撑性条件,包括:学校资助体系(含奖、贷、助、勤、补、免)、信息化学习条件(具体化为互联网使用机会)、纸质类图书资源、电子类学习资源、学科专业实验室和教师技能训练场所与设施。在问卷调查中,我们以五等级量表测量学生对上述管理制度与办学条件的满意度,各方面的满意度均值最高的是纸质类图书资源,最低的是教师技能训练场所与设施(见图5-5)。教师技能训练场所与设施在师范生培养中起着独特而关键的作用,是师范生在进入教育实习阶段之前训练教学技能技巧的主要途径,在各类办学条件中需要更加重视该类条件的建设。就该类办学条件的满意度而言,部属师范大学和高等师范专科学校的满意度最高(均值都为3.16),而省属师范大学(均值3.01)和省属师范学院(均值3.10)相对较低。

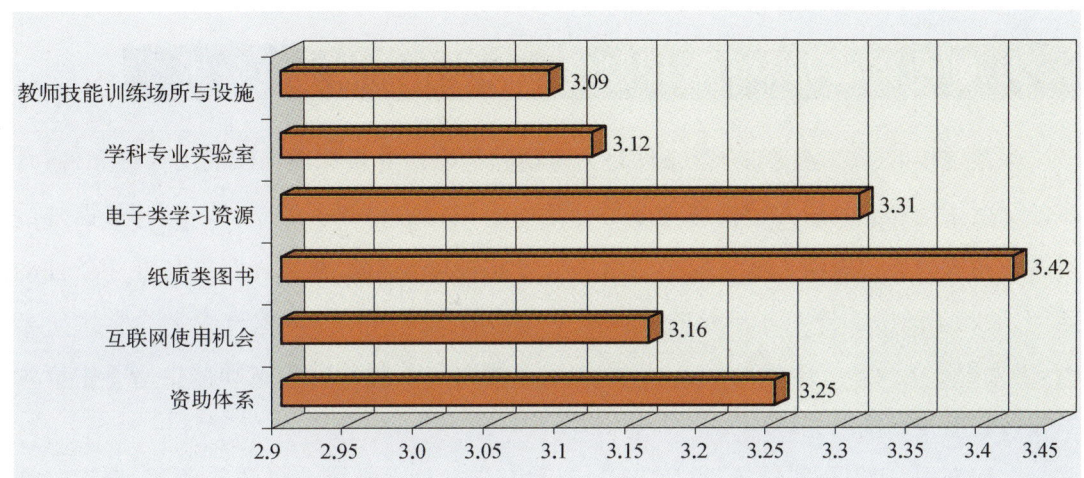

图5-5 学生对各类办学条件的满意度均值

对以上管理制度与办学条件,我们采用主成分分析法对其进行因子分析,KMO值为.867,巴雷特球体检验结果 $p < .001$,表明适合进行因子分析,经因子分析后提取出一个特征值大于1的公因子,其方差贡献率为67.031%,各题项在公因子上的载荷和共同度如表5-8所示。

表5-8 其他办学条件满意度因子各题项载荷与共同度

题 项	因子载荷	共同度
资助体系	.700	.490
互联网使用机会	.823	.678
纸质类图书	.838	.703
电子类学习资源	.875	.766
学科专业实验室	.847	.717
教师技能训练场所与设施	.817	.668

对提取出来的公因子,我们将之命名为"其他办学条件满意度"因子,并通过多元回归将其形成一个以标准Z分数计量的新变量。方差分析结果表明,四类院校学生的"其他办学条件满意度"有极其显著的差异,$F(3, 5\ 364) = 10.332$,$p < .001$。进一步的多重

比较发现,部属师范大学师范生对本校办学条件满意度均显著高于其他三类院校($p<$.001),其他三类院校之间则没有显著性差异($p>$.05)。这表明师范院校办学资源在高校层次之间也存在非均衡配置的现象。

以师范生培养过程中至关重要的教师技能训练场所与设施为例,这类场所与设施既包括传统上训练学生"三字一话"的小型设施,也包括微格教室、教师教育实验中心等现代化、信息化的场所与设施。后者因其现代化程度高,设施设备价格昂贵,对配套的教学者有较高要求等原因,在经济发达地区师范院校尤其是部属师范大学中应用较广泛,而在经济欠发达地区师范院校,特别是部分师范专科学校,教师技能训练设施比较简陋。

3. 师范生培养中的管理制度与办学条件满意度分析

师范院校的管理制度与办学条件是为实现师范生培养目标而提供的支撑性条件,合理的制度架构和充足的人、财、物资源是师范生培养过程中课程教学、教育实践、课外活动顺利开展的必要保障。从学生角度用满意度指标来度量其对管理制度与办学条件的认知,反映了一所学校人才培养的各种制度与物质支撑条件在多大程度上为学生所享有,多大程度上反映了学生的需求,从而从一个侧面反映师范院校在师范生培养中资源的投入程度与制度的完善程度。

在问卷中,我们分别设计了对管理制度和办学条件总体满意度评价题项,管理制度满意度均值为3.21,办学条件满意度均值为3.23,二者相关系数达.85($p<$.001)。为了更加简捷地衡量学生对管理制度与办学条件的满意度,我们将被调查学生对上述管理制度与办学条件的总体满意度评价的算术平均数(管理制度满意度与办学条件满意度之间的克龙巴赫α系数为.919)作为学生对管理制度与办学条件的总体满意度。经计算,学生对管理制度与办学条件总体满意度均值 M=3.21,标准差 SD=.87。

各类别师范院校中,部属师范大学、省属师范大学、省属师范学院和高等师范专科学校总体满意度均值如图5-6所示。经方差分析,四类院校学生对管理制度与办学条件的

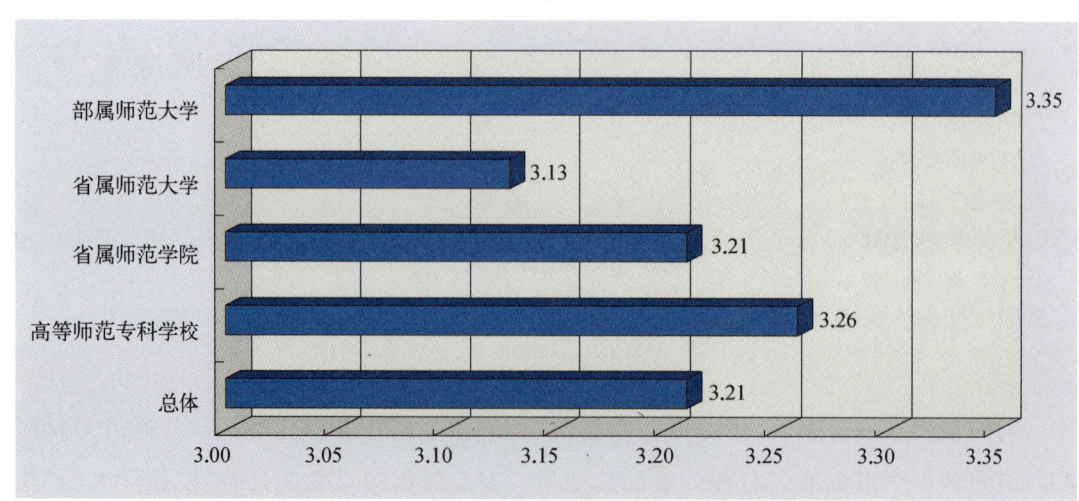

图5-6 各类别师范院校学生对管理制度与办学条件总体满意度均值

总体满意度有显著差异,$F_{(3,5364)} = 7.700$,$p < .001$。进一步的多重比较显示,省属师范大学学生的总体满意度均显著低于其他院校($p < .01$),部属师范大学显著高于省属师范大学和省属师范学院($p < .01$),与高等师范专科学校无显著差异;高等师范专科学校显著高于省属师范大学($p < .01$),与省属师范学院则没有显著性差异。

尽管制度的完善与资源的投入对师范生的培养起着重要的保障作用,但一个合格的师范毕业生,乃至一个合格教师的养成,仰赖多方面因素的促成,如个人的从教意愿与动机,学习的投入程度,培养单位的课程设置,教师的教学水平与投入,教育实践,课外活动,乃至学生个人的先天禀赋与素质。相关的管理制度和办学条件与师范生的培养之间到底存在多大的关系,实难以进行精确的判断。

我们以学生自我评价的方式,分 14 个方面度量学生在从事教师职业中所必须具备的知识、技能与素质,并以五等级量表的形式进行评价。经分析,这 14 个题项的克龙巴赫 α 系数为 .924,故可以通过计算算术平均数的方式对这 14 个题项进行合成,形成一个学生对自己从教所需的专业知识技能评价的总体均值,我们以这个数值作为衡量学生学习成果的一个参考指标,再以学生对管理制度与办学条件的总体满意度评价作为自变量作一元回归分析,形成一元回归方程,结果显示,方程显著性达到 $p < .001$ 水平(见表 5-9)。

表5-9 管理制度和办学条件总体满意度与学生专业知识技能自我评价一元回归模型

模 型	非标准回归系数(B)	标准回归系数(β)	t 值	R^2 值
常数	2.387		83.735 ***	19.0%
管理制度与办学条件整体满意度	.304	.436	35.478 ***	

从表 5-9 可知,在不考虑其他影响因素的前提下,模型的解释力度为 19.0%,管理制度与办学条件总体满意度之间的非标准回归系数为 .304。

当然,从常识可以判断,对学生专业知识技能影响最大的应是培养过程,具体涉及专业课程和教师教育课程的学习(在问卷中我们以学生对这些课程的重视程度与投入程度来体现),以及教育实践等方面;同时,我们也应考虑到学生的个体特征(如年龄、性别)、学校特征(如学校的层次类别、所处地区的发达程度等)。这样,我们把学生个体特征、学校特征、课程学习与教育实践收获以及管理制度与办学条件满意度四类变量组块化,以学生专业知识技能自我评价为因变量进行分层多元回归,逐步探索四类因素在多大程度上影响了学生的知识技能获得。之所以采用分层多元回归法,是因为通过逐步增加自变量组块并观测 R^2 值的改善情况,可以推断哪一组块的因素对结果变量的影响最大(见表5-10)。

R^2 的变化显示,对学生专业知识技能获得影响最大的是第三组块,即教师教育课程

表 5-10 学生专业知识与技能自我评价影响因素的分层多元回归分析结果

自变量	模型 1 非标准回归系数 (B)	模型 1 标准误 (SE)	模型 2 非标准回归系数 (B)	模型 2 标准误 (SE)	模型 3 非标准回归系数 (B)	模型 3 标准误 (SE)	模型 4 非标准回归系数 (B)	模型 4 标准误 (SE)
常数	3.829***	.181	3.748***	13.023	1.070***	.154	.957***	.150
年龄	−.025**	.008	−.017*	.008	−.003	.006	−.001	.006
性别（男=1，女=0）	.100***	.020	.101***	.020	.134***	.016	.130***	.015
第一志愿（师范=1，非师范=0）	.095***	.024	.089***	.025	.004	.019	−.005	.019
"211"高校（是=1，否=0）			.076	.059	−.013	.046	−.030	.059
"985"高校（是=1，否=0）			−.203*	.098	−.091	.076	−.120	.075
学校层次（部属师范大学=1，其他=0）			−.209**	.078	−.138*	.061	−.116	.059
学校层次（省属师范大学=1，其他=0）			−.138***	.035	−.045	.027	−.028	.027
学校层次（省属师范学院=1，其他=0）			−.090*	.037	.047	.029	−.010	.028
学校所处地区（发达地区=1，欠发达地区=0）			.022	.039	.019**	.030	−.015	.030
教师教育课程修读门数					.025***	.002	.022***	.002
教师教育课程重视程度					.003	.019	−.007	.019
教师教育课程投入程度					.311***	.018	.275***	.018
教育实习的帮助程度					.223***	.011	.196***	.011
专业课程重视程度					−.050	.014	−.059***	.013
专业课程投入程度					.105***	.013	.099***	.013
管理制度与办学条件满意度							.144***	.009
R^2	1.1%		1.7%		40.8%		44.2%	
R^2变化	1.1%***		.6%***		39.1%***		3.4%***	
R^2变化的 F 值	14.728***		4.112***		443.287***		244.625***	
模型的 F 值	14.728***		7.674***		40.670***		41.298***	

说明：* 代表 $p<.05$，** 代表 $p<.01$，*** 代表 $p<.001$

选修门数、对教师教育课程的重视程度与投入程度、对学科专业课程的重视程度与投入程度和教育实习的帮助程度,也即师范生培养中的核心课程与实践架构,在该模块加入回归模型后,模型的解释力提高了 39.1%;其次,管理制度与办学条件满意度也有一定影响,在加入该组块后,模型的解释率提高了 3.4%。且在包含所有四个组块的模型 4 中,该组块的标准回归系数(β)为.174,仅次于教师教育课程投入程度(.344)和实习的帮助程度(.232),高于教师教育课程修读门数(.132)和学科专业课程投入程度(.144),也就是说,学生对管理制度与办学条件的满意度对其专业知识技能掌握情况具有较大的影响。

但是,如果考虑到不同学校类别,则资源投入存在着"边际效益递减"[①]现象,即随着学校办学条件的改善[②],办学条件因素对学生学习收获的贡献率呈递减趋势,在四类院校中,办学条件满意度因素的 R^2 变化值分别为.4%、1.8%、1.9%、6.8%。在回归模型中,部属师范大学的"办学条件满意度"因素是一个不显著的变量,在其他类别高校中,该因素的影响程度(回归系数)也存在随办学条件的改善而逐渐降低的趋势(见表 5-11)。尤其是在高等师范专科学校中,办学条件满意度的 R^2 值贡献及其回归系数都明显高于其他类别院校,这也意味着在这类院校中改善办学条件对于人才培养的贡献比较大。而对于办学条件较好的高校,继续增加投入、改善办学条件对学生发展的贡献已不那么明显。

表 5-11　各类别学校的学生专业知识与技能自我评价影响因素的分层多元回归分析结果

	部属师范大学		省属师范大学		省属师范学院		高等师范专科学校	
	非标准回归系数(B)	标准回归系数(β)	非标准回归系数(B)	标准回归系数(β)	非标准回归系数(B)	标准回归系数(β)	非标准回归系数(B)	标准回归系数(β)
常数	.933		1.531 ***		1.414 ***		1.510 ***	
教师教育课程修读门数	.036 **	.186 **	.021 ***	.121 ***	.019 ***	.107 ***	.036 ***	.213 ***
教师教育课程重视程度	.014	.015	.052	.059	−.020	.027	−.110	−.120
教师教育课程投入程度	.333 ***	.36 ***	.261 ***	.306 ***	.313 ***	.375 ***	.262 ***	.303 ***
实习帮助程度	.131 **	.157 **	.153 ***	.193 ***	.200 ***	.251 ***	.245 ***	.284 ***
学科专业课程重视程度	.028	.034	−.021	−.027	−.095 ***	−.133 ***	−.013	−.338
学科专业课程投入程度	.055	.072	.072 **	.101 **	.129 ***	.183 ***	.074 *	.093 *

① 边际效益递减是一个经济学概念,意指在一个以资源作为投入的企业,单位资源投入对产品产出的效用是不断递减的,即资源投入增加,虽然其产出总量是递增的,但其增长速度将不断变慢且趋于峰值,并有可能衰退。决定高等教育"产出"(此处表现为学生对学习收获的自我评价)的因素远比企业的产品产出复杂,资源投入只是其中的一种支持性条件。此处只是借用这样一个概念用以说明资源投入于学生收获自我评价的贡献存在一种类似的边际效益递减现象。

② 问卷中以学生对办学条件的满意度为度量指标,而实地调查与文本分析也显示,在办学条件方面,部属师范大学优于省属师范大学,省属师范大学优于省属师范学院,省属师范学院又优于高等师范专科学校。

	部属师范大学		省属师范大学		省属师范学院		高等师范专科学校	
	非标准回归系数(B)	标准回归系数(β)	非标准回归系数(B)	标准回归系数(β)	非标准回归系数(B)	标准回归系数(β)	非标准回归系数(B)	标准回归系数(β)
办学条件满意度	.041	.067	.092 ***	.157 ***	.099 ***	.156 ***	.173 ***	.298 ***
"办学条件满意度"R² 贡献值	.4%		1.8%		1.9%		6.8%	
R² 变化的 F 值	1.447		36.074 ***		70.557 ***		75.159 ***	

注：＊代表 $p < .05$，＊＊代表 $p < .01$，＊＊＊代表 $p < .001$

4. 结论与建议

4.1 结论

4.1.1 从课程数量、选修机会与选修程序三方面考虑,省属师范大学和省属师范学院学生对教师教育选修课程的满意度较低,部属师范大学与高等师范专科学校学生的满意度相对较高;各高校均存在选修机会满意度高于课程数量满意度的现象。

4.1.2 部属师范大学学生对转专业制度的认知度较高,而其他三类高校的认知度尚有待提高。各高校对学生转专业均有较严格的资格规定,使申请转专业的比例控制在较低范围,但各类别高校申请转专业均有六成以上的成功率;在有转专业意愿或行动的学生中有四分之三想过毕业后不做教师,其比例超过没有转专业意愿或行动的学生;这部分学生毕业后不愿从事教师职业的主要原因是对该职业的认同度较低。

4.1.3 师范生对师范生奖学金制度的认知度不高,对该类奖学金的评选标准的满意度不高,其中满意度最高的是省属师范大学的学生,部属师范大学学生的满意度最低。

4.1.4 学生对导师制的认知度总体而言不高,省属师范大学、省属师范学院、高等师范专科学校三类高校学生对导师制的认知度远低于部属师范大学的学生;部属师范大学学生对导师指导机会和指导效果的满意度最低,高等师范专科学校学生的满意度最高;指导效果满意度与获得指导的机会之间有较高的相关。

4.1.5 学生对兼职教师的认知度不高;就兼职教师的工作内容而言,课程教学与学术讲座占三分之二,以部属师范大学最为突出;高等师范专科学校兼职教师担任导师工作的比例相对较高。

4.1.6 学生对纸质图书和电子资源的满意度最高,对教师技能训练场所与设施的满意度最低,尤其是省属师范大学和省属师范学院两类院校的学生,其满意度显著低于部属师范大学和高等师范专科学校的学生;部属师范大学学生对管理制度和办学条件总体满意度最高,而省属师范大学最低。

4.1.7 师范院校的管理制度与办学条件对学生的学习收获有一定的影响,但分类别的分析显示,随着办学条件的改善,办学资源投入存在"边际效益递减"现象。

4.2 建议

4.2.1 加强教师教育系列课程建设,为师范生提供较为完善系统的有关教育教学、教师专业发展等知识;教师教育课程应增加课程供应量,缩小班级规模,不仅使学生有充足的课程修读机会,同时还应为他们提供有质量的教学。

4.2.2 对省属师范大学和省属师范学院两类高校的师范生培养应予以充分关注。这两类高校学生对教师教育课程、办学条件的满意度均低于其他两类高校的学生。

4.2.3 加强师范生的专业情意教育,灵活采用多种形式使学生深刻认识教师职业的性质、特点、社会形象、社会地位等,培养学生对教师职业的认同感;在制度上应采取更加灵活的处理方式,为确实不愿意或不适合从事教师职业的学生建立退出机制,可考虑转入相同专业的非师范专业就读。

4.2.4 扎实推进师范院校的本(专)科生导师制建设,导师的指导应落到实处,增加学生接受导师指导的机会,对导师指导学生的时间、频率等可以通过制度化规定予以落实;加强导师指导的针对性和有效性,使导师制发挥应有作用。

4.2.5 充分发掘和利用兼职教师资源,并通过逐步的制度化建设使兼职教师更加深入地参与到师范生培养过程中,加强兼职教师在学生毕业论文指导、学业指导、实习指导中的角色,使兼职教师发挥学生导师的作用。

4.2.6 投入资源重点建设教师技能训练场所与设施,充分利用这类场所和设施对师范生进行充足的教师技能训练。师范院校的办学条件总体上存在"边际效益递减"现象,因此对于办学条件较好的院校而言,其发展重心应转向人才培养体制的改革。

(张东海)

六、师范生的专业特质及其相关因素

师范生的培养目标是未来的教师,因此,与非师范生相比,其培养更应注重与教育教学工作密切相关的专业特质或心理素养,使师范生将来能更好地适应教师岗位。在众多因素中,性格特征、归因风格、一般教育效能感、职业认同与职业定向等是与教师职业密切相关的重要特质。

1. 师范生的性格特征

性格是人在对现实的稳定的态度和习惯化了的行为方式中所表现出来的个性心理特征,性格在个性心理结构中处于重要地位,是具有核心意义的个性心理特征。[①] 瑞士心理学家荣格(C. G. Jung)根据人的心理活动倾向于外还是内,把性格分为外向型和内向型两大类:外向型的人,心理活动倾向于外部,特点是重视外部世界,爱好社交、活泼开朗、自信、独立性强,对周围一切事物都感兴趣,容易适应环境变化;内向型的人,心理活动倾向于内部,特点是重视主观世界,好沉思、善内省,常常沉浸在自我欣赏与陶醉之中,缺乏自信、孤僻、易害羞、冷漠、寡言,较难适应环境变化。[②] 对于师范生而言,性格特征对其未来的职业适应有重要影响。

本调查选取龚耀先等人修订的艾森克个性问卷(Eysenck Personality Questionnaire, EPQ)中内外向分量表(E 量表)的 21 项测题考查师范生在内外向方面的性格特征。该量表在人格研究和临床评估与诊断中被广泛应用。[③] 根据该量表的解释,测试结果为典型外向的,表现为爱交际、喜欢谈笑、喜冒险、渴望兴奋的事、行动受一时冲动影响、回答问题迅速随和、乐观、宁愿动而不愿静,不爱一个人阅读和做研究等。测试结果为典型内向的,表现为安静、保守、离群、内省,与人保持一定距离,做事瞻前顾后,不喜欢兴奋的事,严谨、踏实等。

1.1 师范生性格特征的总体情况

对入样院校师范生在艾森克个性问卷(EPQ)内外向分量表(E 量表)上的得分进行统计,参照中国成人常模转换为量表分并进行类别划分,其描述统计结果见表 6-1。

---

① 叶奕乾,祝蓓里.心理学(第四版)[M].上海:华东师范大学出版社,2010.
② 梁宁建.心理学导论[M].上海:上海教育出版社,2006.
③ 程灶火,谭林湘.艾森克个性问卷理论结构的因素分析[J].中国临床心理学杂志,2004,(1).

表6-1 师范生的性格特征

类 别	人数(n)	比例(%)
内向	131	1.8
倾向内向	200	2.9
中间型	1 860	28.7
倾向外向	900	12.6
外向	3 513	54.0

注：该项缺损人数为20。除人数(n)外，其余均为加权后的统计分析结果。

从表6-1可以看出，师范生性格特征为外向或倾向外向的人数比例为三分之二(66.6%)，内向或倾向内向的人数比例不到百分之五(4.7%)。与同年龄中国成人相比，师范生外向或倾向外向的人数比例远远超过一般人群(25%)，特别是外向的人数比例差异更加明显，中国成人常模[①]中外向的为12.5%，而入样院校师范生达到54.0%。这可能说明师范生所接受的师范教育对其外向性格的养成起到了一定的积极作用，使得他们产生乐观开朗、情绪外露、喜爱交际、喜欢谈笑、爱好活动与冒险等性格特点，这些特质对从事教师职业具有明显的优势。当然，也不排除外向性格的学生更倾向于选择报考师范专业。相比而言，笔者认为，与普通人群如此悬殊的差距完全归结于后者的可能性很小。

1.2 师范生性格特征的性别比较

对入样院校师范生男生和女生各类性格特征的人数分布进行比较，结果显示，两者存在极其显著性差异($\chi^2_{(4, n=5\,352)} = 77.594$，$p < .001$)，其描述统计结果见表6-2。

表6-2 师范生性格特征的性别比较

		内向	倾向内向	中间型	倾向外向	外向	总 计
男	n	88	75	767	322	1 115	2 367
	%	3.6	2.6	31.6	13.2	48.9	100.0
女	n	43	125	1 093	578	2 398	4 237
	%	.8	3.0	27.1	12.4	56.7	100.0

注：该项缺损人数为20。除人数(n)外，其余均为加权后的统计分析结果。

从表6-2可以看出，女生外向的比例明显高于男生，高出7.8个百分点，男生内向的比例高于女生2.8个百分点。男女生在内外向性格特征的分布上表现出一定差异。相比较而言，女生群体中有更多的外向学生，更少的内向学生。

1.3 不同学校类别的师范生性格特征的比较

对不同类别院校入样师范生各类性格特征的人数分布进行比较，结果显示，不同院

---

① 龚耀先.艾森克个性问卷修订.1986.

校师范生性格特征的分布存在极其显著性差异（$\chi^2_{(12, n=5\,350)}=54.634$，$p<.001$），其描述统计结果见图 6-1。

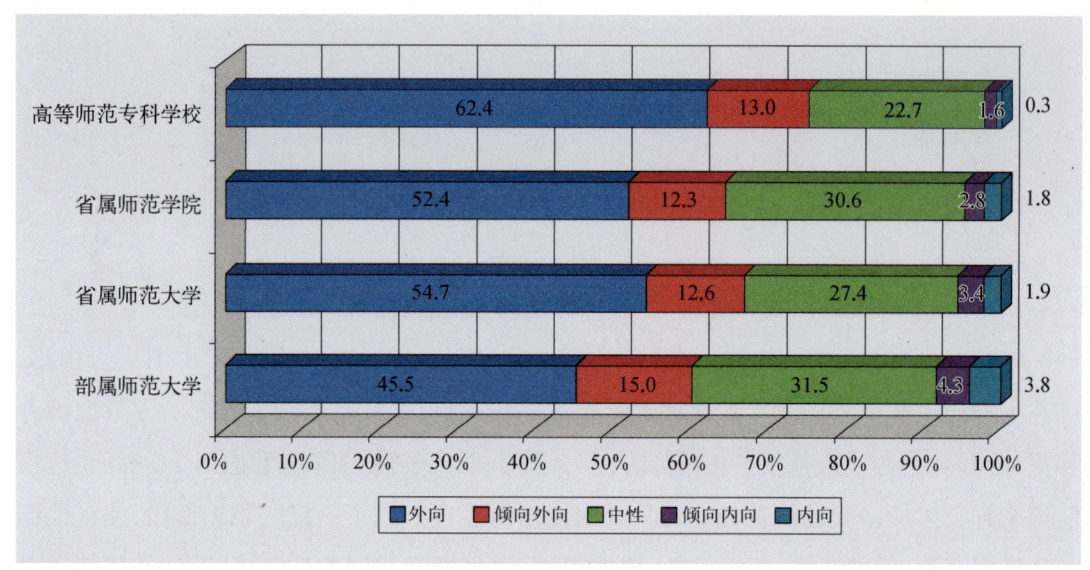

图 6-1 不同类别学校师范生的性格特征分布

图 6-1 显示，就内向型而言，部属师范大学的比例最高（3.80%），依次递减，高等师范专科学校的比例最低（.30%）；就外向型而言，部属师范大学的比例最低（45.50%），高等师范专科学校的比例最高（62.40%）。进一步检验发现，将男生和女生分开统计，两组学生都表现出与上述一致的趋势。

1.4 不同专业师范生性格特征的比较

对不同专业师范生各类性格特征的人数分布进行比较，结果显示，不同专业师范生性格特征存在极其显著性差异（$\chi^2_{(12, n=5\,354)}=125.880$，$p<.001$），其描述统计结果见图 6-2。

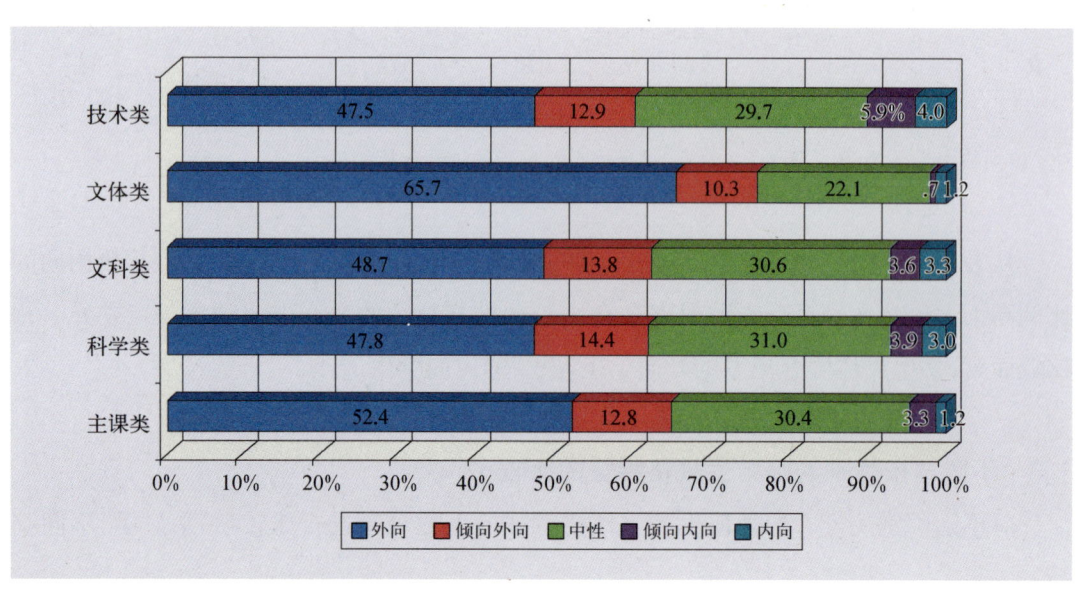

图 6-2 不同专业师范生的性格特征分布

图 6-2 显示,不同专业类型师范生性格特征的分布差异主要体现在:主课类和文体类专业中,内向型人数比例最低(1.20%),文体类专业外向型人数比例最高(65.70%),其次是主课类专业,然后是文科类专业、科学类专业和技术类专业(47.50%)。相比较而言,技术类专业内向型或倾向内向的人数比例最高,约占一成(9.9%)。

1.5 师范生的性格特征与是否担任学生干部的关系

为了探讨师范生的性格特征与是否担任学生干部的关系,对不同性格特征的师范生担任学生干部的人数比例进行比较,结果显示,师范生的性格特征与是否担任学生干部存在显著相关($\chi^2_{(4, n=5\,351)}=140.955$, $p<.001$),其描述统计结果见图 6-3。

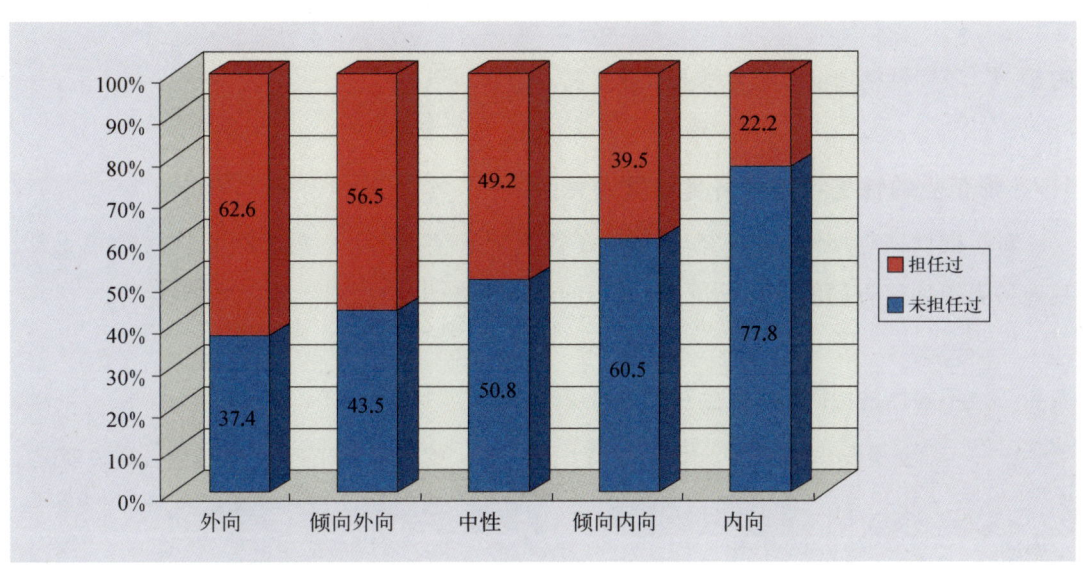

图 6-3　不同性格特征师范生担任学生干部情况

从图 6-3 可以看出,性格特征从内向逐步过渡到外向,在大学期间担任过学生干部的人数比例逐渐升高。大部分的内向型师范生(77.80%)在大学期间未担任过学生干部,而大部分的外向型师范生(62.60%)在大学期间担任过学生干部,两者差距甚远。进一步将男女生分开统计,结果显示出相同的趋势。这说明在师范生培养的过程中,(倾向)内向学生在担任学生干部进而培养必要的组织协调能力方面的机会需要增加。

1.6 师范生性格特征与学业表现自我评价的关系

不同性格特征的师范生对自己在大学期间学业成绩的等第评定结果见图 6-4。结果显示,入样院校师范生对自身成绩等第的评价普遍偏高,有 56.3% 的师范生对自己的学业成绩评定结果为前 30%,仅有 7.0% 的师范生评定结果为后 30%。与内向型师范生相比,外向或倾向外向的师范生自我评价偏高的现象更为明显,具有统计上的意义($\chi^2_{(8, n=5\,352)}=79.621$, $p<.001$)。原因可能有两个:一是外向型师范生学业成绩确实更为突出;二是外向型师范生整体具有更为积极的自我评价。

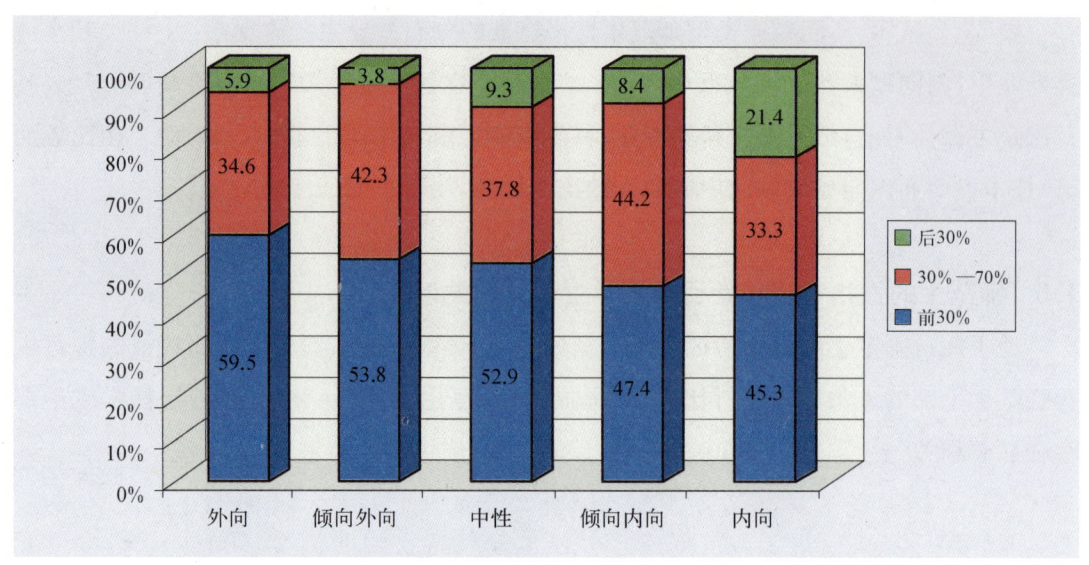

图6-4　不同性格特征师范生学业自评情况

1.7　师范生的性格特征与各类获奖的关系

　　对不同性格类型的入样院校师范生在各类奖学金、优秀(三好)学生、优秀学生干部、其他各类单项奖方面的获得情况进行统计,结果见表6-3。

表6-3　不同性格特征的师范生获奖情况统计表(%)

	各类奖学金		优秀(三好)学生		优秀学生干部		其他各类单项奖	
	是	否	是	否	是	否	是	否
内向	32.2	67.8	13.6	86.4	2.5	97.5	26.3	73.7
倾向内向	47.4	52.6	20.5	79.5	10.6	89.4	31.3	68.7
中间型	37.5	62.5	21.0	79.0	14.5	85.5	31.6	68.4
倾向外向	43.5	56.5	22.2	77.8	21.1	78.9	36.3	63.7
外向	48.6	51.4	24.6	75.4	26.0	74.0	44.5	55.5

　　表6-3显示,各类奖项表现出相当一致的趋势,即从内向到外向五类师范生中,获得各类奖项的人数比例越来越高,在各类奖学金($\chi^2_{(4, n=5\ 352)}=56.185$, $p<.001$)、优秀(三好)学生($\chi^2_{(4, n=5\ 351)}=13.454$, $p=.009$)、优秀学生干部($\chi^2_{(4, n=5\ 350)}=112.737$, $p<.001$)、其他各类单项奖($\chi^2_{(4, n=5\ 351)}=87.464$, $p<.001$)方面,内向者获奖比例都是最低的,而外向者获奖比例都是最高的。除了各类奖学金外,内向者在优秀(三好)学生、优秀学生干部、其他各类单项奖上的获奖比例与外向者差距甚远。说明,目前师范院校的培养与奖励体系更多地迎合了外向者的特征,而内向者更少获得各种奖励,需要增加对内向群体的关注度。

1.8　不同性格特征的师范生就读师范专业的原因

　　表6-4是对不同性格特征的师范生就读师范专业原因的统计结果。从表中可以看

出，除倾向内向者之外，其他四类性格特征的师范生都在"自己决定"选项上的比例最高。而在这一选择上，内向者和外向者差异明显，外向者中 49.3％是自己决定的，内向者中 37.6％是自己决定的，倾向内向者的这一比例仅为 32.8％。因此，在选择师范专业的动因上，外向性格的师范生更多地表现出其应有的独立性和自主性。

表6-4　不同性格特征的师范生就读师范专业的原因统计表(％)

	家长影响	教师影响	同学影响	亲戚影响	朋友影响	自己决定	专业调剂
内向	32.5	10.3	.9	2.6	.9	37.6	15.4
倾向内向	43.4	10.1	.5	3.7	.0	32.8	9.5
中间型	26.3	11.7	3.1	4.9	1.6	39.4	12.9
倾向外向	27.7	12.8	1.3	4.8	1.8	38.5	13.1
外向	26.6	10.5	1.3	3.5	.7	49.3	7.9

2. 师范生的归因风格

归因是个体根据外在的信息或线索对自己或他人的内在状态或行为原因进行解释与推测的过程。[①] 归因理论的开拓者奥地利心理学家海德(F. Heider)认为人们都相信一个人某种行为的发生必有其原因，这种原因可能来自外部环境，也有可能来自内在的主观因素，前者称之为情境归因(外归因)，后者称之为个人倾向归因(内归因)。[②] 美国心理学家韦纳(B. Weiner)在海德归因理论的基础上提出了两维成败归因理论，把人的行为的成功与失败归为四类原因：稳定的内在原因，如能力；不稳定的内在原因，如努力；稳定的外在原因，如任务难度；不稳定的外在原因，如运气。韦纳后来又提出控制性维度，认为当个体把行为成败归因于内部的、可控制的因素，就会增强个体的行为动机，如学习动机。当学生把考试成绩归因于自身的努力，那么未来的学习中就会更有信心，动机也更强。

研究者提出，作为朴素的科学家，教师会直觉地寻求学生学业失败的潜在原因，如任务难度、学生能力和努力程度等。而对学生学业失败的归因将直接引发教师不同的情绪反应(如生气或同情)，影响教师对学生的奖惩反应，以及对学生未来失败可能性的预测等，进而教师的这些反应模式会成为学生对自身失败的归因线索，直接或间接地影响学生的行为、学习动机和自我概念等。[③] 因此，探讨师范生这一未来的教师群体对学业成败的归因风格具有重要的意义。师范生的归因风格也是教师特质的重要方面。

2.1　师范生归因风格的总体情况

就入样院校师范生对成功(考试成绩好)和失败(考试成绩不好)的归因进行统计分

---

① 孙时进. 心理学概论[M]. 上海：华东师范大学出版社，2005.
② 梁宁建. 心理学导论[M]. 上海：上海教育出版社，2006.
③ 张娜等. 中小学教师对学生学业失败归因的反应模式研究[J]. 中国特殊教育，2007(1).

析,结果见表6-5和表6-6。

表6-5 师范生对考试成绩好(成功)的归因

归　因	人数(n)	比例(%)
自己聪明	335	5.3
自己用功	5 074	77.0
考题简单	734	10.4
运气好	476	7.4

注：该项缺损人数为5。

表6-6 师范生对考试成绩不好(失败)的归因

归　因	人数(n)	比例(%)
自己笨	109	2.1
自己不用功	5 201	77.4
考题难	841	12.6
运气不好	467	7.9

注：该项缺损人数为5。

　　表6-5和表6-6显示,不管是成功(82.3%)还是失败(79.5%),八成师范生的归因方式为内控型。超过四分之三的师范生将考试成绩好归因为自己用功(77.0%),将考试成绩不好归因为自己不用功(77.4%)。这对于师范生自己的专业学习和将来对中小学生的正确引导都具有非常重要的积极意义。懂得将成绩归因于"自己的努力",不仅有利于激发师范生克服内外部困难,积极努力地面对专业学习,更重要的是有利于其在未来从事教师职业的过程中能正确客观地看待学生的成绩好坏,并给予合理指导,防止偏见与歧视等带来的负面影响,为每个学生都能通过自己的努力来提高知识和技能水平创造条件。

2.2　师范生归因风格的性别比较

　　就男女师范生对考试成绩好与不好的原因归属情况进行比较,结果显示,师范生对学习成功($\chi^2_{(3,\,n=5\,369)}=70.400$,$p<.001$)和失败($\chi^2_{(3,\,n=5\,366)}=36.990$,$p<.001$)的归因风格有一定的性别差异。其描述统计结果见表6-7。

表6-7 师范生对考试成绩归因的性别比较结果(%)

		自己 (笨)聪明	自己 (不)用功	考题 (难)简单	运气 (不)好
考试成绩好	男	6.5	70.4	13.7	9.3
	女	4.6	80.5	8.6	6.4

		自己 (笨)聪明	自己 (不)用功	考题 (难)简单	运气 (不)好
考试成绩不好	男	2.2	72.8	15.1	10.0
	女	2.1	79.8	11.3	6.8

注：纵标目括号中的情况对应"考试成绩不好的原因"。

表6-7显示，师范生归因风格的性别差异主要体现在：女生作可控的内归因（自己用功与否）的人数比例明显高于男生，而男生作情境归因（任务难度或运气）的人数比例高于女生。

2.3　独生子女与非独生子女师范生归因风格的比较

由于大量的研究关注独生子女的人格特征，本次调查对师范生群体中的独生子女进行了区分，独生子女与非独生子女对考试成绩好与不好的归因情况见表6-8。

表6-8　独生子女与非独生子女师范生对考试成绩归因的比较结果(%)

		自己 (笨)聪明	自己 (不)用功	考题 (难)简单	运气 (不)好
考试成绩好	独生	6.1	76.4	9.8	7.7
	非独生	4.7	77.3	10.8	7.2
考试成绩不好	独生	2.2	75.8	12.8	9.1
	非独生	2.1	78.4	12.5	7.1

注：纵标目括号中的情况对应"考试成绩不好的原因"。

统计检验结果显示，是否独生子女与对学习成功（$\chi^2_{(3, n=5\,368)}=6.436$，$p=.092$）和失败（$\chi^2_{(3, n=5\,366)}=7.562$，$p=.056$）的归因皆无显著相关，即独生子女和非独生子女师范生的归因风格没有明显差异。

2.4　不同成绩等第的师范生归因风格的比较

本次调查请师范生对自身在大学期间的学业成绩等第进行了评定，对不同成绩等第的师范生的归因风格进行比较，结果见表6-9。

表6-9　不同成绩等第的师范生对考试成绩归因的比较结果(%)

	成绩 等第	自己 (笨)聪明	自己 (不)用功	考题 (难)简单	运气 (不)好
考试成绩好	前30%	5.3	82.2	7.9	4.6

成绩	等第	自己 (笨)聪明	自己 (不)用功	考题 (难)简单	运气 (不)好
考试成绩好	30%—70%	5.3	72.8	12.5	9.4
	后30%	4.8	56.9	19.6	18.7
考试成绩不好	前30%	2.5	77.6	13.3	6.6
	30%—70%	1.6	77.6	12.5	8.3
	后30%	2.0	74.3	7.4	16.3

注：纵标目括号中的情况对应"考试成绩不好的原因"。

从表6-9可以看出，学习成绩等第自我评价处于不同水平的师范生归因风格存在一定差异，特别是在对考试成绩好的归因上，学习成绩等第自评结果为前30%的师范生作可控的内归因（努力）的人数比例高出后30%的师范生25.3个百分点，而学习成绩等第自评结果为后30%的师范生作外归因（任务难度、运气）的人数比例高出前30%的师范生25.8个百分点。

2.5 不同归因风格的师范生学习动力系统的比较

为了探讨不同归因风格师范生学习方面的整体动力系统的差异，以对成功的归因风格、学校类别和性别为自变量，以反映学习动力系统项目得分的平均分（参见"七、师范生学习动力系统的若干特点"）为因变量（外生动机除外，得分越高，学习动力越强）进行三因素方差分析，结果见表6-10。

表6-10 不同归因风格的师范生学习动力系统的比较结果

	SS	df	MS	F	p
归因风格	5.461	3	1.820	15.334	.000
学校类别	2.143	3	.714	6.017	.000
性别	.158	1	.158	1.335	.248
归因风格×学校类别	2.478	9	.275	2.319	.013
归因风格×性别	.267	3	.089	.750	.522
学校类别×性别	1.617	3	.539	4.541	.003
归因风格×学校类别×性别	1.267	9	.141	1.186	.299

表6-10显示，归因风格和学校类别的主效应显著，对成功持不同归因的师范生在整体学习动力系统上存在极其显著性差异。进一步多重均值比较结果表明，将成功归因于"自己用功"的师范生学习动力系统得分极其显著地高于做其他三类归因的师范生（$p<$ .001）。与此同时，统计检验结果表明，对失败持不同归因的师范生在学习动力系统上同样存在极其显著性差异（$F_{(3, 4\,956)}=6.131$，$p<.001$）。由此可以说明，归因风格与师范生的学习动力系统，如学习态度、学习兴趣、学习动机等密切相关。

3. 师范生的一般教育效能感

已有研究表明,教师对自己影响学生学习行为和学习成绩的能力的主观判断与其实际教学效果密切相关[1],教师对自己影响学生学习行为和学习成绩的能力的这种主观判断称之为教学效能感(Sense of Teaching Efficacy)。最早,Armor 和 Berman (1977)的研究表明,教师教学效能感是学生学习成绩好坏的重要预测变量,国外有关此领域的研究文献大量涌现,也编制了一系列教师教学效能感量表。

教师的教学效能感概念理论上来源于班杜拉(Bandura A.)的自我效能(Self-efficacy)概念,根据班杜拉的理论,Ashton 等人(1982)提出,教师的教学效能感包含一般教育效能感和个人教学效能感两个部分。一般教育效能感是教师对教与学的关系,对教育在学生发展中的作用等问题的一般看法与判断,个人教学效能感是指教师对自己教学效果的认识与评价。迄今为止的众多研究表明,教师的教学效能感与教师的课堂管理、教改的愿望、学生的成绩、学生的动机等存在显著相关,是影响教师教学效果的一个重要因素。还有研究表明,教师的一般教育效能感能够预测其工作倦怠的耗竭因素[2]。

对于师范生这一未来教师群体,其教学效能感将是影响其择业动机乃至未来教师职业适应的重要特质。由于师范生的入职体验还不充分,本次调查采用申继亮、俞国良等[3]编制的"教师效能感量表"中的"一般教育效能感"分量表 10 个题目进行调查,重点考查师范生对教与学的关系和教育在学生发展中的作用等问题的一般看法与判断。同时,还采用 6 个题项分别从学习、社交、职业三方面对师范生的自我效能感进行调查。

3.1 师范生一般教育效能感的总体情况

对师范生"一般教育效能感"分量表 10 个题项的回答情况进行描述统计,结果见表6-11。

表6-11 师范生一般教育效能感各题项答题比例分布(%)与集中趋势

	完全不赞成	不太赞成	比较赞成	完全赞成	M	Mo
一个班的学生总会有好有差,教师不可能把每个学生都教成好学生	7.5	26.1	53.0	13.4	2.72	3
一般来说,学生变成什么样是先天决定的	30.0	46.4	20.6	3.0	1.97	2
一般来说,学生变成什么样是家庭和社会决定的,教育很难改变	20.3	50.3	25.3	4.1	2.13	2

① Woolfolk, A. E., & Hoy, Wayne K. Prospective teachers' sense of efficacy and beliefs about control. *Journal of Educational Psychology*,1990,82(1):81-91.
② 李永鑫,杨瑄,申继亮.教师教学效能感和工作倦怠的关系[J].心理科学,2007,30(4):952-954.
③ 俞国良,辛涛,申继亮.教师教学效能感:结构与影响因素的研究[J].心理学报,1995,27(2):195-196.

	完全不赞成	不太赞成	比较赞成	完全赞成	M	Mo
教师对学生的影响小于家长的影响	13.0	47.9	33.4	5.7	2.32	2
一个学生能学到什么程度主要与他的家庭状况有关	12.8	44.1	37.7	5.4	2.36	2
如果一个学生在家里就没有规矩，那么他在学校也变不好	15.0	48.9	30.8	5.3	2.26	2
考虑所有因素，教师对学生成绩的影响力是很小的	20.5	52.1	23.4	4.0	2.11	2
即使一个教师有能力，也有热情，他也很难同时改变许多差生	11.5	38.7	42.8	7.0	2.45	3
好学生你一教他就会，差生再教也没用	27.9	45.6	22.1	4.4	2.03	2
教师虽能提高学生的成绩，但对学生品德的培养没有什么好的办法	25.1	44.7	25.2	5.0	2.10	2

注："完全不赞成"计1、"不太赞成"计2、"比较赞成"计3、"完全赞成"计4。

从表6-11可以看出，除第1、8两个题项外，师范生对各题项判断结果的众数为"不太赞成"，表明师范生对教与学的关系、教育在学生发展中的作用等问题的一般看法与判断相对积极，总体具有较高的一般教育效能感，但仍有提高与发展的空间。

3.2 师范生一般教育效能感的性别差异

对上述10个题项组成的"一般教育效能感"量表进行信度检验，结果表明，其Cronbach α系数为.900，内在一致性信度达到要求。因此，将调查对象一般教育效能感的10个题项反向计分后相加得到一般教育效能感总分，总分越高，表明一般教育效能感越强。

对男女师范生一般教育效能感总分进行独立样本 t 检验，结果见表6-12。

表6-12 师范生一般教育效能感的性别比较结果

	n	M	SD	t
男	2 374	26.790	5.968	−8.700 ***
女	4 246	28.215	5.185	

注：t 值为加权后的统计结果，＊＊＊表示 $p < .001$。

表6-12显示，师范生的一般教育效能感存在极其显著的性别差异，女生的一般教育效能感极其显著地高于男生，说明女生对教育在学生各方面发展中的地位和作用持更加

积极的态度。

3.3 不同学校类别师范生一般教育效能感的比较

为了比较不同类型师范院校师范生的一般教育效能感，以学校类别为自变量，一般教育效能感总分为因变量进行单因素方差分析（One-way ANOVA），结果见表 6-13。

表 6-13　不同学校类别师范生一般教育效能感的比较结果

	M	SD	F	p
部属师范大学	28.788	4.648		
省属师范大学	28.310	5.076	16.690	<.001
省属师范学院	27.255	5.609		
高等师范专科院校	27.864	6.080		

表 6-13 显示，不同学校类别师范生的一般教育效能感存在极其显著性差异（$F_{(3, 5\,364)}$ = 16.690，p<.001）。进一步多重均值比较结果表明，部属师范大学师范生一般教育效能感极其显著地高于省属师范大学（p<.001）和高等师范专科院校（p<.001）师范生，省属师范学院师范生的一般教育效能感极其显著地低于其他三类师范院校师范生。

3.4 不同归因风格师范生一般教育效能感的比较

为了探讨不同归因风格对师范生一般教育效能感的影响，分别以对成功和失败的归因风格为自变量，一般教育效能感总分为因变量进行单因素方差分析（One-way ANOVA），结果见表 6-14。

表 6-14　不同归因风格师范生一般教育效能感的比较结果

	M	SD	F	p
自己（笨）聪明	27.006(26.007)	5.821(5.665)		
自己（不）用功	27.920(28.077)	5.390(5.335)	7.954	<.001
考题（难）简单	27.099(26.357)	5.901(6.174)	(27.174)	(<.001)
运气（不）好	27.015(26.856)	5.799(5.532)		

注：括号中的情况对应"考试成绩不好的原因"。

表 6-14 显示，对成功持不同归因的师范生一般教育效能感存在极其显著性差异（$F_{(3, 5\,366)}$ = 7.954，p<.001）。进一步多重均值比较结果表明，将成功归因于"自己用功"的师范生一般教育效能感极其显著地（p<.01）高于做其他三类归因的师范生。与此同时，经统计检验，对失败持不同归因的师范生一般教育效能感同样存在极其显著性差异（$F_{(3, 5\,366)}$ = 27.174，p<.001），将失败归因于"自己不用功"的师范生一般教育效能感极

其显著地高于做其他三类归因的师范生($p<.001$)。这说明对学习成绩的归因方式会影响到师范生对教育教学在学生成长中发挥的作用的看法。因此，培养师范生对成功或失败进行正确的内归因显得尤为重要。

3.5　师范生的一般教育效能感与学习态度、学习动机、职业认同的关系

对入样院校师范生一般教育效能感的得分与其学习态度（参见"七、师范生学习动力系统的若干特点"）、学习动机（内生动机与外生动机）和职业认同（对教师社会地位和教师职业的积极看法）进行相关分析，结果见表 6-15。

表6-15　师范生一般教育效能感与学习态度、学习动机和职业认同的相关分析结果（n＝5 368）

	学习态度	内生动机	外生动机	职业认同
r	.455	−.031	−.190	.197
p	<.001	.024	<.001	<.001

注：n 为加权后的值。

从表 6-15 可以看出，师范生的一般教育效能感与其学习态度、外生动机和对教师职业的认同存在极其显著的相关，一般教育效能感越高，学习态度越积极，对教师职业的认同度越高；同时，一般教育效能感越低，其外生动机水平越高，也就是更加依赖外在的强化推动学习。

3.6　师范生的自我效能感及其与一般教育效能感的关系

在参考相关研究[①]的基础上，本次调查设计了 6 个题项对师范生的自我效能感进行评价，涉及的内容包括学习、社交、职业三方面的自我效能感，6 个题项的 Cronbach α 系数为.872，因此，将其相加作为总体自我效能感水平。将师范生上述 3 方面的自我效能感和总体自我效能感与一般教育效能感进行相关分析，结果见表 6-16。

表6-16　师范生一般教育效能感与自我效能感的相关分析结果（n＝5 367）

	学习效能感	社交效能感	求职效能感	总体效能感
r	−.035	.015	.074	.022
p	.011	.269	<.001	.108

注：n 为加权后的值。

从表 6-16 可以看出，师范生的一般教育效能感与其总体自我效能感不存在显著的

---

① 池丽萍，辛自强. 大学生学习动机的测量及其与自我效能感的关系[J]. 心理发展与教育，2006(2).

相关,与学习、社交和求职等具体领域的自我效能感也几乎不存在明显的相关。这说明师范生的一般教育效能感与自我效能感是两个相对独立的结构,自我效能感高,并不一定意味着一般教育效能感高。

为了进一步探索师范生自我效能感与其觉知到的对各类知识和技能的掌握程度的关系,将调查对象关于"经过几年的学习,你觉得自己在下列方面的掌握程度如何?"题项中14项知识或技能的掌握程度相加得到知识和技能掌握总分。对调查对象知识和技能掌握程度与总体效能感、学习效能感、社交效能感和求职效能感进行相关分析,结果见表6-17。

表6-17　师范生的自我效能感与知识和技能掌握程度的相关分析结果(n=5 367)

	学习效能感	社交效能感	求职效能感	总体效能感
r	.408	.382	.407	.470
p	<.001	<.001	<.001	<.001

注：n为加权后的值。

表6-17显示,师范生的学习效能感、社交效能感、求职效能感及总体效能感都与其觉知到的在师范院校学习期间对各项知识和技能的掌握程度存在极其显著的正相关,觉知到的掌握程度越高,其对自身学习、社交乃至毕业以后求职等方面的信心越足。

4. 师范生的职业认同与职业定向

职业认同是对自己所从事的职业的认可与接纳,教师职业认同目前也得到很多研究者的关注。[1][2] 师范生的培养目标是未来的教师,经过三年或四年的师范教育后,师范生对教师职业的认同程度将影响其将来的择业观念,也可能对其在校学习兴趣与态度等产生影响。

4.1　师范生的整体职业认同

在本次调查中,就师范生对"教师的社会地位低"、"教师职业能实现我的自身价值"和"我看好教师职业的发展前景"三方面的态度进行了调查,频数统计结果见表6-18。

表6-18　师范生职业认同各题项答题比例分布(%)与集中趋势(n=6 618)

	完全不赞成	不太赞成	比较赞成	完全赞成	**M**	**Mo**
教师的社会地位低	26.1	49.1	20.8	4.0	2.03	2
教师职业能实现我的自身价值	2.7	20.2	60.9	16.2	2.91	3
我看好教师职业的发展前景	3.1	16.9	60.0	20.0	2.97	3

注："完全不赞成"计1,"不太赞成"计2,比较赞成计3,"完全赞成"计4。

① 宋广文,魏淑华. 影响教师职业认同的相关因素分析[J]. 心理发展与教育,2006(1).
② 魏淑华,宋广文. 国外教师职业认同研究综述[J]. 比较教育研究,2005(5).

从表6-18可以看出,75.2%的师范生完全不赞成或不太赞成"教师的社会地位低",77.1%的师范生比较赞成或完全赞成"教师职业能实现我的自身价值",80.0%的师范生比较看好或很看好教师职业的发展前景。由此可见,师范生对教师职业的整体认同状况较好,但不可忽视的是,仍有两成以上的师范生不太认同或完全不认同教师职业。

4.2 师范生职业认同的性别比较

将入样院校师范生在职业认同3个题项上的得分(第1题反向计分)相加,得到职业认同总分,总分越高,表明职业认同感越高。

对男女师范生职业认同总分进行独立样本 t 检验,结果见表6-19。

表6-19 师范生职业认同感的性别比较结果

	M	SD	t	p
男	8.443	1 572	−14.044	<.001
女	9.063	1.478		

表6-19显示,师范生的职业认同感存在极其显著的性别差异,女生的职业认同感极其显著地高于男生,说明女生对教师职业持更加积极的态度。

4.3 不同学校类别师范生职业认同的比较

为了探讨不同类别师范院校的师范生职业认同的差异,以学校类别为自变量,职业认同总分为因变量进行单因素方差分析(One-way ANOVA),结果见表6-20。

表6-20 不同类别学校师范生职业认同的比较结果

	M	SD	F	p
部属师范大学	8.485	1.678	11.677	<.001
省属师范大学	8.983	1.525		
省属师范学院	8.797	1.511		
高等师范专科学校	8.935	1.582		

从表6-20可以看出,不同类别师范院校的师范生职业认同存在极其显著性差异。进一步多重均值比较结果表明,省属师范大学和高等师范专科学校的师范生职业认同度显著高于部属师范大学和省属师范学院。相比较而言,部属师范大学师范生的职业认同度有提高的空间。

4.4 不同性格类型师范生职业认同的比较

以入样院校师范生性格类型为自变量,职业认同总分为因变量进行单因素方差分析

（One-way ANOVA），结果见表6-21，并直观显示于图6-5。

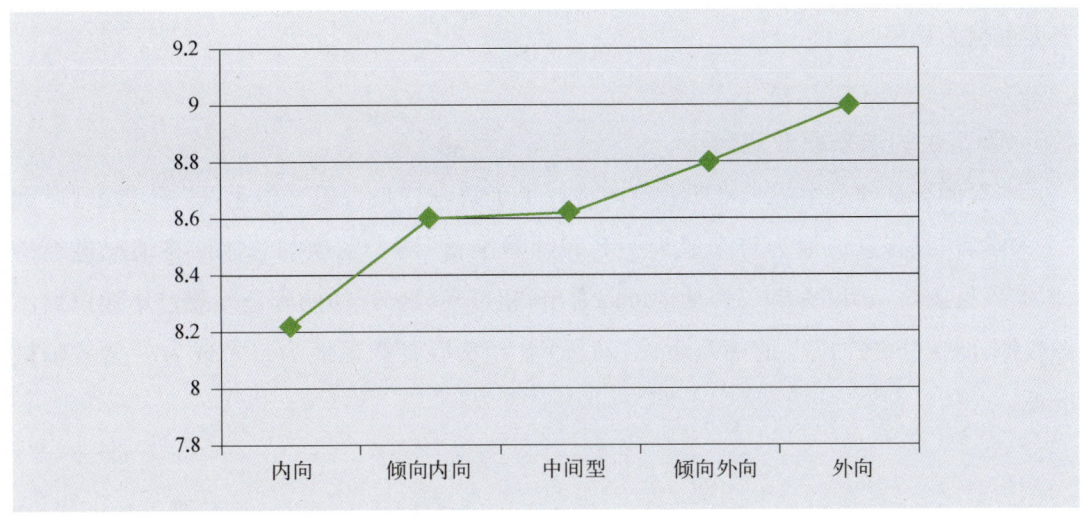

图6-5 不同性格类型师范生职业认同得分

表6-21显示，不同性格类型的师范生职业认同存在极其显著性差异。进一步多重均值比较结果表明，外向和倾向外向的师范生职业认同度极其显著地高于内向或倾向内向的师范生，中间型的师范生职业认同度显著高于内向的师范生，极其显著地低于外向或倾向外向的师范生。这表明，师范生的性格特征越倾向于外向，职业认同度越高。

表6-21 不同性格类型师范生职业认同的比较结果

	M	SD	F	p
内向	8.231	1.445		
倾向内向	8.589	1.511		
中间型	8.634	1.430	21.489	<.001
倾向外向	8.791	1.497		
外向	9.016	1.586		

4.5 师范生的职业认同与学习态度、学习动机和学习兴趣的关系

对师范生的职业认同总分与其在学习态度、学习动机、学习兴趣上的得分进行相关分析，结果见表6-22。

表6-22 师范生的职业认同与学习态度、学习动机和学习兴趣的相关分析结果（n=5 368）

	学习态度	内生动机	外生动机	学习兴趣
r	.184 **	.260 **	.119 **	.299 **
p	<.001	<.001	<.001	<.001

注：n为加权后的值。

从表6-22可以看出,师范生的职业认同感与其学习态度、内生动机、外生动机、学习兴趣均存在极其显著的正相关,对教师职业的认同度越高,其学习动机和兴趣越强,学习态度也越为积极。

4.6 师范生的未来职业定向

本次调查就师范生的未来职业定向进行了了解,对"是否想过毕业以后不做教师"和"上大学后,我有意识地为将来成为一名教师做准备"两个题项的总体回答情况进行统计,结果见图6-6和图6-7。从中可以看出,超过半数(51%)的师范生想过毕业以后不做教师,但三分之二以上的师范生(67.1%)上大学后有意识地为将来成为一名教师做准备。

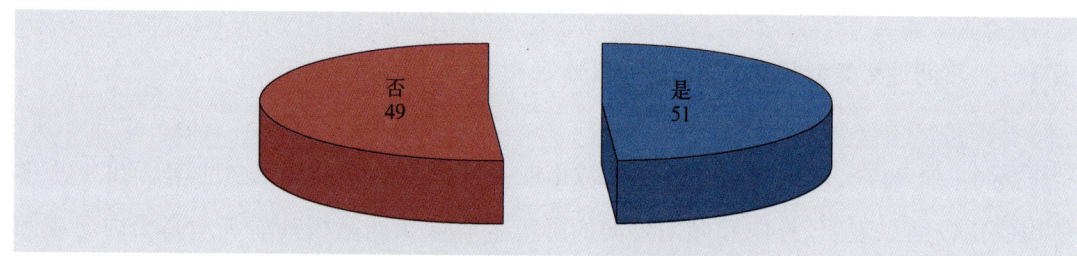

图6-6 师范生对"是否想过毕业以后不做教师"的回答情况(%)

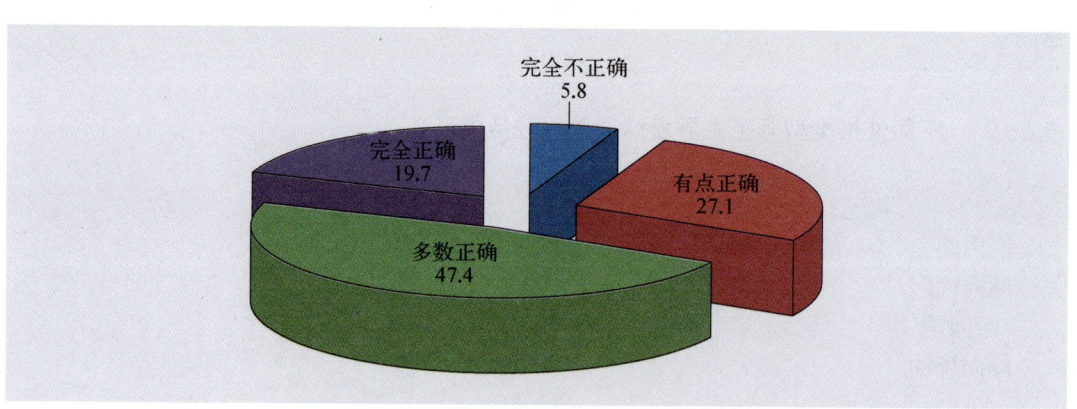

图6-7 师范生对"上大学后,我有意识地为将来成为一名教师做准备"的回答情况(%)

统计检验结果显示,不同性别师范生对"是否想过毕业以后不做教师"的回答情况存在极其显著性差异($\chi^2 = 36.110$, $p < .001$),男生想过毕业以后不做教师的人数比例高出女生7.8个百分点(见图6-8)。

不同学校类别的师范生对"是否想过毕业以后不做教师"的回答情况比较结果见图6-9。

统计检验结果显示,不同学校类别师范生对"是否想过毕业以后不做教师"的回答情况也存在极其显著性差异($\chi^2 = 52.410$, $p < .001$),部属师范大学选择"是"的比例最低,其次是高等师范专科学校,然后是省属师范学院和省属师范大学,后两者选择"是"的比

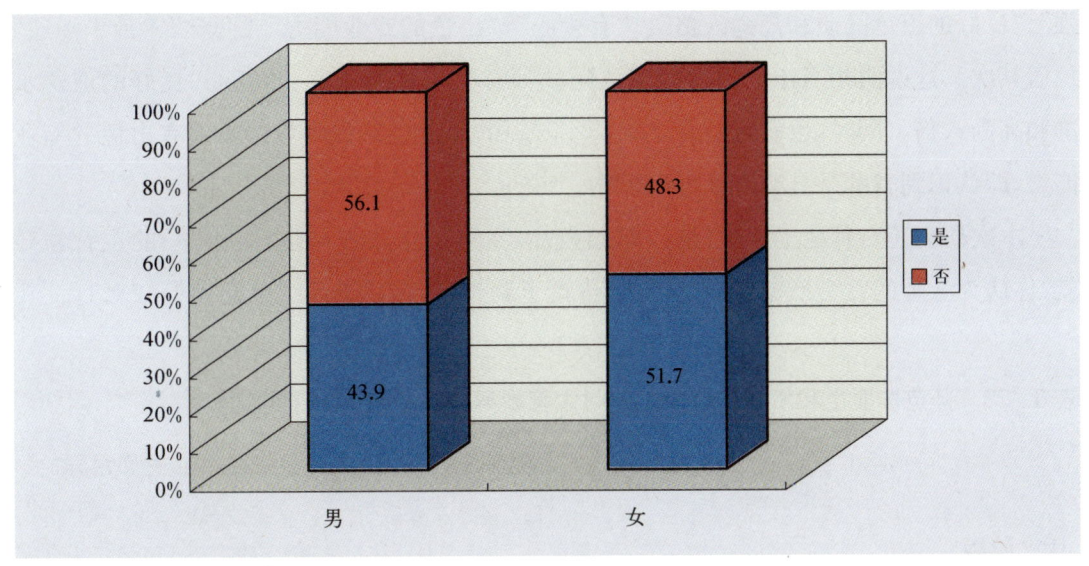

图6-8 男女师范生对"是否想过毕业以后不做教师"的回答情况

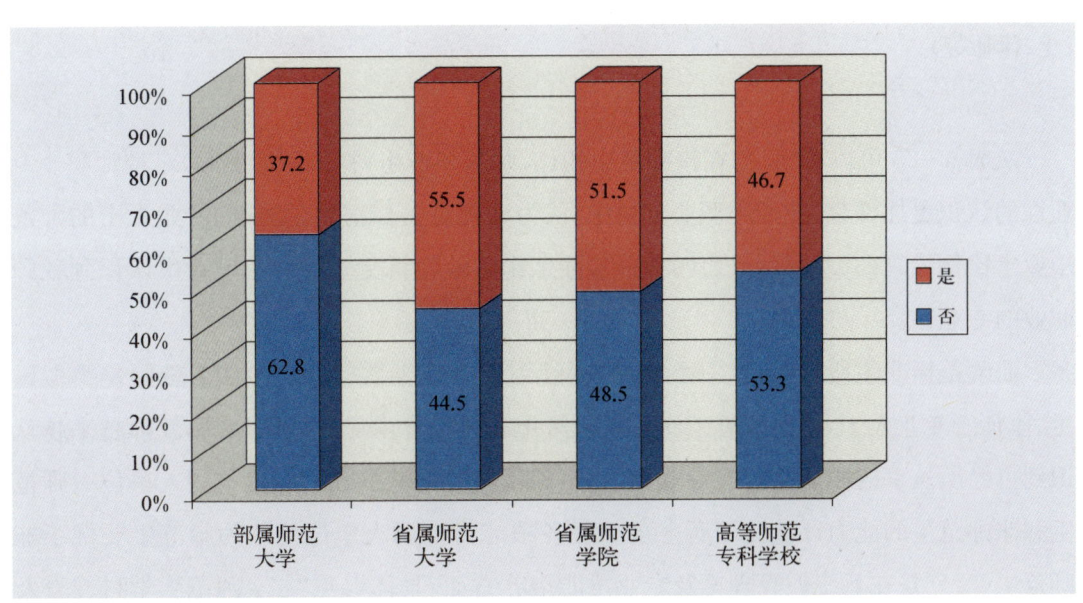

图6-9 不同学校类别师范生对"是否想过毕业以后不做教师"的回答情况

例超过半数(见图6-9)。

5. 师范生对教师特质的看法

在师范生看来教师应该具备什么样的特质是一个值得探讨的重要问题,对于未来准备做教师的师范生而言,将根据自己看中的教师特质而加以学习和培养。基于此,本次研究对师范生眼中教师应该具备的重要特质进行了调查,主要是通过"你认为作为一名教师应该具备的最重要的三种特质是什么"题项来进行了解的。对该题的回答情况进行描述统计,结果如下:

师范生认为教师应该具备的最重要的特质排在前三位的依次是"耐心"、"责任心强"、"良好的道德品质和高尚人格"。"有爱心"、"出色的专业能力"、"博学"、"善于沟通"位居其次。这说明相当比例的师范生认同教师首先需要有耐心、责任心、良好的道德水准和高尚人格。同时,也有近三分之一(32.5%)的师范生认识到教师需要有出色的专业能力,即认识到教师是具有专业性的工作。

本次研究还对师范毕业生(初入职的教师)和毕业生所在单位(中小学)的主管领导就"你认为教师的社会形象应该是什么"进行了调查,其描述统计结果见表6-23。

表6-23 师范毕业生和所在单位(中小学)主管领导对教师社会形象的定位

	师范毕业生		所在单位主管领导	
	人 数	比 例(%)	人 数	比 例(%)
中产阶级	305	10.3	19	5.1
道德楷模	405	13.6	49	13.0
人类灵魂的工程师	1 119	37.6	120	32.0
(受社会尊重的)专业人士(如医生、律师等)	1 147	38.5	187	49.9

从表6-23可以看出,与在校师范生相比,师范毕业生(初入职的教师)对教师职业专业性的认识更加深刻,在四类职业定位中,认为教师是类似医生、律师的专业人士的师范毕业生比例最高(38.5%),这表明教师实践工作体验使得更多的师范毕业生认识到教师职业的专业性。

而师范毕业生所在单位(中小学)的主管领导有近半数(49.9%)认为教师是类似医生、律师的专业人士,表明随着工作实践的深化和对教育内涵的理解加深,教师越来越认识到自己所从事的职业是具有专业性的,不是任何人都能胜任的。这与用人单位对师范生和非师范生的能力评价比较所发现的在各项能力上用人单位均认为师范生要优于非师范生(特别是在系统教育理论及专业技能培养方面,具体参见"二、师范生学科教育及其成效分析"部分)的结果相呼应。

6. 结论与建议

6.1 结论

综合上述分析,我们可以得出以下结论。

6.1.1 师范生的性格特征以外向居多,不同性别、学校类别、专业类型师范生性格特征存在差异,而师范生的性格特征与其学校生活的诸多方面存在相关。

通过艾森克个性问卷(EPQ)内外向分量表(E量表)测试,本次调查发现,与同年龄中国成人相比,在校师范生外向或倾向外向的人数比例远远超过一般人群,达到三分之二(66.6%),内向或倾向内向的人数比例不到百分之五(4.7%)。这在一定程度上说明师范生所接受的师范教育对其外向性格的养成起到了一定的积极作用,使得他们产生乐观开朗、情绪外露、喜爱交际、喜欢谈笑、爱好活动与冒险等对从事教师职业具有一定优势的特质。

同时,本次调查发现,在校师范生中女生外向的比例明显高于男生(高7.8个百分点),男生内向的比例高于女生(高2.8个百分点)。不同院校师范生性格特征的分布存在极其显著性差异,就内向型而言,部属师范大学的比例最高(3.8%),高等师范专科学校的比例最低(.3%),就外向型而言,部属师范大学的比例最低(45.5%),而高等师范专科学校的比例最高(62.4%)。不同专业师范生性格特征的分布也存在极其显著性差异,主要体现在:主课类和文体类专业中,内向型人数比例最低(1.2%),文体类专业外向型人数比例最高(65.7%),其次是主课类专业,然后是文科类专业、科学类专业和技术类专业(47.5%)。技术类专业内向型或倾向内向的人数比例最大(约占一成)。这一方面可能源于不同性格特征的师范生在专业选择上存在不同的偏好,另一方面也可能显示出专业培养与其性格养成的某种联系。

此外,本次调查发现,师范生的性格特征与是否担任学生干部存在显著相关。大部分的内向型师范生在大学期间未担任过学生干部,而大部分的外向型师范生在大学期间担任过学生干部。这说明在师范生培养的过程中,(倾向)内向学生在担任班干部等进而培养必要的组织协调能力方面的机会需要增加。同时,不同性格特征的师范生对自己在大学期间学业成绩的等第评定普遍偏高,外向或倾向外向的师范生自我评价偏高的现象更为明显,可能的原因有两个:一是外向型师范生学业成绩确实更为突出;二是外向型师范生整体具有更为积极的自我评价。结果还显示,除了各类奖学金外,内向者在优秀(三好)学生、优秀学生干部、其他各类单项奖上的获奖比例远低于外向者。这在一定程度上表明,目前师范院校的培养与奖励体系更多地迎合了外向者的特征,而内向者更少获得各种奖励,需要增加对内向群体的关注度。在选择师范专业的动因上,外向性格的师范生更多地表现出独立性和自主性。

6.1.2 近八成师范生的归因风格为内控型,男女师范生、学习成绩等第不同的师范生归因风格存在一定的差异,而师范生的归因风格与其学习动力系统密切相关。

本次调查显示,不管是成功,还是失败,近八成师范生的归因方式为内控型,将考试成绩好归因为自己用功,将考试成绩不好归因为自己不用功。这对于师范生自己的专业学习和将来对中小学生的正确引导都具有非常重要的积极意义。不仅有利于激发师范生克服内外部困难,积极努力地面对专业学习,更重要的是有利于其在未来从事教师职业的过程中能正确、客观地看待学生的成绩好坏,并给予合理指导,防止偏见与歧视等带来的负面影响,为引导每个学生都能通过自己的努力来提高知识和技能水平创造条件。

师范生的归因风格存在一定的性别差异,女生作可控的内归因(自己用功与否)的人数比例明显高于男生,而男生作情境归因(任务难度或运气)的人数比例高于女生。而独生子女和非独生子女师范生的归因风格没有明显差异。

学习成绩等第自我评价处于不同水平的师范生归因风格存在一定差异,特别是在对考试成绩好的归因上,学习成绩等第自评结果为前30%的师范生作可控的内归因(努力)的人数比例高出后30%的师范生25.3个百分点,而学习成绩等第自评结果为后30%的师范生作外归因(任务难度、运气)的人数比例高出前30%的师范生25.8个百分点。

调查结果表明,对成功持不同归因的师范生在整体学习动力系统上存在极其显著性差异。将成功归因于"自己用功"的师范生动力水平极其显著地高于做其他三类归因的师范生,归因风格与师范生的学习态度、学习兴趣、学习动机等动力系统密切相关。

6.1.3 师范生总体具有较高的一般教育效能感,不同性别、学校类别、归因风格的师范生一般教育效能感存在差异,而师范生的一般教育效能感与学习动力系统存在相关。

调查结果显示,师范生总体具有较高的一般教育效能感,表明师范生对教与学的关系、教育在学生发展中的作用等问题的一般看法与判断相对积极,但数据显示仍有提高与发展的空间。而女生的一般教育效能感极其显著地高于男生,说明女生对教育在学生各方面发展中的地位和作用持更加积极的态度。

不同学校类别师范生的一般教育效能感存在极其显著性差异,部属师范大学师范生一般教育效能感高于省属师范大学和高等师范专科学校师范生,省属师范学院师范生的一般教育效能感极其显著地低于其他三类师范院校师范生。对成功和失败持不同归因的师范生一般教育效能感存在极其显著性差异,将成功归因于"自己用功"的师范生一般教育效能感极其显著地高于做其他三类归因的师范生,将失败归因于"自己不用功"的师范生一般教育效能感极其显著地高于做其他三类归因的师范生。这说明对学习成绩的归因方式会影响到师范生对教育教学在学生成长中发挥的作用的看法。因此,培养师范生对成功或失败进行正确的内归因显得尤为重要。

此外,师范生的一般教育效能感与其学习态度、对教师职业的认同存在极其显著的正相关,一般教育效能感越高,学习态度越积极,对教师职业的认同度也越高;同时,一般教育效能感越低,其外生动机水平越高,也就是更加依赖外在的强化推动学习。

本次调查还发现,师范生的学习效能感、社交效能感、求职效能感及总体效能感都与其觉知到的在师范院校学习期间对各项知识和技能的掌握程度存在极其显著的正相关,从另一个侧面提示掌握相关知识和技能的重要性。

6.1.4 师范生对教师职业的整体认同状况较好,但仍有两成以上的师范生不太认同或完全不认同教师职业,不同性别、学校类别、性格类型的师范生职业认同存在差异,而师范生的职业认同与学习态度、学习动机和学习兴趣密切相关。

本次调查显示,师范生对教师职业的整体认同状况较好,但不可忽视的是,仍有两成以上的师范生不太认同或完全不认同教师职业。

女生的职业认同感极其显著地高于男生,说明女生对教师职业持更加积极的态度,这与宋广文、魏淑华[①]关于教师职业认同的研究结果一致。省属师范大学和高等师范专科学校的师范生职业认同度显著高于部属师范大学和省属师范学院的师范生。相比较而言,部属师范大学师范生的职业认同度有进一步提高的空间。师范生的性格特征越倾向于外向,职业认同度越高。师范生的职业认同度与其学习态度、内生动机、外生动机、学习兴趣均存在极其显著的正相关,对教师职业的认同度越高,其学习动机和兴趣越强,学习态度也越为积极。

本次调查还显示,超过半数(51%)的师范生想过毕业以后不做教师,但三分之二以上的师范生(67.1%)上大学后有意识地为将来成为一名教师做准备。这说明在行动上大多数师范生还是朝着教师职业定位在努力。男生想过毕业以后不做教师的人数比例高出女生7.8个百分点。不同学校类别师范生职业定位存在差异,部属师范大学师范生想过将来不做教师的比例最低(部分原因是部属师范大学很多师范生属于公费师范生,不能自由选择),其次是高等师范专科学校,然后是省属师范学院和省属师范大学。

6.1.5 师范生认为教师应该具备的最重要的三种特质是"耐心"、"责任心强"、"良好的道德品质和高尚人格",对教师专业性的认识随着实践体验的丰富而增强。

调查结果显示,师范生认为的教师应该具备的最重要的特质排在前三位的依次是"耐心"、"责任心强"、"良好的道德品质和高尚人格"。"有爱心"、"出色的专业能力"、"博学"、"善于沟通"位居其次。有近三分之一(32.5%)的师范生认识到教师需要有出色的专业能力,即认识到教师是具有专业性的工作。而与在校师范生相比,师范毕业生(初入职的教师)对教师职业专业性的认识更加深刻,认为教师是类似医生、律师的专业人士的人数比例最高(38.5%),而师范毕业生所在单位(中小学)的主管领导有近半

① 宋广文,魏淑华.影响教师职业认同的相关因素分析[J].心理发展与教育,2006(1).

数(49.9%)认为教师是类似医生、律师的专业人士,表明随着工作实践的深化和对教育内涵的理解加深,师范毕业生越来越认识到自己所从事的职业是具有专业性的,不是任何人都能胜任的。

6.2 建议

6.2.1 在师范教育中,采取各种措施增强对内向群体的关注度,提高该群体在担任学生干部等社会活动方面的参与度,强化其组织协调能力的培养,并增加其获得各种奖励和表彰的机会等。

6.2.2 关注师范生的归因风格,特别是对男生群体的引导,使绝大部分师范生能够倾向于对成功和失败进行可控的内归因,促进其学习动力的提升和未来正确看待学生的学习成绩,并学会正确引导学生通过努力提升成绩水平。

6.2.3 提升师范生中男生群体的一般教育效能感,使其对教与学的关系、教育在学生发展中的作用等问题的看法与判断更加积极,从而增强其对教师职业的认同感。

6.2.4 采取各种措施提升男生和内向或倾向内向的师范生对教师职业的认同感,使其更早进行职业定位,从而更好地在学习期间投入各门课程的学习和各种技能的养成。

6.2.5 在教学过程中,通过强化学习或创设更多的教学实践体验机会,加强师范生对教师职业的专业性的认识,促进其在正式步入教师岗位之前进行更充分的知识和技能准备,以便快速适应岗位要求。

（杨福义）

七、师范生学习动力系统的若干特点

学习动力系统是心理学、教育学界非常重视的领域，但针对师范生的研究比较匮乏。本研究所探讨的学习，是指师范生在教师的指导下，有目的、有计划、有组织、有系统地掌握知识、技能，发展智力与能力，培养个性和思想品德的过程。而学习动力系统指学习的规划、发动、维持和调节机制，包含学习态度、兴趣、动机、反思等要素，表现为对学习意义的认识，学习的意愿，学习的努力程度，学习中的情感体验和对整个学习过程的监控调节等方面。学习动力系统可表述为如下问题：为什么学？愿不愿学？敏感程度、投入程度、专注程度和坚持性如何？尤其是克服困难的勇气如何？喜爱和享受程度如何？学习的条理性如何？[①]

1. 动力系统测查工具

参考既往研究，自编了学习动力系统问卷。根据探索性因素分析结果及相关理论，师范生的学习动力系统可分为六个维度（因素载荷大于.40，见表7-1）：（1）学习态度，（2）学习兴趣，（3）内生动机，（4）外生动机，（5）反思意识与能力，（6）教师职业意识；各维度的 Alpha 系数分别是：.670、.786、.775、.717、.783、.740；问卷共包括 22 个条目，Cronbach's Alpha 系数为.833，表明问卷具有较高的信度。

表7-1 动力系统各项目的因素载荷

项　　目	1	2	3	4	5	6
我经常有意识地分析自己的优势与不足	.338	.006	.630	.150	.148	.080
我很注意扬长补短	.239	.069	.719	.167	.054	.061
遭遇不如意的事情我能很快调整好自己的心态	.035	.209	.768	−.029	−.041	.081
遭遇不如意的事情我能很快想出办法去应对	.060	.242	.791	.012	−.041	.068
系统地规划自己的学习非常重要	.665	−.047	.139	.086	.088	.176
上大学后我越来越喜欢学习	.565	.178	.219	−.019	−.182	.171

[①] Mary Ainley. Connecting with Learning：Motivation，Affect and Cognition in Interest Processes. *Educational Psychology Review.* 2006(18)：391－405.

项　目	1	2	3	4	5	6
我总是把自己的学习安排得井井有条	.450	.224	.255	.006	−.234	.193
读书能给我带来愉悦感	.723	.282	.060	.112	.085	.049
学习时我常常觉得时间过得很快	.677	.351	.080	.098	.061	.083
我很喜欢探索未知的东西	.584	.436	.106	.085	.015	−.021
我乐于尝试解决复杂的问题	.273	.714	.200	.141	−.073	−.012
能自己设定目标时，我会更为称心如意	.294	.694	.190	.155	.051	.082
只要做的是我乐于做的事，我不那么在乎分数和奖赏	.169	.718	.099	.056	.035	.109
上大学以后，我有意识地为将来成为一名教师做准备	.098	.550	.150	.145	−.011	.437
能赢得他人的肯定和赞赏是推动我去努力的主要动力	.170	.141	.102	.773	−.002	.142
对我而言，成功意味着比别人做得更好	.124	.125	.102	.817	−.046	.034
我比较喜欢在工作中有人替我设定清楚的目标	−.048	.093	.008	.677	−.326	.045
教师职业能实现我的自身价值	.170	.110	.099	.080	.024	.834
我看好教师职业的发展前景	.164	.083	.088	.086	.023	.834
大学学习不如高中重要（反向）	.075	.006	−.030	−.108	.687	.064
讨厌做计划（反向）	.062	−.031	.043	−.007	.812	−.012
教师教不好我就学不好（反向）	−.126	.059	.048	−.125	.703	−.012

Extraction Method：Principal Component Analysis.
Rotation Method：Varimax with Kaiser Normalization.

2. 师范生动力系统总体及分维度情况

　　动力系统各项总平均分 2.82（满分为 4，见表 7-2），为中等水平。值得注意的是，总平均分得分低于或等于 2 分的师范生约占.9%，他们对问卷的回答多选择消极答案，表明其动力系统状态整体不容乐观。尽管这一比例不高,但考虑到师范生庞大的人口基数,这样的情况值得关注。各维度得分低于或等于2分的比例则更高,说明尽管大多数师范生动力系统总体情况尚好,但各维度均有部分师范生存在消极倾向。

表7-2 学习动力系统各维度平均分、标准差及分布情况

	M	**SD**	**X≤2(%)**
学习态度	2.70	.58	18.1
学习兴趣	2.94	.48	3.5
内生动机	2.81	.58	12.8
外生动机	2.55	.65	27.5
反思意识与能力	2.94	.48	4.4
教师职业意识	2.94	.62	13.8
动力系统总平均	2.82	.35	.9

配对样本 t 检验发现,在动力系统的六个维度中,外生动机、学习态度、内生动机均显著低于其他三项(见表7-3)。也就是说,师范生的教师职业意识、反思意识与能力和学习兴趣相对其他几个维度更积极。

表7-3 动力系统各维度的两两比较

		Mean	**SD**	**t**	**df**	**p**
第一组	学习态度—学习兴趣	−.24 045	.74 453	−23.662	5 367	.000
第二组	学习态度—内生动机	−.11 189	.82 338	−9.957	5 367	.000
第三组	学习态度—外生动机	.14 991	.95 389	11.514	5 367	.000
第四组	学习态度—反思意识与能力	−.23 798	.73 083	−23.855	5 366	.000
第五组	学习态度—教师职业意识	−.23 644	.83 454	−20.758	5 367	.000
第六组	学习兴趣—内生动机	.12 856	.49 078	19.192	5 367	.000
第七组	学习兴趣—外生动机	.39 039	.68 712	41.626	5 367	.000
第八组	学习兴趣—反思意识与能力	.00 242	.50 492	.350	5 366	.726
第九组	学习兴趣—教师职业意识	.00 404	.62 193	.476	5 367	.634
第十组	外生动机—内生动机	−.26 181	.70 838	−27.079	5 367	.000
第十一组	外生动机—反思意识与能力	−.38 808	.71 150	−39.959	5 366	.000
第十二组	外生动机—教师职业意识	−.38 625	.78 919	−35.861	5 368	.000

2.1 学习态度状况

学习态度是学习者对学习较为持久的肯定或否定的行为倾向或内部反应的准备状

态。一般把学习态度分为认知(Cognition)成分,情感(affection)成分和行为(Behavior)或意向成分,称态度的 A—B—C 模型。认知成分,是指对于学习的性质、意义的认识理解与评价,如对学习对象重要性的认识程度,涉及为什么要学习?学习对个体的成长或者发展有什么重要的作用等;情感成分,是指是否喜欢学习,能否享受学习过程等情绪状态,积极的情感与学习兴趣紧密相关;行为成分是指对于学习的反应倾向即行为的准备状态,它通常可以从学生学习的精神集中情况、情绪状态和意志力状态等方面来说明和体现。[①]

本研究中的学习态度主要考察师范生对大学学习重要性的认识,对规划学习的喜恶,学习行为的自主性等。考察的题项均为反向表述。

师范生学习态度的平均得分是 2.70 分(最高 4 分,见表 7-2),属于中等水平。单因素方差分析表明,学习态度对动力系统各维度均有显著影响(见表 7-5)。有少数学生的学习态度是比较消极的(如表 7-2,18.1%的学生得分等于或低于 2 分),其整个动力系统得分也显著低于其他学生($t(5\,365) = -8.20$, $p < .001$)。这说明,认为"大学学习不如高中重要",讨厌做计划,容易受教师消极影响的师范生相对而言学习动力较弱。

表 7-4　师范生学习态度各题项答题分布

	完全不赞成(%)	不太赞成(%)	比较赞成(%)	完全赞成(%)	M	SD
大学期间的学习不像高中时期那么重要	16.9	51.1	28.2	3.8	2.81	.75
我觉得做计划是很讨厌的事情	14.5	52.7	28.4	4.4	2.77	.75
如果教师教得不好,我就不那么容易努力学习	8.2	40.9	44.8	6.1	2.51	.73

注:此处反向计分:"完全不赞成"计 4、"不太赞成"计 3、比较赞成计 2、"完全赞成"计 1。

表 7-5　不同学习态度师范生的学习动力系统差异比较

	df	F 值	p
学习兴趣	63	16.313	.000
内生动机	63	12.037	.000
外生动机	63	10.947	.000
反思意识与能力	63	7.667	.000
教师职业意识	63	6.082	.000
动力系统总平均	63	21.809	.000

尽管认为"大学学习不如高中重要"未必就完全否定大学学习的重要性,但这种观念

---

① 皮连生.教育心理学[M].上海:上海教育出版社,2002:115.

反映出当事人把高考当作人生最重要的一关,相对轻视大学生活的倾向。持有这种观念者若成为教师,也容易把同样的态度传递给学生,使得学生比较短视,不利于长远发展。用终身学习理念改造这种消极观念,帮助学生认识和珍惜人生各阶段的学习机会,是教育者应当承担的使命。

做计划的过程帮助学生明确目标、管理时间,是自主学习的重要一环。考虑到做计划对学习,特别是对于成为优秀教师的重要性,讨厌做计划的消极性就很明显。我国当前中小学教育中学生自主学习的机会很少,学生的学习活动主要由学校安排,因此,一些学生没有养成规划自己学习的习惯,对做计划的体验也比较消极,这种状况在新课程改革中已经在努力转变。如果对做计划持有消极体验的师范生不能很好地改变自己的这一状况,在其成为教师后也很难带着积极情绪引导学生去规划学习。

容易受教师消极影响的师范生其学习自主性不够,这可以推测出,当外界环境不那么如意的时候,他们对自己的学习和成长要求就会放松,这显然不利于自身的发展。这种观念可能存在的积极意义在于,如果师范生就此认识到教师对于学生的重要影响,从而发奋努力去做好教师,可谓是从自身消极体会中悟出一些积极的道理。

2.2 学习兴趣状况

兴趣是人们研究某种事物或从事某种活动的心理倾向,它是基于认识和探索某种事物的需要,推动个体去认识事物并探求真理的一种重要动力,是动力系统中最活跃的因素。在心理学和教育学领域中,研究者普遍认为兴趣是行为的兴奋剂和调节器,涉及喜悦、关注、满意和爱等情感。学习兴趣是指一个人对学习的一种积极的认识倾向与情绪状态。在学习过程中,兴趣能促使学生结合校内外经验,在学习新知识时使用先前知识,并投入到要进行的学习任务中。[①]

学习兴趣对动力系统各维度均有显著影响。师范生学习兴趣总平均得分为 2.94,比较积极,说明他们总体而言对学习具有积极的倾向和情感体验。但是,一些消极倾向也不容忽视。如表 7-7,学习兴趣维度得分等于或低于 2 分的师范生(3.5%),其动力系统总平均分及其他各维度得分均显著低于其他师范生。各题项做出消极回答的比例(如表 7-6),最低占 12.8%("系统地规划自己的学习非常重要"),最高达 43.5%("上大学后我越来越喜欢学习")。这说明,在对学习规划重要性的认识方面,在计划践行方面,在学习的积极情感体验方面,在对未知事物的探索热情方面,还有相当一部分师范生状态不佳。很难想象自己缺乏学习兴趣,对学习缺乏积极倾向和体验的教师能够有效地感染学生,培植起学生的学习兴趣。

① 李洪玉,徐良森,张龙梅.情境兴趣的研究进展[J].心理与行为研究,2008,6(3):235—240.

表7-6　师范生学习兴趣各题项答题分布

	完全不赞成(%)	不太赞成(%)	比较赞成(%)	完全赞成(%)	M	SD
系统地规划自己的学习非常重要	2.6	10.2	59.5	27.7	3.12	.684
上大学后我越来越喜欢学习	5.5	38.0	47.4	9.1	2.60	.730
我总是把自己的学习安排得井井有条	3.0	33.1	55.6	8.3	2.69	.663
读书能给我带来愉悦感	2.2	12.1	62.8	22.9	3.06	.660
学习时我常常觉得时间过得很快	2.6	15.9	60.0	21.5	3.00	.691
我很喜欢探索未知的东西	1.7	16.0	59.8	22.5	3.03	.673

注:"完全不赞成"计1、"不太赞成"计2、比较赞成计3、"完全赞成"计4。

表7-7　不同学习兴趣师范生学习动力系统的差异比较

	df	F 值	p
学习态度	747	2.981	.000
内生动机	747	6.841	.000
外生动机	747	2.611	.000
反思意识与能力	747	3.784	.000
教师职业意识	747	2.928	.000
动力系统和	747	20.036	.000

2.3　学习动机状况

动机是一种由需要所推动,达到一定目标的行动动力,它是大部分人类行为的基础,通过对人类动机的了解,人们可以对个体行为做出解释和预测。学习动机是由一种目标或对象所引导的激发和维持个体学习活动,并使之朝向一定目标的内在心理力量。学界常把学习动机分为内生性学习动机和外生性学习动机。内生动机是个体为了寻求挑战和乐趣,满足好奇心而参与活动的倾向;而外生动机是个体为了活动本身之外的其他因素,比如获得奖励、避免惩罚等而产生的行为意向或行为。既有研究大都强调内生动机的积极作用,如动力持久、有利于创造力等;但对外生动机的作用则看法不一。有研究认为外生动机有损于创造力[1],德西等人的研究表明,过度强化外生动机,比如过度奖赏,会产生抑制内生动机发展的副作用,使学生的学习动机完全转到外部奖励上而不再重视学习过程的愉悦。这样,一旦外部奖励消失,学生的学习动机也会随之消失。[2] 但也有研究(Hwang等人)发现,那些高成就者不仅受较强的内生动机的支配,还成功整合了外生动

---

[1] Amabile T M. The social psychology of creativity: A componential conceptualization. *Journal of Personal and Social Psychology*, 1983(45): 357-377.

[2] Deci, E. L.. Intrinsic motivation, extrinsic reinforcement, and inequity. *Journal of Personality and Social Psychology*, 1972(22): 113-120. Lepper, M. R., Greene, D., &Nisbett, R. E. Undermining children's intrinsic interest with extrinsic rewards: A test of the "overjustification" hypothesis. *Journal of Personality and Social Psychology*, 1973(28): 129-137.

机和社会目标的影响。^① 德西和瑞安的"自我决定理论"（Self-determination Theory, SDT)将人们对行动的价值产生了认同并在思想上愿意将之纳入自我中去的外生动机与内生动机合称自主动机。当人们被自主动机所驱动时，他们体验到一种对行为的自我认同。与此相反，个体的行为受一系列外在奖励或惩罚支配，或行动价值未形成认同的外生动机则称受控动机。当人们受控时，他们体验到对思考、感觉或用某种方式行动的压力。自主动机和受控动机会导致非常不同的结果，自主动机将导致更健康的心理和更有效的成就，通常还导致更长时间的坚持。而外生动机若不经过内化，则不能转化为一种发自内心的心理需要，其作用会随着外因消失而消退。^② 因此，可以说，能够持续地推动学习进行的动力是内生动机，外生动机只是起到辅助作用。只有当外生动机转化为内生动机，并且以内生动机为主时，学生才能充分感受到学习本身的乐趣，无需过多的外部压力也能主动地、自发地、积极地投入学习活动中。

本研究的学习动机维度选取了池丽萍、辛自强修订的阿梅比尔（Amabile)等人动机量表^③中的 6 个题项（内生动机、外生动机各三项），针对师范生特点增补了一项"上大学以后，我有意识地为将来成为一名教师做准备"。因素分析表明，该项可归入内生动机。

内生动机较强的个体把学习看成是自身的一部分来接受，愿意自主设定目标，偏爱挑战，倾向于选择和解决复杂的问题，学习活动更多是出于好奇和兴趣，因此，十分投入，并能从中体验到乐趣。这与兴趣有密切联系。师范生内生动机得分为 2.81（见表 7-2)，比较积极，表明师范生内生动机水平较强。但是，内生动机维度得分等于或低于 2 分的师范生（12.8%)，其动力系统总分及其他各维度得分均显著低于其他师范生。如表 7-8 所示，从各题项来看，"我乐于尝试解决复杂的问题"，做出消极回答的占 40.8%;"能自己设定目标时，我会更为称心如意"做出消极回答的占 28.6%，"只要做的是我乐于做的事，我不那么在乎分数和奖赏"，做出消极回答的占 27.8%。不愿接受复杂问题的挑战，对学习本身的热衷程度不够，对自主设定目标的愿望不强，会使整个动力系统的稳定性和强度受到影响。"上大学以后，我有意识地为将来成为一名教师做准备"，做出消极回答的占 32.9%，他们的动力系统总平均分显著低于其他师范生。表明作为一名师范生，若不能有意识地为将来成为一名教师做准备，其整个学习动力系统会受到消极影响。

外生动机强的个体倾向选择简单任务，以求在竞争中更易获得成功，得到他人的认可和积极评价，或者个体为了得到金钱、地位、赏识或提升的机会而参与活动。换句话说，推动外生动机强的个体行动的通常是活动内容本身之外的诱因，因此，在工作或活动过程中，个体往往不会体会到乐趣，只有在完成活动后，成功地得到奖励或回报时才会感到愉快。师范生外生动机平均得分为 2.55（见表 7-2)。如表 7-8 所示，"能赢得他人的

① Hwang Y S, Echols C, Vrongistinos K. Multidimensional academic motivation of high achieving African American students. *College Student Journal*, 2002, 36(4): 544 - 554.
② Deci, E. L. ,&Ryan, R. M. Self-Determination Theory: A Macrotheory of Human Motivation. *Development and Health Canadian Psychology*. 2008(3), 182 - 185. 转引自朱晓红. 中学生学习动机缺失量表的编制[D]. 南京师范大学博士学位论文,2011: 9—10.
③ 池丽萍,辛自强. 大学生学习动机的测量及其与自我效能感的关系[J]. 心理发展与教育,2006,(2): 64—70.

肯定和赞赏是推动我去努力的主要动力",持否定看法的占 42.7％;"对我而言,成功意味着比别人做得更好"持否定看法的占 42.5％;"我比较喜欢在工作中有人替我设定清楚的目标",持否定看法的占 57.5％。这些题目可大致反映追求回报、关注人际竞争和依赖他人评价三个维度。对这些题目做出负向回答者,比做出正向回答者,整个动力系统总均分要低,这说明外生动机弱者,整个动力系统状态也不佳,在一定程度上揭示出外生动机的积极面。特别是在当今高度竞争的社会背景下,外生动机的存在尤显正常。当这样的动机被学习者内化时,会协同内生动机促进学习的发生和维持。这提示教育者,不能忽视对师范生学习状态和结果的及时反馈、肯定和鼓励;要引导师范生正确对待人际竞争;帮助师范生设立清晰的目标,并引导其内化这些外在资源,转化为强烈的学习动力。而对于更宏大的社会体系来说,完善相关制度,提高教师的经济收入和职业地位,让师范生的勤奋学习有望获得相应的报偿,也是提高师范生学习动力所必要的。

表 7-8　师范生内生动机、外生动机各题项答题分布

	完全不正确(％)	有点正确(％)	多数正确(％)	完全正确(％)	M	SD
我乐于尝试解决复杂的问题	3.9	36.9	46.9	12.2	2.67	.737
能自己设定目标时,我会更为称心如意	1.9	26.7	55.0	16.4	2.86	.698
只要做的是我乐于做的事,我不那么在乎分数和奖赏	3.3	24.5	50.1	22.1	2.91	.768
上大学以后,我有意识地为将来成为一名教师做准备	5.8	27.1	47.4	19.7	2.81	.815
能赢得他人的肯定和赞赏是推动我去努力的主要动力	4.8	37.9	42.7	14.6	2.67	.780
对我而言,成功意味着比别人做得更好	5.7	36.8	45.3	12.2	2.64	.767
我比较喜欢在工作中有人替我设定清楚的目标	20.7	36.8	33.7	8.9	2.31	.896

2.4　反思意识与能力状况

反思意识与能力在整个动力系统中起到监控调节的重要作用。反思意识与能力强者能经常有意识地分析自己的优势与不足,注意扬长补短,遭遇不如意的事情能很快调整心态、策略。反思意识与能力被看作影响教师专业发展、自我完善的重要因素。对教师反思的研究主要集中在教学反思上。张建伟认为,反思是教师以自己的教学活动过程为思考对象,对自己所做出的行为、决策以及由此产生的结果进行审视和分析的过程,是一种通过提高参与者的自我觉察水平来促进能力发展的途径。[1]　熊川武认为:"反思只是

---

[1]　张建伟. 反思—改进教师教学行为的新思路[J]. 北京师范大学学报(社会科学版),1997(4):56—62.

手段,而它的实质在于'发现问题'与'解决问题'。"①反思作为一种特殊的解决问题的思维技巧,能使人冷静地,基于证据去重新思考一些已经形成习惯的东西,并通过形成新的认识来积累经验。反思的结果是反思主体经验的重建,这包括观念的重建,也包括具体技能层面的重建。

师范生尚未正式走上教学岗位,因此本研究所测查的师范生的反思意识与能力并不专门针对教学,更多涉及师范生对自身状况的一般性认识和改进意识以及在遭遇困境时的应对能力,这对师范生的学习发展影响巨大。测查发现师范生反思意识与能力平均分为2.94(见表7-2)。说明总体而言师范生能有意识地发现自身问题并加以改进,遭遇困境时有一定的分析解决问题能力,这对于促进其学习是有积极意义的。但是,如表7-9所示,各项均有部分师范生做出了消极回答,"我经常有意识地分析自己的优势与不足"15.4%,"我很注意扬长补短"21.7%;"遭遇不如意的事情我能很快调整好自己的心态"19.2%,"遭遇不如意的事情我能很快想出办法去应对"20.7%。这些师范生的动力系统总平均分和各维度得分均显著低于其他学生。

表7-9 师范生反思意识与能力各题项答题分布

	非常不符合(%)	不太符合(%)	比较符合(%)	非常符合(%)	M	SD
我经常有意识地分析自己的优势与不足	1.3	14.1	68.7	15.9	2.99	.594
我很注意扬长补短	1.2	20.5	65.4	12.9	2.90	.610
遭遇不如意的事情我能很快调整好自己的心态	1.4	17.8	64.5	16.3	2.96	.630
遭遇不如意的事情我能很快想出办法去应对	1.3	19.4	65.6	13.7	2.92	.614

2.5 教师职业意识状况

职业意识是人们对特定职业的态度。它包括个体对该职业本身的特点、社会职能和社会地位等的认识和看法,对从事该职业应具备的素质的认识,个体乐于从事该职业的意愿以及从事时积极愉悦的情感体验,如自我实现与满意感等。其中个体从事该职业的意愿以及从事时积极愉悦的情感体验又称为职业认同。②

师范生对教师职业的意识,特别是职业认同感是整个动力系统的中枢和指挥部。如果职业意识出现偏差,缺乏职业认同感,则整个动力系统的方向就会偏移。此时,一个师范生即使学习仍十分努力,却不是按照合格或高水平教师的标准来要求自己。

教师职业认同是成为或作为一名教师的"个体的"和"职业的"两个方面持续综合的

① 熊川武.反思性教学[M].上海:华东师范大学出版社,1999:223.
② 封子奇,姜宇,杜艳婷,高钦.免费师范生教师职业认同及其影响因素研究[J].河北师范大学学报(教育科学版),2010,(7):69—75.

过程与状态。① 本研究中师范生职业意识的平均得分为 2.94（见表 7-2），比较积极。但是，如表 7-10 所示，有 20.0% 的师范生对"我看好教师职业的发展前景"做出否定回答，22.9% 的师范生对"教师职业能实现我的自身价值"做出否定回答，更有 24.8% 的师范生认为"教师的社会地位低"。这说明他们对教师职业本身前景、社会地位不看好，或对教师职业于自身价值的实现不看好，这些学生的学习动力系统总平均分和各维度得分均显著低于其他学生。

表 7-10 师范生教师职业意识各题项答题分布

	完全不赞成（%）	不太赞成（%）	比较赞成（%）	完全赞成（%）	M	SD
教师的社会地位低	26.1	49.1	20.8	4.0	2.03	.792
教师职业能实现我的自身价值	2.7	20.2	60.9	16.2	2.91	.680
我看好教师职业的发展前景	3.1	16.9	60.0	20.0	2.97	.702

此外，根据问卷中的其他题项也可了解师范生的职业意识情况。例如，19.6% 的师范生第一志愿不是填报的师范专业。这些学生除外生动机外，动力系统其他各项得分均显著低于第一志愿报考师范类专业的学生。而在第一志愿填报了师范专业的学生中，由于热爱教师职业和当教师有成就感而选择师范专业者，动力系统各项得分均显著高于那些因教师职业稳定、经济收入有所保障，教师社会地位较高或家人支持而选择师范专业者。前者更看重教师职业内在的价值，而后者则更看重其外在价值。也就是说，愿意从事教师职业的师范生学习动力更强，其中看重教师职业内在价值的师范生比看重其外在价值的师范生学习动力更强。

有 48.7% 的师范生"想过毕业以后不作教师"，在一定程度上反映师范生的职业认同还不稳定。这些师范生在学习动力各维度上，除学习态度外，其他各项均显著低于其他学生。这似乎可说明，对教师职业缺乏认同，其学习兴趣、动机和反思意识等均会受到消极影响。

另外，师范生对教师职业专业性的认识尚显不足。"你认为作为一名教师应该具备的最重要的三种特质是"选择人数最多的是：耐心，占 49.1%，第二三位分别是：良好的道德品质和高尚人格，占 46.1%；责任心强，占 45.5%。只有 31.8% 的学生选择了"出色的专业能力"，22.9% 的学生选择了"博学"。这说明，大多数师范生更看重教师职业的伦理性，在他们的心目中，教师职业的专业性并不强。如表 7-11 所示，选择了"出色的专业能力"者，其动力系统及各维度得分（除内生动机和外生动机）均显著高于未选择的。这说明相对不重视专业能力的师范生，其学习动力会受到消极影响。

① 魏淑华，宋广文. 国外教师职业认同研究综述[J]. 比较教育研究，2005，(5)：61—66.

表 7-11 教师职业专业性认识不同的师范生学习动力系统比较

	t	df	*p*
学习态度	5.587	5 366	.000
学习兴趣	2.923	5 366	.003
内生动机	1.714	5 366	.087
外生动机	−1.811	5 367	.070
反思意识与能力	3.327	5 365	.001
教师职业意识	6.072	5 367	.000
动力系统总平均	5.628	5 365	.000

3. 综合分析

3.1 地区差异：发达地区师范生学习动力显著高于欠发达地区

如表 7-12 所示，除外生动机无显著差异外，师范生学习动力系统的其他维度均随其学校所在地区是否发达而有显著差异，发达地区学生得分高于欠发达地区。这说明地方经济发展水平、文化氛围等因素，会对师范生学习动力产生影响。当然，也可能是具有较积极动力系统的学生更倾向于报考地处发达地区的学校。

表 7-12 不同发达程度地区的师范生学习动力系统的比较结果

动力系统各项	地 区	M	SD	*t*	*p*
学习态度	发达地区	2.73	.549 06	3.710	.000
	欠发达地区	2.68	.594 74		
学习兴趣	发达地区	2.97	.466 68	3.838	.000
	欠发达地区	2.92	.485 93		
内生动机	发达地区	2.84	.566 34	2.631	.009
	欠发达地区	2.80	.593 83		
外生动机	发达地区	2.55	.640 33	−.247	.805
	欠发达地区	2.55	.656 70		
反思意识与能力	发达地区	2.96	.459 63	2.770	.006
	欠发达地区	2.93	.489 88		
职业意识	发达地区	2.97	.613 73	3.799	.000
	欠发达地区	2.92	.616 17		
动力系统总平均	发达地区	2.90	.338 90	5.104	.000
	欠发达地区	2.86	.354 43		

3.2 性别差异：男女生的学习动力系统各具特色

如表 7-13 所示，动力系统中，除反思意识与能力无性别差异外，其余均有显著差异。在"学习态度"、"学习兴趣"和"职业意识"选项上是女生得分高，而学习动机无论"内生动机"还是"外生动机"是男生得分高。这说明女生更重视学习，更喜欢规划学习，较少受教师的消极影响,更能享受学习过程,更看好教师职业的发展前景,认为教师职业能实现自身价值。但男生更喜欢挑战性活动,更具有竞争性,更在意是否比别人做得更好,更在意赢得他人的肯定和赞赏。男生对教师职业前景不甚看好,对教师职业实现自身价值持相对保守态度。进一步分析发现,女生对教育类课程的态度更积极,而男生对学科类课程的态度更积极。可见男女生的学习动力系统各具特色。

表7-13　不同性别师范生动力系统的比较

动力系统各项	性别	M	SD	t	p
学习态度	男	2.63	.637 36	−7.699	.000
	女	2.74	.540 45		
学习兴趣	男	2.90	.495 45	−5.256	.000
	女	2.96	.468 89		
内生动机	男	2.86	.586 15	4.486	.009
	女	2.79	.581 29		
外生动机	男	2.57	.659 65	2.110	.035
	女	2.54	.645 32		
反思意识与能力	男	2.94	.508 23	.285	.776
	女	2.94	.462 63		
职业意识	男	2.83	.656 75	−10.583	.000
	女	3.00	.584 92		
动力系统总平均	男	2.85	.350 14	−4.871	.000
	女	2.89	.347 92		

3.3　动力系统与培养满意度密切相关

如表7-14所示,动力系统总平均分及各维度得分与培养满意度各项之间存在显著相关(由于学习态度维度与各项之间的相关系数小于.10,均接近于0,这里忽略)。动力系统与培养满意度之间的影响是相互的。学生的满意度高,则情绪体验积极,为学习行为提供了正强化,因此学习动力更强;学生的学习动力强,对教师职业认同度高,注意反思规划,投入的精力多,感受到学习的乐趣,喜欢挑战等特征又促进了学习的效果和满意度。由此可说明,学生的学习满意度除受学校环境、办学条件和水平等客观因素影响外,还深受师范生个体因素影响。

表7-14　动力系统与培养满意度的相关性

	学习满意度	教育类课程满意度	实习满意度	课外活动帮助度	管理制度和办学条件满意度	学科课程满意度
动力系统总平均	.428**	.458**	.367**	.507**	.386**	.451**
学习态度	−.060**	.085*	.037**	.074**	−.043**	.094**
学习兴趣	.340**	.377**	.275**	.410**	.305**	.372**

	学习满意度	教育类课程满意度	实习满意度	课外活动帮助度	管理制度和办学条件满意度	学科课程满意度
内生动机	.409**	.338**	.265**	.406**	.326**	.320**
外生动机	.243**	.234**	.169**	.252**	.234**	.228**
反思意识与能力	.391**	.338**	.302**	.408**	.335**	.330**
教师职业意识	.244**	.313**	.301**	.293**	.296**	.318**

注：＊＊表示 $p<.01$，＊＊＊表示 $p<.001$。

3.4 动力系统与学业成绩自评密切相关

如表7-15所示，单因素方差分析表明，学生的学业成绩自评等第不同，其动力系统各维度得分存在显著差异。事后两两比较发现，学习动力总平均、学习态度、学习兴趣、教师职业意识等方面，两等第之间均有显著差异，等第在前的得分较高，换句话说，学习成绩自评越好的学生，其动力系统的上述方面也越积极。在内生动机方面，等第在前30％和30％—70％之间的师范生，无显著差异，但各自都显著高于后30％的师范生，说明等第最低的师范生在学习内生动机方面比等第中、高者要弱，等第中、高者无显著差异；在外生动机、反思意识与能力方面，等第在前的师范生得分显著高于等第中、后的师范生，而等第中、后的师范生之间不存在显著差异。由此可见，动力系统与师范生的学业成绩有密切的关系。

表7-15 学业成绩等第自评不同的师范生学习动力系统的比较结果

动力系统各项	等第	M	SD	F	p
学习态度	前	2.74	.582 07		
	中	2.65	.542 23	28.721	.000
	后	2.58	.563 27		
学习兴趣	前	2.99	.478 77		
	中	2.90	.460 16	39.787	.000
	后	2.80	.487 95		
内生动机	前	2.84	.582 62		
	中	2.80	.571 21	6.338	.002
	后	2.74	.597 74		
外生动机	前	2.58	.647 32		
	中	2.53	.637 09	12.031	.000
	后	2.47	.652 05		
反思意识与能力	前	2.97	.466 40		
	中	2.91	.466 45	14.729	.000
	后	2.84	.530 61		
职业意识	前	2.98	.618 57		
	中	2.92	.632 08	24.897	.000
	后	2.78	.661 57		

动力系统各项	等第	M	SD	F	p
动力系统总平均	前	2.91	.350 87		
	中	2.84	.333 46	48.158	.000
	后	2.76	.332 97		

动力系统与学业成绩之间可能是相互影响的。看好教师职业的发展前景,有意识地为成为一名合格教师做准备,经常有意识地分析自己的优势与不足,注意扬长补短;重视学习,注意规划,学习自主性强,学习过程中愉悦感强,喜欢挑战性任务等特征会促进学习;取得好的成绩也为学生提供了积极的反馈,使其更愿意学习,从而形成良性循环。反之则容易形成恶性循环。

学习成绩较优秀者内生动机和外生动机都比较强;成绩中等的学生与成绩较差的学生相比,内生动机仍有显著差异,但外生动机无显著差异。由此可推论,外生动机对成绩优秀者有促进作用,但对中等及以下学生则无促进作用。这也比较容易理解:中等及较差学生获得外在认可或超过他人的机会相对较少。与外生动机相似,自评等第在中、后的学生反思意识与能力得分显著低于等第在前的学生,这反映了他们不能经常有意识地分析自己的优势与不足,不能较好地扬长补短,遭遇不如意的事情及时调整心态和应对的能力较弱。

4. 结论与建议

4.1 结论

4.1.1 师范生动力系统总体而言比较积极。但是,学习动力系统各维度都有一定比例的学生存在消极倾向,这些学生动力系统总体状况也比较消极,需要引起高度关注。

4.1.2 愿意从事教师职业的师范生学习动力更强,其中看重教师职业内在价值的师范生比看重其外在价值者学习动力更强。由于热爱教师职业和当教师有成就感而选择师范专业的学生,动力系统各项得分显著高于那些因教师职业稳定、经济收入有所保障和教师社会地位较高而选择师范专业的学生。

4.1.3 19.6%的师范生第一志愿填报的不是师范专业,其动力系统状态比较消极。师范生职业认同感处于形成过程中,尚不稳定,近一半的师范生考虑过毕业后不做教师,三成多的师范生认为教师职业地位低,约1/5的师范生不看好教师职业的发展前景,超过1/5的师范生不认为教师职业能实现自身价值,三成多的师范生相对不看重教师职业的专业性。这些师范生的动力系统总体状况比较消极。

4.1.4 发达地区高校的师范生学习动力系统更积极。

4.1.5 男女生在动力系统方面各具特点。女生在职业意识、学习态度和学习兴趣方面更积极,而男生在学习动机(包括内生动机和外生动机)以及反思能力方面更积极。这表明女生更认可教师职业,更重视大学的学习,更能体会学习的乐趣;男生则更具挑战性、竞争性,更善应对困境。

4.1.6 动力系统总平均分及各维度得分与培养满意度各项之间均存在显著相关,总体而言,动力系统积极者,培养满意度较高。

4.1.7 学习动力系统与学业成绩相互影响,成绩等第高者,动力系统也积极。特别值得注意的是,外生动机对成绩优秀者有促进作用,但对中等及以下学生则无促进作用。

4.2 建议

4.2.1 在招收师范生时重视对其动力系统状况的甄别

特质与状态的区分在许多教育问题中很有必要,在讨论学习动力系统时也是如此。心理学研究表明,学生带入学习过程中的特质、倾向等会影响其在面对特定学习任务或情境时的反应。例如,个人兴趣是一个人长期反复关注特定内容的相对持久的先在倾向,是对目标领域的长期关注和深度参与。在特定情境下,个人特质或倾向表现为状态。而情境兴趣被认为是短暂的状态,一种由情境激发的专注状态和即时感受。[①]

因此,教师教育一方面要注意激发师范生的学习动力,注意用新颖的方式呈现新的学习任务,努力将新知识与师范生既有经验相联系,并让其感受到新知识本身的魅力;另一方面也要尽可能选拔具有适当动力倾向的学生进入教师教育机构。对教师职业认可度高,具有较强的内生动机、学习兴趣和反思意识等特征,有利于师范生主动为成为合格乃至优秀教师做准备。上述特征能使师范生在参与相关学习活动中对教学专业相应信息保持敏感、专注和热衷,且能较多体会到学习的乐趣和成就感,从而获得较高的培养满意度和学业成绩。

本测查问卷可以作为一个初步的甄别工具。同等情况下,优先录取本问卷得分高者;若某考生多个维度得分低于2分,则需要谨慎对待。

4.2.2 着力培养师范生的职业认同和内生动机

教师教育机构的职责之一是培养和提升师范生的动力系统。若入学时未能及时甄别师范生的动力状态和特征,应该及早展开此项工作,根据甄别结果,找出师范生的弱项和普遍存在的问题,及早加以针对性的指导。

作为师范生,对教师职业的认同是首先要着力培养的。教师职业认同决定着整个动力系统的方向;教师对他们职业认同的积极自我感知能够克

---

① Mary Ainley. Connecting with Learning: Motivation, Affect and Cognition in Interest Processes. *Educ Psychol Rev* (2006) 18: 391 - 405.

服他们对恶劣工作条件的不满；强烈的职业认同会阻碍教师的离职倾向。[1]那些因热爱教师职业和当教师有成就感而选择师范专业的学生，更看重教师职业内在的价值，其动力系统各项得分显著高于那些更看重教师职业外在价值的师范生。这都说明了职业认同的重要性。但当前师范生的教师职业认同不容乐观。

各教师教育机构有必要尽早对学生进行教师职业意识和职业认同教育。在对高等师范毕业生的调查中，许多学生动情地说："如果让我们再重新开始自己的大学生活，我们希望从刚入学的时候就明白为了将来的职业该做什么，我们不希望应该大一明白的道理推迟到大三或大四才明白。"[2]

师范院校应让学生早日明确做教师的素质要求。而师范生应经常对照教师的素质要求进行自我检查、自我调节和自我教育，缩小和弥补角色差距，使个人的角色行为逐渐接近和符合社会的期望和要求，即实现角色的整合。师范生可以通过积极参加实践过程以及与他人的交往，见贤思齐，择善而从，向自己提出更高的要求，以自身的努力来达到自我完善的目的。

师范院校要特别强化教师的专业特性。在大多数师范生的心目中，教师职业的专业性并不强，或者说，师范生对教师职业的专业性认识不足，教师专业能力和广博的知识素养的重要性并未得到充分认识，这会大大削弱师范生的学习动力，特别是对教育教学方面知识技能的学习。

教师专业发展问题，归根到底是教师的自我意识问题，如果一个教师自己没有专业发展的需求，那么再好的外部条件都不可能发挥作用。[3] 师范生的成长同样如此。

内生动机能为学习工作提供持久稳定的动力，受到研究者的高度重视。研究者努力寻找提升动机（特别是内生动机）和满意度的基本心理状态，提出了三种条件：第一，个体必须体验到工作的意义，认为工作是有价值的；第二，个体必须体会到对工作结果的责任；第三，个体必须具有对其工作结果的认识，知道自己工作的结果。这些都称为激发内生动机的"关键心理状态"。[4] 据此，我们以内生动机的培养为抓手，为动力系统改进提出如下建议：

第一，让师范生体验到学习和教师工作的意义与价值。教师教育者的榜样作用，师范生之间的交流，优秀教师的故事分享，与中小学生的交往等能够帮助师范生切身体会教育工作对后代的发展、个人的成长、社会的进步

---

[1] 宋广文，魏淑华. 影响教师职业认同的相关因素分析[J]. 心理发展与教育，2006（1）：80-86.
[2] 郝向鹏. 高等师范生职业准备研究——以广西师范大学思想政治教育专业为例[D]. 广西师范大学硕士学位论文，2008.
[3] 傅建明. 教师专业发展——途径与方法[M]. 上海：华东师范大学出版社，2007：3.
[4] Clermont Barnabe and Mildred Burns. Teachers' job characteristics and motivation. *Educational Research*，1994（2）：171-185.

所起的作用,让师范生体验到作为教师的成就感,从而更热爱教师职业,认同教师职业的内在价值。

第二,给师范生信息性反馈,帮助其认识自己的工作结果,让个体体验到能胜任所从事的活动,或者使个体知道如何更好地胜任该活动,促进其反思和成长。更要鼓励师范生学会通过自我反思认识自己行动的结果,发现行动中的问题。反思的起点是发现问题,反思的本质是对自己的学习工作情况进行自我探究。应鼓励师范生通过观察或回忆自己的学习、实习过程以及自己或他人的教学经验、理念,将个人经验与教师所教、理论文献、相关案例等加以比较,通过同学讨论、师徒对话等渠道,从多角度看问题,反观自己的教育教学实践并梳理出其中存在的问题,明确问题的根源所在,找到解决问题的可能途径,尝试运用于对自身实践的改进。自述与回忆、他人的参与性观察、角色扮演、轶事记录、各种调查表、问卷、访谈以及录音、录像资料等收集资料方式可以帮助师范生积累资料,加强反思。[①]

特别是对于成绩较差的学生,教育者更要注意对其学习状态和结果给予及时反馈和鼓励,并帮助其内化这些外在资源,从而既提高外生动机,又提高内生动机。

第三,帮助师范生体会自身对学习工作结果的责任,增强自主感。人们在体验到成就或效能的同时,还必须感觉到行为是由自我决定的,在这种情况下才能真正地对内生动机有促进作用。在任务的完成中,诸如威胁、设置期限、指令、强制性目标、压力性评价和竞争等控制性举措都对内生动机有削弱作用。增强个体对活动的情感认可度以及增加个体自我决定的机会可以增强个体行为的内生动机。研究发现,接受控制性教育方式的学生不仅容易丧失学习主动性而且当进行概括性和创造性学习时,学习效果比预期的要差得多。可以满足人们自主需要的环境能促进行为的内生动机,那些具有自主支持性的教师与具有控制性的教师相比,更能促进学生产生强烈的内生动机、好奇心和迎接挑战的欲望。[②] 给学生选择的机会(如给学生提供多个任务,允许其从中选择其一,或者允许用不同方式达成要求)[③],通过讨论等方式让学生参与到学习过程中来,可以促进学生的自主性,从而提高内生动机。

4.2.3 为全体师范生创造更好的宏观环境

前文强调师范生个人的动力系统的作用与培养,但不是说仅仅改变师范生个体的认识、情感和行为倾向就能解决教师教育中的问题。教育问题是与整个社会政治经济文化发展相联系的。我们的调查发现地处发达地区

① 姜勇,洪秀敏,庞丽娟.教师自主发展及其内在机制[M].北京:北京师范大学出版社,2009:312—313.
② 刘海燕,门荣双,郭德俊.认知动机理论的新进展—自我决定论[J].心理科学.2003(6):1115—1116.
③ 鞠玉翠.从一位小留学生的作业看学习方式变革[J].全球教育展望,2010(2):3—6.

的师范生其动力系统较欠发达地区的师范生更积极。因此,改善欠发达地区的政治经济文化条件,将为教师教育的发展提供重要的宏观环境保障。当前,教师专业地位的确立与提升仍任重道远。教师在经济收入和社会地位方面与公务员的差距亟待缩小。

(鞠玉翠)

八、师范生学习经历满意度评价及影响因素分析

教师教育承载着中国教育的未来,师范生的培养是教师教育的关键阶段。对师范生的学习经历进行研究,探讨师范生学习经历满意度的影响因素,可为提升师范生的培养质量提供针对性意见,从而为我国教师教育方案改革提供有力的证据和建议。

学生满意度可从一个侧面反映学校的教育教学质量,其理论基础是教育服务质量观。该质量观的测量工具是满意度评价方法。本研究利用满意度的评价方法,通过对问卷数据的定量分析,揭示师范生学习经历的满意度情况,探索和分析学习经历满意度的各种影响因素,解释这些影响因素对于改善教师教育改革所具有的政策含义。

有关大学生学习收获的研究已有一些成果。史秋衡等人关于我国大学生学情状态的研究表明,影响学生学习收获的因素主要有学习观、课堂体验、学习方式等。[1] 王纾等人在对我国研究型大学学生学习投入的研究中,把影响学习收获的因素归为院校教学资源、课程要求、校园环境支持度、学生家庭背景、社会性人际互动、学生个人努力质量等。[2]

与上述研究相比较,本研究的特色在于研究对象均为师范专业的在校生,这种基于同质研究对象的结论可为我国教师教育政策提供有价值的信息。依据问卷信息,本研究将研究目标定位于探讨学习态度、学习兴趣、学习动机、反思意识与能力、教师职业意识、重视程度与投入时间等因素对师范生学习经历满意度的影响。我们筛选了由学习经历满意度评价(37 个题项)和影响因素(23 个题项)共 60 个问项构成的师范生学习经历影响因素量表并进行了信度检验(Cronbach α 系数为.955 1)。

本研究中的学习经历系指师范生在校期间为实现培养目标所经历的教育教学活动,具体包括课程(CS)、见习及实习等专业实践活动(PA)和课外实践活动(EA)等。学习经历满意度系指师范生通过课程学习和见习及实习等方式对自身知识(KN)和能力(AB)达到程度或掌握程度的自我评价。这里的知识和能力达到程度实际也可看作是学习目标达成度,亦即师范生的学习收获。

1. 师范生的知识和能力发展

1.1 课程学习引发的变化

课程(CS)系指师范生在校期间所经历的各种教学科目,按类别可分为专业类课程(SC)、教育类课程(EC)及公共类课程(PC)。师范生通过课程学习,其知识和能力会相应得到变化,被调查对象通过课程学习,在知识和能力的变化情况见表 8-1。

① 史秋衡,郭建鹏. 我国大学生学情状态与影响机制的实证分析[J]. 教育研究,2012(2):109—121.
② 王纾. 研究型大学学生学习性投入对学习收获的影响机制研究[J]. 清华大学教育研究,2011(4):24—32.

表8-1 课程学习引发的知识和能力的变化(%)及集中趋势

	很高	较高	一般	较差	很差	Mean	Mode
学科专业知识的掌握程度	8.13	43.92	43.16	4.08	.71	3.55	4
对中小学课程与教材的熟悉程度	5.60	28.31	53.65	10.74	1.70	3.25	3
对我国教育法规和政策的了解程度	4.27	18.37	51.87	22.02	3.47	2.98	3
对当前我国中小学教育改革的了解程度	4.53	22.02	52.35	17.80	3.30	3.07	3
对中小学生特点的了解程度	5.79	31.78	48.04	12.17	2.22	3.27	3
教案设计技能的掌握程度	8.99	39.32	44.66	6.30	.73	3.50	3
班级管理工作的熟悉程度	7.68	32.47	48.15	10.12	1.58	3.35	3
对中小学教学方法的了解程度	8.47	34.48	48.48	7.63	.94	3.42	3
教学中运用教育技术手段的能力	9.62	38.10	44.46	7.19	.62	3.49	3
与学生沟通的技能	12.64	43.02	37.09	6.40	.84	3.60	4
甄别和照顾学生个体差异的能力	10.80	40.63	39.55	8.17	.86	3.52	4
学生学业评价能力	9.38	40.00	44.08	5.90	.65	3.52	3
教育研究能力	6.73	27.80	49.33	13.92	2.22	3.23	3
教师职业生涯规划能力	8.68	31.95	46.79	10.53	2.05	3.35	3

注:"1"代表"很差"、"2"代表"较差"、"3"代表"一般"、"4"代表"较高"、"5"代表"很高"。

从上表可以看出,除"学科专业知识的掌握程度","与学生沟通的技能"和"甄别和照顾学生个性差异的能力"三项的众数为"较高"之外,师范生在其余的知识和能力领域的掌握程度均为"一般"。而在各项知识和能力中,师范生的掌握程度相对较低的是"对我国教育法规和政策的了解程度",其平均值在"一般"以下。

这说明,在师范生的培养过程中,应引导和加强师范生对教育法规和政策的学习,使师范生在以后的从教生涯中能正确处理权利和义务之间的关系,避免从教过程中侵犯学生权利行为的发生,从而创建和谐健康的师生关系。

1.2 专业实践活动引发的变化

被调查对象在实践教学与教育实习活动中的变化情况见表8-2。

通过专业实践活动,师范生的各项知识和能力都有了较大的提高。但在"对当前我国中小学教育改革的了解程度"上的满意度相对较低,说明在师范生的专业实践活动中,对当前教育改革与实践的重视度不够。

表8-2　专业实践活动带来的知识能力的变化(%)及集中趋势

	很大	较大	一般	较小	很小	Mean	Mode
对中小学课程与教材的熟悉程度	18.76	39.13	30.96	7.94	3.21	3.62	4
对当前我国中小学教育改革的了解程度	10.89	30.36	44.48	10.86	3.41	3.34	3
对中小学学生特点的了解程度	18.31	40.84	32.92	5.89	2.04	3.67	4
对中小学教学方法的了解程度	18.75	39.64	34.25	5.63	1.73	3.68	4
教案设计技能的掌握程度	21.00	41.58	31.48	4.31	1.62	3.76	4
与学生沟通的技能	23.83	42.29	28.49	4.02	1.36	3.83	4
甄别和照顾学生个体差异的能力	20.01	40.91	32.28	5.01	1.79	3.72	4
学生学业评价能力	17.77	39.97	35.86	4.45	1.95	3.67	4

注:"1"代表"很小"、"2"代表"较小"、"3"代表"一般"、"4"代表"较大"、"5"代表"很大"。

1.3　课外实践活动带来的变化

　　课外实践活动对于大学生的能力培养具有重要的作用。本研究中被调查对象通过课外活动为其能力带来的变化情况详见表8-3。

表8-3　课外实践活动对师范生能力提升的帮助程度(%)及集中趋势

	很大	较大	一般	较小	很小	Mean	Mode
对新知识的接纳	9.6	41.8	40.0	6.1	2.4	3.50	4
对新知识的敏感	9.6	44.0	38.7	5.5	2.1	3.54	4
对专业前沿知识的把握能力	10.3	38.1	42.7	6.5	2.4	3.47	3
思辨能力	12.6	45.0	36.1	4.5	1.8	3.62	4
沟通能力	17.0	48.7	29.9	3.2	1.3	3.77	4
学术论文撰写	9.2	33.5	43.3	10.8	3.1	3.35	3
创新能力	11.3	38.2	41.0	7.2	2.2	3.49	3
口头表达能力	18.7	48.2	28.1	3.7	1.3	3.80	4
激励他人的能力	15.7	44.8	33.6	4.5	1.4	3.69	4
社会责任感	18.9	46.4	30.4	2.8	1.5	3.79	4
灵活应变能力	17.4	47.9	30.4	3.0	1.3	3.77	4
统筹能力	15.3	43.3	35.0	4.6	1.8	3.66	4
团队协作能力	21.1	47.8	26.4	3.2	1.4	3.84	4
组织能力	20.0	44.7	30.5	3.3	1.6	3.78	4
自信心提升	23.4	45.9	26.6	2.5	1.5	3.87	4

注:"1"代表"很小"、"2"代表"较小"、"3"代表"一般"、"4"代表"较大"、"5"代表"很大"。

从上表可以看出,课外实践活动对师范生的帮助程度总体上是较大的,这说明通过课外实践活动,师范生的诸项能力都得到了锻炼。但是课外实践活动对于"学术论文撰写"、"创新能力"和"对专业前沿知识的把握能力"等的帮助程度处于"一般"水平。这说明课外实践活动没有能够与学术发展紧密结合起来,也表明了课外活动的学术性不强。

2. 影响师范生学习经历满意度的因素分析

2.1 人口统计学变量对学习经历满意度的影响及差异

2.1.1 性别因素

使用独立样本 t 检验对样本进行差异性分析。通过分析(见表8-4)发现,男生与女生在学习经历满意度方面具有差异显著,男生在课程学习方面的满意度显著高于女生,而在专业实践和课外活动上的满意度却低于女生。这说明女生对于课程的学习要求较高,而男生却对专业实践和课外活动更为重视。

表8-4 师范生学习经历满意度的性别差异分析

问 项	男生均值	女生均值	t 值
课程学习满意度	3.41	3.34	3.699***
专业实践满意度	3.58	3.71	−6.023***
课外活动满意度	3.63	3.68	−2.697**

＊＊＊表示 $p<.001$,＊＊表示 $p<.01$。

2.1.2 独生子女因素

通过对样本进行分析发现,独生子女与非独生子女在课程学习满意度上呈现显著差异,而在专业实践和课外活动的满意度上并无显著差异。具体情况见表8-5。

表8-5 独生子女与非独生子女在学习经历满意度上的差异分析

问 项	独生子女 (均值)	非独生子女 (均值)	t 值
课程学习满意度	3.43	3.32	6.710***
专业实践满意度	3.65	3.67	−1.130
课外活动满意度	3.68	3.65	−1.733

＊＊＊表示 $p<.001$。

2.1.3 学费因素

通过分析发现,是否公费师范生在课程学习上的满意度差异并不显著,而在专业实践和课外实践活动上的满意度差异显著,非公费师范生的各项满意度均低于公费师范生。这可能与非公费师范生缴纳学习费用有关,与公费师范生相比,他们的教育成本增加了,那么对于学校的课程、实践实习等的要求也就随之增高了,所以其满意度也就相对较低了。具体结果见表8-6。

表8-6 公费师范生与非公费师范生在学习经历满意度上的差异分析

问 项	公费师范生（均值）	非公费师范生（均值）	t 值
课程学习满意度	3.40	3.36	1.546
专业实践满意度	3.76	3.65	3.283 ***
课外活动满意度	3.73	3.66	2.209 *

＊＊＊表示 $p < .001$,＊表示 $p < .05$。

2.1.4 专业志愿因素

通过分析发现,第一志愿是否为师范类专业的学生在课程、专业实践和课外活动等方面均存在显著差异(见表8-7)。第一志愿为师范专业的学生在课程、专业实践和课外活动等方面的满意度均高于第一志愿为非师范类专业的学生。这说明,第一志愿为非师范专业的学生,由于其对师范专业的热情不如第一志愿为师范类专业的学生,需要教师以及学校给予更多的关心和帮助,才会使其满意度提升。

表8-7 第一志愿是否为师范专业的学生学习经历满意度分析

问 项	第一志愿（均值）	非第一志愿（均值）	t 值
课程学习满意度	3.38	3.29	4.259 ***
专业实践满意度	3.69	3.56	4.771 ***
课外活动满意度	3.67	3.62	2.218 *

＊＊＊表示 $p < .001$,＊＊表示 $p < .01$,＊表示 $p < .05$。

2.1.5 学生干部因素

通过分析发现,担任学生干部的学生在课程学习、专业实践以及课外活动等方面的满意度均高于不担任学生干部的学生(见表8-8)。

表8-8 学生干部与非学生干部在学习经历满意度上的差异分析

问 项	学生干部（均值）	非学生干部（均值）	t 值
课程学习满意度	3.43	3.28	9.161 ***
专业实践满意度	3.69	3.63	2.927 **
课外活动满意度	3.72	3.58	7.608 ***

＊＊＊表示 $p < .001$,＊＊表示 $p < .01$。

2.1.6 学校类别因素

通过分析发现,学校类型为非"985"院校与"985"院校的师范生在课程学习上的满意度差异显著(见表8-9),非"985"院校师范生的满意度相对较高。

表8-9 "985"院校与非"985"院校学生在学习经历满意度上的差异分析

问　　项	"985"（均值）	非"985"（均值）	t 值
课程学习满意度	3.18	3.37	$-2.419*$
专业实践满意度	3.73	3.66	.789
课外活动满意度	3.56	3.66	-1.186

* 表示 $p<.05$。

2.1.7 家人职业因素

通过分析发现,家庭成员中有从事教育工作人员的师范生,其对于课程学习、专业实践以及课外活动的满意度均高于家庭成员中无人从事教育工作的师范生(见表8-10)。

表8-10 家人中有无成员从事教育工作的学生在学习经历满意度上的差异分析

问　　项	有（均值）	没有（均值）	t 值
课程学习满意度	3.39	3.33	3.439***
专业实践满意度	3.71	3.61	4.771***
课外活动满意度	3.71	3.61	5.311***

* * * 表示 $p<.001$。

2.1.8 生源地因素

通过对样本进行单因素方差分析(One-way ANOVA),发现不同类型生源地的学生在课程学习、专业实践以及课外活动中的满意度都有显著差异。生源地类型为地级市(区)的学生满意度相对较高。具体结果见表8-11。

表8-11 不同生源地的师范生学习经历满意度的差异分析

	乡、镇（均值）	县城（均值）	地级市(区)（均值）	省会及直辖市（均值）	F 值
课程学习满意度	3.34	3.37	3.47	3.26	13.983***
专业实践满意度	3.68	3.57	3.71	3.71	6.910***
课外活动满意度	3.66	3.63	3.74	3.59	5.220***

* * * 表示 $p<.001$。

事后比较分析发现,生源地为地级市(区)的学生在课程学习和课外活动方面的满意度明显高于生源地为其他三类地区的学生。在专业实践上,来自县城的学生与来自乡镇和地级市(区)的学生存在显著差异,与乡镇和地级市(区)的学生相比,来自县城的学生对专业实践满意度是相对较低的。具体结果见表8-12。

表8-12 不同生源地学生满意度差异的事后分析

	户口所在地(I)	户口所在地(J)	均值差(I−J)	标准误	显著性
课程学习满意度	地级市(区)	乡、镇	.136 87*	.023 05	.000
		县城	.101 59*	.028 34	.005
		省会及直辖市	.214 10*	.045 62	.000
专业实践满意度	县城	乡、镇	−.111 70*	.028 10	.001
		地级市(区)	−.145 00*	.036 03	.001
课外活动满意度	地级市(区)	乡、镇	.080 52*	.025 36	.018
		县城	.106 50*	.031 18	.009
		省会及直辖市	.142 67*	.050 19	.045

*表示均值差的显著性水平为.05。

2.2 学习投入各因素对师范生学习经历满意度的影响

学习投入是指学生在学习过程中,积极参与各项学习活动,深入地进行思考,充满活力地应对挑战和挫折,并伴有积极的情感体验,它是认知投入、行为投入和情感投入三者相互影响和作用的统一体。[①] 本研究中的学习投入主要是指师范生就读期间在课程学习、专业实践和课外活动等方面的认知、行为和情感投入等的综合,具体包括对本专业的重视程度、时间投入、学习动机、学习兴趣、学习态度、反思意识和能力以及教师职业意识等。

2.2.1 学习投入与学习经历满意度的相关分析

通过分析发现,与课程学习收获和专业实践收获满意度相关较大的均是投入时间,而与课外活动收获满意度相关较大的则是学生的反思意识与能力。学习态度则与学习经历满意度的相关度相对较低,并且与课程学习收获呈负相关。具体情况见表8-13。

表8-13 学习投入与学习经历满意度的相关分析

	学习经历满意度	课程学习收获	专业实践收获	课外活动收获
重视程度	.471**	.470**	.328**	.368**
投入时间	.566**	.590**	.398**	.415**

---

① 张娜.国内外学习投入及其学校影响因素研究综述[J].心理研究,2012,5(2):83—92.

	学习经历 满意度	课程学习 收获	专业实践 收获	课外活动 收获
学习态度	.044＊＊	—.052＊＊	.057＊＊	.090＊＊
学习兴趣	.435＊＊	.333＊＊	.325＊＊	.405＊＊
内生动机	.470＊＊	.418＊＊	.342＊＊	.396＊＊
外生动机	.287＊＊	.254＊＊	.205＊＊	.248＊＊
反思意识与能力	.496＊＊	.404＊＊	.383＊＊	.427＊＊
教师职业意识	.339＊＊	.262＊＊	.282＊＊	.281＊＊

注：＊＊表示在.01水平上显著相关（双侧），＊表示在.05水平上显著相关（双侧）。

2.2.2 学习投入对学习经历满意度的贡献度分析

前面的相关分析表明，师范生的学习投入与他们的学习经历满意度呈显著相关。为了进一步探讨学习投入对学习经历满意度的解释力，我们对学习投入与学习经历满意度之间的关系进行回归分析。具体分析结果见表8-14。

表8-14 学习投入对不同结果变量的影响程度

	课程学习 满意度（R^2）	专业实践 满意度（R^2）	课外活动 满意度（R^2）	学习经历 满意度（R^2）
学习投入	42.5	26.0	32.2	47.5

通过分析发现，学习投入对于课程学习满意度、专业实践满意度以及课外活动满意度的解释力分别为42.5％、26.0％、32.2％，对于学习经历满意度的总体解释力为47.5％，即学习经历满意度变异量的47.5％可以由学习投入解释。

为了检验影响学习经历满意度的各因素之间是否存在线性关系，需要进行偏回归检验。通过偏回归检验发现，各影响因素对学习经历满意度均具有显著的预测力，其中对学习经历满意度影响最大的是投入时间，其次是反思意识与能力、内生动机、学习兴趣、教师职业意识、外生动机、重视程度、学习态度。具体见表8-15。

表8-15 学习经历满意度偏回归检验结果

模　型	未标准化系数		标准化系数		
	B的估计值	标准误差	Beta分配	t	Sig.
1 （常量）	.112	.057		1.970	.049
投入时间	.415	.019	.336	21.671	.000
重视程度	.057	.016	.052	3.463	.001

模　型	未标准化系数		标准化系数		
	B 的估计值	标准误差	Beta 分配	t	Sig.
1　学习态度	.030	.010	.031	3.069	.002
学习兴趣	.086	.015	.074	5.647	.000
内生动机	.122	.012	.129	9.831	.000
外生动机	.063	.009	.075	6.817	.000
反思意识与能力	.263	.014	.227	19.290	.000
教师职业意识	.083	.010	.093	8.469	.000

3. 影响学习经历满意度的诸因素关系及机制分析

为了探讨学习经历满意度与各影响因素之间的因果关系，进一步探讨各影响因素对于学习经历满意度的影响，我们构建了影响学习经历满意度的假设模型。（见图 8－1）

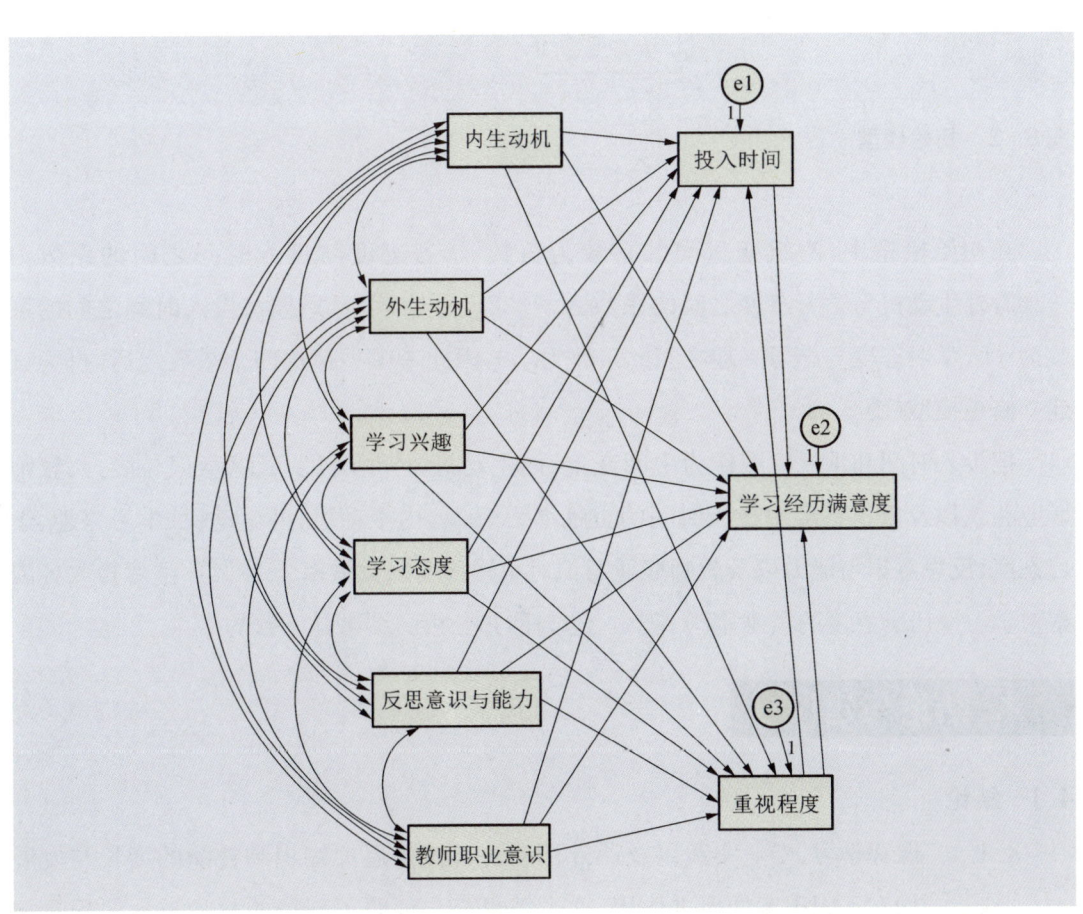

图 8－1　学习经历满意度假设模型

213

在原始的假设模型中，各标准化的模型估计值见图 8－2 所示。

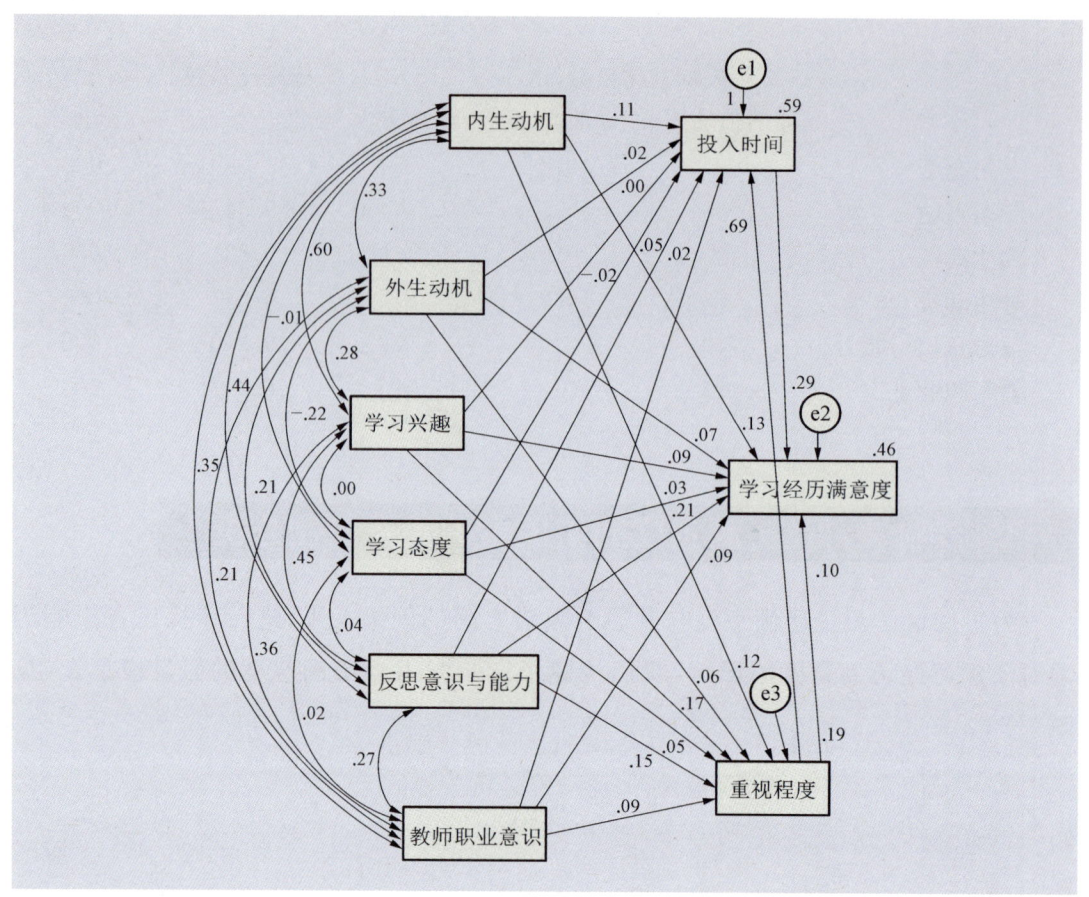

图8-2　初始模型

在初始模型中,两组变量间的系数为负数,学习态度与投入时间之间的系数为
－.02,外生动机与学习态度之间的系数为－.22。另外,学习兴趣与投入时间之间的系
数为.00,学习态度与学习兴趣之间的系数为.00,因此考虑去掉这四个系数之后,再尝试
建立修正模型(图8－3)。

把投入时间和重视程度作为中间变量,内生动机、外生动机、反思意识与能力、教师
职业意识以及重视程度对投入时间的贡献率为59%,内生动机、外生动机、学习兴趣、学
习态度、反思意识与能力以及教师职业意识对重视程度的贡献率为19%。学习投入各因
素对学习经历满意度的贡献率为47%。这与回归分析的结果是一致的。

4. 结论与建议

4.1　结论

4.1.1　课程学习、专业实践以及课外活动对师范生逐项知识和技能的增长与发展
均有不同程度的促进作用,这个结果充分证明了现行的教师教育课程及相
关安排的合理性。但与此同时,我们也发现在课程学习中,师范生对教育政
策与法规相关知识收获满意度较低以及在专业实践中对教育改革和实践知
识收获不太满意等不足,这就提醒我们需要对此加以重视。

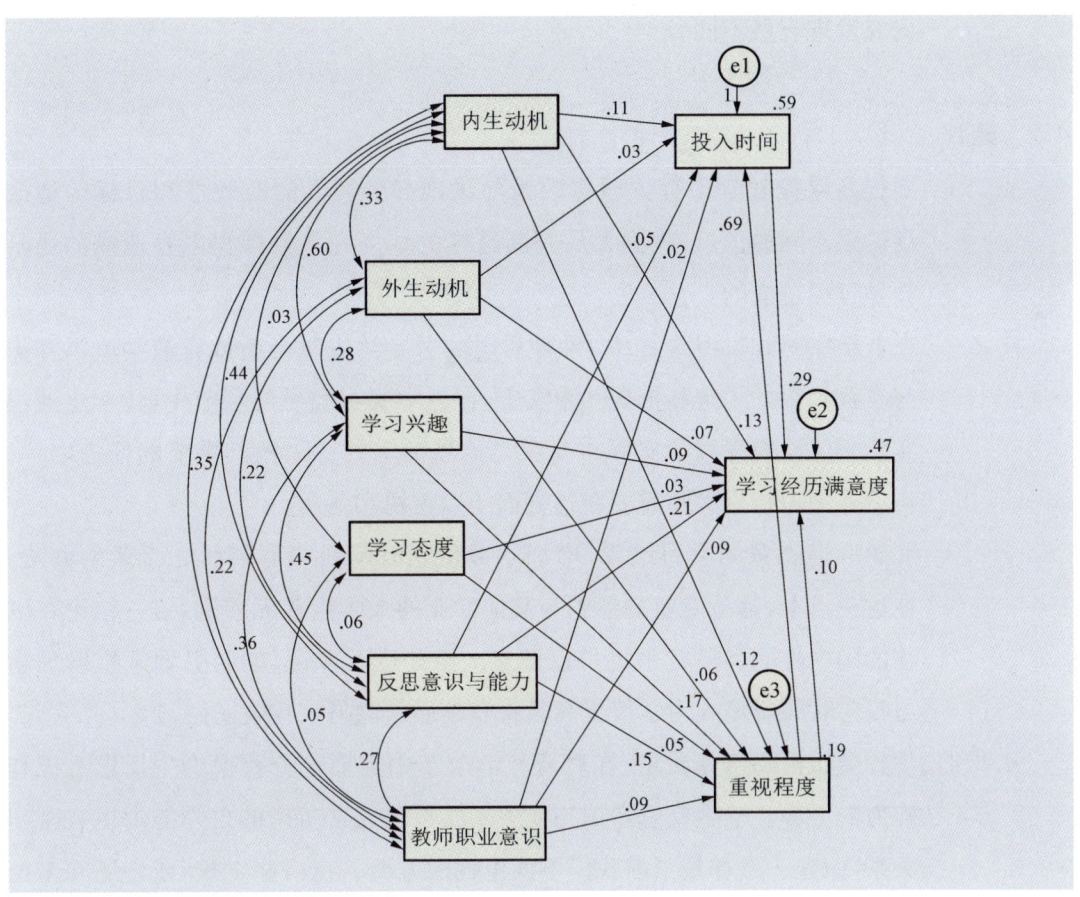

图8-3 修正模型

模型拟合指数：CFI＝.981,NFI＝.980,GFI＝.988,RMR＝.018。

4.1.2 学习投入各因素对师范生学习经历满意度均有一定程度的影响,他们共同
解释学习经历满意度47%的变异量。学习投入时间与学习经历满意度之间
的相关是最大的,其次是反思意识与能力、重视程度、内生动机、学习兴趣、
教师职业意识、外生动机。并且,学习态度与学习经历满意度呈负相关关
系。回归分析结果显示,各影响因素对学习经历满意度均有一定的解释力。
在学习经历满意度模型中,贡献最大的是学习投入时间和反思意识与能力。
结构方程模型结果表明,学习态度和外生动机对于学习经历满意度的影响
较小。

4.1.3 内生动机、外生动机、反思意识与能力、教师职业意识以及重视程度对投入
时间的贡献率为59%,内生动机、外生动机、学习兴趣、学习态度、反思意识
与能力以及教师职业意识对重视程度的贡献率为19%。学习投入各因素对
学习经历满意度的贡献率为47%。这与回归分析的结果是一致的。

4.1.4 学习态度和学习兴趣对学习投入时间没有促进作用,也就是说,学习态度和
学习兴趣对学习经历满意度的影响不会通过学习投入时间这个中间变量产
生作用。与此同时,学习态度与学习兴趣之间也没有直接关系,这与以往的

研究发现有所不同。

4.2 建议

4.2.1 要提高课程教学中有关教育政策与法规部分教学的有效性和目标的达成度。限于问卷信息,我们无从判断这样的结果究竟是课程内容造成的还是教学过程造成的。

4.2.2 在教学实习和见习过程中,要有意识地引导学生对当前教育教学改革知识与实践趋势的了解和把握。事实上,在教学实习和见习环节中,让学生通过实践来体验教育教学实际本身就是该项活动的一个极其重要的任务之一。实习或见习指导教师需要在这方面予以重视和落实。

4.2.3 要想取得满意的学习结果,增加学习投入时间是可靠的行之有效的办法。在这一点上,师范专业的学生与其他专业的大学生并无差别,这一结论在以往的国内外同类研究中也得以证实。由此也可以说,如何引导学生增加学习投入时间应该成为学校提高教育教学质量的另一有效途径。

4.2.4 学校要想提高培养质量,在教育教学改革中需要充分重视学生反思意识和能力的培养。学生反思意识与能力实质上与通常所说的自学能力也有密切关系,而这一点却是当前我们不太重视的方面。在一些学校,或许还并未把学生的反思意识和能力作为培养目标或课程目标。而本研究的结果告诉我们,较高的学习经历收获满意度或好的学习结果恰恰离不开学生反思意识与能力的培养。

（韩映雄）

九、免费师范生的培养模式及其实施状况

2007 年 5 月，国务院批准转发了教育部、财政部、中央编办、人事部《教育部直属师范大学师范生免费教育实施办法（试行）》（以下简称《师范生免费教育实施办法》），规定从 2007 年秋季入学的新生起，在六所部属师范大学实行师范生免费教育。其目的在于进一步形成尊师重教的浓厚氛围，让教育成为全社会最受尊重的事业，以有利于培养大批优秀教师，有利于为农村中小学输送师资，逐步缩小基础教育质量的地区差异，实现均衡发展。

免费师范生教育实施六年来，其相关政策逐步完善，六所部属师范大学为中西部中小学培养了一批优良师资。同时，部属师范大学利用实行师范生免费教育的良机，围绕培养造就优秀教师的目标，大力推进教师教育改革，根据基础教育发展和课程改革的要求，精心制定和实施教育培养方案。

1. 研究背景与文献综述

1.1 研究背景

为了落实免费师范生教育政策，部属师范大学严格按照《师范生免费教育实施办法》，在原有教师教育的基础上为免费师范生量身定制培养方案，逐步形成较为完善的培养模式。2007 年 9 月，六所部属师范大学共招收免费师范生 10 737 人，其中陕西师范大学 2 600 人，东北师范大学 1 529 人，西南大学 2 937 人，华中师范大学 2 200 人，华东师范大学 977 人，北京师范大学 494 人（见教育部教师〔2007〕5 号文件）。部属师范大学的免费师范生教育改革，不但使此前按照市场经济的成本分担原则对学生实行收费的方式转变为免除学费、按契约原则就业的方式，而且影响了部属师范大学的师范生教育的诸多方面和培养状况，使其招生、培养、就业等方面均发生实质性转变。截至本研究调查之时的 2011 年，六所部属师范大学已经招收五届共 5.5 万多名师范生，并且作为"改革成果"的首届免费师范生已经走上教师岗位。因此，此时选择东北、华东、华中和西北地区的四所部属师范大学作为案例，针对免费师范生的培养模式进行文本分析和实施效果的实证调查无疑及时而必要。

随着开放的教师教育体系的形成，免费师范生政策的实施，素质教育的推进以及知识经济的发展，师范大学的师范生培养面临新的挑战和需求。师范大学在转型发展中，需要回答 21 世纪需要培养什么样的教师以及如何培养教师这两大问题。而部属师范大学在教师培养创新和实践探索中具有重要的示范作用。从实践层面上来说，部属师范大学为免费师范生量身定做了培养模式，但是除了要了解培养模式的方案如何，还要了解

培养模式的实施效果如何,而这只有通过对培养对象的调查和评价才能更准确地加以衡量。本研究基于"教师教育培养机构数据库"所收集的学校文本与实证数据,通过对华东师范大学、华中师范大学、东北师范大学、陕西师范大学的案例研究,揭示其师范生培养模式及其实施效果。这四所师范大学的免费师范生招生情况见表9-1。

表9-1 四所部属师范大学免费师范生招生人数

	2007 年	2008 年	2009 年	2010 年	2011 年
华东师范大学	977	1 038	1 470	1 295	1 125
华中师范大学	2 200	2 295	2 320	2 219	1 706
东北师范大学	1 529	1 573	1 677	1 465	1 206
陕西师范大学	2 600	2 625	2 890	2 786	2 000

从表9-1可见,四校的师范生招生规模较大,而且学校之间和每校各年度的人数也存在差异,招生人数从高到低依次为陕西师大、华中师范大学、东北师范大学和华东师范大学。中西部地区的三所学校2011年招生人数与前四年相比,均有较大幅度的下降,下降幅度最大的是陕西师大,2011年较2010年减少了786人。这表明2011年免费师范生的总体招生规模在缩减。这也许跟报考情况、就业形势、各校自身的专业结构调整等因素有关。

1.2 文献综述

自2007年免费师范生政策制定实施以来,无论是学术界、政府部门还是社会公众,都非常关注该政策及其实施成效,免费师范生教育成为热点议题之一。

1.2.1 关于免费师范生教育政策的研究

关于免费师范生政策的研究,大多数研究者支持政府以"免费"或"公费"形式推动教师教育改革发展,认为师范生免费教育有利于优先发展教育,有利于优化师范院校生源,有利于促进社会公平以及形成尊师重教的社会风气,对我国构建和谐社会有着重大的现实意义。但提出政策在目标、实施等方面尚存在一些不足,需进一步完善相关措施。[1][2] 顾明远对免费师范生政策进行了制度设计。[3] 刘霄等人[4]对免费师范生政策的落实情况进行了调查研究。这些研究聚焦于免费师范生政策的优缺点,实施过程中需要解决的问题和制度设计以及该项政策的落实情况。免费师范生教育的贯彻实施是按国家意志推行的"工作定向,委托培养"实施模式,政策的制定和实施

---

[1] 吴遵民,刘芳. 免费师范生教育政策刍议[J]. 杭州师范大学学报(社会科学版),2008(6):83—89.
[2] 邓廷云. 免费师范生就业政策问题研究[D]. 西南大学硕士论文,2012.
[3] 顾明远. 落实尊师重教的重大举措——师范生免费教育需要细致的制度设计[J]. 江西师范大学学报(哲学社会科学版),2007(6).
[4] 刘霄,谢长坤,李健宏,刘世清. 免费师范生政策实施中存在的问题与对策研究——基于西部九省市的调查[J]. 现代教育科学,2009(11).

都是实行"自上而下"的路径模式,因此还急需建立政策制定和实施的各方利益主体,包括中央政府、地方政府、委托培养高校、师范生的利益诉求沟通和平等协商机制,需要依据政策法规,遵照教育规律和市场经济机制不断完善免费师范生教育制度。

1.2.2 关于免费师范生的培养研究

除政策及其实施研究外,另一研究重点是关于师范生的教育培养过程及其成效。陈时见从培养目标、基本理念、课程体系三个方面探析了师范生免费教育的培养模式。[①] 易连云、兰英提出免费师范生的独特性,应侧重实践性,需完善实践教学体系。[②] 陈凡、吴跃文[③]以及靳瑞彬[④]对部属师范大学的培养方案进行了比较分析。赵攀锋等人探讨了部属高师教师教育课程设置中存在的问题。[⑤] 这些研究从不同视角对培养模式各要素进行分析,分析重点聚焦于课程和教学。

滕瀚等人对某部属师范大学免费师范生课程现状的满意度进行了抽样调查。[⑥] 高雪春从培养理念、培养目标、培养方式、质量管理四个方面对S大学的免费师范生培养模式进行了分析。[⑦] 邓过房等人对东北师范大学免费师范生的课程设置体系进行了调查。[⑧] 张丽君、严婕以华东师范大学首届免费师范生为样本进行了问卷调查。[⑨]

这类有关免费师范生培养的实证研究,有其优点,也有不足。首先,大都采用问卷调查,并且以某所部属师范大学为个案进行研究,针对性比较强。但是各部属师范大学免费师范生的培养状况不尽相同,单个院校研究无法洞悉六所师范大学作为一个整体的免费师范生教育状况。其次,由于免费师范生政策实施时间较短,以上研究大多是以首届免费师范生为研究对象,而当时首届免费师范生还没有毕业,还没有对培养模式有完整的感知,因此,不能系统了解整个培养模式的实施状况。本研究试图弥补这些不足,选取四所部属师范大学,对其免费师范生教育模式进行文本分析与问卷调查,旨在考察免费师范生的培养模式以及该培养模式的实施状况和效果。本研究共分为六个部分,首先是研究背景和文献综述,第二部分是四所师范大学培养方案的文本分析,第三部分是调查方法,第四部分是培养过程的实施状况,第五部分是培养效果及其影响因素,第六部分是结论和建议。

---

① 陈时见. 师范生免费教育的培养模式探析[J]. 西南大学学报(社会科学版),2007(6).
② 易连云,兰英. 免费师范生实践教学体系探讨[J]. 西南大学学报(社会科学版),2007(6).
③ 陈凡,吴跃文. 部属师范大学免费师范生培养特色分析及启示[J]. 世界教育信息,2008(1).
④ 靳瑞彬. 六所师范院校免费师范生培养方案比较研究[D]. 西南大学硕士论文,2012.
⑤ 赵攀锋,李远蓉,宋瑞. 部属高师教师教育课程设置存在的问题及对策研究[J]. 当代教育论坛,2011(2).
⑥ 滕瀚,时伟,梁支宏,王少云. 免费师范生课程现状满意度调查分析[J]. 辽宁教育研究,2008(9).
⑦ 高雪春. 免费师范生培养模式研究[D]. 武汉:华中师范大学,2009(5).
⑧ 邓过房,陈鑫,张本华,李松媛. 免费师范生视域下的课程设置体系调查研究——以东北师范大学为个案[J]. 考试周刊,2009(25).
⑨ 张丽君,严婕. 首届免费师范生发展状况调查[J]. 大学(学术版),2010(7).

2. 四所师范大学培养方案的文本分析

本部分从培养目标、课程体系和实践教学三个方面来比较四所院校的师范生培养模式。

2.1 免费师范生培养目标[①]

2.1.1 华东师范大学培养目标

华东师范大学在围绕培养造就优秀教师和教育家的总体目标下,制定了如下免费师范生培养目标:

① 具有符合基础教育改革发展和时代要求的先进教育理念,形成终身服务国家基础教育的理想和信念;

② 掌握宽厚的专业基础知识、基础理论和基本技能,包括对知识产生的过程、知识本身的思维形式、研究方法和逻辑关系的认知;

③ 具有教学活动的基本体验,掌握扎实、有效的教学实践技能,具备较强的中小学教学工作适应能力;

④ 具有在自主学习与教学实践中发现问题、提出问题、分析问题、解决问题和开展研究性教学、进行教学反思的能力。

其中,教师专业发展的目标具体为:

① 具有组织、设计课程的能力;

② 具有以反思、探究为核心的教学研究能力;

③ 具有从事双语教学的能力;

④ 具有教育技术整合能力;

⑤ 把握基础教育改革发展的脉络,熟悉基础教育改革实践的现状。

2.1.2 东北师范大学培养目标

东北师范大学的培养目标是:引导和促进学生成为有见识、有能力、有责任感的自主学习者,培养其成为有理想、有抱负,德智体美全面发展,基础扎实且富有创新精神和实践能力的优秀中学教师,为其成为教育家奠定坚实基础。要培养学生具有"高尚的师德修养、扎实的专业知识、高超的教育技能、宽阔的学术视野、先进的教育理念、独立的研究能力"。其培养思路是"宽口径、厚基础、精专业、强能力"。

2.1.3 华中师范大学培养目标

华中师范大学的培养目标定位在为国家基础教育事业的发展培养德才

---

① 这部分政策文本来自:教育部网站[EB/OL]. 02. 205. 177. 9/edoas/website18/05/info33005. htm,2011-04-26;东北师范大学教务处[EB/OL]. http://jwc. nenu. edu. cn/ACTIONSHOWINFO. APPPROCESS? mode=2&info=3623,2011-05-03;华中师范大学师范生培养方案;陕西师范大学 2009 级本科生学习手册. 陕西师范大学教务处. 2009. 9.

兼备的高素质专业化的一流师资。毕业生职业走向以重点高中师资为主体,同时要求具备从事初中及小学教育教学的能力。师范专业毕业生应具备以下教师教育专业素养:

乐教——具有坚定的职业信念、良好的师德、高度的责任感和团队合作精神。

懂教——树立正确的教育思想观念,掌握教育教学方面的基本理论和基本知识,了解基础教育改革的实践状况。

会教——具备过硬的教学基本技能,具备应用现代教育技术组织、设计课堂教学活动的能力,普通话和板书达标,具有一定的教学研究能力,较好地掌握开展班级活动的技能。

善教——学科专业基础扎实,具备较强的创新精神、创新思维能力和终身学习能力,形成良好的后续发展潜力。

2.1.4 陕西师范大学培养目标

陕西师范大学师范类专业培养目标主要是培养德、智、体等方面全面发展的基础教育学校优秀教师及行政管理人员,为造就教育家奠定坚实基础。基本规格要求为:

(1)坚持科学发展观,具有科学的世界观、正确的人生观和价值观以及高尚的道德品质。

(2)系统掌握本专业的基础理论、基本技能和基本方法,了解本学科的发展前沿,具有科学研究的初步能力;了解相关学科的基本知识,具有一专多能的知识结构;掌握计算机的基本知识,具有一定的应用能力;掌握一门外语,达到国家规定的四级外语水平。

(3)具有适应社会的能力,获取知识的能力,分析问题和解决问题的能力以及与人合作共事的能力;具有科学、合理的知识结构;具有实事求是的科学态度;具有民主与法制意识、改革开放意识等现代观念。

(4)师范类专业的学生要热爱教育事业,熟悉教育学、心理学的基本理论,了解基础教育教学改革实际,掌握现代教育技术;普通话达到一定水平,具备教师的基本素养、基本技能以及施行素质教育和基础教育新课程教学的能力。

(5)具有良好的人文素质与科学素质,具有健全的人格和良好的心理素质,具有较强的创新精神和实践能力,成为德、智、体、美等全面发展的高素质人才。

2.1.5 四校的培养目标分析

四所大学的师范生培养目标都较为明确,各具特色。首先,它们总体上都把培养优秀教师和教育家作为其培养目标的基础,并进一步细化、完善。其次各校在培养目标的具体要求上有些差异。由于考虑到优秀教师的成长需要一个长期的专业发展过程,师范生培养属于职前教育阶段,有着特定的专业发展的任务[1],因此,华东师范大学对免费师范生从事教育教学的能力提出更明确的要求。东北师范大学确定了"十二个字"的培养思路。华中师范大学强调师范生应该具备"乐教、懂教、会教、善教"的专业素养。陕西师范大学提出了师范生培养的基本规格要求,强调培养基础教育学校优秀教师及行政管理人员,这点比较符合国家实施免费师范生政策的宗旨。

各校的培养目标也存在一些问题。首先,四所院校均将师范生的培养目标定位为培养优秀教师乃至为培养教育家奠定基础。而每校每年的招生规模都是千人以上,甚至达到两千人以上。如此规模,是否真能实现每名师范生成为优秀教师乃至教育家? 培养教育家的目标对于仅仅实施职前培养而言,是否定位过高? 也许培养合格教师或高素质教师的目标更为切合实际。其次,四校需要思考培养目标中的具体要求是否设置合理,能否可行。如华东师范大学提及"具有从事双语教学的能力",这一目标需要考虑到各学科科目之间的差异性。双语教学对不同学科、不同学段的意义不同,如英语需要双语教学,但语文、历史、数理化和音体美专业未必需要双语教学。要考虑到如何针对学科差异,制定有分层分类的教学能力目标,否则难以实现该目标。东北师范大学的培养目标高度概括,不太具体,难以指导培养方案的设计与实施。第三,需要将这四所学校的师范生培养目标跟国家的免费师范生的政策目标(即培养面向中西部农村地区的中小学师资)进行对照,将两者互相脱节和不一致的地方加以调整修订。如华中师范大学培养目标是以重点高中师资为主,同时要求具备从事中小学教育教学的能力,这忽略了高中与初中、小学教学的不同特点,而重点高中以城市居多,忽视了城镇、农村初中和小学的师资需求。

2.2 免费师范生课程体系[2]

2.2.1 华东师范大学课程体系

华东师范大学根据师范生培养目标和规格,在学术取向、专业取向和实践取向整合的要求下,在教学计划中构建了"通识教育＋专业教育＋教师教育"的课程体系,见表9－2。

---

[1] 万明霞,荀渊,张华瑞,陈灵犀,孟永红.华东师范大学免费师范生的培养[J].大学·研究与评价.2007(7):12.
[2] 本部分内容来自教育部网站和各师范高校的官方网站。

表9-2 华东师范大学课程体系

课程类别		课程模块	学分数
通识教育课程	通识必修	"两课"课程	14
		大学外语课程	16
		信息技术课程	5
		体育与健康课程	4
		军训与军事理论	2
		大学语文或大学数学	2(3)
	通识选修	语言、人文与艺术	6
		社会科学	
		自然科学	
	小 计		49—50
专业教育课程	学科基础平台课程	相关学科基础课	8—28
		学科基础课	15—30
	专业类课程	专业核心类课程	16—24
		专业拓展类课程	12—14
		专业实践类课程	8—10
	小 计		59—106
教师教育课程		教育与心理基础类课程	4
		教育研究与拓展类课程	6
		教育实践与技能类课程	14
		学科教育类课程	6
	小 计		30

2.2.2 东北师范大学课程体系

东北师范大学坚持"专业教育与教师职业教育高度融合"的师范大学模式,为师范专业学生构建了"通识教育课程+专业教育课程+教师职业教育课程"的课程体系,见表9-3。

表9-3 东北师范大学课程体系

课程类别		课程模块	学分数
通识教育课程	通识必修	思想政治伦理课	40
		健康体育与国防教育课	
		交流与表达课	
		数学与信息技术课	
	通识选修	社会科学	10
		人文科学	
		自然科学	
		艺术课程	
	小 计		50

课程类别	课程模块		学分数
专业教育课程	**专业必修课**	专业基础课	55—56
		专业主干课	
		专业实习与毕业论文	
	限定性专业选修课	专业系列课	15—25
	小　计		70—81
教师职业教育课程		教育理论类课程	25—30
		教育技能类课程	
		教育实践类课程	
		一般教育课程	
		学科教育课程	
	小　计		25—30

2.2.3　华中师范大学课程体系

华中师范大学师范专业课程体系以"主修专业课程（3学年）＋教师教育课程模块（1学年）"（即"3＋1"）的模式设计，见表9-4。师范专业的学生应同时完成主修专业课程和教师教育课程模块的学习，方可获取教师资格证书。

表9-4　华中师范大学课程体系

课程类别	课程模块		学分数
主修专业课程	**通识教育课程**	通识必修　外语基础	
		信息技术基础	
		综合素质	
		体育军事	
		通识选修	
	小　计		52
		学科基础课程必修课（含思想政治课）	68
		专业必修课	
		专业选修课	30
	小　计		98
教师教育课程		师范教育基础课程	9
		教师技能课程	5
		学科教育类课程	4
		教育实践环节	10
	小　计		28

2.2.4　陕西师范大学课程体系

陕西师范大学在优化原有课程体系基础上，构建了"通识模块＋学科基础模块＋专业课程模块＋教师教育模块＋实践模块"的模块化课程体系,见表9-5。

表9-5 陕西师范大学课程体系

课程类别		课程模块	学分数
通识模块	必修	思想道德修养与法律基础	3
		中国近现代史纲要	2
		马克思主义基本原理	3
		毛泽东思想、邓小平理论和"三个代表"重要思想概论	6
		形势与政策	2
		大学语文	2
		高等数学	2
		计算机基础(文科、艺术、体育类)	3
		计算机基础(理工科)	3
		多媒体应用技术与网页设计(文科)	3
		VB程序设计(理工科)	4
		大学外语及综合应用	16
		大学体育	4
	选修	通识教育选修课(含当代世界经济与政治)	8
		小 计	61
学科基础模块		相关学科基础课(必修)	36—61
		本学科基础课(必修)	
		小 计	36—61
专业课程模块		专业必修课	
	专业选修课	专业限定选修课	
		专业任意选修课	
		小 计	
教师教育模块(专业技能模块)	必修课	公共必修	11
		学科必修	6
		选修课	2
		小 计	19
实践模块		基础实践(必修)	24
		专业实践(必修)	
		综合实践(必修)	
		小 计	24

2.2.5 四校师范生培养的课程体系

从上面表9-2至表9-5可以看出,华东师范大学和东北师范大学的课程体系由三块组成:通识教育课程、专业教育课程、教师教育课程,总学分都是160学分左右；而华中师范大学把通识教育课程纳入到主修专业课程中，总学分178学分左右；陕西师范大学除了通识模块、专业模块、教师教育模块外，还把学科基础模块和实践模块分离出来，学分总数在140—165学分之间，四所高校各类课程具体情况如下。

1）通识教育课程

华东师范大学通识教育课程旨在进一步扩大学生知识面，拓展其多学科综合视野，了解学术进展和学科前沿，培养师范生的科学精神和人文素养，提高其综合素质和社会适应能力。通识教育课程总共占49—50个学分，约占总学分的31％，分为通识必修课与通识选修课，通识必修课占43—44学分，通识选修课占6个学分。通识必修课由"两课"课程、大学外语课程、信息技术课程、体育与健康课程、军训与军事理论、大学语文或大学数学六大类课程组成。通识选修课由语言、人文与艺术，社会科学，自然科学三类课程，含32门可选课程。学校在英语、计算机、大学数学、大学物理等通识必修课程教学中实行了分流、分类、分级教学，同时为文科学生全面开设高等数学，为理工科学生开设大学语文。

东北师范大学通识教育课程旨在对学生进行马克思主义理论教育与公民教育，使学生了解人文科学、社会科学、自然科学和艺术等方面的基本思想，形成学科知识的整体观念，促进不同学科知识及其思维方式的互动与迁移，为学生终身学习与全面发展以及从事教师职业奠定必要的基础。其通识必修课程约占40个学分，由思想政治理论课、健康体育与国防教育课、交流与表达课、数学与信息技术课四大类课程组成。通识选修课包含四大学科领域即社会、人文、自然、艺术，选修课10个学分，每类至少选修2个学分。

华中师范大学并没有将通识教育课程独立单列，而是将其列入了主修专业课程。主修专业课程总学分为150左右，通识教育必修课和选修课占52学分，约占35％左右。通识教育必修含外语基础、信息技术基础、综合素质、体育军事四大类课程。通识选修课12个学分，其中理科类课程4个学分，艺术类2个学分，其他6个学分由学生自主选修。

陕西师范大学通识模块是基于其通识教育平台课程，旨在夯实基础，拓宽口径，加强科学精神和人文精神的贯通和融合，强调学生掌握宽厚的文理学科知识背景，促进全面发展。通识教育课程总计61个学分，约占学分总数的41％，其中通识必修课占53个学分，通识选修课占8个学分。通识必修课包括思想政治理论课、大学外语及综合应用、大学语文、高等数学、计算机应用基础及程序设计、大学体育等课程。通识选修课由通识教育核心选修课和通识教育任意选修课组成。通识教育核心选修课分为人文社会科学、自然科学与技术、美育与健康、教师教育四个系列，须修6个学分，任意通识课程须修 2 个学分。

总之,四校的通识教育课程都包括必修课和选修课,以必修课为主,选修课为辅。通识课程作为三大模块课程之一,在各校课程体系中占 50—60 个学分,占总学分比例的 30％—40％不等。华中师范大学把其他三校纳入通识教育必修的思想政治课程纳入到学科基础课的必修课。

2）专业教育课程

华东师范大学专业教育课程旨在夯实学科基础,拓宽专业知识面,使免费师范生具备可持续发展的专业素养与专业技能。专业教育课程由学科基础平台课程和专业类课程组成,总计 80 个学分,占学分总数的 50％。其中,学科平台课程包括相关学科基础课程(8—28 学分)和学科基础课程(15—30 学分)。专业类课程由专业核心类课程(14—16 学分)、专业拓展类课程(12—14 学分)和专业实践类课程(8—10 学分)组成。该校要求各专业加强学科基础平台课程的建设,重点建设 8—10 门专业核心课程,同时重点推进研究型课程建设。

东北师范大学专业教育课程旨在为学生未来从事教师职业奠定扎实的专业基础,培养学生具有宽阔的学术视野。专业教育课程由专业基础课、专业主干课、专业系列课、专业实习与毕业论文四个模块组成,总计 70—80 学分,占学分总数的 44％—50％。其中,专业基础课、专业主干课和专业实习与毕业论文为必修课,占 55—65 个学分;专业系列课为限定性选修课,占 15—25 学分。

华中师范大学为了保证师范专业学科专业基础的培养质量,仍采取按大类培养的制度。在专业课程平台上,各院(系)可按照不同层次和类型人才培养目标要求,设计专业课程模块。主修专业的课程总学分为 150 左右,其中学科基础和专业必修课约占 45％,专业方向选修课约占 20％,任意选修课的学分约为 10％,其中,文理交叉课程不少于 4 个学分,艺术类课程不少于 2 个学分。

陕西师范大学把学科基础模块从专业课程模块中分离出来,并要求在前两年开设,二者占 40—60 学分。学科基础课程包括跨学科门类的相关学科基础课程和本学科基础课程两部分。其专业课程模块也分为专业必修课和专业选修课。该校将实践课程单列,占 24 个学分。

3）教师教育课程

华东师范大学教师教育课程从教师职业的专业知识、技能和专业精神伦理出发,旨在让师范生掌握先进的教育理念和具备终身发展的能力。教师教育课程包括教育与心理基础类课程(4 个学分)、教育研究与拓展类课程(6 个学分)、教育实践与技能类课程(14 个学分)和学科教育类课程(6 个学分),总计 30 个学分,约占学分总数的 19％。华东师范大学重点改造了教育学、心理学两门传统课程,建设了 35 门教育研究与拓展类课程,加强教育实践与技能类课程,整合学科教育类课程体系。

东北师范大学教师教育课程命名为教师职业教育课程。其目的是保证学生具有较强的教学实施、教学研究、教学管理的实践能力,具有从事教育教学改革和创新的能力。教师职业教育课程包括教育理论类课程、教育技能类课程、教育实践类课程、一般教育课程和学科教育课程,总计 25—30 学分,占学分总数的 15%—19%。其中,必修课程为 20—22 学分,选修课程为 5—8 学分。同时,要求教师职业教育课程适应基础教育需要,依托相近学科建设技术类课程、学科课程、社会课程等,设置与中学"综合实践活动"相关的课程。

华中师范大学教师教育课程模块为 28 个学分。课程 18 个学分,教学实践 10 个学分,分为师范教育基础课程、教师技能课程、学科教育类课程和教育实践环节四个部分。其中,师范教育基础课程包括必修课程,心理学基础和教育学基础共 6 个学分,选修课程 3 个学分,在 22 门 1 个学分的课程中任意选修 3 门。教师技能课程包括师范生必修课程 4 个学分,含教师口语(普通话)、教师书法和现代教育技术,分专业教学技能训练必修课程 1 个学分。学科教育类课程分必修和选修各 2 个学分。必修课程是学科教学论,选修课程为专业学科教育类课程,主要包括有关中学教材的研究、对中学课程开发与课程设计等,学生需选修 1—2 门课。

陕西师范大学把实践课程模块从教师教育模块中分离出来。其教师教育模块总计 19 学分,必修 17 学分,选修 2 学分。必修课程又分为公共必修和学科必修课程,公共必修课程包括分别占 2 学分的心理学、教育学、教育心理学、现代教育技术,以及分别占 1 学分的基础教育课程改革专题、教师职业道德、教师政策法规;学科必修课程包括相关学科教学导论、学科中学教材分析与教学设计以及学科多媒体辅助教学与课件制作。

2.2.6 四校的课程体系比较

为实现其培养目标,华东师范大学、东北师范大学、华中师范大学、陕西师范大学精心构建了课程体系。四校的共同点包括:课程体系大多涵盖通识课程、学科专业课程和教师教育类课程三大模块;四校都以学科专业课程为核心,其学分比例最高,其次为通识课程,再次为教师教育课程;四校的通识教育课程均包含必修课和选修课,必修为主,选修为辅,通识教育课程都涵盖国家规定的思想政治教育、英语教育、计算机教育和人文与科学教育;教师教育类课程含必修和选修,一般将教育学和心理学列为必修课,各为2—3 学分,其他课程为选修课,选修课以 1 个学分的小课程为主。

四校的三大类课程学分总数及其占总课程学分的比例不同。华东师范大学每一大类课程模块学分基本固定,通识教育课程因文理不同而占 49—

50学分,专业教育课程占80学分,教师教育课程占30学分。东北师范大学每一大类课程之间学分有一定的变动范围,通识教育占50学分,专业教育课程占70—80学分,教师职业教育课程占25—30学分。华中师范大学通识教育课程约占52学分,专业教育课程占98学分,教师教育课程占28学分。陕西师范大学通识教育课程占61学分,专业教育课程占36—61学分,教师教育课程占19学分。此外,华东师范大学专业教育课程虽总分固定,但课程模块内部学分有很大的自由度;华中师范大学专业教育课程体系中包含"两课"的学分;陕西师范大学教师教育课程不包括实践模块的课程。

这些课程设置及其体系尚存在一些不足。首先,三大类课程模块的比例不完全合理。学科类课程偏高,而教师教育课程偏低,教师教育课程中,实践技能的课程学分比例严重偏低。其次,课程的内容构成也有待修改完善。四校的通识教育课程学分占学分总数的31%左右,而美国通识教育课程占总课时的40%,日本占37.7%,德国占33.3%,[①]四所大学的通识教育课时数比较接近发达国家。通识教育的原意是强调"通过学习人文、社会、自然科学的统整知识,进而培养完整的人格"。[②] 然而,四校的通识教育课程似乎没有达到人文、社会与自然科学之间的平衡。通识必修课比例很高,而通识选修课比例偏低。如华东师范大学通识必修课占通识课学分总数的88%左右,而语言、人文与艺术,自然科学和社会科学都是作为通识选修课,仅占6学分(12%),尽管华东师范大学建设了32门通识选修课程,但是仅6学分的课程是否真正能培养学生的科学精神和人文素养?从通识教育的内容来看,"两课"课程高达16学分,大学外语课程占14学分,两者共占通识教育课时总数60%,可见,真正体现人文、社会、自然科学的课程很少。另外三校情况也大体如此。显然,四校的通识教育课程与通识教育的应有理念不完全一致。

在教师教育课程结构方面,四校可供选修的课程大幅度增加。根据国际劳工组织和联合国教科文组织对70个国家的调查,各国教师教育中教育类课程一般占学时的20%—40%,[③]这四校的教师教育课程占学分总数的19%左右,在课时比例上与各国已经接近。华东师范大学将教育学、心理学更名为"教育学基础"、"心理学基础",改变传统的以学科逻辑展开为主的课程教学内容和灌输式的教学方法,将教育学与心理学的基本理论渗透在对教育教学实践中的现实问题的剖析当中;设置6学分的学科教育类课程,注重大学和中学教育的贯通和连接;新增教育研究与拓展类课程模块,确保每年开设120门次。东北师范大学设置了"三类两层"教师教育课程体系,并

---

① 薛赛男.发达国家教师教育课程设置的特点及启示[J].世界教育信息,2006(10):31.
② 庞海芍.通识教育:困境与希望[M].北京:北京理工大学出版社,2009:102.
③ 薛赛男.发达国家教师教育课程设置的特点及启示[J].世界教育信息,2006(10):31.

且也注重与中学的衔接，专门设置与中学"综合实践活动"相关的课程。华中师范大学开设22门教师教育选修课程供学生选修3学分，并开设六十多门分专业学科教育类选修课程，学生从中选修2学分。

四所大学都开设了众多的教师教育选修课程，以给学生提供更多的选择机会，扩大学生的教师职业视野，从而提高学生的职业素养。但这类课程大多都是1学分，也就是说都是短课程，这可能使学生在学习这些课程时浅尝辄止。此外，学生如果选修过多的课程是否会加重其学业负担，是否配备专门人员在学生选课时提供专门指导，这些都可能影响课程体系实施的效果。

此外，课程体系的设计方面缺乏针对农村教育的课程。因为"到城镇工作的免费师范生，应先到农村义务教育学校任教服务二年"，而农村基础教育比较薄弱，各方面条件都跟城市差别较大，因此，免费师范生应事先对农村教育有一定的了解，才能在毕业后更快更好地适应从教环境。但是四所部属师范大学的课程设置明显缺乏农村教育内容，这似乎与免费师范生将来的工作角色不太符合。

2.3 免费师范生实践教学[①]

2.3.1 华东师范大学实践教学

华东师范大学培养模式注重师范生的教育教学实践方面的训练，引导师范生体验和实践教师职业角色。该校整合校内外实践教学资源和条件，构建"见习、研习和实习一体化"的实践教学体系，把互为衔接的专题见习、课题研习和教育实习，以及教师技能训练，循序渐进地贯穿在师范生四年的专业学习中，为免费师范生营造一个优质的开展中小学教育教学实践的校内外教学环境。

① 专题见习，占3学分。整体规划专题性教育见习计划，安排每位免费师范生自第3学期到第6学期，以主题论坛、学校体验、教学观摩、课堂参与等形式开展专题性见习。

② 课题研习，占2学分。自第6学期开始，以课题资助项目的形式，结合双导师制的实施，引导师范生通过教学、科研活动的基本体验，提高科学研究和教育创新能力，实现科研带动教与学的同步成长。学校在大夏基金中设立师范生基础教育改革研究与实践专题板块，每年设置200项，平均资助力度为1500元，以3—5人的团队形式申报，项目研究期限为1年到1年半。

③ 实习支教，占6学分。集中安排师范生在第7学期到实习基地进行为期半年的教育实习，采取导师带队、师生结合、成组配置、混合编队等方式组建实习小组，选聘一批实习基地学校骨干教师担任兼职导师，与学校专业

---

① 本部分内容来自教育部网站和各师范高校的官方网站。

导师、实习指导教师组成实习指导联合小组,加强对师范生的指导工作。

④ 教师技能训练。除见习、研习和实习之外,教师技能训练也是实践教学的一个重要组成部分。通过"教师口语"和"信息化教学设计与实践"这类课程来进行。

同时,华东师范大学还建立健全实习支教制度,分期分批选派高年级师范生到农村学校进行为期半年的实习支教。选派高水平教师承担实习支教的组织、管理、指导等工作任务,加强对实习支教的师范生的全程服务和跟踪管理。把师范生实习支教制度与服务农村义务教育计划紧密结合起来。

2.3.2 东北师范大学实践教学

东北师范大学把教师职业技能训练贯穿于学生培养的全过程,建立经常化、制度化、规范化、系统化的教师职业技能训练体系。在加强专业教育的同时,将教育理论教学、教育技能培养、教育实习有机结合起来,通过建立"教育见习—模拟教学—教育实习"的实践教学体系,加强教师职业技能训练,培养学生的从教能力。

① 教育见习。在教学计划的第6学期安排1学分的教育见习选修课程。

② 模拟教学。由各学院负责在其微格教室中开展教育实习前模拟教学训练工作。

③ 教育实习。占5个学分的教育实习,集中安排学生在第7学期进行。选择一批优秀教师作为指导老师,并提前对指导老师进行培训,要求各学院深入实习第一线进行检查、指导和听取意见,以确保实习工作顺利开展。

④ 教育调查。占1个学分,为选修课。

此外,东北师范大学为加强实践教学的贯彻实施,致力于建设东北地区200所左右的中学教育实习基地。同时,聘任优秀的中学教师担任该校实践教学的指导教师。通过建立基础教育改革试验区,实施实习支教工作,培训中学教师,开展课题研究,与中学密切合作培养学生的从教能力。

2.3.3 华中师范大学实践教学

华中师范大学在各类课堂教学活动中,加强对师范生教学基本技能的训练,注重对学生进行现代教育思想观念的熏陶和培养。其教育实践环节共10个学分,包括教育见习、教育实习两个必然环节。

① 教育见习。教育见习2个学分。

② 教育实习。教育实习8个学分,具体包括教学工作实习、班主任工作实习以及教育调查。学生只有完成教师技能应修课程和教育见习后,才可以参加教育实习。

此外,华中师范大学还以"中部地区教师教育创新与服务综合改革实验区"建设为依托,大力加强实习、见习、实训基地建设,集中建设200个左右能够容纳该校各师范专业学生共同实习的综合性实习基地。学生可以通过实习、见习、实训等多元方式进入基地学习。学校第 7 学期安排为期半年的实训、实习活动。同时,配合双导师制的开展,充分发挥实习基地的作用。

2.3.4 陕西师范大学实践教学

陕西师范大学构建了层次分明的实践教学体系,一是培育学生基本技能与素质的基础实践;二是以职业训练为主要内容的专业实践;三是培养学生创新精神与解决实际问题能力的综合实践,培养学生的创新精神和实践能力。实践教学体系包含以下四个部分:

① 教育见习。教育见习从第 1 学期至第 6 学期,计 2 学分。

② 专业实践与社会调查。根据专业特点和课程需要,学院组织学生利用课外时间开展专业实践与社会调查,每个学生至少完成 2 篇专业实践与社会调查报告,计 2 学分。

③ 教育实习。教育实习 1 学期,原则上安排在第 7 学期,计 6 学分。

④ 学科教学技能训练。各学院根据专业特点,结合"学科教学导论"课程,利用微格教学实验室,在教育实习之前对学生进行本专业教学技能的严格训练,计 2 学分。

此外,各专业学生还需进行科研训练。至少完成 2 篇学年论文或综合设计,计 2 学分。

2.3.5 对免费师范生实践教学的分析

四所大学分别根据自身条件为免费师范生构建了一套实践教学体系,以使师范生在实际的操作过程中提高自身的专业素养。四所学校的实践教学体系见表 9-6:

表 9-6 四所大学实践教学体系

华东师范大学			东北师范大学			华中师范大学			陕西师范大学		
实践教学体系	学分	开课学期	实践教学体系	学分	开课学期	实践教学体系	学分	开课学期	实践教学体系	学分	开课学期
专题见习	3	3至6	教育见习	1	第6学期	教育见习	2	—	教育见习	1	1至6
课题研习	2	第6学期	教育调查	1	机动	—	—	—	社会调查	2	—
实习支教	6	第7学期半年	教育实习	5	第7学期半年	教育实习	8	第7学期半年	教育实习	6	第7学期1学期
教育技能训练	有	—	模拟教学	有	—	教育技能训练	5	—	教学技能训练	2	—

从表 9-6 可以看出,四校的实践教学体系除教育技能类课程和模拟教学类课程外,华东师范大学实践教学体系共占 11 学分,东北师范大学占 7 学分,华中师范大学占 10 学分,陕西师范大学占 9 学分。就教育见习来看,华东师范大学占 3 学分,从第 3 学期到第 6 学期开设;而东北师范大学只占 1 学分,第 6 学期开设;华中师范大学占 2 学分,完成教育见习之后方可参加教育实习;陕西师范大学占 2 学分,从第 1 学期至第 6 学期进行。教育见习的主要目的是让师范生进入一线中小学教师的工作环境,体会并了解基础教育状况和熟悉教育教学管理的基本过程,增强其感性认识[①],增强大学和中小学教育的连贯性。无论是学分比重还是时间跨度上,各校都互不相同,其见习效果可能也会有所差别。

从教育实习来看,四所学校均在第 7 学期进行为期半年的教育实习,实习时间与以往相比有所增加,其中都有部分师范生进行顶岗支教。从学分来看,东北师范大学教育实习只有 5 学分,华东师范大学和陕西师范大学教育实习只有 6 学分,学分偏低,而华中师范大学教育实习占 8 学分,相对较高。除此之外,课题研习可谓是华东师范大学的特色实践教学,占据 2 学分,用来提升师范生的科研和创新能力。东北师范大学也设置了 1 学分的教育调查,来增加师范生对基础教育的了解程度。华中师范大学教育实习中包含教育调查。陕西师范大学专业实践与社会调查以及科研训练也是学生必修的实践教学部分。

2.4 小结

总而言之,从培养模式的文本资料上来看,华东师范大学、东北师范大学、华中师范大学和陕西师范大学的免费师范生培养模式既有共同之处,又各具特色,有所长,也有不足之处。从培养目标方面来说,四所学校都在培养优秀教师和教育家的总体目标之下,再根据学校自身特色提出了更加具体的培养目标。从课程体系来说,四所学校课程结构差别不大,总学分相同,在时间安排上,与华东师范大学和东北师范大学有所不同的是,华中师范大学课程体系中采用三年时间主修专业课程,一年时间主修教师教育课程;陕西师范大学前两年按学科大类进行通识培养,后两年按学科专业方向进行专业培养。四所高校各课程模块的具体课程内容之间有一定差别,具体课程的数量和学分方面也有一定差别。四所高校没有开设针对农村基础教育的课程有可能是其不足之处。从实践教学方面来说,四校都制定了一套一体化的实践教学措施。

3. 调查方法与基本状况

本次调查对象均为大四学生。调查严格按照随机抽样原则实施,先抽取师范专业的

---

① 王大钊. 高师院校师范生实践教学模式新探[J]. 青海师范大学学报(哲学社会科学版),2007(2):155.

中文、数学、外语、物理、化学、生物、思政、历史、地理、音乐、体育、美术和教育技术 13 个专业，按照每所学校的学生名单随机抽取每个专业的 20 名学生，四校合计每专业共 80 名学生，通过集中在线填答网络问卷的形式完成调查。由于有的专业学生人数较少，因此实际参加调查人数少于 80 人。四所部属师范大学的调查问卷共 1 004 份，具体情况如表 9-7 所示。

表 9-7　样本特点

	基本信息	数量	比例(%)		基本信息	数量	比例(%)
学校	华东师范大学	214	21.3	民族	汉族	861	85.8
	东北师范大学	261	26.0		少数民族	143	14.2
	华中师范大学	267	26.6		中文	83	8.3
	陕西师范大学	262	26.1		数学	80	8.0
性别	男	413	41.1		外语	77	7.7
	女	591	58.9		物理	82	8.2
是否独生子女	是	283	28.2	专业分布	化学	80	8.0
	否	721	71.8		生物	78	7.8
入大学前,户口所在地	乡镇	603	60.1		思政	74	7.4
	县城	161	16.0		历史	78	7.8
	地级市(区)	152	15.1		地理	76	7.6
	省会及直辖市	88	8.8		体育	80	8.0
年龄组	19—21 岁	41	4.1		音乐	74	7.4
	22—25 岁	945	94.1		美术	63	6.3
	26—31 岁	18	1.8		教育技术	79	7.9

由表 9-7 可见，调查涉及 13 个专业，乡镇生源的学生占据最大比例，为 60.1%，县城和地级市(区)的学生比例差不多，分别占 16.0% 和 15.1%，省会及直辖市的学生占了 8.8%。

各部属师范大学为免费师范生量身定制了培养方案。高校对免费师范生的培养过程依据培养模式展开，但是培养模式在培养过程中执行情况如何，只有通过培养对象的陈述与评价才能更准确地衡量。问卷中所有程度性的问题均分"很不重视"到"非常重视"五个等级，分别计作 1—5 分，数值越大表示学生满意程度越高（缺省值默认为 3）。

4. 师范生培养过程的实施状况

师范生培养从教育教学过程来看，主要影响方面为：一是教师的课堂教学方法，即教师的"教"；二是师范生对各类课程的重视与投入程度，即学生的"学"；三是实践教学的实施，即实习。根据针对公费师范生的调查数据并加之相应权重的统计结果，下面将从上述三方面分述之。

4.1　教师的课堂教学方法

4.1.1　传统教授法、PPT 等课件、网络资源、音像资源的使用成为教学的最显著特点

在四个学校的教师教育课程教学过程中，传统教学方法在课堂教学中仍占据主导地位，新教学方法中课件、网络、音像材料相关的教学方法使用频率特别高。打破以传统课堂教学为主的方法是目前教师教育教学方法改革的一个重要方面。各类教学方法使用情况如图 9-1 所示。

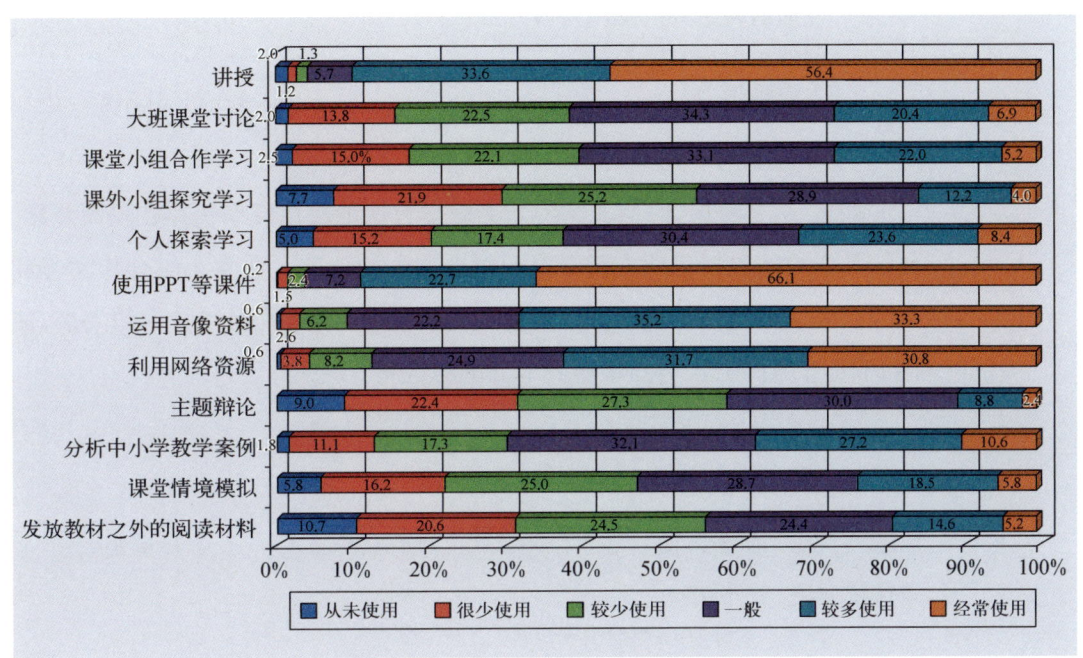

图 9-1　各种教学方法的使用频率

从表 9-8 可以看出，讲授作为传统的教学方法，其经常使用和较常使用的频率特别高，为 90.0%。而随着计算机网络技术的发展，课堂经常使用和较常使用 PPT 等课件的频率很高，占 88.8%。此外，运用音像材料和利用网络资源的比例也比较高。课堂教学过程中分析中小学教学案例是大学课堂教学联系中学教学实际的一个重要方面，该项经常使用和较常使用的频率也较为可观，占 37.8%。大班课堂讨论、课堂小组合作学习、课外小组探究学习、个人探究学习、主题辩论、课堂情境模拟、发放教材之外的阅读材料等新教学方法的使用频率相对较低。

表 9-8　各种教学方法的使用频率(%)

各种教学方法	"经常使用"和"较多使用"
讲授	90.0
使用 PPT 等课件	88.8
运用音像材料	68.5

（续表）

各种教学方法	"经常使用"和"较多使用"
利用网络资源	62.5
分析中小学教学案例	37.8
个人探究学习	32.0
课堂小组合作学习	27.2
大班课堂讨论	27.3
课堂情境模拟	24.3
发放教材之外的阅读材料	19.8
课外小组探究学习	16.3
主题辩论	11.2

如表9-9所示，四所大学的新老教学方法的使用频率仍存在较大差异。传统教学方法讲授仍然在教学过程中占据主导地位。课堂小组合作学习和个人探究学习这两种教学方法的使用仍需加强，而随着网络技术的发展，使用PPT等课件的教学方法得到了广泛的运用。

表9-9　四所大学教学方法使用频率的均值

教学方法		均　值	标准差
传统方法	讲授	4.42	.819
	课堂小组合作学习	2.73	1.186
新方法	个人探究学习	2.78	1.325
	使用PPT等课件	4.49	.859

注：教学方法的使用频率分0—5等级，5代表使用频率最高。

4.2　师范生对不同课程的学习投入程度

4.2.1　师范生对通识教育课程、教育类课程和学科专业课程的重视与投入程度比较

学生对各课程的重视和投入程度由高到低依次为：学科专业课、计算机、外语、心理学、教育学、思政（见表9-10）。四所大学师范生对每类课程的投入程度（课外所花时间）均值都低于重视程度均值。

表9-10　四所大学课程体系重视程度及课外花费时间均值

		重视程度		课外学习时间	
		均值（M）	标准差	均值（M）	标准差
通识教育课程	计算机类课程	3.89	.792	3.53	.900
	外语类课程	3.71	.901	3.45	.962
	思政类课程	3.08	.885	2.67	.947

		重视程度		课外学习时间	
		均值（M）	标准差	均值（M）	标准差
教师教育课程	教育学	3.52	.859	2.78	.836
	心理学	3.62	.851	2.98	.833
学科专业课程	学科专业课程	4.62	.637	4.49	.697

注：重视程度从"很不重视"到"非常重视"，依次编码为1—5；课外学习时间从"非常少"到"非常多"，依次编码为1—5。

4.2.2 师范生对三类通识教育课程的重视程度与投入程度存在显著差异

　　大部分免费师范生对计算机类课程和外语类课程重视程度比较高，而且课外花更多的时间学习此类课程。大部分同学对思政类课程重视程度不高，课外也很少花时间学习此类课程。如图9-2、表9-10和表9-11所示，对计算机类课程选择非常重视和比较重视的学生占73.4%，其均值 M＝3.89，标准差 SD＝.792。学生课外花非常多和比较多时间用于这类课程学习的占53.7%，其均值 M＝3.53，标准差 SD＝.900。把重视程度与课外投入时间做配对样本 t 检验分析发现，师范生对计算机类课程的重视程度对其课外花多少时间产生显著性影响（t＝13.942，Sig.＝.000，p＜.001）。

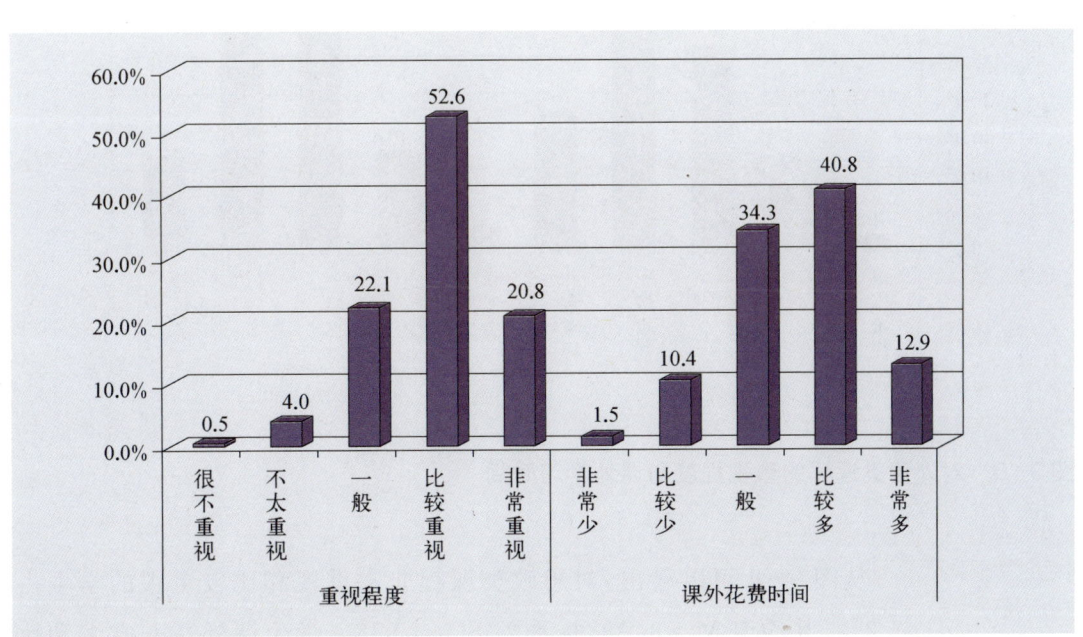

图9-2　对计算机类课程的重视程度与课外学习时间

表9-11　通识教育课程的重视程度与课外花时间的配对样本 t 检验

组　别	均值	标准差	t 值
计算机类对计算机类	.358	.728	13.942***

（续表）

组　　别	均值	标准差	*t* 值
外语类对外语类	.255	.740	9.760 ***
思政类对思政类	.415	.574	15.917 ***

注：Sig. ＜.005 方表示差异显著；重视程度从"很不重视"到"非常重视"，依次编码为 1—5；课外学习时间从"非常少"到"非常多"，依次编码为 1—5。
＊表示 $p < .05$，＊＊表示 $p < .01$，＊＊＊表示 $p < .001$。

从图 9-3 可见，对外语类课程非常重视和比较重视的学生占 63.7%，其均值 M＝3.71，标准差 SD＝.901。学生花非常多和比较多时间学习外语课程的占 51.5%，其均值 M＝3.45，标准差 SD＝.962。表 9-11 显示，把重视程度与课外投入时间做配对样本 *t* 检验分析发现，师范生对外语类课程的重视程度对其课外花多少时间产生显著性影响（$t = 9.760$，Sig. ＝.000，$p < .001$）。

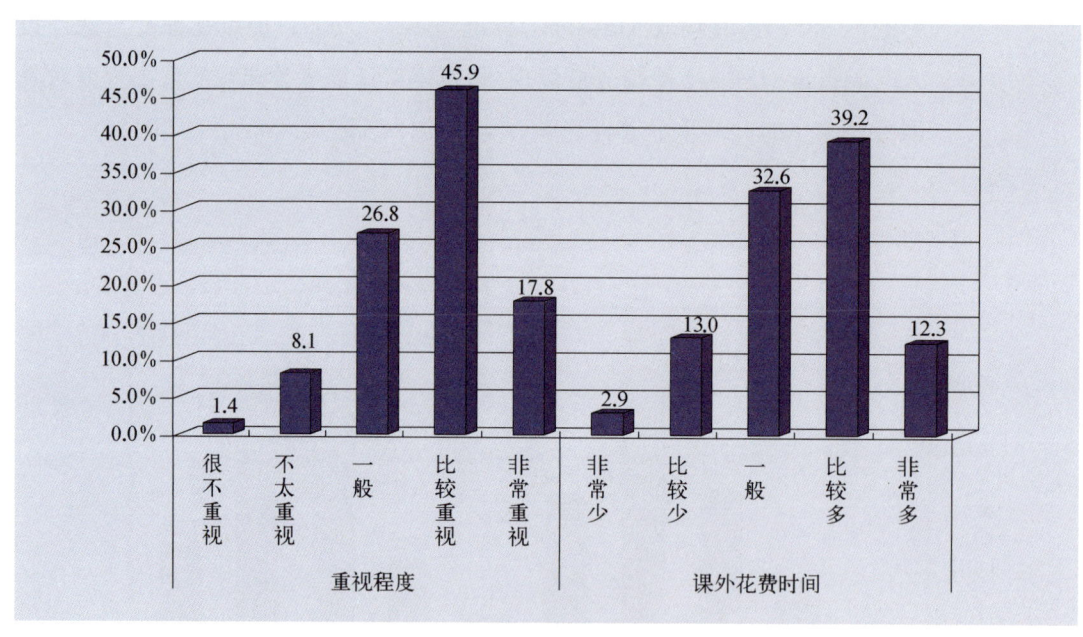

图 9-3　对外语类课程的重视程度与课外学习时间

从图 9-4 可以看出，对思政类课程非常重视和比较重视的学生占 30.2%，其均值 M＝3.08，标准差 SD＝.885。学生课外花非常多和比较多时间学习思政课程的占 16.6%，师范生在课外学习此类课程的时间显著低于"一般"的水平（均值 M＝2.67，标准差 SD＝.947）。表 9-11 配对样本 *t* 检验分析发现，师范生对思政类课程的重视程度对其课外花多少时间学习此类课程产生显著性影响（$t = 15.917$，Sig. ＝.000，$p < .001$）。

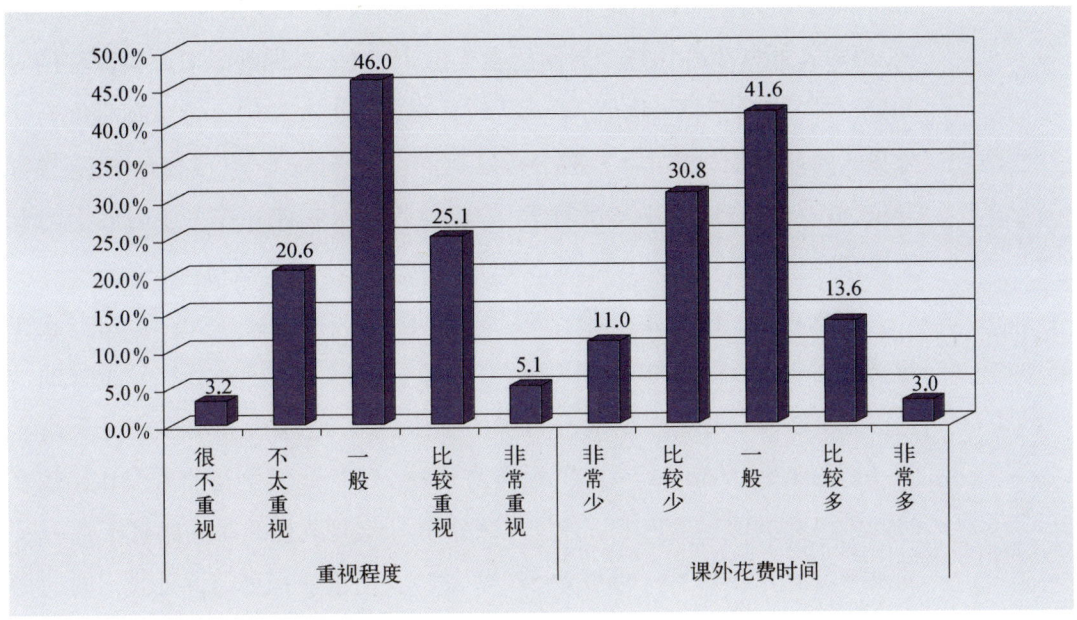

图 9-4　思政类课程的重视程度与课外学习时间

4.2.3　师范生对教育学与心理学课程的重视程度和投入程度较高

免费师范生对教师教育课程的重视程度较高,但是在课外花时间学习此类课程的时间较少。本研究以教育学和心理学课程作为教师教育的代表课程,考察师范生的重视和投入程度。在调查对象中,已经修读教育学(或教育概论、教育导论、教育学基础、中小学教育学)的学生占 98.4%,正在修读的占 1.6%。从图 9-5 可见,对教育学课程非常重视和比较重视的学生占 57.1%,其重视程度显著高于"一般"的水平(均值 M=3.52,标准差

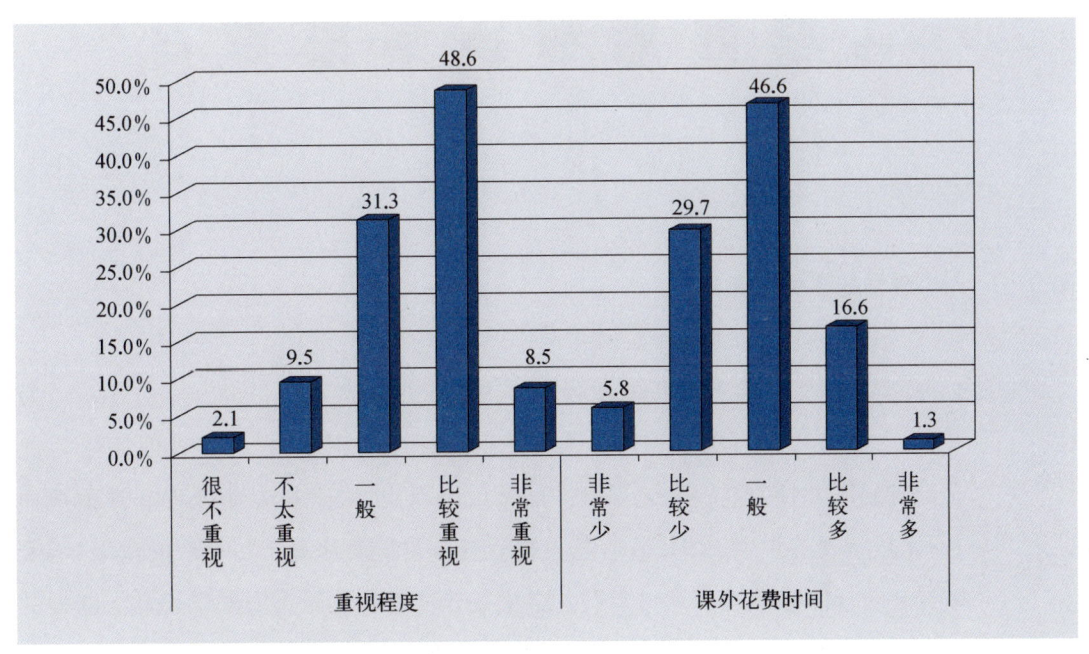

图 9-5　对教育学的重视程度与课外学习时间

SD＝.859)。学生课外花非常多和比较多时间学习教育学类课程的占17.9％,花非常少和比较少时间的学生占35.5％,其课外学习此类课程的时间低于"一般"的水平(均值 M＝2.78,标准差 SD＝.836)。把重视程度与课外投入时间做配对样本 t 检验分析发现,师范生对教育学(或教育概论、教育导论、教育学基础、中小学教育学)的重视程度对其课外花多少时间学习此类课程产生显著性影响(t＝26.336,Sig. ＝.000,p＜.001)。

调查对象已经修读心理学(或学生发展、青少年发展)的占98.3％,正在修读的占1.7％。从图9-6可见,对心理学课程非常重视和比较重视的学生占61.1％,不太重视和很不重视的学生占8.7％,其重视程度显著高于"一般"的水平(均值 M＝3.62,标准差 SD＝.851)。学生花非常多和比较多时间学习此类课程的占25.3％,其课外学习此类课程的时间略低于"一般"的水平(均值 M＝2.98,标准差 SD＝.833)。把重视程度与课外投入时间做配对样本 t 检验分析发现,师范生对心理学的重视程度对其课外花多少时间学习此类课程产生显著性影响(t＝25.774,Sig. ＝.000,p＜.001)。

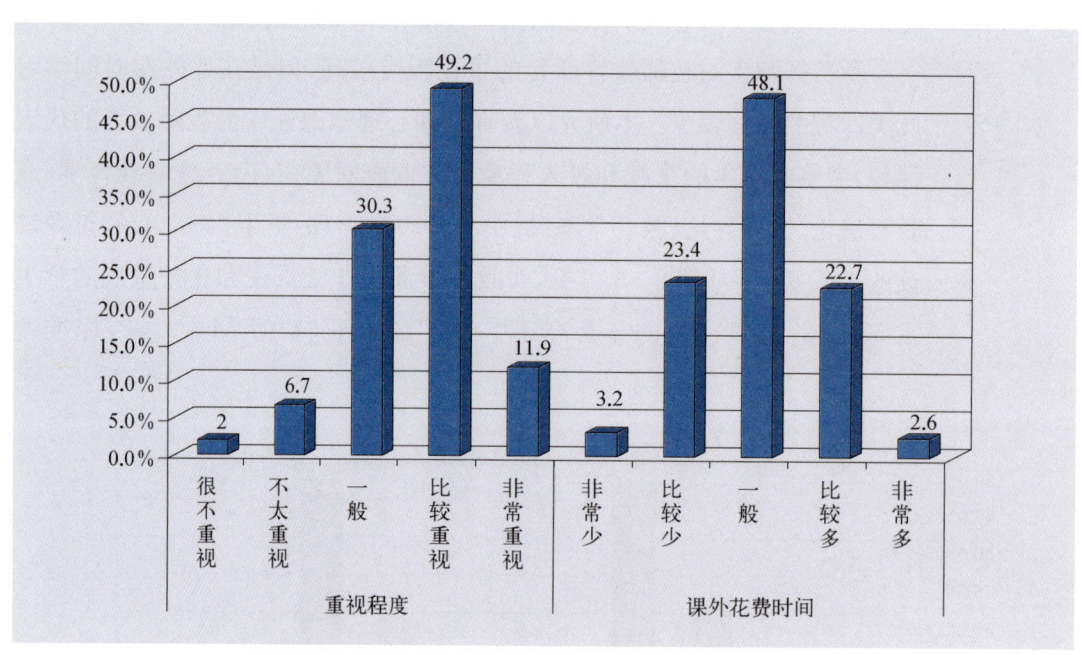

图9-6　对心理学的重视程度

4.2.4　师范生对学科专业课程的重视和投入程度非常高

免费师范生对学科专业课程的重视程度特别高,在课外花时间学习此类课程的时间也特别多。从图9-7可以看出,对学科专业课程非常重视和比较重视的学生占94.5％,其重视程度非常显著地高于"一般"的水平(均值 M＝4.62,标准差 SD＝.637)。学生花非常多和比较多时间学习此类课程的占91.7％,师范生在课外学习此类课程的时间绝对程度上高于"一般"的水平(均值 M＝4.49,标准差 SD＝.697)。

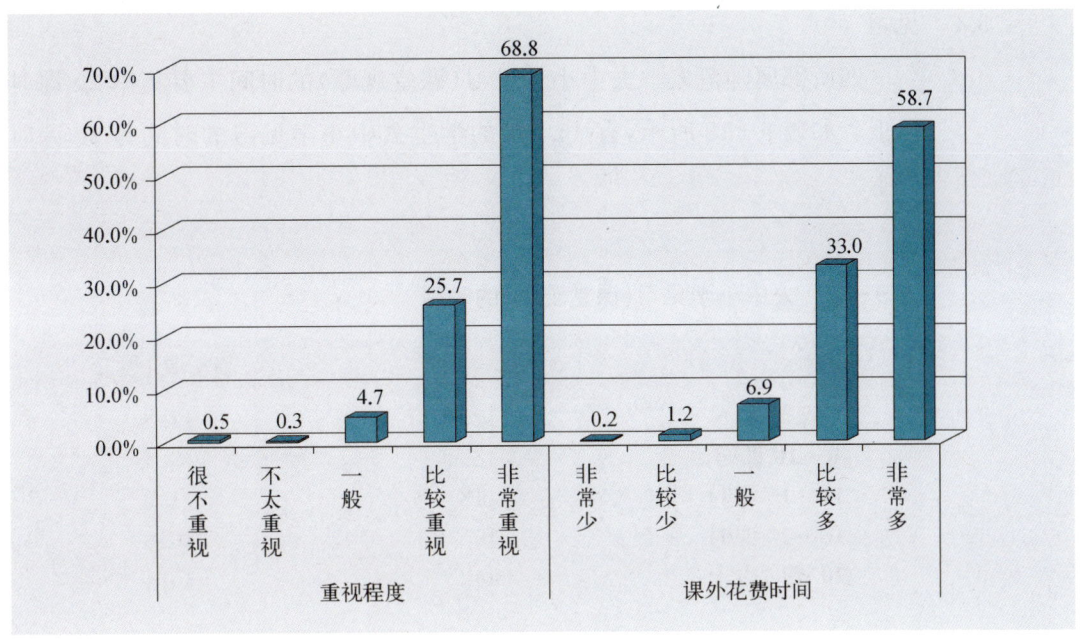

图9-7 对学科专业课程的重视程度与课外学习时间

4.3 实践教学的实施情况

4.3.1 微格教学

微格教室等实训中心设备的使用频率并不容乐观。对微格教室等实训中心设备的使用频率为较多使用和经常使用的学生仅占14％,而学生很少使用以及较少使用的比例达48.1％,甚至有11.3％的学生从未使用过(见图9-8),学生使用微格教室等实训中心设备的频率显著低于"一般"水平(均值M＝2.10,标准差SD＝1.275)。微格教学是现代教育技术的一个重要手段,学生从中可以观察自己的教学表现,发现优缺点,从而改善自己的教学方式和方法。可见,部属师范大学在微格教学方面仍需加强。

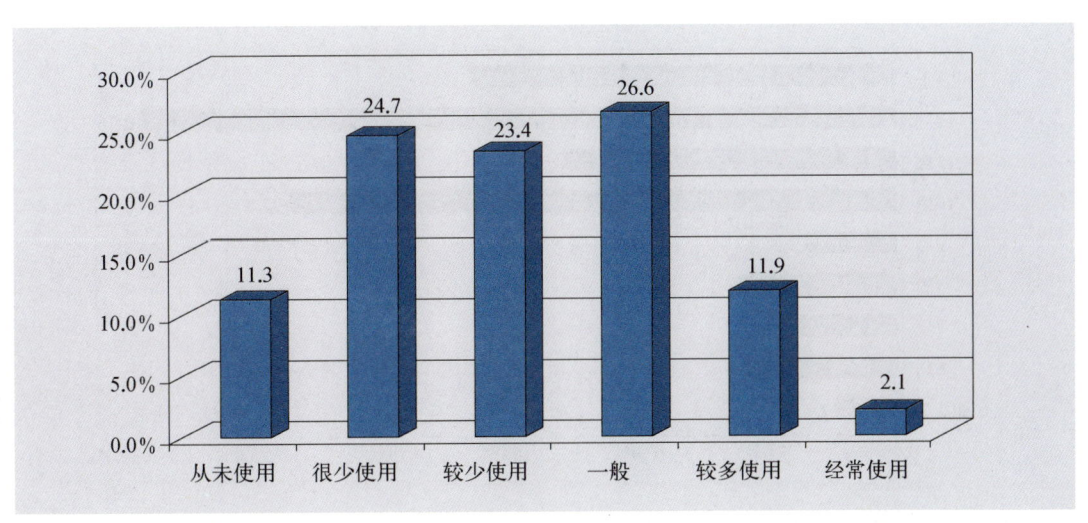

图9-8 微格教室使用频率

4.3.2 见习

四所部属师范大学去中小学见习(课堂观摩)的时间主要集中 20 课时以上。如表 9－12 所示，有 45.4％的学生去中小学见习的时间为 20 课时以上。

表9－12　去中小学见习(课堂观摩)的时间

时　　长	人　　数	百分比(％)
5 课时以下	125	12.8
6—10 课时	189	19.4
11—15 课时	113	11.6
16—20 课时	105	10.8
20 课时以上	442	45.4

4.3.3　实习参与程度与效果

1) 实习编队方式

在问及"你认为哪种实习编队方式最有利于实习"，有 67.2％的学生认为"各学科搭配，学校统一安排"最好，有 20.4％学生认为"相同专业，由院系组织"最好，有 10.3％ 的学生选择"按照文、理、艺体大类区分编队"最好，还有 2.2％的学生不知道哪种实习编队方式最好。

2) 实习时间

学生的实际实习时间普遍低于培养模式中规定的半年时间，33.0％的学生认为实习时间过短，见习对实习有帮助。如图 9－9 所示，师范生去中小学实习时间所占比例最多的为 12 周，占 28.6％，而 12 周以上的仅占 16％，同时 6 周以下的也占了 2.1％。

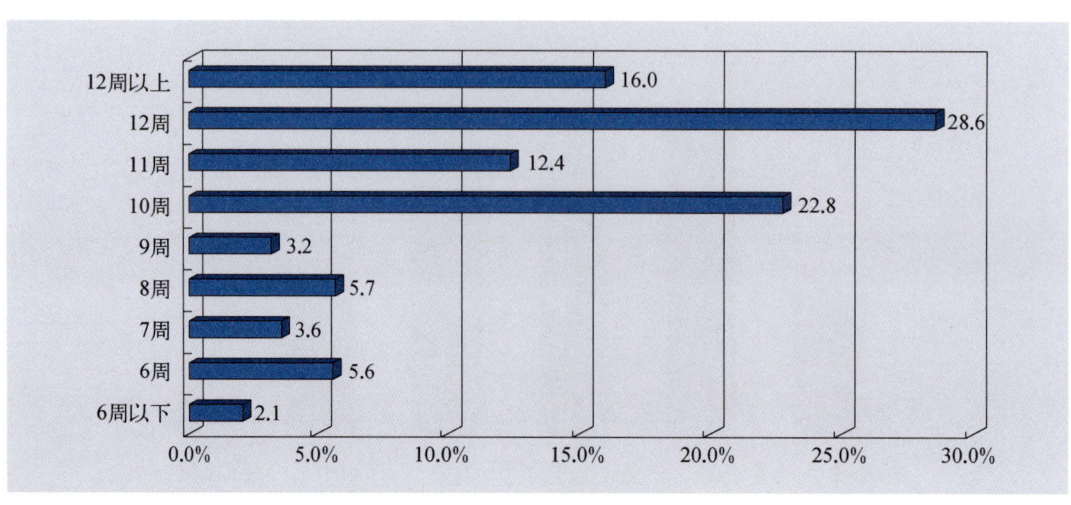

图9－9　去中小学实习的时间情况

3）任课时数

如图 9-10，在实习过程中，实际授课 30 课时以上的师范生占 36.1%，实际授课在 15—30 课时之间的师范生占 36.3%。关于对实习时间的看法，有 51.2% 的学生认为合适，有 33.0% 的学生认为较短和很短。此外，大部分学生认为见习对实习的帮助程度较大。认为见习对实习的帮助程度比较大和非常大的学生占 73.9%，显著高于"一般"水平（均值 M=3.93，标准差 SD=1.015）。

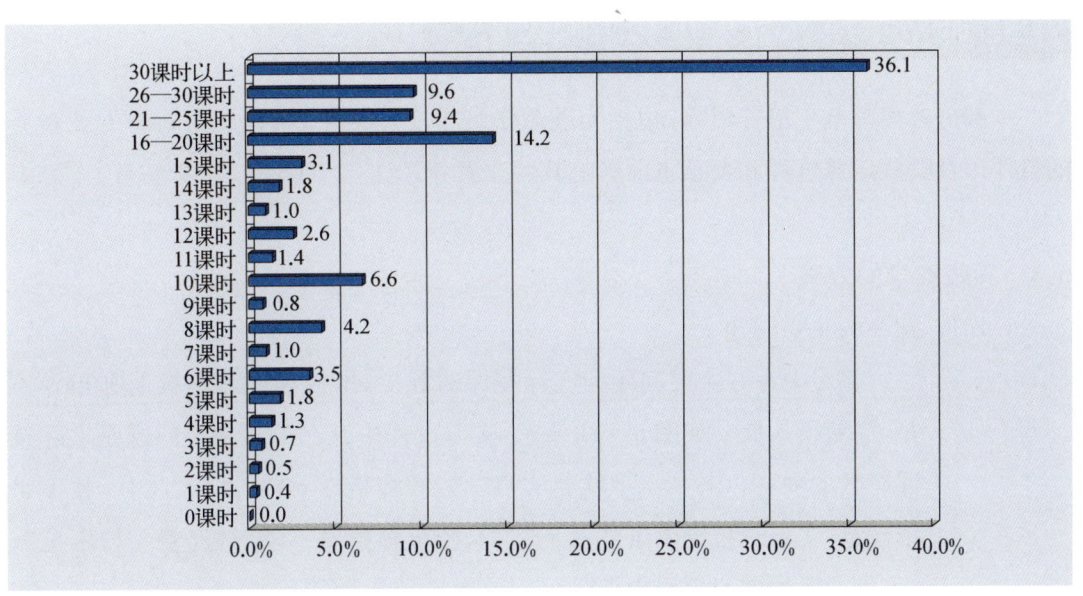

图 9-10　实习期间实际授课的总课时数

4）实习期间参加活动

师范生在实习过程中只有参与活动才能真正有所收获。调查问卷中列举了以下 10 项常见的实习活动，师范生选择"较常参加"与"经常参加"所占比例最高的是"与实习学校指导老师沟通"，为 84.8%，可见指导老师的示范作用以及实际指导对师范生的实习会产生较大的作用。其次是课堂观摩，所占比例为 80.9%，师范生在实习过程中要先了解课堂教学情况，课堂观摩是最好的形式。师范生对各种活动的参与情况具体如表 9-13 所示：

表 9-13　实习期间参与活动情况(%)

活　　动	"较常参加"与"经常参加"
与实习学校指导教师沟通	84.8
课堂观摩	80.9
课外与学生交流	76.1
班级管理工作	64.7
实习小组总结交流	61.2

活　　动	"较常参加"与"经常参加"
与其他任课老师沟通	54.5
组织班会	41.1
组织课外活动	35.1
教育调查	27.4
与家长联系	11.1

5. 师范生培养效果及其影响因素

本部分考察师范生培养成效，包括实践教学环节实施效果，师范生对自身专业素养的自评以及哪些培养过程和要素方面影响其专业素养。

5.1　实践教学的效果

5.1.1　存在的主要问题

实习中存在主要问题为实际授课时数少，本校和实习学校老师指导不足，经费投入低。如图 9-11 所示，实习过程中存在的最主要问题是实际授课时数太少，占 27.9％；其次是实习学校教师指导不够，占 16.2％。接下来依次是"实习学校提供条件不足"，"本校教师指导不够"，"经费支持不足"，"可供选择的实习学校太少"。

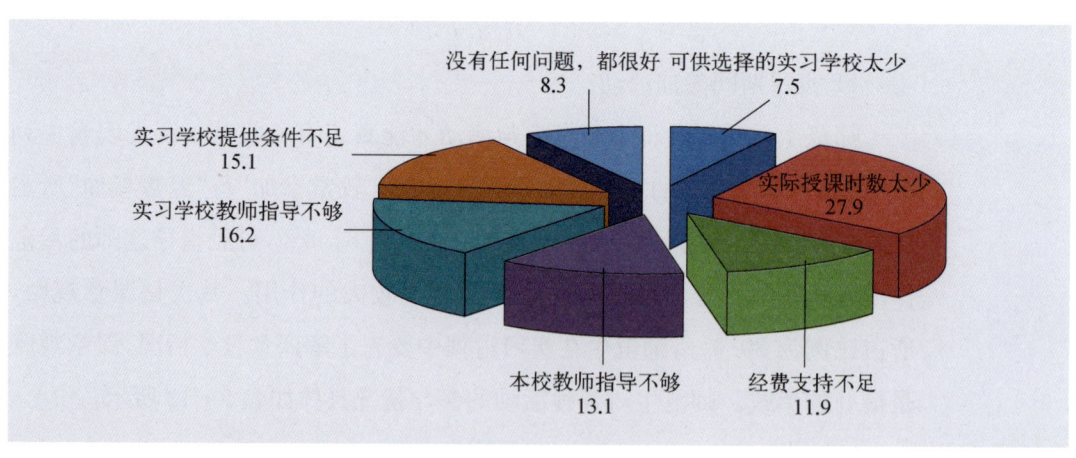

图 9-11　实习过程中存在的最主要问题(％)

5.1.2　师范生对实习中各方面支持的满意度

如图 9-12 所示，师范生对"实习学校的选择"较满意和很满意的占 55.3％（均值 M＝3.46，标准差 SD＝1.193）。对"实习学校的欢迎态度"较满意和很满意的占 58.9％（均值 M＝3.63，标准差 SD＝1.229）。对"本校指导教师的指导"较满意和很满意的占 47.4％（均值 M＝3.34，标准差 SD＝

1.182)。对"实习学校的指导教师指导"较满意和很满意的占 67.4%（均值 M＝3.85，标准差 SD＝1.078）。对"高校提供的经费支持"较满意和很满意的占 24.3%（均值 M＝2.80，标准差 SD＝1.073）。

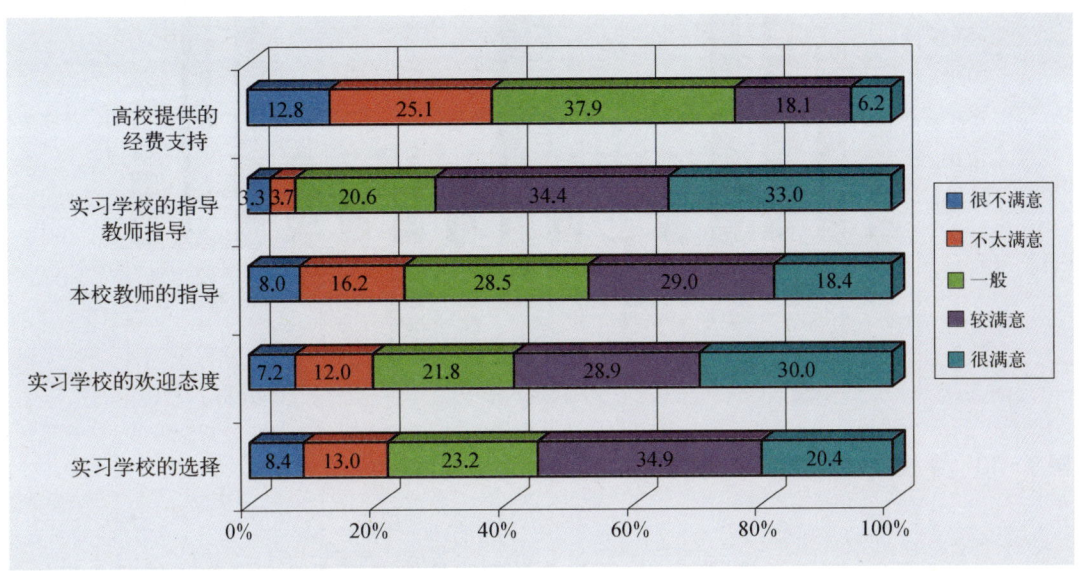

图 9-12　实习的五个方面的满意程度

　　学生对实习学校的选择、实习学校的欢迎态度、本校教师的指导、实习学校的实习教师指导的满意程度较高，但是对实习学校教师指导的满意程度高于对本校教师指导的满意程度，对高校提供的经费支持的满意度很低，所以师范生所在院校在这方面还有待加强。

5.1.3　实习效果

　　1）仅 1/3 受访者认为自己实践教学技能能够满足课堂教学需要

　　总体来说，免费师范生对学校提供的教学实践技能的机会尚且满意，对自己教学实践技能的投入程度比较乐观，认为教师对其教学技能水平的提高有很大帮助，但仅有 27.8% 的受访者认为自己掌握的教学实践技能能够满足课堂实践教学。如图 9-13 所示，在问及学校为学生提供的提高教学实践技能的机会如何时，选择"比较多"和"非常多"的占 40.4%，（均值 M＝3.18，标准差 SD＝.846）。在问及学生平时对提高教学实践技能的投入程度如何时，选择"比较投入"和"非常投入"的比例为 12.4%（均值 M＝3.59，标准差 SD＝.771）。同时，认为负责教学技能训练的教师对学生教学技能水平提高的帮助程度较大和很大的占 53.2%（均值 M＝3.45，标准差 SD＝.896）。27.8% 的学生认为自己掌握的教学实践技能能够满足课堂实践教学（均值 M＝2.94，标准差 SD＝.859）。

　　配对样本 t 检验显示，学校、学生与负责教学实践技能的老师均对学生掌握的教学实践技能满足课堂教学实践程度产生显著性影响（见表 9-14）。

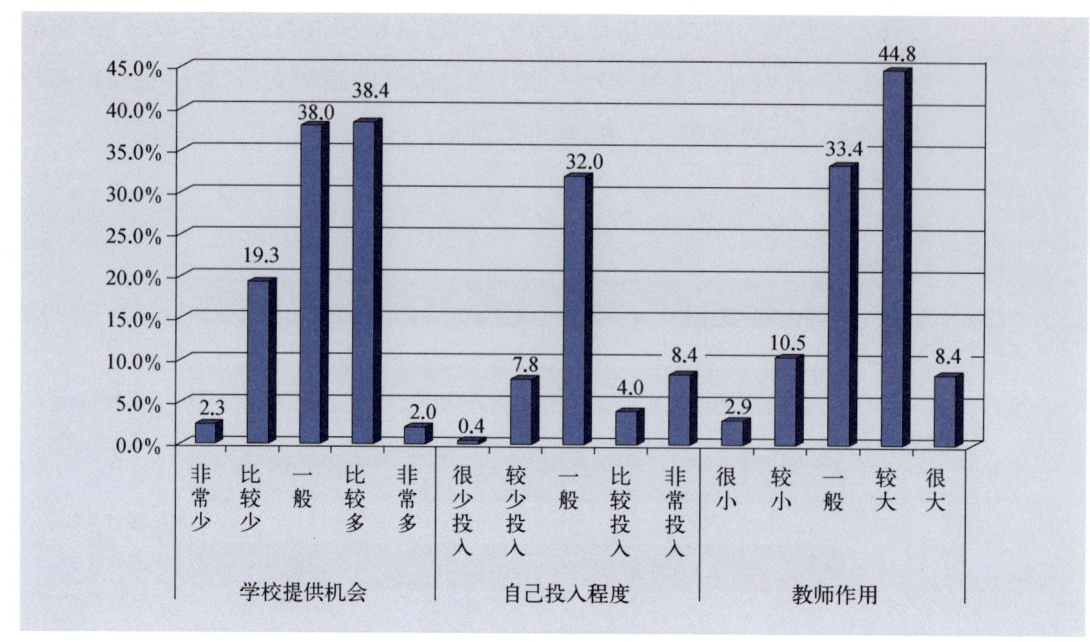

图9-13　学校、学生、教师对学生教学实践技能训练的作用

表9-14　学校、学生、教师与教学实践技能满足课堂实践教学情况之间的 t 检验

组　别	均　值	标准差	t 值
学校为你提供的机会如何?—自己掌握的教学实践技能能够满足课堂实践吗?	.248	1.029	7.519***
你平时对提高自己教学实践技能的投入程度如何?—自己掌握的教学实践技能能够满足课堂实践吗?	.658	.959	21.410***
负责教学技能训练的教师对你教学技能水平提高的帮助程度如何?—自己掌握的教学实践技能能够满足课堂实践吗?	.515	.970	16.567***

注: $p < .05$ 方表示差异显著。
* 表示 $p < .05$, * * 表示 $p < .01$, * * * 表示 $p < .001$。

2) 实习对师范生掌握教学技能有着非常积极的作用,特别在熟悉教材、设计教案以及认识学生特点等方面

如表9-15所示,实习对师范生的教育教学技能产生非常积极影响。实习对师范生与学生沟通的技巧方面贡献最大,均值为4.10,同时在对中小学课程与教材的熟悉程度以及教案设计技能的掌握程度方面的帮助程度也相当显著,均值分别为4.06和4.05。在对中小学学生特点的了解程度、对中小学教学方法的了解程度、甄别和照顾学生个体差异的能力以及学生学业

评价能力方面的帮助程度也较高,均值均在 3.8 以上。但在对当前我国中小学教育改革的了解程度方面的帮助程度相对较低,原因可能在于该方面太过宏观,学生在短时间的实习过程中不能够深入体会。

表 9-15　四所师范大学师范生认为实习对其专业素养贡献程度

	很大 (%)	较大 (%)	一般 (%)	较小 (%)	很小 (%)	均值	标准差
与学生沟通的技能	.3	1.6	16.7	50.1	28.7	4.10	.751
对中小学课程与教材的熟悉程度	.6	3.0	14.6	54.0	27.8	4.06	.769
教案设计技能的掌握程度	.5	1.9	18.0	50.8	28.7	4.05	.766
对中小学学生特点的了解程度	.8	3.1	20.8	48.2	27.0	3.98	.821
对中小学教学方法的了解程度	.2	3.2	19.5	52.0	25.0	3.98	.772
甄别和照顾学生个体差异的能力	.3	3.5	22.7	50.7	22.9	3.92	.785
学生学业评价能力	.4	4.0	28.8	47.0	19.8	3.82	.807
对当前我国中小学教育改革的了解程度	1.9	8.6	38.4	40.2	10.9	3.50	.867

注:不同方面的贡献程度分为 5 个等级,5 代表贡献很大。

5.2　师范生对专业素养的自评及其影响因素

5.2.1　师范生对专业素养的掌握程度

本研究确立了 14 个方面的教师专业素养框架,请接受调查的师范生分别就自己在这些方面的表现水平做出自评,以考察师范生的专业素养准备状态。这 14 个方面是:(1)学科专业知识的掌握程度(以下简称"学科知识")、(2)对中小学课程与教材的熟悉程度("课程教材")、(3)对我国教育法规和政策的了解程度("政策法规")、(4)对当前我国中小学教育改革的了解程度("教育改革")、(5)对中小学学生特点的了解程度("学生特点")、(6)教案设计技能的掌握程度("教案设计")、(7)教学中运用教育技术手段的能力("技术运用")、(8)班级管理工作的熟悉程度("班级管理")、(9)与学生沟通的技能("学生沟通")、(10)甄别和照顾学生个体差异的能力("个体差异")、(11)学生学业评价能力("学生评价")、(12)对中小学教学方法的了解程度("教学方法")、(13)教育研究能力("教育研究")和(14)教师职业生涯规划能力("职业规划")。

表 9-16 显示,学生对教学技能的自评上,在学科专业知识的掌握程度、教案设计技能的掌握程度、与学生沟通的技能、甄别和照顾学生个体差异的

能力、学生学业评价能力、对中小学教学方法的了解程度和教师职业生涯规划能力方面，自信程度很高。师范生对我国教育法规和政策的了解程度和对当前我国中小学教育改革的了解程度均低于"一般"水平，可见师范生对宏观方面我国基础教育的了解程度不高。在微观方面，学生对学科专业知识的掌握程度、对中小学课程与教材的熟悉程度等十二个方面均高于"一般"水平。

表9-16 四校学生自评的专业素养掌握程度

排序		很高(%)	较高(%)	一般(%)	较差(%)	很差(%)	均值	标准差
1	学科专业知识的掌握程度	9.0	48.8	38.1	3.8	.3	3.62	.714
2	教学中运用教育技术手段的能力	9.5	49.9	34.0	6.2	.4	3.62	.720
3	教案设计技能的掌握程度	8.0	51.9	34.7	4.9	.4	3.62	.720
4	与学生沟通的技能	10.4	47.4	34.0	7.6	.5	3.60	.797
5	甄别和照顾学生个体差异的能力	8.3	39.7	40.5	10.6	.9	3.44	.825
6	学生学业评价能力	6.3	37.6	46.4	9.1	.6	3.40	.766
7	对中小学教学方法的了解程度	4.0	35.3	52.9	7.5	.2	3.35	.688
8	班级管理工作的熟悉程度	5.8	33.2	44.8	15.0	1.1	3.28	.828
9	对中小学课程与教材的熟悉程度	2.9	32.4	52.3	11.4	1.0	3.25	.731
10	教师职业生涯规划能力	5.7	30.7	48.1	14.4	1.1	3.25	.812
11	对中小学学生特点的了解程度	3.2	30.8	48.3	16.0	1.8	3.18	.797
12	教育研究能力	4.8	23.0	49.1	21.7	1.5	3.08	.830
13	对当前我国中小学教育改革的了解程度	2.2	18.4	54.1	22.7	2.5	2.95	.774
14	对我国教育法规和政策的了解程度	1.5	11.8	49.5	33.3	3.9	2.74	.774

注：各方面专业素养的掌握程度分5个等级，5代表掌握程度很高。

5.2.2 师范生专业素养的贡献来源

调查问卷中要求师范生就每一专业素养领域，从"学科专业课程"、"教育类课程"、"家教实践"、"大学教师的榜样示范作用"、"教育见习实习"和"其他"六个方面的培养过程与要素来评价其贡献程度。结果如表9-17

所示。

表9-17 师范生的不同专业素养的主要贡献来源(%)

	学科专业课程	教育类课程	家教实践	大学教师的榜样示范作用	教育见习实习	其他
学科知识	72.5	2.2	4.4	5.5	14.3	1.1
课程教材	3.8	12.4	13.0	2.5	65.8	2.4
政策法规	3.0	44.9	2.9	5.5	14.0	29.7
教育改革	4.2	43.6	3.4	4.9	30.1	13.8
学生特点	1.3	10.8	12.2	2.8	69.4	3.4
教案设计	11.0	21.9	1.8	6.1	55.9	3.3
技术运用	11.5	25.5	2.5	8.2	47.1	5.2
班级管理	.8	4.2	2.5	2.8	86.6	3.0
学生沟通	.5	2.2	9.1	2.3	82.1	3.7
个体差异	.9	3.0	6.6	4.0	79.8	5.7
学生评价	4.1	9.3	5.6	4.6	72.0	4.4
教学方法	4.5	22.3	3.4	4.9	61.5	3.5
教育研究	16.2	41.3	1.9	12.0	20.1	8.6
职业规划	10.1	40.7	2.0	13.2	14.5	19.6

注:如第一格表明72.5%回答者认为学科专业课程对其学科知识贡献最大。表中数据为选择某一影响因素的师范生的百分比。

从表9-17可以看出,除了"政策法规"、"教育改革"、"教育研究"和"职业规划"4个专业素养领域外,教育类课程都不是多数师范生所认为的对其专业素养贡献最大的来源。此外,绝大部分学生认为"学科知识"的最重要贡献来源是学科专业课程,选择该项比例的占了72.5%,这在情理之中,也符合预期。

大部分师范生都认为除学科知识、教育研究、职业规划、政策法规和教育改革这五个方面之外,其他9个方面(班级管理、学生沟通、个体差异、课程教材、学生评价、学生特点、教学方法、教案设计、技术运用)最大的贡献因素是教育见习实习。可见教育见习实习对师范生专业素养塑造的普遍重要性。而在课程体系设置中,恰恰实习的学分不高,实习时间长度和授课时数也没有完全得到贯彻实施,这是目前教师教育中存在的最为关键的问题之一。

6. 结论与建议

6.1 结论

6.1.1 培养目标与课程体系

四所院校的师范生培养课程体系均涵盖学科专业课程、通识课程与教育类课程三大模块,大体结构为学科专业课程:通识课程:教育类课程=

5∶3∶2。其中,教育类选修课程基本为 1 学分的小课程,容易造成所修课程门数多,而每一课程不够系统和深入。

6.1.2　培养过程与实践

教师以传统的讲授式教学为主,但新式教学方法和教学技术日渐受到重视。教学方法和模式开始多样化。实践教学环节中,教育见习实习有较为完善的规定和要求,但学分比重较低,其学分仅为 11 学分左右(约占课程总学分(160 学分)的 7%)。师范生实际实习时间远远低于培养方案上规定的半年时间,实习的授课时数偏低。教育见习实习基地建设严重滞后,一个学期的实习时间落实情况非常不理想。

6.1.3　培养效果及其影响因素

学科专业类课程对师范生的学科知识贡献最大。教育类课程主要影响师范生对政策法规、教育改革的了解,影响其教育研究能力和职业规划能力。教育见习实习对师范生的诸多方面专业素养贡献十分显著,其积极影响最为重要。80%的受访者认为教育见习实习对班级管理、学生沟通、个体差异甄别贡献很大,60%的受访者认为对掌握课程教材、学生评价、学生特点、教学方法的贡献很大,55%的回答者认为对教案设计贡献很多。也就是说超过一半的受访者认为教育见习实习对这 8 个方面的专业素养贡献最大。

6.2　建议

6.2.1　制定切实可行的培养目标,以培养中小学优秀师资为宗旨,为培养教育家奠定基础。

6.2.2　制定均衡的课程结构,调整学科、通识、教育类三大块课程之间的比例和各大类内部必修和选修课程结构。在培养方案上,完善通识课程、专业类课程、教育类课程体系,增加通识选修课比重、教育类课程比重。适当减少思想政治课程比例,改革其教学内容和形式,以提高学生的学习兴趣。教育类课程仍需完善和加强。

6.2.3　教师需要根据教学目标和教学内容采用多元化且具有实效的教学方法。由于学生对各类课程的重视程度与其对此课程的投入程度(课外学习时间)之间存在显著相关,因此只有改革课程内容,创新教学方法,才能提升学生对课程的重视和投入程度。

6.2.4　需要高度重视实践教学环节,贯彻落实教育见习和实习的时间和基地建设。由于实践教学环节(见习和实习)对师范生各方面专业素养的培养有着非常普遍又至关重要的贡献,因此在整个课程体系中需要提高实践教学环节的比重。目前的 7%的学分比重非常之低。同时贯彻实施半年的实习时间,增加师范生实习的实际授课时数。

（李　梅、刘子侠）

十、师范生从教意愿及其动因分析

意愿是个人对对象态度的反应倾向,有一定的模糊性。意愿本身不是一种行动,而是做出行动之前的动机倾向。师范生的从教意愿反映了他们对于毕业后成为一名中小学教师这件事的心理动机倾向。

从制度上来说,我国师范院校的师范生是较为特殊的一类高校学生,他们的就业定向非常明确——中小学教师,师范生招生、培养目标、培养过程、管理制度等各方面的设计和实施均以此就业定向为前提和特色。随着我国经济体制和就业制度的转轨,师范生的就业从过去的统一从教,变成了现在的以市场为导向进行自主择业(除了少数公(免)费师范生外)。那么,接受了教师职业定向培养的师范生,在毕业时是否还在坚定地选择从教?师范生的从教意愿状况关系到师范教育的效能和新教师的入职适应,已成为令人关注的话题。本章以师范生自我报告的从教意愿情况为对象加以分析,希望能够对此话题进行以下层面的解读:师范生的从教意愿基本情况如何?促使师范生考虑不从教的主要动因是什么?师范生从教意愿可能受哪些因素影响?

1. 基本情况

"师范专业"在我国已有较长时期的发展历史,"上师范,做老师"——其明确的就业定向已经成为众所周知的特点。因此,考生在高考填报志愿时,如果选择师范院校师范专业,应该说对自己未来的职业方向就已经有着比较明确的定位,已有充分的思想准备毕业后从事教育工作。但与此同时也需看到,考生高考志愿选择师范专业,也在很大程度上是各种其他因素的综合作用结果,比如考分状况与录取过程中的博弈、师范生优惠政策以及师范院校所在地域和综合实力的吸引等,都会影响高考志愿的确定。因此,这个指标并不能全面准确地反映师范生从教意愿,但可以视为从教意愿的重要指标。

本节将从师范生当初的高考第一志愿是否为师范类专业,基本完成课程与实践教学的培养过程之后,是否考虑不做教师两个维度,来呈现师范生从教意愿的一般情况,并作一些可能的对比分析。

1.1 师范生当初选择师范专业的情况和动因

师范生当初高考填报第一志愿为师范专业的比例如图 10-1 所示,有 81.5% 的师范生第一志愿是师范类专业,远高于第一志愿填报的是非师范专业后来转入师范专业的学生比例。

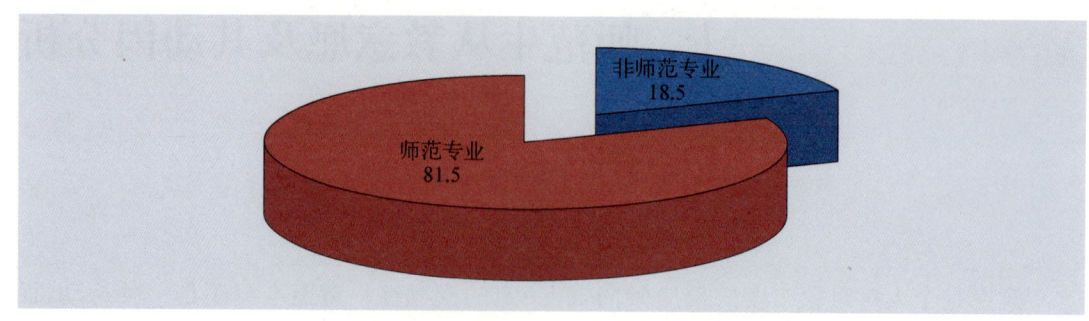

说明：数据为加全国权后的统计百分比，N=721 267。

图 10‑1　师范生当初高考填报第一志愿为师范专业的比例(%)

在这 81.5%填报第一志愿为师范类专业的学生中,选择师范类专业的最主要原因如图 10‑2 所示:

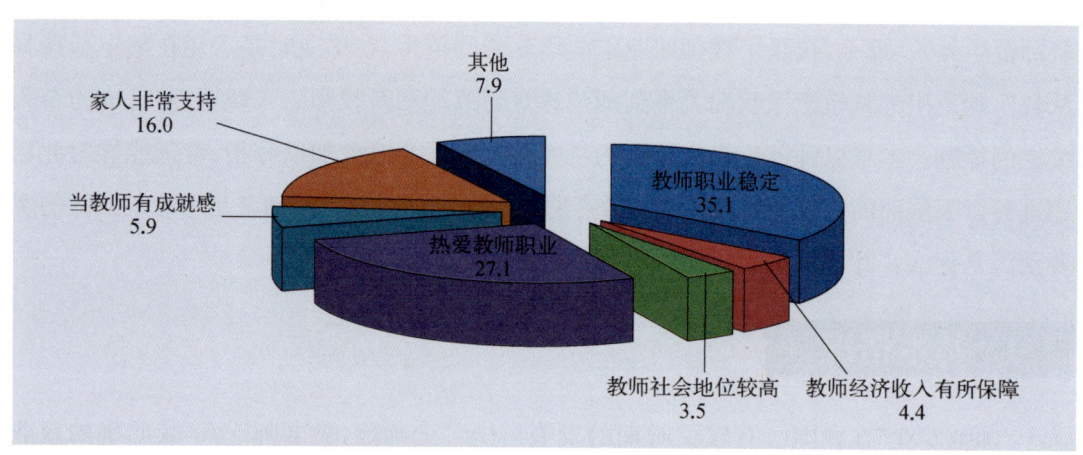

说明：数据为加全国权后的统计百分比，N=587 993。

图 10‑2　师范生第一志愿选择师范的最主要原因(%)

如图 10‑2 所示,有 35.1%的师范生认为"教师职业稳定"是他们选择师范专业的最主要原因。其次有 27.1%的师范生选择"热爱教师职业",再次有 16.0%的师范生选择"家人非常支持"。所谓"教师职业稳定"是与其他职业对比显示出来的一种"优势",可视为对教师职业的一种外部认同,而"热爱教师职业"则是对职业本身表现出来的一种情感倾向,是内部认同。"家人非常支持"说明教师职业在社会上,特别是在中年以上群体中是很有吸引力的,家长是影响师范生考虑从教的重要因素之一。比例最少的三个选项为:"教师社会地位较高"(3.5%)、"教师经济收入有所保障"(4.4%)和"当教师有成就感"(5.9%),反映了一般学生对于教师职业的社会地位、经济收入和职业成就认同并不高。

学生就读师范专业,主要是出于谁的影响? 图 10‑3 给出了统计结果。

如图 10‑3 所示,44.3%的学生选择"自己决定",27.3%的学生选择"家长影响",11.1%的学生选择"教师影响"。这一数据再一次显示家长对师范生的从教意愿有非常重要的影响。因此,本章稍后还将对此作出进一步分析。

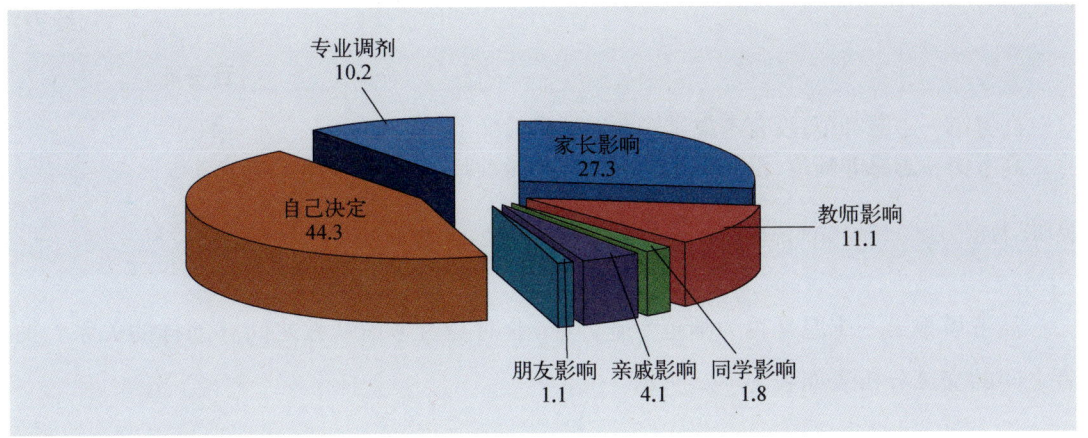

说明：数据为加全国权后的统计百分比，N＝721 267。

图 10－3　影响师范生就读师范类专业的人群(％)

1.2　毕业后从教意愿

　　经过两至三年(本次调查对象为基本完成了课程学习和教育实习的本专科三、四年级师范生)师范专业学习，对于"是否考虑过毕业后不做教师"的提问，师范生回答的统计结果如图 10－4 所示。

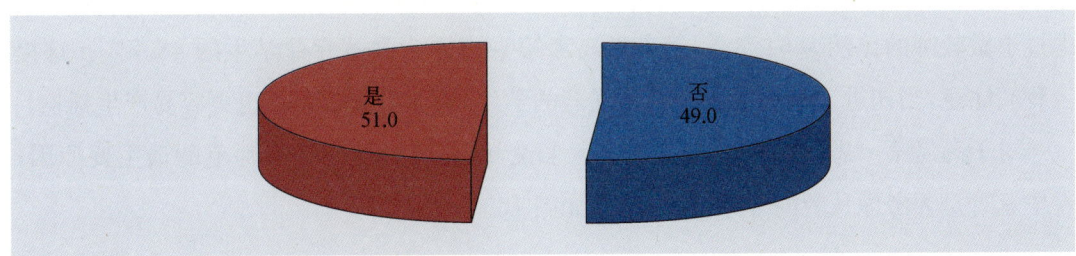

说明：数据为加全国权后的统计百分比，N＝720 581。

图 10－4　师范生毕业后从教意愿一般情况(％)

　　如图 10－4 所示，有 51.0％的师范生回答"是"，即考虑过不做教师，49.0％回答"否"。过半的师范生对于自己毕业后是否从教持摇摆态度，反映了总体而言他们的从教意愿不够稳定。

　　与前面的高考第一志愿是否师范专业的情况加以比较，不难发现其中巨大的落差，即从八成以上的师范生第一志愿为师范专业，滑落到不到一半的师范生仍能坚定地选择毕业后从教。具体的变化状况如表 10－1 所示：

表 10－1　高考志愿与毕业从教意愿之间的发展改变状况

	百分比
高考第一志愿非师范，考虑过毕业后不做教师	11.3
高考第一志愿师范，考虑过毕业后不做教师	39.7

（续表）

	百分比
高考第一志愿师范，没有考虑过毕业后不做教师	41.9
高考第一志愿非师范，没有考虑过毕业后不做教师	7.1

说明：数据为加全国权后的统计百分比，N=720 581，单位：%。

高考填报第一志愿是否为师范专业，与毕业时是否考虑从教之间有怎样的关系？两者之间的交叉分析表如表 10 - 2 所示。

表 10 - 2　高考第一志愿是否师范专业与毕业时从教意愿的交叉分析(%)

	考虑过毕业后不做教师	没有考虑过毕业后不做教师	合计
高考第一志愿为师范专业	48.7	51.3	100
高考第一志愿为非师范专业	61.3	38.7	100

$\chi^2 = 51.150$，df=1，$p < .001$，N=5 368[①]。

由表 10 - 2 可见，高考时第一志愿是师范专业的学生与不是师范专业的学生，在毕业后从教意愿的稳定度上呈极显著差异。高考第一志愿为非师范专业的学生在毕业时考虑过不做教师的比例为 61.3%，远高于高考第一志愿为师范专业学生的 48.7%。这提示我们注意，当初进入师范专业意愿不强烈的学生，毕业后从教意愿也更容易产生摇摆。

对于高考第一志愿为师范专业的学生来说，结合当时他们选择师范的最主要原因，看毕业时是否考虑从教的分布情况，结果如图 10 - 5：

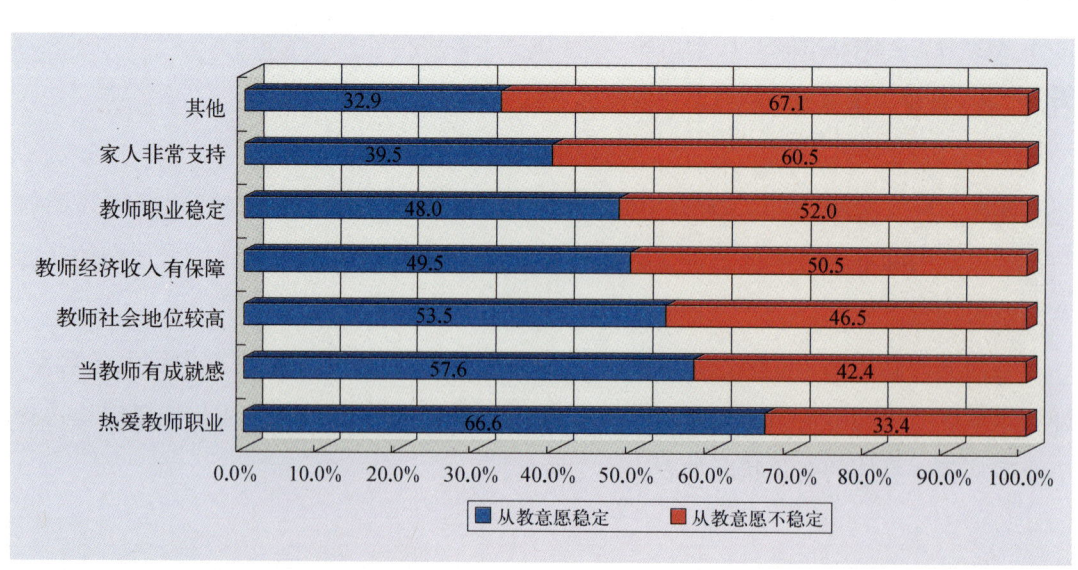

$\chi^2 = 207.490$，df=6，$p < .001$，N=4 379。

图 10 - 5　当初选择师范专业的原因与毕业后从教意愿的交叉分析

---

① 本章中推断统计的样本数 N 均为考虑了设计效应后的加权个案数，未加权前的 N=6 624，不再一一说明。

由图 10 - 5 可见,当初出于不同原因选择师范专业的学生,在毕业后从教意愿发生改变的情况也呈现极显著差异。其中,值得注意的是,当初主要出于"热爱教师职业"而填报师范专业志愿的学生,毕业后从教意愿的稳定度最高,只有 33.4% 的学生想过不做教师,远低于其他各类,其次为由于认为"当教师有成就感"而选择师范专业的学生。"热爱教师职业"和"当教师有成就感"都是对教师职业内部认同的重要表现,因真正认同教师职业内在价值而选择就读师范专业的学生,经过师范专业学习后,毕业时从教意愿也最为稳定。当初由于"家人非常支持"而填报师范专业的学生,现在想过毕业后不做教师的比例达 60.5%,远高于除"其他"选项外的学生比例。如果我们把学生选择"其他"作为就读师范专业的最主要原因,解释为当初对填报师范志愿并没有成熟清晰的考虑,那么这部分学生中高达 67.1% 的人考虑毕业后不做教师的结果,也是非常好理解的。选择"教师职业稳定"、"教师经济收入有保障"和"教师社会地位较高"作为当初选读师范最主要原因的学生,想过毕业后不做教师的比例分别为 52.0%、50.5% 和 46.5%,这提示说,出于对教师职业的外部认同而报考师范专业的师范生,比较容易在从教意愿上发生摇摆,同时,这也再次从一个侧面反映出社会对教师职业的评价不高,与其他职业相比竞争力弱,很大程度上影响了师范生们的从教意愿稳定度。

1.3　毕业后从教意愿不稳定的动因

关于从教意愿动因方面,已有的文献当中,比较集中的研究主题是教师行业收入水平与从教意愿的关系。杨建芳认为,从经济学角度来看,与其他职业相比教师相对收入水平的高低,是师资供给的决定性影响因素[①],曼斯基(Manski)研究了 1970 年代美国大学生选择教师职业的情况,发现教师收入水平对选择教师职业的毕业生数量有显著影响。教师工资越高,愿意从教的毕业生就越多,研究同时还发现教师收入水平对这些进入教师队伍的毕业生的能力(以考试成绩表示)分布并无显著影响。[②] 多尔顿的研究表明,英国大学毕业生的就业选择与职业收入水平高度相关:与其他职业相比,教师收入越高,大学毕业生选择教师职业的可能性就越大。[③]

是什么原因促使 51.0% 的师范生想过毕业后不做教师? 本次统计数据显示的结果表明,动因非常复杂,远不仅是收入能够揭示的。表 10 - 3 是师范生自己提出的最主要动因结果统计情况:

---

① 杨建芳. 基础教育教师收入对师资供给的影响[J]. 教育学报,2009:V5,2.
② Manski C. F. *Academic ability*,*earnings*,*and the decision to become a teacher: Evidence from the national longitudinal study of the high school class of 1972*. Wise D A. Public Sector Payrolls. Chicago,Illinois:University of Chicago Press,1987:291 - 312.
③ Dolton P. The economics of UK Teacher Supply:The graduate's decision. *Economic Journal*,1990,100(5):91 - 104.

表 10-3　师范生考虑毕业后不做老师的主要动因

排　序	毕业后考虑不做教师的最主要原因	百分比（%）
1	自己的性格不适合	17.3
2	有更好的工作选择	15.6
3	工作满足不了个人发展	15.1
4	工作单调	11.9
5	收入太低	9.6
6	不具备充分的知识和技能，感到难以胜任	8.7
7	其他	7.3
8	工作压力太大	5.7
9	责任重	3.7
10	教师的社会地位不高	2.1
11	工作中的困难太多	1.9
12	自己的家人、朋友、恋人不同意	1.1
13	合计	100.0

说明：数据为加全国权后的统计百分比，N＝367 603，单位：%。

　　由表 10-3 可见，从教意愿不稳定的原因，从总体来看，"性格不适合"、"有更好的工作选择"和"工作满足不了个人发展"占据了前三位，分别为 17.3%、15.6% 和 15.1%。"自己的性格不适合"主要反映的是对自己性格能否适应教师工作要求的担忧，而后两位的原因则折射出相当一部分师范生对于教师工作本身价值认同度不高。有 11.9% 的师范生选择"工作单调"，9.6% 的师范生选择"收入太低"作为考虑不从教的主要原因，同样反映了中小学教师职业在师范生心目当中不是一个很有吸引力的职业。因为"教师的社会地位不高"而考虑不从教的师范生比例也较低，只占 2.1%，这并不是说师范生不认同教师社会地位不高的观点，结合前面数据所显示的，当初因为"教师社会地位较高"而填报师范专业作为第一志愿的师范生比例最低的情况，我们可以很合理地推测，教师社会地位不高应该说已是整个社会的普遍共识，师范生在报考师范专业时已经考虑并接受了这个问题，因而也就不再构成他们从教意愿不稳定的最主要动因。

　　进一步结合师范生当初的高考志愿来分析，下表为高考第一志愿是否师范专业与毕业后从教意愿不稳定最主要动因的交叉表（见表 10-4）：

表 10-4　师范生第一志愿是否师范专业与从教意愿改变动因的交叉分析（%）

排序	高考第一志愿非师范，考虑过毕业后不做教师最主要动因（百分比）	高考第一志愿师范，考虑过毕业后不做教师最主要动因（百分比）
1	自己的性格不适合（22.3）	有更好的工作选择（17.1）
2	工作满足不了个人发展（20.4）	自己的性格不适合（15.9）
3	收入太低（10.3）	工作满足不了个人发展（13.7）
4	有更好的工作选择（10.1）	工作单调（12.9）
5	工作单调（8.7）	收入太低（9.4）

排序	高考第一志愿非师范,考虑过毕业后不做教师最主要动因(百分比)	高考第一志愿师范,考虑过毕业后不做教师最主要动因(百分比)
6	不具备充分的知识和技能,感到难以胜任(8.1)	不具备充分的知识和技能,感到难以胜任(8.9)
7	工作压力太大(5.2)	工作压力太大(5.8)
8	责任重(3.9)	责任重(3.7)
9	教师的社会地位不高(3.2)	工作中的困难太多(2.0)
10	工作中的困难太多(1.5)	教师的社会地位不高(1.7)
11	其他(.9)	自己的家人、朋友、恋人不同意(1.4)
12	自己的家人、朋友、恋人不同意(.3)	其他(1.1)

说明:此处选择个案后,仍有"0"选项,不宜与"其他"合并处理,在表格中略去,因此各列的百分比和不是100%,$\chi^2 = 75.110$,df=12,$p < .001$,N=3 376,数据均为考虑了设计效应后的加权个案。

如表10-4所示,高考第一志愿为非师范专业的学生,毕业从教意愿不稳定的最主要动因依次为:"自己的性格不适合"(22.3%)、"工作满足不了个人发展"(20.4%)和"收入太低"(10.3%);高考第一志愿为师范专业的学生,毕业从教意愿不稳定的最主要动因依次为:"有更好的工作选择"(17.1%)、"自己性格不适合"(15.9%)、"工作满足不了个人发展"(13.7%),呈现极显著差异。值得注意的是,当初高考第一志愿为非师范专业的学生,选择"工作满足不了个人发展"、"教师社会地位不高"作为考虑不从教最主要动因的比例显著高于当初第一志愿为师范专业的学生,反映了师范教育过程并未能改变学生当初对于教师职业不甚认同的状况。而当初高考第一志愿为师范专业的学生,出于"有更好的工作选择"原因而考虑不从教的比例高居同类首位,反映了中小学教师在职业选择中不具备吸引力的社会现实。"工作压力太大"、"责任重"、"工作中的困难太多"等这些教师职业本身可能有的一些困难和问题,两类学生选择的比例差别不大,一定程度上说明促使学生考虑不从教的原因较少为教师工作本身特点。

1.4 一些讨论

综合上述基本情况的统计数据,我们可以发现:

总体而言,我国师范生的毕业从教意愿稳定度水平不高。尽管有明确的培养定向,仍有超过一半的师范生想过毕业以后不做教师。相比当初填报高考第一志愿时高达8成以上的学生选择师范专业,这一落差尤为引人瞩目。由此我们也许可以说,师范专业对于高考考生来说是有吸引力的,但是这种吸引力有相当一部分来自师范专业录取的相关程序和优惠政策,而不是中小学教师职业本身。

促使师范生当初填报师范类专业志愿,诱发师范生从教意愿不稳定的动因很多,但总体而言,对教师职业的内部认同感——如对教师职业的热爱、教师职业能够带来成就感等,越强烈,师范生从教意愿就表现得越稳定。而对教师职业的外部认同虽也能在最初强烈驱动师范生萌生从教意愿,但这种驱动力从长期来看也是非常脆弱和不稳定的。

而且，统计数据表明，教师职业与其他社会职业的比较优势似乎十分微弱，它的社会地位、经济收入均难以构成对其产生外部认同的动因，最为认可的优势——职业稳定，也容易因观念转变、生活与成长环境改变而发生改变。

为进一步深入了解不同类型师范生从教意愿及其动因的差异，接下来将从两个视角、两大类因素来加以考察——师范生个体类型方面的影响因素和师范教育培养过程中的影响因素。前者可以使我们更加深入地了解在中国复杂的社会经济教育环境背景下各种类型师范生的从教意愿与动因现状，后者则可以针对性地发现师范教育过程在师范生从教动机方面可能的作为与影响。

2. 影响从教意愿的因素：从师范生个体类型的视角

这里将从以下三个方面来考察一些个体类型因素对师范生从教意愿的影响。一是身份与出生成长背景因素，也就是社会学意义上的先赋性因素，包括性别、地域背景、是否独生子女、家庭背景等；二是专业教育环境因素，包括所在的学校层次类别、所学专业和是否公（免）费师范生；三是心理素养因素，包括师范生教师职业意识，以及性格类型。

2.1 身份与出生成长背景因素

2.1.1 性别

从传统上来说，社会对中小学教师职业存在一定的"性别偏好"，即更多地接受女性从事该行业。这对不同性别的师范生从教意愿必然产生影响。

首先，来看男女生在当初高考填报师范专业作为第一志愿方面的情况：

如图10-6所示，选择师范专业作为第一志愿的女生比例显著高于男生。

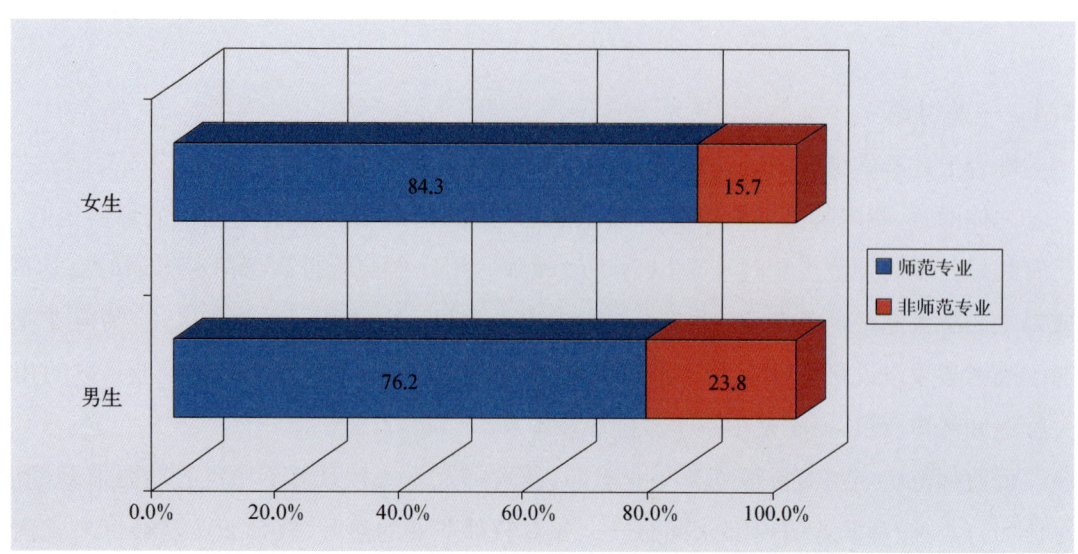

说明：$\chi^2 = 52.771$，df$=1$，$p < .001$，N$=5\,374$。

图10-6 不同性别师范生当初高考第一志愿是否师范类专业的情况

接下来再看完成了师范课程教学与实习经历后,男女生在从教意愿方面的情况:

如图 10 - 7 所示,不同性别师范生呈现极显著差异,女生比男生的从教意愿更稳定。

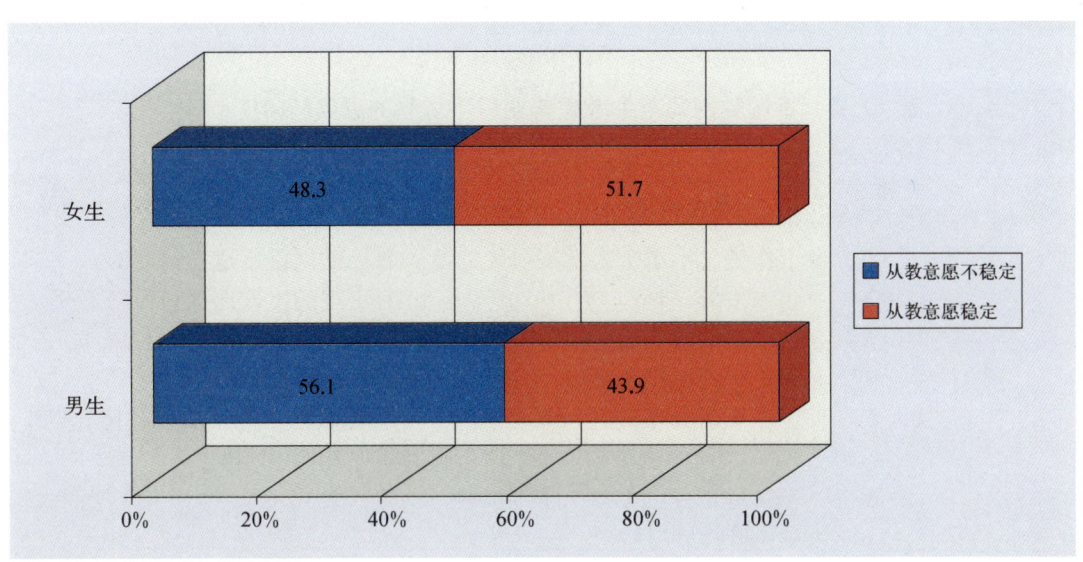

说明: $\chi^2 = 29.268, \mathrm{df} = 1, p < .001, \mathrm{N} = 5\,368$。

图 10 - 7　不同性别师范生的从教意愿稳定度情况

再挑选出当初高考第一志愿为师范专业的师范生群体,看看男女生在从教意愿上发生改变的情况是怎样的:

如图 10 - 8 所示,即使同样当初都是填报师范专业作为高考录取第一志愿,男生的从教意愿也比女生更不稳定,呈现出极显著差异。

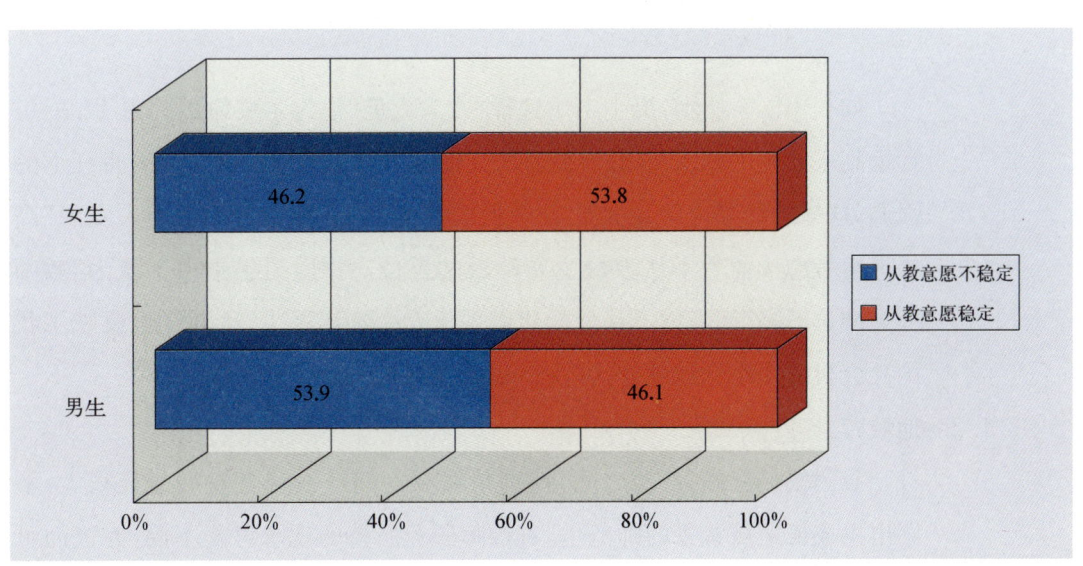

说明: $\chi^2 = 22.828, \mathrm{df} = 1, p < .001, \mathrm{N} = 4\,380$。

图 10 - 8　不同性别师范生的从教意愿稳定度情况

以上统计表明,目前性别因素仍是影响师范生从教意愿的重要因素,男生相比女生来说更容易在从教意愿上发生摇摆,即使经过了针对性的师范教育培养过程,这一性别因素的作用仍然极为显著。

另外,不同性别师范生考虑毕业后不从教的最主要原因可能表现出哪些不同特点? 表 10-5 为统计结果:

表 10-5　不同性别师范生考虑毕业后不从教的原因(%)

排序	男生从教意愿不稳定的 最主要动因(百分比)	女生从教意愿不稳定的 最主要动因(百分比)
1	工作满足不了个人发展(17.9)	自己的性格不适合(18.8)
2	收入太低(14.5)	有更好的工作选择(17.5)
3	自己的性格不适合(15.0)	工作满足不了个人发展(13.4)
4	有更好的工作选择(12.5)	工作单调(12.6)
5	工作单调(10.8)	不具备充分的知识和技能,感到难以胜任(10.4)
6	不具备充分的知识和技能,感到难以胜任(6.1)	收入太低(6.6)
7	工作压力太大(4.5)	工作压力太大(6.4)
8	教师的社会地位不高(3.7)	责任重(4.2)
9	责任重(2.9)	工作中的困难太多(2.0)
10	工作中的困难太多(1.6)	教师的社会地位不高(1.0)
11	其他(1.6)	自己的家人、朋友、恋人不同意(.9)
12	自己的家人、朋友、恋人不同意(1.4)	其他(.8)

说明:此处选择个案后仍有"0"选项,不宜与"其他"合并处理,在表格中略去,因此各列的百分比和不是 100%,$\chi^2 = 121.420$,df=12, $p < .001$,N=2 738。

如表 10-5 所示,男生当中选择"收入太低"作为主要原因的占 17.9%,远远高于女生的 8.1%,由于我国社会传统上对于男性在家庭经济责任上的强调,这样的结果应该说是比较顺理成章的。"工作满足不了个人发展"高居男生考虑毕业后不从教最主要动因的首位,另外,男生中由于认为"教师社会地位不高"而考虑不从教的比例也比女生高出不少,这同样也反映了我国社会目前中小学教师作为"女性职业"的传统观念仍然很强。

2.1.2　地域背景

我国幅员辽阔,各地之间,特别是城乡之间经济社会发展差异很大,不同出生成长地域背景的师范生,对教师职业所持的观念可能不同,并进而可能影响到他们的从教意愿。

首先从当初报考师范专业作为第一志愿的情况来看:

表 10-6　入学前户口所在地与高考第一志愿是否师范专业情况的交叉分析(%)

		高考第一志愿 为师范专业	高考第一志愿 为非师范专业
入大学前户口所在地:	乡镇	82.6	17.4
	县城	80.8	19.2
	地级市(区)	80.2	19.8
	省会及直辖市	73.1	26.9

说明：$\chi^2 = 14.480$, df=3, $p = .002$, N=5 368。

如表 10-6 所示，入学前户口所在地不同，高考填报志愿情况有显著性差异，但是进一步分析即可发现，这一差异仅存在于省会及直辖市和其他三类地区之间，乡镇、县城、地级市(区)之间无显著性差异($\chi^2 = 3.681$, df=2, $p = .159$, N=5 155)。省会及直辖市生源学生填报第一志愿为师范类专业的比例显著低于乡镇、县城、地级市(区)生源的学生。这一结果可以从侧面表明，师范院校所在的地区优势影响了一部分师范生当初填报师范专业的选择，他们与其说是想上师范然后做教师，不如说更多地是想来到更为发达的地区寻求发展机会。

接下来再看他们的从教意愿稳定状况：

表 10-7　入学前户口所在地与从教意愿的交叉分析(%)

		从教意愿不稳定	从教意愿稳定
入大学前户口所在地:	乡镇	53.1	46.9
	县城	46.7	53.3
	地级市(区)	45.7	54.3
	省会及直辖市	59.4	41.6

说明：$\chi^2 = 28.536$, df=3, $p < .001$, N=5 368。

由表 10-7 可见，不同地区生源的师范生，其毕业后从教意愿呈现极显著差异。但差异主要存在于乡镇生源、省会及直辖市生源与其他地区生源之间，而县城和地级市(区)生源之间没有表现出显著差异。来自省会及直辖市的师范生，想过毕业后不做教师的比例最高，达 59.4%，其次为乡镇生源，有 53.1%从教意愿不稳定；来自县城和地级市(区)的师范生相对来说从教稳定度高一些，从教意愿不稳定的比例分别为 46.7%和 45.7%。

来自不同地域的师范生考虑毕业后不从教的最主要动因是否有差别？交叉分析表如表 10-8 所示：

表 10-8　生源所在地与毕业后从教意愿的交叉分析(%)

从教意愿不稳定的最主要动因	入大学前户口所在地			
	乡镇	县城	地级市(区)	省会及直辖市
责任重	3.4	4.5	4.4	3.1
收入太低	11.0	8.4	6.4	3.8
工作单调	11.4	14.4	12.1	10.0
工作压力太大	6.1	5.0	3.3	8.5
自己的性格不适合	18.5	14.7	15.4	16.9
工作中的困难太多	1.8	2.7	1.8	.0
有更好的工作选择	13.4	17.6	20.3	24.6
教师的社会地位不高	2.5	.9	1.8	.8
工作满足不了个人发展	14.3	16.0	18.5	13.8
自己的家人、朋友、恋人不同意	.7	2.5	1.0	1.5
不具备充分的知识和技能,感到难以胜任	9.4	5.6	8.2	12.3
其他	1.4	.9	.3	

说明:$\chi^2 = 85.916$, $df = 36$, $p < .001$, $N = 2\,738$。

　　如表 10-8 所示,不同生源地的师范生,考虑毕业后不做教师的最主要动因呈现极显著差异。尽管前三位动因都是"自己的性格不适合"、"工作满足不了个人发展"、"有更好的工作选择",但排序还是出现了变化,来自省会及直辖市的师范生选择比例最高的动因是"有更好的工作选择"(24.6%)。另外,来自乡镇的师范生选择"收入太低"作为最主要动因的比例高达11.0%,显著高于其他地域来源的师范生群体,尤其高于来自省会及直辖市的师范生(3.8%)。乡镇来源的师范生选择"教师的社会地位不高"的比例(2.5%),也显著高于省会及直辖市来源的师范生(.8%),反映了教师的收入和社会地位问题的认识和观念,城乡社会之间有着比较大的差异。

　　以上统计结果综合表明,师范专业或是中小学教师职业,在省会及直辖市这样更为发达的地区,吸引力相对来说要小一些。推测原因可能是,地区越发达,教师职业与其他职业的社会地位和经济收入差距越大,教师的职业稳定性程度也降低,也就是说,教师职业的比较优势更少。至于乡镇生源的师范生从教意愿稳定度也比较低的情况,可能主要是这部分学生群体对于教师收入低的情况更为敏感带来的影响。

2.1.3　是否独生子女

　　我国从 20 世纪 70 年代末开始在全国全面实行计划生育政策,这一政策给中国社会的家庭形态、社会结构带来了重要影响,并进而深刻影响了教育生态和社会文化。

　　从本次统计数据中来看,师范生独生子女占 38.3%,非独生子女占

61.7%。独生子女的来源分布非常不平衡：

表 10-9　独生子女师范生入学前户口所在地分布情况(%)

| | 入大学前的户口所在地： | | | | |
	乡、镇	县城	地级市(区)	省会及直辖市	合计
独生子女	23.6	53.4	69.0	78.5	38.3
非独生子女	76.4	46.6	31.0	21.5	61.7

说明：$\chi^2 = 889.462, df = 1, p < .001, N = 5\,374$。

由表 10-9 可见：来自省会及直辖市的学生中，78.5%为独生子女，来自地级市(区)的学生中有 69.0%为独生子女，来自县城的独生子女有53.4%，来自乡镇的独生子女比例则降到了 23.6%。

独生子女的出生、成长环境与非独生子女有很大区别，是否这两类师范生在从教意愿上也表现出差别呢？下面对师范生是否独生子女与毕业后从教意愿情况进行交叉分析，得出结果如下：

表 10-10　独生子女身份与毕业后从教意愿的交叉分析(%)

	从教意愿不稳定	从教意愿稳定	合　计
独生子女	47.4	52.6	100
非独生子女	53.3	46.7	100

说明：$\chi^2 = 17.692, df = 1, p < .001, N = 5\,368$。

如表 10-10 所示，独生子女和非独生子女的从教意愿稳定度呈现极显著差异，独生子女比非独生子女的从教意愿更稳定。

那么这两类师范生出于什么样的动因考虑毕业后不从教？统计结果如下：

表 10-11　独生子女身份与毕业后从教意愿不稳定动因的交叉分析(%)

排序	独生子女从教意愿不稳定的最主要动因(百分比)	非独生子女从教意愿不稳定的最主要动因(百分比)
1	有更好的工作选择(20.7)	自己的性格不适合(18.4)
2	自己的性格不适合(15.5)	工作满足不了个人发展(16.3)
3	工作单调(14.2)	有更好的工作选择(12.7)
4	工作满足不了个人发展(13.1)	收入太低(11.7)
5	不具备充分的知识和技能，感到难以胜任(10.4)	工作单调(10.7)

（续表）

排序	独生子女从教意愿不稳定的最主要动因（百分比）	非独生子女从教意愿不稳定的最主要动因（百分比）
6	收入太低(5.9)	不具备充分的知识和技能，感到难以胜任(7.8)
7	工作压力太大(5.0)	工作压力太大(6.0)
8	责任重(4.2)	责任重(3.5)
9	教师的社会地位不高(2.1)	工作中的困难太多(2.2)
10	自己的家人、朋友、恋人不同意(1.6)	教师的社会地位不高(2.0)
11	工作中的困难太多(1.1)	其他(1.6)
12	其他(.2)	自己的家人、朋友、恋人不同意(.9)

说明：$\chi^2 = 87.367$，df$=12$，$p < .001$，N$=2738$。

如表10-11所示，独生子女与非独生子女的师范生，考虑不做教师的最主要动因呈现极显著差异。其中，非独生子女选择"收入太低"的比例(11.7%)远高于独生子女的选择比例(5.9%)，可能是非独生子女的家庭经济状况较之独生子女家庭来说更为紧张一些，因此对经济收入更为敏感。

如前所述，由于独生子女在来源地域分布上极不均衡，因此将地域背景纳入后再进行分析（见图10-9）：

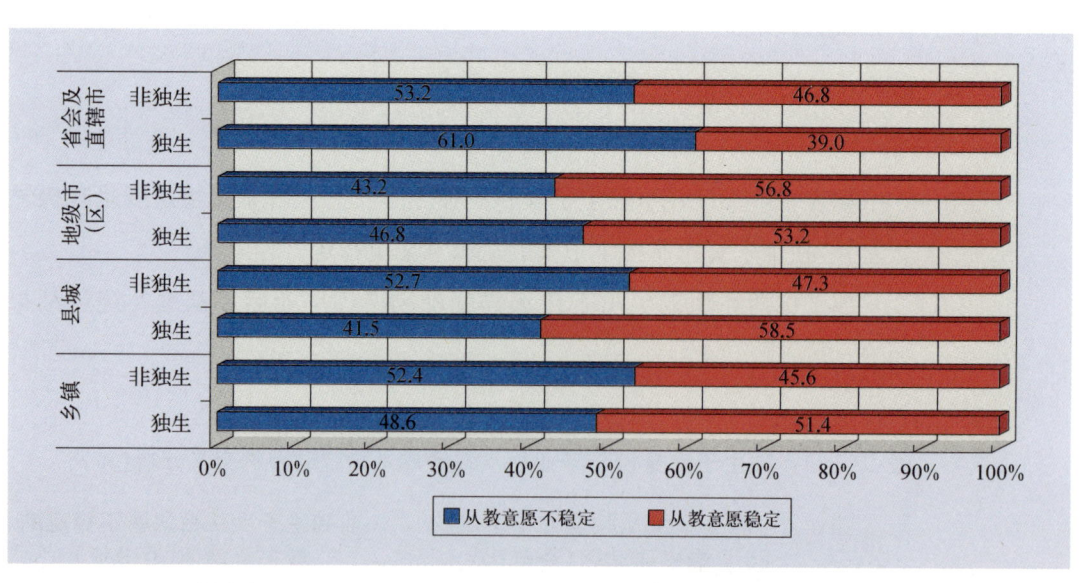

图10-9　不同地域来源的独生子女与非独生子女在从教意愿上的差异分析

卡方检验显示，来自乡镇的师范生，独生子女与非独生子女在从教意愿上有显著差异（$\chi^2 = 8.199$，df$=1$，$p = .004$，N$=3340$）。来自县城的师范生，独生子女与非独生子女在从教意愿上有显著差异（$\chi^2 = 11.869$，df$=1$，$p = .001$，N$=952$）。以上两类群体，都是非独生子女的从教意愿更不稳定。

来自地级市（区）的师范生，独生子女与非独生子女在从教意愿上没有显著差异（$\chi^2 = .929$, df=1, $p = .374$, N=856），无论独生子女还是非独生子女，都是从教意愿稳定的比例更大。而来自省会及直辖市的师范生，独生子女与非独生子女在从教意愿上没有显著差异（$\chi^2 = .944$, df=1, $p = .402$, N=219），无论独生子女还是非独生子女，都是从教意愿不稳定的比例更大。

2.1.4　家庭背景

本次调查的统计数据表明，超过一半的师范生家庭中有成员或亲属从事教育工作（52.1%）。在前面的基本情况统计分析中，我们已经可以看到家庭成员及亲属的意见与从事教育工作经验在师范生选择师范专业上有不可忽视的影响，这一点从下图中也能够得到更进一步的印证。

如图10-10所示，在选择"家长影响"和"亲戚影响"作为自己就读师范专业主要原因的师范生中，分别有64.2%和64.8%的家庭成员及亲属中有人从事教育工作，远高于其他原因类别的师范生比例。

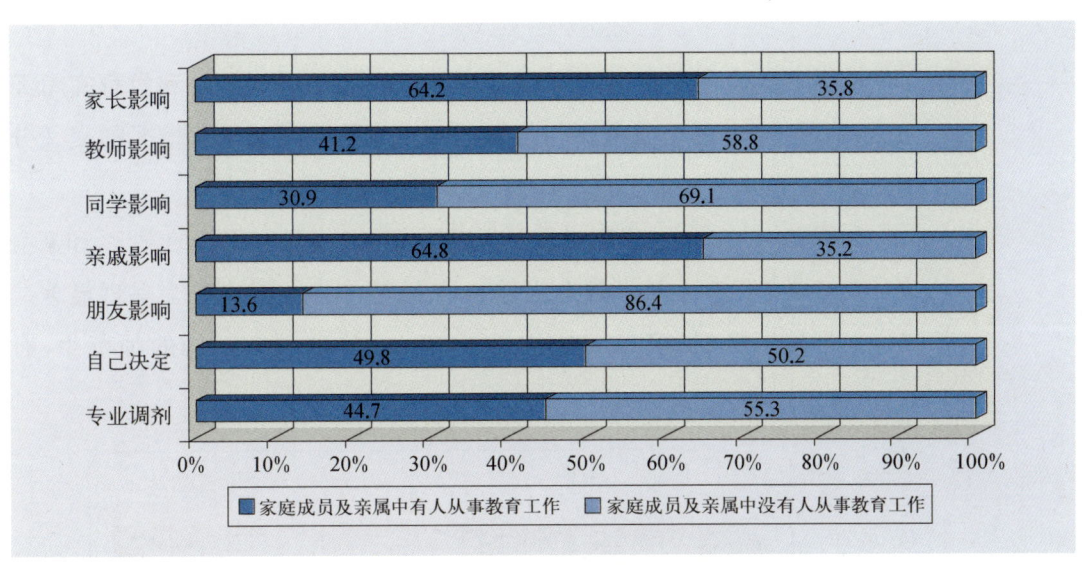

说明：$\chi^2 = 198.035$, df=6, $p < .001$, N=5 373。

图10-10　就读师范专业主要受谁影响与家庭成员及亲属从教情况的交叉分析

再追溯两类家庭背景的师范生当初是否填报师范专业作为第一志愿的情况，统计结果如下：

如图10-11所示，家庭成员及亲属中有人从事教育工作的学生，有84.30%高考第一志愿填报的是师范专业，高于整体平均，而家庭成员及亲属中没有人从事教育工作的学生当初填报师范专业作为第一志愿的比例为78.50%，两者有极显著差异。由此可见，家庭及亲属关系中从事教育工作的人对学生报考师范专业，准备将来做教师，主要应该是鼓励的积极影响。

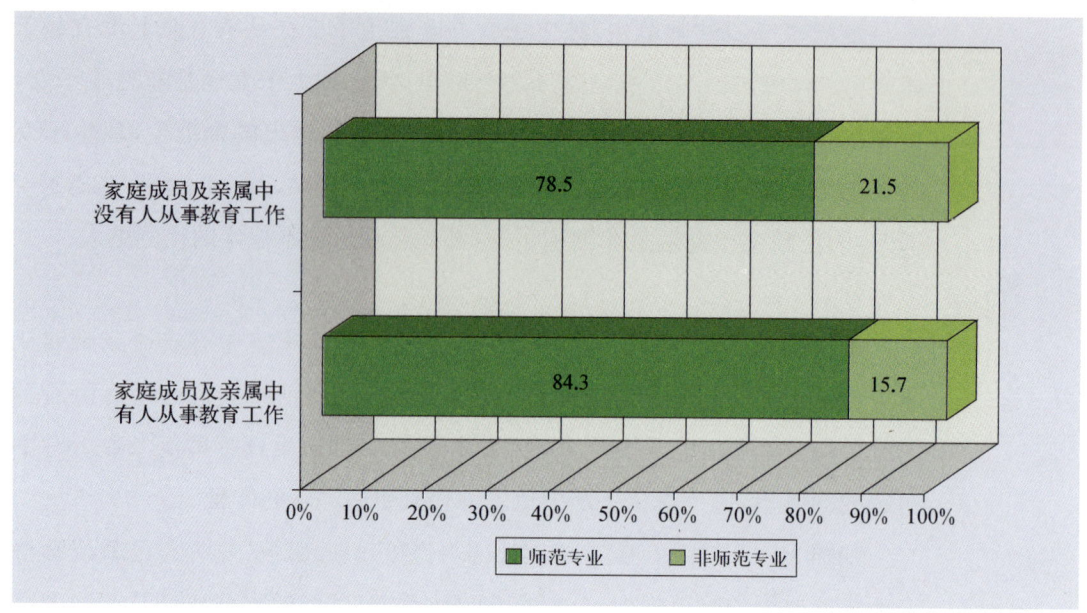

说明：$\chi^2 = 29.781$, df$=1$, $p < .001$, N$= 5\,373$。

图 10-11　家庭成员及亲属从教情况与高考填报师范志愿情况的交叉分析

　　接下来继续看一下，这些师范生完成了主要的课程学习和教育实习经历后，临近毕业，其从教意愿与他们的家庭成员及亲属从教情况的交叉分析，结果如下：

　　如图 10-12 所示，家庭成员及亲属中有人从事教育工作的学生，和家庭成员及亲属中没有人从事教育工作的学生，在毕业从教意愿上呈现显著差异。而且我们看到，家庭成员及亲属中有人从事教育工作的师范生，有

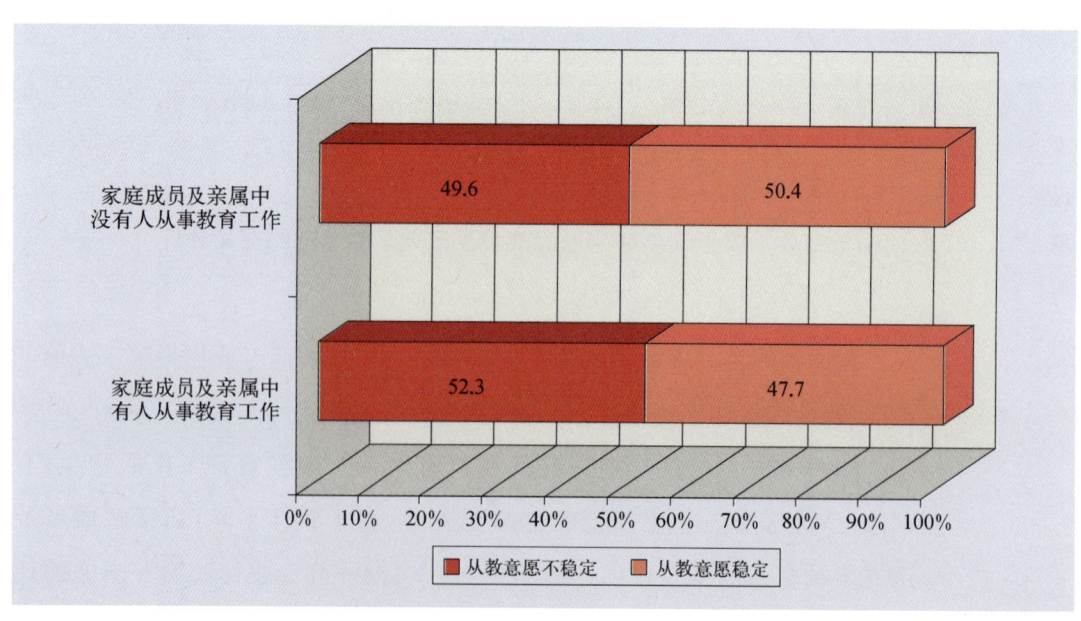

说明：$\chi^2 = 4.053$, df$=1$, $p = .044$, N$= 5\,368$。

图 10-12　家庭成员及亲属从教情况与毕业后从教意愿稳定情况的交叉分析

52.3％想过毕业后不做教师,高于家庭成员及亲属中无人从事教育工作的师范生比例(49.6％),与当初高考时填报师范专业作为第一志愿的情况形成了鲜明对比。这似乎表明,尽管从事教育事业的家庭成员或亲属通过自己的经验与观念给予了一些关于教师职业的正面影响,比如"教师职业稳定"、"经济收入有所保障"等,促使学生在填报高考第一志愿时选择了师范专业,但是随着师范生们接触社会的深入和自主意识的发展,中小学教师的社会评价和公共形象最终投射到他们身上的认知,逐渐抵消甚至逆反了那些从教的家庭成员和亲属给予的积极影响。这一情况在下图中也有同样的表现:

如图 10-13 所示,当初选择师范专业主要因为"家长影响"和"亲戚影响"的师范生群体中,从教意愿不稳定的比例高达 56.9％和 54.6％,仅次于当初因"专业调剂"而选择师范专业的师范生,并显著高于其他类型。

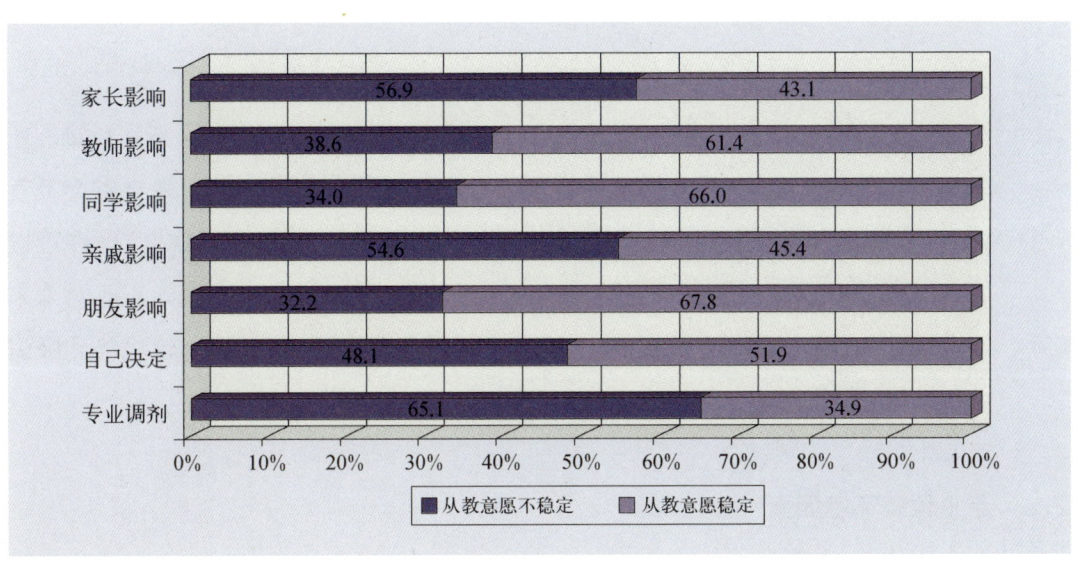

说明:$\chi^2 = 129.616$,df=6, $p < .001$,N=5 368。

图 10-13 读师范主要受谁影响与毕业从教意愿稳定度之间的交叉分析

在家属中有人从事教育事业的师范生群体中,进一步从其生源地域性质来看填报志愿的情况,如下表所示:

表 10-12 家属中有人从教的师范生当初填报师范专业作为第一志愿的情况(分不同地域来源)(％)

	入大学户口所在地			
	乡镇	县城	地级市(区)	省会及直辖市
高考第一志愿为师范类专业	84.5	86.7	81.6	78.4
高考第一志愿为非师范类专业	15.5	13.3	18.4	21.6

说明:$\chi^2 = 7.519$,df=3, $p = .057$,N=2 800。

如表10-12所示，尽管来自省会及直辖市的学生，当初填报师范专业作为第一志愿的比例相对其他三类略微低一些，但总体来看没有显著性差异。由此可以推测在不同地域性质从事教育工作的家庭成员或亲属，对于师范生在从教意愿上的影响基本上是一致的，再进一步我们也许可以推测，在我国社会中年以上群体中，对教师职业的认识和观念没有非常显著的地域性质差异。

再来看这部分师范生在毕业从教意愿上的表现，结果如下：

表10-13 家属中有人从教的师范生从教意愿稳定度情况(分不同地域来源)(%)

	入大学前户口所在地			
	乡镇	县城	地级市(区)	省会及直辖市
从教意愿不稳定	54.0	52.0	43.8	63.1
从教意愿稳定	46.0	48.0	56.2	36.9

说明：$\chi^2=19.124$,df$=3$, $p<.001$, N$=2\,800$。

如表10-13所示，家属中有从事教育工作的师范生群体，不同户籍性质生源的师范生在毕业后从业意愿上表现出极显著差异。其中来自省会及直辖市的学生，想过毕业后不做教师的比例最高。对比前一数据，也许可以说，这反映了对教师职业的认识和观念所发生的时代变迁，教师职业对未来可能从事教师职业的年轻一代，较之他们前辈来说，职业的比较优势和吸引力在降低。

2.2 专业教育环境因素

2.2.1 所在学校类别

我国师范院校从层次上可以划分为四个类别：六所部属师范大学、每省一所省属师范大学、若干省属师范学院、若干高等师范专科学校。不同类别的师范院校在招生、培养目标、就业定位和去向方面均有重点和层次区别。学校类别不同的师范生，可能在从教意愿稳定度上的表现也不同。

表10-14 各类院校学生的从教意愿分析(%)

	从业意愿不稳定	从业意愿稳定
部属师范大学	37.2	62.8
省属师范大学	55.5	44.5
省属师范学院	51.5	48.5
高等师范专科学校	46.7	53.3

说明：$\chi^2=42.225$,df$=3$, $p<.001$,N$=5\,368$。

如表10-14所示,按院校类别分别统计,师范生的从教意愿稳定情况呈现出极显著差异,部属师范大学的学生从教意愿最为稳定,远远超过其他三类院校,这主要应该是因为这些大学的师范生是公(免)费师范生。高等师范专科学校其次,而省属师范大学和其他本科师范院校的学生,从教意愿不稳定的比例超出稳定的比例。

再进一步来看各类师范生考虑不从教的最主要动因,结果如下:

表 10-15　各类院校师范生考虑毕业后不从教的原因(%)

最主要动因	部属师范大学	省属师范大学	省属师范学院	高等师范专科学校
责任重	2.5	3.0	3.9	5.1
收入太低	**27.0**	8.9	8.7	8.8
工作单调	8.2	8.6	15.1	8.2
工作压力太大	4.9	4.6	5.5	9.3
自己的性格不适合	**14.8**	**12.7**	18.7	23.4
工作中的困难太多	.8	2.0	1.8	2.0
有更好的工作选择	7.4	**17.1**	**15.8**	**13.3**
教师的社会地位不高	4.9	1.6	1.9	2.8
工作满足不了个人发展	**23.0**	**12.8**	**16.5**	11.9
自己的家人、朋友、恋人不同意	1.6	.9	1.1	1.7
不具备充分的知识和技能,感到难以胜任	4.9	7.0	9.1	**12.7**
其他			1.9	.8

说明:"省属师范大学"类中,有20.9%的"0"选项,不宜与"其他"合并处理,在表格中略去,因此该列的百分比和不是100%,各院校类型选择比例前三位数据加粗表示。

$\chi^2 = 561.899, df = 36, p < .001, N = 2 738$。

如表10-15所示,不同类别院校学生之间,对原因的选择也有显著差异。较为引人注目的是,部属师范大学的学生,选择"收入太低"作为最主要原因的占到了27.0%,高居第一,远远高于其他各类院校学生对于该项的选择比例,这可能反映了部属师范大学的学生,对于工作收入有着更高的期望值。另外,高等师范专科学校的学生,选择"不具备充分的知识和技能,感到难以胜任"的学生占到了12.7%,也远远高于其他类型院校学生在该项上的选择比例,这可能反映了这一类型院校学生对于自己所接受的专业知识技能培养评价相对较低,因此对从教没有信心。

2.2.2　所学专业

如图10-14所示,各专业师范生的从教意愿稳定度呈现极显著差异,其中,美术专业师范生从教意愿稳定度水平最高,地理专业最低。总体来看,艺术和体育类专业的师范生从教意愿稳定度普遍较高,大多数中小学学科主课专业的师范生从教意愿稳定度比副课专业高，文科专业师范生的从教意愿比理科专业高。

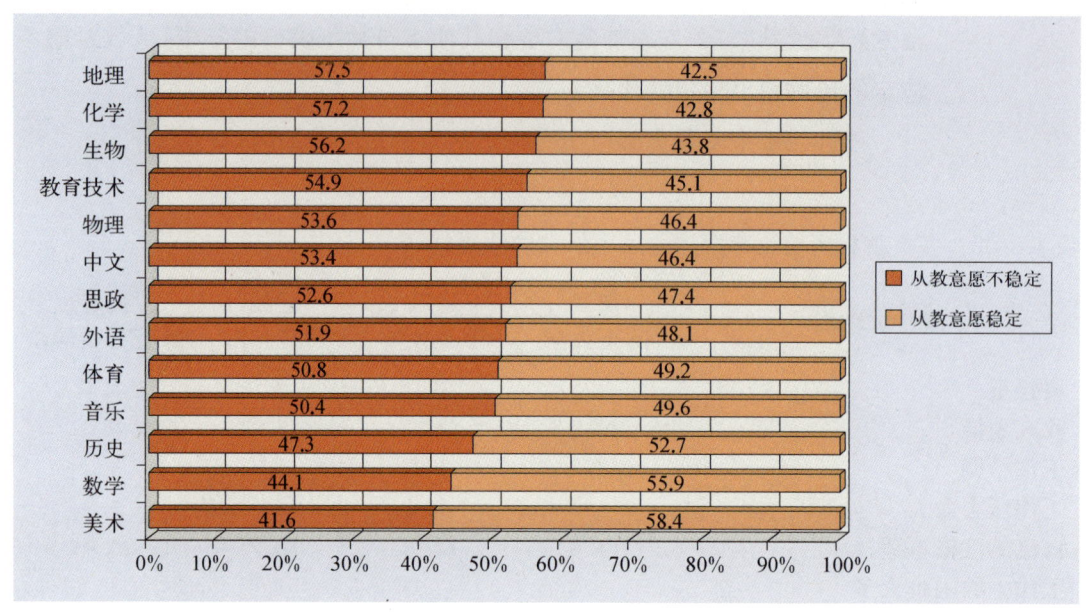

说明：$\chi^2 = 43.044$，$df = 12$，$p < .001$，$N = 5\ 368$。

图 10 - 14　各专业师范生从教意愿稳定情况

如表 10 - 16 所示，不同专业师范生考虑毕业后不从教的主要原因方面，虽然总体来说，仍以"性格不适合"、"有更好的工作选择"、"工作满足不了个人发展"为前三位的选择，但还是呈现出了一些特点。例如，数学、思政、历史、地理专业的学生，"收入太低"进入他们考虑不从教最主要原因的前三位，另外物理、生物、体育、美术专业的学生选择比例也较高，可能是由于这些专业中男生的比例更高一些。选择"知识技能上感到难以胜任"作为最主要原因的学生比例，外语专业的最高，其次为历史、地理，教育技术专业的最低。选择"责任重"作为最主要原因的学生比例，中文专业学生选择比例显著高于其他各专业，体育专业的最低。思政专业选择"工作压力太大"作为最主要原因的学生比例显著高于其他各专业。

表 10 - 16　各专业师范生考虑毕业后不从教的主要原因（%）

	责任重	收入太低	工作单调	工作压力太大	性格不适合	工作中的困难太多	有更好的工作选择	教师社会地位不高	工作满足不了个人发展	家人、朋友、恋人不同意	知识技能上感到难以胜任	其他
中文	7.6	7.4	**11.2**	7.9	**16.6**	2.2	**15.7**	1.6	11.0	1.1	9.7	.9
数学	4.5	**13.2**	10.5	4.9	12.9	2.1	**17.8**	1.7	**18.5**	2.1	8.7	.0
外语	1.7	6.9	**16.1**	5.2	**21.0**	1.5	**15.7**	2.1	14.4	.2	12.4	.9
物理	4.3	12.2	**14.6**	4.3	**17.1**	.6	11.0	2.4	**15.2**	1.8	8.5	
化学	2.6	9.2	11.8	6.7	**21.5**	2.1	**12.3**	2.1	**17.9**	.5	4.1	2.1

	责任重	收入太低	工作单调	工作压力太大	性格不适合	工作中的困难太多	有更好的工作选择	教师社会地位不高	工作满足不了个人发展	家人、朋友、恋人不同意	知识技能上感到难以胜任	其他
生物	4.7	11.6	9.3	2.9	**20.3**	1.2	**17.4**	.6	**13.4**	1.2	7.6	
思政	2.4	**12.2**	10.6	11.4	**16.3**	3.3	**15.4**	2.4	11.4	.8	8.1	
历史	2.9	**12.4**	10.5	4.8	**16.2**	2.9	**15.2**	2.9	11.4		10.5	3.8
地理	5.8	**13.5**	10.6	7.7	**12.5**	3.8	7.7	4.8	**11.5**	.0	10.6	3.8
体育	1.4	10.4	9.0	2.7	**17.1**	1.8	**15.8**	2.7	**22.1**	.9	6.3	1.8
音乐	4.4	5.5	7.7	4.9	**14.8**	1.1	**23.6**	2.7	**20.3**	2.2	5.5	
美术	1.8	11.6	**14.6**	6.1	**16.5**	.6	**14.0**	.6	12.8	3.0	7.9	2.4
教育技术	2.3	9.3	**11.6**	2.3	**14.0**	.0	**11.6**	2.3	18.6	.0	2.3	.0

说明：此处选择个案后，SPSS 输出仍有"0"选项，不宜与"其他"合并处理，在表格中略去，因此各行的百分比和不是100%，各专业选择比例前三位数据加粗表示。
$\chi^2=285.756$,df=144，$p=.004$,N=2 740，数据均为考虑了设计效应后的加权个案。

不同专业领域之间教师的专业训练、工作条件与非教学就业机会有着巨大差异，因此，不同专业领域的教师供求状况也存在着巨大差异，这些都使得各学科专业的师范生在从教意愿上表现出显著差异。

2.2.3 是否公（免）费师范生

公（免）费师范生政策在保证师范生享有更为优惠的教育和生活条件基础上，也对其未来的从教定位做了极为严格的规定，并且在招生阶段，即以"立志从教"作为录取的必要条件之一。公（免）费与非公（免）费师范生在从教意愿上呈现的差异状况如何？以下为交叉分析结果：

表 10-17　是否公（免）费师范生与毕业后从教意愿的交叉分析(%)

	从教意愿不稳定	从教意愿稳定
公（免）费师范生	44.9	55.1
非公（免）费师范生	51.3	48.7

说明：$\chi^2=9.381$,df=1，$p=.002$,N=5 368。

如表 10-17 所示，公（免）费师范生和非公（免）费师范生的毕业从教意愿呈现显著差异。公（免）费师范生的从教意愿稳定度要高于非公（免）费师范生，这应与公（免）费师范生更为严格的就业政策规定有关，但与此同时我们也能看到，这个差别并不是很大，仍有 44.9% 的公（免）费师范生想过毕业以后不做教师，相比政策制定的初衷和期望，这个比例似乎还是太高了。

下面进一步来看这两类师范生考虑毕业后不做教师的最主要动因有无

差异,结果如下所示:

表 10－18　公(免)费师范生身份与毕业后从教意愿不稳定动因的交叉分析(％)

排序	公(免)费师范生从教意愿不稳定最主要动因(百分比)	非公(免)费师范生从教意愿不稳定最主要动因(百分比)
1	自己的性格不适合(20.5)	自己的性格不适合(17.0)
2	工作满足不了个人发展(17.3)	有更好的工作选择(16.0)
3	收入太低(16.1)	工作满足不了个人发展(15.0)
4	有更好的工作选择(10.8)	工作单调(12.2)
5	工作单调(9.2)	不具备充分的知识和技能,感到难以胜任(9.1)
6	责任重(6.4)	收入太低(9.0)
7	不具备充分的知识和技能,感到难以胜任(5.6)	工作压力太大(5.8)
8	工作压力太大(4.0)	责任重(3.5)
9	自己的家人、朋友、恋人不同意(2.8)	工作中的困难太多(1.9)
10	教师的社会地位不高(2.4)	教师的社会地位不高(2.0)
11	工作中的困难太多(.8)	其他(1.1)
12	其他(.4)	自己的家人、朋友、恋人不同意(.9)

说明：$\chi^2 = 42.767$, df＝12, $p < .000$, N＝2 736。

如表 10－18 所示,两类师范生中,选择"自己的性格不适合"的比例都最高,而公(免)费师范生的比例相对更高一些。公(免)费师范生选择"收入太低"作为最主要动因的比例达 16.1％,大大高于非公(免)费师范生(9.0％)。

2.3　心理素养因素

如前所述,师范生在本次调查的回答中,"教师职业稳定"、"热爱教师职业"等职业意识成为自己当初选择师范专业的最主要原因,"自己的性格不适合"是自己想过毕业后不做教师的最主要动因,等等。这些都提示我们必须关注教师职业意识和性格类型等心理素养因素对从教意愿的重要影响。

2.3.1　教师职业意识

本次调查中有三个题项直接涉及师范生的职业意识,下面逐个来进行交叉分析。

首先,是关于对"教师社会地位低"这一观点的认同,交叉分析结果如下:

表 10-19 对教师社会地位的认识和从教意愿的交叉分析(%)

		从教意愿不稳定	从教意愿稳定
教师的社会地位低	完全不赞成	50.4	49.6
	不太赞成	52.7	47.3
	比较赞成	48.3	51.7
	完全赞成	48.4	51.6

说明：$\chi^2=6.979$,df=3，$p=.073$,N=5 369。

如表 10-19 所示,从教意愿没有表现出显著性差异,也就是说,师范生对教师社会地位的认识基本上未对其从教意愿产生重要影响。

接下来,关于"教师职业能实现我的自身价值"这一观点的认同,交叉分析如下：

表 10-20 对教师职业能否实现自身价值的认识和从教意愿的交叉分析(%)

		从教意愿不稳定	从教意愿稳定
教师职业能实现我的自身价值	完全不赞成	66.7	33.3
	不太赞成	65.8	34.2
	比较赞成	49.6	50.4
	完全赞成	35.3	64.7

说明：$\chi^2=197.225$,df=3，$p<.001$,N=5 368。

如表 10-20 所示,从教意愿稳定的师范生与不稳定的师范生,在对教师职业实现自身价值的认同上有显著差异。赞同"教师职业能实现我的自身价值"的师范生,从教意愿的稳定度远远高于不赞同的师范生。

再接下来,关于"我看好教师职业的发展前景"这一观点的认同,交叉分析如下：

表 10-21 对教师职业发展前景的认识和从教意愿的交叉分析(%)

		从教意愿不稳定	从教意愿稳定
我看好教师职业的发展前景	完全不赞成	61.5	38.5
	不太赞成	61.5	38.5
	比较赞成	52.1	47.9
	完全赞成	37.3	62.7

说明：$\chi^2=129.610$,df=3，$p<.001$,N=5 368。

273

如表 10-21 所示,对教师职业发展前景看法不同的学生,在从教意愿上显示出极显著差异。从百分比来看,完全不看好和不太看好教师职业发展前景的学生,毕业从教意愿不稳定度大大高于比较看好和非常看好的学生。

2.3.2 性格类型

从事教师的工作要与人打交道、影响人,因此一般认为性格是否外向对于教师工作是有很大影响的,本次调查中也发现,"自己的性格不适合"是促使师范生想过毕业以后不做教师的最重要原因,从总体来看,甚至占到了第一位。那么,性格是不是对从教意愿真有那么大的影响呢?

这里我们来做师范生性格类型(与中国成人常模比)与从教意愿之间的交叉分析,结果如下:

如图 10-15 所示,不同性格类型的师范生,在从教意愿的稳定度上有显著差异,并表现出越内向,从教意愿越不稳定的趋势,这似乎与我们的预想是一致的。

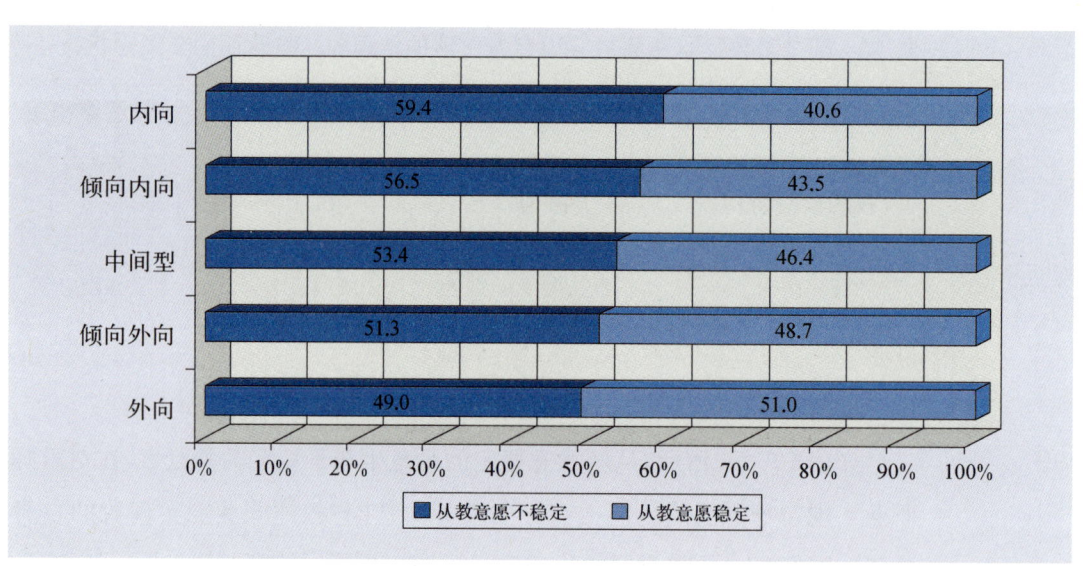

说明:$\chi^2=12.548$,df=3,$p=.014$,N=5 352。

图 10-15 师范生性格类型(与中国成人常模比)与从教意愿稳定情况

根据其他报告的分析("师范生的专业特质",杨福义执笔),师范生性格特征为外向或倾向外向的人数比例为三分之二(66.6%),内向或倾向内向的人数比例不到百分之五(4.7%)。与同年龄中国成人相比,师范生外向或倾向外向的人数比例远远超过一般人群(25%),特别是外向的人数比例差异更加明显。因此师范生内部的性格特征类型划分又有所不同,下面是师范生内部性格等级与从教意愿稳定情况之间的交叉分析:

如图 10-16 所示,在师范生内部性格等级中,从"内向"到"倾向外向",从教意愿也趋于稳定,但"外向"的从教意愿不稳定比例反而升至 53.7%,仅次于"内向"的 58.8%。

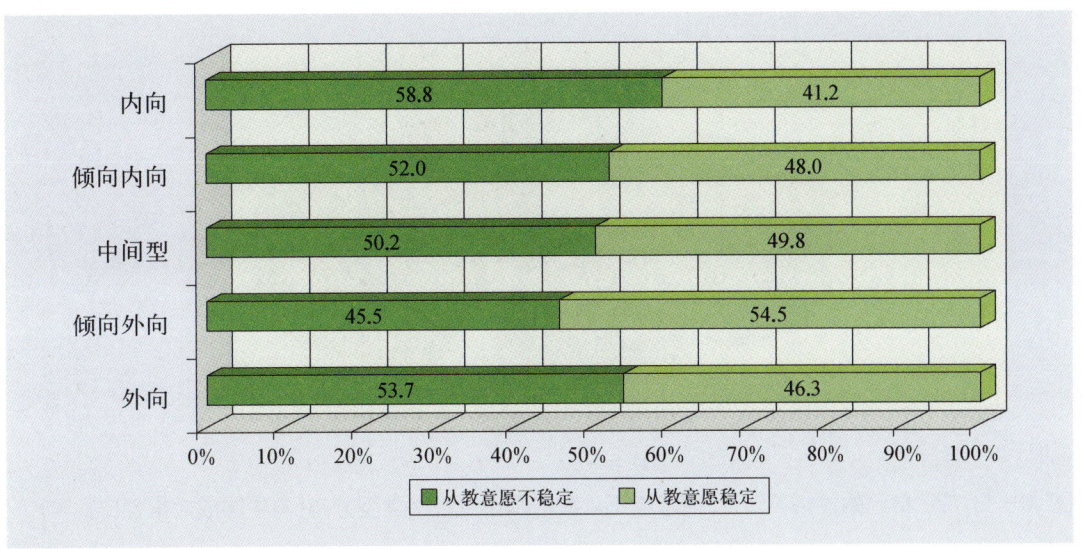

说明：$\chi^2 = 36.194$, df=3, $p < .001$, N=5 366。

图 10-16　师范生性格类型(师范生的内部性格等级)与从教意愿稳定情况

接下来,在选择"自己的性格不适合"作为考虑毕业后不做教师的首要动因的师范生中,按师范生内部性格等级情况如图 10-17 所示:

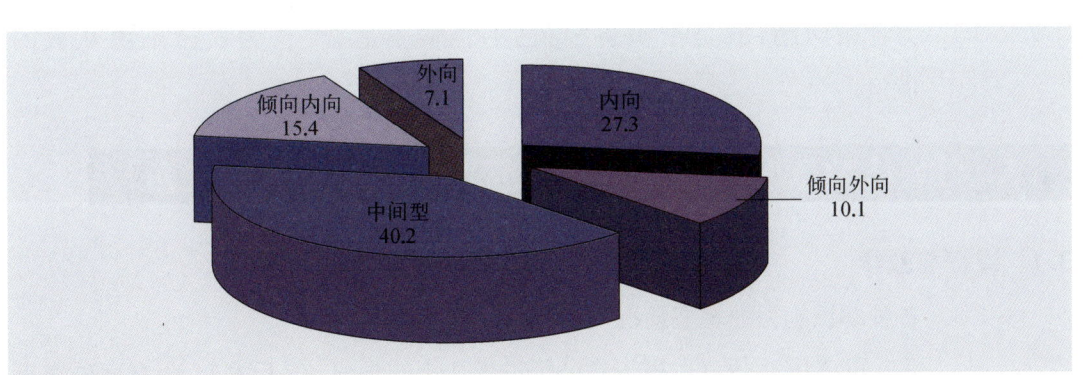

说明：N=477, SD=1.228。

图 10-17　因"自己的性格不适合"而考虑不从教的师范生性格类型分布(师范生内部性格等级)(%)

如图 10-17 所示,从师范生内部的性格等级分布来看,把"自己的性格不适合"作为从教意愿不稳定最主要动因的学生中,"中间型"所占比例最高(40.2%),其次为"内向"(27.3%),再次为"倾向内向"(15.4%),"倾向外向"(10.1%),最少的是"外向"(7.1%)

而从师范生与中国成人常模比的性格类型来看:

如图 10-18 所示,如果与中国成人常模比,这些把"自己的性格不适合"作为考虑不从教最主要动因的师范生中,占最大比例的是"外向"(40.6%),其次为"中间型"(37.8%),再次为"倾向外向"(13.2%),内向与倾向内向型仅占 2.4% 和 5.9%。

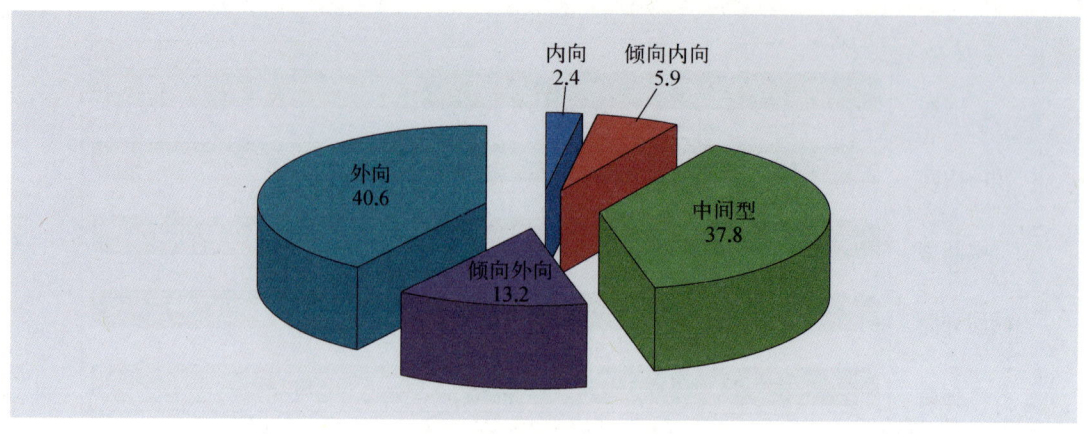

说明：N＝472，SD＝1.102。

图 10-18 因"自己的性格不适合"而考虑不从教的师范生性格类型分布(与中国成人常模比)(%)

另外,本次调查数据中有师范生对"作为教师最应该具备的特质"的看法,其中"性格开朗"在师范生所认为的教师最应该具备特质中排序最低,仅有 5.1% 的师范生选择,选择最多的三项为"耐心"、"责任心强"和"良好的道德品质与高尚人格",由此可见师范生在教师职业要求与性格匹配的认识上呈现一定的矛盾和混乱,可能把某些心理特质错误地归因为性格问题,或是干脆将"自己的性格不适合"作为自己不愿从教的借口。

3. 影响从教意愿的因素：从师范教育培养过程的视角

3.1 课程与教学

3.1.1 各种知识能力的掌握情况

问卷中让师范生报告自己经过了几年的学习,在下述 14 个方面的掌握程度如何：学科专业知识的掌握程度、对中小学课程与教材的熟悉程度、对我国教育法规和政策的了解程度、对当前我国中小学教育改革的了解程度、对中小学生特点的了解程度、教案设计技能的掌握程度、教学中运用教育技术手段的能力、班级管理工作的熟悉程度、与学生沟通的技能、甄别和照顾学生个体差异的能力、学生学业评价能力、对中小学教学方法的了解程度、教育研究能力、教师职业生涯规划能力。现在将这 14 个题项的数据进行赋值计算出平均数(1=很差,2=较差,3=一般,4=较高,5=很高),得出师范生自我评价的各种知识能力的综合掌握情况数据。

以从教意愿是否稳定作为因变量 Y,以各种知识能力的综合掌握情况为因变量,经 SPSS 二分类逻辑回归计算,模型预测准确率为 57.5%,方差中的变量情况见表 10-22。

逻辑回归分析结果显示,知识技能掌握程度越高,从教意愿越稳定。

表 10-22　各种知识能力的掌握情况变量影响从教意愿的逻辑回归方程

	B	S. E,	Wals	df	Sig.	Exp（B）
知识技能掌握程度的综合评价	−.502	.047	113.752	1	.000	.605
常量	1.731	.161	115.725	1	.000	5.644

3.1.2　教学过程中教师对从教意愿的激励情况

教育类和学科类课程教师在教学中激励师范生将来做教师情况与师范生从教意愿稳定度之间的交叉分析结果分别如下：

如表 10-23、表 10-24 所示，无论是教育类课程，还是学科专业课程，教师在教学过程中是否经常积极地鼓励学生将来做教师，对学生的从教意愿是有极显著影响的。

表 10-23　教育类课程教师在教学中激励情况与师范生从教意愿稳定度的交叉分析(%)

		从教意愿不稳定	从教意愿稳定
教学中教师经常激励我们做教师	非常不同意	63.3	36.7
	不太同意	61.7	38.3
	一般	54.8	45.2
	比较同意	45.3	54.7
	非常同意	43.0	57.0

说明：$\chi^2 = 90.324$，df$=4$，$p < .001$，N$=5\ 368$。

表 10-24　学科专业课程教师在教学中激励情况与师范生从教意愿稳定度的交叉分析(%)

		从教意愿不稳定	从教意愿稳定
教学中教师经常激励我们做教师	非常不同意	62.5	37.5
	不太同意	63.8	36.2
	一般	55.2	44.8
	比较同意	43.5	56.5
	非常同意	45.4	54.6

说明：$\chi^2 = 110.563$，df$=4$，$p < .001$，N$=5\ 368$。

3.2　实践教学与教育实习

3.2.1　教学实践技能掌握情况

由表 10-25 可见，对自己教学实践技能掌握情况评价不同的师范生，其毕业后从教意愿呈现极显著差异。从百分比来看它们之间有着正向联系。

越认为自己掌握的教学实践技能能够满足课堂教学实践的师范生,毕业从教意愿的稳定度越高。

表 10 - 25　教学实践技能掌握情况与从教意愿的交叉分析(%)

		从教意愿不稳定	从教意愿稳定
教学实践技能满足教学实践的程度	很不满足	64.4	35.6
	不太满足	61.0	39.0
	基本满足	52.6	47.4
	比较满足	40.0	60.0
	完全满足	38.9	61.1

说明:$\chi^2 = 148.555$,df$=4$,$p < .001$,N$=5\ 368$。

3.2.2　实习经历对从教意愿的影响

由表 10 - 26 可见,对"实习经历使你更喜欢做教师"赞同度不同的师范生,毕业后从教意愿稳定度呈现极显著差异,从百分比来看,这两者之间主要为正向联系,即师范生实习经历使他(她)喜欢做教师的程度越高,毕业后从教意愿的稳定度也越高。

表 10 - 26　实习经历与从教意愿稳定度的交叉分析(%)

		从教意愿不稳定	从教意愿稳定
实习经历使你更喜欢做教师	非常不同意	70.8	39.2
	不太同意	82.4	17.6
	一般	60.3	39.7
	比较同意	47.7	52.3
	非常同意	33.0	67.0

说明:$\chi^2 = 422.686$,df$=4$,$p < .001$,N$=5\ 368$。

3.3　课外活动与养成教育

本次调查中让师范生报告对学校开展各种课外活动的参加频度(很少,较少,一般,较多,很多),以此为自变量,以从教意愿稳定与否为因变量,进行逻辑回归计算,得出的模型预测准确率为 56.9%,方程中的各变量情况如表 10 - 27:

表 10 - 27　各种课外活动参加频度对从教意愿影响的逻辑回归方程中的变量

	B	S. E	Wals	df	Sig.	Exp (B)
学术讲座及论坛	.002	.037	.003	1	.958	1.002
专业兴趣小组	−.083	.042	3.811	1	.051	.921

	B	S. E	Wals	df	Sig.	Exp（B）
学术科研项目	−.121	.041	8.971	1	.003	.886
教育类竞赛	−.043	.041	1.106	1	.293	.958
志愿者活动	.034	.041	.690	1	.406	1.035
寒暑假社会实践	.054	.037	2.126	1	.145	1.055
家教或教育类兼职	−.152	.033	20.675	1	.000	.859
社团活动	−.019	.036	.280	1	.596	.981
常量	.896	.129	48.208	1	.000	2.450

说明：−2Log likelihood＝5 990.433[a]
Cox &. Snell R^2＝.021
Nagelkerke R^2＝.028
N＝5 845，缺失数据 779（未加权前）。

如上模型表明，学术科研项目、家教或教育类兼职的活动参加频度对于师范生的从业意愿有显著影响。这两类活动参加越多的学生，从教意愿越稳定。

4. 影响因素的综合分析

为考察上述有显著差异表现的诸多因素对师范生从教意愿的综合影响，这里试图用二分类逻辑回归分析来加以实现。如表 10-28 所示，以从教意愿是否稳定作为因变量，共选取了 13 个自变量，它们可以分为两大模块：

表 10-28　从教意愿稳定度影响因素的二分类逻辑回归变量赋值表

Y	因变量	是否想过毕业后不做老师	1＝是，0＝不是
X1		性别	1＝男性，0＝女性
X2		入学前户口所在地	以"省会及直辖市"为参考，具体编码见下表
X3		所在院校类别	以"高等师范专科学校"为参考，具体编码见下表
X4	自变量模块1：个体类型因素	是否独生子女	1＝独生子女，0＝非独生子女
X5		家庭成员及亲属中有无从事教育工作	1＝有，0＝没有
X6		性格（师范生内部性格等级）	1＝内向，2＝倾向内向，3＝中间型，4＝倾向外向，5＝外向
X7		教师职业能实现自身价值	1＝完全不赞成，2＝不太赞成，3＝比较赞成，4＝完全赞成
X8		看好教师职业发展前景	1＝完全不赞成，2＝不太赞成，3＝比较赞成，4＝完全赞成
X9		知识技能掌握程度的综合评价	1＝很差，2＝较差，3＝一般，4＝较高，5＝很高

（续表）

Y	因变量	是否想过毕业后不做老师	1＝是，0＝不是
X10		掌握的教学实践技能满足课堂教学实践的程度	1＝很不满足，2＝不太满足，3＝基本满足，4＝比较满足，5＝完全满足
X11	自变量模块2：培养过程因素	实习经历使自己更喜欢做教师	1＝非常不同意，2＝不太同意，3＝一般，4＝比较同意，5＝非常同意
X12		学术科研项目参加频度	1＝很少，2＝较少，3＝一般，4＝较多，5＝很多
X13		家教或教育类兼职参加频度	1＝很少，2＝较少，3＝一般，4＝较多，5＝很多

模块1：师范生个体特征，包括性别、所在院校类别、入学前户口所在地、是否独生子女、家庭成员及亲属中有无从事教育工作、性格（师范生内部性格等级）、师范生对教师职业是否能实现自身价值的看法、对教师职业发展前景的看好程度。

模块2：师范生接受师范教育后对自己知识能力的综合评价、掌握的教学实践技能能够满足课堂教学实践程度。

表 10-29　分类变量编码表

		参数编码		
		（1）	（2）	（3）
入大学前户口所在地：	乡镇	1.000	.000	.000
	县城	.000	1.000	.000
	地级市（区）	.000	.000	1.000
	省会及直辖市	.000	.000	.000
学校类别	部属师范大学	1.000	.000	.000
	省属师范大学	.000	1.000	.000
	省属师范学院	.000	.000	1.000
	高等师范专科学校	.000	.000	.000

逻辑回归分析模型预测准确率为 63.2％，方程中各变量的情况如表 10-30：

表 10-30　从教影响因素逻辑回归方程中的自变量

	B	S. E	Wals	df	Sig.	Exp (B)
性别	.241	.063	14.405	1	.000	1.272
入学前户口所在地（省会及直辖市）			45.411	3	.000	
入学前户口所在地（乡镇）	−.447	.145	9.444	1	.002	.640
入学前户口所在地（县城）	.381	.097	15.541	1	.000	1.464
入学前户口所在地（地级市/区）	.209	.088	5.598	1	.018	1.232
高等师范专科学校			13.722	3	.003	

	B	S. E	Wals	df	Sig.	Exp（B）
部属师范大学	−.431	.159	7.340	1	.007	.650
省属师范大学	−.594	.166	12.710	1	.000	.552
省属师范学院	−.482	.166	8.438	1	.004	.618
是否独生子女	−.205	.066	9.576	1	.002	.815
家庭成员及亲属中是否有人从事教育工作	.212	.059	12.880	1	.000	1.236
师范生内部性格等级	.021	.026	.633	1	.426	1.021
认为教师职业是否能实现自身价值	−.325	.055	35.089	1	.000	.723
对教师职业发展前景的看好程度	−.060	.053	1.279	1	.258	.942
知识技能掌握程度的综合评价	.003	.063	.002	1	.966	1.003
教学实践技能满足课堂教学实践的程度	−.240	.038	39.411	1	.000	.787
实习经历是否使师范生更喜欢做老师	−.436	.031	194.568	1	.000	.646
学术科研项目参加频度	−.032	.031	1.008	1	.315	.969
家教或教育类兼职参加频度	−.059	.029	4.200	1	.040	.943
常量	3.870	.277	194.852	1	.000	47.954

说明：−2Log likelihood＝6 785.381
Cox &. Snell R^2＝.114
Nagelkerke R^2＝.153
N＝6 615，缺失数据9个（未加权前）。

在这一模型中，我们可以看到：

在师范生的个体类型方面，性别、地域背景（入学前户口所在地）、是否独生子女、家庭相关背景（家庭成员及亲属中是否有人从事教育工作）等先赋性因素对从教意愿稳定与否有显著的影响；师范生所在学校类别也有显著影响；教师的职业意识中，教师职业是否能实现自身价值的看法有显著影响，而对教师职业发展前景的看好程度则不显著。最为引人瞩目的是，性格（师范生内部性格等级）因素在模型中的 p 值为.426，影响不显著。这应该可以说明，性格问题虽然影响从教意愿，但是很多师范生将自己的从教意愿不稳定动因归结为性格不适合，并非正确客观的认识，其他很多因素比性格类型有更为显著的影响。

在师范教育培养过程方面，师范生对自己几年来修习课程所掌握的知识技能综合评价，对从教意愿稳定与否影响不显著，而教学实践技能满足实践教学的程度和实习经历使自己更喜欢做教师这两项因素呈现极显著影响，课外活动中，学术科研项目参加频度影响不显著，但家教或教育类兼职的参加频度影响极显著。由此可见，实习或教育类兼职等带来的教育教学现场的实践经验与积极的情感体验越多，从教意愿越稳定；相比一般的知识技能，教学实践技能的掌握情况对从教意愿稳定度的影响更为显著。

5. 师范毕业生与用人单位的调查情况

5.1 新教师从教意愿

5.1.1 新教师从教意愿动因

如图 10-19 所示,新教师选择"教师社会地位较高"的比例仅占 2.6%,排序垫底。新教师选择"教师经济收入有所保障"的也比较低,占 8.4%,仅高于"教师社会地位较高"、"其他"和"没有找到其他合适的工作(别无选择)"。

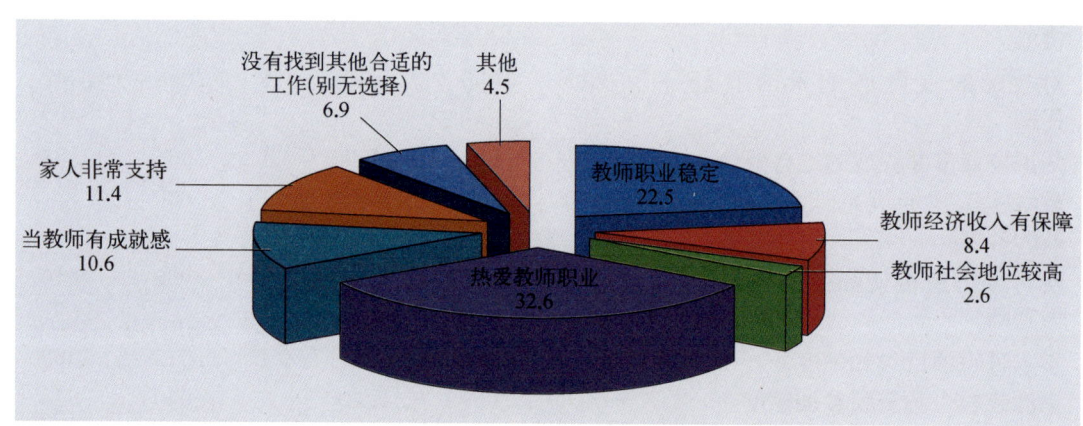

说明:N=2 976。

图 10-19 新教师从教意愿动因(%)

5.1.2 新教师从教意愿稳定度

新教师是否考虑过不做教师,即从教意愿的稳定情况,统计结果如图 10-20 所示:

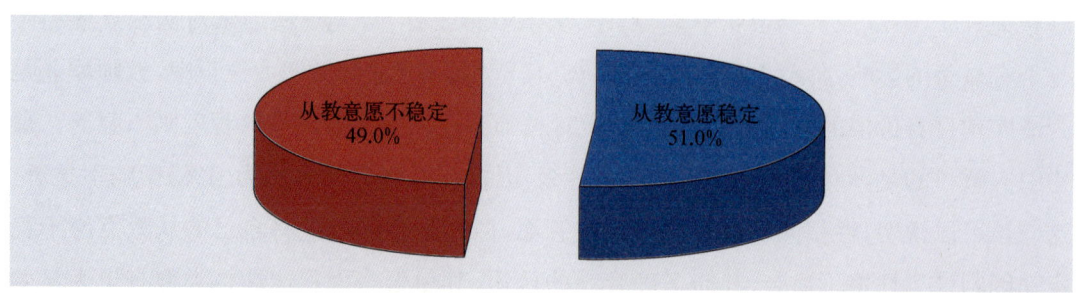

说明:数据为加全国权后统计百分比,N=2 976。

图 10-20 新教师从教意愿情况(%)

如图 10-20 所示,49.0%的新教师考虑过不做教师,51.0%的新教师表示从未考虑过。与前述在校师范生的毕业从教意愿相比,基本在同一水平上,总体而言是不够稳定的。

在占总体 49.0%考虑过不做教师的新教师群体中,最主要的动因如表

10 - 31 所示：

表 10 - 31　新教师从教意愿不稳定的最主要动因排序表

排序	考虑过不做教师的最主要动因	百分比(%)
1	收入太低	28.4
2	工作压力太大	23.2
3	工作满足不了个人发展	13.9
4	有更好的工作选择	8.3
5	工作太辛苦	7.7
6	教师的社会声望低	5.5
7	其他	5.4
8	厌倦了这份工作，想改变	3.6
9	工作中的困难太多	1.4
10	对学生不满	1.0
11	自己的家人、朋友、恋人对自己的工作不满	.6
12	对领导不满	.6
13	对同事不满	.3
14	对学生家长不满	.1
15	合计	100.0

说明：N＝1 458。

如表 10 - 31 所示，28.4％的新教师考虑不做教师的最主要动因为"收入太低"（28.4％），其次为"工作压力太大"（23.2％），再次为"工作满足不了个人发展"（13.9％）。位居末三位的动因是"对领导不满"、"对同事不满"、"对学生家长不满"，均在1％以下，显示初入职场的人际关系问题还很少成为新教师们萌生去意的主要动因。

5.1.3　交叉分析

（1）不同类型新教师从教意愿动因的交叉分析

a. 性别

不同性别新教师选择做教师的最主要原因是否有所不同，交叉分析如表 10 - 32 所示：

表 10 - 32　不同性别新教师选择从教的最主要动因(%)

选择从教的最主要动因	男	女
职业稳定	23.9	20.9
经济收入有所保障	6.9	11.5
社会地位较高	2.2	3.2
热爱教师职业	36.0	26.2
当教师有成就感	9.6	12.7

（续表）

选择从教的最主要动因	男	女
家人非常支持	13.6	7.2
没有找到其他合适的工作（别无选择）	4.2	12.1
其他	3.6	6.2

说明：$\chi^2 = 141.247$，df=7，$p < .001$，N=2 974。

如表 10-32 所示，不同性别新教师选择从教的最主要动因呈现显著性差异，男性新教师选择"热爱教师职业"的比例比女性高出了近十个百分点，而选择"经济收入有所保障"的比女性显著要少，选择"没有找到其他合适的工作（别无选择）"的比例更是远远低于女性新教师。这一分析结果似乎表明，相比女性新教师来说，男性新教师选择从教更多是出于对教师职业的内部认同。

b. 地域性质

如表 10-33 所示，任职于不同地域性质学校的新教师在从教最主要动因上有显著差异，较为引人注目的是，省会及直辖市学校的新教师选择"经济收入有所保障"和"家人非常支持"的比例比其他地域性质的新教师低得多，这显示在我国最发达地区，中小学教师职业的经济收入与其他职业相比，呈现比较劣势的状态。另外，县城和乡镇学校的新教师选择"没有找到其他合适的工作（别无选择）"的比例比地级市（区）和省会及直辖市的新教师显著要高，这种城乡差异背后的原因应该可以归结为教师社会地位的城乡差异，中小学教师的社会地位在农村地区人们心目中较低，因此更成为无奈的选择。

表 10-33　不同地域学校新教师选择从教的最主要动因（%）

选择从教的最主要动因	乡镇	县城	地级市（区）	省会及直辖市
职业稳定	23.1	24.5	19.7	25.8
经济收入有所保障	7.7	9.5	9.2	5.7
社会地位较高	2.2	3.6	1.8	3.3
热爱教师职业	34.6	26.3	37.8	30.4
当教师有成就感	9.1	10.9	11.6	12.4
家人非常支持	12.2	10.3	13.3	6.4
没有找到其他合适的工作（别无选择）	8.2	9.6	3.7	4.0
其他	3.0	5.2	3.0	12.0

说明：$\chi^2 = 125.938$，df=21，$p < .001$，N=2 976。

c. 毕业学校类别

如表 10 - 34 所示,毕业于不同类别师范院校的新教师选择教师职业的最主要原因有显著差异。毕业于高等师范专科学校的新教师选择"职业稳定"的比例显著低于其他类型,选择"热爱教师职业"的比例远高于其他类型,选择"家人非常支持"的比例则显著低于其他类型,这些结果似乎表明毕业于高等师范专科学校的新教师更多出于自身对教师职业的内部认同而从教;从部属师范大学毕业的新教师选择"职业稳定"的比例显著高于其他类型,这似乎表明毕业于部属师范大学的新教师对教师职业在"稳定性"上的评价相对更高。

表 10 - 34　毕业于不同类别师范院校的新教师选择教师职业的最主要原因(%)

	部属师范大学	省属师范大学	省属师范学院	高等师范专科学校
职业稳定	31.4	25.5	23.2	15.0
经济收入有所保障	10.1	6.5	9.1	9.0
社会地位较高	3.8	2.7	1.6	4.8
热爱教师职业	20.8	32.7	28.3	48.7
当教师有成就感	10.7	9.9	11.0	10.4
家人非常支持	12.6	8.4	14.9	6.0
别无选择	6.9	8.2	7.2	4.2
其他	3.8	6.1	4.6	1.9

说明:$\chi^2 = 155.516$,df=21,$p < .001$,N=2 972。

d. 学段

如表 10 - 35 所示,不同学段新教师选择教师职业的最主要原因有显著性差异。高中教师选择"经济收入有所保障"的比例低于小学、初中,反映了高中教师相对来说对教师职业的经济收入满意度更低一些;小学教师选择"热爱教师职业"的比例显著高于初、高中教师,而小学教师选择"当教师有成就感"的比例又比初、高中显著要低,这也许反映了社会对于小学教师的价值认同远不及初、高中教师。

表 10 - 35　不同学段新教师选择教师职业的最主要原因(%)

	小学	初中	高中
职业稳定	20.5	23.6	23.6
经济收入有所保障	8.0	10.3	6.8
社会地位较高	2.9	3.6	1.2

（续表）

	小学	初中	高中
热爱教师职业	44.1	27.1	29.1
当教师有成就感	7.4	11.4	12.7
家人非常支持	9.0	13.1	11.6
没有找到其他合适的工作(别无选择)	4.6	6.8	9.4
其他	3.4	4.1	5.6

说明：$\chi^2=112.286$，df=14，$p<.001$，N=2 946。

（2）不同类型新教师从教意愿稳定度的交叉分析

a. 性别

按男女性别来分别考察新教师的从教意愿稳定情况，结果如表 10-36 所示：

表 10-36　不同性别新教师的从教意愿稳定情况(％)

	男	女
从教意愿稳定	54.4	44.6
从教意愿不稳定	45.6	55.4

说明：$\chi^2=25.962$，df=1，$p<.001$，N=2 976。

由表 10-36 可见，不同性别的新教师，从教意愿稳定情况呈现出极显著差异。男性从没考虑过不做教师的比例达 54.4％，大大高于女性的 44.6％，男性新教师的从教意愿稳定度好于女性新教师。这与前述师范生群体中女生从教意愿稳定度高于男生形成了较为鲜明的对比，结合前述新教师选择教师职业最主要动因的性别交叉分析结果，男性新教师出于"热爱教师职业"而从教的比例远高于女性新教师，可以推测，对教师职业的内部认同是影响从教意愿的重要因素，影响作用比性别更大。

b. 毕业院校类别

按毕业院校类别来分别考察新教师的从教意愿情况，结果如表 10-37 所示：

表 10-37　毕业于不同院校类别的新教师从教意愿稳定情况(％)

	部属师范大学	省属师范大学	省属师范学院	高等师范专科学校
从教意愿稳定	53.1	51.4	48.2	57.7
从教意愿不稳定	46.9	48.6	51.8	42.3

说明：$\chi^2=14.611$，df=3，$p=.002$，N=2 976。

如表 10-37 所示,不同类型院校毕业的新教师,其从教意愿呈现显著性差异。其中高等师范专科学校毕业的新教师从教稳定度最高,有 57.7% 从没考虑过不做教师,其次为部属师范大学,再次为省属师范大学,毕业于省属师范学院的新教师从教意愿稳定度最低,考虑过不做教师的新教师比例超过一半,达 51.8%。毕业于高等师范专科学校的新教师从教稳定度最高的结果与前述选择教师职业最主要原因的交叉分析结果也比较一致,显示对教师职业的内部认同是影响从教意愿的重要因素,影响作用也高过不同类型院校培养过程的影响。

c. 任职学校所在地域

按任职学校所在区域性质来分别考察新教师的从教意愿情况,结果如表 10-38 所示:

表 10-38　不同地区学校的新教师从教意愿稳定情况(%)

	乡镇	县城	地级市(区)	省会及直辖市
从教意愿稳定	49.4	48.8	54.8	52.8
从教意愿不稳定	50.6	51.2	45.2	47.2

说明:$\chi^2 = 7.879$,df$=3$,$p=.049$,N$=2\,976$。

如表 10-38 所示,不同地区学校的新教师,从教意愿呈现显著差异。其中地级市(区)学校和省会及直辖市学校的新任教师,分别有 54.8% 和 52.8% 报告自己从没考虑过不做教师,其从教意愿的稳定程度明显高于另两类地区的新教师,这体现了我国中小学教师职业比较优势的城乡差异。

d. 任职学段

如表 10-39 所示,任教于不同学段新教师的从教意愿稳定度有极显著差异,小学新教师从教意愿稳定度比初、高中新教师高得多。这一结果也同样与前述选择教师职业最主要原因的交叉分析结果比较一致,显示对教师职业的内部认同是影响从教意愿的重要因素。

表 10-39　任教于不同学段新教师的从教意愿稳定度差异分析(%)

	从教意愿稳定	从教意愿不稳定
小学	60.3	39.7
初中	46.2	53.8
高中	48.2	51.8

说明:$\chi^2 = 43.250$,df$=2$,$p<.001$,N$=2\,948$。

（3）不同类型新教师从教意愿不稳定动因的交叉分析

如果分别按照这些新教师的性别来看他们考虑不做教师的最主要原因，统计结果如表 10-40 所示：

表 10-40　新教师性别与从教意愿是否稳定的交叉分析（%）

排序	男性新教师从教意愿不稳定的最主要动因（百分比）	女性新教师从教意愿不稳定的最主要动因（百分比）
1	工作压力太大（28.7）	收入太低（40.0）
2	收入太低（21.1）	工作压力太大（14.4）
3	工作满足不了个人发展（14.0）	工作满足不了个人发展（13.9）
4	工作太辛苦（8.6）	有更好的工作选择（9.8）
5	有更好的工作选择（7.4）	教师的社会声望低（7.1）
6	其他（6.3）	工作太辛苦（6.4）
7	教师的社会声望低（4.6）	其他（4.1）
8	厌倦了这份工作，想改变（4.6）	厌倦了这份工作，想改变（2.0）
9	工作中的困难太多（1.6）	工作中的困难太多（.9）
10	对学生不满（1.3）	自己的家人、朋友、恋人对自己的工作不满（.9）
11	对领导不满（.8）	对学生不满（.4）
12	自己的家人、朋友、恋人对自己的工作不满（.4）	对领导不满（.4）
13	对同事不满（.4）	对同事不满
14	对学生家长不满（.1）	对学生家长不满（.0）

说明：$\chi^2 = 102.003$，df＝13，$p < .001$，N＝1 458。

如表 10-40 所示，不同性别新教师考虑不做教师的最主要动因呈现极显著差异。新任女教师中选择"收入太低"作为最主要原因的高达40.0%，远高于男教师的 21.1%，这可能同样表明教师职业的内部认同对从教稳定度影响更大，从而使得更多出于对教师职业内部认同而从教的男性新教师不太会由于收入问题而不愿从教。另外，男教师选择"对学生不满"、"对领导不满"、"对同事不满"作为最主要动因的比例均显著高于女教师，这表明男教师相对来说不太擅长处理工作环境的人际关系问题。

按照所毕业学校类别分别来看这些考虑过不做教师的新教师的最主要动因，统计结果如表 10-41 所示：

表 10-41　不同类型师范院校毕业的新教师从教意愿不稳定的最主要动因(％)

	部属师范大学	省属师范大学	省属师范学院	高等师范专科学校
收入太低	23.7	30.1	31.1	17.4
工作压力太大	19.7	20.4	23.5	28.3
工作太辛苦	10.5	8.0	7.4	7.8
工作中的困难太多	2.6	2.2	.3	3.2
工作满足不了个人发展	17.1	13.2	13.5	15.5
对领导不满	1.3	1.2	.3	.5
对同事不满		.7		.5
对学生不满	1.3	1.0	1.2	.5
对学生家长不满	1.3	.0		
厌倦了这份工作,想改变	6.6	2.0	3.0	7.3
自己的家人、朋友、恋人对自己的工作不满		.7	.3	1.8
教师的社会声望低	5.3	4.5	5.9	5.9
有更好的工作选择	7.9	10.7	7.9	5.9
其他	2.6	5.2	5.7	5.5

说明:$\chi^2 = 91.716$,df$=39$, $p < .001$,N$=1\,458$。

如表 10-41 所示,毕业于不同类型师范院校的新教师,考虑不做教师的动因呈现极显著差异。分别有 31.1％、30.1％毕业于省属师范学院、省属师范大学的新教师认为"收入太低"是自己考虑不做教师的最主要动因,远远高于从其他两类院校毕业的新教师。选择"工作压力太大"作为自己不从教最主要原因的新教师比例最高的毕业于高等师范专科学校,其次为省属师范学院,再次为省属师范大学,最低的为部属师范大学。有 17.1％毕业于部属师范大学的新教师选择"工作满足不了个人发展",这个比例高于毕业于其他三类院校的新教师。此外,毕业于部属师范大学的新教师选择"工作太辛苦"的比例也明显高于毕业于其他三类院校的新教师。

按照学校所在地类别分别来看这些新教师考虑过不做教师的最主要动因,统计结果如表 10-42 所示:

表 10-42　不同地区学校的新教师从教意愿不稳定的最主要动因(％)

	乡镇	县城	地级市(区)	省会及直辖市
收入太低	34.8	30.1	19.9	21.3
工作压力太大	14.3	21.6	40.3	16.3
工作太辛苦	8.2	8.9	5.4	8.5

	乡镇	县城	地级市(区)	省会及直辖市
工作中的困难太多	.6	1.8	1.6	2.1
工作满足不了个人发展	14.1	15.3	13.4	10.6
对领导不满	.8	.2	.5	1.4
对同事不满	.2	.7	.0	
对学生不满	2.0	.2	.5	1.4
对学生家长不满	.0		.0	.0
厌倦了这份工作,想改变	4.3	4.3	2.2	2.1
自己的家人、朋友、恋人对自己的工作不满	.6	.5	.8	1.4
教师的社会声望低	8.0	5.5	2.7	3.5
有更好的工作选择	7.6	5.9	9.8	14.9
其他	4.7	5.0	2.7	16.3

说明：$\chi^2 = 176.887$, df $= 39$, $p < .001$, N $= 1\ 458$。

如表10-42所示，不同地区学校的新教师，考虑不做教师的最主要动因呈现极显著差异。选择"收入太低"的比例最高的为乡镇学校新教师，其次为县城学校新教师，有30.1%，大大高于地级市(区)学校的19.9%和省会及直辖市的21.3%。有40.3%的地级市(区)学校新教师选择"工作压力太大"，远高于其他类型地区学校新教师的比例；14.9%的省会及直辖市学校新教师认为"有更好的工作选择"是自己考虑不做教师的最主要动因，这个比例大大高于其他三类地区学校新教师选择的比例；16.3%的省会及直辖市学校新教师给出的选择是"其他"，更是远远高于其他三类地区学校新教师选择此项的比例，这提示我们，省会及直辖市学校新教师从教意愿不稳定的动因可能更为复杂。

如表10-43所示，不同学段新教师从教意愿不稳定的最主要动因呈现显著性差异。初、高中教师选择"收入太低"、"教师社会声望低"的比例显著高于小学教师，显示中学教师对收入、社会声望的期望值要高于小学教师。

表10-43　不同学段新教师从教意愿不稳定的最主要动因(%)

	小学	初中	高中
收入太低	23.5	29.2	31.6
工作压力太大	23.5	26.1	19.5
工作太辛苦	9.9	6.2	8.4
工作中的困难太多	1.5	1.8	.8
工作满足不了个人发展	13.7	11.7	17.0
对领导不满	.6	.8	.4
对同事不满	1.2		.0
对学生不满	.6	1.1	1.0

	小学	初中	高中
对学生家长不满		.0	.2
厌倦了这份工作,想改变	6.7	1.8	3.3
自己的家人、朋友、恋人对 自己的工作不满	.6	.8	.6
教师的社会声望低	2.6	7.8	4.7
有更好的工作选择	9.6	8.5	7.6
其他	6.1	4.2	4.9

说明：$\chi^2 = 67.268$, df $= 26$, $p < .001$, N $= 1\,446$。

5.2　用人单位领导对新教师从教意愿的评价情况

5.2.1　基本情况

首先,来看一下用人单位领导对师范院校毕业的新教师是否热爱教师职业的评价：

如图 10‑21 所示,用人单位领导的评价还是比较积极的,认为"比较热爱"的有 44.3%,"非常热爱"也有 15.5%,两者合计超过半数。而认为新教师对教师职业"非常不热爱"的仅占.5%,"不太热爱"的也只有 5.6%。

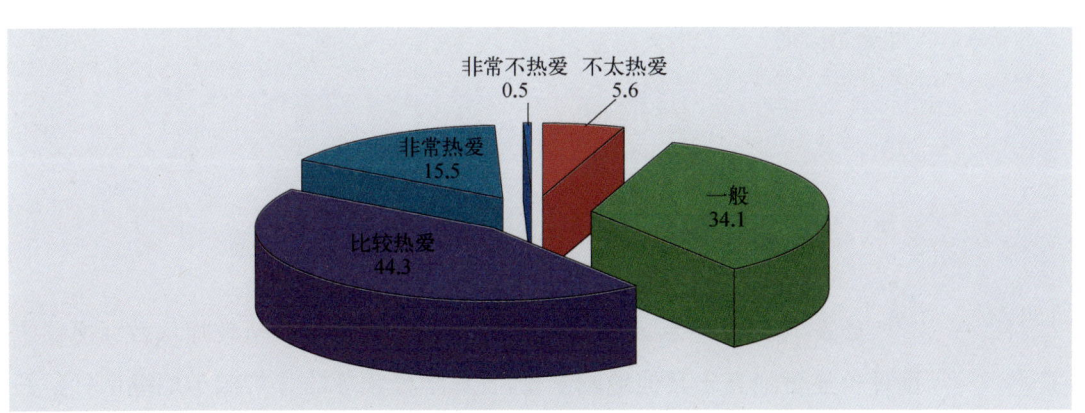

说明：N $= 375$, SD $= .819$。

图 10‑21　用人单位领导对师范院校毕业新教师是否热爱教师职业的评价(%)

对于师范专业毕业和非师范专业毕业的本单位新教师,用人单位领导对他们从教意愿稳定度的评价如图 10‑22 所示：

如图 10‑22 所示,用人单位领导对于非师范毕业新教师的"立志从教的专业思想"稳定度,比起师范专业毕业新教师,用人单位领导的评价要低得多。

5.2.2　交叉分析

性别的交叉分析结果显示,不同性别的校领导对新教师从教稳定度评价没有显著性差异($\chi^2 = 4.436$, df $= 4$, $p = .350$, N $= 375$)。

新教师从教意愿稳定度与学校所在地域性质的交叉分析如下：

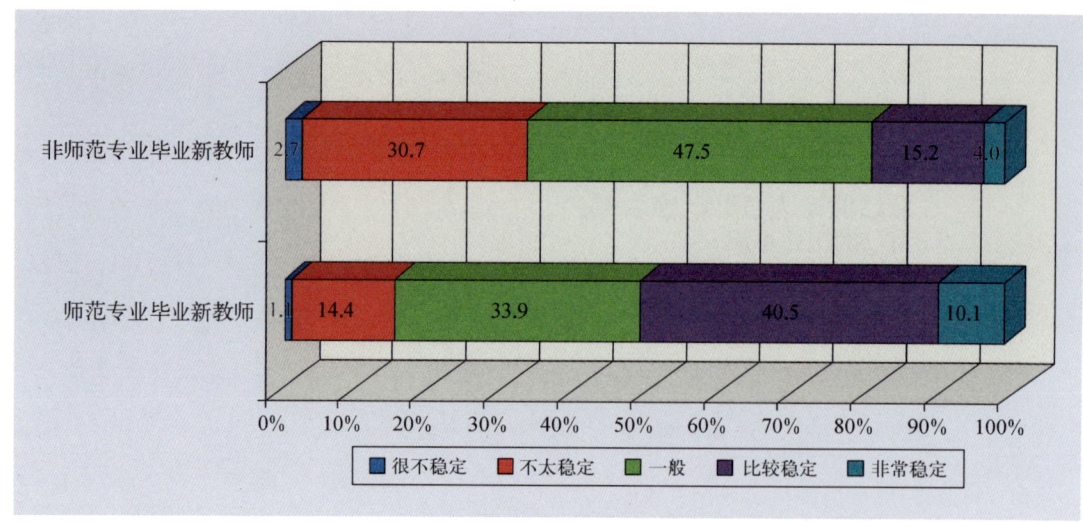

说明：N＝375。

图 10‑22　用人单位领导对新教师从教意愿稳定度的评价(师范专业毕业和非师范专业毕业)

表 10‑44　师范院校毕业的新教师从教意愿稳定度评价与学校所在地域的交叉分析(%)

		乡镇	县城	地级市(区)	省会及直辖市
立志从教的专业思想稳定	非常不同意	.9	4.7	.0	2.6
	不太同意	16.2	38.7	34.7	23.4
	一般	55.6	45.3	49.3	54.5
	比较同意	21.4	9.4	10.7	18.2
	非常同意	6.0	1.9	5.3	1.3

说明：$\chi^2＝30.251$，df＝12，$p＝.002$，N＝375。

如表 10‑44 所示，综合来看乡镇中小学校领导对新教师从教意愿稳定度评价显著地高于其他地域学校，县城学校领导的评价低于地级市(区)领导的评价。这一结果再次显示我国中小学教师职业比较优势的城乡差异，更为发达的城市地区中教师的比较优势更低，职业吸引力更弱。

新教师从教意愿稳定度与学校学段性质的交叉分析如下：

表 10‑45　师范院校毕业的新教师从教稳定度评价与学校学段的交叉分析(%)

		小学	初中	高中
立志从教的专业思想稳定	非常不同意	3.1	2.7	1.7
	不太同意	13.3	45.3	34.5
	一般	58.6	33.3	50.0
	比较同意	19.5	17.3	10.3
	非常同意	5.5	1.3	3.4

说明：$\chi^2＝57.703$，df＝28，$p＝.001$，N＝375。

如表 10-45 所示,小学的校领导对新教师从教稳定度的评价比初、高中的校领导的评价要高。这与前述新教师自我报告的从教稳定情况比较一致。

6. 结论与建议

6.1　研究结论

综合以上分析,关于我国师范院校师范生的从教意愿问题,主要的研究结论如下:

6.1.1　总体而言,我国师范生毕业后从教意愿的稳定度水平不高

尽管有 81.5% 的师范生以第一志愿入读师范类专业,远高于第一志愿填报的是非师范专业后来转入师范专业的学生比例,而且师范教育培养过程有明确的职业和专业定向,但仍有超过一半的师范生想过毕业以后不做教师(51.0%)。并且,从已经作为新教师工作 1—2 年的师范院校毕业生的情况来看,从教意愿的稳定情况也大体一致(49.0%)。从踊跃报读到心猿意马的状况,也许反映的是,师范专业对于高考考生来说是有吸引力的,但是这种吸引力相当一部分来自于师范专业录取的相关程序和优惠政策,或是师范院校本身的综合实力与所在地域的吸引力,而不是中小学教师职业本身。总体而言中小学教师职业的比较优势较弱。

6.1.2　性别是影响师范生毕业后从教意愿的重要因素

女性师范生的从教意愿稳定度显著高于男生,这反映了一定程度上,中小学教师仍是"女性职业"的形象。"收入不高"和"发展不大"是动摇男生们从教意愿的重要原因,反映了我国当前社会对男性在经济收入和职业成就上有更大的期待。

6.1.3　出生成长背景中的诸多先赋性因素影响师范生从教意愿

从生源所在地来看,省会及直辖市生源的学生填报第一志愿为师范类专业的比例显著低于乡镇、县城、地级市(区)生源的学生。来自省会及直辖市的师范生,想过毕业后不做教师的比例最高(59.4%),其次为乡镇生源的师范生(53.1%),来自县城和地级市(区)的师范生相对来说从教意愿稳定度高一些,比例分别为 46.7% 和 45.7%。

作为独生子女的师范生从教意愿不稳定的比例(47.4%)显著低于非独生子女(53.3%),但在不同性质地域中又呈现不同状态。

超过一半的师范生家庭中有成员或亲属从事教育工作(52.1%)。家庭成员及亲属看待教师职业的意见与从事教育工作经验,在师范生选择师范专业上有不可忽视的积极影响,并且这种影响并未表现出地域性质差异,但是由于家长和亲属影响而选择师范专业的学生,后来从教意愿发生摇摆的

比例也很高。这表明尽管从事教育事业的家庭成员或亲属通过自己的经验与观念给予了一些关于教师职业的正面影响,比如"教师职业稳定"、"经济收入有所保障"等,促使学生在填报高考第一志愿时选择了师范专业,但是随着师范生们接触社会的深入和自主意识的发展,中小学教师的社会评价和公共形象最终投射到他们身上的认知,逐渐抵消甚至逆反了那些从教的家庭成员和亲属给予的积极影响。

6.1.4 不同层次类型师范院校、专业身份的师范生从教意愿有显著差异

按院校类别分别统计,师范生的从教意愿稳定情况呈现出极显著差异,部属师范大学的学生从教意愿最为稳定,远远超过其他三类院校的学生,这主要应该是因为这些大学的师范生是公(免)费师范生,其次为高等师范专科学校的学生,而省属师范大学和省属师范学院的学生,从教意愿不稳定的比例超出稳定的比例。部属师范大学的学生,选择"收入太低"作为从教意愿不稳定最主要动因的比例为25.3%,高居第一,远远高于其他各类院校学生对于该项的选择比例。另外,高等师范专科学校的学生,选择"不具备充分的知识和技能,感到难以胜任"的占到了12.6%,也远远高于其他类型院校学生在该项上的选择比例,这可能反映了这一类型院校学生对于自己所接受的专业知识技能培养评价相对较低,因此对从教没有信心。

各专业师范生的从教意愿稳定度呈现极显著差异,其中,美术专业师范生从教意愿稳定度水平最高,地理专业最低。总体来看,艺术和体育类专业师范生的从教意愿稳定度普遍较高,大多数中小学学科主课专业师范生的从教意愿稳定度比副课专业高,文科专业比理科专业高。

公(免)费师范生和非公(免)费师范生的毕业从教意愿呈现显著差异。公(免)费师范生的从教意愿稳定度(55.1%)要高于非公(免)费师范生(48.7%),这应与公(免)费师范生更为严格的就业政策规定有关。但与此同时我们也看到,这个差别并不是很大,仍有44.9%的公(免)费师范生想过毕业以后不做教师,相比政策制定的初衷和期望,这个比例似乎还是太高了。

6.1.5 教师职业的内部认同感显著影响师范生从教意愿

尽管因为"教师职业稳定"而选择师范专业作为自己高考第一志愿的师范生比例高达35.1%,但这种出于教师职业的外部认同而就读师范专业的学生,毕业后从教意愿发生摇摆的比例也非常高。相比起来,出于"热爱教师职业"和认为"教师职业能够实现自己的价值",而就读师范专业的学生,毕业后从教意愿稳定程度较高。这表明对教师职业的内部认同,才是影响师范生毕业后从教意愿稳定度的更深远原因。这一结果与新教师的从教意愿稳定度的分析也是比较一致的,更多出于"热爱教师职业"而选择从教的

男性新教师,比女性来说从教意愿更为稳定。因此,要改善师范生从教意愿的稳定度,应着重从这个角度入手。

6.1.6 性格影响从教意愿,但师范生对自身性格是否适合教师职业存在认识误区

从统计结果来看,从教意愿稳定度与师范生的性格类型(与中国成人常模比)在总体上确实存在相关关系:性格类型越趋于内向,从业意愿越趋于不稳定。但是17%的师范生把自己想过毕业后不做教师的动因归结为"自己的性格不适合",居所有选项的第一位,这是存在认识误区的。因为在分析这些学生的性格类型时,发现从师范生内部的性格等级分布来看,"中间型"所占比例最高(40.2%),而如果与中国成人常模比,在这些把"自己的性格不适合"作为考虑不从教最主要动因的师范生中,占最大比例的竟是"外向"(40.6%),其次为"中间型"(37.8%),再次为"倾向外向"(13.2%),内向与倾向内向型仅占2.4%和5.9%。并且,师范生所认为的"作为教师最应该具备特质"中,"性格开朗"排序最低,仅有5.1%的师范生选择,"耐心"、"责任心强"和"良好的道德品质与高尚人格"三项选择最多,由此可见师范生在教师职业要求与性格匹配的认识上呈现一定的矛盾和混乱,可能把某些心理特质错误地归因为性格问题,或是干脆将"自己的性格不适合"作为自己不愿从教的借口。

6.1.7 师范教育培养过程中的教育实践经历对师范生从教意愿有显著影响

统计显示:学生认为自己掌握的教学实践技能满足教学实践需要的程度越高,从教意愿越稳定;学生通过实习更加喜欢教师职业,从教意愿也就更加稳定;学生参加家教或教育类兼职的课外活动频度越高,从教意愿也越稳定。这些都表明了,实习或教育类兼职等带来的教育教学现场的实践经验与积极的情感体验越多,师范生的从教意愿越稳定;相比一般的知识技能,教学实践技能的掌握情况对师范生从教意愿稳定度的影响更为显著。

另外,无论是教育类课程,还是学科专业课程,教师在教学过程是否积极经常地鼓励学生将来做教师,对学生的从教意愿是有极显著影响的。

6.1.8 师范教育培养的新教师在从教意愿稳定度上仍有优势

毕业于非师范专业的新教师的"立志从教的专业思想"稳定度,比起毕业于师范专业的新教师,用人单位领导的评价要低得多。用人单位领导对毕业于师范专业的新教师是否热爱教师职业的评价也相当积极,认为新教师"比较热爱"的有44.3%,"非常热爱"的有15.5%,两者合计超过半数。而认为他们对教师职业"非常不热爱"的仅占0.5%,"不太热爱"的也只有5.6%。由此可见,相比而言,师范教育培养的新教师在从教意愿稳定度上仍有优势。

6.2　政策建议

据《中国教育统计年鉴2010》，我国高等师范院校本科毕（结）业生数389 906人，专科228 075人，师范专业是一个规模颇为庞大的专业类别。师范生的从教意愿状况，影响中小学师资力量供应的实际状况，也会对他们未来进入教师行列的工作质量产生影响，由此进而可能会对未来普通中小学人才培养的质量产生影响。

基于数据分析，在师范生的从教意愿问题上拟提出如下政策建议：

6.2.1　对师范院校的招生规模和分布做出更为科学合理的决策

本次调查过程中，特别是在高等师范专科学校层次，深深感受到学生临近毕业时找工作的焦虑，实际上很多学生希望从教，但是面对的事实是本地不需要这么多的新教师，或是本专业师范毕业生的需求不足，或是培养层次要求不匹配，等等，迫使师范生们不得不及早考虑和尝试更多的就业出路。师范教育的培养目标与培养过程有鲜明的行业特点与就业指向，不能对口就业对于社会和个体来说都是巨大的浪费。可以说，师范生从教意愿稳定度不高的问题，有相当一部分是因为社会不可能接纳很多师范毕业生从教。因此，建议基于需求调研，对师范院校的招生规模和分布做出更为科学合理的决策，为师范生毕业从教创造更好、更安心的大环境。

6.2.2　切实提高中小学教师收入水平，提升教师职业吸引力

尽管经济收入只是影响毕业生从教意愿稳定度的原因之一，而且还似乎不是最主要原因，但是不可否认，相比教师职业的社会地位提升来说，提高收入可能是更具操作性，更能尽快见效的手段。提高教师的收入水平可以提升教师职业吸引力，并进而推动教师职业的社会地位提升，提高教师职业的比较优势，使得师范毕业生从教意愿更为稳定。

6.2.3　有针对性地采取措施提升不同类型师范生从教意愿稳定度

不同性别、地域背景、是否独生子女、家庭背景、所在学校类型、学科专业等的师范生在从教意愿上表现出不尽相同的特点，应有针对性地采取重点措施。例如，特别关注男生、乡镇生源、非独生子女等的从教意愿不稳定问题，对于家庭和亲戚中有人从事教育事业的师范生，可以更多地强化其家庭背景中的积极影响；师范专科学校要注重提升实践教学质量，使学生获得更多的教学实践技能。要关注内向和倾向内向学生的从教意愿问题，也更要引导学生对自己性格的正确认知，引导学生科学辩证地思考自己是否适合教师职业的问题，而不是急于给自己贴上"性格不适合"的标签。

6.2.4　强化师范教育培养过程中的实践教学与教育实践活动

师范教育培养过程中的实践教学与教育实践活动，能够切实培养学生的教学实践技能，建立和强化其对教师职业的内部认同以及积极热烈的情感体验，这些都直接有利于师范生从教意愿稳定度的提升。无论是教育类课程教师还是学科专业课程教师，都应承担培养学生立志从教专业思想的

责任,在教学中注意激励学生们将来从事教师职业。师范教育的课外活动应体现更多的师范特色,通过家教和教育类兼职活动增进师范生的教育实践经验。

(孙玫璐)

十一、师范毕业生（初入职教师）的工作满意度及其影响因素

组织管理理论认为工作者的情感状态会影响其工作行为，而社会及心理因素决定工作满意度和生产力。工作满意度在多个学科领域颇受关注，各类组织及组织中的不同角色的工作满意度状态及其影响因素又各不相同。教师"工作满意度"是指教师对其工作与所从事的职业，以及工作条件与状况的一种总体的、带有情绪色彩的感受和看法。自20世纪90年代以来，国内日渐重视教师工作满意度研究，研究理论、测量工具、研究方法逐渐丰富和深入。[1][2][3] 但已有文献很少专门研究师范毕业生（初入职教师）这一群体。

本研究中师范毕业生（初入职教师）是指已经获得执教资格，已被学校聘任，并担任教学工作，工作一年的新教师。师范毕业生（初入职教师）正处于入职的关键阶段，其职业起航期的工作适应，与工作环境的互动和融合程度，以及工作满意度对其今后成长为什么样的教师有着深远的影响。工作一年的师范毕业生（初入职教师）处于从学校到工作岗位的转型期间，面临教学能力适应、心理适应、人际关系适应诸多问题，其适应状况和工作满意度直接影响到今后的职业生涯以及职业心态，关系到是否愿意终生从教。

基于此，华东师范大学建立了相关数据库，对2009年从四类27所师范院校毕业，并在各类中小学工作一年的师范毕业生（初入职教师）进行了跟踪调查。本文基于这一数据库，考察师范毕业生（初入职教师）的工作满意度及其影响因素。通过描述统计、差异检验、相关分析，考察毕业于不同类型师范院校、具有不同特点的师范毕业生的工作满意度状况，并通过回归分析揭示学校环境因素，教师的背景因素、职业信念、教学能力、人际关系、发展需求等各方面因素对其工作满意度的影响程度。

1. 关于教师工作满意度的研究

自20世纪90年代以来，国内教育学和心理学领域日渐关注教师工作满意度研究。主要涉及以下方面：

1.1 关于工作满意度的状况与结构的研究

已有研究认为中小学教师整体工作满意度处于中等水平或较高水平。[4] 而教师工作

---

① 陈云英，孙绍邦. 教师工作满意度的测量研究[J]. 心理科学，1994，(3)：146—149.
② 冯伯麟. 教师工作满意及其影响因素的研究[J]. 教育研究，1996，(2)：42—49.
③ 李梅. 教师工作满意度及其影响因素研究[M]. 丁钢主编，中国中小学教师专业发展状况调查与政策分析报告，华东师范大学出版社，2010.
④ 徐志勇，赵志红. 北京市小学教师工作满意度实证研究[J]. 教师教育研究，2012，24(1)：85—92.

满意度涵盖多个维度,学界对满意度结构维度的划分,观点不一,有"五因素"、①"六因素"②以及"十因素"③三种说法,其侧重方面不完全相同,但都比较关注报酬与收入、工作本身、学校管理、人际关系、工作压力等方面。

1.2 关于工作满意度影响因素研究

对于工作满意度的影响因素的分类方法主要有两分法和三分法。两分法认为教师个体因素和工作相关因素影响教师工作满意度。而三分法认为个体背景因素、个体心理因素以及组织与环境因素影响教师工作满意度。具体而言,影响教师工作满意度的主要变量有性别、学科、年龄、学段、学校类型、学校所在地、学校管理、人际关系、工作量与工作压力等。

已有研究关于人口学变量对教师工作满意度的影响结论不完全一致。如性别因素对工作满意度的影响有三种研究结果,一是在教师满意度上存在性别差异,女性高于男性。④ 二是男性的工作满意度高于女性。⑤ 三是性别对教师工作满意度没有显著影响。⑥

组织环境对教师的工作产生影响,组织因素包括教师任教学段、学校所在地以及学校的制度环境。华东师范大学 2008 年对全国 11 190 名中小学教师的大型调查显示,小学教师的满意度高于初中、高中教师。学校政策和环境因素中,同事之间的合作,领导对教师专业发展的重视与支持,以及教师参与学校管理程度对其满意度起着最明显的作用。⑦

关于工作量与工作负担研究发现,工作负荷与教师的工作满意度成负相关。客观工作量和主观感知的工作量越重,工作压力越大,教师的满意度越低。⑧ 根据 2008 年《国家教育督导报告》抽样调查显示,有 55.1% 的教师反映工作压力较大,有 32.4% 的教师反映工作压力过大,城市比例高于农村。⑨ 工作负担包括客观的工作量,本研究用每周上课节数测量,还包括教师主观感知的工作负荷。

李梅关于教师的职业价值观的研究显示,教师对职业的热爱程度与其工作满意度成正相关。研究肯定工作的价值对教师工作满意度的贡献率是 10.7%($Beta = .107$,$p < .001$)。⑩项丽萍对高中教师的研究发现,职业价值认同对教师工作满意度的影响最大($Beta = .452$,$p < .001$)。⑪ 本研究用教师对教师职业的喜欢程度来测量其职业价值观对工作满意度的影响。

① 张忠山. 上海市小学教师工作满意度研究[J]. 上海教育科研,2000(3):39—42.
② 陈云英,孙绍邦. 教师工作满意度的测量研究[J]. 心理科学,1994,(3):146—149.
③ 陈卫旗. 中学教师工作满意度及其与离职倾向、工作积极性的关系[J]. 心理发展与教育,1998(6):38—44.
④ 陈云英,孙绍邦. 教师工作满意度的测量研究[J]. 心理科学,1994,(3):146—149.
⑤ 冯伯麟. 教师工作满意及其影响因素的研究[J]. 教育研究,1996,(2):42—49.
⑥ 胡咏梅. 中学教师工作满意度及其影响因素的实证研究[J]. 教育学报,2007,(5),46—52.
⑦ 李梅. 教师工作满意度及其影响因素研究[M]. 丁钢主编,中国中小学教师专业发展状况调查与政策分析报告,华东师范大学出版社,2010.
⑧ 项丽萍. 高中教师工作满意度研究——以浙江省金华市为例[D]. 武汉:华中科技大学,2006.
⑨ 教育部. 国家教育督导报告 2008(摘要)[EB/OL]. (2008-12-3)[2013-6-28]. http://www.moe.edu.cn/publicfiles/business/htmlfiles/moe/moe_914/201001/81660.html.
⑩ 李梅. 教师工作满意度及其影响因素研究[M]. 丁钢主编,中国中小学教师专业发展状况调查与政策分析报告,华东师范大学出版社,2010.
⑪ 项丽萍. 高中教师工作满意度研究——以浙江省金华市为例[D]. 武汉:华中科技大学,2006.

教师的人际关系越和谐,工作满意度越高。[①] 本研究将从同事关系、师生关系和与家长关系三个方面考察教师的人际关系对师范毕业生(初入职教师)工作满意度的影响。

2. 研究问题与样本特点

2.1 研究问题

本研究主要考察毕业于师范院校的师范生工作一年后的工作满意度状况及其影响因素。主要研究问题为：1. 师范毕业生(初入职教师)的工作满意度如何？2. 哪些因素影响师范毕业生(初入职教师)的工作满意度？

2.2 样本特点

本研究于 2010 实施调查,采取分阶分层抽样方法。先选取 11 个省、直辖市、自治区,四个层次的 27 所师范院校,即 4 所教育部直属师范大学、9 所省属师范大学、7 所省属师范学院和 7 所高等师范专科学校。[②] 再在每所院校抽取 13 个专业(中文、数学、外语、物理、化学、生物、政治、历史、地理、音乐、体育、美术、教育技术),每专业抽取 10 名毕业生进行了问卷跟踪调查。实际调查人数为 2 976 人,本科学历的师范毕业生(初入职教师)为 2005 级(2009 届)师范毕业生,专科学历的师范毕业生(初入职教师)为 2006 级(2009 届)专科毕业生。样本的构成如表 11-1 所示。

表 11-1 样本的主要特点

变 量	样本数	分 类	人 数	百分比(%)
性别	2 976	男	1 957	65.8
		女	1 019	34.2
学段	2 948	小学	864	29.3
		初中	1 142	38.7
		高中	942	32.0
任教学科	2 936	中文	508	17.3
		数学	440	15.0
		外语	545	18.6
		物理	194	6.6
		化学	168	5.7
		生物	139	4.7
		政治	144	4.9
		历史	123	4.2

---

① 项丽萍. 高中教师工作满意度研究——以浙江省金华市为例[D]. 武汉:华中科技大学,2006.

② 这 27 所师范院校是：4 所教育部属师范大学是华东师范大学、华中师范大学、东北师范大学、陕西师范大学;9 所省属师范大学为上海师范大学、天津师范大学、山东师范大学、南京师范大学、湖北师范学院、广西师范大学、西北师范大学、四川师范大学、哈尔滨师范大学;7 所省属师范学院为江苏盐城师范学院、山东聊城师院、湖北黄冈师院、甘肃天水师院、广西玉林师院、四川内江师院、黑龙江的牡丹江师院;7 所高等师范专科学校为江苏泰州高等师范专科学校、山东淄博高等师范专科学校、湖北郧阳高等师范专科学校、甘肃陇南高等师范专科学校、广西柳州高等师范专科学校、四川阿坝高等师范专科学校、黑龙江鹤岗高等师范专科学校。

变 量	样本数	分 类	人 数	百分比(%)
任教学科		地理	110	3.7
		音乐	199	6.8
		美术	171	5.8
		体育	163	5.6
		教育技术	32	1.1
毕业学校类型	2 976	部属师范大学	160	5.4
		省属师范大学	827	27.8
		省属师范学院	1 467	49.3
		高等师范专科学校	522	17.6
任教学校所在地	2 976	省会或直辖市	299	10.1
		地级市	813	27.3
		县城	851	28.6
		乡镇	1 013	34.0

需要说明的是,为了使调查的结果更具有相对于整体研究人群(即从师范院校毕业工作一年的中小学师范毕业生(初入职教师))的代表性,在统计分析的过程中增加了相对权重,因此本文的图表数据,除表11-1外,均为添加了全国相对权重之后的统计结果。

3. 师范毕业生(初入职教师)的工作满意度状况

3.1 师范毕业生(初入职教师)工作满意度总体状况

图11-1显示,师范毕业生(初入职教师)非常满意和比较满意的比例为63.0%,很不满意和不太满意的比例为10.8%,满意度均值为3.64(SD=.880)。下面将2010年的师范毕业生(初入职教师)工作满意度与2008年华东师范大学对9个省、自治区、直辖市11 190名中小学教师工作满意度略作比较。2008年调查是按照"很满意"、"满意"、"不满意"、"很不满意"四个等级进行测量的,这四个等级分别占:17.4%、62.9%、15.7%、4.0%,其均值为2.9(4等级赋值,4为很满意),说明80.3%教师感到满意,而19.7%教师感到不满意。较之2008年的调查,2010年调查的师范毕业生(初入职教师)中感到不

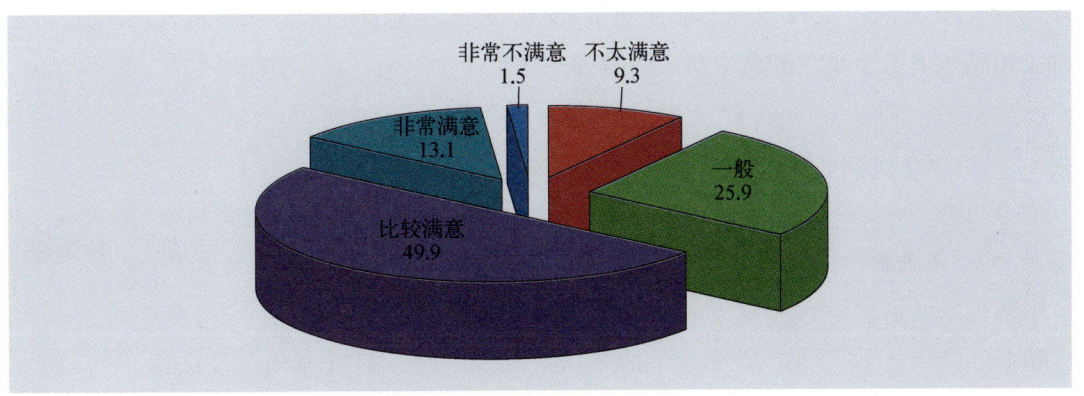

图 11-1 师范毕业生的工作满意度(%)

满意的比例更低,倾向满意的比例也更低,有四分之一的教师处于"一般"的居中状态。

3.2 男女师范毕业生(初入职教师)工作满意度的差异比较

图 11-2 的百分比显示,男性师范毕业生(初入职教师)的工作满意度高于女性师范毕业生(初入职教师)。男性教师的满意度均值(M=3.69,SD=.866)高于女性教师均值(M=3.54,SD=.897)。

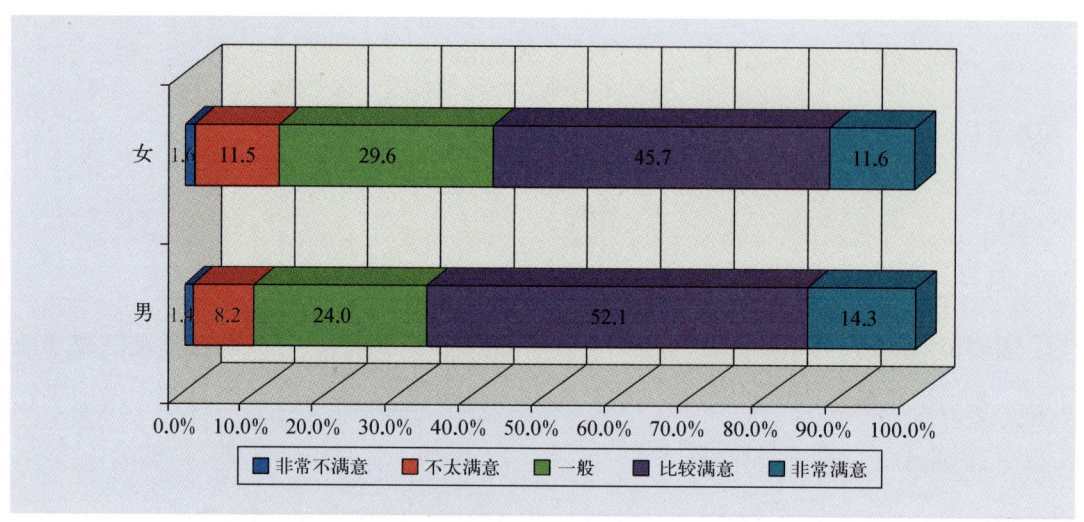

图 11-2　男女初入职教师工作满意度比较

用 t 差异检验显示,男性和女性之间在工作满意度上存在显著差异($t_{(1,2\,974)}=4.451$,$p<.001$),男性师范毕业生(初入职教师)的工作满意度显著高于女性师范毕业生(初入职教师)。

3.3 小学、初中、高中初入职教师的工作满意度比较

表 11-2 百分比和均值比较表明,小学初入职教师的工作满意度明显高于初中和高中初入职教师,而高中初入职教师仅略微高于初中初入职教师。三个学段师范毕业生(初入职教师)的工作满意度存在显著差异,这既与小学、初中、高中初入职教师之间的工作压力有关,也与三学段教师的职业期望、成就感、工作条件相关。值得重视的是初中教师工作满意度低于小学和高中初入职教师的现象。

表 11-2　小学、初中、高中初入职教师的工作满意度比较

	非常不满意(%)	不太满意(%)	一般(%)	比较满意(%)	非常满意(%)	均值	标准差
小学	1.3	5.2	21.7	56.2	15.6	3.80	.810
初中	.9	12.0	28.0	48.2	11.0	3.56	.870
高中	2.5	9.7	27.1	46.4	14.3	3.60	.936

方差检验和表 11-13 数据显示,小学初入职教师与初中、高中初入职教师之间存在非常显著差异。而初中初入职教师和高中初入职教师在工作满意度上不存在显著差异。

表 11-3　不同学段师范毕业生(初入职教师)工作满意度比较

任教学段(I)	任教学段(J)	均值差值(I−J)	标准误	显著性
小学	初中	.26 *	.039	.000
	高中	.20 *	.042	.000
初中	小学	−.26 *	.039	.000
	高中	−.07	.039	.097
高中	小学	−.20 *	.042	.000
	初中	.07	.039	.097

注:误差项为均值方(错误)=.751
* 均值差值在.05 级别上较显著。

3.4　不同学段和性别师范毕业生(初入职教师)的工作满意度差异

从图 11-3 可见,小学男女师范毕业生(初入职教师)在工作满意度上无区别。而初中和高中男女师范毕业生(初入职教师)在工作满意度上存在显著差异,都是男教师的满意度高于女教师,高中初入职教师在满意度上的性别差异(男−女均值=.16)略大于初中教师(男−女均值=.15)。

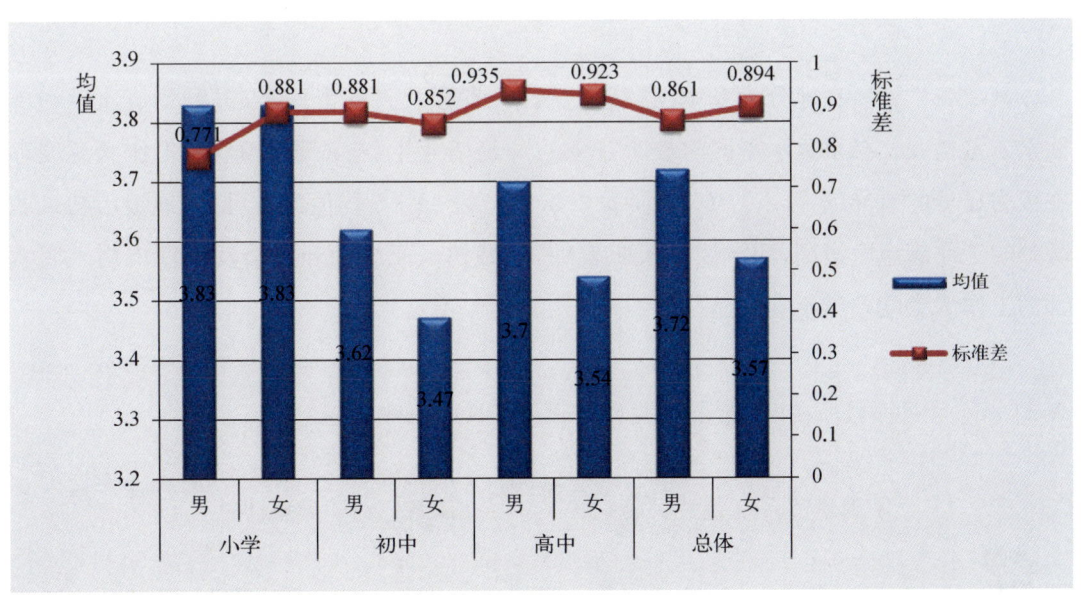

图 11-3　学段与性别对初入职教师工作满意度的影响

为了考察不同学段男女师范毕业生(初入职教师)的工作满意度,进行了性别与学段的双因素方差分析。就主效应学段对工作满意度的影响而言,小学、初中、高中初入职教师在工作满意度上存在显著差异($F = 19.764$,$p < .001$),其总平方和为 29.671,自由度为 2,均方为 14.836。就主效应性别对工作满意度的影响而言,男女师范毕业生(初入职

教师)在工作满意度上存在显著差异(F=7.281,p=.007),其总平方和为5.465,自由度为1,均方为5.465。学段与性别之间没有交互影响(F=1.713,p=.180,大于.05),其总平方和为2.572,自由度为2,均方为1.286。

3.5 不同学校所在地的师范毕业生(初入职教师)的工作满意度比较

为了考察地区经济发展水平对师范毕业生(初入职教师)工作满意度的影响,这里将学校所在地进行了两种分类。一是将学校所在地分为发达地区和欠发达地区,二是分为乡镇、县城、地级市和省会及直辖市。

首先将学校所在地分为发达地区和欠发达地区。表11-4显示,发达地区和欠发达地区师范毕业生(初入职教师)工作满意度的百分比和均值比较表明,二者不存在显著差异。T-Test检验显示,地区的经济发展水平(即发达程度)与师范毕业生(初入职教师)的工作满意度之间不存在显著相关性。

表11-4 不同发达程度地区的师范毕业生(初入职教师)工作满意度比较

	非常不满意(%)	不太满意(%)	一般(%)	比较满意(%)	非常满意(%)	均值	标准差
发达地区	1.7	9.3	26.7	47.7	14.7	3.64	.901
欠发达地区	1.4	9.4	25.5	51.3	12.5	3.64	.866
合计	1.5	9.3	25.9	49.9	13.3	3.64	.880

其次将学校所在地分为乡镇、县城、地级市、省会及直辖市四类,进行均值比较和单因素方差检验。结果显示不同学校所在地的师范毕业生(初入职教师)的工作满意度存在极为显著的差异(F$_{(3,2\,972)}$=6.765,p<.001)。表11-5均值比较可见,地级市初入职教师的工作满意度最高,而乡镇初入职教师、县城初入职教师和省会及直辖市初入职教师的工作满意度差异不甚明显。

表11-5 不同学校所在地师范毕业生(初入职教师)工作满意度比较

	非常不满意(%)	不太满意(%)	一般(%)	比较满意(%)	非常满意(%)	均值	标准差
乡镇	1.7	9.7	29.2	45.3	14.1	3.60	.906
县城	2.1	9.9	28.6	45.1	14.3	3.59	.925
地级市	.7	6.9	19.6	61.4	11.4	3.76	.771
省会及直辖市	1.0	13.4	24.7	47.8	13.0	3.59	.911

表11-6可见,地级市师范毕业生(初入职教师)的工作满意度,与乡镇、县城、省会及直辖市的师范毕业生(初入职教师)之间存在显著性差异(p<.001),其工作满意度显著

高。而乡镇、县城与省会及直辖市三地之间,师范毕业生(初入职教师)的工作满意度不存在显著性差异。

表 11-6 不同学校所在地的师范毕业生(初入职教师)工作满意度均值比较

学校所在地(I)	学校所在地(J)	均值差(I−J)	标准误	显著性
乡镇	县城	.009	.041	.832
	地级市	−.156 *	.041	.000
	省会及直辖市	.017	.058	.766
县城	乡镇	−.009	.041	.832
	地级市	−.165 *	.043	.000
	省会及直辖市	.009	.059	.885
地级市	乡镇	.156 *	.041	.000
	县城	.165 *	.043	.000
	省会及直辖市	.174 *	.059	.003
省会及直辖市	乡镇	−.017	.058	.766
	县城	−.009	.059	.885
	地级市	−.174 *	.059	.003

注:均值差的显著性水平为.05。

再将地区发达程度和四个层次的学校所在地结合起来,进行两变量与工作满意度的差异检验。表 11-7 结果显示,在乡镇、县城、地级市和省会及直辖市,发达地区和欠发达地区之间均存在显著差异。发达地区乡镇、县城、省会及直辖市师范毕业生(初入职教师)满意度分别高于欠发达地区的乡镇、县城和省会及直辖市。但发达地区地级市师范毕业生(初入职教师)满意度低于欠发达地区地级市。师范毕业生(初入职教师)满意度最高的为欠发达地区地级市,最低为欠发达地区的省会及直辖市。这一结果说明,虽然同为乡镇、县城、地级市和省会及直辖市,但在发达与欠发达地区之间,其生活成本、教师工资收入、教师工作压力、学校条件和教育质量等方面可能存在差异,因此导致师范毕业生(初入职教师)工作满意度的差异。

表 11-7 地区发达程度和学校所在地对工作满意度差异检验

学校所在地	地区发展程度	均　值	标准差
乡镇	发达	3.75	.839
	欠发达	3.59	.911
县城	发达	3.66	.900
	欠发达	3.58	.927
地级市	发达	3.64	.960
	欠发达	3.81	.708
省会及直辖市	发达	3.70	.932
	欠发达	3.25	.886

为考察学校所在地区发达程度和学校所在地对工作满意度影响,进行了两者的双因素方差分析。其结果显示,就主效应地区发达程度对工作满意度的影响而言,地区发达程度对中小学教师的工作满意度有显著影响(F＝9.333,p＝.002),其总平方和为7.057,自由度为1,均方为7.057。就主效应学校所在地对工作满意度的影响而言,学校所在地对中小学教师的工作满意度有显著影响(F＝3.911,p＝.008),其总平方和为8.873,自由度为3,均方为2.958。地区发达程度与学校所在地之间存在交互影响(F＝6.539,p＜.001),其总平方和为14.834,自由度为3,均方为4.945。

结合上面学校所在地区经济发展水平和学校所在地的结果,说明虽然描述统计(百分比和均值)显示发达和欠发达地区之间的师范毕业生(初入职教师)工作满意度不存在显著差异,但由于学校所在地与发达程度之间存在交互作用,乡镇、县城、地级市和省会及直辖市的师范毕业生(初入职教师)工作满意度存在极其显著差异。值得注意的是,发达地区内部的城乡差异,欠发达地区内部的城乡差异对师范毕业生(初入职教师)工作满意度有显著影响。

3.6 不同学校所在地和学段的师范毕业生(初入职教师)在工作满意度上的差异

表11-8显示,同为乡镇、县城、地级市和省会及直辖市,小学初入职教师满意度高于初中和高中初入职教师。而在地级市和省会及直辖市,高中初入职教师满意度高于初中初入职教师。在县城,初中初入职教师满意度高于高中初入职教师。在乡镇,初中和高中初入职教师满意度相同。

表11-8 不同学校所在地和不同学段师范毕业生(初入职教师)的工作满意度均值比较

学校所在地	任教学段	均 值	标准差
乡镇	小学	3.73	.899
	初中	3.53	.884
	高中	3.53	.949
县城	小学	3.74	.796
	初中	3.61	.866
	高中	3.54	.998
地级市	小学	3.94	.617
	初中	3.63	.781
	高中	3.72	.862
省会及直辖市	小学	3.78	.899
	初中	3.45	.996
	高中	3.68	.808

同为小学,地级市师范毕业生(初入职教师)满意度最高,省会次之,县城居三,乡镇最低。同为初中,地级市师范毕业生(初入职教师)满意度最高,县城次之,乡镇居三,省会最低。同为高中,地级市师范毕业生(初入职教师)满意度最高,省会次之,县城居三,乡镇最低。

3.7　不同类型师范院校的师范毕业生（初入职教师）的工作满意度差异

不同类型院校毕业生的工作满意度与毕业生的去向有关，因此图11-4、图11-5说明了师范生的毕业工作单位。

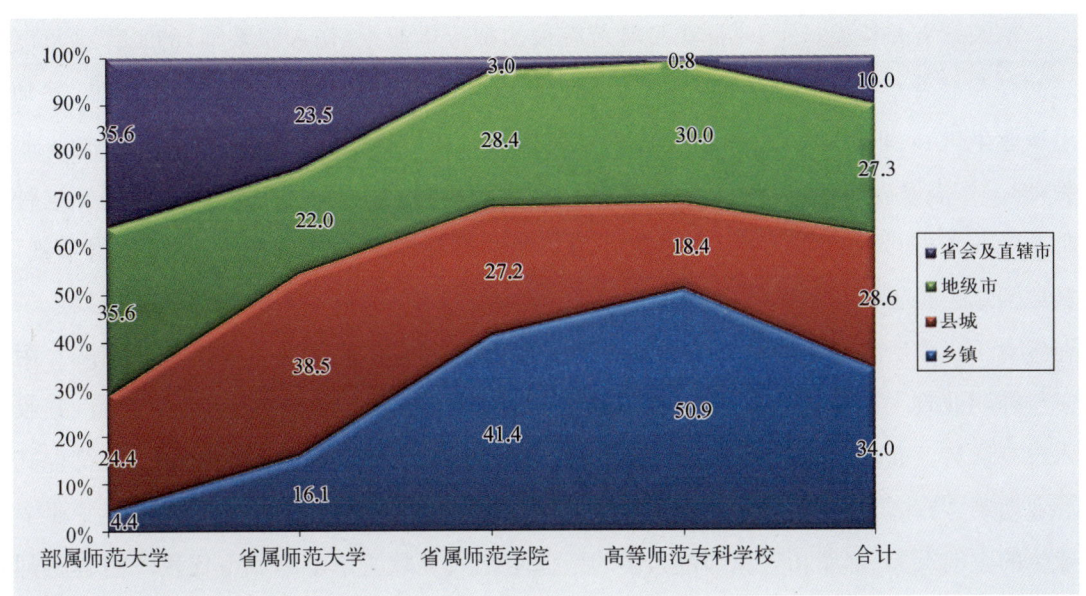

图 11-4　不同院校毕业生的工作去向：从教地区

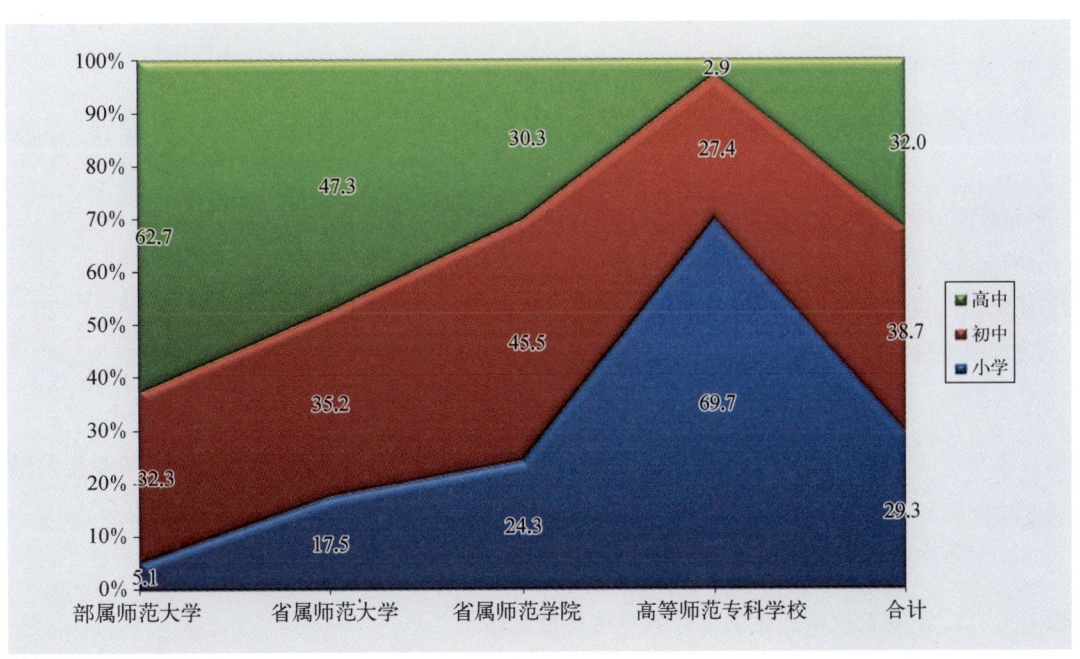

图 11-5　不同院校毕业生的工作去向：从教学段

图 11-4、图 11-5 显示，95％的部属师范大学的师范毕业生毕业后到中学任教，71.2％的任教学校位于地级市和省会及直辖市；省属师范大学的 82.5％的师范毕业生任教于中学，45.5％的任教学校位于地级市与省会及直辖市；而 69.7％的高等师范专科学校毕业生任教于小学，50.9％的毕业生任教学校位于乡镇。基本上，毕业学校层次越高，

毕业生任教的学段越高,到城市任教的比例也更高。由于小学初入职教师的工作满意度高于初中和高中初入职教师,因此从毕业后的去向上,可以部分解释为何高等师范专科学校毕业生的工作满意度高于其他三类院校毕业生,因为他们大多数流向小学和乡镇,相对而言工作压力和经济压力较小。

单因素方差检验显示,不同类型师范院校的师范毕业生(初入职教师)的工作满意度之间存在显著差异($F_{(3, 2\,972)} = 8.891$, $p < .001$)。由表 11-9 可见,学校层次越高,其师范毕业生(初入职教师)的工作满意度的均值越低。通过毕业院校与师范毕业生(初入职教师)工作满意度的相关分析显示二者存在显著的负相关($r = -.092$, $p < .001$)。这种师范毕业生(初入职教师)的工作满意度与毕业学校层次之间的负相关现象,值得重视。其原因之一是工作满意度与职业期望相关,学校层次越高,毕业生的职业期望越高。毕业生对于工作后的职业期望与满意度与同一层次院校的其他毕业生横向比较诸多。由于教师职业收入不高,相比部属院校毕业生和省属师范大学其他专业毕业生而言,其收入没有优势。而教师职业对于高等师范专科学校和省属师范学院毕业生而言,较符合其职业期望,与此类院校其他专业横向比较,学生满意程度较高。原因之二与师范专业毕业生的去向有关,部属和省属师范大学的毕业生绝大多数去中学和城市任教。而省属师范学院和高等师范专科学校的毕业生到小学和乡镇任教比例更高。去向不同会带来教师工作压力和经济压力的差异。

表 11-9　不同类型师范院校毕业生的工作满意度

	非常不满意(%)	不太满意(%)	一般(%)	比较满意(%)	非常满意(%)	均值	标准差
部属师范大学	1.3	11.9	32.1	49.1	5.7	3.45	.833
省属师范大学	1.7	11.4	28.9	44.0	14.1	3.58	.924
省属师范学院	1.4	9.3	26.1	49.6	13.6	3.65	.878
高等师范专科学校	1.5	5.5	18.9	60.4	13.6	3.79	.802

表 11-10 中不同院校毕业生的工作满意度均值比较显示,高等师范专科学校毕业生的满意度与部属师范大学、省属师范大学、省属师范学院毕业生之间,均存在显著差异($p < .001$)。

表 11-10　不同院校毕业生的工作满意度均值比较

(I) 学校类别	(J) 学校类别	均值差 (I-J)	标准误	显著性
部属师范大学	省属师范大学	-.120	.076	.112
	省属师范学院	-.193*	.073	.008
	高等师范专科学校	-.333*	.079	.000
省属师范大学	部属师范大学	.120	.076	.112
	省属师范学院	-.073	.038	.057
	高等师范专科学校	-.213*	.049	.000

（I）学校类别	（J）学校类别	均值差（I—J）	标准误	显著性
省属师范学院	部属师范大学	.193*	.073	.008
	省属师范大学	.073	.038	.057
	高等师范专科学校	—.140*	.045	.002
高等师范专科学校	部属师范大学	.333*	.079	.000
	省属师范大学	.213*	.049	.000
	省属师范学院	.140*	.045	.002

3.8 不同科目师范毕业生(初入职教师)的工作满意度差异

单因素方差检验显示，不同科目师范毕业生(初入职教师)的工作满意度存在显著差异($F_{(15, 2\,957)} = 3.397, p < .001$)。

从表11-11的13个科目师范毕业生(初入职教师)的工作满意度百分比和均值可以看出，相比而言，担任语数外(主课类)，音体美(文体类)和化学7个科目的师范毕业生(初入职教师)的工作满意度比较高，而理科中的物理、生物和政史地以及教育技术6个科目的师范毕业生(初入职教师)的工作满意度较低。

表 11-11 不同科目师范毕业生(初入职教师)的工作满意度比较

	非常不满意(%)	不太满意(%)	一般(%)	比较满意(%)	非常满意(%)	均值	标准差
中文	2.6	8.3	28.3	44.3	16.5	3.64	.938
数学	3.0	7.5	18.7	53.5	17.3	3.75	.928
外语	.9	7.2	20.0	63.7	8.3	3.71	.755
物理	1.5	9.7	35.4	45.6	7.7	3.48	.828
化学	1.8	13.6	22.5	39.1	23.1	3.68	1.031
生物	.7	9.4	37.4	42.4	10.1	3.51	.832
思政	.7	13.7	28.1	46.6	11.0	3.54	.874
历史	1.6	9.8	36.1	38.5	13.9	3.53	.923
地理	.9	19.1	26.4	40.9	12.7	3.45	.977
体育	.6	9.2	29.4	43.6	17.2	3.67	.887
音乐	1.0	4.0	30.7	52.8	11.6	3.70	.765
美术	.0	8.2	21.1	57.9	12.9	3.75	.784
教育技术	.0	21.9	31.3	40.6	6.3	3.30	.873

主课类师范毕业生(初入职教师)满意度高是因为无论是学校、教师，还是学生都对主课比较重视，其重要程度凸显。文体类学科师范毕业生(初入职教师)满意度高可能是基于多种原因，包括音体美压力较小，一般都不纳入升学考试，而是作为艺术和身体素质教育。理化和政史地师范毕业生(初入职教师)的满意度稍低，是因为这些课程属于副课，其对于学生和教师而言重要程度不及主课，但考试压力同样存在。教育技术师范毕业生(初入职教师)的工作满意度最低，原因之一是教育技术课在中小学的重要性不高。

3.9 不同职业信念的师范毕业生(初入职教师)在工作满意度上的差异

本研究用教师对担任教师职业的喜欢程度来测量师范毕业生(初入职教师)的职业信念。单因素方差检验显示,不同职业信念的师范毕业生(初入职教师),其工作满意度存在极其显著的差异($F_{(4,2\,971)}$=618.491,$p<$.001)。越是喜欢当教师的师范毕业生(初入职教师),其工作满意度越高,也即对当教师的喜欢程度与工作满意度之间存在极为显著的正相关。表11-12的百分比和均值比较也显示同样趋势。

表11-12 对职业不同喜欢程度的师范毕业生(初入职教师)的工作满意度比较

	非常不满意(%)	不太满意(%)	一般(%)	比较满意(%)	非常满意(%)	均值	标准差
很不喜欢	65.8	26.3	2.6	5.3	0	1.52	.879
不太喜欢	5.1	55.3	25.4	14.2	0	2.48	.797
一般	.6	13.7	58.5	26.1	1.0	3.13	.666
比较喜欢	.2	4.6	21.3	70.6	3.3	3.72	.611
非常喜欢	.4	.6	4.8	45.7	48.5	4.42	.648

师范毕业生(初入职教师)喜欢当教师的程度很高(M=3.84,SD=.907)。喜欢做教师的程度与工作满意度的相关检验显示,师范毕业生(初入职教师)对职业的热爱程度和工作满意度之间存在极其显著性的正相关($r=$.672,$p<$.000)。

3.10 工作量、工作负担与工作满意度之间的关系

教师工作量是指客观上的教学工作量,工作负担是指教师主观感知的工作负担。客观工作量用教师每周的上课节数测量,主观工作量用5等级测量(最高为5)。师范毕业生(初入职教师)的平均每周上课13.58节(SD=5.082),主观感知的工作负担为一般水平(M=2.47,SD=.773),工作满意度较高(M=3.64,SD=.880)。

方差检验显示,不同客观工作量的教师,工作满意度上存在显著差异($F_{(29,2\,915)}$=4.117,$p<$.001)。方差检验显示,不同主观工作负担的教师,工作满意度上存在显著差异($F_{(4,2\,971)}$=37.059,$p<$.001)。表11-13显示,主观感知的工作负担越低,其工作满意度越高。

表11-13 不同工作负担程度的师范毕业生(初入职教师)的工作满意度比较

	非常不满意(%)	不太满意(%)	一般(%)	比较满意(%)	非常满意(%)	均值	标准差
很轻	.0	.0	12.0	80.0	8.0	3.94	.528
较轻	.0	3.3	24.5	62.3	9.9	3.79	.662
一般	1.2	6.5	22.8	51.5	18.0	3.79	.857
较重	.7	9.7	29.8	50.7	9.2	3.58	.813
很重	6.9	24.8	26.6	30.3	11.4	3.14	1.127

表 11-14 中对客观工作量、主观工作负担和工作满意度进行相关分析显示,师范毕业生(初入职教师)的客观工作量和主观工作负担之间存在显著正相关,工作量越大,主观感知的工作负担越重($r=.451$,$p<.001$)。教师客观工作量与工作满意度之间存在显著的负相关($r=-.088$,$p<.001$),表明师范毕业生(初入职教师)教学工作量越大,工作满意度越低。主观感知工作负担与工作满意度之间存在显著负相关($r=-.198$,$p<.001$),即教师感到工作负担越重,其工作满意度越低。

表 11-14　客观工作量、主观感知工作负担与工作满意度相关系数

	工作满意度	客观工作量	主观感知工作负担
工作满意度	1	−.088**	−.198**
客观工作量	−.088**	1	.451**
主观工作负担	−.198**	.451**	1

＊＊在.01 水平(双侧)上显著相关。

4. 师范毕业生(初入职教师)工作满意度影响因素

为考察影响工作满意度的各种因素的重要程度,本研究以工作满意度为因变量,六类影响教师工作满意度的因素作为自变量,进行多元线性回归分析。这六类因素如下:第一类为教师背景因素,分性别与毕业学校类型;第二类为学校与工作环境变量,分学段、任职学校所在地、客观工作量、学校领导对师范毕业生(初入职教师)发展重视程度、学校政策措施;第三类为教师观念因素,包括喜欢当老师程度与主观工作量;第四类为教师教学能力因素,包括学科知识与教学能力,即学科知识、课堂教学技能、学生管理能力、认知学生能力、教育技术应用能力、科研能力;第五类为教师人际关系,包括与学生、同事、家长关系;第六类为教师发展需求,包括专业素养发展、教学技能提高、科研能力提升、学历层次提升和有机会参加教育教学管理。

表 11-15 显示影响师范毕业生(初入职教师)工作满意度的多元线性回归统计结果。相关系数 $r=.755$,模型判定系数为(或解释力)$r^2=.571$,回归方程判断系数 F 检验值为138.376,其显著性$=.000$,表明模型的判定系数具有统计学意义,用这些变量可以解释工作满意度 57.1% 的变差。

表 11-15　师范毕业生(初入职教师)工作满意度的多元线性回归分析

自变量		非标准回归系数 B	标准误(SE)	标准回归系数 Beta	t 值
	(常数)	.342	.116	—	2.523
性别	(参照组:女=0)				
	男	.022	.023	.012	.922

自变量		非标准回归系数 B	标准误 (SE)	标准回归系数 Beta	t 值
学段	（参照组：高中＝0）				
	初中	−.028	.027	−.016	−1.047
	小学	.053	.033	.027	1.625
学校所在地	（参照组：省会及直辖市＝0）				
	乡镇	.038	.044	.020	.862
	县城	.071	.042	.037	1.690
	地级市	.051	.043	.026	1.192
毕业院校	（参照组：部属师范大学＝0）				
	省属师范大学	−.024	.051	−.012	−.461
	省属师范学院	−.001	.052	−.001	−.019
	高等师范专科学校	.077	.059	.034	1.304
学校制度环境因素	学校领导对初入职教师专业发展的重视程度	.050 **	.015	.054 **	3.271
	学校激励教师提高教学水平的政策措施完善	.119 ***	.016	.121 ***	7.270
职业热诚度	喜欢当教师程度	.456 ***	.014	.469 ***	32.101
教学能力自评	学科知识	.004	.015	.005	.276
	课堂教学技能	−.007	.020	−.008	−.384
	学生管理能力	.046 *	.018	.051 *	2.585
	认知学生能力	.025	.018	.027	1.392
	教育技术应用能力	.084 ***	.017	.087 ***	4.824
	科研能力	−.029	.016	−.033	−1.781
人际关系自评	受学生喜欢程度	.032	.019	.025	1.659
	与同事专业合作	.051 **	.017	.045 **	2.933
	与学生家长联系密切程度	.118 ***	.012	.137 ***	10.115
工作量	客观工作量：每周上课节数	−.005	.002	−.026	−1.868
	主观感知工作负担	−.127 ***	.016	−.112 ***	−7.900
发展需求	专业素养发展	−.073 ***	.019	−.069 ***	−3.920
	教学技能提高	.014	.021	.012	.672
	科研能力提升	.002	.018	.002	.139
	希望提升学历层次	.099 ***	.016	.102 ***	6.286
	参加教育教学管理	.010	.015	.011	.703
r 值	.755				
r^2 值	.571				
调整后 r^2 值	.566				
F 值	138.376 ***				

注：＊代表 $p < .05$，＊＊代表 $p < .01$，＊＊＊代表 $p < .001$。

这六类自变量中共有 10 个因素对师范毕业生(初入职教师)工作满意度产生显著性影响,其多元线性回归方程为:工作满意程度＝.342＋.050(学校领导对师范毕业生(初入职教师)专业发展的重视程度)＋.119(学校激励教师提高教学水平的政策与措施完善)－.127(主观感知工作负担)＋.456(喜欢当教师程度)＋.084(教育技术应用能力自评)＋.046(学生管理能力自评)＋.051(与同事专业合作)＋.118(与学生家长联系密切程度)－.073(专业素养发展)＋.099(希望提升学历层次)。

从回归方程看,以上 10 个因素对师范毕业生(初入职教师)工作满意度的预测程度合计为 57.1％,其中预测程度较高(超过 10％)的五个因素的标准回归系数(β)分别为:1) 喜欢当教师程度(.469),2) 与学生家长联系密切程度(.137),3) 学校激励教师提高教学水平的政策措施完善程度(.121),4) 主观感知工作负担(－.112),5) 希望提升学历层次(.102)。其中主观感知工作负担与工作满意度呈显著负相关,其他四个因素都呈显著正相关。

从多元回归模型可见,人口学与教师背景变量(包括性别、学段、学校所在地、毕业学校)对师范毕业生(初入职教师)的工作满意度没有产生显著影响。由此可见,虽然在前文的描述统计、检验分析和相关分析中,按客观因素(如性别、学段、毕业学校、学校所在地)区分的师范毕业生(初入职教师)在工作满意度上存在差异,但在多元线性回归分析中这些因素对初入职教师工作满意度的影响程度并不显著。而教师主观因素、能力原因与发展需要因素以及学校的制度环境因素对初入职教师的工作满意度产生显著影响。这些因素包括教师职业的热爱程度,主观感知的工作负担,专业发展需求(学历提升,专业素养发展),人际关系(家长、同事),教学能力(教育技术应用能力与学生管理能力)。学校制度环境因素对初入职教师的支持以及对其教学水平提升措施也有着极其显著影响。

其中师范毕业生(初入职教师)的职业信念(热爱职业程度)对教师工作满意度的解释力最高,占 46.9％。师范毕业生(初入职教师)感知的工作负担对工作满意度的预测程度为 11.2％,学校制度环境,即领导重视与激励教师提高教学水平的政策对教师工作满意度解释力分别为 5.4％和 12.1％。人际关系因素中,与家长的联系对工作满意度贡献率为 13.7％,与同事合作对工作满意度的贡献率为 4.5％。就工作量而言,虽然前文相关分析显示教师工作量与工作满意度之间存在显著的负相关,主观感知工作负担与工作满意度之间存在显著负相关,但多元线性回归分析显示客观的工作量对工作满意度没有显著影响,而主观感知的工作负担仍然对工作满意度有显著负面影响。

教师 6 个方面的教学能力中,仅有学生管理能力和教育技术能力对其工作满意度产生显著影响。教师发展需要中,学历提升需求与工作满意度之间存在显著正相关,即师范毕业生(初入职教师)学历提升的需求越高,其满意度越高,可以解释为部分师范毕业生(初入职教师)追求本科学历和硕士学历的需求对其工作满意度有积极作用。而专业素养提升(人文素养、学科素养)与其工作满意度之间存在显著负相关,即越是需要提升专业素养的师范毕业生(初入职教师),其工作满意度越低。

因此提升师范毕业生（初入职教师）工作满意度的着眼点应该更加注重这四方面因素：教师主观因素、能力因素和发展需求因素以及学校制度环境因素。

5. 结论与建议

5.1　结论

5.1.1　不同类型的师范毕业生（初入职教师）在工作满意度上存在差异

整体上师范毕业生（初入职教师）工作满意度较高。但在不同性别、学段、学校所在地、科目、毕业院校、职业喜爱程度、客观工作量和主观感知工作负担的初入职教师之间，其工作满意度存在着不同程度的差异。

性别。t 检验显示男女师范毕业生（初入职教师）在工作满意度上存在显著差异，男性初入职教师工作满意度高于女性初入职教师。小学男女教师的工作满意度无差异，而高中和初中男性初入职教师的工作满意度均显著高于女性初入职教师。

学段。方差检验显示，小学、初中、高中初入职教师在工作满意度上存在显著差异。小学初入职教师工作满意度最高，其次为高中初入职教师，初中初入职教师的工作满意度最低。

区域发展程度与学校所在地。发达地区和欠发达地区的师范毕业生（初入职教师）的工作满意度不存在显著差异。但省会及直辖市、地级市、县城、乡镇的师范毕业生（初入职教师）在工作满意度上存在显著差异，地级市师范毕业生（初入职教师）工作满意度高于其他三类地区的师范毕业生，而省会及直辖市、县城、乡镇师范毕业生（初入职教师）之间，不存在显著差异。

不同类型院校毕业生在工作学段、工作地域和工作满意度方面均存在显著差异。毕业学校层次越高，毕业后就职的学校类型层次越高，就职于城市的比例越高，部属师范大学的毕业生担任城市高中教师比例最高，高等师范专科学校毕业生担任乡镇小学教师比例最高。不同类型院校毕业生在工作满意度上存在显著差异。院校层次越高，其师范毕业生的工作满意度越低。高等师范专科学校毕业生的工作满意度最高，其次为省属师范学院毕业生，再次为省属师范大学毕业生，部属师范大学毕业生的工作满意度最低。

任教科目。方差检验显示不同科目师范毕业生（初入职教师）的工作满意度存在显著差异。主课类和音体美师范毕业生（初入职教师）的工作满意度高，而政史地、理化生师范毕业生（初入职教师）的工作满意度低，教育技术师范毕业生（初入职教师）的工作满意度最低。

职业信念。教师对职业的喜欢程度与工作满意度之间存在极其显著相关。对教师职业喜欢程度越高，对工作满意度越高，表明职业信念成为影响工作满意度的最为关键因素。

教师的工作量与工作负担。客观工作量和主观工作负担之间成正相关，二者与工作满意度之间均存在负相关。但主观工作负担与工作满意度的相关性更高。

5.1.2 教师主观因素和学校制度环境因素成为影响师范毕业生（初入职教师）工作满意度的关键因素

通过对师范毕业生（初入职教师）背景因素，主观因素变量（包括价值观念、人际关系、教学能力、发展需求变量），学校制度环境变量（领导支持与教师发展政策措施）与师范毕业生（初入职教师）工作满意度的多元线性回归分析，发现师范毕业生（初入职教师）背景因素对其工作满意度没有显著影响，而教师主观因素和学校制度环境对其工作满意度有极其显著性影响。

教师的背景因素，包括性别、任教学段、学校所在地（城乡）、毕业学校、工作量，对师范毕业生（初入职教师）的工作满意度都没有显著性影响。

教师的主观因素，包括职业信念、感知的工作负担、人际关系、教学能力自评、发展需求，成为显著影响师范毕业生（初入职教师）工作满意度的解释变量。其中，职业信念因素，也就是对工作的热爱程度成为影响师范毕业生（初入职教师）工作满意度最主要的解释变量。人际关系因素中，家长因素的影响程度高于同事因素和学生因素。发展需求因素中，学历提升需求正向影响工作满意度。教学能力中，教育技术应用能力和学生管理能力也有着显著正向影响。主观感知的工作负担对工作满意度产生负影响。

学校制度环境因素对师范毕业生（初入职教师）工作满意度也具有较强解释力，特别是领导对师范毕业生（初入职教师）专业成长的重视，学校激励教师成长的措施。

5.2 建议

5.2.1 重视教师主观因素和学校制度环境因素对师范毕业生（初入职教师）工作满意度的关键作用

以往关于教师工作满意度的政策和研究中，过于强调客观因素（性别、学段、学校城乡差别、毕业学校）对教师工作满意度的影响。而本研究恰恰发现，客观因素的影响并不显著，而教师主观因素，特别是职业的信念和热诚是最为关键因素。其他主观因素，教师感知的工作负担、人际关系、教学能力、发展需求也非常重要。学校组织因素对师范毕业生（初入职教师）的工作满意度有着不可忽视的作用。教师主观因素与学校制度环境因素的重要性远远超过客观因素，这也是政府和相关部门今后改进师范毕业生（初入职教师）工作满意度的着眼点和立足点。如果说客观因素是无法改变的因素,而教师主观因素和学校制度因素是可以塑造改变,并在个体与环境的互动中不断发展变化和建构的。这也有利于通过完善政策制度和塑造教师职业信念来提高师范毕业生(初入职教师)工作满意度。

5.2.2 塑造教师积极的职业价值观至关重要

师范毕业生(初入职教师)正处于从师范生到中小学教师的角色转变过程之中和工作适应的初期,从学生到教师,从学习到工作,从个体到社会人的多重角色变化,会带来诸多"现实的冲击"。已有关于工作满意度的研究较少关注师范毕业生(初入职教师)这一有特殊需求的群体,即便是关注这一群体,也比较强调人口学变量与客观因素对工作满意度的影响。而本研究发现,恰恰是师范毕业生(初入职教师)的主观因素对其工作满意度有着极其显著的影响。师范毕业生(初入职教师)的主观因素源自教师个体在个人成长、教育经历、师范院校培养、教育教学实践中,在与社会环境、组织环境和个人成长环境互动中形成的观念系统。这些观念系统不是静止不变的,而是处于与外界因素的互动不断动态发展之中。因此,在师范生的招生选拔过程中,应该着重选拔热爱教师职业的学生来从事未来的教师职业。在教师的职前培养之中,应该更加重视对教师积极主观价值和态度、观念的养成。

5.2.3 营造有利于师范毕业生(初入职教师)职业成长的组织环境和工作条件

学校组织环境包括三个主要方面:一是学校领导对师范毕业生(初入职教师)的重视与支持,学校促进师范毕业生(初入职教师)发展的制度;二是教师的工作量和工作负担;三是教师的人际关系。任职学校组织制度环境对师范毕业生(初入职教师)的成长与提升其工作满意度至关重要。学校领导对师范毕业生(初入职教师)成长的重视与支持,学校对教师教学水平提升的政策措施完善都会对师范毕业生(初入职教师)工作满意度产生积极影响。在入职阶段,对于教师工作量的安排,要尽量考虑不让师范毕业生(初入职教师)有过大的工作负担。在入职培训、专业成长上,重视满足师范毕业生(初入职教师)的学历提升需求,发挥其教学能力。

人际关系因素,特别是与家长的良性互动和与同事之间的有效合作能够对师范毕业生(初入职教师)工作满意度产生显著影响,因为学校的年级组和学科组对师范毕业生(初入职教师)成长和支持非常重要。而家校关系、与家长的沟通和密切合作也是促进师范毕业生(初入职教师)对工作满意的重要因素。

5.2.4 重视师范毕业生(初入职教师)工作适应能力和发展需求

教师适应工作的能力、专业发展需求对其工作满意度产生影响。如果师范毕业生(初入职教师)能较好胜任工作,同时提升学历层次,其工作满意度将更高。

5.2.5 关注教师的职业发展周期,帮助师范毕业生(初入职教师)成长

无论是师范毕业生(初入职教师),还是有工作经验的老教师,都面临职业生涯发展周期。在不同的职业生涯发展阶段,面临的主要问题,所处的心态,对工作的投入程度也许不完全相同。新一代教师,面临新的时代要求,学生群体也发生了变化。课程与教学改革、新型师生关系、学校制度环境、组织管理、教师社会地位与家长社会期望这些都对师范毕业生(初入职教师)的工作带来新挑战。而师范毕业生(初入职教师)在入职的初期,是否能站稳讲台,是否能建立积极的工作满意度,关涉到他们今后的职业生涯发展,也影响到他们是否会有志于长期从事教师职业。因此,对于师范毕业生(初入职教师)工作满意度及其影响因素的研究,有利于政府、学校和师范毕业生(初入职教师)个人更客观地认识师范毕业生(初入职教师)这一群体的工作状态。要稳定师范毕业生(初入职教师)队伍,使其形成积极的职业信念和认同,就需要在其入职初期营造良好的发展环境,为培养他们成为将来的教学骨干和教师队伍的中坚力量奠定基础。

(李 梅)

社会地位通常是指个人在社会中的身份、等级。《简明不列颠百科全书》中社会地位的词条解释为："个人在社会制度中所处的地位以及随之而来的权利和义务的综合。"[①]现代社会中，职业成为区分和衡量个人社会地位的最重要指标，这既是韦伯学派社会分层理论发展的重要成果[②]，也为布劳和邓肯的系统实证研究所证明[③]。中小学教师的社会地位反映了教师职业在社会生活和社会关系中与其他职业相比较的权利、资源、责任和作用被社会认可的程度。中小学教师的社会形象是社会对这一职业群体的认知、评价、态度和期望。教师社会形象建构的核心是对教师职业社会功能定位的期许，以及基于此的"应然"社会地位认定。然而，中小学教师社会形象中"应然"的社会地位与现实的社会地位状况常常处于不匹配甚至是有所冲突的状态，使人们感到有"问题"，由此中小学教师的社会地位和社会形象也就成为坊间热议的话题，成为学术领域的研究热点。

1. 文献综述和研究问题

1.1 中小学教师社会地位的相关研究

我国社会学界关于社会分层和社会地位的研究中，通常都会涉及中小学教师这一重要职业。李培林等于1997—1998年间就100种代表性职业在北京市民中进行职业地位的调查，评价结果中"中小学教师"在100种职业的等级顺序中排列第29位，低于科学家（1位）、大学教授（2位）、医生（5位）、律师（11位）、作家（18位）、国家机关局长（26位）、公司董事长（27位），高于国家机关处长（32位）、公司经理（35位）、大企业厂长（39位）、会计（41位）、外企高级雇员（43位）等。[④] 2001年中科院社会学研究所陆学艺主持的研究中，基于全国12个省级行政区73个区县收集的问卷调查数据，将职业地位等级定义为这样一个由低到高的序列：1. 农业劳动者；2. 农村专业户；3. 产业工人；4. 商业服务

---

① 《简明不列颠百科全书》第七卷[M]. 北京：中国大百科全书出版社，1986：118.
② 韦伯学派的洛克伍德认为，人们的阶层位置是由市场状态、工作状态和身份状态三方面因素决定的，他定义的市场状态是通过人们在劳动力市场中获得的收入、就业保障和附加利益等来体现的；工作状态是指人们工作的自主性、受到监管的程度、是否与老板有直接联系以及日常工作中所需要的技术层次；身份状态是指社会对其的评价（David Lockwood（1958 &. 1989）：*The Blackcoated Worker: A Study in Class Consciousness*，Oxford：Clarendon Press）。1987年，戈德索普在著名的牛津英国社会流动研究中提出了阶层分类框架图，把职业分类与市场状态结合起来作为划分阶层的标准，即先以职业分类为基础，再根据市场状态把各类职业合并成几大阶层。他认为这样分类的阶层反映出的是"职业功能和就业身份的高度分化"，"所谓的就业身份可以被看作是职业定义的一个部分"（John Goldthorpe（1987）：*Social mobility and class structure in modern Britain*. Oxford：Clarendon Press，40）。
③ 布劳和邓肯运用美国人口普查1962年的人口现状调查资料，系统研究了美国的职业结构、职业流动与社会分层。他们认为："阶层虽然可以根据经济资源与利益来定义，但是对于大多数人而言，决定这些的首要因素是其职业地位。……虽然职业并非包含了阶层概念的一切方面。但它是阶层的最好的单独指标。"（Blau, P. &. O. Duncan（1967）：*The American Occupational Structure*，New York：Wiley，124）。
④ 李培林，李强，孙立平等. 中国社会分层[M]. 北京：社会科学文献出版社，2004：196.

业人员；5. 办事人员；6. 专业技术人员；7. 国家与社会领导者。中小学教师大约处于"专业技术人员"这一地位等级。[①] 李春玲利用该数据做了进一步分析，得出的结果是：在社会声望总体排名中中学教师居第 12 位，小学教师居第 35 位。城镇居民对中学教师的职业声望排名为第 9 位，农村居民中的排名为第 17 位；城镇居民对小学教师的职业声望排名为第 35 位，农村居民中的排名为第 38 位。[②] 这些大型调查研究的成果都表明，中小学教师在我国当前的社会分层结构中大约处于中层或中上的位置。

教育学界中尽管有很多以教师社会地位为主题的研究，但基于实证的研究成果相对较少。全国范围的只有 2008 年华东师范大学教育科学学院丁钢带领的课题组对全国 9 个省、直辖市、自治区各级各类中小学专任教师 11 190 人进行的大型调查研究，研究报告中指出我国中小学教师对社会尊重、社会地位满意度偏低，对经济收入满意度非常低。[③]

陆学艺认为现阶段中国社会中间阶层构成表现出异质性，其中首要的表现是，三种社会地位资源配置与地位评价上的不一致性，[④]即某一地位群体在其所具有的社会声望、社会权力及市场回报（如职业收入、社会福利等）各方面不尽一致的评价（主观的与客观的）状态。这一现象在中小学教师职业上有非常典型和极为强烈的表现，收入低问题成为其社会地位中最受关注的环节。以收入为主题的研究成果也较多，基本上结论都认为义务教育阶段教师收入与其他行业的收入差距比较大，与其自身学历的匹配程度，与其所付出的劳动契合程度都不高。[⑤]

为在全国水平上了解教师行业的收入状况，笔者搜索了相关统计数据，以下是所能查到的最近一次细分行业城镇单位就业人员的平均报酬数据（中小学教师所属的"科教文卫"各行业列出了细分行业的平均劳动报酬）（见表 12 - 1）：

表 12 - 1　2008 年各行业城镇单位就业人员平均劳动报酬（单位：元）

行　业	职工平均工资
企业	28 165
事业	29 251
机关	33 209
农林牧副渔业	12 560
采矿业	34 233
制造业	24 404
电力、燃气及水的生产和供应业	38 515
建筑业	21 223
交通运输、仓储和邮政业	32 041
信息传输、计算机服务和软件业	54 906

① 陆学艺. 当代中国社会流动［M］. 北京：社会科学文献出版社，2004：184.
② 李春玲. 当代中国的声望分层——职业声望与社会经济地位指数测量［J］. 社会学研究，2005.
③ 丁钢. 中国中小学教师专业发展状况调查与政策分析报告［M］. 上海：华东师范大学出版社，2010.
④ 陆学艺. 当代中国社会流动［M］. 北京：社会科学文献出版社，2004.
⑤ 章静霞. 城市义务教育阶段教师收入状况调查及分析——以浙江为例［J］. 当代教育科学，2006：9.

（续表）

行　业		职工平均工资
批发和零售业		25 818
住宿和餐饮业		19 321
金融业		53 897
房地产业		30 118
租赁和商务服务业		32 915
居民服务和其他服务业		22 858
水利、环境和公共设施管理业		21 103
文化、体育和娱乐业	新闻出版业	46 139
	广播、电影、电视和音像业	34 755
	文化艺术业	27 854
	体育	33 488
	娱乐	23 081
科学研究、技术服务和地质勘查业	研究与实验发展	47 100
	专业技术服务业	47 286
	科技交流和推广服务业	46 719
	地质勘查业	35 362
教育	初等教育	25 929
	中等教育	29 579
	高等教育	43 683
卫生、社会保障和社会福利业	卫生	32 374
	社会保障业	29 204
	社会福利业	27 619
公共管理和社会组织	中国共产党机关	33 333
	国家机构	32 273
	人民政协和民主党派	38 776

资料来源：《中国统计年鉴2009》：4-19　按细行业分城镇单位就业人员平均劳动报酬（2008年）

　　表12-1中数据显示，"科教文卫"系统内部，基础教育行业职工收入的确偏低，从事初等教育的员工平均报酬排在倒数第二位，低于事业单位员工平均报酬；中等教育的员工平均报酬也仅比初等教育从业员工高出不到4 000元，列倒数第五位；在教育系统内部，初、中等教育从业员工与从事高等教育的员工平均报酬相比差距也很大。

　　我国地区经济社会发展不平衡的特点，还带来另一个问题，即各地区之间教师收入也有很大的差异，表12-2列出了本次调查抽取的11个样本省级行政区教育行业职工的平均工资情况：

表12-2　2011年抽样地区教育行业职工平均工资（按从高到低排列）（单位：元）

排　序	地　区	职工平均工资
1	上海	82 315
2	天津	70 240

排　序	地　区	职工平均工资
3	江苏	54 499
4	陕西	42 176
5	山东	41 988
6	四川	39 139
7	黑龙江	37 095
8	吉林	36 211
9	湖北	35 859
10	广西	32 909
11	甘肃	31 635

资料来源：《中国统计年鉴 2012》：4－15　按行业分城镇单位就业人员平均工资

数据显示出不同地区的平均工资差距相当大，职工平均工资最高的上海达到了 8 万余元，而最低的甘肃则只有 3 万余元，不到前者的一半。这种地区差异必然影响到教师社会地位在全国各地区有不同的评价表现，例如，2004 年祝丽怜对北京、深圳、武汉三地的教师职业声望评价排序进行了比较，发现三地分别相差了 6—10 个排位。[①]

1.2　中小学教师社会形象的相关研究

相对于社会分层的客观事实和职业在社会结构中的客观所处地位而言，社会形象是一种认知层面上的主观建构，但这种形象一经"建构"出来，又会发展成为一种相对独立的"客观实在"，并对教师的社会地位产生实际影响。

中小学教师职业的社会形象大致可以归类为三种：1. 作为圣者的教师职业观，把教师职业看作是无私奉献的天职，进而忽视应有报酬待遇的世俗性；2. 作为教育劳动者的教师职业观，例如日本教师工会组织公布的《伦理纲领》中明确规定"教师是劳动者"，试图通过教师工会运动来实现政治性主张和经济型需求；3. 作为专门性职业的教师职业观，例如 20 世纪 60 年代国际劳工组织和联合国教科文组织发表"关于教师地位的建议"，提倡"教育工作应作为专门性职业"，"具有个人和共同的责任感"。[②]

在我国文化传统中，一贯重视教师社会形象中的道德性要素，所谓"学高为师，身正为范"，教师理应成为社会的道德楷模。建国以后对于教师职业的宣传和赞美多用"人类灵魂工程师"这样的定位，将教师的社会形象推到了一个至高至重的地位。据考证，"教师是人类灵魂的工程师"最早由苏联教育家加里宁提出。他在 1937 年曾谈到："教员们往往不大注意教育工作，其实教育工作在培养学生们的性格和道德方面极有重大意义。很多教师常常忘记他们是教育家，而教育家也就是人类心灵的工程师"。在我国，这一用语最早出现在 1951 年 10 月 13 日《人民日报》题为"稳定和发展小学教育，培养百万人民

---

① 祝丽怜. 城市居民职业声望评价的一致性与差异性研究[D]. 华东科技大学，2005.
② 陈永明. 关于教师地位的几点思考[J]. 集美大学学报，2010；V. 11，3.

教师"的社论中。该社论提到"教师是人们灵魂的工程师"。[①] 这一命题在对教师教育性功能的强调上有其科学与合理的意义,在提升教师社会地位、激励人们从事教师职业中起到了极大的作用,然而,也同时使得教师素质功能、社会地位的现实与其落差更为强烈。近年来,呼应联合国教科文组织的倡议,"专业人士"成为中小学教师职业社会形象构建的新方向,教师不是因其作为"圣者"而要受到膜拜,而是因其"专业性"而受人尊重。不过,从我国目前的情况看,要真正树立这一形象并对教师社会地位产生切实影响,还须假以时日和努力。例如,前述社会地位研究的文献综述中,可以看到相比医生、律师这样受到公认的专业性职业,中小学教师的社会地位明显更低,从收入上来说,同为教师,但与大学教师这一专业性职业相比也差距甚大。

综上所述,传统文化情境中的教师是以传统价值代表的社会形象出现的,但在现代价值标准的影响下,教师职业的专业化要求日渐强烈,并且认为"专业化"是提升教师职业声望的有效途径,通过专业化运动,能够提高教师的社会地位,改善工作环境,提升教师素质。专业化与职业社会地位的提高存在十分密切的关系。[②] 教师专业化在本质上是对教师社会形象的重新认可及其建制过程,而教师社会形象的变迁又真实地反映了教师社会地位的变更与素质结构的变化。[③]

1.3 研究问题

本次调查建立的数据库中有一些数据揭示了师范生(基本完成了课程学习和教学实习的本科三年级和专科二年级学生)、新教师(师范院校毕业从事教师职业1—2年的教师)、中小学校领导(接收师范院校毕业生就业的中小学校长、副校长、书记和教导主任)对教师社会地位与社会形象的看法,作为"未来的"和现职的中小学教师群体,对本身职业的社会地位评价是一种主观的自我社会等级地位认定。陆学艺认为自我社会等级地位认定也是社会地位的一种反映,调查数据显示自我地位评估的等级差异与经济分层基本上趋于一致(陆学艺,2002)。

本部分报告主要的研究问题有:师范生对教师社会地位的主观评价如何?从教1—2年的新教师的主观社会地位情况如何?他们心目中的教师社会形象是怎样的?中小学校领导心目中的教师社会形象是怎样的?基于数据分析的结果,并从师范生(未来教师)、新教师以及中小学校领导三个群体的比较中,反映了我国教师社会地位的哪些背景特点与趋势问题?针对此可以提出哪些政策建议?

2. 师范生对教师社会地位的综合评价

2.1 教师社会地位评价

对于"教师社会地位低"的观点,师范生所持态度的统计数据结果如下:

---

① 陈桂生. 教育学视界辨析[M]. 上海:华东师范大学出版社,1997.
② 栗洪武. 论社会学视野中的教师职业地位问题[J]. 山西师范大学学报(哲学社会科学版),2002:V. 31,3.
③ 叶映华,刘宣文. 专业化与教师社会形象的重建[J]. 教育发展研究,2006:7B.

如图 12-1 所示，师范生中有 26.1% 完全不赞成"教师社会地位低"的观点，49.1% 不太赞成，两者合计共有 75.2%，为师范生群体的绝大多数，比较赞成"教师社会地位低"观点的有 20.8%，完全赞成的比例仅有 4.0%。因此，总体来说，师范生们并不认为教师社会地位低。

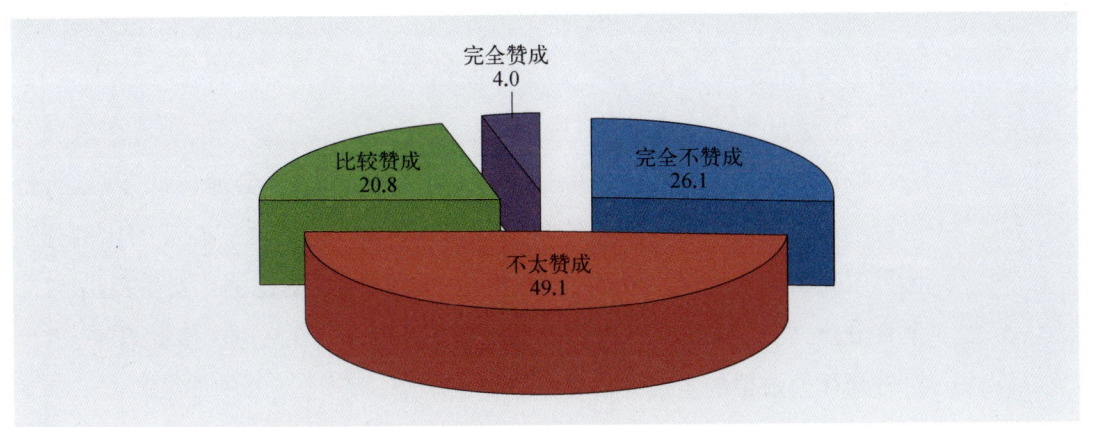

说明：N=7 206 419（加全国权后），缺失 618，单位：%。

图 12-1　师范生所持态度

2.2　可能的影响因素分析

早在布劳和邓肯的研究中，就指出了人们从各种出身到不同职业位置的运动会受到影响获致机会各种因素的制约，并进一步区分了先赋性与自致性因素对一个人社会地位的影响，认为个人的社会地位一方面取决于个人的能力和努力，一方面也要受家庭出身的影响。[①] 陆学艺通过其课题组在 2001 年进行的全国抽样调查数据分析，认为受教育程度、单位性质、户口制度对个人的初职地位获得有重要、长期的影响；相比而言家庭出身则影响有限，"父亲的职业地位"对人们初职的影响在 1978 年以后趋于显著。[②] 前述陆学艺同一课题组李春玲的进一步研究表明，我国城镇和农村地区的教师社会地位排序有显著差异，城乡地域性质对于教师社会地位评价有很大影响，她认为这体现了城镇居民比农村居民更看重文化资本，农村居民比城市居民更看重经济资本。[③]

基于以上理论基础和研究成果，我们假定性别、城乡地域性质、所在（毕业于）师范院校类别、专业、学段、家庭背景等会对师范生的主观社会地位评价发生影响，为检验假设是否成立，以及假设成立的话，究竟有何种程度的影响，下面分别展开交叉分析。

2.2.1　性别

性别不同的师范生与教师社会评价观点的交叉分析如表 12-3 所示：

① Blau, P. & O. Duncan. The American Occupational Structure, New York：Wiley, 1967.
② 陆学艺. 当代中国社会流动[M]. 北京：社会科学文献出版社，2004：186—190.
③ 李春玲. 当代中国的声望分层——职业声望与社会经济地位指数测量[J]. 社会学研究，2005.

表 12-3　不同性别师范生关于教师社会地位评价的观点差异

		男　生	女　生
教师的社会地位低	完全不赞成	20.4%	29.2%
	不太赞成	44.4%	51.6%
	比较赞成	28.8%	16.6%
	完全赞成	6.4%	2.7%

说明：$\chi^2=179.906$，df=1，$p<.001$，N=5 370，单位：%。

数据分析结果显示，不同性别师范生对于"教师社会地位低"观点所持态度呈现极显著差异。女生持"完全不赞成"和"不太赞成"态度的比例分别比男生高出 8.8 和 7.2 个百分点，男生"比较赞成"的比例比女生高出 12.2 个百分点，"完全赞成"的比例也比女生高出 3.7 个百分点，由此看来，男生对教师社会地位的主观评价要显著低于女生。

2.2.2　出生成长地域性质

入学前户口所在地分别为乡镇、县城、地级市（区）、省会及直辖市的师范生在教师社会地位评价上的观点差异程度如何？以下为数据统计分析结果：

表 12-4　来自不同地域性质的师范生在教师社会地位评价上的观点差异

		乡镇	县城	地级市（区）	省会及直辖市
教师的社会地位低	完全不赞成	23.7	23.4	36.1	34.4
	不太赞成	51.0	48.1	44.0	45.4
	比较赞成	20.7	25.5	17.0	17.0
	完全赞成	4.6	3.0	2.9	3.2

说明：$\chi^2=81.470$，df=9，$p<.001$，N=5 368，单位：%。

表 12-4 显示，来自不同地域性质的师范生对于"教师社会地位低"所持态度呈现极显著差异，这一差异主要表现在乡镇、县城与地级市（区）、省会及直辖市之间，乡镇、县城之间差异不大，地级市（区）和省会及直辖市之间的差异也不大。乡镇与县城"完全不赞成"教师社会地位低看法的比例显著低于地级市（区）和省会及直辖市（均低出 10% 以上），"比较赞成"和"完全赞成"的比例则显著高于地级市（区）和省会及直辖市。由此可见，师范生对于教师社会地位的主观评价呈现显著的城乡差异，来自乡镇和县城的师范生主观评价显著低于来自地级市（区）、省会及直辖市的师范生。这一结果与陆学艺等的社会分层研究结果是一致的，应该是由于经济社会发展程度更高的城市居民更为重视文化资本的缘故。

2.2.3　师范院校类别

我国师范院校在类别上可以分为四个层次：部属师范大学、省属师范大学、省属师范学院和高等师范专科学校。就读于不同师范院校类别的师范生在教师社会评价上的观点差异分析结果如表 12-5：

表 12-5　不同师范院校的师范生在教师社会地位评价上的观点差异

		部属师范大学	省属师范大学	省属师范学院	高等师范专科学校
教师的社会地位低	完全不赞成	15.4	29.3	24.6	30.2
	不太赞成	47.4	50.1	50.4	43.1
	比较赞成	29.2	17.9	21.6	19.9
	完全赞成	8.0	2.7	3.4	6.9

说明：$\chi^2=89.433$，df=9，$p<.001$，N=5 368，单位：%。

四类师范院校的学生对于"教师社会地位低"观点所持态度也呈现显著差异，其中，部属师范大学的师范生"完全不赞成"的比例显著低于其他类别院校的师范生，"比较赞成"和"完全赞成"的比例也显著高于其他师范生，显示部属师范大学的师范生对于教师社会地位的主观评价相对比较低。而高等师范专科学校的数据比较有意思，"完全不赞成"的比例在四类中最高，而"不太赞成"的比例又是最低，"完全赞成"的比例则仅低于部属师范大学，比省属师范大学和省属师范学院的比例显著要高。这显示了高等师范专科学校的学生对于教师的社会地位评价呈现更为复杂和冲突的状态。

2.2.4　家庭背景

本次师范生调查样本中，家庭成员或亲属中有人从事教育工作的占到了一半以上（52.1%），这一数据本身反映了一定的职业代际传递现象。家庭成员及亲属中有人或没有人从事教育工作的师范生，在教师社会地位评价上的观点差异数据统计结果如表 12-6：

表 12-6　不同家庭背景师范生在教师社会地位评价上的观点差异

	教师的社会地位低			
	完全不赞成	不太赞成	比较赞成	完全赞成
家庭成员及亲属中有人从事教育工作	27.4	49.3	19.6	3.7
家庭成员及亲属中没有人从事教育工作	24.7	48.9	22.1	4.3

说明：$\chi^2=9.077$，df=3，$p=.028$，N=5 367，单位：%。

家庭成员及亲属中有人从事教育工作家庭背景的师范生,对于"教师社会地位低"观点持"完全不赞成"和"不太赞成"态度的比例为76.7%,高于家庭成员及亲属中没有人从事教育工作家庭背景的师范生(73.6%),尽管相差不大,但已有统计学意义上的显著差异。这显示家庭成员及亲属从事教育工作的背景,对于师范生的教师社会地位评价的形成有积极影响,也反映了教育工作者群体对教师社会地位的综合评价略高于社会一般水平。

在家庭背景之上,再加上出生地域因素进行分析,统计数据分析结果如图12-2所示:

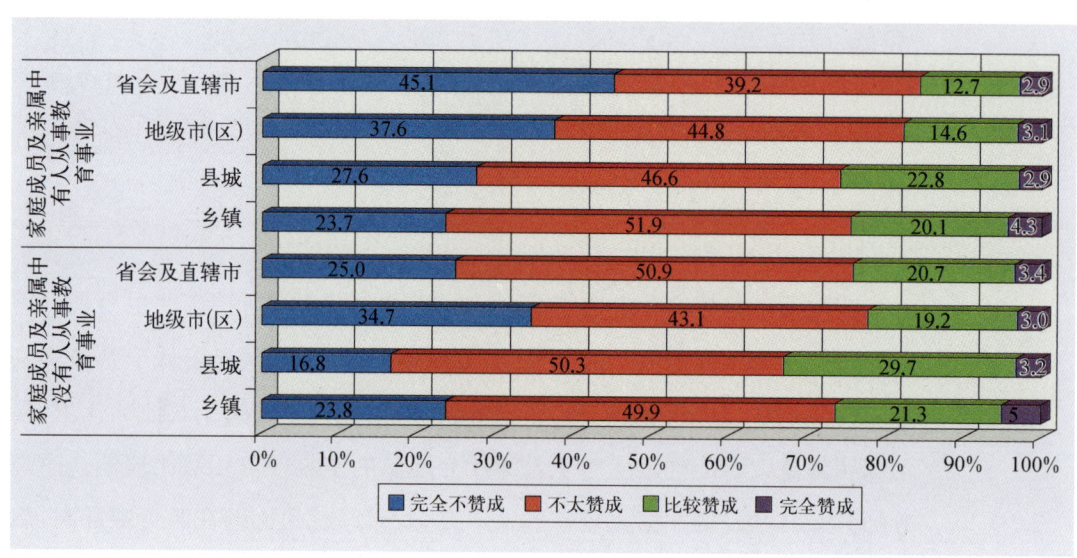

图12-2　不同家庭背景和出生地域的师范生在教师社会地位评价上的观点差异

图12-2中较为引人注目的是,家庭成员及亲属中有人从事教育事业的师范生,在省会及直辖市的地域中,对教师社会地位的主观评价显著要高,特别是对比同处省会及直辖市但家庭背景中无人从事教育工作的师范生群体,有非常显著的差异,他们"完全不赞成""教师社会地位低"观点的比例达45.1%,为各类群体中最高的,而省会及直辖市里家庭背景中无人从事教育工作的师范生群体,"完全不赞成"比例只有25.0%。由此,显示出除了前述的教师社会地位城乡差异之外,在省会及直辖市这一类最为发达的地区,教育工作者群体对教师社会地位的主观评价与社会一般水平有较大不同,他们更为强烈认同教师职业的声望价值。

3. 从职业选择看师范生的教师社会地位评价

可以说,中小学教师的整体社会地位实际上是教师职业在社会成员的择业取向中所处的位置。[1] 从职业选择能够看到师范生和新教师对教师职业地位的评价。

---

① 吴康宁.教育社会学[M].北京:人民教育出版社,1997.

3.1 从师范生当初选择师范专业的原因来看

在师范生调查样本中有 81.5％当初高考时填报的第一志愿就是师范类专业,他们选择师范类专业最主要原因的统计数据结果如图 12-3 所示:

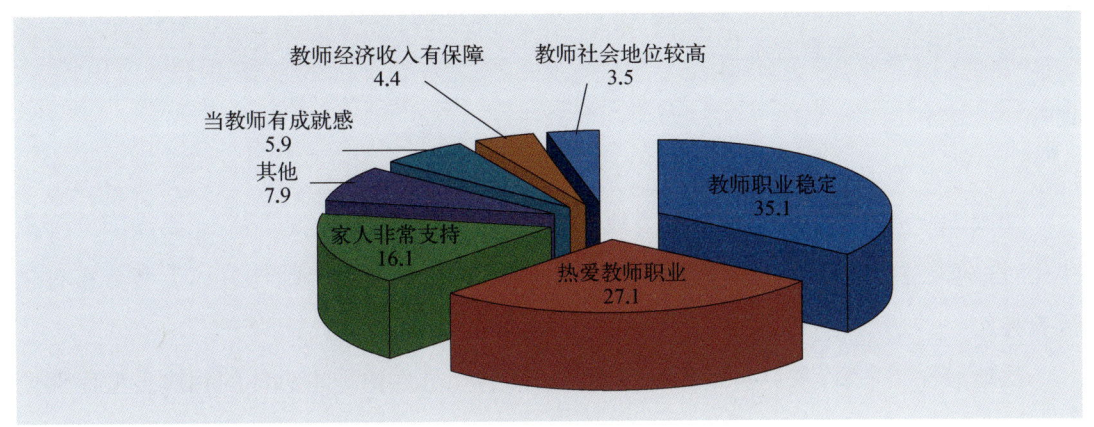

说明:数据为加全国权后的统计百分比,N＝587 993,单位:％。

图 12-3　师范生第一志愿选择师范专业的最主要原因

在这些动因中,直接反映教师社会地位问题的有:"教师社会地位较高"(3.5％)、"教师经济收入有所保障"(4.4％)和"教师职业稳定"(35.1％),前两者的选择比例是所有动因中最少的,反映了教师社会地位不高、经济收入不理想在社会上可能是较为广泛的共识,而"教师职业稳定"这一选项又高居首位,反映了教师这一职业在社会上最受认可的优势是"稳定"。另外,选择"家人非常支持"的比例也比较高(16.1％,为第三多),反映了家庭背景给予师范生从教选择的影响很大,可以推测这种影响的背后,是教师职业在社会中年以上群体中具有较好的声望和较大优势。

在选择"教师社会地位较高"作为填报师范第一志愿的最主要原因的师范生中,性别、出生地域性质、师范院校类别和家庭背景分布状况如表 12-7:

表 12-7　因"教师社会地位较高"而选择就读师范专业的师范生群体分布

因　　素	类　　型	比例(％)	样本类型分布(％)
性别	男性	36.8	34.7
	女性	63.2	65.3
入学前户口所在地	乡镇	44.8	62.2
	县城	25.1	17.7
	地级市(区)	27.3	16.0
	省会及直辖市	2.9	4.1
师范院校类别	部属师范大学	3.0	6.0
	省属师范大学	20.6	27.2
	省属师范学院	69.6	52.6
	高等师范专科学校	6.7	14.1

因　素	类　型	比例(%)	样本类型分布(%)
家庭背景	家庭成员及亲属中有人从事教育工作	31.9	52.1
	家庭成员及亲属中没有人从事教育工作	68.1	47.9

说明：N＝192。

　　如表 12-7 所示，选择"教师社会地位高"作为自己填报师范志愿最主要动因的师范生中，性别类型分布接近样本总体类型分布，其他各种类型分布则与总体类型分布有较大差异。

　　从地域性质来看，来自乡镇和省会及直辖市的师范生比样本总体的相应类型比例要相对较少选择"教师社会地位高"作为最主要动因，来自县城和地级市（区）的则比样本总体的相应类型比例要相对较多一些。乡镇选择少的原因应该是由于前述社会地位评价的城乡差异所致，即乡镇地区较不重视文化资本，对教师地位评价较低，省会和直辖市虽然在教师社会地位评价上高于乡镇，但是仍然不足以成为吸引人们做教师的主要动因，并且由于地区发达职业选择更多，教师职业的比较优势可能就显得更少。

　　从师范院校类别来看，只有省属师范学院的师范生相对较多地选择"教师社会地位高"作为最主要动因，部属师范大学、省属师范大学和高等师范专科学校的师范生均较少选择。

　　从家庭背景来看，家庭成员及亲属中有人从事教育工作的师范生群体反而相对较少地选择"教师社会地位高"作为最主要动因，这说明在教育工作者群体中，教师的综合社会地位也不是构成他们所认同的教师职业优势的主要原因。

　　在选择"教师经济收入有所保障"作为填报师范第一志愿的最主要原因的师范生中，性别、出生地域性质、师范院校类别和家庭背景的分布状况如表 12-8：

表 12-8　因"教师经济收入有所保障"而选择就读师范专业的师范生群体分布

因　素	类　型	比例(%)	样本类型分布(%)
性别	男性	37.3	34.7
	女性	62.7	65.3
入学前户口所在地	乡镇	57.7	62.2
	县城	21.7	17.7
	地级市（区）	19.0	16.0
	省会及直辖市	1.6	4.1
师范院校类别	部属师范大学	7.9	6.0
	省属师范大学	19.2	27.2
	省属师范学院	59.5	52.6
	高等师范专科学校	13.4	14.1

因　素	类　型	比例(%)	样本类型分布(%)
家庭背景	家庭成员及亲属中有人从事教育工作	48.6	52.1
	家庭成员及亲属中没有人从事教育工作	51.4	47.9

说明：N＝239。

如表12-8所示，选择"教师经济收入有所保障"作为自己填报师范志愿最主要动因的师范生中，性别类型、师范院校类别上的分布接近样本总体类型分布，其他两种类型则与总体类型分布有较大差异。

从地域性质来看，来自乡镇和省会及直辖市的师范生比样本总体的相应类型比例要相对较少选择"教师经济收入有所保障"作为最主要动因，来自县城和地级市（区）的则比样本总体的相应类型比例要相对较多一些。乡镇选择少的原因应该是由于乡镇作为经济较不发达地区，对职业声望中的经济资本更为重视和敏感，而教师职业显然在此方面没有吸引力，省会和直辖市背景中出生成长的师范生，能够接触的职业选择更多，教师职业的经济收入保障方面也难以具有比较优势。

从家庭背景来看，家庭成员及亲属中有人从事教育工作的师范生群体也是相对较少地选择"教师经济收入有所保障"作为最主要动因，这说明社会上教育工作者群体对自己的经济收入状况较不满意。

在选择"教师职业稳定"作为填报师范第一志愿的最主要原因的师范生中，性别、出生地域性质、师范院校类别和家庭背景的分布状况如下：

表12-9　因"教师职业稳定"而选择就读师范专业的师范生群体分布

因　素	类　型	比例(%)	样本类型分布(%)
性别	男性	33.1	34.7
	女性	66.9	65.3
入学前户口所在地	乡镇	61.9	62.2
	县城	17.2	17.7
	地级市（区）	18.5	16.0
	省会及直辖市	3.2	4.1
师范院校类别	部属师范大学	5.4	6.0
	省属师范大学	29.4	27.2
	省属师范学院	52.5	52.6
	高等师范专科学校	12.6	14.1
家庭背景	家庭成员及亲属中有人从事教育工作	54.1	52.1
	家庭成员及亲属中没有人从事教育工作	45.9	47.9

说明：N＝1 897。

如表 12-9 所示,选择"教师职业稳定"作为自己填报师范志愿最主要动因的师范生中,性别、出生地域性质、师范院校类别、家庭背景等的分布均十分接近样本总体类型分布,显示"职业稳定"这一特点得到了更为广泛的认同,没有多少显著的城乡差异。也只有这个选项类别中,家庭成员及亲属中有人从事教育工作的师范生选择比例高于总体样本比例,说明相比前述的"社会地位高"和"经济收入有所保障",教育工作者群体对于教师职业优势的认识主要是因为其"职业稳定"。

在选择"家人非常支持"作为填报师范第一志愿的最主要原因的师范生中,性别、出生地域性质、师范院校类别和家庭背景的分布状况如表 12-10 所示:

表 12-10　因"家人非常支持"而选择就读师范专业的师范生群体分布

因　素	类　型	比例(%)	样本类型分布(%)
性别	男性	26.5	34.7
	女性	73.5	65.3
入学前户口所在地	乡镇	65.5	62.2
	县城	20.4	17.7
	地级市(区)	11.6	16.0
	省会及直辖市	2.5	4.1
师范院校类别	部属师范大学	8.1	6.0
	省属师范大学	27.3	27.2
	省属师范学院	47.1	52.6
	高等师范专科学校	17.4	14.1
家庭背景	家庭成员及亲属中有人从事教育工作	58.8	52.1
	家庭成员及亲属中没有人从事教育工作	41.2	47.9

说明:N=703。

如表 12-10 所示,从性别来看,选择"家人非常支持"作为就读师范专业最主要原因的男性师范生比例较样本总体中男生比例要低,女生则相对更高些,这表明女生较之男生更多地受到从事中小学教师职业的鼓励;从地域性质背景来看,乡镇与县城的比例比样本总体的相应类型比例要略高,而地级市(区)、省会及直辖市的比例比样本总体的相应类型比例要略低,这也同样反映了教师社会地位评价的城乡差异;从师范院校类别来看,部属师范大学和高等师范专科学校的比例比样本总体的相应类型比例要略高,省属师范大学接近、省属师范学院的比例略低于样本总体的相应类型比例;从家庭背景来看,家庭成员或亲属中有人从事教育工作的师范生比例比样本总体相应类型比例要高一点,家庭成员或亲属中没有人从事教育工作的比例比样本总体的相应类型比例则要低一点,这也再次从一个侧面反映出教育工作者群体对教师社会地位和职业声望的主观评价略高于社会一般水平。

3.2 从师范生毕业后从教意愿不稳定的最主要动因来看

本次调查统计结果显示,有高达 51.0% 的师范生想过毕业后不做教师,他们从教意愿不稳定的最主要动因是哪些? 调查统计数据结果如图 12-4:

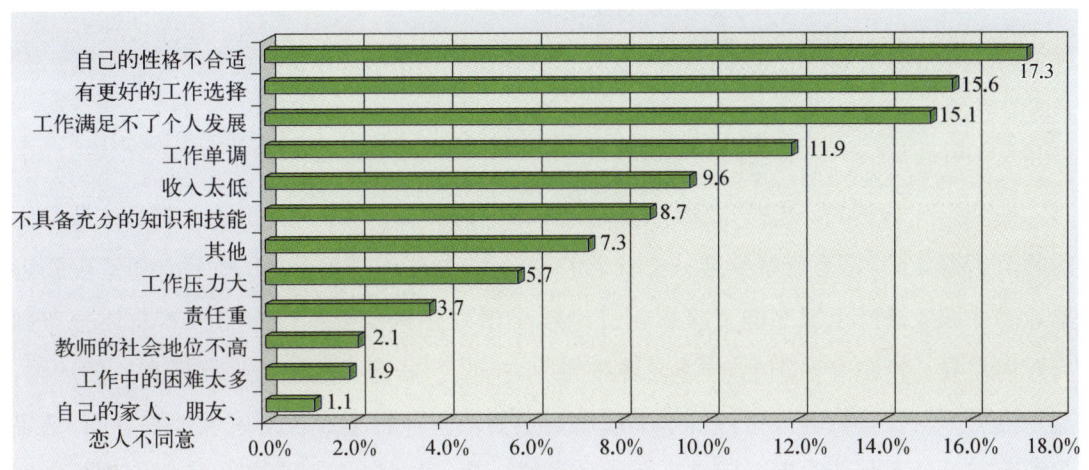

图 12-4 师范生从教意愿不稳定的最主要动因

说明:数据为加全国权后的统计百分比,N=367 603,单位:%。

从教意愿不稳定的最主要动因中,与教师社会地位直接相关的有:(1)"教师的社会地位不高"占 2.1%,选择比例第三低,结合前面数据所显示的,当初因为"教师社会地位较高"而填报师范专业作为第一志愿的师范生比例最低的情况,我们可以很合理地推测说,教师社会地位不高应该说已是整个社会的普遍共识,师范生在报考师范专业时已经考虑并接受了这个问题,因而也就不再构成促使他们从教意愿不稳定的最主要动因。(2)"收入太低"占 9.6%,选择比例第五高,这反映了收入问题确是导致教师职业声望和社会地位不高的重要因素。教师职业在经济收入上面的特点就是"有所保障,但比较低"。

在选择"教师社会地位不高"作为毕业后不从教最主要动因的师范生中,性别、出生地域性质、师范院校类别和家庭背景的分布状况如表 12-11:

表 12-11 因"教师社会地位不高"而考虑不从教师范生的群体分布

因　素	类　　型	比例(%)	样本类型分布(%)
性别	男性	69.9	34.7
	女性	31.1	65.3
入学前户口所在地	乡镇	78.7	62.2
	县城	7.2	17.7
	地级市(区)	11.8	16.0
	省会及直辖市	2.3	4.1
师范院校类别	部属师范大学	10.4	6.0
	省属师范大学	23.1	27.2
	省属师范学院	49.1	52.6
	高等师范专科学校	17.4	14.1

因　素	类　型	比例(%)	样本类型分布(%)
家庭背景	家庭成员及亲属中有人从事教育工作	51.2	52.1
	家庭成员及亲属中没有人从事教育工作	48.8	47.9

说明：N=56。

　　如表12－11所示，选择"教师社会地位不高"作为自己考虑毕业后不从教最主要动因的师范生群体中，家庭背景类型分布比较接近于样本总体类型分布，显示出师范生临近毕业时在职业选择上家庭的直接影响已经趋于消减。其他类型分布与样本总体分布则有较大差异。特别是性别上，样本总体中男生占34.7%，但是这里男生比例高达69.9%，显示出男生对教师社会地位评价水平远比女生要低。在出生成长的地域性质方面，结果与前面高考填报师范志愿动因交叉分析结果相一致：来自乡镇的师范生的比例相对样本总体的相应类型比例更多。在师范院校类别方面，部属师范大学和高等师范专科学校的师范生所占比例显著高于样本总体类型分布比例，考虑到部属师范大学地处省会及直辖市的特点，这一结果或许很大部分也可以归因为地域性质差异。

　　在选择"收入太低"作为毕业后不从教最主要动因的师范生中，性别、出生地域性质、师范院校类别和家庭背景的分布状况如下：

表 12－12　因"收入太低"而考虑不从教师范生的群体分布

因　素	类　型	比例(%)	样本类型分布(%)
性别	男性	57.5	34.7
	女性	42.5	65.3
入学前户口所在地	乡镇	74.1	62.2
	县城	14.2	17.7
	地级市（区）	9.6	16.0
	省会及直辖市	2.1	4.1
师范院校类别	部属师范大学	12.6	6.0
	省属师范大学	27.2	27.2
	省属师范学院	48.3	52.6
	高等师范专科学校	11.9	14.1
家庭背景	家庭成员及亲属中有人从事教育工作	50.2	52.1
	家庭成员及亲属中没有人从事教育工作	49.8	47.9

说明：N=263。

　　如表12－12所示，选择"收入太低"作为自己考虑毕业后不从教最主要动因的师范生群体中,家庭背景类型分布比较接近于样本总体类型分布,显示出师范生临近毕业时在职业选择上家庭的直接影响已经趋于消减。其他类型分布与样本总体分布则有较大差异。性别方面,男生选择比例更高;出生成长的地域性质方面,乡镇生源的师范生选择比例相对最高;师范院校类别方面,部属师范大学的师范生选择比例相对最高,这应该同样也可以主要归因为地域性质因素的影响。

4. 从职业选择看新教师的主观社会地位

4.1 从新教师选择教师职业的最主要原因来看

如图 12-5 所示,在与教师社会地位直接相关的选项中,选择"社会地位较高"的比例仅占2.6%,排序垫底。选择"经济收入有所保障"的也比较低,占8.4%,仅高于选择"社会地位较高"、"其他"和"没有找到其他合适的工作(别无选择)"的比例。"职业稳定"的选择比例相对较高(22.5%),排序第二。另外,"家人非常支持"的比例也有11.4%,排第三位。新教师选择教师职业的最主要原因与师范生当初选择师范为第一志愿的最主要原因,是较为一致的。

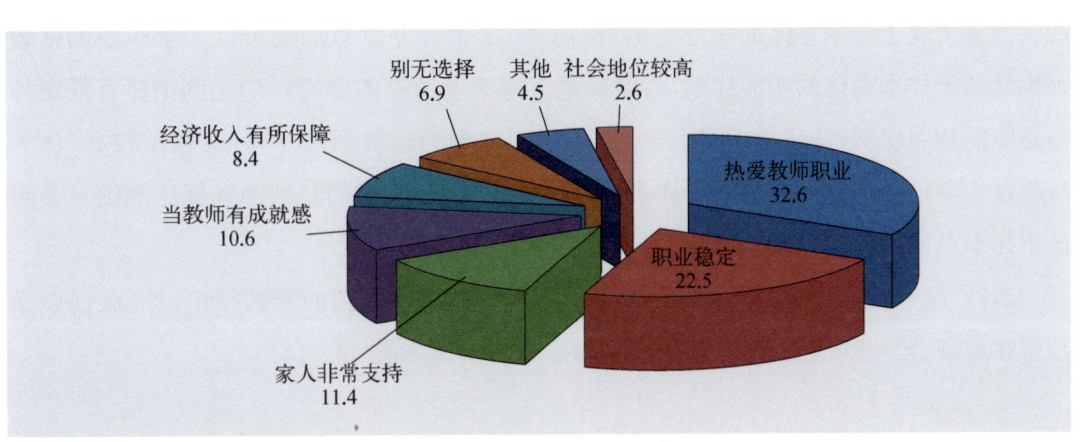

说明:N=2 976,单位:%。

图 12-5 新教师选择教师职业的最主要原因

将"社会地位较高"作为自己选择教师职业最主要原因的新教师群体中,性别、任职学校所在地域、毕业师范院校类别、任职学段的分布情况如表 12-13:

表 12-13 因"教师社会地位较高"而选择教师职业的新教师群体各种类型分布情况

因　素	类　　型	比例(%)	样本类型分布(%)
性别	男性	56.9	65.8
	女性	43.1	34.2
任职学校所在地域	乡镇	28.0	34.0
	县城	39.9	28.6
	地级市(区)	18.9	27.3
	省会及直辖市	13.2	10.1

因　素	类　型	比例(%)	样本类型分布(%)
毕业师范院校类别	部属师范大学	8.3	5.4
	省属师范大学	28.5	27.8
	省属师范学院	30.9	49.3
	高等师范专科学校	32.3	17.6
任职学段	小学	32.6	29.3
	初中	53.6	38.7
	高中	13.8	32.0

说明：N＝78。

从性别上来看，比起女性，男性新教师较少因"教师社会地位较高"而选择教师职业；从学校所在地域性质上来看，省会及直辖市和县城的中小学教师群体选择"教师社会地位较高"作为自己从教最主要理由的比例略高于样本总体的相应比例；从毕业师范院校类别上来看，高等师范专科学校毕业的新教师选择"社会地位较高"作为从教最主要理由的比例显著高于样本总体的相应比例（高出 14.7 个百分点），部属师范大学毕业的新教师也偏高于样本总体的相应比例，省属师范学院毕业的新教师选择的比例则显著低于样本总体的相应比例；从任教学段上来看，小学和初中的新教师选择"社会地位较高"作为从教最主要理由的比例显著高于样本总体的相应比例，高中的新教师选择比例则显著要低于样本总体的相应比例。

选择"教师职业稳定"作为自己选择教师职业最主要原因的新教师中，性别、任职学校所在地域、毕业师范院校类别、任职学段的分布情况如表 12－14：

表 12－14　因"教师职业稳定"而选择教师职业的新教师群体各种类型分布情况

因　素	类　型	比例(%)	样本类型分布(%)
性别	男性	68.6	65.8
	女性	31.4	34.2
任职学校所在地域	乡镇	34.5	34.0
	县城	30.8	28.6
	地级市（区）	23.5	27.3
	省会及直辖市	11.3	10.1
毕业师范院校类别	部属师范大学	7.4	5.4
	省属师范大学	31.0	27.8
	省属师范学院	50.1	49.3
	高等师范专科学校	11.5	17.6
任职学段	小学	26.5	29.3
	初中	40.2	38.7
	高中	33.3	32.0

说明：N＝681。

不同性别、任职学校所在不同地域性质的新教师,选择"教师职业稳定"作为自己从教最主要原因的比例与样本总体相应类型比例接近;从毕业师范院校类别来看,只有高等师范专科学校毕业新教师的比例比样本总体相应类型比例略低,而其他三类院校的则比样本总体相应类型比例略高;从学段上来看,小学任职的新教师比例比样本总体相应类型比例略低,而初、高中任职的新教师选择比例比样本总体相应类型比例略高。这一结果显示与前述的师范生交叉分析结果类似,总体来说,"职业稳定"是最受广泛认同的教师职业特点与优势。

选择"经济收入有所保障"作为自己选择教师职业最主要原因的新教师中,性别、任职学校所在地域、毕业师范院校类别、任职学段的分布情况如表 12-15:

表 12-15 因"经济收入有所保障"而选择教师职业的新教师群体各种类型分布情况

因　素	类　型	比例(%)	样本类型分布(%)
性别	男性	53.3	65.8
	女性	46.7	34.2
任职学校所在地域	乡镇	31.2	34.0
	县城	32.2	28.6
	地级市(区)	29.9	27.3
	省会及直辖市	6.7	10.1
毕业师范院校类别	部属师范大学	6.2	5.4
	省属师范大学	21.7	27.8
	省属师范学院	53.2	49.3
	高等师范专科学校	18.9	17.6
任职学段	小学	27.4	29.3
	初中	46.9	38.7
	高中	25.6	32.0

说明:N=251。

从性别上看,男性新教师选择"教师经济收入有所保障"的比例低于样本总体相应类型比例,女性新教师选择的比例则高于样本总体相应类型比例;从任职学校所在地域性质来看,县城和地级市(区)的中小学新教师选择比例略高于样本总体相应类型比例,乡镇、省会及直辖市的新教师选择比例略低于总体相应类型比例;从毕业师范院校类别来看,部属师范大学和高等师范专科学校毕业的新教师选择比例接近样本总体的相应类型比例,省属师范大学的略低,省属师范学院的略高;从任职学段上看,仅初中的新教师选择比例高于样本总体的相应类型比例,而小学和高中新教师的选择比例均略低。

选择"家人非常支持"作为自己选择教师职业最主要原因的新教师中,性别、任职学校所在地域、毕业师范院校类别、任职学段的分布情况如表 12-16:

表 12－16　因"家人非常支持"而选择教师职业的新教师群体各种类型分布情况

因　　素	类　　型	比例(%)	样本类型分布(%)
性别	男性	78.5	65.8
	女性	21.5	34.2
任职学校所在地域	乡镇	36.4	34.0
	县城	26.0	28.6
	地级市(区)	31.9	27.3
	省会及直辖市	5.6	10.1
毕业师范院校类别	部属师范大学	6.0	5.4
	省属师范大学	20.5	27.8
	省属师范学院	64.4	49.3
	高等师范专科学校	9.1	17.6
任职学段	小学	22.3	29.3
	初中	44.3	38.7
	高中	32.4	32.0

说明：N＝339。

从性别上看，男性新教师选择"家人非常支持"作为自己从教最主要原因的比例显著高于样本总体的相应类型分布，女性则要低一些；从任职学校所在地域性质来看，乡镇略高、县城略低、地级市(区)略高，但都和样本总体的相应类型比较接近，只有省会及直辖市的新教师选择比例显著要低于样本总体的相应类型比例(几乎只有样本总体相应类型比例的一半)；从毕业师范院校类别来看，部属师范大学的师范毕业生选择比例接近样本总体相应类型比例，省属师范学院的毕业生显著要高于样本总体的相应类型比例，而从省属师范大学和高等师范专科学校毕业的新教师则显著低于样本总体的相应类型比例；从任职学段来看，任教高中学段的新教师选择的比例与样本总体的相应类型比例接近，小学则低于初中高于样本总体的相应类型比例。

4.2　从新教师从教意愿不稳定的动因来看

本次调查结果显示，有 49％的新教师考虑过不做教师，这些从教意愿不稳定的新教师中，什么是促使他们考虑不做教师的最主要动因？统计结果见图 12－6：

如图 12－6 所示，与教师社会地位直接相关的选项有：(1)"收入太低"(28.4％)，排在了新教师考虑不做教师最主要动因的首位；(2)"教师的社会声望低"(5.5％)，排在第六位。

选择"收入太低"作为自己考虑不做教师最主要原因的新教师中，性别、任职学校所在地域、毕业师范院校类别、任职学段的分布情况如表 12－17：

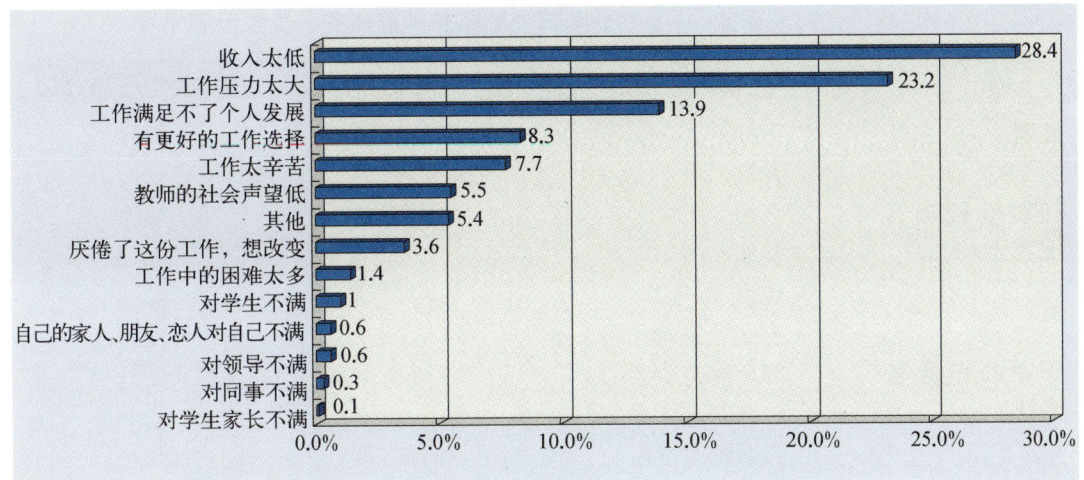

说明：N＝1 458，单位：%。

图 12-6　新教师从教意愿不稳定的最主要动因

表 12-17　因"收入太低"而考虑不做教师的新教师群体各种类型分布情况

因　素	类　型	比例(%)	样本类型分布(%)
性别	男性	45.6	65.8
	女性	54.4	34.2
任职学校所在地域	乡镇	43.1	34.0
	县城	31.9	28.6
	地级市(区)	17.7	27.3
	省会及直辖市	7.3	10.1
毕业师范院校类别	部属师范大学	4.4	5.4
	省属师范大学	29.2	27.8
	省属师范学院	57.2	49.3
	高等师范专科学校	9.3	17.6
任职学段	小学	19.5	29.3
	初中	43.3	38.7
	高中	37.2	32.0

说明：N＝414。

　　从性别来看，男性选择"收入太低"作为从教意愿不稳定最主要动因的比例显著低于样本总体的相应类型比例，女性则显著要高；从任职学校所在地域性质看，乡镇和县城比例显著要高于样本总体的相应类型比例，地级市(区)、省会及直辖市的比例则显著要低于样本总体的相应类型比例；从毕业师范院校类别来看，部属师范大学和省属师范大学毕业新教师的比例比较接近样本总体的相应类型比例，而省属师范学院毕业的新教师则显著较高，高等师范专科学校毕业的新教师则显著较低；从任职学段来看，小学新教师的比例低于样本总体的相应类型比例近十个百分点，而初中、高中新教师的比例则更高一些。

　　选择"教师社会声望低"作为自己考虑不做教师最主要原因的新教师中，性别、任职学校所在地域、毕业师范院校类别、任职学段的分布情况如表 12-18：

表 12－18　因"教师社会声望低"而考虑不做教师的新教师群体各种类型分布情况

因　素	类　型	比例(%)	样本类型分布(%)
性别	男性	50.6	65.8
	女性	49.4	34.2
任职学校所在地域	乡镇	51.2	34.0
	县城	29.4	28.6
	地级市(区)	12.9	27.3
	省会及直辖市	6.3	10.1
毕业师范院校类别	部属师范大学	5.0	5.4
	省属师范大学	22.7	27.8
	省属师范学院	55.9	49.3
	高等师范专科学校	16.4	17.6
任职学段	小学	10.9	29.3
	初中	60.1	38.7
	高中	29.0	32.0

说明：N＝81。

从性别上看,男性新教师选择"教师社会声望低"作为考虑不从教首要动因的比例显著低于样本总体的相应类型比例,女性则显著高于;从任职学校所在地域性质来看,乡镇中小学教师选择比例高出样本总体相应类型比例 17.2 个百分点;县城比较接近,而地级市(区)、省会及直辖市中小学教师选择比例则显著低于样本总体的相应类型比例;从任职学段来看,小学教师显著低于样本总体的相应类型比例、高中教师略低于样本总体的相应类型比例,而初中教师比例则显著要高。

5. 新教师与中小学校领导的教师社会形象认同

5.1 基本情况

本次调查中向新教师和中小学校领导分别询问了这一问题:"您认为教师的社会形象应该是?"提供了四个答项供选择:中产阶级、道德楷模、人类灵魂的工程师、(受社会尊重的)专业人士(如医生、律师等)。新教师和中小学校领导的回答情况如图 12－7:

如图 12－7 所示,新教师中有 38.5% 的人认为教师的社会形象应该是"(受社会尊重的)专业人士(如医生、律师等)",有 37.4% 的人认为应该是"人类灵魂的工程师",两者比例几乎是旗鼓相当;另有 13.6% 的新教师认为应该是"道德楷模",10.2% 认为应该是"中产阶级"。而中小学校领导中接近半数的人认为应该是"(受社会尊重的)专业人士(如医生、律师等)"(49.6%),高出选择"人类灵魂的工程师"的比例(34.4%)15.2 个百分点,另有 11.9% 的中小学校领导认为应是"道德楷模",仅有 4.2% 认为应该是"中产阶级"。

这一结果显示,"(受社会尊重的)专业人士(如医生、律师等)"是新教师和中小学校领导群体最期待树立的教师社会形象,尤其是有着更多实践经验的中小学校领导,对"专业人士"的认同度比初为人师的新教师强烈得多,由此我们也许可以说,"专业人士"的教师社会形象定位,

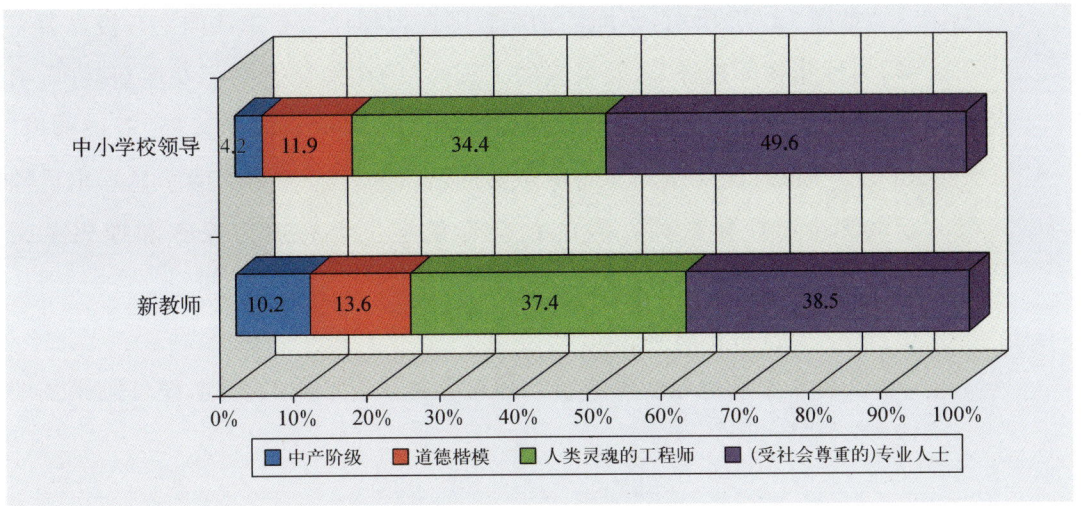

图 12-7 新教师与中小学校领导心目中的教师社会形象

是更为符合中小学教师职业实践发展需求的。另一方面,无论是新教师,还是中小学校领导中间,"人类灵魂工程师"这样的社会形象定位仍得到较为广泛的认同,甚至在新教师中间的认同度还超过了中小学校领导,反映了以此为定位的中小学教师职业社会形象在整个社会上可能仍是主流,在师范教育中也是主流。而"中产阶级"的职业形象定位,在两个群体中都是选择人数比例最少的,反映了目前社会还很少用"中产"这样的社会分层思路来界定中小学教师的职业形象,哪怕是稍显沉重和保守的"道德楷模"形象,也得到更多的认同。

5.2 可能的影响因素分析

5.2.1 新教师群体的各种类型交叉分析

(1)性别

不同性别新教师对教师社会形象的认同,统计结果如图 12-8:

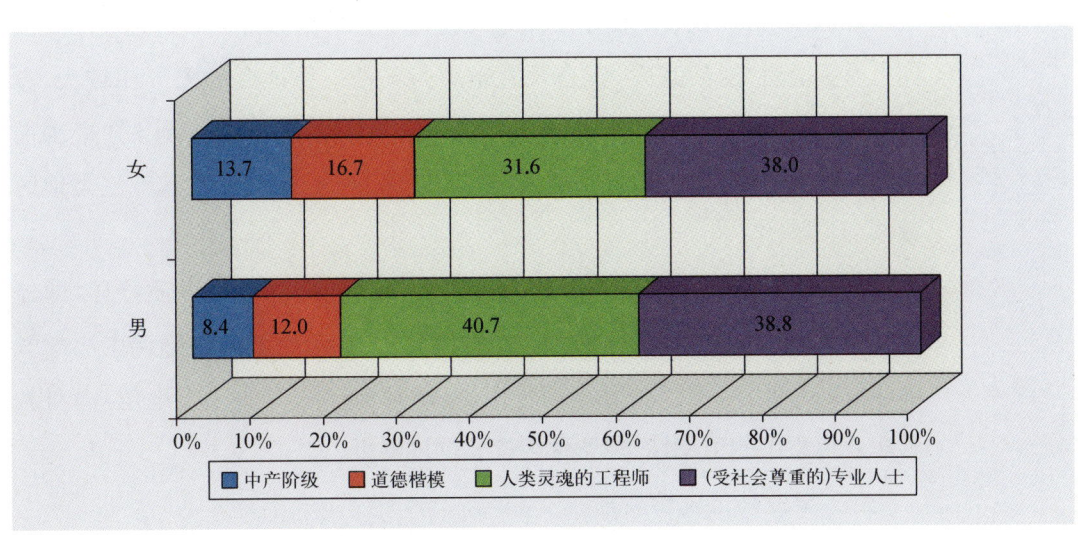

说明:$\chi^2 = 44.108$, df=3, $p < .001$, N=2 977。

图 12-8 不同性别新教师在教师社会形象认同上的差异

如图 12-8 所示,不同性别新教师在教师社会形象认同上有极显著差异,男性新教师选择"人类灵魂的工程师"的比例显著高于女性新教师,男女新教师选择"专业人士"的比例比较接近,男性新教师选择"道德楷模"和"中产阶级"的比例均显著低于女性新教师。这一结果似乎显示出男性新教师比女性新教师在教师社会形象定位上有更为保守和理想主义倾向。

（2）学校所在地域性质

工作于不同地域性质的新教师对教师社会形象的认同,统计结果如图12-9：

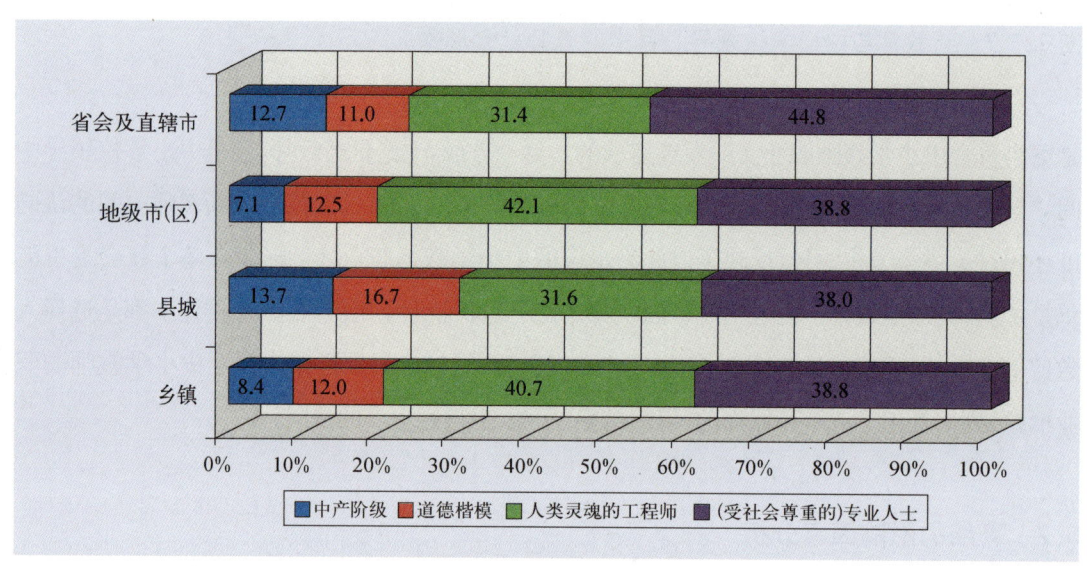

说明：$\chi^2 = 26.442$，df=9，p=.002，N=2 975。

图 12-9　工作于不同地域性质学校的新教师在教师社会形象认同上的差异

如图 12-9 所示,工作于不同地域性质学校的新教师在教师社会形象认同上有显著性差异,其中,省会及直辖市与其他三种地区的差异比较大,省会及直辖市的新教师认同"专业人士"的比例最高（44.8%）,认同"道德楷模"的比例最低（11.0%）,认同"人类灵魂工程师"的比例也比其他三类地区要低（31.4%）。

这一交叉分析结果反映了教师社会形象认同上的地域性质差异,即经济社会发展水平更为发达的地区,如省会及直辖市,更倾向于强调中小学教师职业的专业性,希望获取等同于医生、律师那样的专业人士地位,而对教师职业形象中的道德性、神圣性因素认同度降低。

（3）毕业师范院校类别

毕业于不同师范院校类型的新教师对教师社会形象的认同,统计结果如图 12-10：

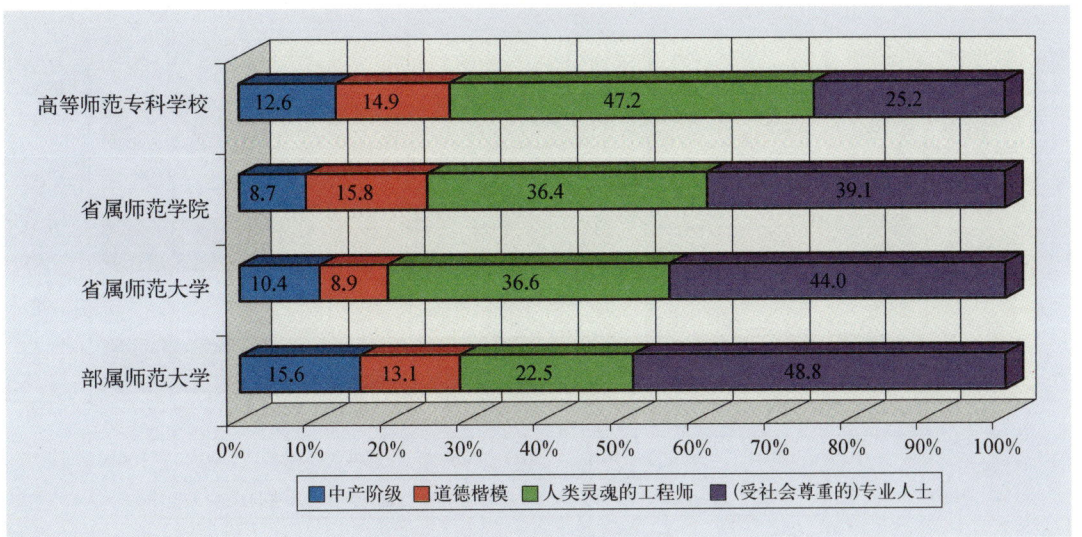

说明：$\chi^2 = 88.148$, df=9, $p = <.001$, N=2 976。

图 12-10　毕业于不同师范院校类型的新教师在教师社会形象认同上的差异

　　如图 12-10 所示，毕业于不同师范院校类型的新教师在教师社会形象认同上显示出极显著差异。其中最为引人注目的是，认同"专业人士"比例最高的是部属师范大学毕业的新教师（48.0%），最低的是高等师范专科学校（25.2%）；相反，认同"人类灵魂工程师"比例最高的是高等师范专科学校毕业的新教师（47.2%），最低的是部属师范大学（22.5%）。

　　这一结果在一定程度上揭示了，不同类别师范院校在师范生培养过程中有关教师职业形象地位的熏陶是有显著差异的，处于我国师范教育的顶端层次和具有引领功能的部属师范大学，更注重教师职业的专业化发展，而处于最低层次的高等师范专科学校，则显然在师范生培养过程中注重教师专业化理念方面，还有很大的提升空间。

　　（4）学段

　　任教于不同学段的新教师对教师社会形象的认同，统计结果如图 12-11：

　　如图 12-11 所示，任教于不同学段新教师在教师社会形象认同上有显著性差异，从具体数据来看，初中、高中新教师的选择差异不大，而小学新教师则与中学教师有较大差异。小学新教师更为认同"人类灵魂工程师"的社会形象，选择比例居第一位（41.9%），选择"专业人士"的比例则比初中、高中新教师分别低 1.6 和 2.3 个百分点，另外，小学新教师选择"中产阶级"的比例也要比初中、高中新教师分别低 2.5 到 2.8 个百分点。这一结果似乎显示了小学新教师似乎比中学新教师在教师职业的专业性上认同度略低，并且感觉自己的职业距离"中产阶级"的社会形象与地位更远。由于小学新教师较大部分毕业于高等师范专科学校，所以，这种差异与前述新教师毕业

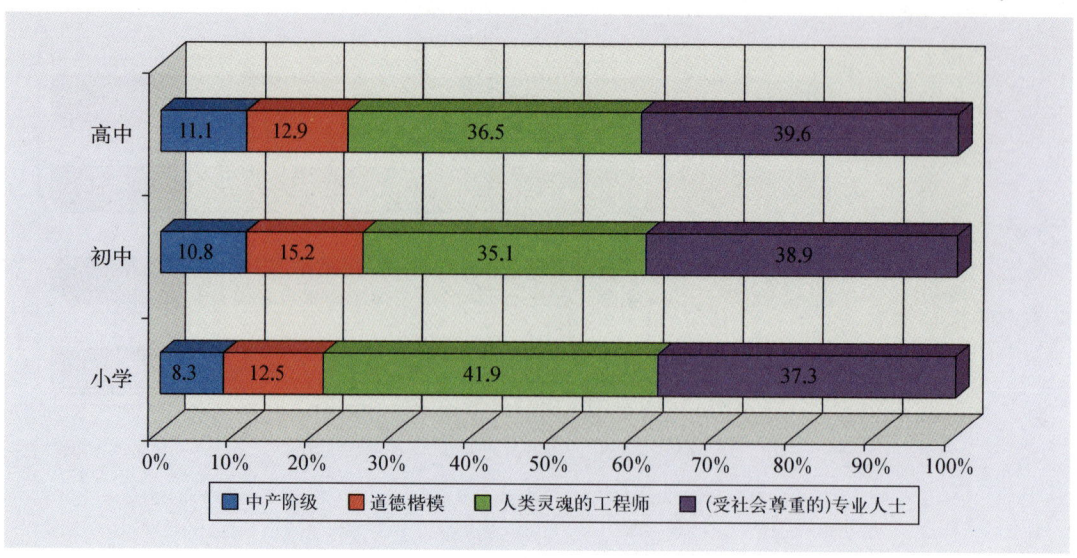

说明：$\chi^2=14.507$，df=6，$p=.024$，N=2 947。

图 12‑11　任教于不同学段新教师在教师社会形象认同上的差异

师范院校类型之间的差异也是非常一致的。

5.2.2　中小学校领导群体的各种类型交叉分析

（1）性别、任职学校所在地域性质、职务、学段

如表 12‑19 所示，性别、任职学校所在地域性质、职务、学段各类型交叉分析的卡方统计检验结果均没有表现出显著差异，也就是说，不同性别、不同地域性质学校、担任不同领导职务以及任职不同学段的校领导，对教师社会形象的看法是比较一致的，这与前面一节中新教师样本的结果呈现出了强烈的对比，由此我们可以推测新教师群体中表现出来的显著性差异应主要来自于社会的一般影响和职前师范教育过程的熏陶。

表 12‑19　中小学领导群体对教师社会形象看法交叉分析的卡方检验

类　　型	χ^2	df	p	N
性别	3.161	3	.367	375
任职学校所在地域性质	12.889	9	.168	375
职务	10.528	9	.309	375
学段	25.788	21	.215	375

（2）年龄

在 2010 年实施调查时，样本中中小学校领导的年龄以 35—50 岁之间最多，众数为 46，平均年龄（样本均值）42.96。另外，任现职的年限均值为 7.61，中值为 6，众数为 4，即任职 4 年的校领导最多。

以中小学校领导认为的教师社会形象为自变量,以年龄为因变量做单因素 ANOVA,得出结果显示有显著性差异(F＝3.428,df＝3,p＝.017)。而以任现职年限为因变量做的分析结果则显示没有显著性差异(F＝2.120,df＝3,p＝.097)。这也许表明,中小学校领导的职务经验与其在教师社会形象认同上的直接关系不大,但是,随着年龄增长而来的社会经验增加与教育实践深入,对他们的教师社会形象认同造成了显著影响。

为进一步了解具体年龄段中小学校领导对教师社会形象的认识状况,将校领导的年龄分为 30 岁以下,30—39 岁,40—49 岁和 50 岁以上四个分组,得出交叉分析表如图 12－12:

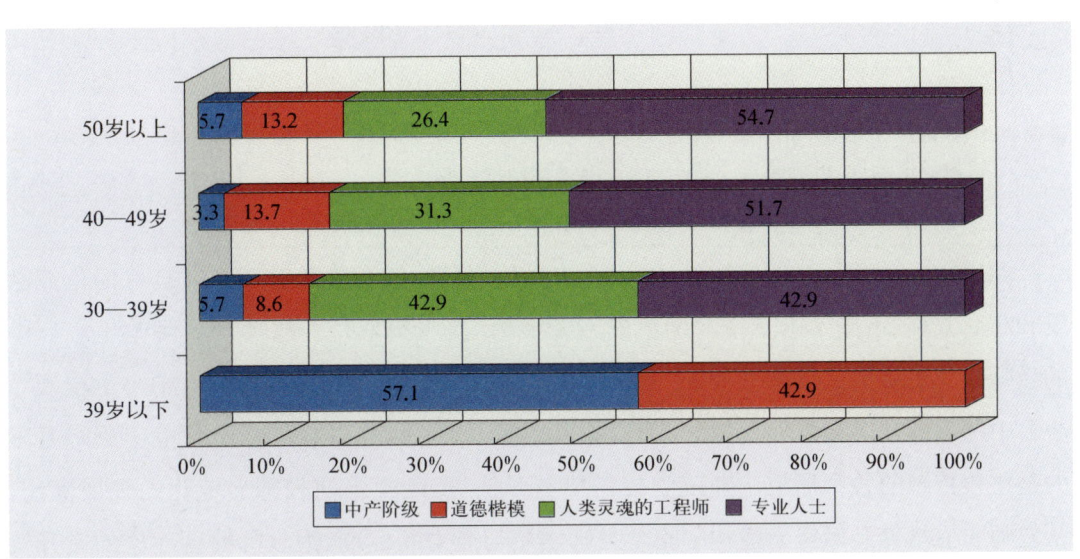

图 12－12　不同年龄阶段的中小学校领导的教师社会形象认同差异

如图 12－12 所示,各组年龄段在教师社会形象认同上的主要差异表现在"人类灵魂工程师"和"专业人士"的此消彼长上,30 岁以下及30—39 岁的中小学校领导认同"人类灵魂工程师"的比例相对较高,而40—49 岁及 50 岁以上年龄组则更为认同"专业人士"的社会形象。这一结果与前述新教师和中小学校领导的教师社会形象认同比较结果十分类似,再次显示教育实践经验的增长促使教师专业化自我认知的提升。

6. 师范生心目中教师的社会形象要素

本次调查针对师范生的问卷中未有直接涉及师范生对教师社会形象看法的题项,不过,师范生对"作为教师最应该具备的特质"的看法,可以较为直观地反映出师范生心目中教师的某些社会形象要素,统计结果如表 12－20:

表 12-20 师范生心目中教师最应该具备特质的排序

排序	作为教师最应该具备的特质	选择比例(%)	未选择比例(%)
1	耐心	52.3	47.7
2	责任心强	44.3	55.7
3	良好的道德品质和高尚人格	43.5	56.5
4	善于沟通	21.3	78.7
5	有爱心	33.5	66.5
6	出色的专业能力	32.5	67.5
7	博学	23.0	77.0
8	进取	10.8	89.2
9	自信	9.7	90.3
10	求知欲强	9.1	90.9
11	包容	7.7	92.3
12	公正	6.9	93.1
13	性格开朗	5.1	94.9

说明：1. N=721 267（加全国权后）

2. 本题项为多项选择，可选择三个选项，故各项累积百分比超过100%

如表 12-20 所示，师范生所认为的"作为教师最应该具备的特质"中"良好的道德品质和高尚人格"占到了第三位，"出色的专业能力"仅占第六位。这体现了师范生心目中的教师形象更多的是道德性要素，专业性色彩相对较低，与前面的新教师、中小学校领导心目中的教师社会形象加以比较，可以推测目前我们的师范教育中，给师范生熏陶更多的是比较传统的教师形象。师范学校需要与时俱进，顺应当前教师专业化的发展潮流，从教师职前培养开始努力建构中小学教师素质与能力新标准，为教师社会地位的提升发挥更为积极的作用。

7. 结论与建议

7.1 研究结论

7.1.1 中小学教师的社会地位综合评价约处于社会中间层次状态，性别、城乡差异显著

一方面，师范生"完全不赞成"和"较不赞成"教师社会地位低观点的人合计共占 75.2%，为师范生群体的绝大多数。这显示出师范生并不认为教师社会地位低；但另一方面，师范生和新教师均极少选择"教师社会地位高"作为自己报考师范专业和从事教师职业的最主要原因，显示教师社会地位高的观点同样得不到认同。因此综合来看，这些统计结果表明中小学教师的社会地位评价约处于社会中间层次状态。

来自乡镇和县城的师范生主观评价显著低于来自地级市（区）、省会及直辖市的师范生。这一结果与陆学艺等的社会分层研究结果是一致的，应

该是由于经济社会发展程度更高的城市居民更为重视文化资本的缘故。

男性师范生对教师社会地位评价显著低于女生。女生较之男生来说更多地受到从事中小学教师职业的鼓励，反映了中小学教师在当前我国社会仍然表现出"女性职业"的定位倾向。

7.1.2 教育工作者群体对教师社会地位的主观评价略高于社会一般水平

家庭成员及亲属中有人从事教育工作的师范生，对于"教师社会地位低"观点持"完全不赞成"态度和"不太赞成"的比例为76.7%，高于没有家庭成员及亲属从事教育工作家庭背景的师范生(73.6%)，尽管相差不大，但已有统计学意义上的显著差异。显示家庭成员及亲属从事教育工作的背景，对于师范生的教师社会地位评价的形成有积极影响，也反映了教育工作者群体对教师社会地位的综合评价略高于社会一般水平。尤其在省会及直辖市这一类最为发达的地区，这种评价上的差异和影响更为明显。另外，师范生因"家人非常支持"而就读师范专业的比例也比较高(16.1%，为动因排序中的第三位)，反映了家庭背景给予师范生从教选择的影响很大，可以推测这种影响的背后，是教师职业在社会中年以上群体中具有较好的声望和较高的评价。

7.1.3 "职业稳定"是中小学教师职业最受认可的优势所在，而经济收入低是影响中小学教师社会地位评价的主要原因

师范生选读师范专业的最主要动因中，"教师社会地位较高"(3.5%)、"教师经济收入有所保障"(4.4%)和"教师职业稳定"(35.1%)，前两者的选择比例是所有动因中最少的，反映了教师社会地位不高、经济收入不理想在社会上可能是较为广泛的共识，而"教师职业稳定"这一选项又高居首位，反映了教师这一职业在社会上最受到广泛认可的优势是"稳定"。从家庭对师范生选择师范专业的影响分析中，也可以看到，教育工作者群体自身对于中小学教师职业优势的认识也主要是定焦在"稳定"上，而对经济收入上面尤其评价较低。在新教师从教意愿不稳定的动因排行榜上，"收入太低"高居榜首。以上数据都表明收入问题的确是导致教师职业声望和社会地位不高的主要原因。教师职业在经济收入上面的特点就是"有所保障，但比较低"。

7.1.4 "专业人士"已经成为新教师和中小学校领导群体最期待树立的教师社会形象，而"人类灵魂工程师"在社会上仍有广泛认同

统计数据表明，像医生、律师等那样受社会尊重的"专业人士"是新教师和中小学校领导群体最期待树立的教师社会形象。另外，无论是在新教师中，还是在中小学校领导中，"人类灵魂工程师"这样的社会形象定位仍得到较为广泛的认同，甚至新教师的认同度还超过了中小学校领导，反映了以此为定位的中小学教师职业社会形象在整个社会上可能仍是主流，在师范教育中也是主流。而"中产阶级"的职业形象定位，在两个群体中都是选择人

数比例最少的,反映了目前社会上还很少用"中产"这样的社会分层思路来界定中小学教师的社会形象,哪怕是稍显沉重和保守的"道德楷模"形象,也得到更多的认同。

对教师社会形象看法表现出一定的地区差异,经济社会发展水平更为发达的地区,如省会及直辖市的新教师和中小学校领导,更倾向于强调中小学教师职业的专业性,希望获取等同于医生、律师那样的专业人士地位,而对教师职业形象中的道德性、神圣性因素认同度降低。

数据分析还显示,小学教师对教师社会形象的认知更趋传统和保守,更多认同"道德楷模",而认同"专业人士"的比例比中学教师认同的比例有所降低,而且,更少认同"中产阶级"。

7.1.5 教育实践经验的增长促使中小学教师专业化自我认知的提升,而目前师范教育中主要熏陶的仍是"人类灵魂工程师"的教师形象

数据分析显示,相比初入教育现场的新教师,有着更多教育实践经验的中小学校领导,对"专业人士"的认同度比初为人师的新教师强烈得多,这表明了"专业人士"的教师社会形象定位,是更为符合中小学教师职业实践发展需求的。并且在中小学校领导群体中,随着年龄增长,认同"人类灵魂工程师"的比例趋于减少,而认同"专业人士"的则趋于增加,直接表明教育实践经验的增长促使中小学教师专业化自我认知的提升。

数据比较结果表明新教师比中小学校领导更为认同"人类灵魂工程师",并且统计显示师范生心目中的教师形象更多的是道德性要素,专业性色彩相对较低,可以得知目前我们的师范教育中,给师范生熏陶更多的仍是"人类灵魂工程师"形象。不过,不同类别师范院校在师范生培养过程中在这方面是表现出显著差异的,处于我国师范教育的顶端层次和具有引领功能的部属师范大学,更注重教师职业的专业化发展,而处于最低层次的高等师范专科学校,则显然在师范生培养过程中注重教师专业化理念方面,还有很大的提升空间。

7.2 政策建议

7.2.1 提高中小学教师经济收入,从而切实推进教师综合社会地位的提升

本次研究分析再次表明,中小学教师的经济收入低,是拉低其综合社会地位的主要因素,成为教师职业与其他职业相比的一个主要劣势,难以吸引更多的优秀人才从事中小学教育,也使得已就职的教师从教意愿难以稳定。因此,建议进一步提高中小学教师经济收入,从"有保障"发展为"有优势",从而切实推进教师综合社会地位的提升。

7.2.2 在宣传中着力树立中小学教师专业人士新形象

中小学教师的社会形象如何,会影响教育界与公众间的沟通交流,进而

影响公众对教育的理解及其教育素养的提升,进而影响教育事业的投入潜力,影响教师群体的士气和行为,进而影响科研活动的质量和效率,影响青少年对教师职业的兴趣与期望,进而影响教育事业的发展潜力。目前的中小学教师社会形象仍然偏重道德性、神圣性要素,已经不符合教师教育实践发展的要求,也给教师社会地位评价带来矛盾和混乱的影响。因此,需要加强对中小学教师专业性的宣传,促使社会上中小学教师"专业人士"新形象的树立和形成。

7.2.3 在师范教育中注入更多的教师专业化理念和要求

师范教育需要与时俱进,顺应当前教师专业化的发展潮流,从教师职前培养开始努力建构中小学教师素质与能力新标准,强化专业性要求,通过中小学教师职业的专业化进程,为教师社会地位的提升发挥更为积极的作用。部属师范大学应进一步发挥引领和师范作用,而高等师范专科学校在这方面的工作尤须特别关注、加强甚至是转型。

（孙玫璐）

第三部分

专题研究

中国教师培养的政策与体系变革
——基于入样院校的文本分析

进入 20 世纪 90 年代后期,提升教育质量逐渐成为世界各国的核心议题。由于教师对于教育改革目标的实现发挥着不可替代的作用,提升教师及其教育的质量自然也成为各国教育政策的重要组成部分。自 1997 年起,英国就在政府主导下,开始了延续至今的教师教育改革,重点是通过制定和实施与教师及其教育相关的标准,提升教师培养质量,拓宽教师专业发展途径。美国联邦教育部于 2002 年至 2005 年的四年间连续向国会提交《迎接优质教师的挑战:关于教师质量的部长年度报告》,阐述其在教师及其教育领域的进展。2005 年 6 月,OECD 组织也发表 25 国教育政策议题的报告《教师问题:吸引、发展和留住优质教师》。

自 1950 年代建立完整的师范教育体系至今,以师范院校为主体的中国教师教育,承担了培养、培训基础教育学校教师的重大使命,为中国教育改革发展做出了历史性的贡献。自 20 世纪 90 年代以来,中国教师教育发展也迎来了一个关键期。在急剧的社会变革中,20 世纪 50 年代以专门学院模式建立起来的独立设置的师范教育体系,开始走向开放,师范院校的学科、专业结构逐步扩展,成为以基础学科为主体的多学科大学或学院,逐渐形成了以教师教育和文理学科教学与研究为优势的办学特色。不过,从当前的国际形势看,要应对日益加剧的国际竞争,全面实施科教兴国、人才强国战略,推进教育的改革发展,尤其是全面实施素质教育和基础教育新课程改革,我国基础教育教师队伍建设和教师教育面临着严峻的挑战。

为加强基础教育教师队伍建设,提升教师教育的质量与水平。自 2006 年以来,国家先后实施了一系列教师教育改革与发展的政策与策略,不断推进基础教育教师队伍的专业化建设,不断加大师范院校和其他教师教育机构的教育教学改革力度。

进入 21 世纪,教师教育的质量与水平日渐成为教育改革与发展的决定性因素。《国家中长期教育改革和发展规划纲要(2010—2020 年)》提出:"提高教师地位,维护教师权益,改善教师待遇,使教师成为受人尊重的职业。严格教师资质,提升教师素质,努力造就一支师德高尚、业务精湛、结构合理、充满活力的高素质专业化教师队伍。"《国家教育事业发展第十二个五年规划》提出要"完善教师管理制度,建立中国特色教师教育体系,提高师德水平和教师专业能力,显著提高农村教师整体素质。到 2015 年,初步形成一支师德高尚、业务精湛、结构合理、充满活力的高素质专业化教师队伍,造就一批教学名师和学科领军人才"。

师范院校的师资培养及其为此而设置教师教育课程,既是教师教育的基础性工作,也是决定教师培养、培训质量的关键。本专题基于全国范围入样高等师范院校(27 所师范院校)的办学目标、培养目标及其课程设置与实施的相关文件,为全面地认识、反思中国教师教育提供了一个可参考的文本。

1. 教师教育政策和体系的变革

从整体上看,在政府政策引导下,近 20 年中国的教师教育大致是沿着高等教育化、开放化、专业化的道路发展的。尤其是近 10 年中国的教师教育改革,基本上是在 1990 年代末期确定的改革发展目标的基础上逐步推进的。当然,教师教育改革与发展既是这一时期教育改革与发展特别是高等教育变革的组成部分,也是积极应对基础教育改革与发展的进程。

1.1 教师教育政策的变革

1.1.1 社会变革与作为专业院校组成部分的师范院校的命运

由于经济、社会领域逐步尝试从传统的计划经济、部门管理与经营一体化向市场经济、政府政策引导与市场主体以市场为载体自主经营的模式转换,曾经是国家、省各个部门管理的高等学校,逐步从其所属政府部门剥离,成为由教育主管部门统一管理、面向劳动力市场的办学主体。为了完成这一过程,政府实际上从 1992 年开始,在经济领域改革的同时,开始通过高等教育专业教育领域的结构调整,厘清各类学校的隶属关系,从而逐步建立了中央、省两级高等教育管理结构和各级各类学校置于相应教育行政管理部门进行管理的格局。与此同时,随着经济、社会发展对高质量劳动力资源即人才的需求的预期增强,自 1999 年开始的高等教育扩招,一方面迅速提升了饱受诟病的高校的规模效益;另一方面,为高校通过结构调整包括内部的挖潜和通过合并优化组合迅速扩张提供了可能,也有大量中等专业学校相应地升格为高等教育程度的专科学校,甚至成为高等院校的一个部分。这种扩张虽然主要是数量、规模上的,但大量增设的旨在适应社会行业人才需求的专业同样不容忽视。

其结果是,曾经在院校数量和基础教育师资培养规模上占据以专门学院为主体的高等教育近 25％的师范院校,一方面因大量被合并成为综合院校的组成部分或直接升格为综合院校,或者举办大量的非师范专业,而不再是原有意义上的师范院校。当然,迄今为止,师范院校与合并或转型为综合院校的原师范院校仍然是基础教育师资培养的主体,但在原有教师教育格局显然已经被打破的情况下,师范院校的办学目标、培养目标实际上已然不再专注于培养基础教育师资了。另一方面,随着基础教育领域改革的深入,对提高基础教育师资队伍教学专业水平的要求迅速转变成为对教师教育质量的要求。教师资格证书的实施固然是从政府角度出发对教师质量的控制手段,鼓励获得高等教育学位的人才能够通过获得教师资格证书进入基础教育学校任教,但这种要求显然最终也只能主要转变为对仍然占据教师教育主体的师范院校培养质量的要求。

1.1.2 教师教育政策的核心:基础教育师资队伍质量

1993年颁行的《中国教育改革和发展纲要》明确提出基础教育是提高民族素质的"奠基工程",在要求全国按地区、分阶段、有步骤地普及九年义务教育之后,根据我国当时的国情制定了一系列与我国中小学教师教育政策相关的政策文件。这些文件包括《中华人民共和国教师法》(1993年)、《中华人民共和国教育法》(1995年)、《教师资格条例》(1995年)、《高举邓小平理论伟大旗帜,把建设有中国特色社会主义事业全面推向二十一世纪》(1997年)、《面向21世纪教育振兴行动计划》(1999年)、《关于深化教育改革全面推进素质教育的决定》(1999年)等综合性教育政策。

为应对基础教育改革对师资的要求,同时顺应高等教育专业教育结构调整,1999年3月教育部颁布的《关于师范院校布局结构调整的几点意见》中强调,跨世纪的师范教育必须深化改革,重组师范教育资源,调整学校布局,逐步提高层次结构重心,提高教师培养培训的质量和效益,这是一项必须引起高度重视的工作。同时,《意见》提出到21世纪初,要逐步形成具有中国特色、时代特征,体现终身教育思想的中小学教师教育新体系,并明确提出师范教育层次结构由三级师范向二级师范过渡。

1999年,为贯彻落实党中央科教兴国战略,国务院批转教育部《面向21世纪教育振兴行动计划》,提出"要拓宽教师来源和渠道,向社会招聘具有教师资格的非师范类高等学校优秀毕业生到中小学任教,改善教师队伍结构"。同年,中共中央、国务院《关于深化教育改革全面推进素质教育的决定》也明确指出,鼓励多种形式进行教师培养,例如可以让综合性高等学校和非师范院校参与教师培养等。2001年5月29日,《国务院关于基础教育改革与发展的决定》提出了完善教师教育体系的发展计划,并明确提出初步形成适应基础教育改革和发展的教师教育体系,即从整体上"完善以现有师范院校为主体、其他高等学校共同参与、培养培训相衔接的开放的教师教育体系","鼓励综合性大学和其他非师范类高等学校举办教育院系或开设获得教师资格所需课程",并"以有条件的师范大学和综合性大学为依托建设一批开放式教师教育网络学院",以现代化的网络作为教师教育的手段和方法。提倡"逐步实现三级师范向二级师范的过渡",这就使教师教育在整体上实现高等教育化。[①]

2002年2月6日,教育部颁布的《关于"十五"期间教师教育改革与发展

---

① 国务院关于基础教育改革与发展的决定[EB/OL]. (2012 - 10 - 20). http://www.edu.cn/20010907/3000665.shtml.

的意见》,明确了教师教育体系建设的总思路,即要求师范院校培养规模、结构要合理,初步形成多种形式共同参与的、反映终身教育思想的开放的教师教育体系。"十五"期间要办好一批不同层次的示范性师范院校,包括师范大学、本科师范院校、师范高等专科学校、中等师范学校、教育学院、进修学校和其他高等学校。要求"十五"期间要有计划、有步骤、多渠道地将中小学新教师培训纳入高等教育体系,逐步将教师教育培养层次分为专科、本科、研究生三个水平,要求扩大教育硕士的培养规模,增加教育硕士的数量,并且适当招收应届毕业生,旨在扩大教师中硕士的比重,这就意味着新增中小学教师都将拥有大学学历或文凭,使教师教育的学历水平实现了质的飞跃。①

2004 年 3 月,国务院批转了教育部《2003—2007 年教育振兴行动计划》,明确地提出了"全面推动教师教育创新,构建灵活开放的教师教育体系"的总体目标。其中也相应地制定了具体的目标,指出要"改革教师教育模式,将教师教育逐步纳入高等教育体系,构建以师范大学和其他高水平大学为先导,专科、本科、研究生三个层次协调发展,职前职后教育相互沟通,学历与非学历教育并举,促进教师专业发展和终身学习的现代教师教育体系",②比较完整地描述了我国未来的教师教育体系,反映了我国教师教育政策发展的基本走向。

1.1.3 师范生免费教育政策的实施

2007 年 5 月 9 日,国务院常务会议讨论并通过了教育部、财政部、人事部、中央编办《教育部直属师范大学师范生免费教育实施办法》,并从 2007 年起,在北京师范大学、华东师范大学、东北师范大学、华中师范大学、陕西师范大学和西南大学六所部属师范大学实行师范生免费教育。

从促进教师教育、基础教育发展的角度看,在教育部直属师范大学实行师范生免费教育是建设德才兼备的教师队伍,提高中小学教育质量和水平,进一步促进教育发展和教育公平的一项示范性举措。实行师范生免费教育,就是要培养大批优秀的教师和杰出的教育家。

因此,实行师范生免费教育,就是要吸引优秀学生读师范,鼓励师范毕业生长期从教、终身从教。而在教育部六所直属师范大学开展试点工作,就是立足其培养优秀师范生的优良传统、良好的教育质量和社会声誉,从而有利于吸引优秀生源,创造优良条件,提供优质教育,为培养造就优秀教师和教育家奠定坚实的基础。

师范生免费教育政策的主要内容是:(1)从 2007 年秋季起,在教育部

---

① 教育部关于"一十五"期间教师教育改革与发展的意见[EB/OL]. (2012 - 10 - 20). http://wsj.cbs.gov.cn/cmsweb/webportal/W74/A3678.html.

② 2003—2007 年教育振兴行动计划[EB/OL]. (2012 - 10 - 20). http://www.edu.cn/20040325/3102277.shtml.

直属师范大学实行师范生免费教育。免费教育师范生在校学习期间免除学费，免缴住宿费，并补助生活费。所需经费由中央财政安排。（2）免费师范生要签订协议，承诺毕业后从事中小学教育十年以上。将免费师范生到农村学校任教服务作为促进优秀教师锻炼成长的重要途径，到城镇学校工作的免费师范毕业生，应先到农村义务教育学校任教服务二年。鼓励免费师范毕业生长期从教、终身从教。

应该说，师范生免费教育政策的关键环节有：一是如何吸引优秀高中毕业生读师范；二是如何培养造就一大批优秀教师；三是如何鼓励和引导师范毕业生到中小学长期从教、终身从教。为保证上述三个关键环节，教育部直属师范大学对师范专业实行提前批次录取，择优选拔热爱教育事业，有志于长期从教、终身从教的优秀高中毕业生。而且，根据国务院、教育部的要求，2007 级免费师范生主要在中西部地区招生。为了落实免费师范毕业生一般回生源所在省份中小学任教的规定，教育部要求有关省级政府要统筹规划，做好接收免费师范毕业生的各项工作，确保每一位到中小学校任教的免费师范毕业生有编有岗；省级教育行政部门负责组织用人学校与毕业生在需求岗位范围内进行双向选择，切实为每一位毕业生安排落实任教学校。中央财政对接收免费师范毕业生的中西部地区给予一定的支持。地方政府和农村学校要为免费师范毕业生到农村任教服务提供必要的工作生活条件和周转住房。师范大学要围绕培养优秀教师和教育家的根本目标，进一步改革和加强教师教育，大力推进教师教育创新。

《国务院关于加强教师队伍建设的意见》（国发［2012］41 号）的颁布，进一步强调了加强教师队伍建设的重要性，提出了教师队伍建设的目标："到2020 年，形成一支师德高尚、业务精湛、结构合理、充满活力的高素质专业化教师队伍。专任教师数量满足各级各类教育发展需要；教师队伍整体素质大幅提高，普遍具有良好的职业道德素养、先进的教育理念、扎实的专业知识基础和较强的教育教学能力；教师队伍的年龄、学历、职务（职称）、学科结构以及学段、城乡分布结构与教育事业发展相协调；教师地位待遇不断提高，农村教师职业吸引力明显增强；教师管理制度科学规范，形成富有效率、更加开放的教师工作体制机制。"[1]《意见》从加强教师思想政治教育和师德建设、大力提高教师专业化水平、建立健全教师管理制度、切实保障教师合法权益和待遇、确保教师队伍建设政策措施落到实处六个方面提出了加强教师队伍建设的二十条具体的意见。这些意见将成为未来 10 年中国教师队伍建设及其政策制定与实施的重要依据。

---

[1]　国务院关于加强教师队伍建设的意见（国发［2012］41 号）.［EB/OL］.（2012 - 8 - 20）. http://www.moe.gov.cn/publicfiles/business/htmlfiles/moe/A10_zcwj/201209/141772.html.

1.2 教师教育体系的变革

1.2.1 三级师范教育逐步向两级甚至一级过渡

在1951年的学制改革中,新中国为迅速满足小学、初中、高中三个层次基础教育对师资的需求,参照前苏联模式,建立了相应的中等师范学校、高等师范专科学校和师范学院、大学三个层级的师范教育,并且形成了以国家、省、(市)县三级师范院校的梯度结构,共同承担各地区基础教育师资培养任务。进入1990年代,在政府教师教育政策的引导下,传统的师范教育概念逐步被教师教育概念所取代,教师职前培养系统也逐步从中等专业教育、高等教育并行的格局逐步转变为以高等教育层次为主的格局,师范院校的办学层次相应地从中师、大专和本科的"旧三级"向专科、本科和研究生"新三级"转变。

1978年有中等师范学校1 046所,高等师范院校157所;而到了2008年,中等师范学校仅剩下192所,高等师范院校139所,高师本科院校增加到97所,开展教育硕士培养的院校由29所增加到57所,师范专科学校由140所减少到45所,[1]中等师范学校由815所减少到196所。教师教育办学层次的提升还体现在不同层次师范专业学生的数量变化,2008年师范类学生在校生总数为250.84万人,其中中师类学校在校生69.81万人,只占总数的27.8%,而本专科学生则占总数的72.2%。[2]

1.2.2 开放的教师教育体系初显端倪

教师教育体系趋向开放,开始形成师范院校为主、综合性院校共同参与的新格局。开放教师教育体系,总体上有利于通过竞争性发展提高培养教师质量。从1982年江苏师范学院改为苏州大学开始,到2005年7月,共有121所高等师范院校并入其他学校或更名为综合大学。国家先后批准建立了290所高等师范院校,到2005年7月减少到153所,减少了137所,其中并入师范大学15所,并入或改为综合院校121所,改为培训中心1所。2000年至2004年15年共有75所师范学院、师范高等专科学校参与院校调整后更名,平均每年15所。[3]截至2007年,我国共有341所高等院校培养本科师范生,其中师范院校96所,占培养本科师范生院校总数的28.2%;有409所院校培养专科师范生,其中师范院校139所,占培养专科师范生院校总数的34.0%;有2 198所学校和机构培养中师生,其中中等师范学校196所,占培养中师生学校的8.9%。[4]

1.2.3 教师教育模式呈现多样化格局

在师范院校系统中,开始实施学科教育与教师专业教育的有机结合,探

---

① 管培俊.我国教师教育改革开放三十年的历程、成就与基本经验[J].中国高教研究,2009(2):3—11.
② 于兴国.转型期中国教师政策研究[D].长春:东北师范大学,2010:150.
③ 于兴国.转型期中国教师政策研究[D].长春:东北师范大学,2010:94.
④ 管培俊.我国教师教育改革开放三十年的历程、成就与基本经验[J].中国高教研究,2009(2):3—11.

索教师培养多元模式。1. 双专业模块式教师培养模式。即在师范专业本科4 年学制内实施模块课程,将学科专业、教育专业和通识教育 3 个模块课程,交叉实施。如东北师范大学实行通识教育课程、学科专业教育课程、教师专业教育课程 3 大模块相互交叉融合。2. 双专业双学段教师培养模式。即 4 年学制内分为两个学段,先后学习学科专业和教育专业,一般采用"3+1"、"2+2"模式。如华中师范大学实施"3 年主修专业课程+1 年教师教育课程"。3. 双专业双学位教师培养模式。即先接受 4 年专业学科的本科教育,再接受不同年限的教育专业教育,获得教育双学士或硕士学位。如北京师范大学的"4+2"模式、华东师范大学的"4+1+2"模式和上海师范大学的"3+3"模式。4. 单专业教育学位教师培养模式,即根据教师职业岗位的需要设置专业,强调专业的针对性、实用性和实践性,如首都师范大学、南京师范大学开设的"学前教育"、"小学教育"等专业。[①]

1.2.4 教师专业发展相关制度的建立

1998 年,教育部在上海、江苏、湖北、广西、四川、云南 6 个省、市、自治区开展了教师资格认证的试点工作。在对试点工作经验进行总结的基础上,教育部于 2000 年颁布了《〈教师资格条例〉实施办法》,废除了 1995 年的《教师资格认定的过渡办法》。新的《实施办法》规定,凡是 1994 年 1 月 1 日后进入教师队伍的人员以及一切符合教师资格认定条件的中国公民,都有权申请教师资格认证。2001 年,教育部颁布了《关于首次认定教师资格工作若干问题的意见》补充文件,规定了教师资格的性质、首次认定的范围、教师资格的申请、认定程序、学历条件、对相关的教育专业类课程学习的要求、对教师资格证书的管理等原则性问题,使教师资格制度更加具体和规范。

2011 年 11 月,《教师专业标准(试行)》、《教师教育课程标准(试行)》在经历 8 年研究与论证后颁布实施,成为继教师资格证书实施后教师教育领域制度建设的又一个重要的内容。2012 年 8 月颁布的《国务院关于加强教师队伍建设的意见》(国发[2012]41 号)则进一步明确:"完善教师专业发展标准体系。根据各级各类教育的特点,出台幼儿园、小学、中学、职业学校、高等学校、特殊教育学校教师专业标准,作为教师培养、准入、培训、考核等工作的重要依据。制定幼儿园园长、普通中小学校长、中等职业学校校长专业标准和任职资格标准,提高校长(园长)专业化水平。制定师范类专业认证标准,开展专业认证和评估,规范师范类专业办学,建立教师培养质量评估制度。"[②]

---

① 管培俊. 我国教师教育改革开放三十年的历程、成就与基本经验[J]. 中国高教研究,2009(2):3—11.
② 国务院关于加强教师队伍建设的意见(国发[2012]41 号). [EB/OL]. (2012 - 8 - 20). http://www.moe.gov.cn/publicfiles/business/htmlfiles/moe/A10_zcwj/201209/141772.html.

2. 师范院校的办学目标

办学目标是师范院校对其办学理念、层次、类型、水平的集中表述,反映的是学校的办学方向与特色,集中体现着其在人才培养、科学研究以及服务经济社会发展等方面的总体目标;培养目标则是师范院校对人才培养定位、规格的总体性规定,也可以看做是师范院校的办学目标在人才培养方面的具体化;课程则是实现人才培养的主要载体,也是实现师范院校办学目标与培养目标最为核心的资源。一般而言,办学目标对师范院校各项事业的改革与发展具有统领性的作用,培养目标对师范院校的人才培养工作发挥着定位、引导作用,课程结构、类型及其学分比例划分等则是培养目标的具体化过程的结果。通过对师范院校的办学目标、培养目标和课程设置的分析,可以看出师范院校办学过程中教师教育所处的地位、师范生培养的目标与过程。

2.1 师范院校的办学目标*

高校办学目标的形成与确立,不仅关系到高校自身在国家、地方高等教育系统中所处的位置,更关系到高校发展的战略目标、发展格局以及发展态势,关系到高校发展什么、怎样发展等一系列全局性问题,当然也是一个包含"起点——路径——目标"的发展的、动态的过程。[②]

应该说,师范院校的办学目标既是国家教师教育宏观政策在办学过程中的具体反映,也是基于其办学历史与传统确定的发展定位与方向。1990年前,基于独立设置、定向培养师资的师范教育体制的特点,师范院校的办学目标和培养目标非常明确,即培养符合基础教育需要的中小学教师,其主要任务是为师范生提供与中小学学科科目一致的系统的师范专业教育。

1990年后,正如上文所述,由于高等教育系统与教师教育政策的变革,新时期中国的教师教育从相对独立封闭的传统师范教育体系正向开放、灵活、多元化的现代教师教育体系转型,一方面,由于综合性大学和其他非师范院校纷纷参与教师教育,传统的师范院校面临日益严峻的挑战,另一方面,师范院校纷纷通过设置非师范专业培养各行各业的急需人才,从而使得走向开放化后的教师教育呈现出高学历化、教师职前培养和职后培训一体化、教师职业专业化等趋势,中小学教师来源也呈现出多样化的特征。也正是在这一过程中,师范院校的办学目标逐渐开始发生变化,即逐渐转向整体性地服务地方经济、社会发展对人才培养、科学研究的需要上来,定向培养中小学教师的单一目标转变成为复合、多样的目标。其结果是,一方面师范院校继续承担教师培养与培训的任务,其办学目标的表述大多包含了教师教育目标,主要满足基础教育学校对师资的数量、质量需

---

* 注:除特别注明外,关于本课题调查的师范院校办学目标的表述主要来自各师范院校的"十一五"规划、网站简介或本科教学评估报告。主要是考虑本课题调查对象主要为2007级师范生,相对应的应该是这一时期各师范院校关于办学目标的表述。

② 马立红,常旭. 教师教育发展与教师专培养目标的定位[J]. 沈阳师范大学学报(社会科学版),2007(31).

求,另一方面则因参与服务地方经济、社会发展需要的专业人才培养,参与高校间的办学竞争,其办学目标就远远超越了既有的以教师教育为核心的办学目标。

2.2 部属师范大学办学目标

在教师教育体系与层次结构中,部属师范大学处于最顶端,对于整个教师教育改革发展发挥着引领与示范的作用。与其他综合性大学相比,部属师范大学在基础学科领域有着优势,教师教育更是其特色。

目前六所部属师范大学在办学方向上的定位虽然提法各异,但基本共识是要在保持师范特色、优势的基础上走综合化之路,而且都提出了达到国内或国际一流或有影响的研究型大学的目标。从本课题关注的四所部属师范大学看,华东师范大学的办学目标是建设成为一所拥有若干一流学科、多学科高水平协调发展、教师教育领先的综合性研究型大学,华中师范大学的办学目标是建设成为教师教育特色鲜明的综合性研究型大学,东北师范大学的办学目标是建设成为国内一流、国际有影响的研究型综合性师范大学,陕西师范大学的办学目标是建成世界一流师范大学,其内涵是教师教育达到世界一流水平,若干学科达到国内一流水平,具有研究型、综合性、国际化的显著特征。

总体上看,尽管曾经在整个高等教育结构中处于优势地位,但在经历了 1990 年代以来的高等教育改革发展进程后,部属师范大学也非常清楚,由于自身学科、专业的局限性,师范大学难与一些经历了合并或自主扩张后学科布局更为全面、学科专业实力迅速得到提升的综合性大学竞争。也正因此,为了能够跻身国内一流大学的行列,部属师范大学也并不甘于落后,都非常明确地提出了建设综合性研究型大学的战略目标。当然,出于尊重并发扬其办学历史与传统,在走向综合化的过程中,部属师范大学自然而然地将教师教育作为其综合化后的一个主要特色。应该说,部属师范大学确定这样的办学目标,既是其作为大学的战略选择,又能够反映作为其传统优势的教师教育在整个办学目标中的地位。当然,在中国高等教育日益开放和多元化的发展格局中,没有特色的大学注定将面临着被边缘化的命运,师范大学同样如此。师范大学在对人才培养模式、学术科研创新、人才队伍建设、校园文化建设等方面进行积极探索的同时,毫无疑问,应该在教师教育领域保持、发扬各自已有的特色。[①]换句话说,被部属师范大学确定为办学特色的教师教育,恰恰是其在发展中形成的比较稳定的、被社会公认的、与众不同的风格和特点。即便是选择了综合化的办学目标,教师教育依然应该是构成部属师范大学核心竞争力和生命力的重要组成部分。

一般而言,师范大学在向综合化推进的过程中大致要经历两个阶段:一个是综合性的师范大学阶段;另一个是师范性的综合大学阶段。显然,目前师范大学的综合化尚处于第一个阶段,其重点是如何在原有的教师教育传统基础上走向综合化,尤其是在学科建设、专业改造、人才培养等诸多方面如何体现综合化的要求。从可选择的策略看,首先

---

① 林捷. 重点师范大学办学定位思考[J]. 福建师范大学福清分校学报. 2009(6).

要发挥自身学科优势,以基础性学科的发展为主体,以应用性学科的发展为拓展逐步走向综合;其次,要结合本校实际,分阶段、有步骤、有重点地走向综合;最后,也是最为重要的一点,作为师范大学,要在充分实现国家教师教育政策目标和满足对高质量教师需要的前提下走向综合。①

2.3 省属师范大学办学目标

地方高等师范院校主要是指省属、省地共建或地市一级以培养地方基础教育教师为主要任务的地方性师范院校,包括师范专科学校、师范学院和师范大学。其中,省属师范大学往往处于整个省级师范院校系统的顶端,既是省级基础教育师资培养与培训的骨干力量,②也对师范学院、师范专科学校有一定的引领和示范作用。

作为我国教师教育体系的骨干和主体,作为各省高等教育不可或缺的重要力量,省属重点师范大学为我国教师教育事业发展,尤其为地方基础教育和经济社会发展作出的贡献有目共睹。它们大都具有悠久的办学历史和办学传统,形成了优良的教风和学风,培养了大批优秀的各类教师,在当地享有较高的社会认可度。但是,随着我国高等教育迈入快速发展的大众化阶段,教师教育体系由相对封闭走向开放,高校间对有限教育资源的竞争日趋激烈,省属重点师范大学不仅在教师教育方面,更要在其他很多方面与综合性大学一起竞争,其面临的生存、发展的压力应该说是逐步增加的。③

从本课题调查的八所省属师范大学的办学目标看,大多数省属师范大学都定位于发展成为面向地方服务的教学研究型大学,而且大多在隐含其综合化办学方向的同时,强调了教师教育的特色保持。这一方面反映了师范大学整体上的发展路径选择,也是高校办学中央、地方两级管理,以地方建设与发展为主的直接体现;另一方面,与人才培养、科学研究实力更为雄厚的教育部直属综合性大学、师范大学相比,省属师范大学较低的定位,也是比较现实的选择。

在此仅举几例:

南京师范大学:建设综合性有特色教学科研型大学。

四川师范大学:把我校建设成以教师教育为鲜明特色的、多学科协调发展的国内知名、在国际上有一定影响的教学研究性师范大学。

山东师范大学:把学校建设成为具有鲜明教师教育特色的国内一流教学研究型大学,更好地为山东的社会经济发展服务,为山东省的教育事业服务,为大学生的成才成长服务。

广西师范大学:立足广西,面向全国,放眼世界,培养具有创新精神的高级专门人才,努力成为广西经济建设和社会发展的思想库、文化库和智力库,逐步建成西部一流、国内知名、国外有一定影响,以教师教育为特色的教学研究型地方综合性大学。

---

① 钟晨音. 师范大学转型过程中发展目标定位的解读与思考[J]. 高等教育研究,2008(2).
② 杜静. 我国教师教育课程存在的问题与改革路向[J]. 教育研究,2007(9).
③ 林捷. 重点师范大学办学定位思考[J]. 福建师范大学福清分校学报. 2009(6).

哈尔滨师范大学：建成以教师教育为特色的高水平教学研究型综合性大学。

天津师范大学：建成国内一流的教师教育特色的教学研究型综合性大学。

2.4 省属师范学院与师范专科学校办学目标

在地方高师院校系统中，除了省属师范大学，主要是师范学院、高等师范专科学校。在教师教育改革与发展的新形势下，地方师范院校实际上同样也面临着重新定位的问题，甚至同样出现了综合化的趋势。[①]

与部属、省属师范大学相同，这些师范院校的办学目标定位，首先面临的也是师范性和综合性的问题。从成功的案例看，师范院校应该坚持师范性和综合性的有机结合，可以办非师范专业，但是要以师范专业为基础，走纵向延伸、横向拓展、内在联合、学科交叉的道路。这样既办了非师范专业，拓宽了学校专业学科面，更好地服务社会，又强化和深化了师范专业，更好地体现这些高师院校的特色。

从综合性与师范性的结合而言，首先要考虑师范教育和非师教育比重的划分。其次是对于师范教育的专业化打造，即师范教育要办到何种程度、何种特色。最后是与区域社会的密切融合，即最广泛地扩大与区域社会的利益交集，最广泛地寻求区域社会所提供的有利条件，最广泛地开阔高校自身的持续发展空间。

当然，地方高师院校的特殊性就在于"地方"和"师范"两个方面。作为地方高校，高师院校应将其办学纳入到地方区域社会的需求中。在区域经济发展过程中，地方高校承担着为区域经济发展提供人才、技术支持的使命。当然，区域经济与地方高校的关系是一种双向建构的互动关系。一方面，区域经济在一定程度上影响着地方高校发展的规模与质量；另一方面，地方高校反作用于区域经济发展。这就要求地方高校的办学必须突出为区域经济服务的功能，明确办学的定位与方向以及学科、专业与课程建设的特色等。

从本课题所调查的8所地方师范学院、6所师范专科学校和1所教育学院的办学目标看，三个关键词构成了其办学目标的主体：教师教育、区域特色、教学型。这与地方师范学院、师范专科学校在整个高等教育系统中的地位，与区域经济、社会、基础教育发展的紧密性和作为师范院校的办学传统有关。毕竟，在高等教育系统中处于最低端的师范学院、师范专科学校，尽管大多有着举办教师教育的传统，但在应对区域经济、社会发展需求上处于竞争的劣势。

在此仅举几例：

聊城大学：立足山东，侧重鲁西，面向全国，积极服务于区域基础教育和地方经济建设，大力实施"质量立校、人才强校、特色兴校"战略，全面推进内涵建设，实现科学发展新跨越。

牡丹江师范学院：建成以教师教育为主、多学科协调发展的省属重点师范大学。

内江师范学院：以教师教育为主的多学科协调发展的地方性本科师范院校。

① 麦茂生.师范院校转型现象透析[J].中国成人教育，2006(9).

天水师范学院：把学校建成以教师教育为主，区域性特色鲜明，整体办学水平较高，办学效益较好，在甘肃高校和全国同类高校中有重要影响的教学型大学。

玉林师范学院：立足桂东南，服务全广西，把学院办成以义务教育阶段的教师教育为特色的、在区内有较高水平的教学型普通高等学校。

柳州师范高等专科学校：面对新的发展机遇，学校凝心聚力、加快建设、创造条件，力争建设成一所地方特色与民族特色鲜明的多科性教学应用型普通本科院校。

泰州师范高等专科学校：建设教师教育特色鲜明的地方性、多科性、教学型普通本科院校。

陇南师范高等专科学校：立足陇南，辐射陇东南，服务全省，为陇南及周边地区基础教育、地方经济和社会发展服务。

郧阳师范高等专科学校：把学校建设成特色鲜明的多科性地方优秀院校，更好地为地方经济社会发展服务。

淄博师范高等专科学校：让学校成为一所学科门类适应区域教育发展和经济建设需要，科研实力强，具有较大规模效益、明显学科优势与鲜明办学特色的师范高等专科学校，创建全国一流师范高等专科学校。

四川教育学院：立足四川，服务城乡统筹与教育均衡，整体建设九年义务教育师资培养培训一体化基地，积极探索学前教育和中等职业教育师资培养模式的普通本科师范院校。

2.5 师范院校办学目标存在的问题与对策

在近20年师范院校的转型与发展过程中，各师范院校着力于学位点的建设、办学层次的提升以及重点学科、重点基地建设，而且主要是通过集中资源的方式，加大基础条件建设，大力建设重点学科、重点基地，提升学校办学层次。目前师范大学的学科与专业设置、人才培养已经多元化了，但要获得社会的广泛认可还有很长的路要走。

整体而言，较之部属师范大学，省属师范大学或多或少仍存在着办学定位不明、缺乏特色等问题。实际上，所谓的"综合性"大学并不一定比专门型大学更具竞争力，教学型、教学研究型和研究型只是办学功能的不同，是不同大学根据具体情况选择的发展道路而已。在师范院校办学定位趋同的情况下，省属重点师范大学更要克服急躁急进的情绪，保持理性态度，审慎分析师范教育面临的形势，抓住机遇，找准定位，理清思路，才能实现办学资源效益的最大化。[①]

特别是在教师教育转型时期，教师教育呈现出开放化、专业化、一体化、终身化等趋势，地方师范大学的发展定位问题就成为必须解决的核心的、首要的问题。[②]总体上看，坚持师范性与综合性的有机统一是省属师范大学确定办学目标的主要原则。为了更好地

[①] 林捷. 重点师范大学办学定位思考[J]. 福建师范大学福清分校学报，2009(6).
[②] 曹方. 高校办学定位必须考虑的几个问题[J]. 广西高教研究，2000(10).

适应经济社会发展对人才培养和学术科技创新更加多元化的需求,以及市场机制对高校办学资源再分配的内在要求,许多省属师范大学都在想方设法拓展办学功能,以期在高等教育领域里占据更为重要的位置,争取更多的办学支持。与师院和师范专科相比,省属重点师范大学有着覆盖面较广、基础良好的文理学科基础,已经具备内在的"综合性",这些已有的学科资源完全可以通过凝练方向、学科交叉,向纵深化发展。应该说,省属师范大学通过学科重组等方式向宽口径、综合性转变,这也是师范院校不约而同应对当前形势所作的一种必要的选择。问题的关键是要防止急进性的"综合化"道路,特别是不顾自身办学条件盲目扩充学科专业,除了导致本身办学特色的弱化外,更不能使有限的办学资源发挥最大的效益,最终反而会增加办学的负担和矛盾。因此,确立办学定位的当务之急是要进一步统一认识,坚持在做优做强教师教育的同时,适当拓展办学功能。发展非师范专业要注重科学性、创新性和实效性,真正起到促进学科布局优化、提升学校综合实力的作用。①

与此同时,省属师范大学必须始终坚持面向社会办学。作为地方大学的省属重点师范大学,从创办之初就是根据地方经济社会发展的需求,紧紧依托地方政府支持建立起来的。一省及周边区域的发展需求是其办学的最直接动力,地方政府和社会各界在政策、资金、人力、物力上的各种支持是其发展上最重要的外部力量,而衡量这所地方性院校综合竞争力和社会影响力的最重要指标之一,就是看它对所在区域全面发展的贡献和影响。②

在更加开放多元的高等教育办学体系下,高校不仅要依靠政府办学,更要依靠社会办学。省属重点师范大学应该意识到,与国家重点大学相比,地方性院校更需要也更能够紧扣区域社会发展主题,将自身发展融入服务区域社会发展的大潮中,从中办出特色、办出水平、提升地位;与地方综合性院校相比,大家站在同一起跑线上,要想争取地方政府和社会更多重视和支持,省属重点师范大学更要随时思考"地方建设需要我们做什么?"和"我们能为地方建设做什么?"发挥优势,抢抓机遇,主动作为。省属重点师范大学的发展定位一定不能离开地方特色,服务区域社会发展将成为促进地方师范院校科学发展的不竭动力。高校自身肩负着科学定位求发展的重任,但政府和教育主管部门正确有效的引导作用不容小看。国家和政府采取的一些有针对性的措施,可以为避免师范院校定位时的急躁情绪和盲目追从提供良好的外部环境和良性刺激。③

与此同时,从目前的态势看,地方师院和师范专科院校也几乎都选择了走向综合。这种选择既是国家、地方高等教育结构调整目标的一种体现,也反映了师范院校一种寻求转变的办学尝试。当然,这种选择与其说是一种机遇,不如说是一种严峻的挑战,可以预见,未来二三十年间,师范院校今后的转型之路必将是一条艰辛之路。④至于西部欠发

① 林捷. 重点师范大学办学定位思考[J]. 福建师范大学福清分校学报,2009(6).
② 江秀乐,袁奋光. 重点师范大学建设与教师教育创新[J]. 教育研究,2003(6).
③ 马立红,常旭. 教师教育发展与师专培养目标的定位[J]. 沈阳师范大学学报(社会科学版),2007(31).
④ 查明华,杨磊. 教师教育发展与师专培养目标的定位[J]. 文山高等师范专科学校学报,2004(12).

达地区地方师范院校,由于办学历史短、条件差、特色不明,在整个国家高等教育系统中更加处于不利位置。[①]因此,地方师院和师范专科院校必须致力于提高核心竞争力,在尊重传统的同时,把握变革的机遇,而观念创新是先导,制度创新是保障。师范院校的转型,并非丢弃教师教育的定位和其特色和优势,而是要重整资源,通过学科结构、专业设置、人才培养模式三者的综合性,更新办学理念,加强和突出教师教育改革,提高办学水平和层次。

首先,地方师范院校尤其是地方师院和师范专科院校要积极争取省、市政府的支持,确保政府政策落实到位。"第五次全国师范教育工作会议"通过的《关于师范教育改革和发展的若干意见》中明确规定:"办好师范教育是各级政府的职责"。这就要求政府、教育行政部门加大投资力度,在规模、师资、政策等方面给予强有力的帮助。

其次,要确立更为合理的办学目标。地方高等师范专科学校的办学目标实质上是对学校办学可能性的科学理解。地方高等师范专科学校的定位从其服务方向的时代性和未来性、服务对象的特殊性、服务任务的多重性的角度看,必须兼顾综合与特色的发展道路。

此外,作为学校服务地方经济、社会发展的方式,地方师院和师范专科院校大多都增设了一些应用性专业,应该抓住当前国家重视高等职业教育这一重大历史机遇,积极拓展职业教育并持续提高其质量与水平,加强自身"造血功能",实现学校多层次发展,同时也能为地方经济发展培养各级各类人才,促进地方经济的发展。当然,教师教育正逐步转向以提高质量、优化结构、提高效益为核心的改革发展阶段,教师数量需求的相对减少和质量需求也要求师范院校实现教师培养与培训的有机融合,真正做到教师教育一体化。[②]

3. 师范院校培养目标[*]

作为教师教育的主阵地,师资培育的摇篮,师范院校担负着为国家培养教师的重大责任与神圣使命。师范院校教师教育的培养目标究竟该如何定位?是培养优秀教师还是合格教师?这是教师教育领域一直比较关注、争论较多的问题,也是亟待澄清、需要解决的问题。对当前师范院校教师教育的培养目标进行全面反思、科学定位,对促进师范院校的健康发展,不断深化教师教育改革,有效促进教师专业化成长和学生的全面发展,进而推动整个教育事业的健康、协调、全面发展有着重要的理论意义和实践价值。[④]

应该说,师范院校的培养目标是一所学校人才培养的定位和规格要求。师范院校的培养目标,首先要反映国家战略、时代发展对人才培养、教师教育的要求。科教兴国战

---

① 张健.西部地方师范院校发展定位及建设思路[J].学理论,2012(1).
② 许乃跃.地方高等师范学校发展中存在问题及其对策[J].南昌高专学报,2010(2).
* 注:除特别注明外,关于本课题调查的师范院校培养目标的表述主要来自各师范院校的2007级本科教学计划、本科教学评估报告、本科教育网站简介。主要是考虑本课题调查对象主要为2007级师范生,相对应的应该是这一时期各师范院校关于培养目标的表述。
④ 王振存.师范院校教师教育培养目标定位问题探析[J].河南教育学院学报(哲社版),2011(3).

略,把教育放在兴国兴邦、实现中华民族伟大复兴的战略高度,作为高等教育系统的组成部分,师范院校当然需要在新的历史条件下,培养能够肩负起建设国家,为经济、社会发展做出贡献的各级各类人才,尤其是要培养能够实现国家战略目标的新型教师。与此同时,作为培养未来教师的师范院校,必须紧跟社会发展的步伐,与时俱进。作为未来的教师,经过高师的培养,必须牢固树立现代教育理念,形成科学的教育观和学生观,摒弃传统教育观和学生观中不合理的内核。例如,师范生应形成合作教学的理念,重视学生学习主体地位和作用;注重知识的传授,强化学生能力的发展,为学生学习创造条件,增强人性化管理的意识,掌握现代育人的技术;树立终身学习的观点,形成较强的自学能力,积极进取,勇于创新,如此等等,应在高师培养目标中充分体现出来,以便于监督、调控和规范高师的教育活动,培养未来教师的现代教育理念,使其在未来的教育教学活动中更好地履行职责。现代教育理念在以往的高师培养目标中体现得不够明显,必须充实其内涵。①

其次,师范院校的人才培养目标也要集中反映其办学目标,从而从人才培养的角度来体现国家、地区经济、社会、教育发展战略的要求。师范院校的办学目标是其办学的统领,也是人才培养工作的指针,作为师范院校的核心职能,人才培养也要遵循并服务于师范院校办学目标的实现。进入21世纪以来,随着高等教育从精英化向大众化的转型和教师教育开放化格局的初步形成,师范院校的培养目标也随之做出了调整。最为明显的变化是,师范院校不再仅仅关注于培养职前教师,而是开始通过增设非师范专业,培养一些适应经济、社会发展需要的专业人才,其培养目标也就呈现出多样化的特征。

再次,师范院校人才培养目标的确定,必须遵循人才培养的基本规律和大学在长期历史进程中形成的一些经验总结。就师范院校的教师培养目标而言,从国际教师教育的发展历史看,大致经历了由经验型教师到技术型教师再到研究型教师的转型,而培养目标的变化所导致的是教师教育模式的整体性变革。从现实要求看,适应素质教育和终身教育的需要,应该把培养研究型教师作为我国教师教育政策的价值取向,明确提出教师教育要逐步实现由经验型教师向研究型教师转变的要求,以促使教师教育的重心从数量满足和补偿教育转向知识更新和素质提升。在这一进程中,重点师范大学的改革应起到带头和示范作用。作为第一步,重点师范大学必须在培养目标上作出调整,把目标定位在培养高素质的研究型教师上,以实现本科教育培养目标的转型。在此基础上,重点师范大学的培养目标可逐步重心上移,在培养层次上实现由本科到研究生的转型,尤其要重视教育硕士专业学位的建设。②

此外,师范院校应该根据学校性质和服务对象的特殊性,以素质教育为中心,以教育要面向现代化、面向世界,面向未来,以适应基础教育由应试教育向素质教育转轨的需要为出发点,将培养师范生的政治素质、思想道德素质、科学文化素质、身体心理素质、综合

① 严平.增强高等师范教育培养目标实用性[J].商场现代化,2005(4).
② 唐智松,刘芸.论重点师范大学教师教育的创新[J].邢台职业技术学院学报,2010(4).

能力素质、审美素质及教师职业素质作为人才培养目标的内在之意。[①] 而且,师范院校培养出来的师资除了达到以往培养目标之外,还需增加一些符合现代社会需要的内容,使师范生成为基础宽,素质全,能力强,具备可教一门以上课程的知识和能力,以适应素质教育的要求和基础教育改革的需要;应能够从事一般的教育科学研究,积极投身于教学改革之中;掌握心理咨询知识和具备心理辅导能力,及时疏导学生的心理问题,塑造其良好个性;具有终身学习的能力,不断更新自身的知识结构和能力结构,以适应基础教育持续发展的需要;具备审美意识,形成审美能力等。尤其要重视对师范生运用知识的能力的培养,使其有效地驾驭教育教学过程,增强教育实践活动的效能。[②]

总之,师范院校的任务是为基础教育提供师资,培养教育工作者,这种职业定向性是师范教育的特点,也是确定师范院校素质教育目标的出发点。师范院校的素质教育应该使受教育者——未来的教师既具备当代大学生均应具备的政治素质、思想道德素质、科学文化素质、身体心理素质、综合能力素质、审美素质,又具备作为师范生不可缺少的教师职业素质。[③]

3.1 部属师范大学培养目标

从 2007 年秋季入学的新生起,国家在北京师范大学、华东师范大学、东北师范大学、华中师范大学、陕西师范大学和西南大学六所部属师范大学实行师范生免费教育的政策。这一政策是对 1999 年前后,由于大学扩招等原因,师范教育出现弱化现象的回归。

就其现实意义而言,免费师范教育政策主要是从我国基础教育在区域、城乡之间发展极不平衡、不协调的现状出发,试图通过部属师范大学开展高质量的教师教育,为中西部地区培养、输送一批高素质基础教育师资。特别是针对一些西部地区普遍存在的农村教育基础薄弱、高素质师资匮乏、农村教师流失严重、师资流动频繁、教师年龄结构面临断层等问题,采取招收免费师范生,鼓励其到农村基础教育学校任教,终身从教,从而能将新的教育理念带入不发达地区特别是西部、农村地区,从而缩小城乡、东西部教育发展的差距,实现教育公平,推动了我国教育事业的发展。[④]

正是基于师范生免费教育政策,部属师范大学在人才培养目标上提出了更高的要求。

华东师范大学:坚持以国家和社会需要为导向,为现代化建设和教育事业发展培养具有国际视野、社会责任感和终身学习能力的创新型人才。

华中师范大学:以教育思想、教育观念的更新为先导,主动适应国家及区域经济社会发展的需要,突出学校特色与人才培养特色,以专业人才培养定位为核心,以专业基本建设为基础,以教学内容与课程体系改革为重点,对老专业适时进行调整、压缩、整合、改

---

① 姜德福. 师范院校素质教育培养目标初探[J]. 辽宁高等教育研究,1997(3).
② 严平. 增强高等师范教育培养目标适应性浅见[J]. 商场现代化,2005(4).
③ 詹瑞玲. 师范院校校园文化与培养目标的思考[J]. 太原师范专科学校学报,1999(3).
④ 申冬梅. 免费师范生终身从教理想实现的现实性及意义[J]. 重庆邮电大学学报(社会科学版),2011(3).

造,分层次、分类别地开展专业建设,实现高素质、复合型、创造性人才培养目标。

东北师范大学:按照"宽口径、厚基础、精专业、多出路"的人才培养思路,培养专业思想巩固、基础知识宽厚、教育素质高、基础理论和专业基本功扎实的优秀师资。

陕西师范大学:从教师的专业知识、技能和专业精神伦理出发,培养师范生具有先进的教育理念、专业态度、专业身份和终身从教的能力。

当然,优秀教师不是师范院校四年的课程就能够培养出来的,没有一个国家或社会机构乃至普通民众会认定一个刚从师范院校毕业的、没有实际从教经验的师范毕业生为优秀教师。优秀教师首先需要具备的是多年的从教经验。虽然目前我国有许多师范院校施行新的教师教育模式,如北京师范大学的"4＋2",上海师范大学的"3＋3"以及华东师范大学的"4＋1＋2",尤其是华东师大所采用的模式在四年本科和两年硕士之间加入一年的中学教育实践,给了师范生获取实际教学经验的机会,但区区一年的时间就能达到优秀教师的标准是不大可能的事情。[①]

同时,作为最近几年才出现的群体,免费师范生具有一定的特殊性。这些免费师范生可能会成为未来我国农村中小学特别是中西部地区中小学教育事业的中坚力量,从而促进我国中西部教育事业的长足发展。同时,由于为他们免除学费、住宿费并提供生活补贴,在入学初就有明确的毕业去向,且大多数免费师范生是由于经济原因才选择免费师范教育,他们多来自农村,家庭状况和经济条件比较差,因此这些学生往往很敏感,以身为一名免费师范生而感到自卑,认为自己在大学里被贴上了"免费师范生"的标签,反而导致学习动机低下。[②] 据 2007 年西南大学一项对 174 名免费师范生进行调查的结果显示:52％的学生报考免费师范专业是因为家庭经济困难;23％的学生认为教师具有稳定的经济来源和社会地位;25％的学生认为当老师能更好地实现人生价值。从报考免费师范生的动机来看这些学生的职业规划还不明确,对教师职业的价值判断也不够正确。为此,免费师范生更要坚定终身从教的理想和信念,增强从事教师职业的光荣感、责任感、使命感,将世界观、人生观和价值观三者有机结合;引导他们树立先进的教育理念,热爱教育事业,具有长期从教的职业理想,从而为将来成为优秀教师和教育专家打下牢固基础。[③]

3.2 省属师范大学培养目标

省属师范大学是满足地方社会、政治、文化等方面发展的重要力量和领头羊,更是教师培养与培训的省级基地。如何适应地方经济、社会发展和基础教育改革需要,培养合格人才,特别是培养输送合格教师,是摆在省属师范大学面前亟须解决的问题。为此,省属师范大学要立足当地基础教育改革实际情况,确定恰当的人才培养目标,特别是要着力培养应用型、创新型、创业型的高素质专门人才。其中,其教师教育的目标定位应该是

① 徐玉斌,李迤航.从优秀到合格——师范院校教师培养目标定位的理性回归[J].河南教育学院学报(哲社版),2012(3).
② 谢婷.关于免费师范生学习动机的若干思考[J].改革与开放,2010(22).
③ 申冬梅.免费师范生终身从教理想实现的现实性及意义[J].重庆邮电大学学报(社会科学版),2011(3).

培养高素质、复合型、创新性的优秀中小学骨干教师。[①]

从本课题调查的8所省属师范大学看,其人才培养目标(主要是师资培养目标)主要围绕教师的专业素质、知识、能力和技能以及创新等几个维度进行规定的。当然,由于师范大学的综合化趋势,在培养目标的规定上,也并不主要集中在教师教育层面。

仅举几例如下:

四川师范大学:总体目标是要使培养对象成为"品德优、素质高、基础扎实、能力强"的中学教师。具有较强的获取新信息的能力,具有职业迁移的职能基础、可持续发展的潜在能力和较强的社会适应性;具备健全的心理素质和健康的体魄,具有健康高尚的审美观念和审美能力,形成健全的人格和健康的个性。

广西师范大学:遵循现代教育教学的基本规律,坚持以学生全面发展为中心,以突出师范性专业对基础教育课程改革的适应性,强化学科基础和专业基础,加大学生学习的自主选择,培养和造就人格健全,基础扎实,具有较强创新意识和实践能力,适应专业特点和社会需求的基础性、应用型、复合型的专门人才。

哈尔滨师范大学:培养的学生具有追求道德、学问、胸怀广阔、意志刚强的品质。

天津师范大学:1. 具有正确的教育思想和教育观念,树立以人的发展为本的教育理念;2. 具备教师职业道德,了解教师专业发展的意义和价值,树立爱岗敬业的专业精神;3. 了解基础教育的方针、政策和法规,养成依法执教的意识和行为习惯;4. 掌握教师职业所必需的教育知识,初步养成教育科学素养;5. 掌握基本的教师职业技能,具有一定的教育教学实践能力;6. 掌握心理调适的基本方法,学会正确认识自己、悦纳自己,具有健康的心理和健全的人格。

3.3 师范学院的培养目标

省属师范学院主要是面向地级市或地区办学,着眼于为其经济、社会发展直接输送急需的专业人才与中小学师资。从办学层次看,由于一些师范学院本身就是由师范高等专科学校发展而来的,甚至其前身曾经是师范学校,因此在培养目标与规格上,会呈现出从小学教师到中学教师较大的跨度。不过,从其培养目标看,在师资培养上,师范学院主要还是立足地方,培养当地基础教育需要的师资。

从课题组调查的8所师范学院看,既有已经从师范学院升格为大学的学校,也有从师范高等专科学校刚刚升格为师范学院的学校。其培养目标主要体现为满足基础教育师资在道德、素质、知识、能力、技能等方面的要求,其核心是满足当地基础教育改革发展的要求。与此同时,由于其在办学格局与目标上也在尝试通过举办非师范专业或者合并一些其他类型的高校来逐步实现综合化,因此其培养目标中大多都加进了培养适应地方经济、社会发展需要的应用性人才的表述。

在此,仅举几例:

---

① 杨乃虹. 高等师范教育培养目标的重构[J]. 徐州师范大学学报(哲学社会科学版),2003(1).

黄冈师范学院：培养学生成为具有系统而扎实的基础知识和基本技能、具有现代教育理念、能够胜任中等学校的教学和研究工作的教师。

聊城大学：培养具有坚定的政治方向、正确的世界观、较高的思想道德修养、较高理论水平和实践能力，富有开拓、进取和创新精神，具有合理的知识结构、较熟练的职业技能和较深厚的人文素养，能够适应未来社会的需要，充满活力的高素质创新人才。

牡丹江师范学院：面向基础教育、地方经济和社会发展，培养合格师资和高级应用型人才。

内江师范学院：培养具有丰富的文化知识，具有综合、扎实的学科专业基础，具有一定的创新意识和实践能力，具有继续学习和可持续发展能力，具有较强的适应性，身心健康的社会主义建设者。

盐城师范学院：培养"厚基础、宽口径、强能力、高素质"的基础教育师资和适应地方经济社会发展需要的高级应用型人才。

天水师范学院：培养基础扎实、知识面宽、实践能力强、综合素质高的基础教育师资和适应经济社会发展要求的应用型人才。

玉林师范学院：以师德教育为核心，以能力培养为重点，以多媒体网络环境为支撑的基础教育优质师资和应用型人才。

3.4　师范专科学校的培养目标

20世纪末至21世纪初，随着教师专业教育理念的确立，我国师范教育正从三级师范向二级师范过渡。在这一演变过程中，各地师专已出现几种走向：一是升格为师范学院或地方大学；二是向高职或其他高专转型；三是以教师培养、培训为主，兼师资培养与应用型职业人才培养于一身。实际上，现存师专大多数处于第三种情况。这些师专主要分布在边远地区或农村地区或西部欠发达地区，在近年来的改革发展中，一方面师资培养的任务在近几年内未变，并有一定基础，另一方面，通过设置应用性专业以适应地方经济社会发展对服务性、技术性人才的需求。[①]

在培养目标的层面，由于大多数情况当地只有一所师专，所以从服务地方经济社会发展来看，师专自然要承担起培养当地经济建设与教育事业需要的高层次各类人才的任务，因此其培养目标同样包含着实用型人才的表述。这也是师范专科学校在培养目标上一个最为显著的特点。尤其是边远贫困地区的师专，往往更易于被要求进一步拓展功能，除了培养师资外，还要为地方提供人才支撑、科技支撑、实用技术支撑，并在思想、观念、管理模式、精神文明等方面起先导和引领作用。

部分师范专科学校人才培养目标：

鹤岗师范高等专科学校：坚持以市场为导向，坚持"厚基础，宽口径"的人才培养模式，培养的学生基本达到专业基础牢、综合素质好、适应能力强，成为一专多能的实用型

---

① 江涛.地方高师院校定位的理论探析[J].科教导刊(上旬刊)，2011(2).

人才。

柳州师范高等专科学校：以服务为宗旨，以就业为导向，产学结合，培养适应基础教育、生产、服务和管理第一线需要的、德智体全面发展的高技能应用型专门人才。

泰州师范高等专科学校：全面提升学生素养，促进学生个性和人格的和谐发展，增强实践能力，提倡创新精神，培养基础扎实、能力过硬、适应义务教育需要的应用型教师。

陇南师范高等专科学校：培养学生树立致力农村教育、改造农村社会、实现国家富强的远大理想，培养学生确立以教为荣、以苦为乐、献身西部农村教育事业的职业取向，培养学生达到专业基础扎实、教育理念先进、职业技能过硬的从教能力。

郧阳师范高等专科学校：使学生爱国、爱家、遵纪守法，树立正确的世界观、人生观和价值观，能够适应教学、生产、建设、管理、服务第一线需要，热爱劳动、团结协作，职业道德好、实践能力突出、创新意识强，成为具有健康的体魄和心理素质的高技能应用型专门人才。

淄博师范高等专科学校：主要培养德智体全面发展，热爱小学教育事业，了解小学教育的方针政策，具有良好的社会公德和职业道德，具有初步教学和科研能力、创新精神和实践能力的小学教师。

在开放的教师教育体系下，从师专未来走向看，其培养目标具有多元化和渐进提升的特点。不过，在一段时期内，师专尤其是边远地区的师专可能更多地要承担师资培养的任务。有研究者认为，适应社会发展和教师教育发展的要求，师专要在先进的教育思想指导下，尊重个体发展，面向社会、面向世界、面向未来，深化教育教学改革，建立相应的人才培养机制，促进培养目标和培养规格的实现。由此，师专人才培养规格应反映以下方面的要求：① 良好的政治、思想、道德、心理和身体素质；② 广博的文化知识基础；③ 扎实的学科专业基础，包括掌握学科领域的基础知识、基本技能、基本理论；④ 现代教师专业素质，具有科学的教育观、系统的教育理论、熟练的教育技能、较强的教育实践能力。[1]

当然，由于师专缺乏品牌效应，培养具有生命活力、脚踏实地、具有开拓创新精神、独立创业潜质和相应的精神境界、远见和胆略的人才，并将农村视为输出人力资源的广阔空间，可能才是其人才培养最佳的出路所在。[2]

4. 师范院校课程设置及其结构*

师范院校的课程教学是实现其师资培养目标的载体与途径。教师的培养过程，是由组成培养方案的一系列课程，而且往往是以理论课与实践课、基础课与专业课、必修课与

① 马立红，常旭. 教师教育发展与师专培养目标的定位[J]. 沈阳师范大学学报(社会科学版)，2007(31).
② 靳淑梅. 多元文化教育理念下教师的培养目标及其启示[J]. 外国教育研究，2009(3).
* 注：除特别注明外，关于本课题调查的师范院校课程结构的表述主要来自各师范院校2007级本科教学计划。主要是考虑本课题调查对象主要为2007级师范生，相对应的应该是这一时期各师范院校的教师教育课程设置与结构。

选修课、知识类课程与技能类课程等类型进行划分的课程,在课程实施即教学的实施中逐步实现的。

对于教师教育机构来说,教师教育课程构成了整个培养计划的核心,从培养教师的角度看,所有构成教师培养方案的课程,原则上都可以看做是教师教育课程。不过,在师范院校中,从类型的划分上,在任何高校都开设的国家课程和相应的专业课程,指向的是高校毕业生从事任何职业都需要的知识、技能,只有教育类课程直接指向教师这一职业所需的教育教学知识、技能,因而,教育类课程应该是教师教育课程体系的核心,从而也是教师专业发展的基础和前提。

4.1 师范院校教师教育课程的整体情况

在美国和英国,在尊重教师教育机构教师培养与培训计划的课程设置自主权的前提下,通过规定其课程设置的基本领域、范围及学分要求,以维持相对一致的教师教育内容与过程质量。日本以及我国的台湾地区,则通过立法的形式确认教师教育课程设置科目领域、范围及学分要求的基本框架,全国或全省教师教育机构都依据这一框架安排课程,具体的课程科目、内容可按照其办学实际作适当的调整。有关研究表明,美国、英国、俄罗斯、日本等国的教育类课程不但占总学时的比例大,而且课程门类众多、划分精细。如美国就包括教育哲学、教育史、教育导论、心理学与发展科学、学习理论、教学评估、学科教育理论等。

自 1950 年代建立起完整的师范教育体系起,我国师范教育就确立了专业课程加教育类课程的课程设置的格局,教育类课程则主要开设教育学、心理学、学科教学法和教育实习等课程,而且一直延续至今。其结果是,学科知识课程占据的比例大,教育实践课时间短,而最能表明教师专业特征的教育类课程普遍受到忽略。与此同时,在课程设置的形式上,一直是以必修课为主,缺少选修课,较为注重理论课,没有满足学生兴趣、发挥个性特长、强化学生教学技能的活动课,更没有反映当前教育热点问题、拓宽学生知识面、深化学生认识、灵活机动、短小精悍的短期课程。其结果是,师范院校培养出来的师范毕业生,与高素质教师培养的要求脱节,严重影响高师培养目标的实现。[①]

直到 1990 年代后,基于提升教师教育质量的政策目标,以及师范院校呈现综合化趋势和改革教师教育的需求出现后,大多数师范院校的教育类课程的设置才开始出现一些变化,但是教育类课程占整个培养计划的总学分、学时的比例仍然相对较低。

4.2 教师培养方案中的学分总体分配与比例

从课题调查的 27 所师范院校的课程结构分布看,包括国家课程在内的通识教育课程的比例除山东师范大学较高(70 学分,45.2%,增加了通识教育课程部分,实际上是将

---

① 孟凡丽.高师教育类课程改革刍议[J].新疆师范大学学报(哲学社会科学版),1999(4).

部分专业基础课程置于通识教育课程之中,故学科专业课程学分与比例相对较低)和盐城师范学院较低外(34学分,18.7%),其他院校都在30%左右;学科专业课程的学分数与比例则普遍较高,最高的甚至达到65.9%(聊城大学),最低的山东师范大学也有38.7%;教育类课程的学分与比例则相对较低,基本上是在20—30学分的区间内,比例也在10%—30%的区间内。个别学校如黄冈师范学院则因总学分数较大,导致教育类课程的相对比例较小。

4.2.1 师范院校教育类课程结构与学分分配及其比例

各师范院校教育类课程结构基本上是按照教育学、心理学、学科教学论和教育实践类课程设置的。一些师范院校则在上几类课程基础上增加了以选修课为主的教育类课程,如华东师范大学将之归入研究与拓展类课程。与此同时,一些师范院校则在对教育学、心理学课程进行改革的基础上,将其改造为更符合其教师专业教育目标的新课程,如南京师范大学用中等教育概论、中学生发展之类的课程代替传统的教育学与心理学课程。有些师范院校则以学科教育类课程与教育实践类课程,此类师范生教育类课程,作为其教师专业教育的核心课程。这也看出在高校综合化办学的过程中,实际上一方面通识教育课程、学科专业课程压缩了教育类课程的空间,另一方面也反映出师范院校在教师培养取向上的变革,即更强调学科教育课程、教育实践课程的价值,而对于教育学、心理学这样的教育基础课程在教师培养中的作用与价值心存疑虑。在教育类课程中,教育实践类课程的学分数与占教育类课程的比例普遍较高。

4.2.2 各师范院校教育类必修与选修课程学分及其比例

自1990年代高校课程体系改革以来,高校普遍采取了必修课、选修课的设置,旨在增强学生课程学习的自主性。师范院校长期被批评的一点,就是由于学分与学时数的限制,教育类课程主要以必修课为主,很少甚至没有选修课程。1998年,华东师范大学在国内师范院校中较早地在公共选修课程中增设了10门专门面向师范生选修的教育类选修课程。2000年以后,随着高等教育大众化、教师教育专业化进程和高等学校教学水平评估工作的开展,师范院校开始在教育类课程中增设选修类的课程。从课题调查的27所师范院校教育类课程设置的情况看,除湖北师范学院、盐城师范学院未设置选修课外,大多数师范院校都设置了供师范生选修的课程。由于对教育类课程归类上的差异,以及课程结构及其学分比例划分上的差异,各师范院校选修课程的学分差异较大。其中省属师范学院、师范专科学校的必修课比例普遍较高,个别师范学院、师范专科学校甚至没有设置教育类选修课程;部属、省属师范大学教育类选修课的比例相对较高,大多都在20%—30%之间,个别的甚至达到了40%。

4.3 师范院校教师教育课程设置的具体情况

4.3.1 部属师范大学教师教育课程设置

从目前国内教育部直属师范院校教师教育类课程设置的比较来看,相对独立地设置教师教育的教育类课,通过理论、实践特别是和中小学教育教学改革的结合,来强化师范生的教育专业能力,是部属师范大学教师教育课程体系设置的基本趋势。从课程具体设置来看,各校在必修课程设置方面相差不大,普遍重视教育科研、教育实践等方面,更大的改革集中在选修课程方面,选修课程的体系化与多元化是各校教师教育课程改革的重点之一。

表13-1 部属师范大学教师教育课程设置

学 校	课 程 设 置
华东师范大学	通识模块+学科基础模块+专业课程模块(其中包括核心课程、拓展课程和教师教育课程)+教师教育课程。教师教育课程的总学分为30,占总学分的比例为18.8%,其中必修22个学分,选修8个学分,教育实践类课程14个学分,占教育类课程总学分的47%,学科教育类课程,共6学分,占教育类课程总学分的20%,基础类课程共4学分,占教育类课程总学分的13%。
华中师范大学	师范专业课程体系以"主修专业课程+教师教育课程模块"(即"3+1",主修专业课程合计大约三学年+教师教育课程合计大约一学年)的模式设计。师范专业学生应修取的教师教育课程模块为28个学分。其中,课程18学分,教学实践10学分。 (一)师范教育基础课程(必修6学分,选修3学分)(二)教师技能课程(必修共5个学分)(三)学科教育类课程(必修2个学分,选修2个学分) 教育实践共包含教育见习、教育实习两个必修环节,共10个学分,其中,教育见习2个学分,教育实习8个学分。
东北师范大学	教师教育课程的总学分为25—30学分,占总学分的比例为15.6%,其中必修19学分,选修6—9学分,教育实践类课程10学分,占教育类课程总学分的33%—40%,学科教育类课程,共6学分,占教育类课程总学分的20%—24%,基础类课程共0学分。由"教育理论类课程"、"教育技能类课程"、"教育实践类课程"三个类型和"一般教育课程"、"学科教育课程"两个层次构成了"三类两层"的教师资格教育课程体系。"教育理论类课程"、"教育技能类课程"和"教育实践类课程"三个类型课程的比例为10:8:7;"一般教育课程"和"学科教育课程"两个层次之间的比例为2:3。每一类型和层次的课程又分成必修课程和选修课程,选修课所占比例为36%。[①]
陕西师范大学	通识模块+学科基础模块+专业课程模块+教师教育模块+实践模块 教师教育模块课程19学分,其中必修17学分,选修2学分; 教师教育模块课程分为:(1)公共必修课程:心理学、教育学、教育心理学、现代教育技术、基础教育课程改革专题、教师职业道德、教育政策法规;(2)学科必修课程:每个学科的学科教学论、每个学科的学科哲学教材分析与教学设计、每个学科的多媒体辅助教学与课件制作;(3)在实践模块课程中,普通话培训1学分、学科教学技能训练2学分、教育实习6学分,合计26学分。

① 《东北师范大学"十一五"发展规划》。

从表 13-1 以及相关文献分析看,部属师范大学教育类课程设置有以下特点:

4.3.1.1 教育类课程有所增加

在纵向课程结构上,长期以来,我国传统的教师教育课程框架在不同层次的师范院校基本相同,一般分为公共基础课程、学科专业课程和教育专业课程三部分,且各校的比例大致相似,即公共基础课程占 15% 左右,学科专业课程占 70% 左右,教育专业课程(一般为教育学、心理学、教学法)占 6%—10%,教育实习一般为 6—8 周。从上表可以看出,部属师范大学教育类课程无论是学分数、课程数量还是课程类型都有明显的变化,一是课程数量明显增加,二是课程在整个教师培养方案中的比例有所提高,三是普遍增加了选修课程。

从教师的专业教育角度看,最基本的教育学、心理学、学科教育论课程是为其专业发展奠基的课程。与此同时,如何了解本学科知识的进展,如何更了解、熟悉中小学的教育教学环境,特别是新课程改革的背景下,如何成为一个合格教师,如何在中小学教师岗位上尽快适应教学工作的需要,以及在漫长的职业生涯中如何不断提升、发展自己的专业能力和专业理解,都是师范院校在课程体系及其结构、具体的课程教学内容需要考虑的。因此,日益复杂的教师教育目标与要求,实际上对师范院校课程设置提出了更高的要求,也就在客观上促成居于师范教育顶端的部属师范大学必须应对来自教育界内部和社会方面关注教师教育的学者的批评。

4.3.1.2 教育专业课程更加多样

在部属师范大学,形成了教育理论类课程、教育技能类课程和教育实践类课程三大课程模块,实现了由"老三门"到"新三类"的跨越,学分比例已提高到占总学分的 20% 左右。即使不含教育见习、教育实习等实践类课程,学分也占到了 15% 左右。[①]

4.3.1.3 教育类课程更贴近实践内容

如陕西师大把了解国家的基础教育发展改革趋势、农村中小学管理体制、经费投入体制及运行体制等相关教育政策和制度措施纳入免费师范生的教育计划;华中师大正在精心设计关于"教师教育"课程模块,包括课堂组织、心理辅导、如何当好班主任、农村和中学基础教育实践、师德培养等。

4.3.1.4 注重教育实践

教育实践更加得到重视,部属师范大学都非常重视教育实习和见习等教育实践类课程,教育实习时间已从 6—8 周增加到 8 周以上,大多数学校

---

① 徐高明,张红霞. 我国一流师范大学教师教育课程改革的进展与反思[J]. 大学教育科学,2010(6).

达到了1学期。[①] 教育实践类课程的形式也发生了较大的变化,从单一的教育实习逐步发展为多元的教学实践形式。如华东师大尝试构建"见习、实习和研习"一体化的实践教学体系,学生大二至大三将在上海市区中小学见习,并将在见习过程中发现的中小学教育教学实践的具体问题以课题的形式开展研究,大四上半学期则在中学实习,大四下半学期将在教学科研的基础上完成毕业论文;东北师大建立了完善的教师职业技能培训体系,这个体系贯穿在学生培养的全过程,教育见习—模拟教学—教育实习,技能训练实现课程化管理,充分培养学生的从教能力。[②]

4.3.2 省属师范大学教师教育课程

表13-2显示,省属师范大学的教师教育课程体系也基本保持了通识教育、学科专业教育与教育类课程设置的格局,只是在具体的课程上稍有区别。如一些学校为了加强师范专业的通识教育,专门设置了教师教育通识课程。同时,由于部属师范大学的示范作用,省属师范大学在自身发展过程中的自主探索,以及与中小学建立的更为密切的合作关系,因此在教育实习、见习课程设置与实施方面,省属师范大学有着较部属师范大学更为明显的优势。

表 13-2 部分省属师范大学教师教育课程设置

学 校	课 程 设 置
南京师范大学	课程结构由公共必修课、博雅教育课程、学科基础课程、专业教育课程(师范专业化教育课程)四部分组成。 教师专业教育课程包括:(1)中学教育概论等必修课12学分(不含教育实践课程);(2)选修课程4学分(A类2学分,B类2学分);(3)教师职业技能课程4学分(含通用技能、现代教育技术、学科技能);(4)中学教育实习(8周)6学分。
四川师范大学	教师教育课程结构分为通识教育课程、学科专业课程、专业拓展课程、实践教学四个部分。通识教育课程分为必修课和选修课,占课时比例的26%。学科专业课程由学科基础课、专业主干课程、专业选修课程组成,占课时比例的52%。专业拓展课程由教师教育课程、理论提高课程、应用提高课程组成,占课时比例的10%。
山东师范大学	课程设置一般分为学校通识课、教师教育专业通识课、学科通识课、专业课、实践环节。教师教育环节一般包括教育心理学2学分,教育学基础2学分,教师教育专业发展1学分,现代教育技术3学分,其中教育研究方法、简明中外教育史、德育原理、课程与教学论、课堂组织与管理、心理健康教育都放在学校通识课(选修)里面,分别为1学分。
广西师范大学	教师教育课程包括教育理论类、教学技能类、教育实践类三个模块,具体课程为:教育概论、心理学、学科教学论、教育科学研究方法、师范生综合教学技能、教育见习、教育实习,总计17学分。教师教育选修课程包括教育学系列、心理学系列、学科教学论系列、其他系列四个系列,师范专业学生至少从中选修8个学分的课程。

① 徐高明,张红霞. 我国一流师范大学教师教育课程改革的进展与反思[J]. 大学教育科学,2010(6).
② 唐智松,刘芸. 论重点师范大学教师教育的创新[J]. 邢台职业技术学院学报,2010(2).

学　校	课　程　设　置
广西师范大学	教师教育课程的总学分为 31 学分，占总学分的比例为 18.9%，其中必修 17 学分，选修 14 学分；教育实践类课程 18 学分，占教育类课程总学分的 58.1%，学科教育类课程，共 5 学分，占教育类课程总学分的 16.1%，基础类课程共 6 学分。
西北师范大学	课程总共 198 学分，教师教育课程由必修课程、学科限选课程、任选课程和实践课程四部分组成。必修课程包括教育学概论、发展心理学、教育科学研究方法、现代教育技术、教师专业发展，共 12 学分。学科限选课程包括教学与课程设计、课程标准研究，共 7 学分。任选课程模块可选课程较多：包括班主任工作（案例）、课外活动设计（案例）。实践类课程包括教育实习、课程设计，共 10 学分。
天津师范大学	教师专业课程由通识教育课程和学科教育课程两部分组成，每部分由学习模块和课程两个层次构成。 四个学习模块：教育理念、教师职业基础理论、教师基本技能、教师职业体验与能力养成。 每个模块按照必修、限制性选修和任意选修设置。 教师教育专业课程 30 学分，必修 22 学分，限选 6 学分，任意选修 2 学分。 该模式实际上是将教育类课程分成教育、心理与实践类课程和学科教育课程两大模块，在每个模块中又有相应的小模块。其特点是重视师范生的教学技能的训练，在通识教育模块中两个子模块都着眼于提升师范生的教育教学技能。
湖北师范学院	教师教育课程总共 25 学分，占总学分的比例为 18.9%，其中必修 25 个学分，选修 0 个学分，教育实践类课程 14 个学分，占教育类课程总学分的 56%，学科教育类课程，共 3 学分，占教育类课程总学分的 12%，基础类课程学分共 4 个学分。

4.3.3　省属师范学院教师教育课程设置情况

　　表 13-3 显示，在省属师范学院这个层次，各校教师教育课程设置的差异较大，一些学校已经尝试在学习部属、省属师范大学，将通识教育、学科专业课程与教师教育课程按照大致的学时、学分的划分形成相对独立的模块，一些学校则仍延续了 1990 年代以来通行的公共必修课与公共选修课程、专业必修课与选修课程的格局，一些学校则介于两者之间。由于师范学院的教师教育课程在很大程度上取决于当地基础教育改革发展的现状与要求，因此，在一定程度上，师范学院的教师教育课程设置状况，大致反映的是师范学院在综合化过程中仍旧致力于教师教育的专注程度。

表 13-3　部分省属师范学院教师教育课程设置

学　校	课　程　设　置
黄冈师范学院	课程包括通识教育课程、专业基础课程、专业方向课程和实践环节四大类。 师范生培养课程中的教育专业课程置于专业课程之中,其中教育学、心理学、现代教育技术、学科教学论等为必修课程。在专业方向课程中,设置部分选修课程,如当代课程与教学改革、教育法规等。教育实习等在实践环节课程中。
聊城大学	教师教育课程与专业教育课程混合设置,设置公共课、专业课、实践课。教师教育课程分别置于专业课和实践课之中。 专业课分为学科基础课、专业核心课、专业方向课和专业提高课。在专业核心课(占总课时 46%)中,教师教育类专业必修课分为教育类和学科类两个模块,其中教育类课程包括教育学概论、教育心理学、现代教育技术、教师专业发展、学科与课程教学论、教师基本技能训练 6 门必修课程,学科类课程则为学科专业课程;专业方向课中,教师教育类课程单独设置,主要包括课程与教学设计基础、课堂教学的组织与管理、教育教学案例分析、校本课程与活动课程的开发与实施、课程政策与课程改革、基础教育课程改革的国际比较、班级管理与班主任工作、学生学业发展评价等课程,其中限选课为前 3 门,其他为任选课,必须从中选修 5 个学分,每门课程为 1 个学分的短课程。实践课程中,见习与实习为教师教育类课程。
内江师范学院	课程按照通识课程、学科专业课程与教育专业课程设置。 师范生培养课程由通识课程、学科专业课程、教育专业课程组成。教育专业课程分教育理论课与教育实践课。开设教育学、心理学、学科教法、现代教育技术、教育研究方法、素质教育研究、教育统计与评估、学生心理、学科教学改革等选修课程,约占 11%。三段式教育实习模式:第一段是在第四学期结束,开展教育调查;第二段安排在第六学期初,组织 2 周的教育见习;第三段是第七学期,组织 6 周的教育实习。
盐城师范学院	课程结构由通修课程、专业课程、素质课程、活动与实践课程组成,按照"多维渗透、学程分段、方向分流"的模式开设课程。 师范生培养中,将教师教育课程设为专业必修课程,设有教育学、心理学、普通话、学科教学论、教育技术与课件制作、班主任工作、学科教学研究、学科教材分析、教学技能等必修课程。 将教育见习与教育实习设在活动与实践课程中,教育见习与教师教育技能训练自第四学期起分三段实施,教育实习则安排在第七学期,时间为 20 周。
天水师范学院	教师教育课程的总学分为 36 学分,占总学分的比例为 20.3%,其中必修 34 个学分,选修 2 个学分;教育实践类课程 14 个学分,占教育类课程总学分的 38.8%,学科教育类课程,共 6 学分,占教育类课程总学分的 16.7%,基础类课程共 6 个学分。
玉林师范学院	课程主要分为公共课与专业课,各设必修课与选修课。 在师范生培养上,将教育学、心理学等置于公共必修课程之中;将教育见习、教育实习等课程置于专业必修课程的专门实践性课程模块中;将学科教学与教材分析的课程置于专业限选课程中,在专业任选课中,设置一些与学科教育相关的课程。

4.3.4 师范专科学校教师教育课程设置

长期以来,我国师专的课程设置是"五类课程的结构模式",政治理论课、外国语课、教育理论课、体育课、专业课。在我国师专各学科专业过去的教学计划中,规定的教育理论课程仅教育学、心理学两门,共计 102 学时。在二年制师专教学计划(修订稿)中,约占总学时的 7% 左右。在三年制师专教学计划中,约占总学时的 5% 左右。即使加上学科教学法,也只占总学时的 10% 左右,况且,有些学科根本就没有开设教学法。[①]

这种课程设置模式课程门类多,课时也多,相对忽视实践,忽视职业技能训练。理论知识教学攀比本科院校,实际应用不重视。

20 世纪 90 年代,师专的课程设置作了较大的调整。表 13-4 显示,大部分改为"六类课程的结构模式"公共必修课程,教育课程,学科课程,特设课程,教育实习,劳动实践、专业实践和社会实践。现在全国大多数师专都实施这种课程设置模式。有的师专为实现"一专多能,全面发展"的目标,增加了辅修课,有的师专为了更好地为当地经济建设服务,增开了职业技能课和生产劳动技能课等。[②]

表 13-4 部分师范高等专科学校的教师教育课程设置

学 校	课 程 设 置
柳州师范高等专科学校	各专业课程由必修课与选修课组成,必修课包括公共必修课、专业必修课、技能实践课;选修课包括专业限选课、公共任选课与专业任选课。 在师范生的培养上,将教育学、心理学、现代教育技术、学科教学法、儿童心理发展、班主任工作、小学教材研究等课程设置为专业必修课,普通话与教师口语训练、三笔字、职业技能训练、教育见习与实践、课件制作、职前培训、教育实习等设置为必修课。 在选修课程中,根据各专业的要求,设置相应的课程,如数学师范专业设置数学教育心理学、数学思想方法论、数学教育评价等。
泰州师范高等专科学校	课程结构由公共必修课程、专业必修课程和选修课程组成。教师教育课程的设置如下: 专业必修课程:教育学、心理学和学科教学论设置为专业必修课程中的基础与理论课程,现代教育技术应用训练、班队活动方案、见习与实习、教师语言训练、综合实训课程等设置为专业必修课程的技能与实践课程。 专业选修课程:班级教育与管理、教育科研方法、教育政策法规等为限定选修课程,并在任意选修课程中设置一些与所修专业相关的教育或学科教学类课程。
陇南师范高等专科学校	课程设置一般包括通用课程、教育理论与教师技能课程、学科课程、教育实践、其他活动。其中教育理论与教师技能课程一般包括教育学、心理学、现代教育技术、教师口语、书写(三笔字)、课程教学论。

---

① 李清臣. 关于三年制师专新《教学方案》的认识与思考[J]. 周口师范学院学报,1998(3).
② 邓达森. 师专素质教育课程设置的合理性[J]. 郴州师范高等专科学校学报,2000(3).

学　校	课　程　设　置
郧阳师范高等专科学校	师范生采取"2.5＋.5"培养模式,课程结构按照基础素质平台课程、教师教育平台课程、专业素质模块课程和综合实践模块课程设置。 教育专业课程包括教育学、心理学、学科教学法、教师口语、汉字书写、现代教育技术、多媒体课件制作、班级管理、音乐基础、美术基础等,不同专业按照要求分别将这些课程设置为基础素质平台课程或教师教育平台课程,并分设为必修课程或选修课程。 专业见习和顶岗实习则列入综合实践课程模块。
淄博师范高等专科学校	课程包括公共课、专业课、实践课和专业选修课。 将教育学、心理学、教育科研论、教师口语、书法、音乐、美术、学科教学论等课程设置为专业课。现代教育技术则设为公共课程。 实习则安排为实践课程。

4.4　教师教育专业设置存在的问题与改革前景

从培养教师所需的知识、技能的角度,教师教育课程中的通识教育课程、学科专业课程和教育类课程本身是一个整体,是培养教师必需的最基本的课程类型。教育类课程本身也是一个整体,是由一系列具体科目形式组织构建的一个整体。这些具体的科目、形式组织有其自身的独立性,也自成体系,但又互相联系、互相渗透。因此,也只有把它们看成一个整体,进行系统改革,某一个要素的改革才能找准自己的方向。[①]

各师范学校的教师教育课程数量、类型的增加,本身是一件具有积极意义的事情。但是,在课程数量、类型增加的同时,却也出现了一些新的问题,主要是教师教育类课程之间,实际上缺乏必要的机制将其有机地联系起来,导致的结果是师范生在学习不同课程的时候,总是面临不同的问题。教育理论课、学科教学课、教学技能课和实践课共同构成了教育类课程体系,每一个构成部分都有重要的作用,相互之间存在必然的内在联系。但在目前教师教育课程安排中,却普遍存在分别安排,相互缺乏呼应,联系不够紧密的情况。如教育学、心理学课程,在很大程度上集中于这两门学科的基本概念、理论,且主要是从学科研究的视角展开的,因此与师范生的专业学习、实践的隔膜日益显著,以至于一些师范院校直接从师范生培养方案中剔除了教育学、心理学课程。再如学科教育类课程,长期专注于中小学课程教学内容与教材分析、教学方法训练,关注方法与技能训练的层面,并不关注教学内容、方法之外的教育价值、理念的思考。诸如此类,实际上是在教师教育课程尤其教育类课程内部,长期形成的不同类型课程之间的分工在固定和模式化后,导致了教师教育内部普遍的、明显的分化,以至于师范院校也按照不同的类型培养教师教育者,各类课程之间自然也就缺乏必要的联系,各自为战、互不联系,缺乏内在统一性,却在内容上又交叉重复。

---

① 孟凡丽. 高师教育类课程改革刍议[J]. 新疆师范大学学报(哲学社会科学版),1999(4).

与此同时,课程设置是培养目标的具体体现,也是教育质量的体现。师范院校的课程设置应更多地考虑如何去体现高师的培养目标,如何去形成自身特色。教育类课程作为高师特色课程理应成为高师课程结构的一个不可缺少的重要组成部分。[①] 但是,实际的情况是,由于师范院校普遍存在的综合化取向,在人才培养上也不局限于教师的培养,因此,就课程设置的取向看,设置相对独立的教育类课程模块,已经成为各师范院校课程设置的基本趋势。从积极的角度看,这有利于师范院校将教师的专业教育逐步确立为一个相对独立的系统,从而使教师的培养逐步走向相对的开放和专业化,但是从不利的方面讲,教育类课程与学科专业教育课程之间的隔阂也会越来越大,而使得学术上的取向与师范取向之间的冲突现实地表现为各自为政、互不联系。

当然,师范院校教师教育课程的设置与改革,最终必须服务于基础教育改革与发展,尤其是要适应基础教育的理念、课程教学的改革趋势。

2011 年 11 月,教育部颁布了《教师教育课程标准(试行)》,也将成为未来若干年师范院校教师教育课程设置的参考标准,特别是在教育类课程学分、学时、课程结构等方面的一些规定,将大大改变一些师范院校的教师教育课程结构。

(苟　渊)

---

① 孟凡丽. 高师教育类课程改革刍议[J]. 新疆师范大学学报(哲学社会科学版),1999(4).

第四部分

研究方法

一、调查抽样

1. 调查总体

此次调查面向全国（西藏、新疆和港澳台除外）师范类院校学生（含在校生与毕业生）及就业单位领导，以全面了解我国教师教育培养机构状况。综合各方面因素考虑，此次调查研究所界定的"师范类院校"特指排除了以下 5 类师范类院校：

1. 幼儿师范院校
2. 特殊师范院校
3. 成人师范院校
4. 独立学院
5. 某些师范特征不强的师范类综合院校

此次调查的总体为三类人群：

第一类：全国师范类院校本专科在校生（采用 A 卷调查）

第二类：全国师范类院校 2009 年进入中小学工作的毕业生（采用 B 卷调查）

第三类：被调查毕业生所在工作单位的领导（校长、书记、副校长或教导主任，采用 C 卷调查）

2. 抽样方法

此次调查采用分层抽样方法（见图 A-1），本节将详细介绍。

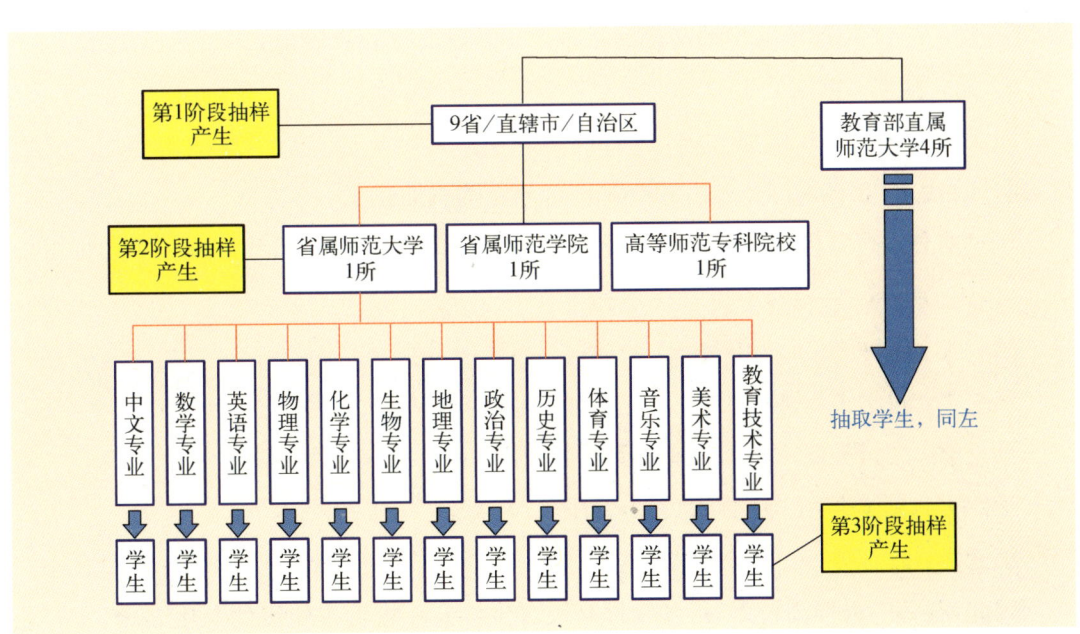

图 A-1　分层分阶抽样方法简图

2.1 分层

此次调查研究的全国师范类院校之间存在一定的差异,体现在师范生培养体制、教学科研等各方面。为了提高精度,对全国师范类院校分类后实施分层抽样。

一般可将全国师范类院校划分为两大类:第一大类为教育部直属师范大学,第二大类为省属本专科师范院校。从实际情况来看,这两类师范院校在师范生培养体制机制等方面差异较大。为了保证调查研究的质量,对这两类师范院校分别进行抽样调查。

由此,此次调查所采用的分层抽样方案是:按照是否为教育部直属师范大学,分为2层,每层采用不同的抽样方法。

2.2 第一层:教育部直属师范大学

在这一层中,采用分层二阶抽样方法。

首先,综合考虑学校所处的地理位置和师范生教育中的教学、科研、学生发展等因素,将6所教育部直属师范大学分为4层(见表A-1),在每一层中实施二阶抽样。

表 A-1 教育部直属师范大学的分层

层	各层的教育部直属师范大学
第1层	北京师范大学、华东师范大学
第2层	东北师范大学
第3层	华中师范大学
第4层	西南大学(原西南师范大学)、陕西师范大学

1. 第一阶段:抽取学校

表A-1显示,第2层和第3层仅有1所教育部直属师范大学,故二者皆入样;在第1层和第4层中,采用简单随机抽样方法各抽取1所教育部直属师范大学。

2. 第二阶段:抽取学生

对高校的在校生和毕业生进行调查,其专业的影响是应重点考虑的内容之一。因此,这一阶段中,在各入样高校内按专业进行分层随机抽样。

经过对各类师范院校专业设置情况的研究和论证(见附录1),我们确定了入样专业共13个,分别为:

第一类:主课类:(1)中文(2)数学(3)英语

第二类:科学类:(4)物理(5)化学(6)生物

第三类:文科类:(7)思政(8)历史(9)地理

第四类:文体类:(10)体育(11)音乐(12)美术

第五类:教育类:(13)教育技术

因此,在每一入样高校中,由各入样高校提供各专业被调查年级的学生名单,按专业分为13个层,由上海课题组采用SAS统计软件进行分层随机抽样抽取学生。在校生和毕业生的抽样方法是一致的，故这里统称为抽"学生"，这里的学生包含在校生和毕业生（下同）。

2.3 第二层：省属本专科师范院校

在这一层中，采用分层三阶抽样方法。

首先，对全国除西藏、新疆和港澳台外的 29 个省/直辖市/自治区进行分层。比较理想的分层依据应是各省的教师教育培养机构规模、质量等状况，但获取这些数据是比较困难的。我们将目光转向教师教育培养机构的"下游"，即各省中小学的教育状况，它在一定程度上反映了该省教师教育培养机构的状况。从这一角度出发，参考《中国中小学教师专业发展状况调查与政策分析报告》[①]，根据经济发达程度、教育发展情况、小学/初中/高中师生结构等指标，我们将 29 个省/直辖市/自治区分为 9 层（见表 A-2）。需要注意的是，这里的分层情况与《中国中小学教师专业发展状况调查与政策分析报告》略有不同，体现在此处将天津市单独放在第 2 层，而将北京市和上海市放在一起为第 1 层，这主要是由于北京市与上海市均属最发达区域且都含有教育部直属师范大学，情况更为相似。

表 A-2　29 个省/直辖市/自治区分层与抽样情况

分 层 情 况	抽取的省/直辖市/自治区个数
第 1 层：北京、上海	1
第 2 层：天津	1
第 3 层：浙江、江苏、福建	1
第 4 层：辽宁、吉林、黑龙江、内蒙古	1
第 5 层：重庆、湖北、陕西、湖南	1
第 6 层：山东、山西、河北、江西	1
第 7 层：广东、四川、河南、安徽	1
第 8 层：宁夏、海南、广西、青海	1
第 9 层：甘肃、云南、贵州	1
合　计	9

对每一层，独立实施三阶抽样。

1. 第一阶段：抽取省/直辖市/自治区

在这一阶段，按照不等概率抽样方法在各层抽出 1 个省/直辖市/自治区。

2. 第二阶段：抽取院校

省属本专科师范院校可分为 3 类：

（1）省属师范大学

（2）省属师范学院

---

① 丁钢. 中国中小学教师专业发展状况调查与政策分析报告［M］. 上海：华东师范大学出版社，2010.

（3）高等师范专科院校

为提高调查质量，在被抽中的省/直辖市/自治区内进行分层随机抽样，即对每一被抽中的省/直辖市/自治区，将其省属师范院校分为 3 层，然后在每一层中按照不等概率抽样方法抽取 1 所高校。

3. 第三阶段：抽取学生

这一阶段，与在教育部直属师范大学中抽取学生的方法一致，即按专业分层进行分层随机抽样。[1]

2.4 对用人单位领导的抽样

对用人单位领导的调查不实行随机抽样，其抽样方法是：统计录用入样师范院校 2009 届毕业生最多或较多的中小学，对这些中小学领导进行调查，要求涵盖每一类中小学（共 8 类：城市小学、县城小学、乡镇/农村小学、城市初中、县城初中、乡镇/农村初中、城市高中、县城高中）的领导。[2]

3. 精度与样本量设计

本节主要介绍抽样精度设置和样本量的设计。

3.1 精度设置

在抽样调查中，对精度要求通常的提法是：对总体特征数 θ 的估计量 $\hat{\theta}$，以置信度 $1-\alpha$，允许最大绝对误差为 d，即

$$P(|\theta-\hat{\theta}|<d)\geqslant 1-\alpha.$$

首先，需要选择总体特征数 θ。此次调查中，绝大多数指标是各选项被选择的比例 p，因此，这里取总体特征数为比例 p。

其次，按照抽样调查通常方法，取置信度 $1-\alpha=95\%$。

最后，确定绝对误差 d（见表 A-3）。

3.2 样本量设计

此次调查采用的抽样方法属于复杂抽样。在复杂抽样方案下，样本量的计算公式常用：

$$n_{复杂抽样} = n_{简单随机抽样} \times 设计效应$$

其中，$n_{复杂抽样}$ 表示复杂抽样方法下所需的样本量，$n_{简单随机抽样}$ 表示简单随机抽样方法下所需的样本量，设计效应是相同样本量下复杂抽样的估计量方差与简单随机抽样的估计量方差的比值。

---

[1] 部分省属本专科师范院校未设置某些纳入调查的专业，因此这些高校缺乏相应专业的入样学生。

[2] 某些高校没有毕业生进入某类中小学工作的情况除外。

根据公式，为确定$n_{复杂抽样}$，需首先确定$n_{简单随机抽样}$和设计效应。

1. $n_{简单随机抽样}$的确定

对于指标为比例p的抽样调查，若采用简单随机抽样方法，可以计算得到最大绝对误差d下样本量的保守取值，公式为（取置信度为95％）：

$$n_{简单随机抽样} = \frac{u_{1-\frac{\alpha}{2}}^2 p_0 q_0}{d^2} = \frac{1.96^2 \times .5 \times .5}{d^2}$$

其中，$u_{1-\frac{\alpha}{2}}$表示标准正态分布的$1-\frac{\alpha}{2}$分位数，当α取.05时，$u_{.975} = 1.96$。

2. 设计效应的确定

此次样本量设计中，我们取设计效应为2.0。原因如下：

（1）由类似调查的结果推断。参考《中国中小学教师专业发展状况调查与政策分析报告》，分析发现设计效应估计值的均值接近1.5。这一调查与此次调查的部分指标相同，可以借鉴其设计效应的结果，并取得略为保守，取为2.0。

（2）借鉴国际经验。美国教育数据库（NECS）中大多数指标的设计效应为1.5—2.5。我们认为，此次调查与美国教育数据库有许多相似处，可借鉴其经验。取设计效应为2.0是符合国际惯例的。

（3）结合各项全国大型抽样调查来看，取设计效应为1.5—2.0是比较常用的，基本可以保证大多数指标达到精度要求。

3. 样本量的确定

采用上述确定$n_{简单随机抽样}$的计算方法和设计效应2.0，计算得在校生调查和毕业生调查的样本量（见表A-3）。

表A-3　精度与样本量

	各入样学校 精度和样本量		各省 精度和样本量		全国 精度和样本量	
	绝对误差	样本量	绝对误差	样本量	绝对误差	样本量
在校生调查	.086	260	.050	780	.017	7 020
毕业生调查	.122	130	.071	390	.024	3 510
总　计		390		1 170		10 530

由于对用人单位领导的调查未采用随机抽样，无法从精度来确定样本量。考虑到调查的可行性，要求每一入样师范院校调查8类中小学（城市小学、县城小学、乡镇/农村小学、城市初中、县城初中、乡镇/农村初中、城市高中、县城高中）领导各2人。

3.3　样本量在各专业中的分配

根据精度要求，对每所师范院校的在校生应调查260人。综合考虑精度要求和调查的可行性,拟在校生调查中,每所学校 13 个专业分别调查 20 人,共 260 人。结合各校的总人数看,每所学校中在校生样本量占该被调查年级学生的比例约为 5%—25%。

毕业生调查中,每所学校 13 个专业各调查 10 人,共 130 人。从各校的总人数看,毕业生样本量占该被调查年级学生的比例约为 2%—13%。

二、调查方法

进行调查前，上海课题组多次与各省课题组会谈讨论，既明确了各地调查组应达到的调查要求，同时就调查的软硬件准备等各方面给予了指导，以便各入样省、直辖市、自治区的调查小组在进行调查前全面把握调查情况、培训调查员。

根据实际情况，我们对在校生、毕业生和用人单位领导的调查采用了不同的调查方法。

1. 对在校生的调查

对在校生的调查采用现场集中网络调查的方式。

各省、直辖市、自治区的调查员经培训后奔赴各入样学校开展调查，同时上海课题组成员也分头赴各地指导调查。虽然被调查的在校生正值毕业，调查难度较大，但各省课题组精心设计、严谨实施，克服种种困难圆满完成了调查工作。

此次调查主要有3个特点：

（1）大部分入样学校借助学生处、辅导员系统，组织入样学生集中在学校机房有序参与调查。为保证调查质量，调查人员在现场组织签到并答疑解惑。

（2）此次调查采用现场集中网络调查的方式，保证了答题的完整性和极高的问卷回收率，并且可以及时回收和整理数据，进而总结经验，便于在整个调查过程中进行适时调整。

（3）在每所学校调查后，调查人员及时反馈了调查日志，详细记录了各种经验和问题，为今后调查的进一步完善提供了非常宝贵的资料。

2. 对毕业生的调查

对毕业生的调查采用分散的网络调查方式。

由上海课题组根据样本量为各入样省、直辖市、自治区提供若干登录号和密码（每位入样毕业生对应一个登录号），由各入样省、直辖市、自治区调查员借助入样学校就业指导中心、学生处等系统，联系各入样毕业生，请他们在规定时间段内采用指定的登录号远程登录调查系统参与调查。由于每位入样毕业生有对应的登录号，故可在系统中查询哪些毕业生未完成调查，由各地调查员再次联系解决，以便保证调查质量。

应该说，对毕业生的调查是非常困难的，但各地调查组较为高效、圆满地完成了调查工作。

3. 对用人单位领导的调查

对用人单位领导的调查主要采用分散的网络调查方式。

由上海课题组根据样本量为各入样省、直辖市、自治区提供若干登录号和密码（每位入样用人单位领导对应一个登录号），由各入样省、直辖市、自治区调查员联系各入样用人单位领导，请他们在规定时间段内采用指定的登录号远程登录调查系统参与调查。同样，由于每位被调查者对应一个登录号，调查员可与未进行网上答卷的入样用人单位领导再次联系，补充调查，以便保证调查质量。

4. 抽样调查结果

由表 B-1 和表 B-2 可知，此次调查入样高校共 27 所（20 所本科师范院校，7 所专科师范院校），共获得在校生样本 6 624 人、毕业生样本 2 976 人、用人单位领导样本 375 人。

表 B-1 各层抽样调查结果

层	第一阶段	第二阶段		第三阶段
第一层：教育部直属师范大学	抽取学校	抽取学生（人）		
		在校生	毕业生	
	华东师范大学	214	117	
	东北师范大学	261	104	
	华中师范大学	267	125	
	陕西师范大学	262	149	
	小计	1 004	495	
第二层：省属本专科师范院校	抽取省/直辖市/自治区	抽取学校		抽取学生（人）
				在校生 毕业生
	天津①	天津师范大学	260	129
	上海②	上海师范大学	259	88
	江苏	南京师范大学	259	110
		盐城师范学院	238	143
		泰州师范高等专科学校	213	94
	黑龙江	哈尔滨师范大学	260	118
		牡丹江师范学院	259	88
		鹤岗师范高等专科学校	127	9
	湖北	湖北师范学院	267	122
		黄冈师范学院	260	191
		郧阳师范高等专科学校	263	79
	山东	山东师范大学	257	212
		聊城大学	243	54

---

① 由于天津市仅有一所师范院校（天津师范大学）属于调查总体范围，故天津市仅有一所学校入样。
② 由于上海市仅有一所省属本专科师范院校（上海师范大学），故该层中上海市仅有一所学校入样。

层	第一阶段	第二阶段	第三阶段	
			抽取学生(人)	
			在校生	毕业生
第二层：省属本专科师范院校	抽取省/直辖市/自治区	抽取学校		
	山东	淄博师范高等专科学校	277	51
	四川	四川师范大学	272	139
		四川教育学院	223	115
		内江师范学院	256	116
	广西	广西师范大学	261	127
		玉林师范学院	260	145
		柳州师范高等专科学校	122	1
	甘肃	西北师范大学	261	129
		天水师范学院	260	89
		陇南师范高等专科学校	263	132
	小计		5 620	2 481

表 B-2 各省/直辖市/自治区抽样调查结果

入样省/直辖市/自治区①	入样学校(所)				入样人数(人)		
	部属师范大学	省属师范大学	省属师范学院	高等师范专科学校	在校生	毕业生	用人单位领导
天津	0	1	0	0	260	129	18
上海	1	1	0	0	473	205	32
江苏	0	1	1	1	710	347	47
黑龙江	0	1	1	1	646	215	21
湖北	1	1	1	1	1 057	517	53
山东	0	1	1	1	777	317	45
四川	0	1	1	1	751	370	48
广西	0	1	1	1	643	273	27
甘肃	0	1	1	1	784	350	42
吉林	1	0	0	0	261	104	19
陕西	1	0	0	0	262	149	23
合计	4	9	7	7	6 624	2 976	375

由于部分高校师范专业较少或某些专业学生人数少等原因，如柳州师范高等专科学校的毕业生样本人数极少，导致实际调查的样本量略低于设定的样本量。

---

① 由于东北师范大学(位于吉林省)和陕西师范大学(位于陕西省)入样，这里在入样 9 省/直辖市/自治区基础上加入吉林省和陕西省。

数据整理主要包括三部分工作：第一部分是补充样本的基本信息，第二部分是补充分析所需的信息，第三部分是检查数据逻辑错误并予以纠正或补充。下面分别进行介绍。

1. 在校生调查（A 卷）数据整理方法

1.1 基本信息补充

进行现场调查时，为减少被调查者答题负担，一些信息未要求被调查者回答（如被调查者就读的学校、年级等），在被调查者登录系统接受调查时由系统经一定设置后直接获取这些信息。另外，对被调查者并不一定完全了解的一些信息（如学校类别、学校各项管理制度等），我们通过对校方进行调查的方式获取而不要求被调查者回答。数据回收后，我们及时补充了未要求被调查者回答的各项基本信息。

1.2 分析所需信息补充

因各地差异和调查可行性的需要，数据库中的样本构成情况与总体不符，在数据分析中必须加权处理数据。主要体现在：

（1）从校级层面来看，为保证调查的可操作性，我们在入样学校中对各专业分配样本量时未按照比例进行分配，一般是统一要求每一师范专业调查 20 位在校生。这导致从专业构成上看，样本结构与总体结构可能不符。此时，必须进行权重调整，使得在每一入样学校样本结构与总体结构在专业构成上一致，保证分析结果的精度。

（2）从省级层面来看，为保证调查的可行性，对每一入样省，我们在每一类学校中只调查 1 所。这也可能会导致样本结构与总体结构不符，譬如，通常样本中"省属师范学院"的学生比例偏低。因此，需要采用权重调整的方式，使得各入样省的样本能充分代表该省的总体情况。

（3）从全国层面来看，从抽样方案中的分层结果来看，各层的省、直辖市、自治区个数不同，各类师范院校个数和规模不同，师范生人数和结构差异也比较大。若不加权重予以调整而直接用各入样省的调查数据进行汇总，会导致偏误。

总的来说，权重使得数据分析中各个样本单元的"贡献程度"有所不同，在由样本推断总体的过程中起到了很重要的作用，使得数据分析结果能够准确地反映各级（校级、省级、全国）总体的情况。

下面，简述权重的设置与计算。

1.2.1　权重的设置

根据抽样方案，需要设置 3 项权重，下面分别作介绍。

（1）学校师范生权重（权重 1）

学校师范生权重是由各校入样的师范生推断该校全体师范生时需采用的。其计算公式为：

$$学校师范生权重（权重 1）=\frac{各专业师范生总数}{各专业实际调查师范生数}$$

例如：华中师范大学中文专业在校师范生总数约为 1 204 人，而该校实际入样的中文专业在校师范生为 21 人，故权重 1 的值为 $\frac{1\,204}{21}\approx57.33$。这一权重反映了该校每位入样的中文专业在校师范生应代表该校 57.33 位中文专业在校师范生的情况。将各专业入样的在校师范生合在一起分析，就可以反映该校全体在校师范生的情况。

（2）各省各类学校师范生权重（权重 2）

对每一入样省、直辖市、自治区进行分析时，其各类学校在校师范生的构成不应有偏误，这是保证分析结果准确的重要因素。因此，相应的权重必须予以考虑。

根据各高校所公布的统计数据，我们可以搜集到每一入样省、直辖市、自治区各类师范院校在校生总数[1]，进而推断各省各类学校在校师范生总数（根据各入样学校的情况统计，教育部直属师范大学和省属师范大学的在校本科师范生人数约占学校在校生总数的 26%，省属师范学院和高等师范专科院校的在校本专科师范生人数约占学校在校生总数的 40%。采用这些比例，我们对未入样学校的在校师范生人数进行推断）。利用这一指标，我们可以计算相应的权重，公式为：

$$各省各类学校师范生权重（权重 2）=\frac{各省各类学校师范生总数}{入样的各省各类学校的师范生总数}$$

例如：湖北省的教育部直属师范大学（1 所，华中师范大学）在校师范生总数约为 8 936 人（由入样年级学生数据推断），而入样的这类学校（1 所，华中师范大学）的在校师范生总数为 8 936 人，故权重 2 为 $\frac{8\,936}{8\,936}=1$；由于湖北省的省属师范大学也只有 1 所（湖北师范学院），故该校在这一权重的值也为 1；湖北省的省属师范学院有 2 所（黄冈师范学院（入样）和湖北第二师范学院（未入样）），黄冈师范学院在校师范生总数约为 5 556 人（由入样年级学生数据推断），湖北第二师范学院在校师范生总数约为 7 600 人（该校公布

---

[1]　由于许多高校公布的是全日制在校生（含本专科学生和研究生）的数据，故将此数据作为在校生总数，下同。

的在校生总数 19 000 人乘以推断比例 40％），故黄冈师范学院的权重 2 为

$$\frac{5\,556+7\,600}{5\,556}\approx 2.37，$$反映了黄冈师范学院的每位学生代表了 2.37 位湖北省其他本科师范院校在校师范生的情况；由于湖北省的高等师范专科学校只有 1 所（郧阳师范高等专科学校），故该校在这一权重的值为 1。

（3）各层各类学校师范生权重（权重 3）

对每一层[①]或全国进行分析时，其各类学校在校师范生的构成也不应有偏误。因此，类似于权重 2，各层各类师范生权重也需要考虑。

类似于权重 2 中所采用的计算方法，可得到每一层中各类学校在校师范生的总数。利用这一指标，我们可以计算相应的权重，公式为：

$$各层各类学校师范生权重（权重 3）=\frac{各层各类学校师范生总数}{入样的各层各类学校的师范生总数}$$

例如：湖北省所在的层包含重庆、湖北、陕西和湖南四个省。汇总该层情况，得到下表：

表 C-1　重庆、湖北、陕西、湖南四省所属层的在校师范生数

类　别	层内在校师范生数	省	学校名称	在校生总数	在校师范生数	在校师范生数推断方法
教育部直属师范大学	30 164	湖北省	华中师范大学	26 000	8 228	入样学校，由入样年级学生数据推断
		陕西省	陕西师范大学	25 000	8 936	入样学校，由入样年级学生数据推断
		重庆市	西南大学	50 000	13 000	在校生总数乘以.26
省属师范大学	20 472	湖北省	湖北师范学院	13 680	6 432	入样学校，由入样年级学生数据推断
		湖南省	湖南师范大学	30 000	7 800	在校生总数乘以.26
		重庆市	重庆师范大学	24 000	6 240	在校生总数乘以.26
省属师范学院	42 636	湖北省	黄冈师范学院	13 000	5 556	入样学校，由入样年级学生数据推断
		湖北省	湖北第二师范学院	19 000	7 600	在校生总数乘以.40
		湖南省	衡阳师范学院	16 000	6 400	在校生总数乘以.40
		湖南省	湖南第一师范学院	13 000	5 200	在校生总数乘以.40

---

① 为实际使用的需要，这里将"层"定义为 29 个省/直辖市/自治区的分层。

(续表)

类　别	层内在校师范生数	省	学校名称	在校生总数	在校师范生数	在校师范生数推断方法
省属师范学院		陕西省	咸阳师范学院	13 500	5 400	在校生总数乘以.40
		陕西省	渭南师范学院	16 200	6 480	在校生总数乘以.40
		重庆市	长江师范学院	15 000	6 000	在校生总数乘以.40
高等师范专科学校	7 329	湖北省	郧阳师范高等专科学校	8 000	4 329	入样学校,由入样年级学生数据推断
		湖南省	长沙师范学校	7 500	3 000	在校生总数乘以.40

由表 C-1 可知,华中师范大学和陕西师范大学的权重 3 均应为

$\frac{30\ 164}{8\ 228+8\ 936}\approx1.76$;湖北师范学院的权重 3 应为 $\frac{20\ 472}{6\ 432}\approx3.18$;黄冈师

范学院的权重 3 应为 $\frac{42\ 636}{5\ 556}\approx7.67$;郧阳师范高等专科学校的权重 3 应为

$\frac{7\ 329}{4\ 329}\approx1.69$。

1.2.2 分析用权重的计算

这里,我们只列出最常用的进行入样学校分析、入样省分析和全国分析时所需的权重和相对权重的计算公式。使用者可以根据实际需要计算其他权重。

(1) 入样学校分析用权重的计算

对入样学校的各项情况进行分析时,需要采用入样学校分析用权重和入样学校分析用相对权重,计算公式为:

入样学校分析用权重＝学校师范生权重(权重 1)

$$入样学校分析用相对权重＝\frac{入样学校分析用权重}{入样学校分析用权重均值}$$

其中,入样学校分析用权重均值为入样学校全体入样的在校师范生的入样学校分析用权重之和除以入样学校中的样本量。

(2) 入样省分析用权重的计算

对入样省的各项情况进行分析时,需要采用入样省分析用权重和入样省分析用相对权重,计算公式为:

入样省分析用权重＝学校师范生权重(权重 1)

　　　　　　×各省各类学校师范生权重(权重 2)

$$入样省分析用相对权重 = \frac{入样省分析用权重}{入样省分析用权重均值}$$

其中,入样省分析用权重均值为入样省全体入样在校师范生的入样省分析用权重之和除以入样省的样本量。

(3) 全国分析用权重的计算

对全国的各项情况进行分析时,需要采用全国分析用权重和全国分析用相对权重,计算公式为:

$$全国分析用权重 = 学校师范生权重(权重1)$$
$$\times 各层各类学校师范生权重(权重3)$$

$$全国分析用相对权重 = \frac{全国分析用权重}{全国分析用权重均值}$$

其中,全国分析用权重均值为全国全体入样在校师范生的全国分析用权重之和除以全国样本量。

1.3 数据的逻辑检查与纠正

此次调查采用网络答题的形式,保证了数据的完整性,避免了纸质调查中可能存在的大量缺失值问题的处理。但是,因被调查者操作失误,答题不认真或对题目理解、记忆错误,会不可避免地出现一些数据错误,导致了非抽样误差。这些数据错误中,有些可以通过逻辑检查发现并作纠正或补充。在进行数据分析前,对数据进行逻辑错误检查,保证数据分析的准确,是非常有必要的。

但是,除非在问卷设计时刻意设置逻辑检查的变量,一般来说,只能对少数特殊变量进行逻辑检查。对于此次调查搜集的数据而言,可以进行逻辑检查的变量主要是:

(1) 就读的专业。通过对校方进行调查,我们可以了解各校被调查年级的专业设置情况。若调查结果中出现了学校未设置但有该校学生选择的专业,这表示学生填答问卷中在"专业"这一变量上出现了错误。纠正的方法有两种:一种是通过调查现场的记录推断误答的被调查者真实的专业,从而予以纠正;另一种方法是删除这位被调查者(因为计算权重时需要使用其就读专业对应的数据,若专业不明确或错误将无法计算权重)。

(2) 课程修读情况。在调查结果中发现,对某些必修课程,有学生误答为"没有修读"。导致误答的原因可能有几种:一是问卷中的课程名称与学生所修读的课程名称不完全一致,导致学生误解;二是学生记忆出错或不认真读题;三是学生为了省事,故意选择"没有修读"这一选项,以避免其后再要求其对该课程作进一步的反馈。对课程修读情况的误答,我们将保留以测算非抽样误差,但将增加从校方了解到的课程设置情况的变量,以使分析中避免误答所导致的错误。

(3) 学校管理制度。在调查中,我们询问被调查者所在学校是否有师范生专业技能考核制度、导师制、校内转专业制度、师范生奖学金制度、中小学教师担任兼职教师等制度,选项均为"有"、"无"、"不清楚"。调查结果显示,在几乎所有入样学校中,"有"和"无"两个选项都被选,也就是说都存在逻辑错误。对这些变量值,我们均保留以测算学生对学校管理制度的知晓率并测算非抽样误差,但将增加从校方了解到的管理制度情况的变量,以使分析准确、合理。

2. 毕业生调查(B卷)数据整理方法

2.1 基本信息补充

进行调查时,为减少被调查者答题负担,一些信息未要求被调查者回答(如,调查时间等),在被调查者登录系统接受调查时由系统经一定设置后直接获取这些信息。另外,对被调查者并不了解的一些信息(如,学校类别等),我们通过对校方进行调查的方式获取而不要求被调查者回答。数据回收后,我们及时补充了未要求被调查者回答的各项基本信息。

2.2 分析所需信息补充

因各地差异和调查可行性的需要,毕业生调查中的样本构成情况与总体不符,在数据分析中必须加权处理数据。主要体现在:

(1)从校级层面来看,为保证调查的可操作性,我们在入样学校中进行样本量分配时未按照比例进行分配,一般是统一要求每一师范专业调查10位毕业生。这导致从专业构成上看,样本结构与总体(这里的总体是毕业后从事中小学工作的师范生)结构不符。此时,必须进行权重调整,使得在每一入样学校中样本结构与总体结构一致,保证分析结果的精度。

(2)从省级层面来看,为保证调查的可行性,对每一入样省,我们在每一类学校中只调查1所。这也可能会导致样本结构与总体结构不符。因此,需要采用权重调整的方式,使得各入样省的样本能充分代表该省的总体情况。

(3)从全国层面来看,从抽样方案中的分层结果来看,各层的省、直辖市、自治区个数不同,各类师范院校个数和规模不同,从事中小学教师工作的师范毕业生人数和结构差异也比较大。若不加权重予以调整而直接用各入样省的调查数据进行汇总,会导致偏误。

下面,简述权重的设置与计算。

对于毕业生的调查,调查总体应为2005年(本科)或2006年(专科)入学、毕业于师范院校的师范专业且在中小学工作的人。最为精确的权重测算应该根据进入中小学校工作的毕业生数量获得。由此,应先掌握被调查总体的数据,即每所师范院校被调查年级各专业的毕业生进入中小学校工作的人数,然后计算权重。

然而,由于:(1)某些省是待学生毕业后进行统一考试,然后招聘中小学教师。一方面,相关机构未能全面统计记录这些情况;另一方面,学生毕业后的就业不涉及其毕业的学校,因此各师范院校无法确切掌握其毕业生在中小学的就业去向。(2)学生工作流动等情况无法准确及时地掌握。因此,我们缺乏进行精确权重测算的数据。

若假设各师范院校各专业进入中小学工作的比例大致相同①,我们可以按照在校生(A卷)的权重计算公式来计算权重,其中,权重2和权重3与A卷的相应权重完全一致。

分析用权重的计算公式与A卷中给出的公式完全相同。由于缺乏进入中小学校工作的毕业生的总体数据,难以通过样本获得总体的数据推断,因此,建议在实际应用分析中使用相对权重。

2.3 数据的逻辑检查与纠正

对于此次调查搜集的数据而言,可以进行逻辑判断的变量有:

(1)就读的专业。通过对校方进行调查,我们可以了解各校被调查年级的专业设置情况。若调查结果中出现了学校未设置但有该校学生选择的专业,这表示学生填答问卷中在"专业"这一变量上出现了错误。纠正的方法有两种:一种是通过所掌握的被调查个人信息进行纠正;另一种方法是删除这位被调查者(因为计算权重时需要使用其就读专业对应的数据,若专业不明确或错误将无法计算权重)。

(2)"所任职的学校类别"与"任教的学段"。若"所任职的学校类别"与"任教的学段"产生以下矛盾:① 所任职的学校类别为"小学",但任教的学段为"初中"或"高中";② 所任职的学校类别为"初中",但任教的学段为"小学"或"高中";③ 所任职的学校类别为"高中",但任教的学段为"小学"或"初中";④ 所任职的学校类别为"完中",但任教的学段为"小学";⑤ 所任职的学校类别为"九年一贯制",但任教的学段为"高中"。若发生以上矛盾,将"所任职的学校类别"与"任教的学段"两项数据均设定为缺失值。

(3)"任教的学段"与"所教的主要学科"。若任教的学段为"小学",但所教的主要学科为"物理"、"化学"或"生物",则判断为逻辑错误。对出现此逻辑错误的答卷,若其"所任职的学校类别"为"小学",则判断其学段确为"小学",只需将学科设定为缺失值;若其"所任职的学校类别"不是"小学",由于无法进行推断,故将学段和学科均设定为缺失值。

3. 用人单位领导调查(C卷)数据整理方法

3.1 基本信息补充

进行现场调查时,为减少被调查者答题负担,一些信息未要求被调查者回答(如,调查时间等),在被调查者登录系统接受调查时由系统经一定设置后直接获取这些信息。另外,对被调查者并不了解的一些信息(如,评价对象曾就读的师范院校信息等),我们通过对师范院校进行调查的方式获取而不要求被调查者回答。数据回收后,我们及时补充了未要求被调查者回答的各项基本信息。

---

① 实际上,调查中发现,体育、美术、音乐等师范专业中,进入中小学工作的毕业生比例普遍低于其他师范专业,故而使用此假设下计算的权重时需谨慎。

3.2 分析所需信息补充

因各地差异和调查可行性的需要,数据库中的样本构成情况与总体不符,在数据分析中必须加权处理数据。

由于对每位中小学领导的调查是对各入样省所有入样师范院校毕业生的综合评价,很难区分对某一所师范院校毕业生的评价[①],因此,不设置校级层面的权重,而仅设置省级层面和全国层面的权重。

(1)从省级层面来看,为保证调查的可行性,对每一入样师范院校,我们统一要求在每一类中小学(共8类:城市小学、县城小学、乡镇/农村小学、城市初中、县城初中、乡镇/农村初中、城市高中、县城高中)各调查2位中小学校领导。这会导致样本结构与总体结构不符,譬如,小学的校领导比例偏低。因此,需要采用权重调整的方式,使得各入样省的样本能充分代表该省的总体情况。

(2)从全国层面来看,从抽样方案中的分层结果来看,各层的省、直辖市、自治区个数不同,中小学专任教师结构和规模也有差异。若不加权重予以调整而直接用各入样省的调查数据进行汇总,会导致偏误。

下面,简述权重的设置与计算。

由于调查内容是由中小学领导评价入职一年左右、来自某些师范院校的毕业生,为更科学合理地反映总体情况,较为精确的权重测算应是这些毕业生的人数数据。但由于毕业生在中小学就业的信息统计困难、毕业生工作流动等原因,我们无法获取这些数据。

这里,我们通过各省和各层的中小学专任教师构成情况来计算权重。由于统计年鉴中将中小学校划分为5类(小学、普通初中、普通高中、职业初中和职业高中),结合问卷中的选项设置,我们在计算权重时将九年一贯制学校、十二年一贯制学校、十五年一贯制学校的校领导权重设置为与小学相同,将完中的校领导权重设置为与普通初中相同,将职业初中和职业高中归入"其他"。由此,将中小学划分为4类,即:小学、普通初中、普通高中和其他。

由于调查内容是由中小学领导来评价毕业生,而非调查毕业生本人,故而所采用的权重都应为相对权重,具体介绍如下。

(1)各省各类中小学领导相对权重(权重1)

根据《中国统计年鉴——2010年》中2009年的相关数据,我们可以搜集到每一入样省、直辖市、自治区各类学校专任教师总数。利用这一指标,我们可以计算相应的权重,公式如下:

$$各省各类中小学校领导相对权重(权重1)=\frac{各省各类中小学专任教师人数}{各省中小学专任教师总数}$$

$$\times\frac{各省总样本量}{各省各类样本量}$$

---

① 陕西师范大学、东北师范大学和天津师范大学除外,这是由于它们是相应省中唯一一所入样的师范院校。

例如：湖北省共调查了53位中小学领导，具体情况是（见表C-2）：

表C-2 湖北省入样中小学校领导分布情况

类　别	频　数	百分比（%）	累积百分比（%）
小学	9	17.0	17.0
初中	7	13.2	30.2
高中	23	43.4	73.6
完中（初、高中都有）	6	11.3	84.9
九年一贯制（小学到初中）学校	5	9.4	94.3
十二年一贯制（小学到高中）学校	1	1.9	96.2
十五年一贯制（学前到高中）学校	1	1.9	98.1
其他	1	1.9	100.0
合　计	53	100.0	

根据《中国统计年鉴——2010年》，表3第3列给出了湖北省2009年中小学专任教师的构成情况。由此，湖北省各类入样中小学校领导的权重为（见表C-3）：

表C-3 湖北省各类入样中小学校领导权重

类　别	样本量	专任教师总人数	权重1
小学、九年一贯制、十二年一贯制、十五年一贯制	16	198 188	1.48
普通初中、完中	13	160 662	1.47
普通高中	23	70 790	.37
其他	1	14 944	1.78
合计	53	444 584	

在对各省进行分析时，应直接使用权重1。

（2）各层各类中小学领导相对权重（权重2）

类似于权重1中所采用的计算方法，可得到每一层中各类中小学校领导的相对权重，公式为：

$$各层各类中小学校领导相对权重（权重2）=\frac{各层各类中小学专任教师人数}{各层中小学专任教师总数}$$

$$\times\frac{各层总样本量}{各层各类样本量}$$

例如：湖北省所在的层包含重庆、湖北、陕西和湖南四个省。除湖北省调查了53位中小学领导外，陕西省还调查了23位中小学领导（见表C-4）。

表 C-4 陕西省入样中小学校领导分布情况

类 别	频 数	百分比(%)	累积百分比(%)
初中	2	8.7	8.7
高中	19	82.6	91.3
完中(初、高中都有)	1	4.3	95.7
其他	1	4.3	100.0
合计	23	100.0	

汇总该层情况,得到表 C-5:

表 C-5 重庆、湖北、陕西、湖南四省所属层入样中小学校领导权重

类 别	样本量	专任教师总人数	权重2
小学、九年一贯制、十二年一贯制、十五年一贯制	16	744 333	2.29
普通初中、完中	16	528 399	1.63
普通高中	42	223 605	.26
其他	2	46 543	1.15
合计	76	1 542 880	

在对各层或全国进行分析时,应直接使用权重2。

四、分析方法

面对丰富的调查数据，必须采用科学的分析方法，以客观准确地研究现象及其背后的规律。但是，分析方法必须依据特定的研究视角、变量特征等来确定。本节仅对分析方法和分析效果做概要性的介绍。

1. 统计学方法

本书的报告大量地采用了各种统计学方法，以期通过定量化的数据分析结果客观地解读现象、探寻规律。

总体而言，本书的报告主要采用了5种统计学方法：

(1) 描述性统计，包括频数分析、描述性统计量、数据的图表显示等。

(2) 相关性分析，包括各类相关系数、列联表检验、相应分析等。

(3) 回归分析，包括多元回归、逐步回归、LOGISTIC回归等。

(4) 方差分析，包括单因素方差分析和多因素方差分析。

(5) 非参数统计方法，包括Kruskal-Wallis检验等。

2. 数据分析结果的精度

前面对抽样精度设计进行了介绍。但是，设计的精度并不一定等于实际数据分析结果的精度。为对实际的统计推断精度进行描述和定量刻画，我们利用样本数据测算了数据分析结果的实际精度。

在抽样调查中，精度通常由指标估计量的方差估计量或指标的区间估计量来进行刻画。由于此次调查所采用的抽样方法比较复杂，一般只能通过软件计算得到方差估计量或区间估计量的近似值（譬如，采用专业处理调查数据的SUDAAN软件，可以得到这些近似值）。

另一方面，设计效应的估计值也可用于复杂抽样结果精度的刻画。前面，我们曾介绍取设计效应值为2.0，用于计算所需样本量。为考察实际的精度是否达到预设的精度，我们可以用数据计算设计效应的估计值，将其与设定值2.0作比较。若设计效应估计值小于2.0，则说明可以达到预设精度要求；否则，说明未能达到要求。

作为参考，我们采用SPSS软件"分析"菜单的"复杂抽样"模块，计算得到在校生调查和毕业生调查中所有选项的比例指标的设计效应估计值。表D-1列出了各部分设计效应估计值的均值和方根设计效应估计值（即设计效应估计值的平方根）的均值。

表 D-1 选项被选择比例的设计效应估计值的均值

调查部分	设计效应估计值的均值	方根设计效应估计值的均值
在校生调查（A 卷）	2.017 0	1.232 7
毕业生调查（B 卷）	1.540 9	.987 4

由表 D-1 可以看出，在校生调查设计效应估计值的均值为 2.017 0，与设计效应设定值 2.0 非常接近，说明估计比例时可以满足设计精度的要求；另一方面，毕业生调查设计效应的估计值 1.540 9 比设定值小.459 1，表明设计的样本量是比较保守的。

为提高推断的准确性，建议将表 D-1 的精度评估结果纳入数据分析中。

对在校生调查（A 卷）：对 A 卷中的所有选项，计算其设计效应的平方根，得这些设计效应平方根的均值为 1.232 7。对之前的权重（记为 W1）加入设计效应，得新权重 W2＝W1／1.232 7。在采用推断统计方法进行数据分析时，应采用权重 W2。

对毕业生调查（B 卷）：对 B 卷中的所有选项，计算其设计效应的平方根，得这些设计效应平方根的均值为.987 4。由于.987 4 小于 1 且非常接近于 1，故不必对权重进行调整。

（李　艳）

在各入样高校内的抽样采用分层抽样方法,以专业作为分层的依据。

但是,师范院校之间专业设置有差异,甚至差异较大。在调查专业的确定中,主要遵循以下两个原则:

1. 与中小学教育相关的专业门类齐全,以较为全面地掌握教师教育状况。

2. 选择大多数师范院校都开设的专业,以便进行研究分析。

由此,拟确定入样专业共13个,分别为:

第一类:主课类:(1)中文(2)数学(3)英语

第二类:科学类:(4)物理(5)化学(6)生物

第三类:文科类:(7)思政(8)历史(9)地理

第四类:文体类:(10)体育(11)音乐(12)美术

第五类:教育类:(13)教育技术

但是,在实际入样的高校中,是否多数高校都开设了这13个专业? 在前期研究论证的基础上,我们需对入样高校的专业设置情况再次进行论证,以最终确定调查专业。

首先,去掉27所入样高校中极特殊的一些师范专业,得到各入样高校19个师范专业的设置情况(本科院校为2007级本科生的专业设置情况,专科院校为2008级专科生的专业设置情况),汇总情况见附表E-1。

附表E-1 27所入样高校专业设置情况汇总

	中文	数学	英语	物理	化学	生物	思政	历史	地理	体育	音乐	美术	教育技术	教育学	小学教育	学前教育	心理	计算机	科学教育
设置该专业的高校数	27	27	27	25	24	21	22	22	16	24	27	25	16	10	15	19	13	15	7
比例(%)	100	100	100	93	89	78	81	81	59	89	100	93	59	37	56	70	48	56	26
本科院校设置该专业的高校数	20	20	20	20	20	20	20	19	14	20	20	18	13	10	11	13	10	12	5
比例(%)	100	100	100	100	100	100	100	95	70	100	100	90	65	50	55	65	50	60	25
专科院校设置该专业的高校数	7	7	7	5	4	1	2	3	2	4	7	7	3	0	4	6	3	3	2
比例(%)	100	100	100	71	57	14	29	43	29	57	100	100	43	0	57	86	43	43	29

由附表E-1可知,总体而言,过半的入样高校设置了上述13个专业,能较好地保证后面的研究分析。由此,确定这13个专业为调查专业。

附录 2　全国教师教育政策研究数据库
2010—2011 年度全国教师教育培养机构状况
调查工作手册

前　言

"中国教师教育政策研究数据库"是华东师范大学承担的国家"985 工程"建设项目。项目的建设目标是创立信息可靠、完备,和国际同步发展的大型教师教育政策研究数据库,多方位服务于国家教师教育体系创新,加强教师教育政策、决策咨询研究,为国家、地方和学校教师教育政策制定与实施提供理论与智力支撑,着力打造国际一流的教师教育理论与政策研究重镇和有世界影响的教育资源建设与共享的平台。

开展全国性调查是项目研究中的关键而又艰巨的一环,保质保量地完成数据采集,是后期数据分析研究的基础。在此,非常感谢各地调查工作人员的参与,你们的认真工作将为本次项目科学成果的取得,为中国教师教育政策研究工作做出巨大的贡献。

项目调查将采用的是前所未有的无纸化电脑网络方式,对工作的实施提出了一些新的要求。我们总结在前期研究和预调查中的一些经验,编写了这本简明的工作手册,对调查队伍、调查准备和调查实施过程进行了系统介绍,并回答了一些常见问题,希望有助于调查工作同仁们更加顺利高效地完成任务。

我国幅员辽阔,各地情况千差万别,本手册无法覆盖所有可能在调查中出现的问题,如有疑问请联系我们,大家共同讨论解决,也热忱希望各位调查工作同仁们能够分享自己在具体调查过程中总结的新方法新经验,共同完善我们的调查工作。

华东师大教师教育政策研究数据中心

全国教师教育培养机构状况调查项目组

2010 年 5 月 20 日

调查流程图

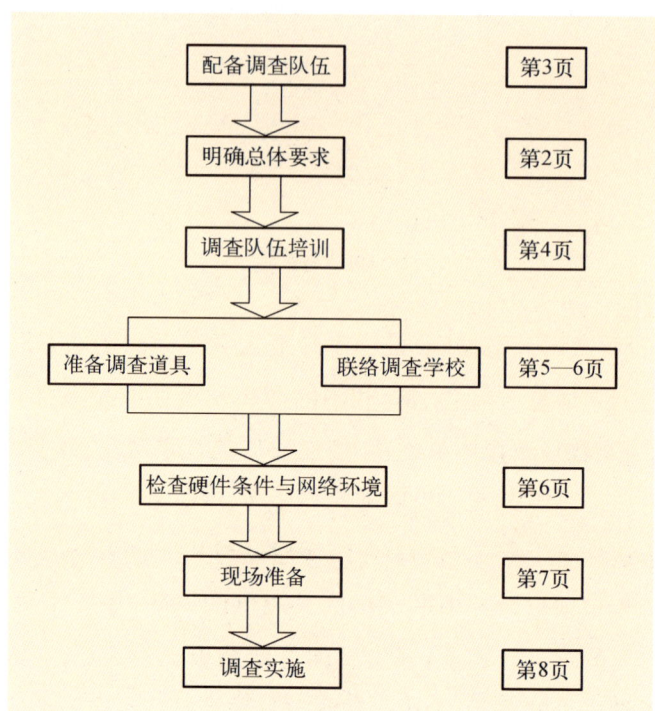

配备调查队伍	第3页
明确总体要求	第2页
调查队伍培训	第4页
准备调查道具　联络调查学校	第5—6页
检查硬件条件与网络环境	第6页
现场准备	第7页
调查实施	第8页

总体要求

➢ 调查人员应本着敬业和科学的精神,保质保量完成调查工作。

➢ 调查人员应严格遵守科研伦理,做好数据保存保密工作,不得泄露调查得到的相关学校情况和个人信息。

➢ 调查人员应具备知识产权意识,本次调查使用的调查问卷(包括网络版)为华东师范大学教育科学学院所有,不得用于本项目及各省委托协议中许可的衍生课题之外的用途。

➢ 调查工作必须严格按照统计抽样确定下来的调查方案进行,包括学校、调查对象的选择等。

➢ 调查全部采用无纸化的网络电脑答题形式,杜绝纸质版的使用。

➢ 调查人员要做好充分的准备工作,包括事先必须依据《调查工作手册》,接受培训。

➢ 在学校的调查应集中在某一时间段、地点进行,即请学校配合,抽出专门时间和专用教室(机房),安排调查对象接受调查。不要分散进行。根据经验,调查对象完成问卷一般在 20 分钟到 40 分钟,再加上准备时间,必须至少准备 1 小时的时间专门进行调查。(预调查发现分散答卷不利于调查人员现场及时处理问题,反而导致效率和质量降低。)

➢ 调查人员要做好现场调查笔记和小结,并注意保存提交。

调查队伍

人员配备

各省的委托单位的负责人和联络人负责配备本省抽样学校调查工作的调查队伍，保证调查顺利完成。

➢ 调查组构成

一个调查组负责完成一所学校的调查工作。每个调查组原则上由三人组成，其中一人为调查组组长，另两人为调查助理和技术助理。至少每机房 2 人，建议每测查 40 人配备两位调查员，如果情况允许，还可增加。根据具体调查学校的情况，队伍人数可做适当调整，但至少要有一位组长和一位技术助理。

➢ 调查组成员责任分工

调查组长负责整个调查过程的协调、管理和答疑解难，填写和提交调查记录表。

调查助理协助负责人组织与安排调查的实施，包括确定调查时间、地点，联络所有调查对象，在调查中协助负责人解决调查对象对问卷题型、答题方式、问题不理解等问题。

技术助理负责技术指导，确保调查所需的电脑设备及网络环境。负责保障网络运行，电源稳定。技术人员需要在调查之前测试每台电脑及其网络是否正常运行，解决调查过程中出现的各种技术问题，包括网络不畅、电脑不能正常运行、停电、断电等。

➢ 注意事项

调查组长、调查助理必须由委托单位的老师担任，技术助理建议商请被调查学校的老师担任，如被调查学校没有合适的人员，则调查组长也要事先确定该校内调查事务的联络人，以确保调查届时能够顺利进行。

负责调查的人员要做到细致、有耐心，熟悉网络问卷题型及其答题方法，熟悉调查的技术环境。对被调查者出现的各种问题，积极回答并热情帮助。

培训工作

正式调查之前，调查队伍必须接受相关培训。

华东师范大学将在正式调查启动前安排一到两位人员到各省协助工作，协助培训第一批直接到各抽样学校进行调查的人员，条件许可的情况下参与第一个调查点的调查工作。

在培训工作开始之前，委托单位负责人和联络人应熟悉调查问卷，对其中一些题目在本地的具体含义，与华东师大协商后，做出统一解释并记录在案。（如："顶岗实习"、"见习"。）

委托单位具体负责本省各学校调查队伍的培训工作。演示并用网络问卷的教学版进行培训。告知调查要求、调查中可能遇到的问题，以及如何解决各种问题。

所有调查人员必须经过培训，而且都已经作过一遍网络问卷的测试版，熟悉每道题目的含义。

培训内容

➤ 调查目的

➤ 调查对象

是否用过电脑，是否会用鼠标。对于不会使用电脑和鼠标的调查对象，进行调查前的指导练习。

➤ 调查工具（网络问卷）

结构、题量、题型、答题方式。

➤ 调查形式

网络在线答题。

➤ 时间要求

一个小时的集中时间。

➤ 技术要求和路径

联络华东师大和南通大学技术联系人，获取调查的网络地址和密码。

➤ 问题解答

调查准备

阅读调查问卷封面信并准备小礼品

调查问卷封面信

内容：调查封面信、网络调查注意事项、联系方式

亲爱的同学：

　　你好！

　　非常感谢你愿意参加我们的"全国教师教育培养机构情况调查"项目。该项目是由华东师范大学主持的国家"985 工程"研究项目。

　　本调查是为了了解广大师范生的教育培养情况，以便为完善国家教师教育政策并提高教师培养工作的质量提供科学依据。

　　本问卷采取<u>不记名</u>方式，所有数据仅用于科学研究。你的真实想法和你所反映的实际情况具有宝贵价值！

　　本问卷各项答题均为单项或多项选择题。请你点击鼠标选择答案。完成问卷大约需要花费你 40 分钟，谢谢你的积极支持与可贵耐心！祝你学习进步、生活愉快！

华东师范大学

教师教育政策研究数据中心

2010 年 5 月

（请仔细阅读背面的注意事项，答完题后本卡由您自己保留）

网络答题注意事项：

- 答题过程中，如有漏题或答题规格不符要求，系统会提醒您，且页面不会往下走。
- 答题完毕，请向调查人员举手示意，调查人员确定你已经提交以后再离开。不要在提交之前关掉页面。
- 答题过程中，遇到任何问题，可举手向调查人员咨询。

如您对本调查或我国的教师教育政策有任何意见和建议，欢迎联系——

华东师范大学　联系人：李梅

电话：（略）　电子邮件：（略）

> ### 根据被调查人数，准备小礼品

根据社会调查惯例，需给每位接受调查的调查对象赠送小礼品表示感谢，如杯子、笔、记事本、钥匙扣、手机链等。请各地根据自己的情况确定准备。

联络学校

根据已确定的调查方案，联络抽样学校。

确定学校方面的调查联系人，包括技术方面的联系人。

确定合适的调查时间和调查教室，以便下面的准备工作。

制定每所学校的 A 卷调查计划表、B 卷调查计划表、C 卷调查计划表（时间、地点、联络人员）并至少在调查前 2 周提交给华东师范大学负责各省联络的教师。

了解调查对象的电脑使用情况，如有从未使用过电脑的，要做好相应准备。

联系并通知调查对象

根据华东师范大学的抽样，联系并通知每一位调查对象，告知调查的时间与地点。

各省根据入样学生名单进行调查。若遇特殊情况无法调查入样学生，按照学号顺延 1 号的规则替换样本。如果还不清楚，请询问李艳老师（电话、电邮略）。

硬件条件

> ### 教室（机房）

教室中的电脑数应能满足被调查者同时使用的需要。每台电脑都能访问因特网或学校内部网主页。

> ### 电脑

电脑必须运行 Windows 2000、Windows XP 或 Windows Vista 操作系统，浏览器必须是 IE 6.0 或以上版本，鼠标功能必须完好灵敏。

网络环境

➤ 教室局域网：至少 10 M 交换到桌面

➤ 校园网与因特网连接需采用路由方式或 NAT 方式,以保证正确访问架设在华东师范大学校园网上的问卷数据采集服务器

➤ 如果校园网与因特网连接无法满足路由方式或 NAT 方式,那么校园网中需要一台运行 IIS 5.0 的 Web 服务器,用于安装问卷数据采集软件,实现本地问卷数据采集。

现场准备

调查组必须提前一天进入教室做好现场准备。

➤ **清除每台电脑上的病毒**

➤ **网络测试**

通过 IE 访问架设在华东师范大学校园网上的问卷数据采集服务器。

向南通大学的尤众喜老师(电话、电邮略)询问并确认网址、ID 号和登录方式。每所调查学校的网址不同。

调查实施

一般步骤

1. 调查组长通知华东师范大学技术联系人即将开始,获取调查密码。(联系人：张泽明、尤众喜)

2. 调查组至少提前 30 分钟进入调查地点,开机,打开 IE 浏览器,输入调查网址以及密码,让页面停在调查初始状态。再次检查每台电脑的鼠标和网络情况,及时解决可能出现的问题。在每台电脑边放一支笔。

3. 被调查者的座位最好按专业安排,以便于管理。

4. 向被调查者发放小礼品。

5. 调查组长请在开始答题前强调以下内容：

● 非常感谢各位调查对象的参与配合。

● 本次调查为网络化调查,只需点击鼠标即可完成。

● 本次调查为匿名调查,个人信息将得到严密保护。

● 点击"下一页"即开始,每做完一个页面请点击"下一页",如需返回,请点击"上一页"。

● 答题过程中,如有漏题或不符合题目要求的情况,系统自动会提醒您,且页面不会往下走。

● 答题过程中,遇到任何问题,可向调查人员举手咨询。

● 提交问卷后,会出现"答题完毕"页面,请举手示意,调查人员确认答题完毕后再

离场。

6. 调查组长宣布问卷调查开始。

7. 调查对象答卷。调查人员密切注意他们的反应,及时回答他们的疑惑和碰到的问题。调查组长注意记录现场调查笔记,拍摄一张以上调查照片。

8. 调查对象在提交问卷后,调查人员需检查问卷是否至最后一页,页面显示"答题完毕"。

9. 调查人员确认调查对象完成问卷后告知他可以离开,再次表示感谢。

10. 第一位调查对象结束答题后,调查组长联系华东师大技术联系人张泽明,确认数据已经进入后台系统。

11. 以学校为单位,该校内的全部人员结束问卷后,通知华东师大技术联系人张泽明或南通大学尤众喜老师,并核实数据是否全部进入后台系统。

12. 关闭电脑,收拾材料、用具等。调查组长完成调查笔记(日志)。

注意事项

➤ 要保持和蔼可亲的态度。

➤ 耐心回答被调查者提出的问题,特别是对于不会使用电脑的被调查者更要耐心细致。

➤ 与华东师范大学各省联系人保持沟通。

➤ 在调查对象答卷过程中,要密切关注现场情况,及时发现调查对象答卷中的问题和困难并帮助解决,不要闲谈聊天,不要同时离开教室。

➤ 在调查对象答卷过程中,尽量站在教室前方,不要在现场过于频繁地走动,更不要长久地停留在某位调查对象身后,仔细看他回答问题,以免引起调查对象的反感和个人信息泄露的警觉。

➤ 遇到突发事件,冷静处理。在发生网络技术故障时,及时联系华东师大技术联系人。

华东师大项目组联系方式

➤ 通信地址:上海市中山北路 3663 号华东师大

邮编:200062

➤ 联系人:李梅,电话:(略)

电子邮件:(略)

➤ 技术联系人:张泽明,电话:(略)

电子邮件:(略)

尤众喜,电话:(略)

电子邮件:(略)

➢ 分省联系人：（略）

常见问题与回答

➢ **为什么一定要采用网络电脑问卷的调查形式？**

因为网络电脑问卷可以杜绝答卷可能出现的漏题、不按要求答题的现象，避免问卷数据输入过程中的错误，最大限度减少废卷率，保证了调查的高效率和高质量。接受调查的调查对象只需点击鼠标即可完成答卷，也减轻了他们的负担。网络电脑问卷不需要印制、运输大量纸质问卷，简化了调查程序，节约经费资源。

➢ **为什么在调查开始之前一定要告知调查对象调查结果仅供研究使用，不会用作其他任何用途？**

为保证调查对象能够根据实际情况答题，提供自己的真实想法，我们就必须给他们承诺，打消他们的所有顾虑，让他们从一开始就了解我们的调查意图是进行科学研究，绝不会泄露他们的个人信息，调查不会给他们带来任何影响。

➢ **如果答题过程中突然断网怎么办？**

首先请调查对象稍等，由技术助理负责检查、接通网络，回到调查页面，继续答题。

➢ **如果答题过程中突然断电怎么办？**

首先由调查组长请调查对象稍等，技术助理检查教室电源情况，调查助理迅速联系学校联络人，帮助解决问题，争取最快时间恢复通电，然后请调查对象重新启动电脑，调查人员协助输入调查网址及密码，回到调查页面。前面的回答已经保存，继续答题。如果不能在短时间内恢复通电，调查组长向调查对象表示歉意。与学校联络人商定尽快进行下次调查。

➢ **如果无法转到下一页怎么办？**

首先提醒他注意弹出的对话框内容，对照检查是否有漏题或未按要求答题现象，纠正后即可转到下一页。如不是这个问题，请技术助理来处理，考虑可能是死机或断网，需要重新启动，然后按断网的应对处理。

➢ **调查对象提出对某道题目不理解怎么办？**

调查人员根据事先的准备工作，耐心进行解释。如果是事先没有准备到的，请调查组长与本省负责人/联络人及华东师大联系人联系后，迅速给出解释。注意将这种情况记录在案。（华东师大联系人：李梅）

➢ **如果没有合适的选项怎么办？**

调查人员要与调查对象沟通，解释各个选项的含义，请他再考虑一下是否可以做出选择。如果仍然觉得没有合适的选项，那么请他提供自己真正想要的答案，帮他斟酌选择接近的答案。注意将这种情况记录在案，特别要记下调查对象提供的答案。

附：调查现场记录

省/直辖市/自治区　　　　　市/区/县

学校

记录人：

调查组成员	组长： 调查助理： 技术助理：
抽样调查人数	
实际调查人数	
抽样调查对象未参加调查原因	
调查具体地点	 　　　　　　　　　　　学校　　　教室
调查时间	2010 年　月　日　午　时　分 至　　时　　分
完成问卷的技术支持：□局域网　□电信　□教育网 □其他：	
完成问卷花费一个小时以上的原因：	
调查对象提出的对问卷不理解的题目、没有合适选项的题目：	
调查对象对问卷的建议（包括题目、答项、题量、题型、语言、格式等）	
调查对象完成问卷中遇到的障碍和问题	
调查对象对调查实施方式的建议	
调查情况小结	

CONTENTS

. . . .

Part IV　Methodology 381

List of Tables

List of Figures

Students' Teaching Practice Skills　246

图书在版编目（CIP）数据

中国高等师范院校师范生培养状况调查与政策分析报告/丁钢等著. —上海：华东师范大学出版社，2013.12

ISBN 978 - 7 - 5675 - 1547 - 5

Ⅰ.①中… Ⅱ.①丁… Ⅲ.①高等师范院校—大学生—人才培养—调查报告—中国 Ⅳ.①G659.22

中国版本图书馆 CIP 数据核字(2013)第 309138 号

本书由上海文化发展基金会图书出版专项基金资助出版。

中国高等师范院校师范生培养状况调查与政策分析报告

著　者　丁　钢等
策划编辑　彭呈军
审读编辑　孙　娟
责任校对　赖芳斌
装帧设计　卢晓红

出版发行　华东师范大学出版社
社　　址　上海市中山北路 3663 号　邮编 200062
网　　址　www. ecnupress. com. cn
电　　话　021 - 60821666　行政传真 021 - 62572105
客服电话　021 - 62865537　门市(邮购)电话 021 - 62869887
地　　址　上海市中山北路 3663 号华东师范大学校内先锋路口
网　　店　http://hdsdcbs. tmall. com/

印　刷　者　上海中华商务联合印刷有限公司
开　　本　889×1194　16 开
插　　页　6
印　　张　29.25
字　　数　611 千字
版　　次　2014 年 5 月第 1 版
印　　次　2014 年 5 月第 1 次
书　　号　ISBN 978 - 7 - 5675 - 1547 - 5/G·7082
定　　价　88.00 元

出 版 人　朱杰人

(如发现本版图书有印订质量问题,请寄回本社客服中心调换或电话 021 - 62865537 联系)